제4판

새로운 패러다임의 비교정치

NEW PARADIGM *on* COMPARATIVE POLITICS

김성수

박영사

제4판 서문

민주주의를 어떻게 학습하고 이해해야 하는가에 대한 문제의식, 그리고 정치를 분석하는 데 필요한 개론서이자 한국 사회 현실에 부합하는 정치 이론서가 필요하다는 고민에서 출발한 이 책이 어느덧 세 번째 개정판을 맞게 되었다. 초판을 집필할 당시만 해도 이 책이 이렇게 오랜 기간 독자 여러분의 관심을 받을 것이라 예상하지 못했다. 독자들께 실망을 드리지 않았다는 작은 안도감과 함께, 그만큼 더 큰 책임감을 느끼며 이번 개정 작업을 시작했다.

우리는 성장 과정에서 자연스럽게 '민주주의'를 배우며 살아왔다. 학교에서 기본 개념을 익히고, 일상에서는 선거 · 의회 · 정부의 움직임을 직접 경험한다. 하지만 민주주의가 어떤 역사적 전환을 거쳐 등장했는지, 또 어떤 사상적 논쟁과 제도적 실험 끝에 오늘의 모습이 되었는지 깊이 이해하는 경우는 많지 않다. 정치학을 전공하는 학생들조차 자신이 일상에서 접해 온 제도와 문화를 민주주의의 전부로 오해하기도 한다.

그러나 민주주의는 어느 시대 · 어느 사회에서나 동일하게 존재하는 고정된 체제가 아니다. 인류 역사 속에서 새로운 공동체적 요구와 사회경제적 변화에 따라 끊임없이 재구성되어 온 동적(動的) 개념이다. '민주주의'라는 이름이 붙지 않았던 시기에도, 공동체 운영 방식과 권력의 배분, 정의를 실현하려는 다양한 고민은 계속되었다. 우리가 누리는 민주적 제도는 이런 역사적 · 사상적 탐구가 쌓여 만들어진 것이며, 특히 정치와 경제가 서로 영향을 주고받는 과정 속에서 형태가 끊임없이 바뀌어 왔다. 경제 구조가 변하면 정치적 이해관계도 달라지고, 정치체제가 달라지면 다시 경제정책과 분배 구조가 재편된다. 그렇기에 민주주의의 이론적 토대와 역사적 뿌리를 이해하는 일은 성숙한 민주정치를 위해서도, 오늘날의 사회 · 경제 변화를 올바르게 판단하기 위해서도 꼭 필요하다.

이 책은 정치학의 기본 개념을 토대로 정치의 의미와 가치, 그리고 정치현상을 분석하는 데 필요한 이론을 체계적으로 이해하도록 구성했다. 특히 비교정치를 학습하는 데 필수적인 '정치제도', '정치문화', '합리적 선택' 이론을 주요 학자들의 주장에 따라 자세히 설명했다. 그 외의 장들은 실제 사례와 연결하여 학습자가 추상적 개념을 쉽게 이해하도록 재구성하였다. 또한 일반 개론서에서 소홀히 다루기 쉬운 '정치이념' 장을 포함해 '고전적 자유주의', '급진주의', '현대적 자유주의', '보수주의'의 발전 과정과 특징을 좀 더 구체적으로 정리했다. 정치이념은 제도와 정책의 방향뿐 아니라 시민의 태도와 행위를 이해하는 기본 틀로, 특히 다양한 개념과 입장이 혼재하는 오늘날에는 이를 다시 정리하는 작업이 국가와 사회의 관계를 이해하는 데 더욱 필요하다.

이 책은 교재이면서도 정치에 관심 있는 일반 독자들도 부담 없이 읽을 수 있도록 서술했다. 여러 판을 거치는 동안 학생들과 동료 연구자들이 보내준 질문과 조언은 개정 과정에 큰 도움이 되었고, 학습이란 결국 '함께 배우는 과정'임을 다시금 깨닫게 해주었다.

이번 개정판에서는 급변하는 국내외 정치 환경을 충실히 반영하고자 했다. 흔히 "정치는 생물"이라고 하듯, 한국 정치의 연이은 대통령 탄핵, 미국과 중국의 패권 경쟁, 유럽의 재편, 민주화 이후 다시 떠오르는 권위주의, 비진통인보 위협의 확대, 글로벌 사우스의 역동성 등 국제정치는 그 어느 때보다 복잡한 국면을 맞고 있다. 특히 미국의 다자주의 후퇴와 양자주의 강화로 인한 자유주의 국제질서의 흔들림, 다극화 심화, 전략적 소다자주의의 등장, 민족주의와 포퓰리즘의 확산, 글로벌 경제구조 변화와 불평등 심화 등은 정치와 경제가 맞물려 세계 질서를 크게 흔들고 있다.

이번 개정판에서는 이러한 변화를 반영해 이론 설명을 보완하고, 기존 비교정치 교과서가 개념 설명에만 머무는 한계를 넘기 위해 다양한 국내외 사례를 폭넓게 담았다. 사례 중심의 설명은 독자가 이론을 현실 정치와 자연스럽게 연결해 이해하도록 돕고, 나아가 정치와 경제의 상호작용이라는 관점에서 민주주의의 실제 작동을 분석하는 데 의미 있는 시각을 제공할 것이다.

현대 사회는 고도 성장을 이루었지만 그 과정에서 사회적 비용과 구조적 문제가 축적되었다. 높은 정보 접근성과 ICT 역량에도 불구하고 왜곡된 정보와 감정적 해석이 쉽게 확산되며, 개인주의적 이해관계가 첨예하게 충돌하는 현실은 민주주의의 기반을 흔들고 있다. 이념적 진영 논리는 건전한 비판과 토론 문화를 약화시키고, 나아가 자유주의적 민주주의의 핵심 가치인 양심 · 표현 · 학문의 자유까지 위협한다. 이러한 현상은 포퓰리즘과 배타적 민족주의로 이어질 위험이 있으며, 사회적 연대와 통합을 저해한다.

사회 갈등의 원인은 복합적이지만, 민주주의의 역사 · 제도 · 철학적 기초를 균형 있게 이해할 수 있는 교육이 충분히 제공되지 않는다는 점은 중요한 문제다. 민주주의를 추상적 개념으로만 학습하는 환경에서는 성숙한 시민의식과 공동체적 가치가 자연스럽게 형성되기 어렵다. 민주주의의 원리를 올바르게 이해하고 이를 일상의 판단과 실천 속에 적용할 때 비로소 사회 통합과 공동체의 지속 가능성이 가능해진다.

이번 개정판에서는 이러한 문제의식을 바탕으로, 특히 마지막 장에서 다극 체제로의 전환 속에서 심화되는 지정학적 · 지경학적 변화를 종합해 독자가 좀 더 쉽게 이해할 수 있도록 국제정치이론을 중심으로 새롭게 구성했다. 이 책이 민주주의와 자본주의, 나아가 자유주의의 조화를 고민하고, 건전한 시민정치의 기초를 다지는 데 작은 디딤돌이 되기를 바란다.

콩고민주공화국에는 "신중한 사람에게는 많은 물고기가 모인다"라는 속담이 있다. 시대가 복잡할수록 서두르기보다 기본을 돌아보는 태도가 중요하다. 민주주의도 마찬가지다. 여러분과 함께 민주주의의 의미를 다시 생각하고, 더 나은 공동체를 고민하는 여정을 앞으로도 이어갈 수 있기를 바란다.

4판을 진행하며 교정을 도와준 신윤철 박사와 세심하게 편집을 맡아주신 박영사 최유라 선생님께 감사드린다. 끝으로 평생 민족과 국가의 가치를 일깨워주신 아버지, 가정의 든든한 버팀목이 되어 준 아내, 그리고 할아버지의 뜻을 나보다 깊이 이해하는 아들에게 진심으로 감사드린다. 최근 6·25전쟁 무공훈장찾아주기조사단을 통해 아버지의 화랑무공훈장 두 점을 뒤늦게나마 전수받았는데, 이를 통해 아버지의 민족과 국가에 대한 사랑이 과거를 넘어 오늘에도 유효한 가치임을 다시금 확인할 수 있었다. 이들의 존재 덕분에 나의 사유와 글 또한 더욱 단단해질 수 있었다.

2026년 2월 18일

제3판 서문

민주주의를 어떻게 배우고, 어떻게 이해하고 있을까. 한국적인 상황에 맞는 정치 이론서가 필요하지 않을까 하는 마음으로 시작한 책이 3판을 찍게 되었다. 우리는 어려서부터 민주주의를 배웠고, 민주주의 제도에 살고 있으면서도 민주주의가 어떤 의미와 논의 속에서 탄생한 이론인지를 잘 알지는 못한다. 정치를 전공으로 하는 대학생들조차 민주주의는 자신이 체험한 경험을 전부라고 생각하기도 한다.

민주주의는 인류의 출발과 함께 시작되었다. 민주주의라는 이름으로 불리지는 않았지만 많은 과정을 거치면서 발전해 온 오랜 역사가 있다. 오늘날 민주주의 제도는 인류의 합리적인 의사결정 과정이 녹아 있는 결정체라고 할 수 있다. 정치는 권력을 향한 투쟁이 아니라 합리적인 분배와 정의의 실현이다. 오늘날 많은 나라가 민주주의를 채택하거나 민주주의를 지향하는 것은 지난 역사의 경험과 철학이 민주주의 제도 안에 남겨 있기 때문이다. 정치가 어떤 과정과 논의를 거쳐 민주주의라는 제도에 이르게 되었는지에 대한 이론과 배경은 정치 발전을 위한 필수적인 과정의 하나이다.

이 책은 정치학에서 필요한 기본적인 개념과 이해를 통해 자본주의 경제구조에서 민주주의 가치를 제고하고자 기획하였다. 정치학을 전공하는 대학생은 물론 교양서로서도 다양한 정치 이론을 섭렵할 수 있도록 하였다. 초판을 발행한 이후 재판을 통해 부족한 부분을 채우고, 모자란 부분을 메웠다. 이 과정에서 교실에서 학생들과 토론했던 경험이 큰 도움이 되었다. 구체적인 지점에서 어떤 점을 보완해야 하고, 어떤 점을 더 설명해야 하는지를 알 수 있었다. 가르치고 배우면서 함께 성장한다는 교학상장(敎學相長)을 체감하였다.

개정판에 이어서 세 번째 판을 내게 된 것은 변화한 상황을 반영하기 위해서이다. 정치는 생물이라는 말이 있다. 정치는 끊임없이 변화하면서 새로운 정치 지형을 만들어 낸다. 새로운 정치 지형은 새로운 정치 현상으로 나타난다. 한국의 정치는 물론이고, 정치선진국인 유럽이나 미국, 아프리카에 이르기까지 정치는 새로운 환경 속에서 변화하면서 다양한 양상으로 나타나고 있다.

우리는 한강의 기적으로 불리는 놀라운 경제성장을 이루었다. 하지만 심각한 성장의 후유증을 겪고 있다. 세계 최첨단의 정보통신 기술을 자랑하지만 심각한 부작용도 겪고 있다. 다양한 정보의 소통은커녕 왜곡된 정보의 유통과 정보의 편중적인 해석으로 인한 사회 갈등도 커지고 있다. 정보의 홍수 속에서 정치현상에 대한 관심은 점점 무뎌지고, 각종 사회이익을 대변하는 집단들 간의 갈등과 대립 속에 '나만 아니면 된다'는 식의 이기적인 사고도 커지고 있으며, 타인에 대한 배려는 실종되고 있다. 현재 우리 사회는 진영이 우선이다. 진영에 속하면 비판해서는 안 되는 성역, 동조해서는 안 되는 금기 영역으로 양분된 결정을 강요받게 된다. 아니면 어느 한쪽도 선택하지 않는 방관자로 남을 것을 강요한다. 진영논리로 만들어진 성역은 사회 근간을 위협할 수 있다. 학문과 양심의 자유, 사상과 표현의 자유라는 기본 권리이자 희생과 투쟁으로 지켜온 자유민주주의의 토대를 위협할 수 있다. 금기는 사실보다 감정에 치우쳐 스스로를 피해자로 만들어 대중주의 또는 국수주의적 민족주의에 함몰될 수 있다. 결국 사회적인 연대 의식이 약화되면서 사회의 갈등은 깊어지고 있다.

우리 사회의 갈등의 원인은 여러 가지이다. 학자들마다 다양한 의견을 제시한다. 여러 원인 중에 하나는 우리 헌법에서 규정한 자유민주주의 제도에 대한 충분한 이해와 교육의 부족도 중요한 원인이다. 깊고도 오랜 역사를 통해 형성된 민주주의를 교과서의 몇 페이지로 배웠다. 민주주의의 이론적 토대와 역사적 과정을 충분히 이해하지 못한 측면이 있다.

성숙한 시민사회는 상호 차이를 인정하고 존중하면서도 공동의 가치와 연대성이 형성된 법치주의 사회이다. 민주주의의 가치 함양을 통해 성숙한 시민사회로 전환될 때, 보편적 가치의 공유와 함께 사회적 통합도 이루어질 수 있다. 사회적 차원의 통합은 성숙한 시민의식을 바탕으로 사회적 포용력이 뒷받침될 때 비로소 가능하다. 사회적 포용력은 공통의 가치, 즉 대한민국의 기본적인 가치인 자유민주주의 제도에 대한 기본적인 이해가 전제되어야 한다. 이 책은 자유민주주의의 다양한 이론과 문화, 그리고 주체적인 현상을 이해할 수 있도록 이론과 실제를 중심으로 배치하였다.

원고를 추스르고 풍요롭게 하는 과정에서 함께 고민을 나눈 지도교수인 Nora Hamilton 교수를 비롯하여 학문적 동반자이자 존경하는 선후배 교수들의 도움이 있었다. 3판을 개정하며 특별히 도움을 준 전영선 교수, 윤성원 교수, 정유진 박사, 최유진 연구원 그리고 제자들의 응원과 지인들의 도움은 책에 생명을 불어 넣어 주었다. 꼼꼼하게 편집을 맡아 주신 박영사 양수정 선생님께도, 지면으로나마 의지하고 도움 주신 분들께 감사드린다.

가족은 나에게 큰 힘이 된다. 가족의 소중함을 알려주신 아버지의 모습은 아직도 뚜렷하다. 가정을 꾸리고 버팀목이 되어 준 아내와 할아버지의 뜻을 나보다 더 잘 이해하는 아들이 든든하다.

아프리카 속담에 '혼자 가는 것보다 함께 가야 멀리 간다'라는 말이 있다. 작은 일이든 큰일이든 홀로 되는 법이 없고, 저절로 되는 일이 없다는 것을 깨닫는다. 나이의 성숙함을 학문적 성숙으로 이어갈 것이라 다짐한다.

2022년 2월 18일

개정판 서문

이 책의 처음 시작은 수업 중 학부 학생의 당돌한 질문이었다. "왜 우리나라에서 나오는 대부분의 정치학 교재는 번역본인가요?" 대답은 간단하다. 논문을 우선시하는 학문풍토와 평가제도 그리고 정치인들의 출판기념회를 위한 책찍기 사업이 만들어 낸 평가절하에 따른 부작용이다. 이 책은 학문의 깊이와 연속성을 위한 전환이 필요하다는 마음에서 시작된 작은 시도이다.

정치학에 필요한 기본적인 개념과 이해를 통해 자본주의 경제구조에서 민주주의 가치를 제고하고자 이 책을 처음 선보인 지 4년이 지났다. 지금까지 부족함이 많은 책을 교재와 참고서로 사용해온 학생들과 연구자들에게 미안한 마음을 가져왔다. 이번 기회에 책의 잘못된 내용들, 부족한 부분들을 사례와 주요 학자들의 내용으로 수정보충하였고, 변경된 내용들을 보완하였다. 무엇보다 수업 중 학생들의 질문과 토론 내용들이 생각을 정리하는 데 많은 도움을 주었다.

이 개정판은 교육부와 한국연구재단의 신흥지역 연구과제 그리고 대학중점연구소 연구과제에 연속 선정된 유럽-아프리카연구소의 '한국 중소기업의 아프리카 진출'과 '한국의 대아프리카 공공외교 전략수립' 연구과제를 진행하면서 축적된 연구결과물들인 책, 논문과 발표한 자료를 참고하였고 무엇보다 변화한 현실 정치와 통계 수치를 반영하였다. 따라서 모든 장들의 내용을 수정하거나 보완하였다.

이번 개정판을 내면서 객관성을 유지하기 위하여 노력하였다. '정치는 생물이다'라는 말이 있듯이 미래를 예측할 수 없다는 한계가 주관적인 결론을 찾을 수밖에 없다는 아쉬움을 남게 한다. 리들리는 『The Rational Optimist(합리적 낙관주의자)』에서 개개인이 아이디어를 서로 교환하며 집단지능을 만들어 내어, 인류문명이 퇴보 또는 궁극적으로 멸망할 수 있다는 비관주의자들의 예측을 무너뜨리고 계속해서 진보할 수 있었다고 주장하였다(Ridley, 2010). 교환의 시작과 함께 문화가 집단적 성격을 띠게 되면서 경제적 진보라는 형태의 서로의 이익을 위하여 재능과 노력을 특화할 수 있는 노동의 분업, 전문화 등의 시도가 진행되어 경제적 번영이 가능했다는 것이다. 비록 정치에 대한 예측은 어렵지만 이 책을 통하여 성숙한 시민사회를 추구하는 가치를 제고할 수 있는 기회가 개개인의 의식 속에 만들어진다면, 개개인의 문제의식이 집단 문제의식으로 전이되어 상생(相生)의 공동체가 만들어질 것이라 기대해 본다.

우리 사회가 심각한 성장의 후유증을 겪고 있다. 한강의 기적으로 불리는 엄청난 경제성장을 이루었고, 세계가 부러워하는 최첨단의 정보통신 기술을 갖게 되었지만 탈산업화의 심화는 사회이익의 파편화, 사회구조의 분화, 대중의 원자화를 가속시키고 사회환경의 유동성과 불확실성을 고조시키고 있다. 정보화는 소통의 측면에서는 긍정적인 면도 있지만, 갈등구조를 공개하고 해석하는 과정에서 갈등을 특정한 측면에서 고착화시킴으로써 사회를 양극화시키고 있다는 점도 간과해서는 안 된다. 이러한 정보의 홍수 속에서 정치현상에 대한 관심은 점점 무뎌지고, 각종 사회이익을 대변하는 집단들 간의 갈등과 대립 속에 '나만 아니면 된다'는 식의 이기적인 사고가 보편화되었으며, 타인에 대한 배려는 실종되었다. 더욱이 국정농단을 단죄한 2016년 촛불시위에서 대통령 하야를 외치며 자유민주주의를 경험했지만, 정치에 대한 관심이 진영 싸움으로 귀결되면서 제대로 잘잘못을 가리지 않고 자기 진영의 주장은 무조건 옹호하고 상대진영의 주장은 무조건 비난하는 편가르기로 매몰되는 모습을 보이고 있다. 결국 사회 연대감의 약화로 사회의 갈등은 점점 깊어 가고 있다. 국민주권의 보장, 인권과 자유의 보장, 경제적 안녕을 전제로 한 민주주의 의식의 사회적 확산이 새롭게 필요한 시점이 되었다.

우리 사회의 갈등에 대해서는 다양한 견해가 있을 수 있다. 하지만 우리 헌법에서 규정한 자유민주주의 제도에 대한 이해와 교육의 부족도 한 원인이라는 점에 반대할 사람은 많지 않을 것이다. 교과서에서 민주주의를 배웠지만 민주주의의 이론적 토대와 역사적 과정을 충분히 이해하지 못하였다. 자유를 배웠지만 자유에 따르는 책임과 의무를 배우지 못하였다.

우리 사회의 발전을 위해서는 성숙한 시민사회로의 발전이 절실하다. 성숙한 시민사회는 상호 차이를 인정하고 존중하면서도 공동의 가치와 연대성이 형성된 사회를 의미한다. 민주주의의 가치 함양을 통해 성숙한 시민사회로 전환될 때, 보편적 가치의 공유와 함께 사회적 통합도 이루어질 수 있다. 사회적 차원의 통합은 성숙한 시민의식을 바탕으로 사회적 포용력이 뒷받침될 때 비로소 가능하다. 사회적 포용력은 공통의 가치, 즉 대한민국의 기본적인 가치인 자유민주주의 제도에 대한 기본적인 이해가 전제되어야 함은 당연한 일이다.

다양한 국가의 정치현상과 구조에 대한 비교 분석을 통해 국가와 사회가 나아갈 방향을 연구하는 비교정치에 대한 보다 용이한 접근을 위하여, 무엇보다도 이 책은 각국의 정치제도, 정치구조, 정치과정 등을 비교·분류하는 방식의 기존 비교정치 교재 집필 방식에서 벗어나, 독립적인 분과 학문으로서 비교정치만이 지니고 있는 이론적 패러다임과 각 장마다 저자의 의도를 명확하게 드러내는 데 주력하였다. 따라서 이 책의 전반부에서는 비교정치 분야에서 발생한 최근의 이론적 발전을 충실하게 반영하고자 크게 정치문화론, 제도주의, 합리적 선택이라는 세 가지 이론적 패러다임이 중점적으로 다루어졌다. 이처럼 이론에 대한 상세한 설명과 더불어 자칫 추상적인 논의에 머물 수 있는 위험을 극복하기 위하여 각각의 이론적 접근을 이해하기 위한 적절한 적용 사례들을 제시하였다. 이론적 접근에 중점을 둔 전반부 이후에는 정당과 선거, 정치권력, 정치경제, 정치발전론과 민주주의 공고화, 사회운동, 세계화 등 비교정치의 구체적인 연구 분야에 대한 장들을 수록하였다.

각 장의 구성을 소개하면 다음과 같다.

제1장은 '비교정치의 진화와 방법론'으로 비교정치의 의의, 비교정치의 역사와 최근 경향, 비교정치 연구방법론을 중심으로 기술하였다. 이 장에서는 전기행태주의에서 행태주의, 나아가 탈행태주의에 이르기까지 비교정치의 이론적 발전과정을 개괄적으로 살펴봄으로써 이후의 장들에서 다루어질 세부 사항에 대한 전반적인 이해를 도모하였다. 또한 실질적인 연구에 활용되는 방법론에 대해서도 간략히 다룸으로써 이 책에서 집중하는 이론적 패러다임이 정치현상에 대한 경험적 분석과 유기적으로 결합되는 것임을 보여주고자 하였다.

제2장은 '정치이념'이다. 정치이념은 이상적인 정치목표를 설정해주는 지표가 되어주며, 그 목표를 달성하기 위한 접근방법이자 정치세계 등에 대한 신념이나 믿음의 포괄적인 집합체라고 할 수 있다. 이 장에서는 고전적 자유주의, 현대적 자유

주의, 급진주의, 보수주의 등의 주요 정치이념들의 주요한 특징과 탄생, 그리고 발전을 역사적 맥락과 연결시켜 살펴본다. 이러한 네 가지 사상적 기조는 행위의 합리적 논리구조와 저항의 논리구조를 형성해 주는 것은 물론 다양한 정치학 이론의 근원을 형성하는 것이기에 비교정치 이론에 대한 효율적이고 본질적인 학습을 위해서는 우선적으로 정치사상에 대한 심층적 이해가 필요하다. 그리고 『자본주의와 민주주의 상생(相生)의 정치경제학을 위하여』를 집필하면서 고민했던 내용들을 보완 또는 인용하였다.

제3장은 '국가론'이다. 국가는 정치학 연구의 가장 중심적인 주제였다. 특히 비교정치의 태생은 여러 다른 국가들의 체제와 조직을 비교하는 데서 시작되었다고 해도 과언이 아니다. 고대 그리스의 아리스토텔레스와 플라톤에서 근현대의 마키아벨리와 케인스에 이르기까지 국가에 대한 연구는 정치학의 빠질 수 없는 연구 대상의 하나였다. 국가의 개념과 연구방법은 연구자와 연구 주제에 따라 다르게 정의되었다. 국가는 국민·영토·주권을 포괄하는 매우 큰 개념으로부터 개인들의 사회적 이익을 충족시키기 위한 수단으로 간주되는 매우 협소한 개념에 이르기까지 다양한 정의가 존재한다. 이 책에서는 가장 거시적이고 일반적인 국가의 개념으로써 국가의 구성요소에 초점을 맞추는 법적·역사적 접근에 대한 설명으로부터 체계론, 구조기능주의, 계급주의, 다원주의 등 다양한 이론적 관점에서 국가를 설명하는 서로 다른 방식에 대해 자세히 살펴보도록 내용을 구성하였다.

제4장은 '정치문화'에 대한 장이다. 정치현상을 포함한 인간의 활동을 정확히 이해하기 위해서는 인간이 어떠한 존재인지에 대한 근본적인 이해가 필요하다. 행위자의 정치적 태도와 행동에 대한 원인을 규명하고, 다양한 정치적 태도와 행동 간의 차이점을 분석하는 것을 핵심으로 하는 정치문화적 접근은 비교정치의 주요 패러다임 중 하나로 심리적·성향적 접근방법에 의하여 체계화된 이론이다. 비교정치에서 연구되는 문화의 일반적인 특징은 크게 두 가지 측면에서 살펴볼 수 있다. 하나는 사람들이 일상생활을 영위해 나가는 데 사용하는 의미의 체계라는 점이고, 다른 하나는 사람들이 어떻게 집단을 구성하고 그들의 넓은 문제의 범위에서 행동할지에 관해 중요한 영향을 주는 사회의 근간이자 정치적 정체성(political identity)이라는 것이다. 이 장에서는 정치문화에 대한 제반 이론과 특성을 분석하였다. 특히

합리적 선택과의 분석 틀로서의 차이점을 명확히 하였다.

제5장은 '합리적 선택'이다. 인간의 행동 가운데 의도적 행동은 합리적 성격을 띠게 되는데, 이러한 합리적 행위가 지닌 특성을 체계적으로 파악하여 사회 현상의 인과적 메커니즘을 설명하고자 하는 것이 합리적 선택 이론(rational choice theory)이다. 합리적 선택 이론은 공공선택 이론, 사회선택 이론, 게임 이론, 합리적 행위자 모형, 실증적 정치경제, 그리고 정치에 대한 경제학적 접근법 등으로 달리 표현되기도 하는데, 그것은 이 이론이 기존의 이론과 달리 단일 이론이라기보다는 집합체적 성격을 가지기 때문이다. 합리적 선택 이론은 가치효용론(Value-utility theory), 게임 이론(game theory), 그리고 사회적 선택 이론 혹은 의사결정론(social choice or decision- making theory)을 포함한다. 비교정치 분야에 널리 활용되고 있는 합리적 선택 이론의 발전배경을 살펴보고, 합리적 선택 이론에서 가정하고 있는 합리성의 개념에 관해 소개하며 합리적 제도주의와 다음 장에서 다룰 역사적 제도주의와의 차이점을 사례를 통하여 설명하였다.

제6장은 '제도주의'이다. 기본적으로 정치학에서 제도는 헌법, 법률, 규범과 같은 공식적인 정치기제를 일컬어 왔으며 이러한 공식적 제도에 초점을 맞추는 구제도주의는 전기행태주의 시대의 주된 접근방법이었다. 그러나 이 장에서 비교정치의 새로운 패러다임으로서 강조하고 있는 신제도주의는 앞서 서술한 공식적인 정치적 메커니즘과는 달리 관습과 규범, 나아가 관념(idea)에까지 이르는 광범위한 대상을 제도적 실체로서 규정하고 분석함으로써 비교정치 연구의 범위를 획기적으로 확장시켜주고 있다. 이 같은 제도주의 이론의 발전과정을 살펴봄과 동시에 구제도주의와 신제도주의가 어떻게 발생하게 되었는지, 구제도주의와 신제도주의의 특징과 차이점은 무엇인지, 신제도주의 이론 가운데서도 특히 역사적 제도주의 접근법의 특징은 무엇인가를 중점적으로 살펴보았다. 이 과정에서 특히 제도를 독립변수로서 취급하는 접근법, 경로의존성의 개념 등에 대한 심화된 설명을 제공하고자 하였다.

제7장은 '정치구조'이다. 오늘날 지구상에 존재하는 일정수준 이상의 문명발진 단계를 시닌 국가에 있어 삼권분립은 매우 자연스러운 현상이 되었다. 이는 민주주의의 이념과 원리를 보호하기 위한 제도적 방안이라고 할 수 있을 것이다. 이처럼

행정부와 입법부, 그리고 사법부로 이루어진 국가의 형태는 그 실질적인 삼권분립의 양태와 관계없이 외형적 구조로 보편화되어 있다. 정부, 입법부, 사법부는 각각 시대별·국가별 특수한 상황에 따라 한 국가의 정치적 영역 속에서 그 역할과 한계가 다양하게 변화해 왔다. 다양한 논의의 핵심은 삼권의 힘을 어떻게 효율적으로 나누어 국가를 유지해 나가는 것이 좋은 것인지에 대한 것이다. 무엇보다도 이 같은 정치구조를 구성하는 논리의 우선적인 원칙은 민주주의의 원리라고 할 수 있을 것이다. 따라서 7장에서는 정치적 구조의 배열을 구성하는 민주주의의 원리, 민주주의의 역사적인 변천과 발전과정, 정치구조에 있어 가장 큰 주체들인 행정부, 입법부, 사법부 그리고 관료제의 국가별로 다양한 구조들을 살펴보았다. 그 외로 정치적 행정부의 역할과 입법조직 구성과 역할 그리고 사례로서 한국의 입법절차를 포함하였다.

제8장은 '정당과 선거'이다. 정당은 현대정치의 꽃이라 불린다. 이는 국민의 의사를 집약, 대변하고 국가와 시민사회의 중간적 위치에서 대의정치의 핵심인 선거를 중심적으로 수행하기 때문이다. 현대정치의 꽃이라 불리는 정당은 그 실질적 역할의 비중에 강약이 있을지언정 민주주의에서 권위주의, 공산주의 국가에 이르기까지 모두 존재한다. 정당은 각각 시대별·국가별 특수한 상황에 따라 한 국가의 정치적 영역 속에서 그 역할과 한계를 다양하게 변화시켜 왔다. 따라서 본 장에서는 정당의 기원과 역할에서부터 정당의 종류와 정당체제에 이르기까지 정당에 대한 전반적인 개념을 살펴보았다. 또한 민주주의의 가장 핵심 키워드라고 할 수 있는 선거의 의미와 다양한 선거체제가 가지는 장·단점들을 살펴보고, 이러한 선거과정에서 유권자들이 어떻게 자신의 소중한 한 표를 행사하는가에 대한 문제와 미디어의 발달과 함께 현대 선거에 있어 매우 중요한 요소로 떠오른 여론조사 방법론과 선거사례를 추가하였다.

제9장은 '정치권력'이다. 권력은 누구나 소유할 수 있는 것이 아니다. 가치를 배분하는 사람이 있는가 하면, 그 배분되는 가치를 받는 사람이 있다. 가치를 배분받은 사람들 중에서도 모두 동등한 가치를 배분받는 것은 아니다. 자신의 몫이 큰 사람이 있는가 하면, 반면에 작거나 전혀 받지 못한 사람도 있다. 이 모든 현상 속에서 이미 권력을 가진 자와 가지지 못한 자가 분리된다. 이때 권력을 장악하고 있는

사람들을 우리는 엘리트라고 부른다. 정치권력에서는 엘리트에 대한 다양한 이론에 대해 살펴보았다. 각각의 엘리트 이론들은 저마다 엘리트의 구성과 역할에 대해서 긍정적 혹은 부정적인 분석을 하였다. 모든 엘리트 이론이 공통적으로 전제하는 것은 정치권력의 세계에서 엘리트는 존재할 수밖에 없으며 우리는 그 존재를 부정할 수 없다는 것이다. 하지만 이것이 현실 세계에 민주주의가 존재할 수 없다는 것을 의미하지는 않는다. 근대적인 이론가들 중에는 이러한 엘리트 집단의 통합성과 응집력에 의문을 제기하고, 엘리트는 서로 경쟁적인 복수 엘리트로 구성되어 있다는 다원적 견해를 제기하기도 한다. 다양한 엘리트들이 일반대중의 지지를 얻기 위한 경쟁을 통해서 민주주의적인 가치가 실현된다고 본다. 무엇보다 현대 사회의 엘리트는 누구인가를 생각해 볼 수 있는 기회를 제공하고자 하였다.

제10장은 '정치경제'이다. 정치학과 경제학이 학문적 영역에서는 물론이고 현실적인 영역에서도 상당히 많은 부분을 공유하고 있기 때문에 정치학과 경제학이 기본적인 사회 메커니즘과 체제를 분석하는 일련의 과정에 공동으로 관여해야만 한다고 판단된다. 현대 비교정치에서도 경제학과의 밀접한 상호연결성 속에서 진행되며, 오래 전부터 정치경제학이라는 이름으로 불려왔다. 한편으로 보다 현실적인 측면에서 이는 현대적 정치체제의 근간을 이루는 민주주의와 현대 경제생활의 주된 원리인 자본주의 시장경제체제 상호 간의 갈등과 조화의 문제에 기인하는 것이기도 하다. 마르크스는 자본주의 지배계급과 질서 유지에 기여하는 정치경제학을 비판했다. 하지만 정치경제학의 근본 취지는 경제와 정치의 관계에 주목하여 자본주의와 민주주의의 상호보완적 발전을 모색했다는 점이다. 이 장에서는 민주주의와 자본주의의 관계 등 현대 정치경제 이론의 핵심적인 문제의식과 쟁점들을 중심으로 국가와 시장의 관계를 살펴보았다. 그 외로 『자본주의와 민주주의 상생(相生)의 정치경제학을 위하여』를 집필하면서 고민했던 내용들을 보완 또는 인용하였다.

제11장은 기존의 2개 장을 통합한 '정치발전론과 민주주의 공고화'이다. 정치발전론은 전후 사회과학계를 풍미했던 근대화 이론의 영향하에서 탄생하였다. 단순히 서구만의 전유물로서가 아닌, 인류 역사를 결정적으로 변화시킨 근대화(modernization)에 대한 학문적인 규명을 위한 도전은 정치 영역에서의 근대화와 발전에 관한 논의로까지 이어진 것이다. 다원주의적 민주정치체제로의 발전과정을

구조적인 측면에서 분석하고자 했던 정치발전론을 통해 비교정치의 전통적이고 중요한 테마에 대해 학습할 수 있는 기회가 될 수 있을 것이다. 또한 정치발전론은 구조적인 동시에 과학적인 분석을 위하여 변수들 간의 인과 및 상관관계의 규명, 통계적 기법의 활용 등 현대 비교정치의 방법론과 이론들을 구성하는 재료를 제공한 모태가 되었다는 측면에서 반드시 학습해야 하는 부분이라고 할 수 있을 것이다. 그리고 20세기 말, 냉전의 종식을 전후하여 제3세계 권위주의 체제와 소련을 비롯한 사회주의권 국가들과 중동과 북아프리카의 민주화는 민주주의 전환과정에 대한 과학적 설명의 필요성과 함께 이렇게 전환된 신생 민주주의 국가들의 민주정치체제를 안정적으로 작동시키기 위한 필요조건들에 대한 의문들을 제기하였다. 특히 민주주의 전환에 대한 연구자들은 구조적이고 역사적인 제약요인들뿐만 아니라, 행위자들의 전략적 선택에 대해서도 세밀한 분석을 발전시켜 왔다. 비민주적 상태에서 민주적 상태로 전환하는 민주주의 전환에 있어서 그 과정과 조건, 방법에 관한 이론들을 살펴봄과 함께, 민주주의 전환만큼이나 중요하게 여겨지고 있는 공고화의 요건과 시민사회, 국가 능력과의 연관성도 알아보았다.

제12장에서는 '사회운동'을 다루었다. 이 장에서는 사회운동의 개념과 역사적 흐름에 대해 알아보고, 이론의 전개와 그 운동의 주체인 집단들이 어떻게 형성되며 조직되는지에 관한 이론들에 대해 설명하였다. 순차적인 이해를 위하여 본 장에서는 사회운동을 비정상적인 현상으로 취급했던 전통적인 이론을 간략히 소개하고, 이에 대한 대안적 접근으로 제시된 합리성에 기반을 둔 자원동원론과 가치관 변동에 중점을 둔 신사회운동론을 살펴보았다. 또한 이러한 두 접근에 대한 수정적 이론으로서 주목받고 있는 구성주의적 사회운동론을 다루었다.

제13장은 '세계화'라는 제목으로 글로벌한 관점에서 이루어지는 비교정치 연구를 위한 기초 이론들을 수록하였다. 세계화(globalization)는 국가경계의 폐쇄성을 약화시키고 각종 이해관계가 국가경계를 넘어 복잡성을 증가시키고 있다. 각 국가의 정치체제와 정치행위자들에 대한 비교연구를 심화시키기 위해서는 국제적 차원과 연결된 분석이 필요하다. 이를 위해 국제체계를 경쟁적인 체계 혹은 합의와 질서의 체계로 보는 현실주의와 자유주의라는 대표적인 두 종류에 대하여 검토한 뒤, 세계화로 불리는 세계적인 정치·경제적 통합 흐름을 논의하면서 새로운 통계치를 참고

하여 수정·보완하였다. 세계화와 관련하여 특히 본 장의 후반부에서는 각 국가들의 정책모델을 수렴시키는 글로벌 스탠더드(global standard)의 형성 및 그 과정과 분리될 수 없는 테크노폴(technopol)의 역할과 전략적 행위에 대해 중점적으로 분석한 문헌들을 소개하였다.

원고를 추스르며 풍요롭게 하는 과정에서 함께 고민을 나눈 지도교수인 University of Southern California, Nora Hamilton 교수와 정치경제에 관심을 갖게 해주셨던 작고하신 John Elliott 교수, 청주대학교 유호근 교수, 이화여자대학교 박인휘 교수, 공군사관학교 박봉규 교수, 탄자니아 다르에살렘대학교 한국학연구센터 Suphian 박사 그리고 집필을 돕고 이 책을 만들게 된 동기를 제공해 준 이제는 각 분야에서 두각을 나타내고 있는 대학원 제자들 이종용, 최돈위, 신정섭, 최의석, 홍영민, 유신희, 송현석, 강신양 그리고 교정 작업을 도와준 유럽-아프리카 연구소 연구원 신도, 안호찬이 있었다. 그리고 부족한 연구책임자에게 항상 힘을 실어주시는 한국연구재단지원 신흥지역 연구과제와 대학중점연구소 연구과제의 공동연구원 배재대학교 김정숙 교수, 한국외국어대학교 이한규 교수, 한양대학교 최태현 교수, 뉴욕주립대학교 이진상 교수, 서울대학교 김태균 교수, 한양대학교 이훈 교수, 성균관대학교 조원빈 교수들이 있다. 이들이 있었기에 전체적인 구상과 원고 작업이 진행될 수 있었다. 무엇보다 대학에서 정치학을 전공하면서 고민했던 부분을 함께 나눌 수 있는 기회가 되었다. 그리고 원고를 정리하고 마무리하는 데 끝까지 도움을 준 많은 고마운 분들, 특히 유럽-아프리카 연구소 심승우 부소장과 이충희 교수 그리고 정유진 연구원, 건국대학교 전영선 교수가 있었다. 감사하며 잊지 않을 것을 약속한다.

그리고 쉽지 않은 상황에서 출판을 추진시킨 박영사의 임재무 이사와 편집을 알차게 맡아준 노현 이사에게 감사드린다.

항상 나에게 힘과 용기를 주는 나의 아내 계령과 아들 용권 그리고 마지막까지 머릿속을 떠나지 않는 어른이 계신다. 정치에 관심을 갖게 해주시고 학문의 길로 인도해주신 항상 나의 주변에 계셨던 분이다. 아버님을 보낸 지도 어언 몇 해가 지났지만 생전의 모습과 말씀은 갈수록 새롭다. 아버지의 현실정치에 대한 경험은 내가 정치학을 새롭게 이해하는 데 많은 도움을 주었다. 조금 더 함께 하는 시간이 있었다면 하는 아쉬움이 너무나도 많이 남는다. 책 서두에 이렇게 아버지에 대한 이름이라도 올리는 것이 자식된 뒤늦은 도리인가 싶다. 감사한 마음으로 아버님 영전에 책을 올린다.

초판에 비하여 많은 부분들이 수정 그리고 보완되었지만 개정판을 내기로 마음먹고 계획했던 많은 내용들이 모두 보완되지 못한 것 같다. 다음을 기약하며 이 순간부터 준비해야겠다.

2019년 2월 18일

차례

제1장 비교정치의 진화와 방법론 — 1

제2장 정치이념 — 29

제7장 정치구조 — 273

제8장 정당과 선거 — 331

제9장 정치권력 — 375

제10장 정치경제 — 421

제13장 국제환경의 변화 — 559

[Box 차례]

[표 차례]

[그림 차례]

제1장

비교정치의 진화와 방법론

제1장

비교정치의 진화와 방법론

제1절 비교정치의 의의

비교정치(Comparative Politics)는 정치학의 핵심 분야 중 하나이다. 이름에서 드러나듯이, 비교정치는 다양한 정치 체제와 현상들을 비교분석함으로써 그 속에 내재된 보편성과 특수성을 밝혀내고, 현실 정치에 대한 실증적인 지식을 습득하는 것을 목표로 한다. 이러한 특성 덕분에 비교정치는 특정 주제에 한정된 다른 정치학 분야들과 달리, 정치학에서 다루는 거의 모든 주요 영역을 포괄한다고 볼 수 있다. 분석 대상 역시 제도적인 영역은 물론, 비제도적인 정치 활동의 모든 형태를 포함할 만큼 광범위하다.

이처럼 폭넓은 영역을 다루기 때문에 비교정치는 종종 '정치학의 모든 것'이라는 평가를 받는다. 그러나 동시에 그 방대한 학문적 범위로 인해 때로는 '실체가 없는 학문'이라는 상반된 비판에 직면하기도 한다. 그럼에도 불구하고 비교정치는 정치 현상에 대한 심층적이고 체계적인 이해를 제공하는 정치학의 근간으로서 중요한 역할을 수행하고 있다(김창희, 2005: 23; 신정현, 2000: 3; Hague et al., 2017: 1~3, 15~17).

사실 정치학의 세부 학문 분야는 모두가 중요하다. 그러나 정치체계의 유지나 변화에 작동하는 조건들을 파악하기 위해서는 학문에 대한 정확한 지식은 물론 명확하고 효율적인 이해와 설명이 요구된다. 이러한 목적을 달성하기 위한 가장 대표적인 방법이 바로 '비교'이다. 비교의 분석수준은 정부기구와 그들 간의 상관관계를 보는 제도중심적, 사회적 요인이 정치행위에 미치는 방식을 보는 사회중심적, 그리고 국가의 정책이 사회에 미치는 영향을 보는 국가중심적으로 볼 수 있다.

예를 들어보자. 지금 다루고자 하는 주제는 '한국의 민주화 전환 과정에서 중산층의 역할'이다. 이를 분석하기 위해서는 먼저 몇 가지 기본적인 선행 작업이 필요하다. 우선, 민주주의 전환 과정의 개념, 중산층의 사회적·경제적 정의, 그리고 중산층이 민주화 전환에 미치는 영향과 관련된 이론적 논의 및 구체적 사례들을 탐색적이고 기술적인 수준에서 검토해야 한다. 이러한 과정은 연구의 기초를 다지는 데 필수적이다.

그러나 이와 같은 단순한 사실의 수집과 기술만으로는 '한국의 민주화 전환 과정에서 중산층이 수행한 역할'을 충분히 설명하기 어렵다. 이는 단지 관련된 사실들을 나열한 표면적 기술에 그칠 가능성이 높기 때문이다. 즉 개별 사례나 현상의 병렬적 정리만으로는 중산층의 정치적·사회적 행위가 민주주의 전환의 구조적 맥락 속에서 어떠한 의미를 지니는지 분석적으로 드러내기 어렵다.

따라서 이 주제를 보다 심층적으로 이해하기 위해서는 비교의 방법이 유용하다. 다시 말해 한국의 민주화 전환 과정에서 중산층이 담당한 역할을 다른 국가들의 민주화 전환 과정과 비교·대조함으로써, 한국적 맥락에서 중산층이 수행한 고유한 기능과 특성을 보다 명확히 파악할 수 있다. 이러한 비교 분석은 단순한 사례 연구를 넘어, 민주화의 사회적 동학과 계급 구조적 요인을 체계적으로 이해할 수 있는 이론적 틀을 제공한다. 이를 통해 한국 민주주의의 전환 과정에서 중산층의 역할이

지닌 특수성과 보편성을 동시에 조망할 수 있을 것이다.[1)]

따라서 비교 연구방법을 사용하는 목적은 연구 대상들에 대한 과학적인 비교와 대조를 통해 연구 대상들 간의 유사성과 상이성을 밝힘으로써, 특정 연구 대상의 본질을 보다 분명하게 고찰하는 데 있다. 특히 비교 연구방법은 동일한 정치현상을 일으키는 요인들 중에서 유사한 것들을 밝혀내어, 정치현상에서 나타나는 일련의 규칙성을 도출하고자 한다(신명순, 1999: 3). 그리고 이러한 규칙성은 과학적인 연구방법을 통해 보다 일반화됨으로써, 현 상황을 분석하고 미래를 예측하는 데 사회과학의 한 영역으로서 기능하게 한다. 결국 이상의 논의를 종합하여 볼 때, 비교정치란 "둘 또는 그 이상의 국가에서 나타나는 정치현상에서 유사성이나 상이성을 찾아내어 이에 대한 일반화를 시도하는 일체의 연구"라고 정의할 수 있다(Galtung, 1967; Merritt, 1969; Scarrow, 1969; Przeworski and Teune, 1970: 32; Holt and Turner, 1970; Mayer, 1972: 94; Dogan and Pelassy, 1984: 117~132; Wiarda, 1991: 17; 신명순, 1999: 3; 신정현, 2000: 15; 김창희, 2005: 24).

제2절 비교정치의 역사와 연구방법

'비교'는 이미 중세 시대 플라톤(Plato)과 아리스토텔레스(Aristotles) 이래 사용된 정치학의 오랜 연구방법이었다. 그러나 비교라는 연구방법을 사용함에 있어서 연구의 결과물은 시대 또는 분석하는 사람에 따라 달랐다. 특정한 연구 대상을 분석함에 있어서도 그것을 분석하는 사람이 분석하는 대상과 비교라는 방법을 어떻게 인식하고 활용하는가에 따라 전혀 다른 결과가 도출될 수 있다. 그리고 이러한 세상을 바라보는 인식론적 관점의 변화 역시 비교정치라는 커다란 범주 속에서 시간에 따라 조금씩 달라져 왔다.

---

1) 한국의 민주주의 전환과정에서 중산층의 역할에 대한 자세한 논의는 Sungsoo Kim, 2008, *The Role of the Middle Class in Korea Democratization*(Edison, N.J.: Jimoondang)을 참조할 것.

'비교정치'라는 용어가 최초로 사용된 것은 에드워드 프리맨(Edward A. Freeman)이 쓴 『비교정치(Comparative Politics)』라는 책이 출판된 1873년이다. 그러나 비교정치가 정치학의 한 분야로서 분류되기 시작한 것은 1920년 2월 이후부터이다. 『미국정치학회보(American Political Science Review)』의 서평란에 '외국과 비교정부(Foreign and Comparative Government)'라는 분류 항목이 등장한 시기가 바로 이때이다. 하지만 당시 미국은 예외주의와 고립주의의 영향으로 인해 다른 나라들에 대해서는 별다른 관심이 없었으며, 다른 지역에 대한 극소수의 연구들도 그 대상이 서유럽 국가들로 한정되면서 가시적인 발전을 이루지는 못하였다. 이후 1937년 칼 프리드리히(Carl J. Friedrich)에 의해 『입헌정부와 정치(Constitutional Government and Politics)』라는 책이 발간되면서, 비로소 비교정치는 '비교연구'의 성격을 띤 진정한 의미의 저서를 최초로 갖게 되었다.

1940년대까지 비교정치는 완전하게 독립된 정치학의 한 분야로서의 위상과 지위를 확보하지 못하고 있었다. 사실 이 시기의 정치학은 역사학과 철학, 그리고 법학 등의 학문과 밀접한 연관성을 가지면서 주로 정치현상의 역사적이거나 규범적인 면을 다루거나, 법과 정치기구 그리고 정치제도 등을 서술하는 수준이었다(신명순, 1999: 6; Chilcote, 1994).

1. 전기 행태주의적 연구방법

전기 비교정치 연구는 비교정치가 정치학의 한 분야로 대두되는 시기의 연구이자 역사적인 통찰과 정치 행위에 관심을 가진 연구로서, 특히 미국 정치제도에 대한 이해를 통해 미국 시민들의 교육을 담당하는 데 기여하였다. 이 시기의 정치학은 시민들이 지켜야 할 의무와 책임에 대한 규범적 지식과 정치철학에 그 핵심적 가치를 두고 있었으며, 이에 발맞추어 비교정치 연구는 정치 구조와 기구, 체제, 그리고 제도들을 주의 깊고 면밀하게 기술하는 연구영역을 창출하였다(Bill and Hardgrave, 1983: 12).

비교정치의 전기 행태주의적 연구방법의 특징을 살펴보면 다음과 같다(Macridis, 1995; 신정현, 2000: 75~78).

첫째, 형태상의 기술(configurative description)이다. 전기 비교정치 연구는 특정 정치제도나 정치체계의 구조적 특성과 운영 방식을 세밀하게 묘사하는 데 주력하였다. 그러나 이러한 접근은 실질적인 '비교'보다는 정치체제의 외형적 특성을 기술적으로 기록하는 수준에 머물렀다. 형태상의 기술은 가치판단이나 주관적 해석을 배제하고, 역사적 자료에 근거하여 과거의 사건을 사실적으로 재구성하는 데 초점을 두었다.

둘째, 형식적 법률주의(formal legalism)이다. 이는 정치적 행위나 실제 권력관계보다는 헌법, 법률, 정부 문서 등 공식적이고 제도화된 규범 체계에 주된 관심을 두는 연구 경향을 말한다. 그 결과 정치의 역동적 측면보다는 정적인 제도 구조의 비교에 치중하였고, 정치 과정보다는 정치 기구 그 자체의 형식적 차이를 분석하는 경향이 강했다.

셋째, 국지주의(parochialism)이다. 전통적 비교정치 연구는 연구 대상의 범위가 극히 제한적이었으며, 주로 유럽 중심적 시각에서 전개되었다. 연구의 초점은 영국, 프랑스, 독일, 러시아 등 소수 유럽 국가들에 집중되었고, 비서구 지역의 정치체제는 상대적으로 배제되었다. 이러한 유럽 중심적 접근은 정치현상의 다양성과 비교정치의 확장성을 제약하는 요인이 되었다.

이 외에도 이 시기의 연구는 방법론적 보수주의(methodological conservatism), 경험적 이론보다는 규범적 가치의 강조(non-theoretical emphases), 그리고 방법론적 무관심(methodological insensitivity)이라는 특징을 지녔다. 당시의 연구자들은 정치현상을 과학적이고 체계적으로 설명하기 위한 경험적 이론의 정립에 익숙하지 않았으며, 대신 도덕적·철학적 가치의 정당화에 더 큰 비중을 두었다.

실제로 마키아벨리(Niccolo Machiavelli), 홉스(Thomas Hobbes), 몽테스키외(Baron de La Brede et de Montesquieu), 매디슨(James Madison) 등은 정치현상에 대한 깊은 통찰을 보여주었지만, 그들의 연구는 현대적 의미의 이론적 체계화나 과학적 검증을 지향하지 않았다(Bill and Hardgrave, 1983: 19). 그럼에도 이들의 연구는 정치현상을 단순한 관심의 대상으로 머무르게 하지 않고, 이를 분석하고 이론화하며 학문적 체계를 형성하는 데 결정적인 공헌을 하였다.

종합해 보면 행태주의 이전의 비교정치는 정치학의 네 가지 주요 연구 영역, 규범적 문제·정책적 문제·방법론적 문제·경험적 문제 중 특히 규범적·정책적 문제를 핵심 주제로 다루었다. 또한 정치현상의 복잡성과 특수성을 고려하여, 자연과학적 인과 증명 방식보다는 역사적 해석과 이해의 방법론을 중시하였다. 이러한 전통은 이후 행태주의의 경험적·과학적 접근이 등장하는 토대가 되었으며, 비교정치가 규범적 정치철학에서 경험적 사회과학으로 전환하는 중요한 연결고리 역할을 수행하였다.

2. 행태주의적 연구방법

행태주의적 연구는 제2차 세계대전을 전후하여 미국을 중심으로 사회과학 전반에 발생한 과학화의 일대 변혁운동이라고 할 수 있다. 비교정치 역시 이러한 학문적 흐름 속에 함께 자리하고 있었다. 행태주의의 사상적 배경으로는 자연과학적 방법론을 사회과학에도 적용할 수 있다는 믿음하에 유행하기 시작한 1930년대 이후의 논리 실증주의(logical positivism)[2]를 기반으로 하고 있으며, 시대적으로는 제2차 세계대전이라는 거대한 역사적 변환을 뒤로 하고 있다. 특히 제2차 세계대전은 이러한 변화에 많은 영향을 미쳤는데, 이 일대 사건은 채택하던 미국을 세계정치의 영역으로 끌어들였고, 다른 정치체제들에 대해서도 관심을 갖게 하는 계기가 되었다. 또한 미국인들은 전쟁을 통해 동맹국과 무역대상국들, 그리고 지속적인 위협으로 생각되는 국가들 등 미국과 관련 있는 다른 국가에 대한 연구와 이해의 필요성을 절실하게 인식하게 되었다. 한편, 전쟁 중 나치 정권에 의해 자행된 대량 학살 정책은 수많은 지식인들과 예술가, 그리고 여론 지도자들(opinion leaders)이 미국으로 몰려가게 만들었다. 이주자들 가운데 많은 수는 유럽의 정치체제와 분석방법에 대한 고도의 전문적 지식을 갖추었기 때문에, 그 기간 동안 미국의 대학들과 지식인들은 이들로부터 상당한 영향을 받지 않을 수 없었다. 그중에서도 특히 사회과학이, 그중에서도 비교정치가 매우 중요한 영향을 받았다.

전쟁 이후 등장한 냉전과 신생 독립국들에 대한 연구는 비교정치의 새로운 연구 대상이 되었다. 냉전체제가 시작되면서 미국의 적대 세력으로 등장한 소련과 동구권에 대한 관심이 증대되기 시작하였고, 식민지 시대의 종식과 함께 새롭게 독립

---

2) 경험 과학적으로 의미 있는 명제만 학술적으로 다룰 수 있다.

한 수많은 신생 독립국들에 대한 관심 역시 증가하였다. 이는 기존의 유럽과 미국을 중심으로 한 서구 주요 국가에 집중되었던 비교정치의 연구 소재들이 세계 곳곳으로 확대되는 데 큰 기여를 하였다(신정현, 2000: 8~13; 김창희, 2005: 27).

이러한 분위기 속에서 비교정치에 있어 기존의 연구방법과는 다른 패턴의 과학적 연구방법으로의 근본적인 변화는 1952년 미국사회과학원(SSRC: Social Science Research Council)의 '비교정치 연구세미나(Research Seminar on Comparative Politics)'를 통해 시작되었다. 이 세미나에서는 대학들 간의 연구 활동이 빈번하게 이루어졌는데, 이들은 유럽 중심의 연구에 대해 강하게 비판하였다. 새로운 세대의 학자들은 이익집단의 행태, 의사 결정과정 등과 같은 과거 비교정치가 다루지 않았던 비형식적인 측면을 강조하였다. 또한 비교정치가 국지적·형식적·법률적인 범위에만 머무를 수 없다는 의식 속에서, 보다 경험적이고 계량적인(즉 과학적인) 토대 위에서 비교연구가 수행되어야 한다는 견해를 공유하였다.

이러한 행태주의 시기의 연구는 소위 '근대화 이론(modernization theory)'이라 불리는 정치발전 연구 속에서 그 꽃을 피우게 되었다. 이 시기에 이스턴(David Easton)의 체계 이론과 파슨스의 구조기능주의가 알몬드(Talcott Parsons and Gabriel A. Almond)의 발전 모형에 영향을 미쳤고, 로스토우(Walt Whitman Rostow)의 경제 발전 단계 분석의 영향을 받은 오르간스키(Abramo Fimo Kenneth Organski)의 정치 발전 단계론과, 헌팅턴(Samuel Phillips Huntington)의 『변동하는 사회의 정치질서(Political Order in Changing Societies)』 등이 출판되었다. 이러한 문헌들에 바탕을 둔 당시의 발전 이론은 과학적으로 타당하고, 윤리적으로 올바른 것이라 여겨졌다. 이 이론은 분명한 과학적 타당성과 보편성에다 도덕적으로 건전한 기여를 한다는 규범적 확실성이 결합되어, 발전에 관한 연구를 매력적인 것으로 만들었다(Wiarda, 2002: 16).

행태주의의 영향을 받은 초기 비교정치 연구는 거시적이고 구조적·체계적인 현상의 비교에 집중하는 경향이 있었다. 특히 이스턴의 체계 분석은 체계의 구성요소와 작동 메커니즘에 초점을 맞추어 거시적인 수준의 비교 분석의 가능성을 제시하였다. 그러나 벤트리(Arthur Fisher Bentley)로부터 시작되어 트루먼(David Bicknell Truman)에 의해 정리된 집단적 연구는 집단이 개인의 태도나 성향의 원천이 된다는 점을 인정하였고, 의사 결정모형과 커뮤니케이션모형, 그리고 권력의 역할과 분석

등은 정치행태론의 이론화를 촉진하였다. 이에 따라 그 분석 대상도 점차 정치적 제도와 매스미디어를 중심으로 한 여론 분석과 투표행위나 정치 참여에 관한 연구 등이 중심이 되었다(김창희, 2005: 41).

한편 파슨스와 같은 사회학으로부터 유래된 기능주의는 이 시기의 비교정치에 지대한 영향을 미쳤는데, 기능주의는 1950년대 사회과학에서 가장 유력한 접근법으로 여겨지고 있었다. 이는 당시 파슨스의 기능주의가 서구에서 유래된 전통적 접근법이 직면하고 있던 한계점들을 해결한 것은 물론 신생국들을 연구할 수 있는 새로운 분석 틀을 제공하였기 때문이다. 이로 인해 1950년대에는 파슨스의 기능주의나 심리학에서 온 정치문화와 관련된 이론들이 비교정치의 주류를 이루게 되었다(김창희, 2005: 26, 30). 나아가 기능주의와 체계 이론의 발전을 통한 구조기능주의(structural-functionalism)[3]의 등장은 비교정치 방법론에 일대 혁신을 가져오게 된다. 실제로 이 시기 구조기능주의는 정치학의 과학적 연구를 주도할 수 있을 만큼의 중요한 단일 이론 구조로 등장하였는데, 구조기능주의는 개별 국가와 지역적 범주를 넘어서 전 세계 어느 국가에도 적용 가능한 이론이었기 때문에 상당한 각광을 받았다. 또한 구조기능주의는 비교적 보편적이고, 동태적이며, 미래지향적인 시각을 보유하고 있었기 때문에, 자유주의적인 가치들과 1960년대 초의 낙관적인 세계관 등에 의해 넓게 확산될 수 있었다. 특히 다원주의적인 시각에서 구조기능주의는 사회 각 부문의 정치적 역할과 기능을 중요시하고 다원적인 안정과 균형을 이루는 개념으로서 급속히 확산되었으며, 미국 케네디 정부의 시각에서는 제3세계에 대한 미국의 역할을 제시하는 방향으로 연결되면서 미국적 제도의 확산을 가져오게 되었다(김웅진 외,

---

3) 구조기능주의자들은 사회를 '부분'들로 만들어진 존재로 본다. 사회의 부분은 여러 구조가 존재하게 되는데, 각 구조 간에서는 각자 고유한 기능을 하게 되고, 각 구조의 결합이 전체, 즉 사회가 되는 것이다. 여기에서 주목할 점은 사회의 각 부분이 전체의 생존을 유지하는 데 기여한다는 점이다. 구조기능주의자들은 사회제도, 규범, 그리고 사회 역할이 어떻게 사회의 존립욕구를 충족시키는가에 관심을 가지고 있으나, 한편으로는 사회의 여러 부분들이 전체의 기능을 창출한다는 능동적 공헌을 과장함으로써 다른 요소들의 부정적인 효과를 무시한다. 이러한 구조기능주의 이론의 중심 개념은 구조와 기능을 통해 살펴볼 수 있다. 먼저, 구조(structure)는 상호작용에서 행동의 양식화(pattern of interaction) 또는 상호작용 속에서 행동이 정형화되는 것을 의미하는데, 가령 "정당 내의 상호작용은 그 사람들이 어떤 행동을 할 것이다"라고 기대되게 하므로 정당은 구조가 된다. 기능(function)의 경우에는, 역할과 비슷하나 좀 더 구체적인 상호작용 현상을 의미한다. 그러한 기능은 서로 다른 구조에 의해 발생될 수도 있고 한 구조에 의해 여러 기능이 수행될 수도 있다. 결국 모든 체계(system) 안에서는 기능이 진행되고 있다는 것이다.

1995: 204). 이러한 흐름은 당시의 주요한 정치학자들이 대거 참여하여 공통적이고 세계적인 분석 틀을 사용해 아시아와 아프리카, 그리고 남미의 지역정치를 분석한 알몬드와 콜먼(Gabriel A. Almond and James S. Coleman)의 『개발도상지역의 정치(The Politics of the Developing Areas), 1960』를 통하여 더욱 발전해 나가기 시작하였다.

행태주의 연구방법은 정치적 이념이나 제도적 구조보다 개인과 집단의 실제 행위 그 자체에 초점을 맞추었다. 이는 기존의 규범적 정치연구에서 벗어나, 정치학을 보다 과학적인 탐구의 영역으로 발전시키려는 시도였다. 행태주의는 특히 두 가지 핵심 원리를 강조한다. 첫째는 경험적 연구방법이며, 둘째는 체계적인 이론화의 추구이다. 전자는 모든 가설이 실제로 관찰 가능한 행태를 통해 검증되어야 한다는 점을 의미하고, 후자는 그러한 경험적 분석을 토대로 일반화된 이론을 구축해야 함을 뜻한다. 요컨대 행태주의란 정치적 행위를 관찰 가능한 자료로부터 경험적으로 분석하고, 그 결과를 통해 검증 가능한 일반 이론으로 정식화하는 접근법이라고 할 수 있다.

이러한 행태주의 방향성을 데이비드 이스턴(David Easton)의 「행태주의의 현대적 의미(The Current Meaning of Behavioralism, 1962)」를 통해 살펴보자.

① 규칙성(regularity): 행태주의적 연구는 정치적 행위 속에서 일정한 규칙성과 패턴을 찾아내려 한다. 이러한 규칙성은 예측과 일반화를 가능하게 하며, 정치학이 과학으로 자리 잡을 수 있는 근거가 된다.

② 검증 가능성(verification): 모든 주장과 가설은 경험적 증거(empirical evidence)에 의해 입증되어야 한다. 즉 이론의 타당성은 실제로 관찰 가능한 자료에 의해 검증되어야 한다는 것이다.

③ 관찰과 분석의 기교(techniques of observation and analysis): 행태주의 연구는 정치적 행위를 체계적으로 관찰·기록·분석할 수 있는 구체적인 연구 도구와 방법론을 필요로 한다.

④ 측정과 계량화(quantification): 수집된 자료를 정밀하게 분석하고 해석하기 위해 수학적·통계적 방법이 적극적으로 활용된다. 이는 정치현상의 과학적 분석 수준을 높이고, 정치학이 사회과학의 한 축으로 자리 잡는 데 기여하였다.

⑤ 가치와 사실의 구분(value-fact dichotomy): 행태주의는 윤리적 평가나 가치판단

을 배제하고, 경험적 사실에 기초한 설명을 지향한다. 정치학을 진정한 과학으로 만들기 위해서는 객관성을 유지해야 하며, 이를 위해 가치 개입을 최소화해야 한다.

⑥ 체계성과 일관성: 이론과 경험적 조사가 상호 유기적으로 연계되어야 하며, 이를 통해질서 있고 일관된 지식체계를 형성해야 한다.

⑦ 순수과학으로서의 성격: 행태주의는 정치학을 단순한 응용과학이 아니라, 기초 이론을 탐구하는 순수과학으로 인식한다. 이는 정치현상 연구가 응용적 정책분석의 기반이 되는 기초적 지식체계를 마련하는 데 목적이 있음을 의미한다.

⑧ 통합성(integration): 행태주의는 정치학이 다른 사회과학과 학제적으로 연계되어야 함을 강조한다. 계량적 분석에 치중하는 경향이 있긴 하지만, 이는 오히려 사회과학 전반의 방법론과 이론, 발견들을 통합하고 협력적으로 활용하는 종합적 연구 방향을 지향한다는 점에서 의의가 있다.

결국 행태주의는 정치학을 단순한 철학적 성찰이 아니라 경험과 증거에 기반한 과학적 탐구로 전환시킨 연구 혁명이었다. 정치행태의 규칙성과 인과관계를 경험적으로 탐색함으로써, 정치학이 보다 객관적이고 예측 가능한 학문으로 발전할 수 있는 토대를 마련했다는 점에서 그 의의가 크다.

3. 후기행태주의적 비교정치 연구방법

1970년대 초, 후기행태주의 운동은 발전론에 대한 비판에서 출발하였다. 당시 발전론적 접근은 서구 중심적 시각을 바탕으로 한 편향적 이론으로 평가받게 된다. 비판자들은 발전이론이 계급 갈등, 경제적 종속, 국가 간 불평등 구조 등 근본적 요인을 무시한 채, 선진국의 발전 경험을 보편적 모델로 제시함으로써 제3세계의 발전 가능성을 제약한다고 지적하였다. 이러한 시각은 결국 발전이론이 신식민주의적·제국주의적 성격을 지니고 있다는 비판으로 이어졌다.

동시에 미국 내에서는 흑인 인권운동, 반전운동 등 사회적 격변이 일어나면서 미국 사회가 더 이상 "이상적 유토피아"로 기능하지 못한다는 자각이 확산되었다.

이로 인해 정치학자들은 기존의 행태주의가 현실의 정치적·윤리적 문제를 외면한 채 계량적 분석에만 몰두했다는 한계를 자성하게 된다(Wiarda, 2002).

행태주의는 정치학을 과학화하려는 시도 속에서 정치현상을 경험적·계량적으로 분석하는 데 성공했지만, 결과적으로 정치의 본질적 가치와 윤리적 문제를 배제하는 방향으로 발전했다. 이는 정치학이 단순히 사실(fact)의 기술에 머물러 사회 변동과 권력구조의 본질을 분석하지 못한 채 보수적 질서를 합리화하는 결과를 낳았다.

이에 따라 후기행태주의는 행태주의가 간과했던 '가치(value)'와 '사회적 책임'의 회복을 강조하며 등장했다. 후기행태주의자들은 정치학이 단순한 과학적 탐구가 아니라, 사회적 정의와 인간의 자유, 평등, 민주주의의 실현에 기여해야 한다고 주장했다. 즉 정치학은 '무가치적(value-free)' 학문이 아니라 '가치지향적(value-oriented)' 학문이어야 한다는 것이다.

다만 후기행태주의가 과학적 방법 자체를 부정한 것은 아니었다. 오히려 행태주의의 과학적 방법론을 일정 부분 수용하되, 그 방법론이 인간적 가치와 사회적 현실을 설명하는 수단으로 기능해야 한다는 점을 강조했다(Cantori and Ziegler, 1988).

1970년대 후반 이후 정치학, 특히 비교정치학은 행태주의적 계량분석을 넘어서 다학제적 접근(interdisciplinary approach)을 적극적으로 수용하기 시작했다. 행정학, 사회학, 경제학, 심리학 등과의 접목이 활발해졌고, 연구 주제 또한 다양화되었다. 특히 합리적 선택, 정치문화, 발전-종속 상호 이론, 민주주의 전환 및 공고화, 관료적 권위주의 등과 같은 새로운 주제들이 부상하였다.

또한 동유럽과 구소련처럼 새로운 지역 연구가 활발히 이루어지면서, 조합주의와 종속 이론과 같은 혁신적인 접근법과 방법론, 그리고 세계의 곳곳에서 일어나고 있는 민주주의로의 전환과 같은 새로운 주제와 소재들은 비교정치 연구의 변화를 가져왔다(김창희, 2005: 33). 마르크스주의자들을 필두로 한 국가론은 정치경제학으로서 발전하였고, 정치경제학은 비단 마르크스주의자뿐만 아니라 마르크스주의의 상대 진영에 있던 학자들 사이에서도 관심의 대상이 되었다(신명순, 2001: 12).

1980년대 말 사회주의권 붕괴 이후 비교정치학은 새로운 이론적 전환기를 맞았다. 마르크스주의, 종속 이론, 조합주의 이론이 쇠퇴한 반면에 민주화 및 사유화 이론이 부상하게 되었다(김창희, 2005: 34). 특히 공산권 붕괴는 정치문화론에 대한 관심을 재차 불러일으켰고, 이로 인해 민주적 가치의 확대와 민주주의의 공고화, 민족주의, 민족공동체, 인종 및 민족 갈등과 국가통합 문제, 그리고 개인의 심리적 갈등과 사회화 등과 관련된 문제들을 다루는 '정치문화론'이 다시 새롭게 조명되었다. 개인은 이익을 극대화 한다는 비교적 단순한 개념과 가정에서 출발하여 귀납적·수학적 설명이 가능한 둘 이상의 상호작용을 설명하는 '합리적 선택론'이나 정치를 일련의 결정과정으로 인식하여 의사 결정의 배경과 결과에 대한 설명과 국가별 정책의 효율성에 관한 비교 연구 등을 진행하는 '신제도주의'와 같은 중범위 이론(middle-range theory)들이 수립되었다.

정리하자면, 합리적 접근법은 행위자의 선택에 기초한다. 어떠한 선택을 하는 데 있어 각 행위자들은 이익을 극대화할 것이라고 추정하고, 집단적 행동 그리고 제도의 설립 등의 행위는 행위자들의 효용이 극대화되는 지점에서 발생되며, 이에 대한 설명력을 높이기 위해 수학적 모델을 사용하여 분석하기도 한다. 신제도주의는 각종 정치적·사회적 제도에 기초한다. 이 접근법은 정부의 공식 조직, 사회 계급 관계, 정당 및 이익단체 등 제도적 영역과 규범과 관습처럼 비제도적 영역을 연구 대상으로 하며 어떻게 개인의 행위를 제약하는지 분석한다. 마지막으로 정치문화의 경우에는 합리적 선택과는 다르게 개별 국가의 특수성에 따른 개별 사례를 연구의 중심으로 하여 역사적 맥락에서 발생한 사건, 결정, 유형들이 일반적 원칙에 근거하여 (비합리적 상황에서도) 인과적 설명을 주도한다(Lichbach and Zuckerman, 1997).

후기행태주의는 단순히 행태주의의 반동이 아니라, 정치학의 인간화(humanization of political science)를 위한 새로운 시도였다. 정치학은 더 이상 '정치적 사실의 과학'에 머무를 수 없으며, 사회적 책임과 가치 실현을 지향하는 실천적 학문이어야 한다는 자각을 불러일으켰다. 이로써 비교정치학은 행태주의의 과학적 방법론과 가치지향적 접근이 결합된 복합적 학문으로 진화하였고, 민주화·세계화·정보화 등 새로운 시대의 정치현상을 분석하는 데 필수적인 학문적 기반을 마련하게 되었다.

표 1-1 • 비교정치 접근방법의 특성

전기 행태주의적 접근방법	행태주의적 접근방법	후기 행태주의적 접근방법
사실과 가치의 상호연계 (가치함축적) 규범, 제도, 역사	사실과 가치 간의 분리 (가치중립적) 과학, 측정, 사실	사실과 가치를 행동 및 적실성과 연계 (가치개입)
공식 구조/제도	관찰 가능한 행태	사회문제/정책처방
질적	데이터를 통한 양적	양적·질적
불규칙성과 규칙성에 관심	통일성과 규칙성에 관심	규칙성과 불규칙성에 관심
형태에 관심·비교문제에는 무관심: 개별국가에 초점	비교문제에 관심: 여러 국가에 초점	비교문제에 관심: 여러 국가에 초점, 다학문적
역사적, 법률적, 철학적	계량적, 과학적, 실증적	과학적 방법을 수요하되 현실 적용 강조
헌법, 정부 구조 등 공식구조에 초점	공식, 비공식(집단과 같은) 구조와 기능에 초점	계급과 집단의 관계 및 갈등에 초점

제3절 비교정치의 방법론

1. 비교방법론

비교정치는 특정한 정치 현상이나 정치적 쟁점을 연구 대상으로 삼는 학문이다. 따라서 이는 일상과 동떨어진 추상적 학문이 아니라, 현실을 직시하고 사회 속 실제 문제를 반영하며 그 해결을 모색하는 실용적인 학문이라 할 수 있다. 이러한 이유로 비교정치 연구자들은 단순히 현실을 해석하고 이해하는 데 그치지 않고, 정치사회에 존재하는 다양한 문제의 근원을 규명하며, 그에 대한 대안과 해결책을 제시하는 것을 주요한 연구 목적 중 하나로 삼는다. 즉 비교정치는 비교의 과정을 통해 가치와 척도를 설명하고 평가할 수 있는 학문이다.

비교정치 연구는 일반적으로 ① 연구 문제의 제시, ② 연구의 배경과 필요성 제시, ③ 연구방법의 설정, ④ 분석 틀의 구성, ⑤ 구체적 연구 수행, ⑥ 연구 결과의 정리와 해석이라는 여섯 단계를 거쳐 진행된다. 이 가운데 가장 핵심적인 단계는 연구의 출발점이자 방향을 설정하는 연구 문제의 제시 단계이다(노동일, 1997: 152~163). 연구자는 이 단계에서 다루고자 하는 주제에 대한 필연성과 문제의식을 갖게 되며, 그것이 연구 전체의 논리적 기반을 형성한다.

여기서 문제의식이란 연구 주제에 대한 연구자의 시각과 태도를 의미한다. 예를 들어, “대통령제와 의원내각제 중 어느 제도가 정치적 책임성과 안정성을 더 효과적으로 보장하는가?”, “홍콩의 노란우산시위와 같은 대중적 정치참여는 제도정치의 경계를 확장하는 새로운 형태의 민주주의로 볼 수 있는가?”, “특정국가의 복지정책 확대는 계급 간 불평등 구조를 완화시키는가, 아니면 새로운 형태의 정치적 종속을 강화하는가?”, “신흥민주국가에서 시민사회의 성장과 정당체계의 제도화는 어떤 상호작용을 이루는가?”, “민주주의의 공고화는 정치문화의 성숙에 의존하는가, 아니면 제도적 설계에 의해 주도되는가?” 와 같은 질문들이 있을 수 있다. 이러한 연구 질문들은 단순한 호기심을 넘어, 구체적인 현실문제에 대한 분석과 설명을 요구한다는 점에서 학문적 문제의식을 반영한다.

이러한 문제의식은 대체로 ① 갈등과 투쟁, ② 계층과 지배, ③ 정의와 착취, ④ 분배와 재분배, ⑤ 권력과 질서, ⑥ 경쟁과 참여, ⑦ 체제 유지와 전환 등의 주요 영역으로 분류될 수 있다. 연구자는 이 영역을 중심으로 문제의식을 설정한 후, 관련 연구와 문헌을 검토하며 그 문제를 설명하고 해결하기 위해 적절한 이론들을 탐색하고, 자신의 관점을 새롭게 구성한다. 마지막으로 연구자는 이러한 탐구과정 속에서 효율적 방법론을 적용하여 정치 현상을 분석하고, 그 결과를 통해 보다 타당한 결론과 대안을 도출하게 된다.

2. 과학적 접근방법

일반적으로 과학은 경험과학(empirical science)과 비경험과학(non-empirical science)으로 구분된다. 경험과학은 다시 자연과학과 사회과학으로 나뉘는데, 자연과학이 자연현상과 같은 객관적 세계를 탐구하는 데 반해, 사회과학은 인간의 의도적 행위와 사회적 상호작용을 주요 연구 대상으로 한다는 점에서 근본적인 차이를 가진다.

이처럼 자연과학과 구별되는 사회과학은 다음과 같은 기본적 요건을 지닌다. 첫째, 사회과학자는 자신이 발견한 사회적 규칙성과 패턴을 이론이나 법칙으로 일반화하려는 경향을 가진다. 둘째, 연구 결과는 반복 가능한 방법과 체계적인 검증 절차를 거친다. 셋째, 사회과학은 정확하고 세밀한 관찰을 통해 진리를 탐구하는 객관성을 추구하는 동시에, 서로 다른 주관적 인식 속에서도 공통의 인식 기반을 모색하는 상호주관성을 중시한다. 넷째, 사회과학의 지식은 시간과 사회적 맥락의 변화에 따라 수정되거나 대체될 수 있는 개방성과 가변성을 지닌다.

이러한 기본 요건들은 사회과학이 지향하는 학문적 목적에 따라 다시 세 가지 지향성으로 세분화된다. 첫째, 규범적 지향(normative orientation)은 사회가 “어떠해야 하는가”에 대한 이상적 질서와 가치를 탐구한다. 둘째, 경험적 지향(empirical orientation)은 “있는 그대로의 현실”을 분석 대상으로 삼아 그 속의 인과관계와 구조적 메커니즘을 규명한다. 셋째, 실천적 지향(practical orientation)은 구체적 사회문제의 해결을 목표로 하여, 가능한 정책적·행동적 대안을 탐색한다.

한편 사회과학 연구에서 가장 중요한 요소 중 하나는 연구의 방향 설정과 자료의 선정 기준, 즉 접근방법의 선택이다. 접근방법은 연구자가 어떤 관점과 틀 속에서 사회현상을 분석할 것인가를 결정하는 핵심적 요소로, 사회과학의 성격을 규정짓는 근간이 된다.

이와 관련하여 토머스 쿤(Thomas Samuel Kuhn)이 제시한 패러다임(paradigm) 개념 역시 특정 시대의 학문공동체가 공유하는 접근방식과 연구모델을 의미하는 것으로, 일종의 접근방법으로 이해될 수 있다〈Box 1-1〉. 사회과학, 방법론은 (John Stuart Mill)의 ‘논리학의 체계(a system of logic)’가 대표적이다. 그는 귀납적 질문에 따른 동의와 간접적 차이라는 두 가지 논리적 방법을 비교 분석연구에 채택하였다. 밀의 동의의 방법은 여러 가지 변수들 중에서 두 가지 이상의 사례들에 대한 연구를 통해 공통으로 나타나는 요인이 있다면, 그 요인이 원인일 가능성이 높다. 따라서 이를 이와 유사한 모든 사례들에 적용하여 그 결과에 따르게 한다.

반면에 간접적 차이 방법은 일치법의 이중적 적용으로서 모든 사례들의 인과관계를 추론하여 결과에 대한 원인을 분석하는 방법이다. 현상이 발생한 경우와 그렇지 않은 경우를 비교했을 때, 두 조건의 차이를 찾아 원인으로 추론하는 방법이다. 일반적으로 방법론적 연구에서는 이 두 가지 결합 방법이 적절히 사용된다(Mill, 1943; Lijphart,

1971: 58; Skocpol, 1979: 36, Ragin, 1987: 36~42).

사회과학이 하나의 독립된 과학적 학문으로 성립하기 위해서는 연구 대상이 무엇인지, 그리고 그 대상을 탐구하는 방법이 어떠해야 하는지가 명확히 규정되어야 한다. 이러한 인식의 틀과 연구 절차에 대한 체계적 규정을 방법론이라 한다. 방법론이 확립되면 연구자는 사회현상을 일정한 기준에 따라 분석할 수 있게 되고, 이를 통해 해당 연구가 하나의 학문적 체계로 사리 잡을 수 있다.

반면 연구자가 자신의 개인적 경험이나 가치관에 따라 연구 대상을 관찰하고 해석한다면, 연구는 객관성을 상실하게 된다. 예를 들어 한 연구자가 민주주의 제도의 효과를 연구하면서 자신이 선호하는 정치이념에 근거하여 자료를 선택하거나 결과를 해석한다면, 그 연구는 과학적 분석이 아니라 정치적 주장이나 가치판단으로 변질될 수 있다. 따라서 과학적 방법론은 이러한 개인적 주관의 개입을 최소화하고, 여러 연구자들이 동일한 현상을 관찰할 때 공통의 결론에 도달할 수 있도록 하는 일련의 규칙과 절차를 제공한다. 이러한 규칙은 곧 과학적 법칙이나 이론을 정립하는 기반이 된다.

그러나 사회과학은 자연과학과 달리, 연구자 자신이 속한 사회와 인간의 행위를 연구대상으로 삼는다는 점에서 근본적인 한계를 가진다. 자연과학자가 실험실에서 물질의 반응을 관찰하듯, 사회과학자가 인간사회를 완전히 객관적으로 관찰한다는 것은 사실상 불가능하다. 따라서 사회과학의 과학성은 자연과학처럼 완전한 객관성보다는 최대한 객관성에 가깝게 하기 위하여 타당한 이론적 근거와 검증 가능한 절차를 통해 그 판단을 설명하는 데 있다. 즉, 사회과학의 과학적 방법이란 주관을 통제하고 다루는 체계적 절차를 의미한다. 이러한 점에서 사회과학의 방법론은 단순한 연구기술이 아니라, 인간과 사회를 과학적으로 이해하기 위한 인식론적 성찰의 과정이라 할 수 있다.

Box 1-1 • 과학혁명의 구조

지난 20세기에 가장 많은 논란을 가져왔던 책을 꼽으라면 아마도 토마스 쿤(Thomas Kuhn, 1962)의 『과학혁명의 구조(The Structure of Scientific Revolutions)』를 빼놓고는 이야기할 수 없을 것이다. 이 책이 발표된 후 그 파급력은 비단 자연과학에만 국한된 것이 아니라 인문학·사회과학을 포함한 거의 모든 영역에 뻗쳤다. 이러한 점은 과학의 실제 현실을 설명하기 위해 쿤이 이 책에서 처음 도입하여 유명해진 '패러다임(paradigm)'이란 용어가 일반인 사이에 일상어처럼 사용되고 있다는 사실을 미루어 보아도 알 수 있다.

쿤은 이 책을 통해 당시에 유행하고 있던 과학의 가치중립성에 대한 신화적 맹신을 비판하였다. 그는 이 책 전체를 통해 역사적인 실제 사례들을 이용하여 근대 과학의 출현 이후 거의 이데올로기화 단계에까지 이르렀던 과학의 가치중립성이란 신화를 벗겨내고, 결국 과학이 객관적이고 보편적이라는 주장을 부정하며, 합리성의 유일한 기준이 되어왔던 과학의 위상을 뿌리째 흔들어 놓았다. 쿤은 과학 활동이 사회적 가치나 역사적 배경과는 무관한 가치중립적인 활동이 아니라 본질적으로 사회적이고 역사적인 활동이라고 하였다.

한편, 쿤은 학자들이 매우 보수적이라고 하였다. 왜냐하면 학자들은 사회 대다수에 의해 지지받고 정립된 패러다임 안에서 자신의 주관적인 견해를 바탕으로 이론과 방법론을 발전시켜 나간다. 그들은 사회문제의 해결을 새로운 패러다임의 도입 내지는 수용을 통해서가 아니라 기존의 패러다임을 이론적으로 보다 강화하고, 그 영역을 넓혀감으로써 해결하고자 하였다.

따라서 정립된 패러다임의 경우 그 변환과정은 매우 어렵다는 것이다. 예를 들어 실험실에서 과학 실험을 하는 학생에게는 준수해야 하는 실험 절차와 실험 목표가 이미 주어져 있다. 게다가 실제로 실험한 결과가 어떠해야 하는지도 이미 교과서 등에 다 나와 있다. 만일 실험 결과가 그와 같이 예상되는 결과에 크게 어긋난다면 그러한 실험은 실패한 것이며, 이는 기존의 과학 이론이 거짓이기 때문이 아니라 실험자가 실험을 잘못한 탓으로 여겨진다. 이는 근대 과학의 방법론적인 이념을 생각해볼 때 심각한 괴리가 경험되는 상황이다. 왜냐하면 근대 과학의 방법론 중, 특히 베이컨(Francis Bacon)에 의해 강조된 경험주의적 방법론에 따르면 과학은 반드시 경험적 근거를 가져야 한다. 가설이나 이론은 실험과 관찰을 통해 받아들여지거나 거부되는 것이라고 말하기 때문이다. 그러나 실제 과학 실험실에서 벌어지는 상황은 이러한 과학의 이념과 일치하지 않는다. 실험 데이터가 잘못되면 이론이 거부되는 것이 아니라 실험을 수행한 과학자가 무능한 것으로 여겨지는 것이다.

쿤의 이러한 견해에 동의한다면 새로운 패러다임을 정립할 가능성은 매우 희박하다. 하지만 우리는 패러다임이 변환되는 것을 종종 목격할 수 있다. 새로운 패러다임이 객관적이고 명백한 진실로 확인되었을 경우 기존의 패러다임은 변환될 수 있다. 즉 정립된 패러다임을 새로운 패러다임으로 변화하기 위해서는 새로운 지식형성과정이 필요한 것이다.

쿤은 새로운 패러다임 형성을 위해 지식형성 과정이 중요하다고 보았다. 학자들은 연역적(deductive) 접근과 귀납적(inductive) 접근을 사용한다.

- **연역법:** 일반 원칙에서 개별 사례를 도출한다. 예를 들어 "모든 사람은 죽는다"라는 일반 원칙과 "소크라테스는 사람이다"라는 사실을 통해 "소크라테스는 죽을 것이다"를 도출한다. 연역법은 논리적 안정성을 제공하지만, 기존 패러다임의 틀을 벗어나기 어렵다. 예컨대 프톨레마이오스의 천동설은 연역적 논리로 지구 중심 우주를 설명했으나, 새로운 관측 데이터를 수용하지 못해 한계를 드러냈다.
- **귀납법:** 개별 사례에서 일반 원칙을 도출한다. 예를 들어 "철수와 영희가 죽었다"는 관찰을 통해 "소크라테스도 죽을 것이다"라는 가설을 세운다. 귀납법은 선입견으로 인한 오류 가능성이 있지만, 기존 틀을 벗어나 새로운 가설을 생성할 수 있다. 예컨대 코페르니쿠스의 지동설은 천문 관찰 데이터를 귀납적으로 분석하여 기존 패러다임을 전환시켰다.

지식형성 과정은 추측, 믿음, 검증의 상호작용으로 이루어지며, 이는 새로운 패러다임 정립의 기반이 된다. 예를 들어 20세기 초 양자역학과 상대성 이론은 기존 뉴턴 역학의 한계를 귀납적으로 드러내며 새로운 지식 체계를 형성했다.

쿤의 과학혁명의 구조는 과학의 가치중립성 신화를 비판하며, 과학이 사회적·역사적 맥락에 기반한 활동임을 밝혔다. 그는 패러다임 개념을 통해 과학자들의 보수성과 패러다임 전환의 어려움을 설명했으며, 연역·귀납적 접근이 새로운 지식형성을 가능케 한다고 보았다. 갈릴레오의 지동설, 아인슈타인의 상대성 이론, 양자역학의 사례는 쿤의 이론이 과학의 동학을 이해하는 데 중요한 통찰을 제공함을 보여준다. 그의 작업은 과학뿐 아니라 사회과학·인문학에서도 패러다임 전환의 개념을 확산시켜 학문적 담론의 지형을 재편했다.

비교정치를 연구하기 위해 필요한 비교의 방법은 사회과학 전반에서 사용되는 과학적 접근방법(scientific approach)에 기초한다. 이러한 접근방법은 '근사치의 사고(idea of approximation)'와 '오차의 가능성(probable error)'을 전제로 한다. 즉 사회현상 연구에서 절대적 확실성보다는 일정한 한계 속에서도 가능한 한 정확한 설명을 추구하며, 그 과정에서 발생할 수 있는 오차를 과학적으로 통제하려는 시도를 의미한다. 따라서 비교정치는 신념이나 권위에 근거한 주관적 판단이 아니라, 체계적이고 경험적이며 실증적인 연구 절차를 통해 객관성을 확보하고, 그로부터 일반성과 보편성을 지닌 결론을 도출하고자 한다. 결국 과학적 접근방법이란 완전한 진리를 전제하기보다, 근사치와 오차를 인정한 상태에서 연구의 방향과 자료선정의 기준을 합리적으로 설정하는 작업이라 할 수 있다.

비교연구를 수행하기 위해서는 구체적인 방법을 적용하기에 앞서, 먼저 연구대상에 일률적으로 적용할 수 있는 '개념적 틀(conceptual framework)'을 수립해야 한다. 이는 비교의 단위(unit of comparison)를 설정하기 위한 전제조건이다. 비교정치학에서 사용되는 개념적 틀은 연구의 초점을 어디에 두느냐에 따라 다양하게 설정될 수 있다. 예를 들어 미시적 수준에서는 국가의 헌법, 선거제도, 정당체계, 이익집단 구조 등과 같은 정치제도나 조직을 중심으로 비교할 수 있다. 거시적 수준에서는 국민의 정치의식과 참여문화, 정치지도자의 리더십과 이데올로기, 그리고 정치적 행위에 영향을 미치는 경제·사회·문화적 환경 요인 등을 포괄적으로 고려할 수 있다(신명순, 1999: 19).

이러한 개념적 틀을 바탕으로 비교정치 연구에서 활용되는 대표적 실증적 방법론은 실험방법, 통계방법, 비교방법의 세 가지로 구분된다.

먼저, 실험방법은 두 개 이상의 동일한 연구대상을 설정하고, 한쪽(실험집단)에는 자극을 가하고 다른 한쪽(통제집단)에는 자극을 가하지 않은 뒤, 양 집단의 차이를 비교함으로써 인과관계를 규명하는 방식이다. 예를 들어 유권자에게 정치광고를 노출시킨 집단과 그렇지 않은 집단 간의 투표율 차이를 분석하는 것은 전형적인 실험적 접근이다. 그러나 정치학에서 이 방법은 윤리적 제약과 현실적 조건(국가나 사회를 임의로 조작할 수 없음)때문에 실제 적용이 어렵다는 한계를 지닌다(김웅진, 1992: 26~28).

이에 비해 비실험적 접근(non-experimental methods)은 사회현상에 대한 조작이 불가능한 상황에서 관찰 가능한 경험적 자료를 토대로 분석을 수행한다. 대표적인 것이 통계적 방법(statistical method)이다. 이 방법은 변인 간의 관계를 수리적으로 조작하여 통제된 조건하에서 상관관계를 분석한다. 예를 들어 정치참여와 교육수준 간의 관계를 분석할 때, 단순히 두 변수만 비교할 경우 왜곡이 발생할 수 있다. 젊은 세대일수록 교육수준이 높다는 사실 때문에 실제로는 연령 변수가 매개요인으로 작용할 수 있기 때문이다. 따라서 연구자는 연령을 통제변수로 설정하고 세대별로 표본을 분류하여, 각 연령집단 내에서 교육수준과 정치참여 간의 상관관계를 분석함으로써 보다 정확한 결론을 도출할 수 있다(김웅진, 1992: 28~29).

비교방법(comparative method)은 이러한 통계적 방법과 유사하지만, 주로 사례의 수가 제한된 상황에서 활용된다. 즉 다룰 수 있는 사례가 적기 때문에 체계적 통제(control)가 어렵다는 점에서 한계를 가진다. 이 문제는 흔히 "너무 많은 변수, 너무 적은 사례(too many variables, too few cases)"라는 비판으로 요약된다. 이러한 한계를 극복하기 위해 레이파트(Arend Lijphart)는 가능한 한 사례의 수를 늘리고(variable의 수를 줄이며), 그중에서 비교 가능한 사례와 핵심 변수에 집중할 것을 제안하였다(Lijphart, 1988: 58).

예를 들어 단일국가의 선거제도만 분석하기보다, 여러 국가의 유사한 제도(예: 혼합형 선거제)를 대상으로 비교하면 사례 수를 늘릴 수 있고, 제도의 효과라는 핵심 변수에 집중함으로써 보다 명확한 인과관계를 파악할 수 있다. 또한 비교 범위를 지역적으로 확장하거나(예: 동아시아 민주주의 비교), 역사적으로 통시적 차원을 도입(예: 남미 국가들의 민주화 과정 비교)함으로써 분석의 일반성을 강화할 수 있다(신명순, 1999: 19).

결국 비교정치의 과학적 접근방법은 단순히 국가 간의 차이를 나열하는 것이 아니라, 근사치와 오차를 인정하면서도 가능한 한 체계적이고 검증 가능한 방식으로 정치현상을 비교·분석하는 절차적 탐구의 과정이다. 이러한 접근을 통해 비교정치는 개별 국가의 특수성을 이해하는 동시에, 그 속에서 발견되는 정치현상의 보편적 규칙성과 구조적 메커니즘을 밝히는 학문적 목적을 달성하게 된다.

3. 질적 분석방법과 양적 분석방법

1) 질적 분석방법(Qualitative Analysis Method)

찰스 라긴(Charles C. Ragin)이 비교 방법이라고 이름 붙인 질적 분석방법은 일반적으로 지역 연구자들 사이에서 폭넓게 사용되고 있다. 지역 연구자들은 자연과학 연구방법 중 일반화에 대해 회의를 가지고 사례 중심적 연구를 통해서, 연구자의 주관적 개입이라는 가치함축적(value laden) 분석방법을 실시하였다. 질적 분석방법은 참여관찰, 심층 인터뷰, 포커스그룹 인터뷰, 현상학, 해석학, 그리고 담론 분석과 같은 연구를 실시하며, 주로 서구 유럽의 프랑크푸르트학파 사이에서 유행하였다(Ragin, 1987: 54~56). 특히 레이파트는 질적 분석방법을 "변수들 간의 경험적 관계를 찾는 것"이라고 정의하였다(Lijphart, 1971: 51). 이러한 방법은 최소한 두 가지 이상의 관찰 결과를 통해 분석을 시도한다. 즉 질적 분석방법은 이용 가능한 모든 자료들을 통해 특정한 결과를 도출하고 관련 사례들의 유사점과 차이점을 검토함으로써, 연구 대상 간의 상관관계를 파악하거나, 서로 다른 연구 대상 간의 조합을 통해 특정 결과와 과정 사이의 관계를 결정하는 데 사용한다.

배링턴 무어(Barrington Moore Jr.)는 『독재와 민주주의의 사회적 기원(Social Origins of Dictatorship and Democracy, 1965)』 서문에서 질적 비교 분석을 통해 특정 국가의 역사적 발전 과정을 이해하려는 연구를 제시했다. 무어의 접근은 역사적 설명에서 부정적 비교(negative comparison)를 활용하여 새로운 방법론적 통찰을 제공했다. 이는 기존의 단일 사례 연구나 유사 사례 비교에 머물렀던 전통적 역사 연구의 한계를 넘어, 상이한 역사적 맥락을 가진 사례들을 체계적으로 비교함으로써 새로운 역사적 일반화를 도출했다. 무어의 방법론은 역사적 해석과 우연적 분석(contingent analysis)이라는 두 가지 목적을 달성하고자 했으며, 이는 단일한 지적 과정을 통해 과거 제외되었던 비유사 사례들을 분석 대상으로 포함시켰다.

무어는 영국, 프랑스, 미국, 중국, 일본, 인도 등의 역사적 사례를 비교하며, 민주주의, 파시즘, 공산주의로 이어진 각국의 정치 체제 발전 경로를 분석했다. 예를 들어 그는 영국의 의회제 민주주의, 독일과 일본의 파시즘, 중국의 공산주의 혁명을 비교하여, 영국의 상업적 농업과 독일의 봉건적 잔재 등 농업구조와 계급 관계가 정치 체제 형성에 결정적 영향을 미쳤다고 보았다. 이러한 비교는 상이한 사회경제적 조건이 어떻게 상이한 정치적 결과를 낳는지 보여주며, 질적 분석이 역사적 일반화의 강력한 도구임을 입증했다. 무어의 접근은 단순히 사례 간 유사성을 찾는 데 그치지 않고, 차이점을 통해 각 사례의 독특성과 보편성을 동시에 조명했다.

무어의 질적 비교 분석은 두 가지 주요 목적을 추구했다. 첫째, 역사적 해석을 통해 각국의 고유한 역사적 맥락을 이해하고, 둘째, 우연적 분석을 통해 특정 조건이 결과에 미친 인과적 요인을 규명하는 것이다. 이는 비유사 사례, 즉 영국의 자본주의적 민주주의와 중국의 공산주의를 비교하였다. 예를 들어 무어는 영국의 지주-소작농 관계가 민주주의로의 전환을 촉진한 반면, 러시아의 농노제는 혁명적 공산주의로 이어졌다고 분석했다. 이는 질적 비교 분석이 역사적 과정의 복잡성을 체계적으로 설명할 수 있음을 보여준다.

무어의 방법론은 이후 재레드 다이아몬드(Jared Diamond)의 『총, 균, 쇠(Guns, Germs, and Steel, 1999)』에서도 볼 수 있다. 다이아몬드는 각 대륙의 문명 발달 차이를 인종적·역사적 요인 대신 지리환경적 요인으로 설명했다. 예를 들어 그는 유라시아 대륙의 동서축은 농사에 좋은 기후와 생태계의 유사성으로 농업 혁명과 기술 전파를 촉진한 반면, 아프리카와 아메리카의 남북축은 기후와 지리적 장애물로 문명 발달을 저해했다고 주장했다. 다이아몬드의 질적 비교는 무어와 마찬가지로 상이한 사례인 유라시아와 아프리카를 체계적으로 분석하며, 환경적 요인이 문명 발달의 보편적 패턴을 결정짓는다는 일반화를 도출했다.

무어의 질적 비교 분석은 상이한 역사적 사례를 체계적으로 비교함으로써 역사적 설명과 일반화를 가능케 하는 새로운 방법론을 제시했다. 이는 다이아몬드의 지리환경적 요인으로 문명 발달을 분석한 연구로 이어졌다. 이 방법론은 역사사회학뿐 아니라 사회과학 전반에 걸쳐 지속적인 영향을 미치고 있다.

질적 분석방법의 목적은 역사적인 해석과 우연적인 분석에 있다. 대부분의 비교학자들은 중요한 역사적 결과를 설명하고자 노력하며, 각 사례들이 지니는 본질적인 가치와 이익 때문에 역사적 일반화를 제한한다. 게다가 비교연구학자들은 연구를 통하여 나타난 우연적인 결과의 일반화를 거부하는 경향이 있다. 이는 이들이 역사적 필연성을 지나치게 강조하기 때문이다.

2) 양적 분석방법

양적 분석방법(quantitative research method)은 수량화와 객관성을 바탕으로 일반화된 지식 생산을 목표로 하며, 사회과학 연구에서 널리 사용되어 왔다. 흔히 '가치중립적(value-free) 분석방법' 또는 '이론 중심적 분석방법'으로 불리며, 특히 국가 간 교차분석(cross-national analysis)에 관심을 가진 학자들, 주로 미국 학계에서 선호되었다. 이 방법은 설문조사, 내용분석, 실험, 2차 자료분석 등 다양한 기법을 활용하며, 통계적 접근을 통해 보편적 패턴을 도출한다.

양적 분석방법은 객관적이고 측정 가능한 데이터를 통해 사회 현상을 설명하고 일반화된 결론을 도출하는 데 초점을 둔다. 이는 '가치중립성'을 지향하며, 연구자의 주관적 해석을 최소화하고 이론적 가설을 검증하는 데 중점을 둔다. 이는 국가 간 비교 연구에서 특히 유용하다. 예를 들어 립셋(Seymour M. Lipset, 1960)은 경제 발전 수준(GDP)과 민주주의 안정성 간의 상관관계를 정량적으로 분석하여, 경제적 풍요가 민주주의 유지에 기여한다고 주장했다. 또한 립셋과 로칸(Stein Rokkan)은 『Party Systems and Voter Alignments: Cross-National Perspectives(정당 체계와 유권자 정렬: 국가가 관점), 1967』에서 유럽 20개국의 정당 체계 형성을 정량적으로 분석하여, 사회적 균열(social cleavages)이 정당 구조에 미친 영향을 일반화했다. 이들은 투표율, 정당 지지율 등의 데이터를 활용해 국가 간 공통 패턴을 도출했다. 그리고 피케티(Thomas Piketty)는 『Capital in the Twenty-First Century(21세기 자본), 2013』의 자본 연구에서 18세기 이후 유럽과 미국의 세금 및 소득 데이터를 분석하여 자본 집중이 불평등을 심화한다고 주장했다. 이는 2차 자료분석을 통해 장기적 패턴을 도출한 사례다. 이러한 연구들은 대규모 데이터를 활용하여 보편적 패턴을 도출하며, 복잡한 사회현상을 통계적으로 단순화한다. 그러나 이는 특정 맥락의 심층적 이해를 제한할 수 있다.

립셋의 민주주의 연구, 립셋과 로칸의 정당 연구, 피케티의 자본 연구는 양적 분석의 보편성 추구를 보여준다. 반면 질적 분석은 무어와 다이아몬드처럼 복잡성을 기반으로 한다. 양적 연구가 일반성(universality)을 기반으로 복잡성을 탐구하는 반면, 질적 연구는 복잡성(complexity)을 기반으로 일반성을 추구한다(Ragin, 1987: 54~56).

양적 분석방법은 다음과 같은 장점들을 갖는다. 첫째, 질적 분석에 비해 많은 사례들에 대한 연구를 진행한다. 둘째, 이론에 대한 엄격한 실험을 실시한다. 셋째, 연구 조사자들은 이론을 실험할 때보다 신중하게 대안적인 설명을 고려한다. 넷째, 전문가를 요구하지 않는다. 다섯째, 정도에 벗어나는 사례가 발생했을 경우에는 그 사례를 제외하고 연구를 진행할 수 있다. 여섯째, 모든 사례들에 대한 설명을 요구받지 않는다. 다시 말해 우연적인 관계를 인정한다. 일곱째, 통계를 통제하는 변수 조정이 가능하다.

3) 분석방법에 관한 비판과 한계

두 가지 분석 방법은 사회 현상을 비교 연구하는 데 효과적으로 활용될 수 있다. 그러나 각각 몇 가지 한계와 비판을 피하지 못한다. 먼저 질적 분석 방법은 변수의 복잡성과 제한된 사례 수, 그리고 사례의 불충분성으로 인해 불완전한 상관관계에 기초한 이론적 설정(통제)을 용인한다는 점에서 비판을 받아왔다. 이러한 한계는 소집단과 변수 간 상관관계를 약화시키고, 결과적으로 전체 이론의 신뢰도를 저하시키는 결과를 낳았다(Lijphart, 1971: 53~54). 그럼에도 불구하고 비교정치학자들은 소수의 사례를 기반으로 광의적 비교를 시도했으며, 이를 다른 사례들로 일반화하는 과정에서 비판에 직면하곤 한다(Ragin, 1987).

또한 양적 분석 방법 역시 복잡한 사회 현상을 충분히 반영하지 못한 채 통계적 해석을 통해 일반화한다는 점에서 문제를 지적받는다. 이 과정에서 추상적이거나 때로는 무의미한 결과에도 불구하고 학문적 가치를 부여하거나, 복잡성을 단순화하려는 무능력으로 인해 근거 없는 일반화와 우연적 추측에 빠질 위험이 있다.

이러한 이유로 일정한 측면, 예컨대 조합성, 일체성, 역사성, 우연적 분석, 그리고 상황에 따른 융통성 있는 해석에서는 질적 분석 방법이 양적 분석보다 우월하다는 평가도 제기된다(Ragin, 1987: 15~16). 이와 관련하여 콜리어(David Collier)는 질적 분석의 약점이 단순히 사례 수를 늘리는 것만으로도 상당 부분 극복될 수 있다고 보았다. 더 나아가 경쟁적 비교 사례의 활용, 실험적 통제 기법의 도입, 그리고 변수의 축소 등을 통해 그 한계를 보완할 수 있다고 주장하였다(Collier, 1990).

양적 분석은 일반성과 객관성을 강조하나, 맥락적 복잡성을 간과할 위험이 있다. 반면, 질적 분석은 복잡성을 강조하나, 보편성 도출에 한계가 있다. 바람직한 연구방법은 무엇일까? 다이아몬드의 총, 균, 쇠는 질적 비교를 통해 지리환경이 문명 발달에 미친 영향을 분석했으나, 농업 생산성 양적 통계를 보완적으로 활용하여 일반성을 강화했다. 이는 양적·질적 방법의 상호보완적 활용 가능성을 보여준다.

4) 분석방법의 발전과 전망

레이파트는 질적 분석방법이 갖는 '많은 변수, 적은 사례'의 문제점에 대한 해결책을 제시하였다. 레이파트는 ① 가능한 한 많은 사례들에 대한 연구를 통해, ② 질적 분석방법의 속성인 공백을 제거하고, ③ 비교할 만한 사례에 초점을 맞추며, ④ 모든 변수들에 대한 핵심적인 가치조사를 통해 문제점들을 극복할 것을 주장하였다. 레이파트는 비록 질적 분석방법에 본질적인 장점이 있다 할지라도 항상 약점을 고려해야만 하며, 충분한 자료를 통해 대상을 분석하는 양적 분석방법을 참고해야 한다고 하였다. 이러한 레이파트의 주장처럼 질적 분석방법이 변화된다면, 양적 분석방법과 같이 일반적 가설을 분명하게 제시할 수 있을 것이다(Lijphart, 1988).

라긴은 레이파트보다 구체적으로 두 가지 전략을 제시하였다. 사례 연구에 있어 양적 교차 국가 분석방법은 조사자들에게 '구조적인 요인'과 '역사적 과정 및 인간 간의 상호작용을 반영하는 요인' 모드를 제공할 것이라고 보았다. 더불어 '종합적인 전략(synthetic strategy)'은 많은 사례를 통한 실험과 다양하고 추측적인 인과관계의 복잡한 유형에 대한 평가를 제공할 것이라고 하였다. 결국 그는 이 두 가지 분석방법은 상호적대적인 관계가 아니라, 상호보완적인 관련성을 가져야 한다고 보았다. 또한 그는 두 가지 전략을 조화시키기 위해 학자들이 추론의 논리에 기초할 것을 강조하였다(King, Keohane and Verba, 1995). 이 학자들은 좋은 연구는 "만약 A라면, B가 되고, 혹은 X가 증가하면, Y가 증가한다"와 같은 단순한 명제를 통해 이루어진다고 하였다. 또한 학자들이 사례 연구를 열심히 하든 그렇지 않든 간에, 연구에 대한 설명은 동일한 해답을 제시해야 한다고 생각하였다.

질적 분석방법은 적은 사례에 근거한 연구라는 약점에도 불구하고, 역사적인 해석과 우연적인 분석에 대한 중요한 역할을 하였다. 특히 특정한 해석과 중요한 사회 현상, 그리고 학자들의 연구 성과 구분에 도움을 주었다. 사실 방법에 대한 선택을 제한하는 것은 사례의 수가 아니라, 사례 수를 어떻게 제한하느냐와 우연적인 조건을 어떻게 다루느냐에 있다. 이를 통해 조사자들은 연구의 성공 가능성을 가늠할 수 있게 된다. 만약 비교 연구자들이 연구를 성실히 수행한다면, 질적 분석방법은 피상적인 양적 연구보다 더 많은 결실을 거둘 수 있을 것이다.

그러나 질적 분석방법 혹은 양적 분석방법 중 어느 하나의 연구방법을 전적으로 선택하기보다 두 가지 연구방법을 적절히 혼용하여 연구 대상을 분석한다면, 사회현상에 대한 명확한 증거의 확보와 분명한 설명이 가능해질 것이다. 예를 들어 양적 분석방법 중의 하나인 교차 국가 통계 작업은 일반적인 이론을 제시할 수 있고 나중에 가설로 발전시킬 수 있다. 그리고 질적 분석방법 중 하나인 비교 역사 사례 접근은 가설을 확인할 수 있다. 그러므로 이 두 가지 분석방법을 '추론의 논리(the logic of inference)'에 기초하여 세워야 한다.

제4절 비교정치의 발전방향

현재 비교정치학의 논의를 발전시키기 위해서는 다음과 같은 네 가지 핵심 문제에 대한 지속적인 연구와 모색이 필요하다. 비교정치학의 접근 방식은 '가치중립적'일 것인가, 아니면 '가치함축적'일 것인가 하는 근본적인 딜레마를 안고 있다. 현재의 연구들은 이념적 스펙트럼인 우, 온건우익, 온건좌익, 좌 안에 고립되어 서로 간의 교류가 부족해 보인다. 우는 가치중립성을 지향하며 연구를 수행한다. 온건우익은 이데올로기적으로는 우익 성향을 지니지만, 연구 조사에서는 가치함축적인 전통적 방법론을 따르곤 한다. 온건좌익은 이론과 실천의 불가피성을 주장하며 가치함축적인 특징을 가지며, 사회주의 투쟁 합리화를 위해 계급투쟁이나 사회경제적 상황을 반영하고 있다. 마지막으로 좌는 관념적이고 추상적인 마르크스주의를 신봉하지만, 정작 그 연구가 경험적 방법론과 동떨어져 경우에 따라 내부에서도 지지를 받지 못하는 딜레마에 처하기도 한다. 따라서 철학자 비트겐슈타인(Wittgenstein)의 주장처럼, 명확한 사실을 보여줄 수 없는 가치 명제에 대해서는 신중한 접근이 필요하며, 연구자는 이념적 치우침이 없는 가치중립적 입장에서 연구를 시작하려는 노력이 요구된다.

연구 방법론의 측면에서는 질적 방법과 양적 방법 중 어느 것이 더 적절한가에 대한 논의가 계속되고 있다. 그러나 현재의 현실적인 대안이자 추세는 두 접근법의 장점을 적절히 조합한 분석 틀이다. 양적 방법은 정치 이론의 일반화를 정립하는 데 기여한다면 질적 방법은 연구 대상의 특수성과 전문성을 심도 있게 찾고 있다. 그러므로 두 방법을 상호 보완적으로 접목한 혼합 방법론(Mixed Methodology)으로 학문적 성취와 기여도를 극대화한다. 더불어 과거에는 'X가 Y와 상관관계가 있다'는 것을 입증하는 데 그쳤다면, 요즘 비교정치학은 'X가 Y를 어떻게(How) 야기하는

가'를 설명하는 인과적 메커니즘을 찾는 데 중점을 둔다. 이러한 방법론적 발전은 비교정치학이 더 이상 단순한 '지역 연구'나 '기술적 서술'에 머물지 않고, 과학적 엄밀성과 현실 설명력을 모두 갖춘 학문으로 발전하고 있음을 보여주고 있다.

또한, 비교정치학에서 주요 논쟁 중 하나는 발전 이론이 1960년대 이후 서구 중심적 편향성과 설명력의 한계를 노출하면서 발생했다. 특히 개발도상국의 정치 발전 현상을 기존 이론(근대화 이론 또는 종속 이론)으로 설명할 수 없다는 문제에 직면했다. 또한, 지역 연구자들이 소련 붕괴를 예측하지 못한 점은 비교정치에 일반적으로 적용될 수 있는 정치 이론의 부재가 한계인가에 대한 질문을 갖게 했다. 지배적인 패러다임의 존재 여부 논쟁보다는 발전적인 대안을 모색하는 것이 우선순위일 것이다. 현재는 정치 문화, 정치 제도, 합리적 선택 이론 등 다양한 이론들을 조합하고 양적·질적 방법론을 상호 보완적으로 접목하여 정치사회 현상을 폭넓게 분석하고 예측 가능한 이론 틀을 제시하려는 시도가 주를 이루고 있다.

향후 비교정치학의 발전적 대안을 제시해 보자면, 이념적으로 치우치지 않은 가치중립적인 입장에서 연구를 시작해야 하며 연구 대상이 되는 정치 공동체의 환경적 특수성을 고려하고 이를 분석 틀에 접목하려는 시도를 경주해야 한다. 다양한 각도에서의 이러한 시도들이 향후 비교정치학의 새로운 패러다임을 모색하는 데 초석이 될 것이다.

제2장

정치이념

제2장

정치이념

우리는 종종 누군가를 자유주의자, 보수주의자, 진보주의자 등으로 지칭하며, 이러한 표현은 개인의 일반적 신념체계를 나타내는 정치적 관점을 반영한다. 이 용어들은 정치이념(Political Ideology)으로 환원될 수 있으며, 이는 이상적 정치 목표, 그 목표 달성을 위한 접근 방식, 그리고 정치 세계에 대한 신념과 믿음의 포괄적 집합체로 정의된다. 정치이념은 개인에서부터 다양한 집단에 이르기까지 정치적 신념을 구성하는 '신념체계'로서, 일관성, 복잡성, 특수성을 지닌다. 인간의 정신, 사고, 믿음, 태도는 하나의 용광로 속에서 녹아 이념적 투쟁의 틀로 형상화되며, 이는 정치적 행동과 태도를 결정짓는 핵심 요소로 작용한다. 따라서 정치이념은 행동과 공존을 가능케 하는 필수적 틀로, 사회적 갈등을 조정하고 공동체의 방향성을 제시한다.

정치이념은 단순한 개인적 믿음을 넘어 사회적·정치적 맥락에서 일관된 사고와 행동의 지침을 제공한다. 예를 들어 자유주의는 개인 자유와 시장 경제를 강조하며, 보수주의는 전통과 안정성을 중시하고, 진보주의는 사회적 평등과 변화를 추구한다. 이러한 이념들은 각기 다른 가치와 우선순위를 반영하며, 정치적 논쟁과 정책 결정의 기반이 된다. 밀(J.S.Mill)의 『자유론(On Liberty, 1859)』은 개인의 자유와 사회적 조화의 균형을 강조하며, 정치이념이 개인 행동뿐 아니라 집합적 질서에 미치는 영향을 보여준다. 결국 정치이념은 우리가 정치 세계를 이해하고, 효과적으로 행동하며, 평화로운 공존을 도모하는 데 필수적인 도구로 작용한다.

이 장에서는 우리가 살고 있는 정치 사회의 정치적 풍경을 형성하고, 때때로 이를 급격하게 변형시키는 다양한 이념들을 검토해 본다. 고전적 자유주의, 현대적 자유주의, 급진주의, 보수주의 등 주요 정치이념들의 핵심 특징, 탄생 배경, 그리고 발전 과정을 역사적 맥락과 연결 지어 살펴볼 것이다. 이러한 접근은 이념이 진공 상태에서 등장하는 것이 아니라, 특정한 역사적 상황에서 발생하는 변화에 반응하며 형성되고 변화한다는 점에서 그 필요성이 강조된다. 물론 이는 이념이 풍향계처럼 정치적 바람에 수동적으로 반응한다는 의미가 아니다. 오히려 이념이 사회적 환경에 따라 변화하기도 하지만, 많은 경우 사회적 변화를 규정하고 유도한다는 사실을 내포한다.

결과적으로 정치이념은 수명이 다해 정지된 시계처럼 멈춰 있는 것이 아니라 역동적인 존재라 할 수 있다. 이러한 특징은 자유주의나 보수주의나 진보주의가 무엇인지 정확히 이해하려는 사람들을 당혹스럽게 만든다. 왜냐하면 이러한 이념들을 수학적으로 측정하거나 용어로 명확히 정의하는 것이 불가능하기 때문이다. 그러나 정치이념이 역사적 상황에 뿌리를 두고 함께 변화하며, 동시에 역사적 상황을 변화시키는 데 기여한다는 점을 인정한다면, 우리는 특정 이념의 본질을 이해할 수 있을 것이다.

제1절

정치이념의 주요 쟁점

정치이념은 상술했듯이 무엇이 옳고 그른지에 대한 판단의 사유적 토대를 제공하며, 개인과 집단의 행동과 실천의 근거가 된다. 우리는 특정 정치이념을 통해 인간 본성에 대한 철학적 물음부터 자유, 평등, 정의, 그리고 사회와 정부의 역할 같은 보다 현실적인 문제에 이르기까지 자신의 생각을 정립하고 표현한다. 각 정치이념은 인간과 사회 전반에 걸친 정치적 질문에 대해 저마다의 고유한 답변을 제시하며, 이는 모두 역사적 근거와 전통에 뿌리를 두고 있다.

비교 정치는 칼 마르크스(Karl Marx)와 막스 베버(Max Weber)라는 두 걸출한 사상가에 의해 그 기초가 마련되었다고 봐도 무리는 없을 것이다. 마르크스와 베버는 자본주의 경제 체제와 사회 제도에 대해 각각 소외와 합리성이라는 개념을 중심으로 이론을 구축하였다. 이를 기반으로 두 사상가는 인간 본성, 사회, 국가, 권위에 대한 정의에서부터 오늘날 우리의 삶을 규정하는 자본주의에 대한 평가에 이르기까지 상반된 정치적 유산을 후대에 남겼다. 따라서 마르크스와 베버의 사상에 대한 비교 고찰은 정치이념의 사상적 흐름을 이해하는 데 좋은 토대가 될 것이다.

1. 베버의 사상

베버는 마르크스, 프로이드(Sigmund Freud)와 더불어 20세기를 대표하는 사상가로서 사회과학의 방법론을 새롭게 정립하였다. 베버는 사회현상을 분석하는 기존의 가치함축적 방법론에 반대하여, 과학적이고 구체적인 사회현상과 역사적 사실로부터 이론을 이끌어야 한다는 가치중립적 방법론을 추구하였다. 이러한 베버의 사상은 칸트(Immanuel Kant)와 니체(Friedrich Nietzsche)에게서 많은 영향을 받았는데, 특히 콩트(Auguste Comte)의 실증주의(positivism)[1]에서 많은 영감을 받았다. 실제로 신

1) 콩트는 지식의 발전이 신학으로부터 형이상학을 거쳐 실증적(과학적) 단계로 진행된다고 보고 뉴턴(Newton)의 만유인력의 법칙이 실증주의의 모범적인 기준이 된다는 전제하에 사회현상의 불변적 법칙을 발견해낼 것을 역설하였다. 그의 실증주의는 인류의 건전한 지식이 관찰과 경험에 근거를 두는 과학적 지식이어야 하며, 모든 과학은 그 대상의 차이에도 불구하고 하나의 자

칸트학파의 가정을 이어받은 베버는 세상을 매우 다양하기 이를 데 없는 사회적·문화적 요소들이 존재하는 곳으로 인식하였다. 베버는 무한한 다양성을 포함하고 있는 곳이 바로 현실이라고 생각하였으며, 이렇게 복잡하고 다양한 세상을 살아가는 존재들이 다름 아닌 인간들이라고 보았다. 따라서 베버에게 있어서 인간들이 현실 세계에서 일어나는 모든 일들을 다 이해한다는 것은 불가능한 일이었다. 이런 점에서 베버는 마르크스의 경제 결정론과 같이, 하나의 변수를 통해 모든 인류 역사와 현실 세계를 설명하려는 시도에 대해서 분명하게 반대하였다. 실제로 베버에게는 마르크스에게서 찾아볼 수 있는 통일되고 일반화된 이론체계는 보이지 않지만, 대신 다양성이라는 가치가 주목받고 있는 것을 알 수 있다.

막스 베버의 사상 중 다양성에 대한 가치는 니체가 제시한 갈등에 대한 독특한 시각에서 기인한다. 니체는 이성과 합리성이 신의 자리를 대체한 계몽주의 시대의 사상에 부정적이었다. 니체에게 계몽주의는 종교적·철학적 절대성이 이미 해체되었음을 인지하지 못하는 시대였기 때문이다. 그는 "신은 죽었다"는 선언을 통해 형이상학적 토대와 전통적 도덕이 허물어졌으며, 그 결과 남은 것은 무목적적이고 무의미한 허무주의(Nihilism)라고 주장했다. 인간이 이성적인 존재라기보다는 오히려 비이성적이고 모순된 욕망과 의지의 충돌을 받아들이는 수동적 주체라고 결론 내렸다. 따라서 허무주의에서 벗어나기 위해서는 이성이나 진리 같은 허구적 가치 대신, 변화하는 현실 속의 근원적인 힘인 '힘에의 의지(Will to Power)'를 찾아 결단력 있게 살아야 한다고 주장했다.

베버는 니체의 영향을 받아 이러한 모순되고 비이성적인 욕망의 충돌을 수용하는 인간의 본성 때문에 갈등이 사회생활에서 배제될 수 없다고 믿었다. 그러나 베버에게 갈등은 마르크스의 주장처럼 단 하나의 계급적 모순에서 기인하거나 반드시 제거되어야 할 대상이 아니었다. 마르크스적 갈등은 생산관계라는 하나의 이해관계(계급)에 기반한다면, 베버적 갈등은 시장 관계라는 틀 속에서 무수히 많은 사람들의 다원적이고 다층적인 이해관계가 얽히고설켜 자연스럽게 표출되는 현상이었다.

연적 체제로 통합되어야 한다는 과학의 통일을 주장하였다(Peter Halfpenny (1982), *Positivism and Sociology: Explaining Social life*, London: George Allen and Unwin, pp. 13~26).

베버에게 갈등은 사회 내의 다양한 이익들이 반영된 결과이기에 갈등 해결을 위한 진정한 처방은 프롤레타리아 계급의 혁명이 아니라, 다원주의적 이해관계의 합리적 해결을 주도하는 근대 서구 자본주의 사회의 관료제 국가의 역할이라는 것이다. 베버가 니체의 비합리적 인간관을 수용하면서도, 마르크스와 달리 갈등을 관리 가능한 다원적 현상으로 해석한 것이 그의 사회학적 이론의 핵심이 되었다.

한편, 베버(Weber)는 『The Protestant Ethic and the Spirit of Capitalism(프로테스탄트 윤리와 자본주의 정신)』에서 프로테스탄트의 예정설 교리가 시간이 지나면서 부르주아 계급의 에토스(ethos), 즉 특정 행동 양식을 반복적으로 실천함으로써 형성된 습관적 사고방식으로 변화했음을 주장했다(Weber, 1958: 160~176). 에토스는 일시적인 감정인 파토스(pathos)와 달리 지속적인 특성을 가지며, 이를 통해 사람들은 선악을 판단한다. 베버는 16세기 종교개혁, 특히 칼뱅주의가 근대 자본주의 발전의 토대를 마련했다고 보았다. 칼뱅주의는 카톨릭의 고해성사로 죄를 용서받아 얻던 마음의 평안을 죄책감으로 대체하며, 신 앞에서 구원을 증명하기 위해 성실히 일해야 한다는 강박을 낳았다. 이를 베버는 '직업윤리'라 불렀다. 이 직업윤리는 모든 직업을 신성한 소명으로 여기게 하여, 성직자뿐 아니라 모든 이가 도덕적 열정과 진정성을 가지고 일에 임하도록 했다. 결과적으로 번영은 신의 축복이 아니라 체계적이고 합리적인 노력, 즉 금욕주의와 직업에 대한 소명의식의 산물로 여겨졌다. 베버는 이를 통해 초기 자본주의의 형성과 자본 축적이 프로테스탄트 윤리의 합리주의와 금욕주의에서 비롯되었다고 설명했다. 이는 마르크스의 유물론적 관점과 달리, 자본주의의 성립에 종교적·문화적 관념론적 가치가 핵심적인 역할을 했다는 주장이다.

베버는 사회적 행위를 분석하기 위해 '이념형(ideal types)'이라는 방법론을 제시하며 사회과학 연구에 큰 족적을 남겼다. 이념형은 사회과학자들이 역사를 이해하기 위해 사용하는 인위적인 분석 도구로, 실제 역사에 순수한 형태로 존재하지는 않지만, 특정 현상의 전형적인 특징을 개념화한 것이다(Weber, 1962: 32~33). 예를 들어 베버는 권위의 개념을 전통적 권위, 카리스마적 권위, 합법적 권위로 체계적으로 분류했다. 그는 이 세 가지 권위가 역사 속에서 순수한 형태로 나타나지는 않더라도 각 권위 체계의 전형적인 특성을 보여준다고 보았다. 이를 통해 학자들은 역사 속 다양한 권위 체계와 이념형 간의 유사점과 차이점을 비교하고, 각 권위 체계가 문명에 미친 영향을 분석할 수 있었다(Lachmann, 1970: 26~28). 베버의 이러한 방법론은 이후 탈콧 파슨스(Talcott Parsons)의 구조기능주의와 미국의 다원주의 전통에 중요한 사상적 기반을 제공했다.

2. 마르크스의 사상

마르크스(Karl Marx)는 자본가와 노동자 간 타협을 강조하는 과거의 이상적 사회주의나 계량적 사회주의와 달리, 혁명적 사회주의, 즉 공산주의를 주장했다. 그의 사상은 헤겔(Georg Wilhelm Friedrich Hegel)의 '관념론적 변증법'과 포이에르바하(Ludwig Feuerbach)의 '철학적 유물론'에서 큰 영향을 받았다. 마르크스는 이 둘을 결합해 '변증법적 유물론'을 창안했으며, 이를 바탕으로 '사적 유물론'을 발전시켰다.

헤겔의 관념론적 변증법은 진리와 사물의 존재를 설명하는 논리적 과정으로, 정(正)·반(反)·합(合)의 세 단계를 따른다(김성수, 2018: 94. 재인용). 정(正): 하나의 명제가 성립되지만, 그 안에는 드러나지 않은 모순이 잠재해 있다. 반(反): 이 모순이 표출되며 정명제에 반대되는 반명제가 등장해 대립한다. 합(合): 정과 반이 충돌하며 상호작용해 더 발전된 합명제가 도출된다. 이 합명제는 다시 새로운 정명제가 되어 정·반·합의 과정을 반복하며, 이를 통해 역사는 진보한다고 헤겔은 보았다. 그는 이 과정이 인간의 이성에 의해 이루어지며, 궁극적으로 절대 이성에 도달한다고 믿었다.

반면, 포이에르바하의 철학적 유물론은 정신, 의식, 사고 같은 정신적 요소보다 자연, 물질, 신체 같은 물질적 요인이 더 근원적이라고 보는 입장이다(Feuerbach, 2011[1841]). 마르크스는 헤겔의 변증법을 차용하면서도 그의 관념론을 비판하고, 포이에르바하의 유물론에서 '물질'을 경제적 조건으로 재해석해 변증법적 유물론을 구축했다.

마르크스는 사적 유물론(사람들이 무엇을 생각하느냐보다, 어떻게 먹고 살고 일하느냐가 사회와 역사를 결정한다)을 통해 경제적 생산관계와 같은 물질적 조건이 정신적 가치보다 우선하며, 이러한 경제 구조가 역사를 변증법적으로 발전시킨다고 보았다. 그는 생산력(생산 능력)과 생산관계(생산수단 소유와 노동의 관계)를 중심으로 인류 역사를 설명했다. 마르크스에 따르면, 역사는 원시 공산사회(생존을 위해 생산수단을 공유하는 공동체 사회)에서 고대 노예제(본격적 계급사회: 노예주와 노예)로 봉건제(신분에 기반한 지배사회: 영주와 농노)로 그리고 자본주의 시대(임금 노동과 시장중심사회: 자본가와 노동자)로 진보해 왔다(Marx and Engels, 1998[1848]). 결과적으로 자본주의가 사회주의(생산수단의 사회적 소유 단계)를 거쳐 궁극적으로 공산주의 사회(능력에 따라 일하고, 필요에 따라 분배하는 완전한 공동소유사회)에 도달할 것이라고 전망했다.

마르크스는 자본주의 사회를 정치, 문화, 종교 등의 상부구조와 노동과 자본 간의 생산관계가 핵심인 하부구조로 나누어 분석하면서, 상부구조는 하부구조에 의해 결정된다고 보았다. 즉 경제적 조건이 정치, 사회, 문화적 요소를 규정한다. 마르크스는 자본주의 사회는 생산수단을 소유한 부르주아 계급(자본가)과 생산수단 없이 노동에 의존하는 프롤레타리아 계급(노동자)으로 나뉜다고 보았다(김성수, 2018: 96~97). 노동자는 생존을 위하여 자신의 노동을 상품처럼 자본가에게 팔면서 그들에게 종속될 수밖에 없다.

마르크스는 자본가가 노동자를 상품으로 간주하는 이 지점을 비판했다. 생산수단(기계, 원료 등)은 노동자의 노동력이 결합해야만 상품을 생산할 수 있지만 노동자는 자신이 생산한 결과물이나 노동 과정에서 소외된다(김성수, 2018: 99). 노동자는 자신의 노동이 자본가의 잉여가치 창출에 이용되면서도 자신의 것이 아니라 느끼며 살아간다. 더불어 기술 발전으로 기계가 노동자를 대체하고 직업이 줄어들면서, 노동자들은 서로 경쟁하며 불안정해진다. 마르크스는 자본주의가 생산성이 높아 사회적 재분배로 여유를 만들 수 있음에도, 자본가들이 이윤을 위해 이를 무시하기 때문에 실업과 불평등을 초래하며 진정한 자유를 억압한다고 보았다.

마르크스는 이러한 문제를 해결하려면 노동자들이 단결해 부르주아로부터 정치권력을 빼앗아야 한다고 주장했다. 그는 프롤레타리아가 권력을 장악한 뒤 사유재산제를 폐지하고, 불평등과 착취, 소외를 없애는 공산주의 사회를 건설해야 한다고 보았다. 그는 공산주의가 노동자가 자유롭게 노동을 선택하고 능력에 따라 보상받는 정의로운 사회를 실현할 수 있다고 믿었다(Sterba, 2003: Part III).

마르크스의 경제 결정론은 강력한 영향력을 발휘해, 현대 사상가들을 마르크스주의자와 비마르크스주의자로 나눌 정도로 큰 영향을 미쳤다. 그의 사상을 계승한 네오 마르크스주의자로는 헤겔적 마르크스주의를 발전시킨 게오르크 루카치

(Lukács, 1972[1923]), 문화적 통제인 헤게모니를 강조한 안토니오 그람시(Gramsci, 1971), 그리고 프랑크푸르트 학파의 비판 이론가들이 있다. 폴 토마스(Thomas, 1991: 26)는 마르크스주의의 다양한 갈래가 현대사회 속에서도 "거성처럼 우뚝 서 있다"며, 마르크스 사상의 위치를 명확히 규정하기 어려울 정도로 그 영향력이 광범위하다고 지적했다.

3. 마르크스와 베버의 주요 개념 비교

마르크스와 베버의 이론은 비교 정치뿐만 아니라 사회과학 전체에서 자본주의 경제 체제와 사회 체제를 분석하는 중요한 기준 역할을 한다. 칼 뢰비트(Karl Löwith)는 그들의 사상을 각각 베버의 '부르주아 사회학'과 마르크스의 '마르크스주의'로 명명하며, 오늘날 사회과학 연구의 대표적인 두 기준이라고 평가하고 있다(강신준·이상률 편, 1984: 125). 그러나 최근 네오 마르크스주의자들은 기존 마르크스주의의 약점을 보완하기 위해 국가의 자율성이나 문화의 중요성 등 베버의 사상을 차용하는 경향이 강해지고 있다. 이로 인해 오늘날 베버의 사회학과 마르크스주의 간 경계가 상당 부분 모호해지고 있다. 그럼에도 불구하고 베버와 마르크스 간에는 기본 가정과 이론의 차이로 인한 연구 기준의 구별성이 여전히 존재한다. 따라서 자본주의 사회를 진단할 때 누구의 분석 틀을 사용하는가에 따라 처방이 확연히 달라질 수밖에 없다. 이에 여기에서는 마르크스와 베버의 생각을 국가, 문화, 정치 발전, 계급의 측면에서 비교함으로써 두 사상을 보다 자세히 분석한다.

첫째, 국가와 관련된 마르크스와 베버의 이론적 지향점에서 두 사상가는 모두 자본주의 사회의 국가에 깊은 관심을 보였다. 그러나 마르크스는 국가를 단일한 구조로 보고 지배 계급의 이익과 결부되어 프롤레타리아 계급을 억압하는 도구로 인식한 반면, 베버는 국가의 정당성을 기반으로 이익의 다원성을 수용하는 구조로 보았다는 점에서 뚜렷한 차이를 드러낸다. 실제로 마르크스는 국가에 대해 "근대 국가의 행정부는 전체 부르주아의 공동 업무를 관리하기 위한 위원회에 불과하다"고 주장하였다(Tucker, 1978: 475). 마르크스에 따르면, 자본주의 사회에서 근대 국가는 부르주아 계급이 지배하는 경제적 생산관계로 이루어진 하부구조에 의해 결정되는 상부구조의 일부이므로, 필연적으로 이 관계를 유지하기 위한 도구로서 기능할 수

밖에 없으며, 부르주아 계급의 꼭두각시에 불과하다. 이러한 인식을 바탕으로 마르크스는 자본주의 사회 내 모든 지배 형태를 비합법적이라고 규정하였다. 특히 그는 생산수단을 소유·통제하는 경제적·정치적 지배 계급인 부르주아의 지배 행태를 비판하는 데 초점을 맞추었다. 결과적으로 마르크스는 국가와 지배 계급의 변화를 사적 유물론의 반영으로 보았으며, 궁극적으로 프롤레타리아 계급의 혁명을 통해 국가와 지배 계급의 소멸을 주장하였다. 혁명을 통해 사회적 문제인 경제적 소외가 해소될 수 있다는 점에서 마르크스를 낙관론자로 평가할 수 있다.

반면 베버의 관점은 상이하다. 그는 국가를 자율성을 지닌 독립된 사회 구조로 간주하였다. 이는 베버의 유명한 국가 정의에 잘 나타나 있다: "국가란 특정한 영토 내에서 물리적 힘의 정당한 사용의 독점을 요구하는 인간 공동체이다. 국가란 인간이 인간을 지배하는 하나의 관계이며, 그 관계는 정당하다고 인정되는 폭력의 수단으로써 뒷받침된다"(Gerth and Mills, 1958: 78). 베버는 마르크스와 달리 합법적 지배 형태에 주목하였다. 앞서 언급한 바와 같이 베버는 권위(authority)를 전통적 권위, 카리스마적 권위, 합리적 권위의 세 가지 이념형(ideal types)으로 분류하였으며, 근대 서구 자본주의 사회의 국가에서는 관료제와 합리성에 기반한 합리적 권위가 지배적이라고 보았다. 또한 베버는 관료적 질서의 합리화를 통해 사회적 갈등을 해소하는 데 관심을 기울였다. 그는 근대 서구 자본주의가 사회를 보다 합리적이고 안정적인 형태로 발전시킨다고 믿었기 때문에, 자본주의의 유지를 질서 보전으로 인식하였다. 따라서 베버는 마르크스와 달리 국가 활동의 합리화를 통한 국가 발전을 지향하였다. 이를 위해 공무원의 임기 보장과 정치적 중립성을 강조하였으며, 이는 여론에 흔들리지 않는 안정적 행정을 위한 것이다. 그러나 국가 활동의 합리화가 제도화되는 과정은 비인간적 접근에 기반하므로, 안정된 사회를 유지할 수 있음에도 불구하고 베버를 비관론자로 보는 시각도 존재한다.

둘째, 문화에 대한 마르크스와 베버의 인식 차이를 살펴보자. 마르크스는 문화를 상부구조의 일부로 간주하며, 이는 생산력과 생산관계로 구성된 하부구조를 반영한다고 보았다. 즉 의식이나 이념과 같은 문화적 현상을 사회의 정치적·경제적 조건으로 설명하려 하였다. 실제로 그는 문화가 물질적 토대를 정당화하고 특권 지배 계급의 이익을 보호한다고 주장하면서, 문화를 정태적인 성격으로 파악하였다

(Chilcote, 1981: 111). 나아가 마르크스는 ‘허위의식’ 개념을 통해 순종해야 하는 정통성이란 문화와 이념의 상부구조에 퍼진 신념과 가치 속에서 위장된 것에 불과하다고 비판하였다. 또한 그는 물질적 사회에서 발생하는 개인의 소외를 자본주의 사회의 지배적 권위와 착취의 산물로 규정하였다.

반대로 베버는 문화가 인간의 사회적 행위와 문명의 역사적 발전에 핵심적인 역할을 한다고 보는 문화 중시론자였다. 특히 베버가 강조한 칼뱅주의를 구체적으로 검토해 본다. 예정설을 주장하는 칼뱅주의에 따르면 인간의 운명은 태초부터 신에 의해 결정되어 있으므로, 인간은 신의 섭리를 받아들이고 자신의 직업에 충실히 봉사할 때만 구원을 얻을 수 있다. 따라서 상공업을 통한 부의 추구도 근면과 검소에 기반한다면 구원의 확신을 위한 수단으로서 정당화되며, 종교적 윤리가 세속적 직업 노동에 특별한 가치와 의미를 부여한다는 것이다. 이처럼 베버는 금욕과 근로를 중시하는 칼뱅주의 생활 태도가 자본주의 정신의 성숙에 밑거름이 되었다고 주장하였다. 즉 마르크스와 달리 베버는 자본주의적 생산양식이 종교적 신념체계를 이끌어낸 것이 아니라, 오히려 프로테스탄트 윤리와 같은 종교적·문화적 정신이 자본주의적 생산양식의 성립에 선행했다고 보았다. 이를 뒷받침하는 근거로 베버는 자본주의가 발달한 지역에서 프로테스탄트 윤리가 성행했다는 사실을 제시하였다. 영국과 독일이 대표적 예로, 베버에 따르면 독일이 영국에 비해 경제 발전이 늦은 이유는 독일 경건주의(pietism)의 특수성으로 인해 금욕주의(asceticism)가 쉽게 자리 잡지 못했기 때문이다. 이외에도 베버는 문화적 차원에서 지배의 정당성 문제를 논의하였다. 그는 지배의 정당성을 자의적 복종과 합법적 통제의 맥락에서 다루며, 종교적·문화적 측면에서의 개인적 동기를 강조하였다. 베버는 문화의 신념과 상징이 지배적 권위의 다양한 이념형을 강화하고 합법화한다고 보았다(Chilcote, 1981: 102).

셋째, 역사 발전에 관한 마르크스와 베버의 인식을 비교해보자. 19세기 사상가들과 마찬가지로, 마르크스와 베버는 전통 사회에서 근대화된 산업 사회로의 역사적 전환 과정을 진화론적 관점에서 파악하였다(오명호, 1990: 513). 특히 마르크스는 역사의 발전을 생산력과 생산관계의 변화에 따른 경제적 요인으로 설명하였다. 그에 따르면 경제적 진화는 단일한 방향성을 띠며 원시 공산사회, 고대 노예제, 봉건제, 자본주의, 사회주의, 공산주의 등의 연속적 단계를 거쳐 이루어진다. 이러한 경제적 진화 과정에서 이념의 상부구조도 변화하며, 인간의 행위는 생산양식에 영향을 미치는 경제 구조의 변화에 의존하기 때문이다.

반대로 베버는 자본주의로의 발전 과정을 상술하였듯이 프로테스탄트 종교 교리와 윤리를 통해 설명하였다. 그는 종교적 동기에 의해 유발된 사회적 행위에 주목하였다. 상술한 프로테스탄트 윤리와 자본주의 정신의 관계처럼, 베버는 종교적 관념이나 문화 체계가 경제 체계의 에토스 발전에 심대한 영향을 미친다고 보았다. 또한 베버는 종교적 요인과 함께 합리성 개념을 통해 전통과 구분되는 근대 발전 과정을 설명하였다. 근대는 과거와 달리 합리성이 지배하는 사회이며, 이 합리성이 근대 세계로의 발전을 주도하는 핵심 요소라는 것이다. 요약하면 마르크스는 인간과 생산력 및 생산양식이라는 물질 세계와의 상호작용을 전제로 동적인 발전관을 제시한 반면, 베버는 산업 국가의 관료제적 질서에서 두드러진 합리적 특징을 기반으로 정적인 발전관을 정립하였다(Chilcote, 1981: 107).

마지막으로 계급에 관한 마르크스와 베버의 인식을 비교해보자. 공산당 선언(Communist Manifesto)에서 마르크스는 생산수단의 소유 유무에 따라 계급을 구분하였다. 마르크스에 따르면, "자본주의하에서는 두 개의 계급이 각각 변증법적으로 대립한다. 여기서 두 계급이란 근대 자본가 계급으로서 사회적 생산수단의 소유자이자 임금노동의 고용주인 부르주아와 자신의 생산수단을 갖지 못한 채 살기 위해 그들의 노동력을 팔아야만 하는 근대 임금노동자 계급인 프롤레타리아 계급을 의미한다." 즉 노동자는 생존을 위해 자신의 노동 대가에 대한 정당한 보상을 인지하지 못한 채 공장에서 착취당하는 위치에 놓여 있다. 반면, 경제적으로 열위한 농민계급은 개별적·독립적 생산자로서 노동의 대가를 수확으로 받을 수 있어 혁명 의식이 약할 수밖에 없다. 물론 중국 혁명과 같은 예외 사례도 존재하지만, 농민 계급은 일반적으로 보수적 성향을 띤다.

베버 역시 원칙적으로 마르크스가 정의한 계급과 계급투쟁 개념을 일정 부분 수용하였다. 그러나 마르크스와 달리 베버는 경제적 요소에 따른 이분법적 계급 구조가 모든 것을 결정짓는다고 보지 않았다. 그는 산업 사회에서 개인들은 경제적·종교적·인종적 차원의 무수히 많은 상호 교차적 이익관계와 지위관계에 속해 있기 때문에, 단순히 생산수단의 소유 유무만을 기준으로 극단적인 계급 구분을 시도하는 것은 설득력이 부족하다고 믿었다. 실제로 대부분의 사람들은 다양한 이해관계에 따라 다차원적이고 다층적인 이익 위치에 있으며, 이 가운데 민족의식이나 종교적 가치 등이 계급적 이익에 우선하는 경우도 많다는 것이다. 따라서 베버는 생산관계에 따른 이분법적 계급 구분보다는 시장에서의 보상에 대한 차별적 접근을 통해 계급을 정의할 것을 주장하였다(이상률 편, 1996: 150). 베버는 계급 개념에 지위상황(status situation)이라는 개념을 추가하여 설명하였다. 즉 베버는 지위상황 개념을 통해 순수하게 경제적 차원에서 결정되는 계급이라도, 긍정적이거나 부정적인 특정 명예에 대한 사회적 평가로 인해 결정될 수 있다고 주장했다. 여기서 명예는 많은 사람들이 공유하는 특정 특질과 관련되며, 계급상황과 연관될 수 있다. 실제로 계급적 특징은 다양한 방식으로 지위의 특징과 연관된다. 베버에 따르면 지위의 명예가 반드시 경제적 계급상황과 연관될 필요는 없다.

발 버리스(Val Burris)에 따르면, 계급에 대한 마르크스와 베버의 인식 차이는 다음과 같이 비교할 수 있다. 첫째, 마르크스는 계급을 사회적 지위의 객관적 구조로 개념화하는 반면, 베버의 계급 분석은 사회적 행위 이론의 형태로 구성되어 있다. 둘째, 계급관계에서 마르크스는 가장 중요한 사회 계층 및 분열에 대한 단일 차원적 견해를 고수하는 데 반해, 베버는 계급관계가 비계급적 결사의 기초들—특히 신분 및 당파—와 교차할 수 있으며, 종종 이들이 더 중요시될 수 있다는 다차원적 견해를 고수한다. 셋째, 마르크스에게 계급관계 및 계급갈등의 본질적 논리는 착취의 논리이며 정치적·이념적 지배는 착취를 확보하기 위한 수단으로 해석되는 데 반해, 베버는 지배를 독립된 힘과 논리를 지닌 목적으로 인식하였다. 마지막으로, 마르크스에게 계급은 사회적 생산관계의 표현인 반면, 베버는 계급을 시장 내 공통된 지위로 개념화하고 있다(이상률 편, 1996: 132).

이에 덧붙여 계급과 혁명의 관계에서 마르크스는 계급의식이 노동 계급을 혁명계급으로 변화시킬 것이라 믿었으나, 베버는 계급의식보다는 민족주의, 종교적 신념, 인종적 충성심 등이 더 강력하게 작용할 것이라고 보았다(Chilcote, 1981: 113).

지금까지 우리는 마르크스와 베버의 사상을 국가, 문화, 역사 발전, 계급 등의 측면에서 간략히 비교해보았다. 이상의 논의를 종합하면, 마르크스와 베버가 자본주의 사회라는 공통된 연구 대상을 공유했음에도 불구하고, 그에 대한 접근 방식은 상당한 차이를 보인다. 마르크스는 생산력과 생산관계로 구성된 경제적 구조가 사회와 역사의 발전을 결정한다는 경제 결정론적 시각을 바탕으로 자본주의 사회를 분석하였다. 반면, 베버는 경제적 요소뿐 아니라 종교와 문화와 같은 다양한 가치 체계를 중시하며 문화 중심적 입장을 견지하였다. 따라서 마르크스가 결정론적 분석 틀을 통해 사회를 체계적으로 이해하는 접근법을 제시했다면, 베버는 마르크스의 독단적 결정론에서 벗어나 다양한 변수를 고려함으로써 사회를 다원적으로 이해할 수 있는 길을 열었다.

마르크스와 베버의 사상에서 우리가 생각해볼 만한 지점은 다음과 같다. 두 사람은 모두 사회를 이해하려는 위대한 사상가였지만, 세상을 바라보는 방식은 크게 달랐다.

칼 마르크스(Karl Marx)

1. 역사적 유물론(historical materialism)이란?
   → 사회와 역사의 발전은 물질적·경제적 조건, 특히 생산력과 생산관계에 의해 결정된다고 본다. 상부구조는 경제적 하부구조에 의해 규정되며, 계급투쟁을 통해 역사가 변증법적으로 진보한다고 본다.
2. 노동의 분업화란? 노동의 분업화가 생산과정에 미치는 영향은 무엇이며 왜 세계무역이 중요한가?
   → 생산과정에서 노동을 세분화하여 전문화된 역할을 부여하는 것이다. 이는 효율성을 높이고 생산성을 증대시키지만, 노동자의 소외를 심화시킨다. 세계무역은 자본주의적 생산물이 글로벌 시장에서 유통되며 잉여가치를 극대화하고, 자본 축적을 가속화하기 때문이다.
3. 국가의 역할이란?
   → 국가는 지배계급(부르주아)의 이익을 보호하고 유지하기 위한 도구로, 경제적 하부구조에 의해 결정된 상부구조의 일부로서 계급 억압과 착취를 정당화하는 역할을 한다.

4. 왜 프롤레타리아 혁명이 요구되는가?

→ 자본주의의 모순(착취와 소외)으로 인해 필연적으로 발생하며, 생산수단의 사적 소유를 폐지하고 계급 없는 공산주의 사회를 건설하기 위해 필요하다. 이는 계급투쟁의 결과로 프롤레타리아가 부르주아를 전복하는 과정이다.

5. 보나파르티스트 국가란? 보나파르티즘 국가는 어떻게 권력을 가지게 되는가? 국가의 상대적 자율성이란?

→ 계급 간 균형이 팽팽할 때 국가가 특정 계급에 치우치지 않고 독립적으로 권력을 행사하는 형태를 말한다. 이는 계급 갈등의 틈새에서 권력을 잡아 중앙집권적 통치를 강화하며, 상대적 자율성은 국가가 경제적 하부구조로부터 완전히 결정되지 않고 일정 정도 독립적으로 작동하는 능력을 의미한다.

6. 농민이 혁명 계급으로서는 제한적인 역량만을 가지는 이유는 무엇인가?

→ 농민은 개별적·독립적 생산자로서 경제적 이해관계가 분산되어 있고, 집단적 계급의식이 약하다. 또한 자본주의 착취에 직접 노출되지 않아 혁명적 잠재력이 제한적이다. 이들은 보수적 성향을 띠며, 프롤레타리아처럼 체계적 착취를 경험하지 않아 혁명 의식이 약하다.

막스 베버(Max Weber)

1. 『프로테스탄트 윤리와 자본주의 정신』에서 베버가 설명하려는 것은 무엇이며, 서구 자본주의의 특성으로 꼽고 있는 것은 무엇인가?

→ 프로테스탄트(특히 칼뱅주의)의 금욕적 윤리가 자본주의 정신의 형성에 기여했다고 설명한다. 서구 자본주의의 특성으로는 근면, 검소, 합리적 계산, 직업 소명 의식을 강조한다.

2. 합리성과 자본주의 출현 간의 관계성

→ 베버는 합리성이 자본주의 출현의 핵심 동력이라고 보았다. 프로테스탄트 윤리의 합리적·금욕적 태도가 체계적 노동과 자본 축적을 촉진하며, 관료제와 합리적 권위가 자본주의 경제 체제를 뒷받침했다.

3. 베버의 사회과학 방법론이란?

→ 그의 방법론은 이념형을 통해 사회 현상을 분석하는 것으로, 역사적·사회적 현상의 전형적 특징을 개념화하여 비교·분석하는 도구를 제공한다. 이는 주관적 동기와 객관적 구조를 연결한다.

4. 베버가 정의하고자 하는 변수로서의 '문화'가 마르크스의 시각과 다른 점은?

→ 마르크스는 문화를 경제적 하부구조에 의해 결정되는 상부구조의 일부로 보아 정태적으로 파악한 반면, 베버는 문화를 자본주의 발전에 능동적 영향을 미치는 독립적 변수로 간주하며, 종교적 · 문화적 가치가 경제 체제를 형성한다고 보았다.

5. 지배의 수단이라는 관점에서 베버는 국가를 어떻게 설명하고 있는가? 또한, 국가가 정당성을 갖게 되는 이유는?

→ 특정 영토 내에서 정당한 물리적 힘의 독점을 요구하는 공동체로 설명한다. 국가는 전통적, 카리스마적, 합리적 권위의 이념형을 통해 정당성을 얻으며, 특히 근대 국가에서는 합리적·관료적 권위로 정당화된다.

6. 정치인(politician)과 공무원(civil servant)은 어떻게 구분되는가? 또한 윤리적으로 책임 있는 정치인의 유형이란?

→ 정치인을 열정과 책임감으로 이념을 추구하며 대중을 이끄는 자로, 공무원을 규칙과 중립성에 따라 행정을 수행하는 자로 구분한다. 그리고 신념윤리와 책임윤리를 조화시켜 현실적 판단을 내리는 유형의 정치인을 의미한다.

7. 마르크스와 베버가 살아 있던 당시 그들이 갖고 있었던 지적인 고려 사항은 무엇이었는가?

→ 마르크스는 자본주의의 계급 모순과 경제적 착취 해결에, 베버는 자본주의의 합리화와 문화적 요인의 역할에 주목했다. 둘 다 전통에서 근대 산업 사회로의 전환과 그로 따른 사회적 변화에 관심을 가졌다.

8. 마르크스는 계급을, 베버는 통치자의 피치자에 대한 지배를 통하여 사회관계에 대해 설명하였다. 이 두 가지 다른 접근법이 가지는 함의는 무엇인가? 나아가 이러한 접근법의 차이를 들어 마르크스를 근대사회에 대한 낙관론자로, 베버를 비관론자로 규정할 수 있는가?

→ 마르크스는 계급투쟁과 혁명을 통해 사회 변혁이 가능하다는 낙관적 전망을 제시한다. 반면, 베버의 지배 중심 접근은 합리화와 관료제의 비인간적 특성을 강조하며 안정성을 중시한다. 이로 인해 마르크스는 혁명적 낙관론자로, 베버는 관료제의 경직성으로 인해 비관론자로 간주될 수 있다.

두 사상가의 사회를 보는 시각은, 마르크스는 사회를 움직이는 힘이 경제와 계급에 있다고 보았다. 그는 부유한 자본가와 가난한 노동자 사이의 갈등과 불평등이 사회 변화를 일으키는 핵심이라고 주장했다. 따라서 사회를 이해하려면 사람들의 생각이나 문화보다, 누가 생산수단을 가지고 있는가, 경제적 관계가 어떻게 형성되어 있는가를 살펴야 한다고 보았다. 그의 시선은 사회의 구조적 문제를 드러내고, 불평등을 극복하기 위한 변화를 강조한다.

반면 베버는 마르크스보다 훨씬 다층적이고 복합적인 사회 이해를 제시했다. 그는 경제뿐 아니라 문화, 종교, 정치, 가치관 등 여러 요인이 함께 사회를 만든다고 생각했다. 예를 들어 프로테스탄트 윤리가 근대 자본주의의 정신을 만들어냈다는 그의 분석은, 인간의 신념과 가치가 경제 체계에 영향을 줄 수 있다는 점을 보여준다. 베버에게 사회는 단순한 경제 구조가 아니라 사람들의 의미 있는 행동이 모여 이루어진 복합적 세계였다.

마르크스는 사회의 경제 구조에서, 베버는 사람의 의식과 문화적 의미에서 사회의 원동력을 찾았다. 이 두 관점은 서로 대립하면서도 서로를 보완하고 있다. 마르크스의 시각은 사회 구조 속의 불평등을 깨닫게 하고, 베버의 시각은 인간의 가치와 신념이 사회를 어떻게 변화시키는지 이해하게 해준다. 결과적으로 우리가 사회를 볼 때 한쪽 시각에 치우치지 않고 구조와 인간, 경제와 문화, 제도와 가치를 함께 살피는 통합적 시선이 바람직하다.

제2절 고전적 자유주의(Classical Liberalism)

사실 고전적 자유주의(classical liberalism)가 처음 등장하던 시기에는 아직 '자유주의(liberalism)'라는 용어 자체가 정치사상적으로 정립되지 않았다. 이 말이 본격적으로 사용되기 시작한 것은 19세기 초 스페인에서 입헌군주제를 지지한 정당인 자유당(Liberales)의 이름에서 비롯되었다. 이후 '자유주의'라는 개념은 개인의 자유와 권리를 중시하는 일련의 사상과 정치운동을 포괄하는 용어로 확산되었다.

고전적 자유주의는 근대 계몽주의 철학의 흐름 속에서 태동했다. 계몽주의자들은 절대왕정과 교회의 권위, 그리고 봉건적 신분질서에 맞서 인간의 이성과 자율성을 강조했다. 자유주의 사상가들에게 자유란 단순히 억압받지 않는 상태를 의미하는 것이 아니라, 억압적 권력으로부터 벗어나 자신이 선택한 삶을 스스로 결정할 수 있는 권리를 뜻했다. 따라서 고전적 자유주의는 본질적으로 개인의 권리를 보장하고 국가 권력의 간섭을 최소화하려는 철학이었다.

이 사상적 토대 위에서 고전적 자유주의는 사회란 자율적이고 독립적인 개인들의 결합체라고 보았다. 사회의 질서와 발전은 국가나 종교와 같은 외부 권위가 아니라, 각 개인이 스스로의 이익을 추구하고 서로 자발적으로 교환하는 과정에서 자연스럽게 형성된다고 믿었다. 다시 말해 사회의 결과물은 개인의 선택(choice)과 자발적 교환(voluntary exchange)의 산물이라는 것이다.

이러한 사고방식은 특히 경제학의 영역에서 뚜렷하게 구현되었다. 고전적 자유주의의 사상은 애덤 스미스(Adam Smith)를 중심으로 고전적 정치경제학(classical political economy) 형태로 구체화되었고, 이후 오스트리아학파(Austrian School), 신고전주의 경제학(neoclassical economics), 그리고 현대의 공공선택이론(public choice theory)과 통화주의(monetarism)에 이르기까지 사상적 계보를 이어왔다. 이러한 학문적 흐름은 모두 한 가지 공통된 신념, 즉 개인의 자유로운 선택과 시장의 자율적 조정 기능이 사회 전체의 효율성과 번영을 이끈다는 믿음에 기반하고 있다.

고전적 자유주의는 무엇보다도 개인의 자유를 최고의 가치로 여겼다. 개인은 자신의 노동과 창의력을 통해 부를 창출하고, 그 결과를 정당하게 누릴 권리가 있다고 보았다. 따라서 국가의 개입은 가능한 한 최소화되어야 하며, 정부의 역할은 개인의 자유를 침해하지 않는 한도 내에서 치안 유지, 계약 보장, 사유재산 보호에 국한되어야 한다고 주장하였다. 즉 국가는 개인의 삶에 간섭하는 '지배자'가 아니라, 자유로운 활동이 가능하도록 법적 질서를 유지하는 '심판자'의 역할을 수행해야 한다는 것이다.

이러한 고전적 자유주의의 사상은 16세기에서 18세기 사이, 봉건적 질서에 대한 저항의 산물로 등장하였다. 당시 유럽 사회는 귀족과 성직자 중심의 경직된 계층

구조 속에서 개인의 신분과 경제활동이 철저히 제약되어 있었다. 그러나 상공업의 발달과 함께 신흥 상공인 계급(bourgeoisie)이 등장하면서, 이들은 더 이상 봉건적 특권과 종교적 구속을 받아들이지 않으려 했다. 지식인과 상공업자들은 자신의 능력과 노력에 따라 자유롭게 부를 축적하고, 스스로의 신념에 따라 살아갈 수 있는 사회를 요구하였다.

따라서 고전적 자유주의는 단순히 경제 이론이 아니라 사회적 해방의 사상이었다. 개인은 자신의 행위에 책임을 져야 하지만, 동시에 자신의 노력에 상응하는 보상을 받을 권리가 있다고 보았다. 다시 말해 자유는 방종이 아니라 책임 있는 자율(responsible autonomy)이었다. 이러한 사상은 이후 근대 시민사회와 자본주의 시장경제의 이념적 기반이 되었으며, 오늘날까지도 민주주의의 핵심 가치로 남아 있다.

1. 고전적 자유주의의 발전과정

고전적 자유주의의 이념은 17세기 영국에서 그 윤곽이 형성된 이후, 18세기와 19세기를 거치며 점차 체계화되어 오늘날까지 이어지고 있다. 자유주의 발전의 출발점이라 할 수 있는 17세기의 정치적 진전은 세습군주제(hereditary monarchy)로부터 의회 중심의 통치로 권력이 이전된 1688년 명예혁명(Glorious Revolution)에서 찾아볼 수 있다. 이 사건을 계기로 군주의 신성권(divine right of kings)에 근거한 절대왕정이 제한되고, 국민의 동의에 기초한 정부 형태가 확립되었다. 이러한 정치적 변화와 더불어 존 로크(John Locke)의 저술은 자유주의의 이론적 기초를 체계적으로 정립하였다.

18세기에 접어들면서 자유주의는 1776년 미국혁명과 1789년 프랑스혁명을 통해 현실 정치의 중심 사상으로 부상하였다. 미국혁명은 개인의 권리와 자유를 중시하는 헌법 체제를 탄생시켰고, 이는 로크의 사회계약론과 자연권 사상에 깊은 영향을 받았다. 반면 프랑스혁명은 절대군주제를 전복하고 공화정을 수립하는 동력으로 작용하면서 자유·평등·박애의 이념을 정치의 기본 가치로 확립하였다. 이는 급진주의에서 다룰 루소의 일반의지에 영향을 받았다. 19세기 전반기 자유주의의 발전은 '국가의 최소한의 간섭'과 '소극적 자유의 보장'이라는 기조로 요약된다(Conway, 1988: 73~74).

자유주의의 사상적 계보는 홉스(Thomas Hobbes), 로크(John Locke), 스미스(Adam Smith)를 거쳐 하이에크(Friedrich A. Hayek)와 노직(Robert Nozick) 등의 학자에 의해서 발전되었다. 자유주의의 논리적 출발점을 마련한 인물은 홉스였다. 그는 베이컨(Francis Bacon)과 데카르트(Rene Descartes)의 영향을 받아, 경험적 세계관과 자연법칙에 기반한 인간 사회를 분석하였다. 홉스는 사회의 기본 단위를 개인으로 설정하고, '자연 상태(state of nature)'를 가정하여 인간을 이기적이고 자기중심적인 존재로 보았다. 이러한 인간이 자유롭고 평등한 조건 속에서 서로 경쟁하게 되면 '만인에 대한 만인의 투쟁'이라는 불안정한 상태가 초래된다고 보았다.

홉스는 이러한 무질서의 근원을 '이기적 본성'과 '강력한 권위의 부재'에서 찾았다. 따라서 인간은 생명과 자유를 보호하기 위해 사회계약을 통해 리바이어던(Leviathan)이라 불리는 절대적 주권자에게 권한을 위임한다고 주장했다. 그러나 그는 동시에 국가가 개인의 자유와 생명을 침해할 경우 복종할 의무가 없다는 '거부권(right of resistance)'을 인정함으로써, 사회계약의 궁극적 목적이 개인의 자연권 보호에 있음을 분명히 하였다. 이 점에서 홉스는 신성권적 통치를 부정하고, 통치의 정당성을 국민의 합의에서 찾았다는 점에서 '원형적 자유주의자(proto-liberal)'로 평가된다(김성수, 2018: 34~41; Ball and Dagger, 2004: 52).

한편 고전적 자유주의의 실질적 창시자는 로크였다(Locke, 1980[1689]). 그는 계몽주의의 자유와 평등사상을 계승하면서도, 홉스와 달리 인간을 이성적인 존재로 보았다. 로크에 따르면 자연 상태의 인간은 타인의 권리를 침해하지 않는 범위에서 자신의 목표를 이성적으로 추구할 수 있으며, 노동을 통해 생존에 필요한 재산을 소유할 수 있다. 특히 그는 자연 상태가 갖춘 풍족함 속에서 인간은 노동을 통해 자신에게 필요한 만큼의 충분한 양의 재산을 소유하는 것이 가능함을 인정하였다. 단, 부를 축적할 시에는 그것이 과하여 상하거나 낭비되지 않는 정도에 한해서만 가능하며 나머지는 타인을 위해 남겨 놓아야 한다는 점을 강조하였다. 하지만 이런 조건에도 불구하고 사람들은 화폐를 발명함으로써 부의 무제한적인 축적을 가능케 하였다.

이러한 상황을 바탕으로 로크는 비록 이성적인 인간들로 구성된 자유와 평등이 유지되는 자연 상태이지만 다음과 같은 문제점을 상정했다. 첫째, 비록 대부분의 사람들이 상대방에게 피해를 주지 않고 이성적으로 살아가지만 그중 일부가 자신이 가진 부와 힘을 남용하여 타인에게 피해를 주는 경우가 있다는 점이다. 둘째, 화폐를 통한 부의 무제한적 축적은 부를 소유한 개인이 다른 사람을 사서 종이나 노예로 부릴 수 있기 때문에 불평등의 문제가 발생한다는 점이다. 이런 상황 속에서 사람들은 개인의 자유와 평등, 그리고 생명과 재산의 침해에 대한 불안을 느끼게 된다. 때문에 이를 조정하고 규제하여 개개인의 자연권과 재산을 보호하기 위해 사회계약을 통해 정부의 수립이 필요함을 로크는 역설하였다. 로크의 저서 대부분이 17세기 후반에 쓰였다는 것을 감안한다면 로크에 있어 재산의 축적은 봉건제도로부터의 탈피 속에서 많은 대중이 평등해지는 길이라고 생각할 수도 있을 것이다. 즉 개인의 재산 축적은 영주로부터 사회 모든 사람에게로의 권리이동을 뜻하는 것이었다(김성수, 2018: 42~62).

로크의 핵심 사상은 세 가지로 정리된다.

첫째, 제한정부론(limited government)이다. 정부는 공공선을 위한 최소한의 개입만 허용되며, 사유재산은 정부보다 우선한다. 둘째, 법의 지배(rule of law)이다. 정부는 법의 테두리 안에서만 정당한 권위를 행사할 수 있다. 셋째, 권력분립(separation of powers)이다. 권력의 집중을 방지하고 법에 의한 통치를 실현하기 위해 입법·사법·행정의 분립이 필요하다고 보았다(장동건, 2001: 71~72).

자유주의의 또 다른 전개는 애덤 스미스(Adam Smith)에서 찾아볼 수 있다. 그는 1776년에 출판된 『국부론(The Wealth of Nations)』을 통해 경제적 자유가 물질적 번영의 원동력임을 입증하려고 했다. 스미스는 인간은 사회 상호작용을 통하여 자신의 이익만을 추구하는 행태로부터 벗어날 수 있는 본성을 가졌다고 본다. 이는 그의 초기 저서인 『도덕감정론(Theory of Moral Sentiments)』에서 인간의 도덕적 본성에 대한 주장에서 연계된다. 즉 동정심은 인간의 호전적이며 이기적 행태를 제한하여 상대방을 배려하는 행위를 이끌기 때문에 안정적 사회를 유지시킬 수 있다고 믿었다. 스미스는 호전적인 자신의 이익 추구가 사회를 뭉치게 하는 동정심과 배려를 침식한다는 점을 고려하여 자유로운 교환 행위가 발생하는 시장경제의 당위성을 주장하였다. 시장경제는 개인의 이기적 형태를 충족하면서 경쟁에서 야기되는 사회적 구조의 긴장을 자연스럽게 보완한다고 믿었다. 나아가 경쟁의 중요성을 강조하면서, 간섭은 시장의 잠재적 이익을 해치기 때문에 정부의 개입은 법 집행, 조폐, 항구나 주택 등의 공공사업 등에 한정되어야 한다는 점을 강조했다. 스미스 주장의 핵심은 경제적 자유가 노동 분업이 발전하는 속도와 경제적 부가 증대하는 속도를 극대화한다는 것이었다. 그 이유는 경제적 자유가 새로운 형태의 노동 분업과 생산기술의 혁신을 가져오게 하는 개인적 동기와 기회를 최대한 제공하며, 결국 노동의 생산성을 증가시키기 때문이다. 스미스는 이러한 최적의 경제체제를 '자연적 자유의 체제'라 부르며, 이러한 경제체제는 인위적 장애가 없는 상태에서만 나타날 수 있다고 주장한다(Conway, 1988: 77~78).

요컨대 고전적 자유주의는 홉스의 개인주의적 인간관, 로크의 자연권과 제한정부론, 스미스의 경제적 자유와 시장의 자율성이라는 세 축을 중심으로 형성되었다. 이러한 사상은 근대 민주주의와 자본주의의 이념적 토대가 되었으며, 이후 하이에크와 노직으로 이어지면서 자유의 본질과 국가의 역할에 대한 논의를 한층 정교화시켰다.

하이에크(Friedrich A. Hayek)는 저서 『노예의 길(The Road to Serfdom)』에서 자본주의와 사회주의의 절충적 형태로 제시된 혼합경제(mixed economy) 개념을 강하게 비판하였다. 그는 이러한 중도적 시도가 양 체제의 장점을 결합하기보다는 오히려 양쪽의 단점을 동시에 안게 되는 위험한 환상이라고 보았다. 하이에크에 따르면 정부가 시장에 개입하기 시작하면, 그 개입이 시장의 자율적 조정 기능을 왜곡시키게 되고, 이 왜곡을 수정하기 위해 정부는 또 다른 개입을 시도하게 된다. 이러한 일련의 과정은 결과적으로 '개입의 악순환(cycle of interventionism)'을 초래하며, 궁극적으로 자유시장경제의 근본 원리를 훼손하고 사회를 점차 사회주의적 통제체제로 이끌게 된다는 것이다.

하이에크의 이러한 비판은 단순히 경제정책의 문제를 넘어, 인간의 이성과 지식에 대한 근본적 성찰에서 출발한다. 그는 계몽주의 이후의 낙관적 인간관, 즉 인간의 이성이 모든 사회문제를 합리적으로 설계하고 해결할 수 있다는 믿음을 경계했다. 하이에크는 인간의 이성은 본질적으로 제한적이며 불완전한 지식의 산물이라고 보았다(김성수, 2025: 224). 인간은 언제나 세계의 일부만을 이해할 수 있을 뿐, 사회 전체의 복잡한 상호작용을 완전하게 인식하거나 통제할 수는 없다는 것이다

(Clark, 1991: 46). 따라서 정부나 계획 당국이 '전체 사회를 설계하고 조정할 수 있다'는 생각은 지적 오만(intellectual arrogance)에 불과하며, 이는 자유를 억압하는 방향으로 작동할 수밖에 없다고 비판하였다.

이러한 인식에서 하이에크는 '구성주의적 합리주의(constructivist rationalism)'의 오류를 지적했다. 구성주의적 합리주의란 사회제도를 인간의 의도적 설계와 이성적 판단을 통해 완벽하게 재구성할 수 있다는 믿음을 의미한다. 하이에크는 사회는 인위적 설계의 결과가 아니라, 불확실성이 존재하는 역사 속에서 자발적 교환과 상호작용을 통해 형성된 '자생적 질서(spontaneous order)'라고 주장하였다. 시장 또한 그 대표적인 사례로, 수많은 개인의 분산된 지식과 판단이 가격 메커니즘을 통해 조정되면서 사회 전체의 효율적 자원배분을 가능하게 하는 '지식의 자생적 질서'라고 보았다.

하이에크는 이러한 시장질서를 보호하기 위해서는 정부의 개입을 최소화하고 법의 지배(rule of law)를 확립하는 것이 필수적이라고 강조했다. 그에게 자유란 단순히 정치적 권리의 문제가 아니라, 타인이나 국가의 강제로부터의 독립을 의미한다. 자유로운 사회를 유지하기 위해서는 누구에게도 종속되지 않는 사유재산권의 보장, 그리고 개인이 자신의 행위 결과를 예측할 수 있도록 하는 법적 안정성이 뒷받침되어야 한다는 것이다.

나아가 하이에크는 평등을 위한 인위적 분배정책이 오히려 자유를 침해한다고 경고했다. 분배는 필연적으로 국가가 개인의 소득과 재산을 강제적으로 조정하는 행위를 수반하며, 이는 자유의 본질적 가치를 훼손한다는 것이다. 그는 경제적 불평등이 존재하더라도 자유로운 경쟁의 장이 보장된다면, 개인은 스스로의 능력과 선택에 따라 발전할 수 있다고 보았다. 따라서 하이에크에게 자유는 분배보다 우선하는 가치이며, 분배적 정의의 추구는 자유를 위협하는 잠재적 통제의 시작으로 간주되었다(김성수, 2025: 224~226).

요약하자면 하이에크의 자유주의는 인간의 한계에 대한 인식에서 출발해, 지식의 분산성과 자생적 질서의 원리를 중심으로 한 시장 옹호론으로 발전하였다. 그는 자유를 보장하는 사회는 완벽한 계획이 아니라 예측 가능한 법치와 개인의 자율성 위에 세워져야 한다고 보았으며, 이것이야말로 개인의 창의성과 사회의 진보를 가능하게 하는 유일한 길이라고 주장하였다.

20세기에 들어서면서 고전적 자유주의는 로버트 노직(Robert Nozick)에 의해 다시금 부활의 계기를 맞이하였다. 그는 저서 『무정부, 국가, 그리고 유토피아(Anarchy, State, and Utopia, 1974)』를 통해 자유주의의 핵심적 문제인 국가의 정당성과 개인의 권리 문제를 새롭게 조명하였다. 노직의 사상은 근본적으로 홉스와 로크의 사회계약론적 전통을 계승하면서도, 복지국가적 자유주의에 대한 비판을 통해 '자유지상주의(libertarianism)'라는 독자적 사상체계를 정립하였다.

노직은 홉스와 로크처럼 인간이 '자연 상태(state of nature)'에서 일정한 권리를 가지고 태어난다고 보았다. 그러나 그는 자연 상태의 인간이 권리를 가지고 있음에도 불구하고, 그것을 보호받을 수 있는 제도적 장치가 부재하다는 점에 주목하였다. 개인의 권리가 침해될 가능성이 존재하는 이 자연 상태에서 사람들은 상호간의 분쟁과 불안을 해소하기 위해 보호 계약(protective contract)을 맺게 된다. 그리고 이러한 계약의 축적된 결과로서, 권리를 보호하기 위한 최소한의 역할을 수행하는 '최소국가(minimal state)'가 성립한다고 설명하였다.

노직에 따르면 국가는 오직 개인의 생명·자유·재산권을 보호하는 기능에만 정당성이 있으며, 그 이상을 수행할 경우 필연적으로 누군가의 권리를 침해하게 된다. 즉 국가는 범죄 방지, 계약 집행, 재산권 보호 등 최소한의 질서 유지를 위한 역할만 수행해야 하며, 국민의 복지를 증진하기 위한 어떠한 적극적 정책도 정당화될 수 없다고 보았다. 그는 "국가의 정당성은 오직 타인의 권리를 침해하지 않는 범위에서만 인정된다"고 단언하며, 복지정책이나 재분배정책은 본질적으로 타인의 권리를 침해하는 행위라고 주장했다.

노직은 이를 설명하기 위해 '강요된 노동(forced labor)'의 비유를 제시하였다. 예를 들어 한 개인이 100만 원을 벌어 20만 원을 세금으로 낸다고 할 때, 그 세금이 개인의 안전을 보장하는 경찰력이나 법적 질서 유지에 사용된다면 이는 정당하다고 할 수 있다. 그러나 만약 그중 절반이 타인의 복지를 위해 사용된다면, 즉 보건의료·교육·실업수당 등 복지 지출로 전용된다면, 그 개인은 자신이 노동한 시간의 일부를 타인의 이익을 위해 강제로 일한 것과 다를 바 없다는 것이다. 노직은 이러한 형태의 조세를 "자발적 계약에 의하지 않은 타인에 대한 노동의 강제"로 간주하며, 이는 개인의 자유와 재산권을 침해하는 부당한 행위라고 보았다(Ball and Dagger, 2004: 75).

이러한 관점에서 노직은 존 롤스(John Rawls)의 『정의론(A Theory of Justice)』에 담긴 재분배적 정의 개념을 강하게 비판했다. 롤스가 사회적 불평등을 정당화하기 위해 제시한 '차등의 원칙(difference principle)', 즉 불평등이 존재하더라도 그것이 사회적 약자의 이익을 증진시킬 때 정당하다는 주장(현대적 자유주의에서 다루고 있음)에 대해 노직은 이를 "개인을 타인의 목적을 위한 수단으로 전락시키는 집단주의적 사고"라고 비판하였다. 개인은 타인의 복지를 위해 존재하는 것이 아니라, 자신의 삶을 스스로 설계하고 책임질 권리를 가진 독립적 존재라는 것이다.

결국 노직의 사상은 국가 권력의 최소화와 개인의 절대적 자유 보장이라는 고전적 자유주의의 전통을 20세기적 맥락에서 재구성한 시도로 평가된다. 그는 국가가 복지나 평등이라는 이름으로 개인의 재산과 선택의 자유를 제한하는 순간, 그것은 자유사회의 근본 원리를 훼손하는 길이라고 경고하였다. 이러한 점에서 노직은 하이에크 이후의 자유주의를 철저히 개인 중심의 윤리와 권리의 논리로 발전시킨 대표적 사상가로 평가된다.

결국 고전적 자유주의자(Classical Liberals)들은 정부의 역할을 매우 제한적으로 보았다. 즉 정부는 오직 폭력과 착취로부터 국민을 보호해야 하며, 그 외의 영역에서는 개인이 자유시장경제 속에서 자유롭게 경쟁할 수 있도록 내버려 두어야 한다고 주장했다. 그들의 관점에서 정부가 해야 할 일은 개인의 자유를 보장하는 최소한의 역할에 그쳐야 하며, 자유로운 합의를 기반으로 한 성인 간의 경제적 거래나 행동을 억제해서는 안 된다. 다시 말해 타인의 권리를 침해하지 않는 한, 개인은 자신이 원하는 것을 생각하고, 말하고, 행동할 수 있는 자유를 가져야 한다는 것이다. 그리고 이러한 권리의 보장은 오직 국가가 최소국가(minimal state)일 때만 가능하다고 그들은 보았다.

이러한 고전적 자유주의의 사상은 시간이 지나면서 두 가지 주요한 방향으로 발전하게 된다. 하나는 후술할 급진주의로 발전한 흐름이고, 다른 하나는 고전적 자유주의의 원리를 유지하면서 경제이론적으로 정교화한 신고전적 자유주의(neo-classical liberalism) 및 정부의 선택적 개입을 주장한 현대적 자유주의(modern liberalism)의 방향이다.

전자의 경우 하이에크(Friedrich A. Hayek)의 오스트리아학파와 프리드먼(Milton Friedman)의 통화주의(monetarism)가 대표적이다. 이들은 정부의 재정정책보다는 중앙은행의 금리 조정과 같은 통화정책을 통해 시장의 자율성을 유지해야 한다고 보며, 고전적 자유주의의 핵심 개념들인 개인의 자유, 시장의 자율, 정부 개입의 최소화를 계승하였다. 이런 학자들을 흔히 신자유주의자(neoliberals)라고 부른다.

반면, 후자의 경우는 마셜(Alfred Marshall)과 케인스(John Maynard Keynes)의 전통을 잇는 흐름이다. 이들은 고전적 자유주의가 지나치게 시장의 자율성에만 의존한다고 보고, 경제 불황이나 사회적 불평등을 완화하기 위해서는 정부가 적극적인 재정정책(fiscal policy)을 수행해야 한다고 주장했다. 즉 개인의 자유를 존중하면서도 정부가 사회적 안전망과 복지를 위한 역할을 일정 부분 수행해야 한다는 입장으로, 이러한 관점을 현대적 자유주의(modern liberalism)라고 부른다.

요약하자면 고전적 자유주의는 "최소한의 정부, 최대한의 자유"를 지향했으나, 현대에 들어서는 그 사상이 신자유주의적 자유시장 강조와 복지국가적 자유보완 강조의 두 흐름으로 나뉘며, 자유주의의 사상적 스펙트럼을 더욱 확장시킨 것이다.

2. 고전적 자유주의의 주요 특징

고전적 자유주의는 제한정부, 법치, 자의적이고 무분별한 권력의 방지, 사유재산과 자유계약의 신성성, 그리고 자신의 운명에 대한 개인들의 책임 개념에 집중되어 있다. 많은 고전적 자유주의자들은 도덕과 문화의 문제에 유용한 진전을 가져올 수 있는 일반 사람들의 능력에 대하여 회의적인 입장을 취하였다. 고전적 자유주의는 복지국가에 반대하는데, 복지국가는 개인 각자가 자신의 복지에 책임을 져야 한다는 원칙을 위배하기 때문이다. 나아가 복지국가는 종종 사회정의의 구현이라는 입장에서 자신의 주장을 표방하는데, 이 사회정의라는 이상에 대해 고전적 자유주의자들은 의미를 부여하지 않는다(Ryan, 1995: 293~294). 이러한 점들을 고려해볼 때, 고전적 자유주의는 다음과 같은 두 가지 중요한 측면에서 보수주의와 대조된다. 첫째, 각각의 개인들은 자기 이익 실현을 위한 최적의 판단을 내리는 데 있어 합리적이며, 자신의 결정과 행동에 대한 책임감을 지니고 있다. 둘째, 고전적 자유주의에 있어, 자연권을 추구하려는 개인의 자유보다 더 중요한 가치는 존재하지 않는다.

표 2-1 • 고전적 자유주의의 주요 특징

인간본성	인간은 기본적으로 이기적이며, 자신의 욕구와 열망을 만족시키기 위하여 가장 효율적인 수단을 발견하는 데 자신의 이성을 사용할 수 있는 능력을 갖추고 자율적으로 행동한다.
정부	정부는 자신의 권리보호를 보장받고자 하는 개인에 의해서 헌법을 통해 창소된다.
자유	자유는 정부나 다른 사람에 의한 강제가 없는 상태를 말한다. 자유는 자율, 독립과 동의어이다.
권위	합법적 권위는 오로지 자신들의 자율성을 일정 부분 양도하겠다는 개인들의 동의를 통해서만 발생한다. 예를 들어 노동현장에서의 권위는 임금과의 교환을 통한 노동자의 동의에 의한 것이다. 그러므로 정부의 권위는 개인의 자유와 재산에 대한 권리보호를 약속하는 것에 대한 시민들의 동의에 의해서 주어진 것이다.
평등	평등이란 경제활동에 종사함에 있어 기회의 균등을 보장하고, 헌법을 통하여 구축된 개인들의 권리를 평등하게 보장하는 것이다.
정의	정의는 헌법에 의하여 만들어진 개인들의 권리보호, 타인의 권리를 침해하는 사람에 대한 처벌로 구성된다.

고전적 자유주의에 따르면 개인의 모든 능력은 지배적인 사회 질서에 의해 전통과 계급이 제한되지 않을 때에만 충분히 발현될 수 있다. 그러한 사회 질서는 개인의 자유를 억압할 뿐만 아니라, 점진적 변화와 성장도 억제할 수 있기 때문이다. 따라서 개인 그 누구도 정부의 권위에 대한 인정을 인위적으로 강요받아서는 안 된다. 개인은 최소정부와의 계약(contract)을 선택함으로써, 통치에 동의(consent)할 수 있어야 한다. 여기서 말하는 최소정부란 자연법을 보다 명확히 하고 때때로 발생하는 자연법에 대한 위반을 강제하는 데에 그 주된 역할이 한정되어 있는 정부를 의미한다. 비슷한 이유로 고전적 자유주의는 계몽된 이기주의와 시장의 보이지 않는 손(invisible hand)에 의해 작동되는 자유방임적 경제, 즉 정부의 규제에 의한 억압으로부터의 자유를 추구한다고 볼 수 있다. 각각의 개인들은 자율적인 행위를 통해 자신의 목표를 추구하고, 자유로운 상태에서 가능한 한 많은 재산과 부를 축적할 수 있어야 하는 것이다.

법 앞의 평등은 중요하다. 그러나 고전적 자유주의 입장에서는 정부가 물질적인 평등, 즉 결과의 평등을 창출하기 위하여 정책적 노력을 기울여서는 안 된다고 주장한다. 각각의 개인들은 서로 다른 성공의 방식과 수준으로 자기 이익을 추구하는데, 정부의 인위적인 개입은 이러한 개인의 주도권과 독립성을 제한할 수 있기 때문이다. 이러한 제한은 정부의 인위적인 개입, 복지정책 등이 과도한 역할을 담당해서는 안 된다는 것이다. 이와 같이 제한된 정부와 개인의 자유, 그리고 자유방임적인 경제 등에 대한 강조는 정부행위와 정책에 관한 논의를 진행함에 있어 여전히 중요한 고전적 자유주의의 전제들이라 할 수 있다.

제3절

급진주의(Radicalism)

급진주의(radicalism)의 사상적 뿌리는 인류 역사 속에서 오래전부터 존재해 왔지만, 근대적 의미의 급진주의는 18~19세기, 즉 산업자본주의가 형성되고 새로운 사회계층이 등장하던 시기에 본격적으로 발전하였다. 특히 새롭게 성장한 자본가 계층과 민주적 이상을 꿈꾸던 계몽주의자들 사이의 갈등이 급진주의의 탄생을 촉발했다. 이 시기 급진주의자들은 기존의 자유주의가 추구하던 가치들인 개인의 이익, 경쟁, 사유재산, 개인의 자유를 비판적으로 재검토하였다.

그들은 인간을 단순히 자기 이익을 추구하는 존재로 보지 않았다. 오히려 인간은 본질적으로 사회적이고 공동체적인 존재이며, 타인과의 협력과 상호의존 속에서 발전하는 존재라고 주장하였다. 따라서 진정한 자유와 정의, 행복은 개인 간의 경쟁에서 비롯되는 것이 아니라 협동과 상호부조(cooperation and mutual aid) 속에서 실현된다고 보았다. 급진주의자들에게 사회의 이상적인 모습이란 모든 개인이 일정 수준의 자유와 정의, 행복을 누릴 수 있는 사회였으며, 이를 위해서는 경제적 평등과 생산수단에 대한 공적 통제(public control of the means of production)가 필수적이라고 여겼다.

그들의 비판의 초점은 사유재산제에 있었다. 급진주의자들은 사유재산이 소수에게는 부와 권력을 독점할 수 있는 수단을 제공하는 반면, 대다수 사람들에게는 빈곤과 종속을 초래한다고 보았다. 즉 사유재산의 보장은 사회를 지배계급과 피지배계급으로 분열시키는 근원이며, 이는 인간의 존엄과 사회적 연대의 원리를 훼손하는 제도적 장치라는 것이다. 이러한 인식에서 출발하여 급진주의자들은 부와 권력을 보다 공정하게 재분배하고, 사회 구성원 모두가 경제적·정치적 권리를 평등하게 누릴 수 있는 체제를 만들고자 하였다.

19세기에 들어서면서 고전적 자유주의자들은 점차 보수적이고 반평등적인 태도를 보이기 시작하였다. 이들은 시장의 자유와 경쟁을 절대시하며, 빈곤이나 불평등을 개인의 능력 차이로 정당화하였다. 이러한 태도는 오히려 급진주의 사상을 노동자들과 지식인 계층 사이로 더욱 확산시키는 결과를 낳았다. 급진주의는 특히 산업혁명 이후의 열악한 노동조건과 사회적 불평등에 대한 비판적 대안으로 부상하며, 유럽과 미국 전역에서 강력한 사회운동으로 발전했다.

이 과정에서 급진주의는 여러 갈래로 분화되었다. 일부는 민주적 평등을 강조하는 사회개혁 노선으로, 또 일부는 생산수단의 공유와 계획 경제를 통해 불평을 줄이는 사회주의 혹은 계급, 국가, 사유 재산이 없는 궁극적인 무정부 상태의 이상적인 사회인 공산주의 노선으로 발전하였다. 이에 따라 자본가 계층과 보수적 자유주의 진영에서는 이러한 급진적 흐름에 대응하기 위해 자유주의를 새롭게 조정하고 강화하려는 노력이 전개되었다. 즉 급진주의가 자유주의에 대한 비판이자 도전이었다면, 현대적 자유주의의 발전 또한 급진주의의 압력 속에서 자신의 한계를 보완하며 진화한 결과였다.

결국 급진주의는 단순히 기존 체제에 대한 부정이 아니라 평등과 정의, 협동이라는 새로운 사회원리를 실현하기 위한 역사적 실험이자 사회사상적 전환의 계기로 기능하였다.

1. 급진주의의 발전과정

17세기 영국에서 상업자본주의 발전과 함께 심화된 불평등에 대응하여 평등주의 운동단체인 수평주의자(Levellers)와 디거스(Diggers)는 모든 사람들이 균등한 권리와 기회를 가져야 한다고 주장하였다(김성수, 2025: 114~118). 이들의 사상은 토마스 모어(Thomas More) 의 『유토피아(Utopia)』나 플라톤(Plato)의 『국가(Republic)』 속 이상사회 개념에서도 그 흔적을 찾을 수 있다. 그러나 이러한 평등사상이 하나의 정치적 이념으로 체계화된 것은 19세기 초에 이르러서였다. 즉 근대의 급진주의는 18세기 말과 19세기 초 자유주의가 가지는 한계에 대한 비판 속에서 등장하였다.

근대 급진주의의 사상적 뿌리는 루소(Jean-Jacques Rousseau)의 사유에서 발견된다. 루소는 인간을 단순히 자신의 사유재산과 생명 보호를 위해 정부를 필요로 하는 존재로 본 홉스(Thomas Hobbes)나 로크(John Locke)와 달리, 인간은 사회적 관계 속에서 성장하고 완성되는 합리적인 존재라 보았다. 그에 따르면, 자연 상태에서 인간은 이성보다는 연민(compassion), 즉 타인의 고통과 위험을 자신의 아픔으로 느끼는 감정을 가진 존재였다. 인간은 이러한 연민을 바탕으로 가족과 공동체를 형성하며, 합리적 판단에 따라 사회적 협력을 이루는 도덕적으로 완벽한 사회에서 존재하였다. 그러나 문명과 과학, 그리고 예술의 발달은 역설적으로 재산의 불평등과 사치심을 야기하면서, 인간의 연민을 욕망과 경쟁심으로 대체하였다. 그 결과 부유한 자는 가난한 자를 지배하게 되었고, 인간은 점점 타인에게 종속되며, 자연 상태에서 누렸던 자유와 도덕성, 공동체적 유대를 상실하게 되었다.

루소는 이러한 불평등의 결과로 인간이 비인간화(dehumanization)되고 도덕적 타락에 빠진다고 보았다. 이러한 지배적 관계의 생성은 인간에게 이기적이고 경쟁적이며, 자기방어적인 사람이 되기를 강요하는 것과 같다고 하였다. 그러나 루소는 단순히 도덕적으로 완전한 자연 상태로 회귀하는 것을 불가능한 일이라고 봤다. 대신 인간은 사회계약을 통해 새로운 형태의 공동체를 만들고, 그 속에서 비로소 도덕적 자유(moral freedom)와 공동체적 연대를 회복할 수 있다고 주장했다. 루소가 『사회계약론(The Social Contract)』에서 제시한 이상적인 국가는 도덕성과 공동체적 평등이 유지되는 농업 중심의 소규모 민주공화국이었다. 그는 대규모 산업사회나 복잡한 도시국가보다는 작고 도덕적인 시민사회를 이상으로 보았다.

루소 사상의 핵심 중 하나는 바로 일반의지(general will) 개념이다. 그는 개인의 사적 이익이 아니라, 공동체 전체의 집합적 이익을 반영하는 것이 진정한 일반의지라고 주장했다. 일반의지는 단순히 개인들의 욕구 합계가 아니라, 모든 시민이 '공동선(common good)'을 지향할 때 형성되는 집단적 의사이다. 따라서 그는 개인의 사적 이익을 앞세우는 기득권의 존재가 일반의지 실현을 방해한다고 보고, 이를 제거해야 한다고 주장했다(Clark, 1991: 55~56).

또한 루소는 일반의지가 실현되기 위해서는 모든 시민이 주권을 공유하고, 의사

결정 과정에 직접 참여해야 한다고 보았다. 주권을 포기한 개인은 필연적으로 타인의 의사결정에 종속되며, 이는 곧 부패와 종속의 재현을 의미한다. 따라서 시민사회 안에서는 모든 구성원이 정치적 주체로서 의사결정에 참여해야 하며, 이를 통해 공동체의 도덕성과 자유가 유지된다고 루소는 강조하였다. 이러한 관점은 훗날 전통적 공화주의의 이론적 토대가 되었다(김성수, 2018: 62~69).

그러나 주의 깊게 살펴보면, 루소의 일반의지 개념은 단순히 다수의 의사를 의미하지 않는다. 그것은 사적 이익의 사슬을 끊고, 기존의 부패한 사회구조를 제거한 이후에만 비로소 실현될 수 있는 이상적 상태이다. 바로 이 점 때문에, 일부 해석자들은 루소의 사상이 기존 질서를 폭력적으로 해체하는 혁명적 정당성으로 오용될 가능성을 내포하고 있다고 지적한다. 즉, "일반의지 실현"을 명분으로 내세운 혁명은 때로 전체주의적 강제와 폭력의 논리로 변질될 수 있다는 것이다. 이러한 점에서 루소의 사상은 근대 민주주의의 도덕적 근거를 제공함과 동시에, 급진적 혁명의 이념적 기반으로도 작용한 양면성을 지닌다.

근대에 들어서면서 급진주의를 보다 과학적 토대 위에 세우려 했던 인물 중 한 명이 바로 앙리 드 생시몽(Henri de Saint-Simon)이다. 그는 인류의 역사를 하나의 연속적인 발전 과정으로 바라보았으며, 사회는 일정한 단계적 변화를 통해 진화한다고 보았다. 즉 낡은 사회가 소멸하면 반드시 새로운 형태의 사회가 그 자리를 대신하게 된다는 것이다. 이러한 관점에서 그는 역사발전의 법칙성을 인식하려는 최초의 사회사상가 중 한 사람으로 평가된다.

생시몽은 근대사회를 계몽주의 정신에 기반한 산업사회로 규정하였다. 그에 따르면 산업사회는 이전의 봉건사회와 달리 고도의 복잡성과 전문성을 요구하는 체계로, 사회가 원활히 작동하기 위해서는 다양한 기술자, 관리자, 과학자, 전문가들의 지식과 기능이 유기적으로 조화되어야 한다고 주장했다. 다시 말해 그는 사회를 하나의 거대한 산업조직 혹은 협업체계로 보았으며, 그 속에서 개인은 독립적 존재가 아니라 자신의 사회적 역할과 생산 기능으로 정의되는 구성원이라고 생각했다. 따라서 자유주의자들이 말하는 '고립된 개인'은 현실 사회에서는 존재할 수 없는 허구라고 비판하였다.

한편 생시몽은 당시 유행하던 자유방임적 자본주의(laissez-faire capitalism)에 대해서도 비판적이었다. 그는 재산을 전면적으로 공공의 소유로 전환해야 한다고까지는 말하지 않았지만, 이윤 경쟁이 불러오는 시장의 불균형, 즉 어떤 재화는 과잉 생산되고, 다른 재화는 부족하게 생산되는 현상이야말로 자본주의의 비효율성을 보여준다고 지적했다. 시장이 개인의 이윤 동기만으로 운영될 때는 사회 전체의 필요를 충족시킬 수 없으며, 이는 필연적으로 경제적 낭비와 사회적 불평등을 초래한다는 것이다.

이에 따라 생시몽은 계획을 통한 사회 운영을 제안하였다. 즉 전문지식과 기술을 가진 전문가(elites of competence)들이 사회의 생산과 분배를 조정한다면, 자유방임적 자본주의보다 훨씬 효율적이고 공정한 체제를 만들 수 있다고 주장하였다. 그는 과학과 합리적 계획을 기반으로 한 사회야말로 사회적 필요를 예측하고 충족시키며, 인간의 진보를 지속적으로 이끌 수 있다고 보았다(Ball and Dagger, 2004: 120). 이러한 구상은 훗날 계획경제(planned economy) 혹은 기술관료주의(technocracy)의 사상적 기초로 이어진다.

이처럼 생시몽의 사상은 개인의 이익보다 사회 전체의 조화와 협동을 중시하였고, 경제적 효율과 정의를 동시에 달성하려는 점에서 초기 사회주의적 사고의 씨앗을 품고 있었다. 실제로 이러한 초기 급진주의의 흐름은 점차 사회주의로 발전하게 된다. 초기의 사회주의는 비교적 이상주의적이고 도덕적이며, 개량적 성격을 띠었다. 이들은 자본가와 노동자의 타협을 모색하거나, 자본가에게 사회적 책임을 부여함으로써 사회문제를 해결하려 했다.

그러나 19세기 중반에 들어서면서 혁명적 사회주의(revolutionary socialism)가 등장한다. 이는 단순한 개혁이나 타협이 아니라, 시장 교환에 기초한 자본주의 경제를 근본적으로 폐지하고 이를 질적으로 다른 사회주의적 경제체제로 전환해야 한다는 급진적 주장이었다. 이러한 사상의 가장 영향력 있는 대표자가 바로 칼 마르크스(Karl Marx)이다.

마르크스는 기존의 이상주의적 사회주의와 구분하기 위해 자신의 사상을 '과학적 사회주의(scientific socialism)' 또는 '공산주의'라고 불렀다. 그는 사회 변동의 원인을 생산수단의 소유구조와 계급투쟁에서 찾았으며, 자본주의의 모순이 결국 프롤레타리아 혁명으로 귀결될 것이라고 보았다.

결국 생시몽의 사상은 인간사회를 합리적으로 조직하려는 비폭력적이고 기술 중심의 사회개혁론이었지만, 그의 사상적 후예들은 이를 경제체제의 근본적 변혁을 요구하는 혁명적 사회주의로 발전시켰다. 이러한 사상적 진화는 근대 급진주의에서 사회주의, 그리고 공산주의로 이어지는 사상사적 흐름을 보여주는 중요한 전환점이라 할 수 있다.

19세기 후반부터 노동자의 권리가 강화되면서 임금, 노동조합이 성장하였고 사회주의 정당들의 등장을 통해 노동자 계급을 자본주의 사회 속에 점진적으로 통합하고자 하였던 개혁적 사회주의 전통이 출현하기 시작하였다. 이러한 새로운 사회주의 전통은 사회주의로의 평화적이고 점진적이며 합법적인 전환이 가능하다고 주장하였고, '의회주의적 길'을 채택하였다. 개혁 사회주의는 두 가지 기원에 의존하였는데, 하나는 로버트 오웬(Robert Owen), 찰스 프리에(Charles Fourier), 윌리엄 모리스(William Morris)와 같은 사상가와 연결된 윤리적 사회주의가 지니는 인간적 전통이었고, 다른 하나는 베른슈타인(Eduard Bernstein)에 의해 발전된 수정주의적 마르크스주의 형태였다. 독일 사회민주당의 초기 당원이었던 베른슈타인은 영국의 페이비언주의(Fabianism)와 칸트 철학에 영향을 받아 계급적 전쟁의 부재를 강조하였던 경험적 비판을 발전시켰고 사회주의로의 평화적 전환 가능성을 주장하였다(Haywood, 2003: 118).

베블런(Thorstein Bunde Veblen)은 1899년에 출간한 저서 『유한계급론(The Theory of the Leisure Class: An Economic Study in the Evolution of Institutions)』에서 산업사회의 구조를 분석하며, 자본주의 문명의 내면을 날카롭게 비판하였다. 그는 특히 산업의 정신(spirit of industry)과 기업의 정신(spirit of business)을 구분하였다. 산업의 정신이란 최소의 비용으로 최대의 생산을 실현하려는 효율성과 합리성을 의미하는 반면, 기업의 정신은 이윤 추구를 최우선 목표로 삼는 행위를 가리킨다. 이러한 기업 중심의 경제활동은 생산성을 높이기보다 오히려 경쟁적 합병과 독점, 판매 우선주의, 그리고 소유계급의 낭비를 조장한다고 보았다. 따라서 그는 자본주의 체제 속에서 생산의 본래 목적이 사회적 효용이 아닌 사적 이익으로 전락했다고 비판하였다.

베블런은 또한 상류층이 보여주는 소비 행태에 주목하였다. 그는 "상층 계급의 두드러진 소비(conspicuous consumption)는 사회적 지위를 과시하기 위해 자각 없이

행해진다"고 지적하면서, 이러한 소비가 단순한 경제 행위가 아니라 사회적 신분을 드러내기 위한 상징적 행위임을 밝혀냈다. 즉 상류층은 물질적 풍요를 자신의 사회적 우월성을 과시하는 수단으로 활용하고, 사치와 낭비를 통해 자신이 '노동하지 않아도 되는 계급'임을 드러내려 한다는 것이다.

그에 따르면 이러한 과시적 소비는 단지 개인의 허영심에 그치지 않고, 사회 전체의 가치관을 왜곡시켜 물질적 성공이 곧 인간의 가치로 간주되는 풍토를 조성한다. 다시 말해 베블런은 자본주의 사회의 물질만능주의를 비판하면서, 생산의 합리성과 사회적 효용이 아닌 '보여주기 위한 소비'가 사회 질서의 핵심이 되는 현상을 경고하였다. 그의 이러한 통찰은 이후 소비사회론과 문화비판 이론의 기초가 되었으며, 현대 사회의 '과시적 소비문화'와 '브랜드 중심주의' 현상을 이해하는 데에도 여전히 유효한 이론적 틀을 제공하고 있다.

급진주의 운동은 두 개의 경쟁적 진영으로 나누어졌다. 레닌(Vladimir Lenin)과 볼셰비키(Bolsheviki)의 모범을 따르는 혁명적 사회주의자는 자신들을 공산주의자라고 불렀다. 반면에 입헌정치의 형태를 실천하였던 개혁 사회주의자는 자신들을 사회민주주의자라고 부르게 되었다. 이 경쟁자들은 급진주의를 달성하는 데 가장 적절한 수단뿐만 아니라 사회주의 목표에 초점을 맞추었다. 특히 사회민주주의자는 공동소유와 계획 등과 같은 근본주의적 원칙에는 등을 돌렸고, 복지·분배·경제관리 차원에서 사회주의를 만들어 나갔다. 반면 레닌과 그의 후예들은 이후 마르크스-레닌주의라는 이름하에 새로운 전통을 이어 나갔다.

급진주의에서 마르크스-레닌주의적 변형은 평등과 사회정의를 실현하는 데 있어 다음의 세 가지 가정들과 함께 시작된다. 첫째, 구사회 경제질서는 이용 가능한 모든 수단들을 활용하여 변화에 대항할 것이기 때문에, 변화는 구질서에 대한 총력적인 전복을 필요로 한다. 둘째, 사회주의의 변형은 복잡하고 어렵기 때문에 평등한 사회를 이루기 위하여 강력한 정부가 설치되어야만 한다. 이때 정부의 가장 중요한 임무 중 하나는 사회의 모든 주요 자원들과 사람들의 수요를 충족시키기 위한 재화와 용역의 생산과 분배를 공동 소유함으로써 경제체제를 재편한다. 셋째, 정부를 운영하고 경제와 사회에 변화의 효과를 불어넣기 위한 일체의 권력이 소규모의 독재적인 지도자 집단에게 부여되어야 한다. 소규모의 독재적인 지도자 집단과 강력한 정부는 상대적인 평등이 달성되는 그 순간, 분권화된 구조를 갖는 시민에 의한 정치와 효율적인 행정으로 대체됨으로써 사라지게 될 것이다.

마르크스 이론에 근거한 핵심 강령들은 이후 소련의 스탈린(Joseph Stalin)과 중국의 마오쩌둥(Mao Zedong), 그리고 쿠바의 카스트로(Fidel Castro) 등에 의해 수정되어 각각의 국가에서 실험 적용되었다. 그러나 이러한 전통적 마르크스주의는 현실정치에서의 실패로 많은 비판에 직면하게 되었으며, 이들은 사회가 단순히 물질적 생산관계에 바탕을 둔 경제적 환원구조가 아니며, 정치와 문화를 비롯한 매우 다양한 변수에 의해서 구조지어지고 있다는 생각을 그들의 새로운 전통에 부여하기 시작하였다.

이러한 새로운 사상의 흐름은 이탈리아의 사상가 안토니오 그람시(Antonio Gramsci)의 『Prison Notebooks(옥중수고, 1971)』에서 그 기원을 찾을 수 있다. 그는 자본주의 사회가 단순히 경제적 지배에 의해서만 유지되는 것이 아니라, 정치적·문화적 차원의 지배를 통해서도 지속된다는 점을 강조하였다. 그는 이러한 지배의 형태를 '헤게모니(hegemony)'라 불렀다.

그람시에 따르면, 헤게모니는 지배계급이 도덕적·경제적·지적 지도력을 행사하면서 자신들의 이익을 사회 전체의 이익으로 포장할 때 형성된다. 즉, 지배계급이 만들어낸 세계관이 사회 전반의 상식과 규범으로 자리 잡게 되며, 피지배계급은 이를 자연스러운 질서로 받아들이고 스스로 체제에 순응하게 된다. 그러나 그람시는 이러한 체제 내부에도 필연적으로 모순이 존재한다고 보았다. 이러한 모순은 결국 피지배계급, 특히 노동자 계급이 스스로의 현실을 자각하면서 기존의 헤게모니에 맞서는 '대항 헤게모니(counter-hegemony)'를 형성하게 만들고, 이를 통해 정치적 변화를 이끌 수 있다고 주장하였다.

그람시의 이러한 사유는 마르크스의 예측이 무너진 역사적 현실에 대한 비판적 성찰에서 출발한다. 마르크스는 노동자들이 계급의식을 바탕으로 대동단결해 기득권에 저항할 것이라 기대했으나, 제1차 세계대전 당시 노동자들이 오히려 '자본주의 소국을 위해' 전쟁에 동참함으로써 그 전망은 무너졌다. 즉 서구 문명이 노동자들로 하여금 자신들의 계급적 이익을 보지 못하게 만드는 '이념적 눈가리개'를 씌운 것이 문제였다는 것이다.

이후 이러한 문제의식을 계승·확장한 인물이 헝가리 출신의 철학자 루카치(György Lukács)였다. 그는 피지배계급이 도덕적으로 더 우월하며, 절대적·객관적 진실이 존재하지 않는다고 주장했다. 대신 그는 억압받는 자들의 주관적 경험과 인식을 진실로 받아들이는 문화 개혁을 시도하였다. 이러한 사상은 이후 독일의 프랑크푸르트학파(Frankfurt School)로 이어지며, 서구 마르크스주의의 새로운 방향을 제시하게 된다.

프랑크푸르트학파의 주요 인물로는 호르크하이머(Max Horkheimer), 아도르노(Theodor Adorno), 프롬(Erich Fromm), 마르쿠제(Herbert Marcuse), 하버마스(Jürgen Habermas) 등이 있다. 이들은 전통적 마르크스주의가 경제 구조에만 초점을 맞춘 한계를 넘어, 문화·의식·소통의 영역에서 혁명의 가능성을 탐구했다. 즉 인간의 해방은 단순한 경제적 투쟁이 아니라 사회적 규범, 언어, 미디어, 가족제도, 도덕, 권위 등 '문화적 상부구조' 속에서 새롭게 모색되어야 한다고 본 것이다.

이처럼 프랑크푸르트학파는 온건한 급진주의 이론의 최전선에 서 있었지만, 동시에 현대 정치이론에 혼란을 불러오기도 했다. 그 이유는 그들의 사상이 두 가지 상반된 해석으로 나뉘기 때문이다.

첫째, 일부는 여전히 마르크스주의적 혁명정신을 유지하며, 자본가와 노동자의 계급 갈등을 중심으로 사회 변화를 모색하는 입장이다.

둘째, 다른 일부는 기존의 계급 중심 분석을 넘어서, 서구 문명의 토대를 이루는 제도인 기독교, 가부장제, 가족제도, 권위, 도덕, 애국심 등 자체를 비판의 대상으로 삼았다. 이들은 사회적 억압의 근원을 문화와 정체성의 차원에서 찾으려 하였으며, 이러한 수정주의적 해석은 이후 '정체성 정치'와 '정치적 올바름(Political Correctness)' 사상의 이론적 기반이 되었다.

요컨대 그람시에서 출발한 문화적 헤게모니론은 루카치와 프랑크푸르트학파로 이어지며, 자본주의 사회를 유지하는 문화적 힘의 본질을 드러내고, 나아가 그 힘을 전복하기 위한 새로운 해방의 담론을 제시하였다.

Box 2-1 • 비판 이론과 프랑크푸르트학파(Frankfurter Schule)

프랑크푸르트학파는 단순한 연구 단체를 넘어선 사상 유형(a mode of thought)으로, 구(舊) 마르크스주의의 전통적 혁명 신념과 이를 급진적으로 수정한 해석 사이에서 발전했다. 1923년 독일 프랑크푸르트에 설립된 사회조사연구소에서 시작되었으며, 1931년 호르크하이머가 소장으로 취임한 뒤 본격화되었고, 히틀러 집권 후에는 미국으로 망명하여 활동을 이어갔다. 비판 이론의 전통은 벤야민(Walter Benjamin), 아도르노, 호르크하이머, 마르쿠제 등 1세대 학자들로부터 시작하여 전후 하버마스, 벨머(Albrecht Wellmer) 등으로 계승되었다.

이들은 1930년대에 자본주의 경제 및 가족에 대한 사회경제적·사회심리적 비판에 중점을 두었고, 이러한 연구를 통해 마르크스의 독창적 사고를 정신분석학 및 미국 사회학에 접목하여 인간 해방을 목표로 하는 '비판 이론(critical theory)'을 정립했다. 비판 이론은 개인이 후기 자본주의의 노동 및 소비 강제에 매몰되고, 대중매체의 문화산업과 의식산업에 의해 도덕적·정신적 에너지를 빼앗긴 상태에 있다고 비판한다. 또한 마르크스주의적 과학주의, 스탈린의 교조적 마르크스주의, 서구의 과학적 실증주의 등 시대적 객관주의에 대한 철저한 비판을 궁극적인 목적으로 삼았다.

프랑크푸르트학파의 이념은 올바른 이성의 사용을 통한 인간 해방을 지향한다. 그들은 인간 이성의 능동성, 자율성, 창조성에 대한 확신을 바탕으로, 이성의 자유로운 실현을 가로막는 사회·역사적 상황에 대한 자기반성과 성찰을 통해 해방을 성취하고자 했다. 이들은 마르크스의 유물사관을 극복하기 위해 프로이트, 실존주의, 헤겔의 관념론 등을 수용했으며, 인간 해방을 목표로 한다는 점에서는 마르크스주의를 표방하지만, 하부구조 및 정치경제학 분석을 중시하는 마르크스주의와 달리 상부구조 분석과 도구적 이성 비판을 중심으로 하는 주체의 철학을 주장했다.

이들은 "왜 자본주의의 성숙이 노동자 계급의 계급투쟁을 통한 사회 혁명을 불러오지 못하였는가?"라는 질문을 던지며, 러시아 혁명의 비확산과 독일의 파시즘 등장 등의 역사적 사실을 바탕으로 혁명의 실패 원인을 고민했다. 그들은 마르크스주의가 노동을 지나치게 특권화하여 다른 요인을 설명하지 못한다고 보았으며, 인간의 의식 구조가 경제적 요인만으로 결정되지 않고, 허위의식인 이데올로기가 작용하여 사회 변혁을 위한 주체의 진행을 방해한다고 판단했다. 미국 체류 중인 학자들은 이러한 주제를 문화산업분석으로 발전시켜, 매스미디어가 자본주의 사회에서 고도로 조작적인 기능을 수행하며 지배 계급을 위해 대항적이고 비판적인 의식을 억제하는 데 기여한다고 비판했다. 이러한 프랑크푸르트학파의 비판 이론은 1960년대 학생운동의 이론적 기반이 되면서 학계뿐 아니라 일반 시민들에게까지 큰 영향을 미쳤다.

※ 김성수, 2007, "이성과 현실 사이: 초기 프랑크푸르트 학파 비판 이론에서 변증법의 역할", 『국제정치논총』 제47집 제1호 참조.

2. 급진주의의 주요 특징

급진주의의 가장 중요한 목표는 모든 이에게 고도의 평등, 즉 상대적으로 동일한 삶의 조건을 제공하는 것이다. 그리고 이와 같은 목표에 대한 정부의 지원이 전제된다. 산업화의 진행과 민주주의의 출현에도 불구하고, 19세기의 많은 사람들은 여전히 가난하였고, 변함없이 착취당하고 있었다. 이에 급진주의는 정치적·경제적·사회적 차원에서 별다른 힘을 소유하고 있지 않은 소외된 계층에 대하여 급진주의가 주목하기 시작한 것이다. 그 결과, 급진주의는 이러한 사람들 사이에서 두드러진 정치이념으로 발전하였다. 그리고 급진주의는 사회 내 모든 집단들의 이익을 보장할 수 있게 해주는 정치적·경제적 힘을 지향한다는 비전을 명확히 하였다.

급진주의에 의하면, 인간은 선천적으로 이기적이거나 공격적이지 않다. 어떤 경우라도 인간은 사회적이며, 본성적으로 조심스럽다. 그러나 개인의 태도와 행동은 변하지 않는 인간성이 아니라, 그들이 살아가며 배우는 환경에 의해 조정된다. 따라서 급진주의는 각각의 개인들이 협력과 공유에 가장 높은 가치를 두고, 집단적 선의 증가를 가장 중요한 목표로 삼게끔 환경을 조성하는 데 주된 역점을 둔다. 급진주의는 개인의 자유와 권리가 지닌 가치를 충분히 인정하지만 급진주의에 있어 가장 중요한 가치는 전체 사회의 선이다. 따라서 개인의 이익은 사회 모든 이들의 전체적인 이익과 요구보다 하위에 위치하든가, 최소한 조화를 이루어야 한다.

표 2-2 • 급진주의의 주요 특징

인간 본성	인간은 특정한 생물학적 욕구와 합리적 선택을 할 수 있는 능력을 가지고 있다. 그러나 인간의 의식과 행동은 인간을 둘러싸고 있는 사회적, 자연적 환경에 의하여 매우 큰 영향을 받는다. 언어, 전통, 가치, 교류방식과 같은 사회적 배경들은 사람에게 매우 깊게 체화되어 있어서 다른 사람들과의 관계를 통하지 않고서는 자신의 재능과 능력을 충분히 발전시킬 수 없다.
사회	사회는 단순한 개인들 간의 집합 이상을 의미한다. 사회는 개인들이 태어나면서 자동적으로 가입하는 하나의 유기체와 같다. 사회는 개인을 선행해서 존재하며, 어떤 특정한 개인의 욕구와 잠재적으로 갈등을 일으킬 수 있는 사회 고유의 이익과 정체성을 가지고 있기 때문이다. 따라서 좋은 사회란 그 사회의 제도들이 상호 존중에 의거하여 개인의 발전과 사회적 관계들을 촉진하는 사회이다.
정부	정부의 적절한 역할은 시민들의 집합적 이익의 대표로서 기능을 수행하는 것이다. 정부는 그들이 개인으로 존재할 때 성취할 수 없는 것들을 집합적으로 존재할 때 획득할 수 있도록 허용한다.
자유	자유는 한 개인의 능력을 완전하게 발전시킬 수 있는 능력이다. 자유는 오로지 협력과 참여에 기초하여 양성된 커뮤니티의 맥락에서만 성취될 수 있다.

권위	혁명적 리더십을 제외하고, 권위는 오로지 공공의 신뢰성과 폭넓은 참여에 기초하여 민주적으로 세워질 때만 합당하다.
평등	평등은 단순히 기회의 평등만을 의미하지 않으며 본질적으로 결과의 평등을 의미한다. 평등을 이루기 위해서는 사회적 약자들을 돕기 위하여 정부에 의한 세금징수나 심지어 재산수입에 대한 압수까지도 필요로 한다.
정의	정의는 민주적 정치과정에 의해서 세워진 권리에 상응하여 보상이 분배되는 것이다. 이러한 권리들은 개인의 노동의 대가에 대한 권리, 물질적 공급이나 의료지원과 같은 인류 발전을 위한 본질적인 조건에 대한 권리를 포함한다. 정의는 또한 법의 공평한 집행을 포함한다.

정부는 시민에 대한 교육과 훈련은 물론이고, 정책을 통하여 모든 시민들에게 훌륭한 물질적 여건과 안전을 제공해야 할 중대한 의무를 지닌다. 따라서 정부는 모든 시민들이 경제적 불확실성에 반하여, 평등한 교육, 거주지, 건강, 작업, 재정적 안정성에 접근할 수 있도록 하는 역할을 수행해야 한다. 반면에 보수주의의 유기적이고 계층적인 세계와 고전적 자유주의의 이기적인 세계, 이 양자는 모두 물질적인 조건과 신분, 그리고 권력 등의 거대한 불균형을 야기한다. 이러한 불균형은 사회적인 차원에서 심각한 고통과 소외, 그리고 갈등을 불러일으킨다. 따라서 급진주의는 모든 구성원들의 정치적·사회적 평등의 실현뿐만 아니라, 물질적인 재화를 증가시키기 위하여 국가의 힘과 정책을 사용하도록 위임하는 데에도 주된 역점을 두고 있다. 급진주의자들은 이러한 평등이 사람들을 기꺼이 공공선에 기여하도록 완성하고, 행복한 시민들로 변형시킨다고 믿기 때문이다. 그러나 급진주의자들의 생각의 범위는 학자에 따라 매우 다르며, 그 차이가 광범위하기 때문에 쉽게 하나의 통일된 개념으로 정리하는 것은 매우 어려운 일이라 할 수 있다.

제4절 보수주의(Conservatism)

강한 정부가 존재하는 현대 사회에서, 특히 정부가 인위적으로 부와 지위를 평등하게 만들기 위해 강력한 권력을 행사하는 현실 속에서, 보수주의는 이에 대한 대안적 철학으로 등장한다. 보수주의는 정부의 과도한 개입을 비판하며, 전통적 가치의 회복, 정부 권력의 축소, 그리고 평등을 추구하기 위하여 개인의 자유를 구속하는 것을 거부한다. 다시 말해, 모든 사람을 똑같이 만들기보다는 각 개인의 차이와 노력, 그리고 사회적 역할을 존중하자는 입장이다.

보수주의의 정신에 가장 가까운 정치적 행위자들은 종종 아시아, 중동, 아프리카 등과 같이 사회 계급과 질서, 그리고 전통적 가치가 여전히 존중받는 지역에서 찾아볼 수 있다. 이들 사회는 급격한 변화보다 안정과 조화를 중시하며, 세대 간에 이어져 온 문화와 규범을 중요하게 여긴다. 이러한 맥락에서 보수주의는 사회적 변혁 자체를 부정하기보다는, 그 속도와 범위, 그리고 강도를 완화시키려는 철학적 태도라고 할 수 있다. 즉 기존 체제 안에 이미 존재하는 가치 있는 요소들을 지키고 발전시키는 것이 보수주의의 핵심이다.

물론 보수주의가 보호하고자 하는 대상은 시대와 지역에 따라 달라질 수 있다. 그러나 그 근본적 원리인 안정성, 전통, 국가에 대한 충성, 그리고 사회적 질서의 유지는 변하지 않는다. 또한 보수주의는 개인이 사회 속에서 가지는 관계를 중시하며, 모든 사람이 동일해야 한다는 평등주의적 사고에 비판적이다. 예컨대, 능력이나 역할의 차이를 무시한 평등을 인위적으로 강요하는 것은 자연스럽게 형성된 사회의 질서를 해친다고 본다.

그럼에도 현대의 보수주의자들은 과거의 질서를 완전히 되돌리려는 비현실적인 태도를 취하지 않는다. 그들은 현실을 인정하며, 변화의 불가피성을 받아들이되 그 변화가 기존 질서를 파괴하지 않도록 조정하는 점진적 변화를 추구한다. 이런 점에서 영국의 보수당이 내세운 원칙인 "보존하기 위해 변화한다(We change in order to conserve)"는 보수주의 정신을 잘 요약한다. 즉 변화는 필요하지만 그 변화의 목적은 근본적인 가치인 가족, 도덕, 신앙, 애국심 등에 기반한다.

따라서 보수주의자들은 때때로 정부의 개입을 부분적으로 수용하기도 한다. 예를 들어 가족 제도의 강화, 종교의 보호, 도덕적 가치의 회복과 같은 목적을 달성할 수 있다면 국가의 정책적 개입도 정당화될 수 있다고 본다. 이런 이유로 보수주의 정부는 자국의 정체성과 가치 수호를 명분으로 외교적 영향력을 확대하거나, 국교를 지원하거나, 낙태를 제한하는 정책을 추진하기도 한다.

결국 보수주의는 단순히 과거로 돌아가자는 사상이 아니라, 급변하는 세계 속에서도 사회의 뿌리와 정신적 기반을 지키려는 태도이다. 변화의 속도를 조절하고, 무분별한 평등보다는 질서와 책임을 중시함으로써 사회 전체의 안정과 지속 가능성을 도모하려는 것이 바로 보수주의의 본질이라 할 수 있다.

1. 보수주의의 발전과정

우리는 보수주의를 논하기에 앞서 보수적이라는 단어의 역사적 쓰임새에 대해서 이야기할 필요가 있다. 19세기에 보수적이라는 말은 개인주의와 민주주의가 위협하고 있다고 여겨지는 위계질서와 공동체를 지키는 데 헌신한 이론가들과 그들의 주장에 붙여지는 말이었다. 그러나 20세기에 접어들면서, 현대적 자유주의자들은 자신들과 고전적 자유주의자들과의 구분을 명확히 하기 위하여 고전적 자유주의자에게 보수주의자(conservatives)라는 이름표를 붙이기 시작하였다. 고전적 자유주의자들은 자신에게 보수주의자라는 꼬리표가 붙는 것에 대해서 상당한 불만을 표시하였지만, 오늘날에는 그들에게 보수주의자라는 별명이 항상 따라 다니게 되었다. 그 결과, 오늘날 보수주의자들을 지칭할 경우에는 통상적으로 개인주의, 자유시장경제, 그리고 제한된 정부와 같은 고전적 자유주의자들의 핵심 개념과 연관되는 신보수주의라 불린다.

보수주의에 대한 이러한 이중적 개념에도 불구하고, 우리는 이번 장에서 두 가지 이유에서 보수주의를 19세기의 고전적 보수주의에 한정해서 다루어 보자. 첫째, 고전적 자유주의가 보수주의라고 불릴 때, 진정한 의미의 보수주의(19세기적 의미의 보수주의)는 왜곡될 수 있다. 둘째, 우리의 분석의 초점은 오늘날 벌어지고 있는 정치철학의 다양한 논쟁에 대한 역사적 맥락을 쫓는 데 있다. 따라서 19세기의 보수주의 전통을 분석하는 것이 이 글의 목적에 좀 더 부합할 것으로 여겨지기 때문이다. 비록 이러한 용어의 사용이 오늘날 흔히 이해하는 보수주의 개념에 대해서 혼동을 일으킬 수도 있지만, 보수주의 개념에 대한 19세기적 한정은 고전적 자유주의와 보수주의를 구분 짓는 데 매우 유용한 틀을 제시해준다(Clark, 1991: 71).

영국 하원의원이었던 에드먼드 버크(Edmund Burke)는 고전적 형태의 보수주의를 가장 명료하게 대표하는 인물 중 하나로 평가된다. 비록 버크 자신은 스스로를 보수주의자로 칭한 적은 없으며, 사실 1800년대 이전에는 자유주의나 보수주의라는 정치적 용어조차 존재하지 않았다. 그러나 그의 연설과 저작에서 나타나는 정치적 입장은 분명히 보수적인 색채를 띠고 있었다. 특히 그는 프랑스혁명의 이상, 즉 루소(Jean-Jacques Rousseau)의 사상을 바탕으로 한 자유와 평등, 절대적 정의의 개념에 강하게 반발하며, 저서 『프랑스혁명에 대한 성찰(Reflections on the Revolution in France)』을 집필하였다.

버크는 프랑스 혁명가들이 인간 본성과 정부의 관계를 오해하고 있으며, 자유에 대한 관념 또한 왜곡되었다고 비판했다. 그는 혁명가들이 개인의 권리와 선택에만 집중함으로써 사회를 독립적인 원자들로 이루어진 느슨한 집합체로 보는 오류를 범했다고 지적했다. 버크에게 사회는 유기체적 관점에서 이해되어야 하며, 사회 구성원들은 서로 얽혀 있는 '사회적 직물(social fabric)'과 같은 존재다. 개개인은 이 직물 속에서 살아가며, 정부와 오래된 관습, 전통의 지지를 통해서만 사회적 질서를 유지할 수 있다. 그는 이러한 전통이 시대적 지혜의 집합체이므로 존중되어야 한다고 강조하며, 로베스피에르(Maximilien Robespierre)의 공화정부가 기존 제도를 파괴하고 인간의 의식을 개조하려 했던 샤폴리에법을 비판하였다. 정부와 전통은 단순히 필요할 때 조립되고 분해될 수 있는 기계적 존재가 아니며, 사회는 복잡하고 섬세한 유기체로서 사람들의 관습과 전통에 뿌리내려야 한다고 보았다. 따라서 사람들은 정부에 복종하고 존경하며, 때로는 숭배하는 습관까지 익혀야 한다고 주장하면서 국교와 귀족제도를 옹호하였다(김성수, 2018: 114~122; Ball and Dagger, 2004: 91).

버크는 군주제가 사회와 그 구성 집단을 이해하고, 교회와 가족이 사회적 긴장을 완충하는 중재적 역할을 한다고 보았다. 반면, 혁명가들이 주장하는 민주주의는 이러한 구조를 해체하여 하위 공동체를 무시하고 시민들을 동질적 대중으로 평준화하려 한다고 비판했다. 그는 평준화 정책은 결코 참된 평등을 달성할 수 없으며, 다양성과 기회를 파괴하고 자유를 속박하게 된다고 주장했다. 중요한 점은 버크가 민주주의 자체를 거부한 것이 아니라, 민주주의가 전체주의적 형태로 전환될 가능성을 경계했다는 것이다.[2)]

그의 사상은 이후 영국의 온정주의적 보수주의(paternalistic conservatism) 또는 토

2) 버크는 전통적 요소가 대중의 의식 속에서 성장한 것을 일반의지로 보는 반면에 루소는 전통적이며 경험적 요소(사슬로 표현)가 제거된 후의 집단의지가 일반의지라 주장한다.

리 민주주의(Tory Democracy)로 이어졌다. 벤자민 디즈레일리(Benjamin Disraeli)와 윈스턴 처칠(Winston Churchill) 등은 이러한 사상을 계승하며, 사회적 안정을 강조하였다. 디즈레일리는 영국 사회를 부자와 빈자로 강화되는 사화적 균열에서 발생하는 혁명적 불안을 경고하며, 특권층의 이기심을 통제하기 위해 '위로부터의 개혁'이 '아래로부터의 혁명'보다 바람직하다고 주장했다. 이러한 관점은 높은 신분에는 도덕적 의무가 따른다는 노블레스 오블리제(noblesse oblige) 사상에 기초하며, 특권층이 가난한 자를 돌볼 책임을 지는 사회적 책무의 원칙을 강조한다(커크, 2018: 146~147).

결국 영국 보수주의에서 온정주의적 접근은 사회평등을 목표로 한 것이 아니라, 사회의 유기적 균형과 안정, 그리고 응집력 있는 위계질서를 유지하는 방편으로 발전하였다. 사회의 안정과 질서, 전통적 가치를 존중하면서 변화와 개혁을 점진적으로 수용하는 태도가 버크와 그의 후계자들에게서 공통적으로 나타나는 특징이다.

미국의 보수주의는 유럽의 보수주의와 성격상 차이를 보이지만, 그렇다고 해서 유럽적 보수주의의 요소가 전혀 존재하지 않았다는 의미는 아니다. 초기 미국 연방주의자들은 민주주의에 대한 회의, 강력한 중앙정부와 귀족적 질서에 대한 신념, 인간 본성에 대한 비관적 관점 등에서 유럽적 보수주의의 성향을 상당히 공유하고 있었다. 특히 알렉산더 해밀턴(Alexander Hamilton)과 존 애덤스(John Adams)와 같은 초창기 보수주의자들은 이러한 사상의 연장선에 있었다.

해밀턴은 강력한 중앙정부를 창설하고 이를 통해 국가권력이 적극적으로 사회질서를 유지해야 한다고 주장했으며, 애덤스는 인간 본성의 비관론과 귀족주의적 유사 이론을 바탕으로, 사회 공동체의 이익을 위해 개인의 직접적인 이익을 제한하는 국가권력의 필요성을 강조했다. 그는 재산을 가진 계층이 사회 공동체에 대해 도덕적 의무와 책임을 지녀야 한다고 보았다. 또한 존 칼훈(John C. Calhoun) 역시 질서와 권위의 필요성을 강조하고 인간 본성의 한계를 전제로 한 비판적 관점을 갖고 있었으며, 이러한 점에서 유럽적 보수주의와 맥락을 공유하였다. 그는 산업발전으로 인한 계급 분화와 지배계층 변화가 사회 혼란을 초래할 것을 예측하고 점진적 변화를 주장하였으며, 자본주의 경제 구조에서 자본가의 노동자 착취를 비판하고, 인간적 가치가 공유되는 한정적 형태의 노예제를 옹호하기까지 했다(김성수, 2020:

201~210; Rossiter, 1955: 110).

오늘날 보수주의적 전통은 고전적 자유주의와 상당히 유사한 흐름을 보이고 있다. 그러나 레오 스트라우스(Leo Strauss)의 사상을 계승한 미국의 신보수주의자, 소위 네오콘(neocon)들은 고전적 보수주의의 전통에서 일부 벗어나, 현대적 의미의 새로운 보수주의 전통을 형성하고 있다. 이들은 전통적 질서와 도덕적 규범의 중요성을 강조하면서도, 자유시장과 국가 안보, 국제관계에서 보다 적극적인 역할을 중시하는 현대적 보수주의적 시각을 결합하고 있다. 이러한 흐름은 고전적 보수주의와 현대적 자유주의적 요소가 혼합된 미국적 특수성을 보여준다.

2. 보수주의의 주요 특징

버크 이후 보수주의의 인간관과 사회관을 구성하는 가장 중요한 세 가지 원칙은 인간의 본성과 이성이 불완전하다고 믿는 반지성주의(anti-rationalism) 또는 지적 불완전성(intellectual imperfection), 사회를 하나의 구조가 아닌 살아 있는 유기체로 보는 유기체론(organicism), 그리고 한 사회는 이성에 기초한 이념이나 거대한 계획에 의해 형성되는 것이 아니라 역사와 전통의 산물이라고 보는 전통주의(traditionalism)이다.

첫째, 보수주의자들의 반지성주의에 따르면, 인간을 일관성 있는 합리적 존재로 보지 않는다. 현실 세계에서 인간은 종종 감정적이고 논리적으로 설명할 수 없는 행동을 보이기 때문에 정치적·사회적 결정에서 인간의 합리성을 절대적 기준으로 삼는 것은 적절하지 않다고 본다. 또한 인간은 지능, 기교, 지위 등에서 본질적으로 불평등하며, 사회 속에는 다른 사람이나 집단보다 우월한 개인과 집단이 존재한다. 따라서 사회적 불평등은 자연스러운 현상이며, 평등주의자들이 추구하는 인위적 평등 실현은 집단 간 자연스러운 협력과 계층 구조를 붕괴시키고 사회 갈등을 유발하며, 궁극적으로 질서와 안정을 해칠 수 있다. 게다가 강제적 평등은 개인의 자유를 손상시키므로 보수주의는 이를 반대한다.

둘째, 보수주의의 유기체론은 사회와 국가를 살아 있는 유기체로 본다. 사회는 역사와 전통적 경험 속에서 유기적으로 구성되며, 국가와 사회의 기본 목표는 전통적 지배층인 토지 귀족, 기업가 등으로 구성된 자연적 지배집단(natural governing elite class)이 수호해 온 사회 질서와 권위, 법과 규율, 도덕 및 종교적 권위를 유지하는 데 있다. 이런 사회에서는 개인의 자유가 자연권으로서 보장되기보다는 공동체 구성원으로서 기존 관습과 제도 안에서 사회적 역할을 수행할 때 비로소 의미를 가진다. 따라서 유기체적 사회관을 가진 보수주의는 이성적 계획에 의한 급격한 개혁이나 혁명에 반대하며, 국가가 사회 질서에 직접 개입하는 역할에 대해서도 회의적이다.

셋째, 보수주의의 전통주의는 사회와 제도가 점진적으로 발전해 온 산물이라는 믿음에 기반한다. 현존하는 전통과 가치는 수 세기 동안 검증과 시험을 거쳐 생존해 온 것이므로, 사회를 이끄는 주된 기준은 이성적 사고보다 오랜 역사 속에서 형성된 관습, 종교, 도덕적 가치가 되어야 한다. 이는 전통과 종교가 사회 안정을 지지하고 급격한 변화를 완화하는 데 기여하기 때문이다. 한 영국 보수주의자는 이를 "수많은 세대의 경험과 지혜는 순간적 유행보다 더 신뢰할 만하다"라고 표현했다(Hearnshaw, 1933: 22).

즉 보수주의는 인간의 불완전성과 사회의 유기적 성격, 그리고 역사와 전통의 중요성을 강조하며, 이를 바탕으로 질서, 안정, 점진적 변화를 중시하는 정치적·사회적 입장을 확립한다.

표 2-3 • 보수주의의 주요 특징

인간 본성	인간은 선이나 악을 향한 강한 열정에 휩싸여 있다. 또한 인간의 이성적인 능력은 제한되어 있으며, 몇몇 사람들은 다른 사람들보다 월등한 이성적 능력을 보유하고 있다. 특정한 개인이 가지고 있는 본능이나 욕구 속에서 전통적인 풍속은 다른 사람들과의 유대를 형성해주는 기능을 한다. 실제로 인간은 사회조직의 유대 없이 개인 스스로 발전할 수 없다.
사회	사회는 하나의 자연적인 위계질서에 기초한 하나의 유기적 구조이다. 사회의 질은 개인들의 행동이나 이익의 근원적인 결정 요소이다. 좋은 사회는 한 개인이 자기 자신을 위하여 사회 속에서 하나의 독특한 역할과 정체성을 발견할 수 있도록 사회관계의 안정적인 위계질서를 유지하는 사회이다. 위계가 없다면 모든 개인들은 동일할 것이며, 각 개인마다 다른 인격의 형성은 불가능하다.
정부	정부의 목적은 사회의 자연적 질서를 유지하는 것이다. 사회적 안정의 기간 동안 정부는 국가통합의 가시적 상징으로서 덕성을 갖춘 시민들의 발전에 도움이 되는 도덕적 풍토를 창조함으로써 전통을 유지할 수 있고 현존하는 제도를 보존할 수 있다.
자유	자유는 폭압적인 힘이나 개인 자신의 욕정 모두에 예속되어 있지 않을 때 존재한다. 자유는 개인이 욕망하는 것은 무엇이든지 할 수 있는 자격이나 자유를 의미하는 것이 아니다. 고립되어 있는 인간은 자기 자신의 욕정을 적절히 조절할 수 없기 때문에 자유는 하나의 안정된 집단 속에서의 권위, 전통, 그리고 질서를 요구로 한다.

권위	권위는 사회 안에서 전통적인 리더십의 역할을 만족시키는 사람들과 진실과 덕성의 지식을 가지고 있는 사람들에게 존재할 때 합당한 것이다.
평등	사람들은 오로지 한 사회의 시민이라는 공적 신분 속에서만 평등하다. 이러한 평등은 권리의 보호와 죄의 처벌에 있어 정의의 공정한 집행을 필요로 한다.
정의	정의는 질서가 유지되고, 법이 공정하게 집행되며, 개인들이 사회적 위계 속에서 자신의 능력에 맞는 역할을 수행하고 있을 때 이루어질 수 있다.

제5절 현대적 자유주의(Modern Liberalism)

현대적 자유주의는 산업자본주의의 발전과 함께, 정치적 발언권을 요구하는 노동자들의 움직임이 본격화되던 시기에 태동하였다. 당시 재산 소유계층은 노동자들의 정치 참여 확대를 두려워하면서도, 그 에너지를 제도권 안으로 포섭하기 위해 복지정책이라는 완충 장치를 마련하였다. 이러한 맥락 속에서 현대적 자유주의는 고전적 자유주의의 전통을 계승하면서도 현실의 사회경제적 변화를 반영한 수정된 사상으로 등장하게 되었다.

고전적 자유주의는 존 로크(John Locke)와 아담 스미스(Adam Smith)로부터 기반하며, 개인의 자유와 사유재산권을 절대적인 가치로 보았다. 이들은 국가의 개입이 개인의 자유를 침해하는 것을 경계하였다. 그러나 산업자본주의의 심화와 함께 등장한 급진주의와 보수주의의 대두는, 더 이상 고전적 자유주의의 원칙만으로 사회적 불평등과 갈등을 조정하기 어렵다는 사실을 드러냈다.

이러한 한계 속에서 제러미 벤담(Jeremy Bentham)과 제임스 밀(James Mill), 그리고 그의 아들 존 스튜어트 밀(John Stuart Mill)이 중심이 되어 고전적 자유주의를 재구성하였다. 벤담과 밀 부자는 로크가 주장한 자연법과 천부적 권리 개념을 비판하면서 과학적이고 합리적인 사회 이론, 즉 공리주의(Utilitarianism)를 제시하였다. 그들은 사회 전체의 '최대 다수의 최대 행복'을 목표로 삼고, 만족을 극대화하며 고통을 최소화하는 행위를 옳다고 보았다. 이러한 공리주의는 정부의 개입을 정당화하면서도, 개인의 자유보다 다수의 이익을 우선시하는 경향을 띠었다. 하지만 그들이 강조한 '재산권 보호(property protection)'는 종종 노동자들의 권리를 억제하고 자본가의 이익을 옹호하는 논리로 비판받기도 했다.

반면, 존 스튜어트 밀은 이러한 양적 행복의 기준을 넘어 질적 행복의 중요성을 강조하였다. 그는 학문적·예술적 만족과 같은 고차원적 즐거움이 단순한 물질적 소비보다 우월하다고 주장했다. 또한 인간은 이성적 능력을 개발하고 실현하는 자아실현(self-development)을 삶의 궁극적 목표로 삼아야 한다고 보았다. 이를 위해 국가는 공교육 제도의 확충, 가족계획, 상속세 도입 등 사회적 제도를 마련해야 한다고 강조하였다.

현대적 자유주의의 사상적 전환은 19세기 후반, 장기 불황과 대규모 빈곤의 확산이라는 경제 현실 속에서 가속화되었다. 당시 고전적 자유주의는 빈곤을 개인의 도덕적 결함이나 불가피한 자연현상으로 간주하며 구조적 문제를 외면하였다. 그러나 산업화의 그늘에 드리운 저임금, 장시간 노동, 열악한 주거 환경, 기술적 실업, 노동 분업의 비인간화 등은 단순히 '경제성장의 부산물'로 치부하기엔 너무나 심각한 사회문제였다. 사람들은 점차 경제성장 자체보다 삶의 질과 사회적 정의에 관심을 갖기 시작했다.

이러한 변화를 반영하여 현대적 자유주의자들은 다양한 이념의 장점을 절충하여 새로운 방향을 제시하였다. 그들은 개인의 자유와 사유재산, 민주주의의 원리를 유지하면서도 사회적 불평등을 완화하고 복지적 정의를 실현하려 했다. 현대적 자유주의는 그 유연성과 융통성 덕분에 기존의 이념보다 현실 대응력이 높았으며, 결과적으로 사유재산과 민주주의를 조화시키면서 사회적 정의를 추구하는 방향으로 발전해 왔다(Clark, 1991: 87).

1. 현대적 자유주의의 발전과정

현대적 자유주의의 역사는 밀의 연구로부터 영향을 받은 그린(Green, 1986), 홉하우스(Hobhouse, 1994), 홉슨(Hobson, 2009)과 같은 인물에 의해서 진화하기 시작하였다. 이들은 기존의 고전적 자유주의자들보다 더 광범위하고 적극적인 자유를 옹호하였다. 이들에게 자유란 자연 상태에 홀로 남겨진 것을 의미하는 것이 아니었다. 이들에게 자유는 인격적 발전, 개인의 번영과 연결되어 있었다. 다시 말해 자유란 자아실현을 추진하고 획득하기 위해 개인이 지닌 능력이라는 것이다. 이 견해는 사회 혹은 복지자유주의의 토대를 제공하였다. 이는 특히 사회복지의 형태로 국가 간섭이 개인적 존재를 망치는 사회악으로부터 개인을 안전하게 인도함으로써 자유를 확대시킬 수 있다는 생각으로 이어졌으며, 마셜(Alfred Marshall)과 케인스(John Maynard Keynes), 그리고 롤스(John Rawls)에게로 이어져 새로운 자유주의의 전통을 만들어 내었다.

현대 자유주의 사상에서 고전적 자유주의의 재정립에 중요한 기여를 한 사상가 중 한 명이 바로 홉슨(John A. Hobson)이다(김성수, 2020: 220). 홉슨은 단순히 기존의 경제 이론을 계승하는 데 그치지 않고, 고전적 자유주의와 그 뿌리인 고전경제학에 정면으로 도전하였다. 그는 경제적 힘이 인간의 의지와 독립적으로 작용한다는 고전경제학의 전제를 거부하고, 경제학에 인간의 의식적 노력과 윤리를 적극적으로 도입하였다. 기본적으로 홉슨은 도덕적 관점을 경제학에 결합시킨 사상가였으며, 그의 경제학은 협동과 평등이라는 윤리적 이상을 실현할 가능성과 그 사회적 이점을 증명하려는 시도였다. 이러한 관점에서 볼 때, 홉슨이 당시 산업자본주의를 비판하며 삶의 질과 관련된 문제에 주목한 것은 자연스러운 일이었다.

홉슨의 가장 큰 업적은 빈곤이 시정 가능한 경제적 원인에서 비롯된다는 사실을 이론적으로 규명한 데 있다. 당시 다수 경제학자들은 프랑스 경제학자의 이름을 딴 '세이(Jean B. Say)의 법칙'에 근거하여, 생산(공급)이 자동적으로 동일한 양의 수요를 창출하므로 과잉생산과 저소비는 존재할 수 없다고 믿었다. 즉 경제 전체의 총공급이 총수요를 자동으로 만들어주기 때문에 실업은 순차적으로 자연스럽게 해결된다고 생각한 것이다. 그러나 홉슨은 이러한 교리를 비판하며, 실업과 빈곤이 단순한 경기 순환의 부산물이 아님을 입증하였다. 그는 모든 실업이 경기주기의 부침과 관련되어 발생하며, 시장경제 내 구조적 불균형에서 비롯된다는 점을 강조하였다(김영환·임지현 편, 1997: 291~292).

홉슨은 특히 '저소비주의(thrift theory)'를 통해 저축을 단순히 투자로 보는 기존의 관점을 넘어 과도한 저축이 소비력 부족을 초래하고, 결국 과잉생산과 경기 침체를 불러온다고 주장하였다. 그러면 저소비와 과저축이라는 현상은 왜 나타나는가? 이러한 현상의 근본 원인은 시장경제의 불균형한 분배 체계에 있었다. 고전경제학이 주장하던 '자유경쟁에 의한 조화로운 분배'라는 전제는 현실에서 성립하지 않는다. 홉슨에 따르면 시장은 항상 불완전 경쟁 혹은 독점적 경쟁에 의해 지배되며, 생산 요소 간 교섭력의 불균형으로 인해 부의 분배는 경제적 강자의 힘에 의해 결정된다.

그 결과는 사회적으로 불공평한 소득 분배와 유휴 과잉자본의 발생이었다. 부유층에게는 소비 능력을 초과하는 소득이, 빈곤층에게는 생계를 유지하기에도 부족한 소득이 주어지면서, 소비와 저축 간 불균형이 초래된다. 이러한 구조적 불균형은 시장경제의 자동 조정 기능을 무력화시키고, 과잉생산이라는 경제적 혼란과 심각한 실업이라는 자원의 낭비를 발생시킨다. 따라서 홉슨에게 시장경제는 단순히 효율적인 자원 배분의 장이 아니라, 사회정의 측면에서는 부도덕하고, 경제적 효율 측면에서는 비합리적인 체제로 평가될 수밖에 없었다(김영한·임지현 편, 1997: 293).

결국 홉슨은 경제학에 윤리적 관점을 도입함으로써, 단순한 시장 논리를 넘어 사회적 정의와 공평한 분배의 문제를 핵심 의제로 제시한 현대 자유주의 사상의 선구자로 평가된다.

홉슨과 더불어 현대적 자유주의 개념의 형성에 중요한 기여를 한 인물 중 하나는 토머스 그린(Thomas Hill Green)이다(김성수, 2018: 213). 그린은 자신의 복지자유주의 논의를 전개하면서 자유의 개념을 두 가지 서로 다른 관점에서 분석하였다. 첫 번째는 '무엇으로부터의 자유'인 소극적 자유(negative freedom)이고, 두 번째는 '무엇을 향한 자유'인 적극적 자유(positive freedom)이다. 그는 고전적 자유주의자들이 강조했던 개인주의적 자유, 즉 외부 간섭의 부재로서의 소극적 자유와 달리, 진정한 자유는 개인이 공동선을 추구할 수 있는 능력, 참정권의 보장, 그리고 사회적 권리 등 적극적 자유를 통해 실현된다고 보았다.[3]

---

3) 그린은 고전적 자유주의자들이 자유를 단순히 '구속의 부재'라고 생각하는 소극적 자유 개념에 바탕을 두고 해석했다고 이야기한다. 예를 들어 묶여서 감옥에 갇혀 있는 사람처럼 구속당하고 있는 사람은 자유롭지 못한 반면, 그렇지 않은 사람은 자유로웠다고 생각했다는 것이다. 그러나 그린은 자유에는 이보다 더 높은 무엇이 있으며, 자유란 단순히 존재를 그냥 내버려두는 그런 문제가 아니라 무엇인가를 '할 수 있는' 적극적인 힘 또는 능력이라고 하였다. 소극적 자유와 적극적 자유에 대한 자세한 논의는 다음의 논문을 참고할 것(Isaiah Berlin (2002), "Two Concepts of Liberty", *Liberty*, Oxford: Oxford University Press; Charles Taylor (1979), "What's wrong with Negative Liberty?", Alan Ryanm ed., *The Idea of Freedom*, Oxford: Oxford University Press).

그린에 따르면 자유주의의 핵심은 언제나 개인의 자유로운 성장과 발전을 가로막는 장애물을 제거하려는 열망에 있었다. 과거에는 이러한 장애물이 주로 정부의 과도한 간섭이나 권력 남용으로 나타났기 때문에, 자유를 보장하기 위해 정부 권한을 제한하는 것이 주요 목표였다. 실제로 19세기 중반까지 영국과 같은 국가에서는 이러한 제한적 자유주의적 목표가 상당 부분 실현되었다고 평가된다.

그러나 시간이 흐르면서 자유를 제한하는 요소는 단순히 외부적 통제에 국한되지 않고, 빈곤, 질병, 사회적 편견, 교육과 정보의 부족과 같은 구조적 문제로 확장되었다. 그린은 이러한 새로운 형태의 장애물을 극복하지 않고서는 개인이 진정으로 자유를 실현할 수 없다고 보았다. 따라서 그는 개인의 발전을 위해 국가 권력을 적극적으로 활용하여 사회적 조건을 개선하고, 교육·복지·참정권 보장 등 사회적 제도를 통해 모든 시민에게 실질적 자유를 제공하는 것이 필수적이라고 주장하였다(Ball and Dagger, 2005: 70).

결국 그린의 사상은 고전적 자유주의가 강조했던 '자유의 부재로부터의 보호'라는 개념을 확장하여, 자유의 실질적 조건과 사회적 책임을 포함하는 현대적 자유주의, 즉 복지자유주의의 기초를 마련한 것으로 평가할 수 있다.

홉슨과 그린의 경제적·윤리적 논의는 홉하우스(William A. Hobhouse)에게 계승되었다. 홉하우스는 홉슨이 19세기 경제 이론의 윤리적·실제적 한계를 밝히는 동안 시도한 작업을 정치이론으로 확장하고자 하였다. 그는 단순히 경제적 불평등과 비합리성을 비판하는 데 그치지 않고, 개인의 자유와 집단적 책임이 동시에 조화되는 정치적 틀을 창출하려 했다(김성수, 2018: 215).

홉하우스는 자유가 진정한 자유가 되려면 반드시 평등을 포함해야 한다고 주장하였다. 자유가 평등과 결합되지 않는다면 그것은 단지 겉으로만 자유를 내세운 허구에 불과하다는 것이다. 그는 고전적 자유주의 전통 속에서 중시된 '계약' 개념을 기반으로 자신의 사상을 전개하였다. 홉하우스에 따르면, 계약의 자유란 단순히 외부의 간섭이 없는 상태를 의미하는 것이 아니다. 그것은 당사자들이 거래를 체결하거나 거부할 수 있는 실제적 선택권을 가질 때 비로소 의미를 갖는다. 이러한 선택권은 서로 간의 실질적 평등이 전제될 때에만 보장될 수 있으며, 평등이 결여된 상태에서는 계약의 자유는 오히려 위장된 억압의 도구로 전락할 수 있다.

즉 누구든 자유로워지기 위해서는 단순한 권리의 존재가 아니라, 실질적으로 행사할 수 있는 선택의 기회가 필요하며, 그 기회는 모든 사람에게 평등하게 주어져야 한다. 홉하우스는 이를 강조하며 "평등 없는 자유는 추한 성과에 붙인 고상한 이름"과 같다고 단언하였다(김영한·임지현 편, 1997: 297~298). 다시 말해 자유와 평등은 서로 분리될 수 없는 관계에 있으며, 진정한 자유를 실현하기 위해서는 사회적·경제적 조건 속에서 평등이 보장되어야 한다는 것이 그의 핵심 주장이다.

이러한 사상은 현대적 자유주의의 사상적 흐름을 형성하는 데 중요한 기반을 제공하였으며, 그의 논의는 알프레드 마셜(Alfred Marshall)과 존 메이너드 케인스(John Maynard Keynes)에게 이어졌다. 마셜과 케인스는 당시 지배적이던 고전적 자유주의 경제학의 기본 가정, 즉 경제 불황이 단기적인 조정을 통해 자동적으로 균형을 회복한다는 믿음을 비판하였다. 이들은 경제가 스스로 조정되지 않고, 불황 시에는 적극적인 개입이 필요하다는 점을 강조하며 본격적인 현대적 자유주의의 시대를 열었다(김성수, 2020: 223~225).

마셜의 제자인 케인스는 자유방임적 자본주의가 경제적 무정부 상태를 초래하며, 그 결과 대량실업과 소득 양극화를 낳고, 경제 불황에 빠지게 된다고 주장하였다. 케인스에 따르면 기업이 생산한 재화가 시장에서 충분히 소비되지 않으면 잉여 재고가 발생하고, 이는 기업의 투자와 고용 축소로 이어져 실업과 소득 감소를 유발한다. 이를 해결하기 위해 정부는 공공사업과 기간사업을 통해 잉여 재화를 흡수하고, 이를 기반으로 기업은 다시 이윤을 창출하며 시설 투자와 고용을 확대하게 된다. 이 과정에서 근로자는 급여를 통해 재화를 소비하고, 경제는 자연스럽게 순환 구조를 형성하며 불황을 극복할 수 있다.

케인스의 이론은 일부에서는 사회주의적 정책으로 비판받기도 했지만, 실제로 1930년대 미국의 대공황 극복을 위한 뉴딜정책(New Deal)의 기초가 되었다. 뉴딜정책은 정부가 적극적으로 경제에 개입하여 공공사업을 확대하고 실업을 줄이는 동시에, 사회적 안전망과 노동시장 안정화를 도모함으로써 현대적 자유주의가 정책적으로 실현될 수 있음을 보여주었다. 결과적으로 케인스의 사상은 현대적 자유주의가 단순한 사상적 논의를 넘어 실질적인 경제·사회 정책으로 이어지는 데 결정적 역할을 하였다. 이렇듯 마셜과 케인스가 실질적 측면에서 현대적 자유주의를 개척하였다면, 사상적 측면에서는 존 롤스가 기틀을 잡아갔다.

롤스(John Rawls)에 따르면, 자유주의자들이 상정한 사회계약 이론은 단순한 가정이 아니라 사회정의의 원칙을 도출하는 데 도움을 주는 사고 실험으로 이해될 수 있다. 그의 저서 『정의론(A Theory of Justice)』에서 롤스는 독자들에게 한 사회의 구성원들이 공정한 규칙을 정하기 위해 계약을 체결하는 상황을 상상해보라고 요청한다. 이때 참여자들은 자신의 정체성, 나이, 성별, 인종, 능력 등 어떠한 개인적 속성도 알 수 없도록 '무지의 베일(veil of ignorance)'로 가려져 있다고 가정한다. 이런 조건하에서는 개인의 사적 이익을 증진시키기 위해 규칙을 몰래 조작할 수 없으며, 결과적으로 모든 참여자는 공정한 사회 규칙을 선택하게 된다. 따라서 무지의 베일은 불편부당성을 보장한다.

롤스는 이러한 상황에서 사람들이 선택할 두 가지 기본 원칙, 즉 정의의 두 원칙을 제시한다. 첫 번째 원칙은 모든 사람이 동등하게 가장 광범위한 기본적 자유를 누릴 권리를 가진다는 균등의 원칙이다. 이는 정치적 권리와 자유가 모든 시민에게 균등하게 배분되어야 함을 의미한다. 롤스의 두 번째 원칙, 즉 차등의 원칙은 불평등 자체를 무조건 나쁘다고 보지 않는다. 다만 그 불평등이 사회 최하층에게 최소한의 이익을 제공해야 정당하며, 불평등이 최하층의 생활 수준을 높이는 방식으로 작동하면 허용될 수 있다. 예를 들어 모든 사람에게 똑같이 10만 원씩 배분하는 경우는 평등하지만, 성과에 따른 인센티브가 없어 제한적이다. 반대로 절반은 18만 원, 나머지 절반은 2만 원을 배분하는 경우는 심한 불평등으로 최하층의 이익이 보장되지 않기 때문에 불공정하다. 그러나 절반은 18만 원을 받고 나머지 절반도 최소 11만 원을 받는다면, 비록 불평등이 존재하더라도 최하층이 이전보다 혜택을 받기 때문에 정당하다. 롤스의 두 번째 원칙은 자유주의를 보다 평등주의적 방향으로 확장하는 핵심적 장치이다(김성수, 2025: 243). 출발점에서 부와 자원의 평등한 분배가 전제되며, 경쟁에 따른 불평등이 인정되더라도 그것이 최하층의 상황을 악화시킨다면 정당성을 잃는다. 사회 최상층의 부와 권력이 최하층에 간접적 이익을 제공하지 못할 경우, 롤스의 이론은 재분배를 요구하는 복지국가적 성격을 갖게 된다. 이는 단순한 부의 평등을 넘어 시민들이 평등한 기회와 공동체적 유대를 느끼도록 하고, 서로를 동등한 존재로 존중하는 사회적 기반을 마련하는 데 중요한 의미를 지닌다(Ball and Dagger, 2004: 73~74).

왜 정의는 이런 불평등을 요구하는가? 롤스의 대답은 가장 많이 노력하고 최상의 능력을 보여주는 사람이 그 밖의 다른 사람들보다 정말로 더 큰 대가를 받을 만한 자격이 있지는 않다는 것이다. 노력과 능력이란 일방적으로 사람들이 유전과 환경을 통해 갖는 특성이다. 어떤 사람이 의사가 되었다고 가정하자. 하지만 이 사람은 자신이 갖고 태어난 재능은 물론 심지어 자신의 근면도 자신의 공으로 차지할 수 없다. 그의 가족과 사회적 환경이 그에게 근면과 성취에 대한 의지를 만들어 주었기 때문이다. 만약 정의가 우리에게 다른 사람들보다 더 큰 대가를 어떤 이에게 주도록 요구한다면, 그것은 그들이 더 많이 차지할 만한 자격이 있어서가 아니라 이 방법이 사회 내 최하층 사람들의 이익을 증진시키기 위한 최선의 방안이기 때문이라고 롤스는 결론짓는다. 만일 정의가 우리에게 광부, 농부, 어부보다 의사에게 더 많은 보수를 지불하라고 한다면, 그 이유는 오직 이것이 좋은 의료 서비스를 제공하고, 따라서 건강에 관한 모든 사람의 가장 핵심이익을(사회 내 최하층민들의 핵심이익을 포함해서) 증진시키는 최선의 방법이기 때문이다.

결국 롤스의 정의론은 공정한 절차와 사회적 효용을 결합하여, 자유와 평등이라는 두 가치가 충돌하지 않고 상호 보완적으로 작동할 수 있는 사회적 원칙을 제시하는 현대 자유주의의 핵심 사상으로 자리잡는다.

Box 2-2 • 현대적 자유주의자와 사회주의자들의 구분

현대적 자유주의는 자본주의 경제에 대해 제기하는 비판은 여러 면에서 사회주의자들의 주장과 유사하다. 이들은 고전적 자유주의와 달리 정부의 적극적인 개입과 복지를 강조하기 때문에, 이 지점이 현대 자유주의자와 사회주의자 간의 이념적 경계를 모호하게 하는 점이다.

그러나 양 진영 사이에는 분명한 사상적 차이가 존재한다. 사회주의자들은 자본주의를 단순히 개혁하는 것을 넘어, 완전히 대체하거나 폐지할 것을 주장한다. 목표는 자본주의를 공적으로 소유되고 민주적으로 통제되는 기업들의 체계로 바꾸는 것이다. 반면에 현대적 자유주의자는 자본주의 경제의 모순이 누진과세와 사회개혁을 통한 잉여 재분배로 충분히 교정 가능하다고 믿는다는 것이다. 사적 소유를 선호하며 경쟁적 자본주의 체계를 근본적으로 수용한다. 여기서 정부의 역할은 자본주의적 경쟁이 초래하는 개인적 피해를 보상하고 사회적 문제를 치유하기 위해 경제적 경쟁을 규제하는 복지국가의 모델인 것이다.

흥미롭게도, 근대 복지국가의 원조는 사회주의자나 자유주의자가 아니었다. 19세기 후반 독일을 통일한 오토 폰 비스마르크(Otto von Bismarck)는 복지국가가 사회주의에 대항하는 최선의 길이라고 믿은 열렬한 반사회주의자였다. 그는 병자, 부상자, 실업 노동자를 지원하기 위해 고용주와 고용인에게 세금을 부과하는 국가 보증 과세 체계를 도입하여, 자본주의 경기 순환 주기에 따른 노동자의 불안을 이용해 지지 기반을 확보하려던 사회주의자들의 선봉을 격어버렸다.

복지국가의 출현은 유럽 대부분 지역에서 투표권 확대와도 맞물려 있다. 영국에서는 1867년과 1885년의 선거법 개혁으로 거의 모든 성인 남성에게 참정권이 부여되었고, 이로 인해 노동 계급이 강력한 정치 세력으로 부상했다. 이러한 노동 계급의 정치적 성장은 복지국가의 성장뿐만 아니라 20세기 복지 자유주의의 부상에도 기여하게 된다.

※ Michael Freeden, 2003, "The Coming of the Welfare State", Terence Ball and Richard Bellamy eds., *The Cambridge History of Twentieth-Century Political Thought*, Cambridge: Cambridge University Press 참조.

2. 현대적 자유주의의 주요 특징

현대적 자유주의는 국가의 개입에 대해 더 긍정적인 입장을 취한다. 정부가 교육 및 의료 시설을 확대하여 사회적으로 소외된 계층의 자기 발전을 지원해야 한다고 주장한다. 이러한 공적 원조만이 사회의 빈곤하고 취약한 이들에게 진정한 자유를 가져다줄 수 있다고 보기 때문이다. 반면 고전적 자유주의자들은 이러한 정책들이 세금을 통해 일부 개인의 재산이 다른 이들에게 강제로 이전되도록 만들며, 결국 개인의 자유를 침해하는 행위에 불과하다고 비판한다. 이에 대해 현대적 자유주의자들은 모든 사람이 공동선에 기여할 때 비로소 자유를 얻는 것이라고 맞서며, 자유의 의미에 대한 근본적인 해석 차이를 드러낸다.

표 2-4 • 현대적 자유주의의 주요 특징

인간 본성	인간은 합리적인 선택을 할 수 있는 능력을 가지고 있다. 그러나 합리적 선택의 목적은 각 개인들을 둘러싸고 있는 사회적 환경에 크게 의존해서 만들어진다. 인간은 완전히 발전하기 위해서 상호존중에 기초한 사회적 관계를 필요로 한다. 그리고 이러한 관계는 박탈감에 의해 창조되는 병리학적 행동들을 제외하고, 순수한 인간의 이기심을 제어할 수 있는 도덕적 감성의 토대가 된다.
사회	사회는 개인들의 집합이다. 그러나 개인들은 자신의 사적인 이익뿐만 아니라, 오로지 정부의 행위에 의해서만 이루어질 수 있는 개인이 속한 집단의 이익에도 관심을 가진다.
정부	정부의 목적은 공정하게 권리를 보호하고, 시민들이 개인적으로 얻을 수 없는 것을 집단적 목적을 가지고 추구할 수 있는 수단을 제공해주는 것이다. 그러나 이러한 목적들은 반드시 공공의 이익을 추구해야 하며, 정부는 좋은 사회에 대한 특정한 개념을 선호해서는 안 된다.

자유	자유는 두 가지 의미를 가지고 있다. 소극적 의미에서 자유는 정부나 다른 사람에 의한 강제나 제한이 없는 상태를 말한다. 적극적 의미에서의 자유는 개인의 목적을 효과적으로 추구할 수 있는 능력을 의미한다. 이러한 두 가지 자유의 의미는 소극적 자유가 다른 사람의 적극적 자유의 걸림돌이 될 때, 서로 간의 갈등을 유발할 수 있다.
권위	합법적 권위란 그 권력이 공공의 이익을 위해 행사될 때를 말한다. 그러나 근대의 자유주의는 무엇이 공공의 이익인가에 대한 명확한 정의를 가지고 있지 않기 때문에 합법적 권위와 비합법적 권위 사이의 구별은 개인의 해석에 달려 있다. 현대의 자유주의는 어떠한 상황에서 시민들이 법을 따라야 하는가와 같은 정치적 복종에 대한 일관된 이론을 결여하고 있다.
평등	'기회의 평등'과 '법 앞의 평등'은 사회적 평등의 중요한 두 가지 구성 요소이다. 그러나 이러한 평등의 법칙들은 부와 소득의 불평등으로 인하여 위협받게 된다. 따라서 '결과의 평등'은 사회적 평등을 달성하기 위해서 본질적으로 더 중요하다.
정의	정의는 인간의 권리와 재산권이 존중받을 때 달성될 수 있다. 그러나 이 두 개의 권리는 서로 상충될 수 있으며, 정부는 이러한 상충되는 두 권리의 균형점을 공공의 이익이라는 측면에서 찾아야 한다.

적극적 자유란 타인과 협동해서 우리의 이상 혹은 보다 수준 높은 자아를 실현하고 성취하는 능력이기 때문이다. 인간은 그저 단순히 쾌락을 추구하고 고통을 회피하는 존재가 아니며, 사람으로서 우리가 무엇이 될 수 있고 또 무엇이 되어야 하는지에 대한 이상을 포함하는, 조금 더 수준 높은 이상을 지닌 존재라는 것이다. 현대적 자유주의자에 따르면 불행한 이들을 돕고 사회관계를 원만히 하며 완전 경쟁을 제한하는 법률과 프로그램들은 자유에 대한 적극적인 도움이지 우리의 자유를 제한하는 구속이 아니다. 그와 같은 법률과 프로그램들이 우리의 경쟁력을 구속할지는 모르지만, 그것들은 사회적 협력을 통해 더 관대한 이상을 실현하도록 우리의 보다 수준 높은 자아를 고무한다는 것이다. 따라서 현대적 자유주의자들은 고전적 자유주의자들이 부정적으로 바라보는 정부의 개입에 대해, 적절하게 인도되는 정부는 모든 사람이 평등한 삶의 기회를 향유하도록 보장함으로써 개인의 경제적 자유, 나아가 정치적 자유를 증진시키는 긍정적인 힘일 수 있다고 바라본다. 정부의 능동적 역할이 개인의 자유를 확장하기 위한 일련의 운동에 유용하고 심지어는 필수적인 도구라고 보았다. 현대적 자유주의자들에게는 인간은 사회적 존재이지 고립된 존재가 아니라는 것이다.

현대적 자유주의자들 역시 고전적 자유주의자와 마찬가지로 개인의 자유라는 핵심 가치를 신봉한다. 이들이 정부의 개입과 규제를 일정 부분 인정하는 것은 그 지지가 기회의 평등에 맞추는 조건적이기 때문이다. 현대 자유주의의 초점은 특히 취약하고 소외된 계층에 맞춰져 있다. 이들은 스스로를 돕기 어려운 사람들의 상황에 깊은 관심을 기울인다. 이들의 궁극적인 목표는 정부의 지원을 통해 개인이 자신의 환경에 책임을 지고 도덕적 선택을 할 수 있도록 자립을 돕는 데 있다. 이들은 자유주의의 근본 원칙과 복지 및 재분배정책을 조화시키려는 시도를 경주하고 있다.

제6절 사상적 논의의 의의

본 장에서는 정치학에서 반드시 알아야 할 사상과 이념으로 고전적 자유주의, 급진주의, 보수주의, 현대적 자유주의 등의 발전과정과 주요 특징을 중심으로 살펴보았다.

먼저, 고전적 자유주의는 계몽주의 사조로부터 시작되어 개인의 자유를 강조하고 정부의 역할을 제한하였다. 개인은 자기 이익 실현을 위한 최적의 판단을 내리는 합리적 존재로서, 자신의 결정과 행동에 책임감을 가지며, 자연권에 기초한 개인의 자유 추구는 다른 어떤 가치보다 중요한 것이었다. 그렇기 때문에 정부의 개입은 부적절한 것이다. 이런 고전적 자유주의에 대한 비판으로 등장한 급진주의는 개인이 아닌 집단, 즉 사회 공동체의 조화와 협력이 중요하다. 그런데 부의 소유가 소수에게 집중될 때 무너지게 된다. 그렇기 때문에 급진주의에서는 개인이 균등한 삶의 조건을 가지는 데 있어 정부의 적극적인 의무와 책임이 강조되었고, 모든 개인의 삶이 유지되는 평등지향적 사회를 개척하기 위하여 개혁주의자들이 출현하기도 하였으며, 더 혁신적으로 사회주의 및 공산주의의 기본 이념이 형성되기도 하였지만 공화주의적 전통을 형성하는 데 영향을 주었다.

급진주의가 기존의 사회적 불평등을 해소하기 위한 혁명이라면 보수주의는 전통적 가치를 회복하며 점진적 변화를 추구하기 때문에 정부의 적극적 개입을 지양한다. 이러한 전통은 우리가 존재하는 사회가 지속가능하게 유지될 수 있었던 이유는 각자의 능력에 맞추어 긴장하기도 하면서 역할을 수행했기 때문이라는 것이다. 그렇기 때문에 인위적 변혁은 공동체를 혼란에 빠지게 한다. 사회에 존재하는 불평등 그 자체는 조화의 결과물이기 때문에 이를 인정하는 것이 조화와 안정이라는 것이다. 이러한 전통은 전통, 관습 그로부터 파생되는 역사적 맥락 속에서 진화한 문화가 지탱하기 때문에 가능한 것이다. 현대적 자유주의는 기존 이론들의 절충적 성격을 지니고 있고, 고전적 자유주의보다는 정부의 개입을 비중 있게 다루고 있다. 경제적 격차의 공고화는 자아발전을 저해할 뿐 아니라 공동체 보존에도 문제가 발생할 수 있다는 점을 강조한다. 현대적 자유주의는 사회적 약자에 대한 공감대 형성은 물론 사유재산과 공동체를 동시에 보존하는 사회적 정의를 추구하기 위하여 기회의 평등을 만들어주는 국가의 역할을 인정하는 것이다. 이러한 고전적 자유주의, 급진주의, 보수주의, 현대적 자유주의 등 네 가지 사상적 기반은 우리 행위의 합리적 논리구조와 동시에 다른 주장에 저항의 논리구조를 형성해준다. 무엇보다 정치 이론이 완성되기 위한 사상적 기반을 제공해 준다.

제3장

국가론

제1절 국가에 대한 일반적 논의

제2절 체계론적 · 구조기능론적 접근

제3절 계급주의 국가론

제4절 다원주의 국가론

제5절 국가론의 의의

제3장

국가론

국가는 정치학 연구의 가장 핵심적인 주제이며, 특히 비교정치학의 시작은 상이한 국가 체제와 제도의 비교에서 비롯되었다고 해도 과언이 아니다. 고대 그리스에서 근현대에 이르기까지, 국가 연구는 정치학의 필수불가결한 영역이었다. 국가는 개인과 집단의 정치 행위를 위한 공간적 토대를 제공할 뿐만 아니라, 스스로 정치적 행위의 주체로서 이들에게 막대한 영향력을 행사한다. 국가에 대한 이러한 관심은 19세기 현대 정치학 연구가 활발해지면서 체계 개념 연구와 연관성을 가지게 되었고, 주류 이론과 대안 이론으로 크게 양분되었다.

주류 이론은 근대 산업사회에서 나타나는 안정과 질서의 특성에 주목했던 베버(Max Weber)의 철학에서 기원한다. 베버는 역사 변동을 점진적인 것으로 간주하고, 진화적 진보가 각 사회의 근본적인 조건에 달려 있다고 주장하며 현실 사회를 권위 체계들로 구분했다. 그는 국가, 국가의 정통성, 그리고 힘과 강제력을 통해 권력에 대한 관심을 세분화하였다. 반면에 대안 이론은 각 사회가 내포한 모순에 의해 질서와 안정이 침식된다고 보았던 마르크스의 사회주의 철학에서 비롯되었다. 마르크스는 사회를 생산양식 및 사회 계급을 통해 형성되는 생산관계에 의해 결정되는 경제 체계로 분류했다. 그는 경제적 토대의 변동, 모순의 심화, 그리고 그에 따른 계급투쟁이 변증법적으로 사회 변동을 초래할 것이라고 주장하며 헤겔의 국가론을 비판했고, 19세기 프랑스를 연구 모델로 삼아 그의 국가론을 설명하였다.

이러한 전통은 20세기에 들어 더욱 강화되어, 국가는 정치의 주요 행위자이자 책임성을 보유한 행위자로서 사회 구성원의 삶을 관장하는 주체로 인식되고 있다. 본 장에서는 국가에 대한 이해를 심화하기 위해 다음과 같은 접근법들을 순차적으로 논의할 것이다.

먼저, 국가의 구성요소에 초점을 맞추는 법적, 역사적 접근에 대한 설명에서 출발한다. 이는 국가의 기본적인 구성 단위인 민족과 국가의 연관 관계를 탐색하고, 민족주의 개념을 심층적으로 고찰할 것이다. 다음으로, 사회과학적인 시각이라 할 수 있는 체계론적 및 구조기능주의적 국가 이론을 통해 국가가 담당하는 정치적 행위와 수행하는 정치적 역할을 분석할 것이다. 마지막으로, 국가를 분석하는 주요 접근법으로서 경제적 힘의 중심을 주장하는 마르크스주의 시각과 개인의 집합체인 사회를 중시하는 다원주의 시각을 비교 검토한다.

제1절 국가에 대한 일반적 논의

인류학적 관점에서 인간의 사회 조직은 국가 이전에 가족이나 혈족 단위의 소규모 집단에서 시작되었다고 볼 수 있다. 심리학자 매슬로(Maslow, 1954)의 주장처럼, 인간은 안전, 사랑, 소속감과 같은 심리적 욕구가 커지면서 집단생활을 시작했다. 집단이 확대됨에 따라 부족이나 무리는 더 넓은 혈족 관계를 기반으로 형성되었고, 규모가 커질수록 갈등이 발생하여 이를 통제하고 이끄는 지도자가 필요해졌다. 다양한 부족이 결합되고 조직화되면서 국가라는 개념이 탄생했다. 결국 혈족이나 부족이 사적 네트워크로 집단을 관리할 수 있는 범위를 넘어섰을 때, 국가는 리더십 제공, 사회적 상호작용 통제, 집단적 필요 충족, 그리고 조직적 제도 구축을 통해 형성되었다고 할 수 있다.

1. 법률적·역사사회학적 정의

국가를 구성하는 3대 요소로 영토, 국민, 주권이 언급되는데, 현대 법률에서 국가는 주권이 실재하는 영토의 경계로 정의된다. 주권 개념은 16~17세기에 등장했으며, 현재는 각 국가가 자신의 영토 내에서 최고 권위를 완성하고 기본적인 법률 요소를 지님을 전제로 한다. 이는 국제정치의 기본 가정으로서 모든 국제 체제 구성원들에게 주권은 법률적으로 동등하다는 원칙을 반영한다. 그러나 국제법상 주권이 법률적, 도덕적 요소를 지니고 있음에도 불구하고, 현실 국제정치 영역에서는 국가의 주권 행사가 자국의 세력이나 능력에 따라 차이가 발생하며 그 힘이 약해지거나 강해질 수 있다.

주권과 결합되는 영토보전주의는 국가가 영토 안에서 공격이나 간섭을 거절하거나 저항할 권리를 지님을 의미하지만, 이 권리를 보호하는 실질적인 능력 역시 국가의 정치적 힘에 의존한다. 첫째, 영토보전권은 한국 동해상의 어업 수역에서 일본과의 분쟁처럼 경계에 대한 논쟁이 있을 때 모호해지며, 아프리카 내 국경 분쟁과 같이 경계 구분이 어려운 경우 국가 간 분쟁을 유발할 수 있다. 둘째, 주권의 이행 측면에서는 누가 합법적인 통치자로서 주권을 행사할 것인가에 대한 불일치 문제가 발생할 수 있다.

셋째, 국제 공동체는 정부가 자국민에게 심각한 인권 침해를 수행하는 명백한 증거가 있을 때 주권 보호에 반응한다. 대표적으로 1999년 유고슬라비아 지역에서는 유고슬라비아 정부의 비세르비아인에 대한 '인종 청소'에 반대하며 NATO, UN, 미국 등이 공격적인 간섭을 통해 유고슬라비아의 주권을 침해하는 것을 정당화했다. 2001년 코피 아난 전 UN 사무총장은 "국가의 주권은 더 이상 인권에 대한 엄청난 폭력을 방어하는 데 사용되어서는 안 된다"고 언급했는데, 이는 국가 주권에 대한 간섭의 근거로 활용되며 '보호 책임 원칙'의 정당성을 뒷받침한다(Holley, 2001). 그러나 일부 학자들은 주권 침해가 약소국들의 정당성을 훼손시킬 수 있다며, 주권이야말로 외부의 힘으로부터 국제법상 최상의 보호를 받을 수 있는 최후의 수단이라고 강조하며 우려를 표명하고 있다(Sassen, 1996). 최근에는 러시아의 우크라이나 침공과 같은 명백한 주권 침해 사례가 발생하면서, 주권의 불가침성 원칙과 인도적 개입의 한계에 대한 학술적 논쟁이 심화되고 있다.

2. 국가와 민족

오늘날 민족은 더 이상 국가와 완전히 동일시되지 않지만, 역사적으로 국가의 가장 기본적인 구성 단위였으며, 그 중요성은 여전히 크다. 특히 아프리카에서는 국가보다 부족을 우선시하는 신가산주의적 통치 형태가 유지되고 있으며, 북아프리카의 베르베르족과 같은 유목민은 부족 공동체 개념을 고수한다. 베르베르족은 공통 언어인 '타마지트'를 사용하며 유목 전통을 기반으로 민족 정체성을 유지하며, 모로코, 알제리 등에서 경계를 초월한 부족 중심의 사회 구조를 보여준다.(Graham, 2019: 121).

민족은 심리적·감정적 정체성을 기반으로 하며, 공통의 혈족 관계, 역사적 신념, 문화, 지리적 공간, 종교, 언어, 경제적 질서를 공유하는 사람들로 정의된다. 이는 상호이해, 소통, 신뢰의 공동체를 형성한다(Connor, 1994).

Box 3-1 • 민족주의의 성립과 전개과정

민족주의는 정치적인 것과 민족적인 것이 일치해야 한다고 주장하는 정치적, 도덕적 원칙이다. 이는 민족이 곧 정치 공동체와 일치하며, 민족 스스로 통치해야 한다는 신조를 핵심으로 한다. 이념으로서의 민족주의는 세계가 어떻게 조직되어야 하는가에 대한 규범적인 믿음을 담고 있으며, 그 성립과 전개 과정은 다음과 같은 역사적 흐름 속에서 특징적인 현상들을 보여준다.

민족주의가 성립하기 위한 첫 번째 조건은 보편적 종교·문화를 대신할 새로운 민족적 종교·문화의 창조가 필요했다. 이는 세계 제국이라는 이상과 그에 근간한 세계 제국들이 무너지고 많은 독립국가들이 출현하면서 나타났다.

16세기 이후 지배력을 가졌던 기독교 국가들이 붕괴하고, 로마 교황이나 신성로마제국의 지배를 받지 않는 독립국가들이 다수 출현하면서 종교적·정치적인 보편성이 약화되었다. 초기 독립국가들 대부분이 절대주의 왕정국가였기 때문에, 국민에게는 권리가 부여되지 않고 군주에게 절대권이 집중되었다. 이로 인해 대중들은 자신들이 사는 국가를 '우리들의 국가'로 온전히 받아들이는 데 거리감이 있었다. 민족주의가 성립하기 위해서는 군주의 절대권 제한과 국민의 권리 신장이 필수적이었다. 이 과정에서 계몽주의는 대중을 결속하고 공동체의 자결 원칙을 대두시키는 데 결정적인 역할을 했다. 특히 '하나의 집단은 공통된 이익을 가지며, 그 이익 증진을 위해 각자의 소망을 자유롭게 표현할 수 있어야 한다'는 생각이 시민적 공감대를 형성했다. 루소와 같은 학자들을 통해 민주주의 개념과 다수에 의한 지배의 합법성 등의 이념이 기초를 이루었으며, 밀(John Stuart Mill)의 대의제 정부 강조는 개인 자결의 원칙이 집단 형태의 실현 수단인 민족자결주의 원칙으로 발전하는 관념적 토대가 되었다.

두 번째로, 18세기 프랑스혁명(1789)은 민족주의 형성에 지대한 공헌을 했다. 군주정에 반대했던 사람들은 스스로를 '나씨옹(La nation)', 즉 민족이라고 칭하며, 신분과 지위에 상관없이 모든 프랑스인은 동등하고 보편적인 공동체라는 획기적인 사고의 전환을 이루었다. 프랑스혁명의 기치였던 자유, 평등, 박애(우애)는 민족 개념을 일국 내 모든 사람들 사이의 평등 원칙, 즉 민주주의의 초기적 개념과 연결했다. 프랑스혁명에서 부르주아지가 민중을 이끌면서 민족주의와 민주주의의 공존이 진행되었고, 절대주의에 대한 저항으로 공화제가 수립되었다. 북미에서는 영국의 식민지에 대한 저항 활동(1776~1783)이, 남미에서는 스페인 지배에 대한 독립 활동이 활발히 전개되며 민족 의식을 고취시켰다.

프랑스혁명 이후의 전개는 민족주의의 양면성을 드러내며 역사적 변곡점을 맞이했다. 나폴레옹의 쿠데타(1794)와 이어진 유럽 침략 전쟁은 다른 국가에 반동화 현상을 촉발하여, 민주주의가 민족주의로부터 등을 돌리게 만드는 계기가 되었다. 또한 절대군주 정부 및 귀족 지도하의 침략에 대항하는 방어적 민족주의를 형성시키기도 했다. 19세기 제국주의 시대의 개막과 함께 반동화 현상은 더욱 심화되었다. 이는 두 가지 상반된 민족주의 형태로 나타났다. 첫째, 피지배 민족의 저항이다. 다른 민족의 지배에 대한 부정으로서의 민족주의(자유와 독립 추구). 둘째, 지배 민족의 권위 상승이다. 다른 나라에 대한 지배와 흡수를 통한 권위 상승에 따른 공격적 민족주의(팽창주의 추구).

20세기에 들어 민족주의는 더욱 극단화되거나 새로운 형태로 분화되었다. 파시즘의 등장은 민족주의를 심화시키고 극단화했다. 이탈리아, 독일, 일본 등은 국가 또는 민족을 절대시하며 극단적인 민족주의와 침략 전쟁을 신성화했고, 개인의 자유, 평등, 인간성의 가치를 부정하는 전체주의 국가를 출현시켰다. 한편 반제국주의적 성격을 가지는 식민지 민족주의가 출현했다.

고전적 민족주의가 자본주의가 봉건 세력의 억압에 항거하는 과정에서 나타났다면, 식민지 민족주의는 자본주의가 제국주의 단계로 접어든 시기에 제국주의적 지배에 대항하는 형태로 나타났다는 점에서 역사적 배경과 형태를 달리했다.

민족은 개인적인 동질감을 강하게 느끼는 중요한 집단으로, 이는 다른 집단들과 구별되는 특징을 갖으며 '우리'와 '그들' 사이를 구분한다. 민족주의는 민족 내부의

이익과 복지의 발전에 있어서는 강력한 추진력을 가지는 데 반해, 민족 외부의 상태에 대해서는 최소한의 관계만을 유지한다. 효과적인 정부를 위한 최고의 상태는 민족국가이고, 그것은 기본적으로 민족 정체성이 국가의 영토적 경계와 그 범위를 같이 하는 시민들을 포함한다. 그러나 현대 국가들 중 공통의 문화와 역사, 인종, 종교, 그리고 언어를 가지는 국가는 거의 없다.

북한은 적대적 2국가론을 주장하고 있지만, 하나의 민족은 남한과 북한처럼 두 개의 국가로 분열되기도 하고, 독일의 경우와 같이 하나로 통일되기도 한다. 인종과 종교적 민족주의 문제, 그리고 한 국가 내 다민족 간 갈등은 현대 세계의 고질적 질환으로 자리 잡고 있다. 1945년 이후 독립한 많은 국가의 영토 경계는 강대국의 이권을 우선시하며 민족정체성을 무시한 채 형성되었다. 그 결과 이러한 독립국가들은 민족 분쟁을 반복적으로 이어지고 있으며, 대부분의 분쟁이 영구적으로 해결된 사례는 거의 없다.

아제르바이잔과 아르메니아 간 분쟁은 2025년 8월 미국 주도의 평화 협정으로 종식의 기틀을 마련했으나, 여전히 아르메니아 난민 문제와 영토 반환 협상이 지속 중이다. 인도네시아의 동티모르(2002년 독립)와 아체 지역분쟁은 안정화되었으나, 튀르키예, 이란, 이라크의 쿠르드족처럼 수시로 폭발하는 갈등은 여전하다. 소련의 1991년 붕괴로 15개 국가가 탄생했으나, 체첸처럼 소수 민족은 광범위한 분쟁에 휘말렸다. 동유럽에서는 보스니아-헤르체고비나, 크로아티아, 코소보, 마케도니아, 세르비아 등 구 유고슬라비아 지역의 유혈 분쟁이 지속되었으며, 르완다의 후투-투치족 간 분쟁은 2025년 현재도 화해·재건 과정에서 민족적 긴장으로 이어지고 있다. 미얀마의 로힝야족 강제 이주는 2025년 8월 기준 100만 명 이상의 난민을 발생시켰으며, 군부와 아라칸군 간 충돌 속에서 식량·의료 위기가 심화되고 있다. 나이지리아에서는 하우사-요루바-이보족 간 경제·정치 갈등이 지속되고 있으며, 이슬람 원리주의 보코 하람과 유사한 종교 또는 민족 기반 폭력이 자원의 요충지인 북부 델타지역을 불안정하게 하고 있다. 에티오피아에서는 오로모-소말리-암하라-티그레족 간 충돌이 2024년 내내 이어졌으며, 2025년 초 암하라 반군과 정부군 간 전투로 수만 명의 이재민이 발생하기도 했다.

제2절

체계론적·구조기능론적 접근

위에서 설명한 국가 개념은 국가를 그 구성 요소로 파악하는 가장 추상적이고 거시적인 정의에 기반하고 있다. 이에 비해 사회과학에서는 국가를 통치와 지배의 구조, 혹은 이를 담당하는 조직으로 보는 이론과 접근이 대부분이다. 이 분야에서는 사회 내에서 국가가 수행하는 특수한 기능, 구체적인 작동 방식, 사회 권력과 국가의 관계 등이 주요 연구 주제로 부각된다.

1. 체계론적 접근

비교정치에 체계의 개념이 도입되기 시작한 것은 1950년대 이후의 일로 다른 사회과학 분야에서 보다 비교적 늦었다고 할 수 있으나, 그 영향력은 매우 크다. 주로 이스턴(David Easton)과 도이치(Karl Deutsch)가 소개한 정치현상의 체계론적 시각은 종래의 정치학과는 대조적인 용어상의 변화와 다양한 모형 정립의 길을 열었다고 평가된다.

이스턴의 정치체계론은 안정과 변화로 특징지어지는 세계 속에서 정치체계가 어떻게 존속하는가, 그리고 체계가 존속하는 데 필요한 기본적 기능과 전형적인 대응 형태는 무엇인가에 대한 설명을 제공한다(Easton, 1966: 143). 이스턴은 정치체계는 사회를 위하여 가치를 권위적으로 배분할 수 있는 기능과 능력을 가진 합법적인 권위 구조라고 정의하였다. 그는 비록 구조적 형태들이 시대와 장소에 따라 상당히 변할 수도 있지만, 모든 정치체계에는 어떤 기본적 정치행위와 과정이 존재한다고 가정하고 있다(Easton, 1966: 49). 어떤 정치체계의 필수기능과 그 경계가 규정되는 기준은 권위적 배분, 즉 한 사회에 있어서 구속력 있는 결정과정이 어떻게 이루어지고 수행되는가의 여부에 달려 있다고 한다(Easton, 1966: 50). 이렇게 볼 때 이스턴의 정치체계는 가치에 대한 구속적이고 권위적인 배분이 실시되는, 한 사회 내의 상호 연관적인 행위체계이다.

표 3-1 • 사회적 가치의 권위적 배분

사회적인 가치		권위적인	배분
긍정적 가치	이상적인 것: 자유, 평등 등 물질적인 것: 집, 도로, 가로등 등 질적인 것: 건강, 범죄예방 등 상징적인 것: 공기, 안보 등	법 관습 카리스마 사회계약 사회화 개인적 효율성 처벌에 대한 공포	통치는 곧 선택이다: 경쟁과 갈등 속에서 일어나는 필연적 과정
부정적 가치	탄압, 구속, 오염, 불평등 등		

사회적 가치 중 긍정적인 가치는 자유, 평등, 정의와 같이 이상적인 것, 집, 도로망과 같이 물질적인 것, 건강, 범죄로부터의 보호와 같이 질적인 것, 그리고 공기, 안보와 같이 상징적인 것 등으로 구분할 수 있다. 이에 반해 부정적인 가치에는 탄압, 구속, 오염된 물 등이 포함된다. 배분이란 사회에 있어서 가치분배들을 승인하거나 취소하는 결정 및 그와 관련된 활동이다. 배분은 결정이 무력시위, 협박, 자기 이익 혹은 정당성의 승인 등 어떤 형태를 취하건 정당하고 구속력 있는 것으로 받아들여질 때 권위적이다. 따라서 긍정적인 가치를 추구할 때 부정적인 가치가 반작용적으로 나타나는 상대성 때문에 권위적 배분이 필요하다. 분배가 사회를 위한 것이어야 한다는 필요조건은 사회적 가치의 권위적 배분을 통하여 전체 사회 내 긴장 해결을 위한 결정과 가족, 교회, 결사 혹은 지방정부와 같은 보다 제한된 구성원을 위한 하위체계의 결정과 구분 지울 수 있다. 전체 사회에 대한 권위적 배분과 관련된 일련의 활동을 이스턴은 정치체계로 규정한다(Bill and Hardgrave, 1973). 정치체계는 내부적·외부적 환경으로부터 오는 교란(disturbances)에 대응하면서 요구(demand)와 지지(support)를 투입(input)하여, 그것을 결정과 행동이라는 산출(output)로서 체계 밖으로 내보낸다. 그리고 이 산출은 다시 환류(feedback)되어 투입으로 연결되며 이 과정은 정치체계 속에서 끊임없이 반복하게 된다(Easton, 1965: 112).

그림 3-1 • 정치체계 모형

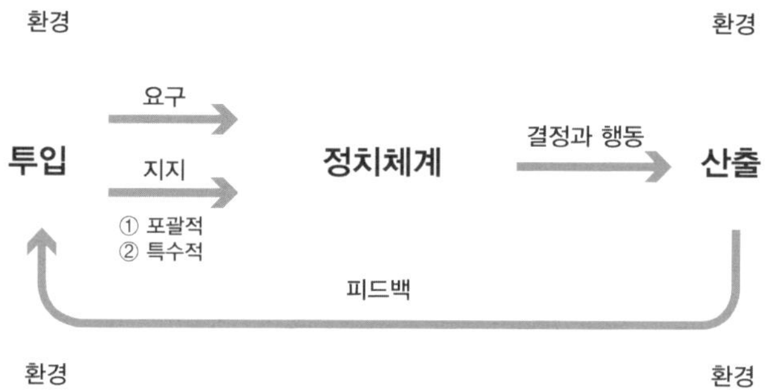

※ David Easton, 1965, *A Framework for Political Analysis Englewood*, Cliffs, N.J.: Prentice Hall, p. 112.

1) 투입(input)

이스턴은 정치체계가 끊임없이 변화하는 사회적 환경 속에서도 어떻게 안정적으로 유지되는가에 주목했다. 그는 이를 이해하기 위해 정치체계로 들어오는 '투입', 즉 국민의 요구와 지지에 큰 관심을 가졌다.

'투입'이란 사회의 다양한 환경 속에서 국민들이 정치체계에 전달하는 목소리를 의미한다. 다시 말해 국민이 정부에 바라는 요구나, 특정 정책과 제도에 대해 보내는 지지의 형태로 정치체계에 영향을 미치는 것이다. 정치체계가 존재하고 사람들이 정치활동에 참여하는 이유는 바로 이러한 요구와 지지의 흐름 덕분이다. 사람들은 각자 서로 다른 욕망과 이해관계를 가지고 있기 때문에, 모든 사람이 현실 정치에 만족하기는 어렵다. 그래서 새로운 사회문제가 발생하거나 기존의 정책이 불만족스러울 때, 국민은 정책 변화를 요구하거나, 반대로 자신이 만족하는 정책에는 지지를 표현한다. 이처럼 요구와 지지는 정치체계의 핵심 동력으로 작용한다. 결국, 이스턴이 말하는 '투입'이란 사회가 원하는 가치를 어떻게 배분할 것인가를 둘러싼 다양한 정치적 활동과 사건들을 포괄하는 개념이다. 이는 정치체계가 유지되거나 변화하도록 협력하거나, 때로는 그 체계를 위협하기도 하는 모든 행동을 포함한다. 쉽게 말해, 투입은 국민이 정치에 참여하며 체계의 방향을 움직이는 통로라고 할 수 있다.

① 요구(demand)

요구란 국민이 정치체계에 대해 어떤 정책을 만들고 실행해 달라고 요청하는 목소리를 의미한다. 다시 말해, 사회 구성원이 특정 문제에 대해 정부가 어떻게 권위적으로 가치를 배분해야 하는가에 대한 의견을 표출하는 것이다. 이는 단순한 바람이나 희망 수준에 머물지 않고, 개인의 선호나 욕망이 정치적으로 표현되는 과정, 즉 '정치화'된 상태를 뜻한다. 예를 들어 복지나 재화, 공공서비스의 분배 요구, 치안과 질서유지 같은 사회 안정의 요청, 시장에 대한 정부의 규제나 통제 요구, 세금 인상 혹은 감세 주장, 정보 공개나 투명성 요구, 정치적 참여 확대 등 다양한 형태로 나타난다(Almond and Powell, 1978: 10). 이러한 요구는 단순한 의견 표출을 넘어 정부가 구속력 있는 결정(권위적 가치배분)을 내리도록 유도한다. 따라서 요구는 정치체계의 작동을 활성화하고, 사회 구성원을 하나의 체계로 통합시키는 기능을 하기도 한다. 그러나 요구가 항상 긍정적인 역할만 하는 것은 아니다. 요구가 지나치게 많거나 과도할 경우, 정치체계의 처리 능력을 초과하게 된다. 이때 국민의 요구가 충족되지 않으면 정치체계에 대한 신뢰와 지지가 약화될 수 있으며, 요구의 양이 폭발적으로 증가하면 체계 자체가 압박을 받아 위기상황에 놓이게 된다.

이에 대해 이스턴은 과도한 요구로 인한 불안정성을 막기 위해, 사회적·문화적 규범이 요구의 내용과 표출 방식, 그리고 요구를 제기하는 주체를 일정 부분 제한해야 한다고 보았다(조명현, 1986: 67). 즉 문화적 규범이 국민의 요구를 적절히 조정하고 균형 있게 제시하도록 유도함으로써, 정치체계가 안정적으로 작동할 수 있다고 본 것이다. 요약하자면 '요구'는 국민이 정치체계에 참여하는 가장 기본적인 형태이자, 동시에 체계의 안정과 위기를 결정짓는 핵심 요소이다.

② 지지(support)

지지란 개인이나 집단이 어떤 정치적 목적, 사상, 제도, 혹은 체제 자체를 긍정적으로 받아들이는 태도를 말한다. 다시 말해, 국민이 정부나 정치체계에 대해 호의적이고 신뢰하는 마음을 갖는 것이다. 이스턴은 지지를 두 가지 유형으로 구분했다(Easton, 1965: 273). 첫째, 특별한 지지(specific support)는 구체적인 이익이나 보상에 근거한 지지를 말한다. 예를 들어 정부가 세금을 인하하거나 복지혜택을 늘릴 때, 그 정책이 마음에 들어 정부를 지지하는 경우가 이에 해당한다. 즉 '이익의 교환'을 전제로 한 현실적이고 단기적인 지지이다. 둘째, 포괄적 지지(diffuse support)는 조건 없는 신뢰와 애착, 그리고 충성심에 기반한 지지이다. 이는 특정 정책이나 혜택 때문이 아니라, 정치체계나 권위 자체에 대한 믿음과 애국심에서 비롯된다. 예를 들어 국가나 지도자에 대한 깊은 신뢰, 국기에 대한 존중, 헌법에 대한 충성 등이 여기에 속한다. 이러한 지지는 일종의 정치적 신념이며, 최근의 정치적 팬덤 현상도 이러한 포괄적 지지의 현대적 형태로 볼 수 있다.

이스턴은 정부의 정책이나 성과에 대한 지지, 정치체계(regime)의 헌법, 제도, 법치주의 등 정치적 규칙과 절차에 대한 지지 그리고 정치공동체(political community)에 대한 소속감과 충성심의 세 가지로 지지의 대상을 구분했다. 한 사회의 정치체계가 안정적으로 존속하기 위해서는 이 세 가지 수준에서 최소한의 지지 기반이 유지되는 것이 매우 중요하다(Easton, 1965: 220).

이러한 지지를 유지하기 위한 방법은 단순히 물질적 보상이나 정책적 혜택에 의존하지 않는다. 오히려 애국심과 민족주의를 강조하는 정치사회화 과정을 통해 국민들이 지도자·헌법·국가의 상징적 가치에 충성심을 느끼게 만드는 것이 핵심이다. 즉 지지를 장기적으로 유지하기 위해서는 구성원들의 마음속에 신뢰와 애착이라는 '정서적 자본'을 쌓아야 한다는 것이다. 어떤 정치체계든 이러한 '지지의 저장소(reservoir of support)'를 갖추지 못하면 일시적인 정책 성공에도 불구하고 장기적으로는 유지될 수 없다고 강조했다(Easton, 1965: 125). 따라서 정치체계의 안정은 회유나 단기적 보상보다는 국민의 근본적인 신뢰와 정체성의 결속을 통해 확보된다고 할 수 있다.

2) 산출(output)

산출이란 정치체계가 사회의 인적·물적 자원을 활용해 공공의 목적을 달성하기 위해 내리는 권위 있는 정책결정을 의미한다. 다시 말해, 국민의 요구와 지지라는 다양한 투입이 정치체계를 거쳐 정책, 법률, 제도 등의 형태로 구체화된 결과가 산출이다. 정치체계는 국민으로부터 다양한 요구와 지지를 받으면 이를 수용하거나 거부하는 방식으로 반응한다. 이 과정에서 정치체계는 요구와 지지 사이의 긴장 관계에 부딪히게 된다. 이러한 긴장은 주로 투입과 산출의 불균형에서 발생한다.

우선적으로, 투입은 많은데 산출이 적은 경우: 국민의 요구가 너무 많지만, 정부가 이를 충분히 처리하지 못하면 '과부하(overload)' 현상이 일어난다. 이때 정치체계는 국민의 불만이 누적되어 체계의 안정성과 존속에 위협을 받게 된다.

다음으로, 투입은 적은데 산출이 많은 경우: 국민이 직접적으로 요구하지 않았는데도 정부가 여러 정책을 추진하는 경우이다. 이때는 정치 엘리트가 중심이 되어 정책을 결정하지만, 국민이 기대하는 수준을 넘는 결과를 낳기 때문에 체계 자체에는 큰 문제가 생기지 않는다. 오히려 국민은 체계에 대한 신뢰를 유지하거나 강화할 수도 있다.

그렇다면 이상적인 투입과 산출의 관계는 어떤 것일까?
투입이 정치체계에 '적당한 부담'을 줄 정도로 많은 것이 가장 바람직하다고 보았다. 왜냐하면 일정 수준의 요구가 있어야만 체계가 긴장감을 가지고 국민의 목소리를 정책으로 전환하려는 적극적인 태도를 보이기 때문이다. 결국 정치체계는 너무 많은 요구로 인해 과부하가 걸리지 않으면서도, 충분히 국민의 기대를 반영할 수 있을 만큼 활발한 투입이 이루어지는 상태에서 가장 건강하게 작동한다. 이런 균형이 유지될 때 정치체계는 안정성과 효율성을 동시에 확보할 수 있다.

3) 환류(feedback)

환류란 정치체계가 내린 정책이나 결정의 결과에 대한 정보를 다시 체계 내부로 전달하여, 이후의 행동과 결정을 조정하는 과정을 말한다. 즉, 정치체계가 자신이 한 행동의 결과를 스스로 점검하고, 그에 따라 다음 단계를 수정하거나 보완하는 동태적 순환 메커니즘이다. 이 환류 과정을 통해 정부나 정치체계는 정책이 실제로 어떻게 이행되고 있는지, 국민이 그 결과에 어떻게 반응하는지에 대한 정보를 얻게 된다. 이러한 정보는 이후의 정책 결정이나 제도 개혁에 직접적인 영향을 미치게 된다.

환류는 크게 두 가지로 구분되는데, 부정적 환류(negative feedback)는 잘못된 정책 결정이나 비효율적인 규제를 수정·보완하기 위한 과정이다. 이는 체계가 오류를 인식하고 스스로 교정하려는 기능을 수행한다. 그 다음으로 목표 변경 환류(goal-changing feedback)이다. 정치체계가 기존 목표를 재검토하고, 환경 변화에 맞게 새로운 방향으로 목표를 조정하는 과정이다. 즉 단순한 수정이 아니라 정책의 근본적 방향성 자체를 다시 설정하는 것이다.

모든 정치체계는 국민의 요구를 완전히 만족시킬 수는 없다. 하지만 정부가 국민의 요구를 일정 수준 이상 충족시키지 못하거나 그 요구를 무시할 경우, 불만은 커지고 체계에 대한 지지는 점점 약화된다. 특히 국민의 요구가 지나치게 많아져 '과부하' 상태가 되면 정치체계는 심각한 긴장 상태에 놓이게 된다. 이때 체계가 긴장에 제대로 대응할 수 있는지는 '환류'의 질과 작동 여부에 달려 있다. 환류를 통해 정부는 국민의 반응, 사회의 변화, 정책의 문제점 등 체계의 상태에 관한 중요한 정보를 얻는다. 그리고 이러한 정보를 바탕으로 정책을 조정하거나, 실패를 인정하고 수정하는 결정을 내릴 수 있다.

결국 환류는 정치체계가 긴장을 완화하고, 오류를 수정하며, 지속적으로 안정성을 유지할 수 있도록 하는 핵심 장치이다. 산출은 결코 끝이 아니라, 다시 체계로 돌아와 새로운 투입을 형성하고, 이를 통해 정치체계가 끊임없이 자기조정(self-regulation)을 수행하도록 만든다.

그러나 아무리 환류가 신속하고 정확하더라도, 그 자체가 항상 효과적인 대응을 보장하지는 않는다. 환류의 정보가 제대로 해석되지 않거나, 권력자들이 이를 무시할 경우 체계는 여전히 위기를 겪을 수 있다. 따라서 환류는 단순한 정보 전달이 아니라, 정보를 인식하고 활용할 수 있는 정치적 능력과 의지가 함께 작동할 때 비로소 체계 유지에 실질적인 역할을 하게 된다.

4) 환경(environment)

정치체계는 국가가 공동의 목적(collective goods), 즉 국민 모두를 위한 공익을 달성하기 위해 작동하는 체계이다. 이를 위해 정치체계는 국내외의 다양한 환경과 끊임없이 상호작용하며 영향을 주고받는다.

먼저 국내 환경에는 생태와 자연환경, 자원, 인적 자원, 경제, 교육, 기술 수준, 그리고 윤리·도덕·문화적 가치 등이 포함된다. 이러한 요소들은 정치체계가 어떻게 운영되는지를 결정짓는 중요한 배경이 된다. 예를 들어 경제가 침체되면 복지정책에 대한 요구가 늘어나고, 교육 수준이 높아지면 시민의 정치 참여가 확대되는

식이다.

한편, 국외 환경도 정치체계에 큰 영향을 미친다. 외교 관계, 국제 경제 상황, 글로벌 사회·문화의 변화, 기후나 생태 문제, 그리고 국제체제나 국제질서 등은 모두 한 나라의 정치 운영에 직접적 또는 간접적인 압력을 가한다. 예를 들어 국제 원유 가격의 변동이나 글로벌 무역질서의 변화는 국내 정책결정에도 큰 영향을 미친다.

이처럼 국내외의 환경은 정치체계의 수준, 정책 형성 과정, 그리고 실제 정책의 내용에 깊숙이 영향을 미친다. 동시에 정치체계 또한 환경에 영향을 되돌려 준다. 정부의 정책이나 제도적 결정은 경제 구조나 사회 문화, 국제관계의 형태를 변화시키기 때문이다. 특히 국내 환경 요인 중에서 정치문화는 매우 중요한 변수로 작용한다. 정치문화란 국민이 정치에 대해 가지는 가치관, 태도, 행동양식을 의미한다. 즉, 국민이 정치체계에 대해 얼마나 신뢰하고 참여하는가에 따라 정치체계의 안정성과 효율성이 달라질 수 있다.

5) 정치 체계론에 대한 비판

이스턴은 정치생활이 복잡하게 얽혀 있는 과정을 분석하여, 정치체계가 안정과 변화라는 두 가지 특징을 가진 세계 속에서 어떻게 유지되는지를 설명하려 했다. 그는 정치체계가 유지되기 위해 필요한 기본 기능과 그에 따른 전형적인 대응 방식들을 개념적으로 정리했다. 특히 정치체계 이론을 정교화하기 위해, 그는 요구와 지지를 투입 요소로 보고, 정치체계가 산출을 만들어내며, 그 결과가 다시 체계로 되돌아와 영향을 미치는 환류과정을 제시하였다. 이러한 구체적인 구분은 정치체계를 과학적으로 분석할 수 있는 기반을 마련했다는 점에서 높이 평가된다.

그러나 이스턴의 접근은 지나치게 체계의 안정과 균형 유지에 초점을 맞추는 한계를 지닌다. 그의 이론은 개념을 단순화하고 명료하게 하려는 과정에서 정치체계가 끊임없이 변화하고 갈등하는 현실적 측면을 충분히 설명하지 못한다는 비판을 받는다(Mitchell, 1961: 82). 또한 정치체계 내에서 왜 특정한 변동이나 위기가 발생하는지에 대해서는 근본적인 해답을 제시하지 못한다는 한계도 지적된다(Thorson, 1970: 67). 다시 말해 이스턴의 체계이론은 정치체계의 구조적 안정성을 이해하는 데는 유용하지만, 정치적 변화의 동학을 설명하기에는 부족하다는 점에서 비판을 받는다.

이스턴의 정치체계론은 가치의 개념을 지나치게 추상적으로 설정함으로써 현실 정치의 복잡성과 변화에 충분히 적응하지 못한다는 한계를 지닌다. 이러한 추상화는 인간과 사회에 대한 비현실적이거나 왜곡된 인식을 초래할 위험이 있다.

그 결과 그의 이론은 정치체계의 안정·유지·균형에는 초점을 맞추지만, 적응·진화·균열·붕괴·전환과 같은 정치적 변동 과정을 충분히 설명하지 못한다. 다시 말해, 체계가 변화하고 위기에 대응하며 새로운 질서로 전환되는 과정을 설명하기에는 그의 이론이 지나치게 정태적(static)이라는 비판을 받는다.

또한 이스턴의 일반이론은 경험적으로 검증 가능한 구체적 가설을 제시하지 못한다는 점에서도 한계를 지닌다. 더 나아가, 에스턴(Astin, 1972: 735)은 이스턴의 이론이 서로 양립하기 어려운 두 가지 접근법을 동시에 통합하려는 모순을 안고 있다고 지적한다. 하나는 뉴턴적 전통에서 비롯된 기계론적(mechanistic) 접근, 다른 하나는 유기체론(organicist)과 생기론(vitalist)에 바탕을 둔 접근이다. 이처럼 상이한 두 관점을 무리하게 통합함으로써, 이스턴의 체계론은 이론적 일관성을 유지하기 어렵다는 비판을 받고 있다.

이러한 문제의식 속에서 필자는 정치체계의 위기를 단순히 사회적 가치의 권위적 배분의 문제로 보지 않았다(김성수, 2024). 그는 체계이론이 설명하지 못한 정치적 변동의 원인을 밝히기 위해 '가치의 성격'을 정치사회적, 경제적, 문화적, 그리고 외부요인으로 세분화하였다. 구체적으로 보면, 정치사회적 가치는 사회적 합의와 제도적 신뢰, 경제적 가치는 성장과 분배의 균형, 문화적 가치는 공유된 상징체계와 정체성, 외부요인은 국제 연대와 외교적 안정성을 의미한다.

그는 이러한 가치들을 사실적 가치(factual value)라는 개념으로 설명하며, 이를 긍정성(positive value)과 부정성(negative value)으로 구분하였다. 긍정성은 체계의 안정과 신뢰를 높이는 요인으로, 부정성은 갈등과 불신을 심화시키는 요인으로 작용한다. 정치체계의 위기가 발생하는 근본 원인을 바로 이 가치 배분 과정에서 부정성이 커질 때 생긴다고 분석했다.

이를 실증적으로 검증하기 위해 그는 미국 싱크탱크인 평화기금(Fund for Peace)과 포린 폴리시(Foreign Policy)가 매년 발표하는 '취약국가지수(FSI: Fragile States

Index)'의 12개 위기국 사례를 분석하였다(김성수, 2024: 59~61). 연구 결과, 부정적 가치가 누적될수록 국가의 정치적 권위와 제도적 신뢰가 약화되어 체계의 위기가 심화되는 반면, 긍정적 가치가 수렴될 경우에는 국가의 권위와 통합력이 강화되어 지속 가능한 정치체계 유지가 가능함을 밝혀냈다.

즉 정치체계의 안정 여부를 결정짓는 핵심 요인을 단순한 권위의 행사나 정책의 효과에서 찾지 않고, 가치의 배분이 얼마나 공정하고 긍정적으로 이루어지는가에 주목함으로써, 현대 정치체계의 위기를 분석하는 새로운 시각을 제시하였다.

표 3-2 • 가치의 성격과 방향

가치의 성격	긍정성	부정성
정치사회적 (합의)	자유, 평등, 정의/공정, 치안, 건강/복지, 교육, 환경	속박, 불평등, 불의/불공정, 무질서, 질병/복지위기, 교육부족, 환경오염
경제적 (성장과 분배)	경제적 안녕, 근대화	경제위기/빈곤, 저발전
문화적 (상징체계)	종교, 문화	종교갈등, 문화충돌
외부요인 (국제연대)	동맹	배제

※ 김성수, 2024, 『위기의 국가』, 명인문화사, 60쪽

2. 구조기능론적 정의

법률적으로 정의되는 국가의 또 다른 의미는 국가를 '정부'로서 작동하는 핵심적인 조직적 구조이자, 특정한 기능을 수행하는 제도로 이해하는 것이다. 이러한 구조기능적 관점에서 국가는 정치적 결정을 형성하고 집행하며, 법률과 통치를 유지·강화하기 위해 조직된 제도적 장치로 볼 수 있다.

베버(Max Weber)는 국가를 다른 모든 사회 조직과 구분하는 본질적 특징으로 '합법적인 물리적 강제력의 독점'을 제시하였다. 즉 사회 내에서 폭력을 정당하게 사용할 수 있는 권한은 오직 국가에만 있으며, 이러한 독점적 권력은 법률의 집행과 사회 질서 유지를 가능하게 한다. 국가의 기능을 보다 중심적 시각에서 바라보면, 국가는 단순히 행정조직 이상의 의미를 갖는다. 스코치폴(Skocpol, 1979) 국가의 핵심 기능을 "사회 내부의 질서를 유지하고, 외부의 다른 국가나 잠재적 경쟁자와

겨루는 것"으로 보았다. 또 다른 학자들인 모겐소(Morgenthau, 1993)와 왈츠(Waltz, 1995) 역시 국가를 '국익'을 추구하는 행위자로 규정하며, 국가는 국내외의 저항과 마찰 속에서도 자신이 설정한 목표를 달성하기 위해 노력한다고 설명하였다.

국가를 이와 같은 구조와 기능의 관점에서 연구한 대표적인 학자는 가브리엘 알몬드(Gabriel Almond)이다. 그는 이스턴(David Easton)의 체계이론과 파슨스(Talcott Parsons)의 사회체계론에 영향을 받아 국가를 하나의 정치체계로 이해하였다. 알몬드에 따르면 정치체계란 "모든 독립된 사회에서 발견되는 상호작용의 체계로서, 일정한 물리적 강제력의 사용 또는 그 사용의 위협을 통해 사회 내부 혹은 사회 간의 적응 기능을 수행하는 것"이다(Almond and Coleman, 1960: 7). 정치체계를 구성하는 기능을 투입기능과 산출기능으로 나누었다. 투입기능에는 정치사회화와 충원, 이익표출, 이익집약, 정치커뮤니케이션이 포함되며, 산출기능에는 규칙제정, 규칙적용, 규칙판단이 포함된다. 즉 알몬드는 국가를 단순히 권력을 행사하는 존재가 아니라, 사회적 요구를 수집하고 이를 정책으로 전환하여 다시 사회에 반영하는 순환적 체계로 설명하였다.

알몬드는 포웰과 함께 쓴 『비교정치학: 발전적 접근(Comparative Politics: A Developmental Approach, 1966)』에서 1960년에 시도한 7개의 기능적 범주를 대폭 수정하여 전환기능, 체계의 능력, 체계 유지 및 적응기능으로 변경하였다.

그림 3-2 • 알몬드의 정치체계와 기능

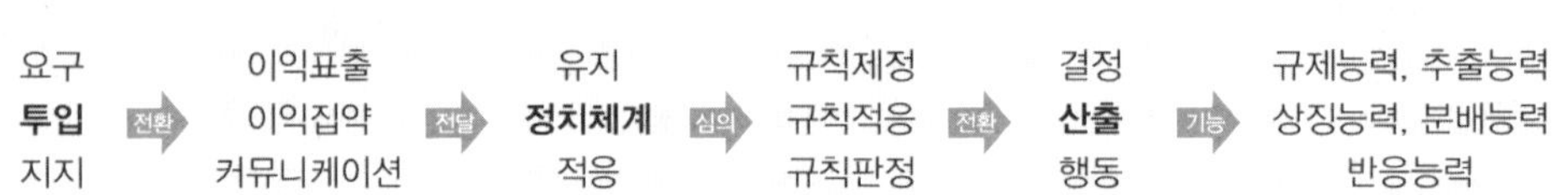

※ Almond and Powell, 1966, *A Development Approach to Comparative Politics*, Boston: Little Brown and Co.

첫째, 전환기능은 투입을 산출로 변형시키는 것으로써 요구와 지지가 권위적 결정으로 반영되어 그것이 집행되는 것을 말한다. 여기에는 이익표출, 이익집약, 규칙제정, 규칙적용, 규칙판정, 커뮤니케이션의 기능이 포함된다. 이 중 이익표출과 이익집약은 투입과 관계된 것이고, 규칙제정, 규칙적용, 규칙판정은 산출과 관계된 것이며, 커뮤니케이션은 투입과 산출 모두에 영향을 준다.

둘째, 체계의 능력은 하나의 단위로서의 체계가 다른 사회체계와 환경에 대해 영향을 미치는 산출작용을 말하며, 체계가 가진 능력은 주요 기능을 수행하기 위한 구조적 장치를 포괄한다. 이를 알몬드와 포웰은 규제·추출·상징·분배·반응 등의 능력을 포함한 다섯 가지 범주로 나누었다. 여기서 규제능력은 개인과 집단의 행동 및 관계를 규제하는 능력이고, 추출능력은 환경에서 물적·인적자원을 추출할 수 있는 능력이며, 상징능력은 상징을 효과적으로 조작할 수 있는 능력이다. 또한 분배능력은 제 가치를 사회에 배분하는 능력이며, 반응능력은 투입에 응해 산출을 효과적으로 배출하는 대응능력이다.

셋째, 체계유지 및 적응기능은 정치사회화와 정치충원을 포함하고, 이러한 정치체계는 환경에서 오는 다양한 요구에 대하여 유지 또는 적응을 하게 된다. 특히 정치사회화란 정치문화로 유도되는 과정, 정치문화를 습득하는 과정 그리고 정치문화가 유지·적응되는 과정으로 간주하였고, 정치충원은 정치체계에 새로운 역할을 채우는 기능을 담당한다고 판단하였다.

한편, 알몬드는 『현대비교정치학: 세계의 조망(Comparative Politics Today: A World View, 1974)』이라는 연구를 통해 체계에 생태학적 개념을 도입하고 그것을 환경에 영향을 주고받는 조직으로 설명하면서, 정치체계를 사회가 그것을 바탕으로 집합적 목표를 형성하고 추구하는 조직으로 정의하였다. 정치체계의 구조를 이익집단·정당·입법부·행정부·관료제·사법부의 여섯 가지로 분류하고, 정치체계의 중앙에 정치사회화·정치충원·정치커뮤니케이션의 세 가지 기능을 위치시켰다. 〈그림 3-3〉과 같이, 이것은 정책형성과 직접적인 관계를 갖고 있지는 않으나 체계의 운영과 관련을 맺고 있으며, 투입과 산출과정뿐만 아니라 국내·국제환경 전체와도 영향을 주고받는다. 그리고 그 주변에는 정책의 형성과 집행에 필수적인 다섯 가지 기능, 즉 이익표출, 이익집약, 정책결정, 정책집행, 정책판정이 존재한다.

후속작 『비교정치학: 체계, 과정, 정책(Comparative Politics: System, Process, Policy. 1978)』에서 알몬드는 큰 비중을 두고, 정책의 결과를 산출로부터 분리하였다. 그는 징지를 공공성책을 주도하는 독립변수로 파악하고 국내적환경과 국제적환경을 종속변수로 간주하였다. 그리고 정치구조와 정치과정을 정치적 선택의 결과로 파악하여 구조와 기능 그리고 정책 간의 유기적 관계를 강조하였다. 알몬드는 정치구조를 "의회, 법원, 행정기구를 포함하는 정부제도뿐만 아니라 정치와 관련된 모든 구조"라고 이해하였다. 또한 정치체제의 기본단위는 정치적 역할이며, 이러한 일단의 역할을 구조라고 판단하였다. 이와 같은 정치체계는 제도와 정치 관련 구조를 구성요소로 하고 있으며 특별한 활동, 즉 기능을 수행하는 것이라 생각하였다(Almond and Powell, 1978).

그림 3-3 • 알몬드의 구조기능분석

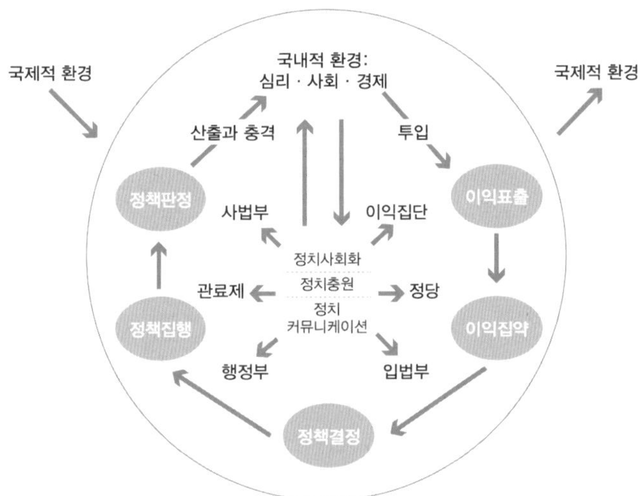

※ Gabriel Almond ed., 1974, *Comparative Politics Today: A World View*, Boston: Little Brown and Co., p. 9.

제3절 계급주의 국가론

1. 계급주의의 기본 개념

정치체계론과 구조기능주의는 국가를 사회집단 간의 중개자이자 중립적 조정자로 파악하며, 사회의 안정과 질서 유지, 그리고 환경에 대한 질서 있는 적응을 강조한다. 그러나 계급적 관점에서 보면 이러한 시각은 국가의 본질을 간과한 것이다. 계급이론은 개인의 행위나 조직의 이해관계를 독립적 요소로 보지 않고, 특정한 생산양식 속에서 형성된 계급관계와 그 내재적 모순을 통해 이해해야 한다고 본다. 이 관점에서 사회 분석의 중심 단위는 자본축적의 조건과 계급투쟁의 구도에 두어야 하며, 국가의 성격과 정치적 정의 또한 지배계급의 헤게모니를 통해 설명된다(Alford and Friedland, 1985: 271~272).

자본주의 사회의 토대는 생산관계에 있으며, 이는 곧 자본가 계급이 노동자 계급을 지배하는 구조로 나타난다. 이러한 지배관계를 유지·재생산하기 위해 근대국가는 하나의 도구적 역할을 수행한다. 즉 부르주아는 지배계급은 정치 질서 전반에 대한 통제를 확립하고, 자신들의 이해에 맞게 국가를 재구성할 수 있다. 따라서 국가는 본질적으로 부르주아지의 이익에 종속된(servile) 존재로 기능한다고 볼 수 있다.

계급주의의 대표자인 마르크스(Marx)와 엥겔스(Engels)는 『공산당 선언(The Communist Manifesto)』에서 국가를 "부르주아의 집행위원회"라고 규정하였다. 이는 국가가 자본가 계급의 이익을 대변하고, 피지배 계급을 통제하기 위한 도구로 기능한다는 점을 분명히 보여준다. 그러나 마르크스는 이후 저서 『루이 보나파르트의 브뤼메르 18일(The 18th Brumaire of Louis Bonaparte)』에서 이전의 단순한 도구적 국가관과는 달리 보다 복합적이고 자율적인 국가관을 제시하였다.

마르크스는 프랑스 제2제정의 성립 과정을 계급투쟁의 관점에서 분석하였다. 그는 나폴레옹 1세의 쿠데타(1799년)와 조카 루이 나폴레옹(훗날 나폴레옹 3세)의 쿠데타(1851년)를 비교하면서, 역사 속에서 계급 간의 갈등이 어떻게 재현되고, 특정 정치세력이 어떤 방식으로 권력을 장악하는가를 설명했다. 마르크스는 "역사는 한 번은 비극으로, 또 한 번은 희극으로 반복된다"고 말하며, 나폴레옹 1세를 혁명 혼란 속에서 새로운 질서를 수립한 비극의 영웅으로, 나폴레옹 3세를 그 유산을 모방하여 권력을 잡은 희극적 모방자로 묘사했다.

프랑스의 역사적 흐름을 살펴보면, 혁명 이후 공화정이 등장했으나 자코뱅당의 공포정치로 사회 내부의 계급 갈등이 심화되었고, 외부적으로는 유럽 군주국들의 위협이 지속되었다. 혼란 속에 총재정부가 들어섰으나 안정에 실패하면서 1799년 나폴레옹 1세가 쿠데타를 통해 통령정부를 수립하고, 1804년 황제로 즉위하며 제1제정을 출범시켰다. 그러나 제국의 팽창정책 실패와 민족주의의 대두로 그가 몰락하면서 왕정이 복고되었다. 이후 1830년 7월 혁명으로 시민왕 루이 필리프가 즉위했으나, 그의 보수화로 인해 사회 불만이 다시 고조되었고, 결국 1848년 2월 혁명으로 제2공화국이 수립되었다.

제2공화국 시기에는 보통선거가 도입되었지만, 사회적 갈등과 정치적 불안정은 여전했다. 이러한 상황에서 나폴레옹 1세의 전설적 이미지와 농민·소시민층이 갖고 있던 '질서 회복'에 대한 열망이 결합되어, 루이 나폴레옹은 압도적 지지(약 74%)로 프랑스 최초의 대통령에 당선되었다. 그러나 헌법상 대통령의 재선이 금지되어 있었기 때문에 그는 의회와 대립하게 되었고, 농민과 소부르주아지의 지지를 기반으로 군대·관료조직·대중정당을 동원해 권력을 강화하였다. 결국 1851년 쿠데타를 일으켜 의회를 해산하고, 국민투표로 정당성을 확보한 뒤 1852년 나폴레옹 3세로 즉위하며 제2제정을 선포하였다.

마르크스는 이 현상을 '보나파르트주의(Bonapartism)'라 명명했다. 이는 특정 계급의 이익을 대변하기보다, 서로 대립하는 계급 간의 갈등과 균형을 교묘히 이용해 권력을 독점하는 정치 형태를 의미한다. 당시 프랑스 사회에는 부르주아, 농민, 노동자, 도시빈민, 지식인 등 다양한 계급이 공존했으나, 특히 조직화되지 못한 농민층의 정치적 미성숙과 나폴레옹 가문에 대한 향수가 쿠데타의 성공을 가능하게 했다고 분석했다.

결국 마르크스는 국가를 기본적으로 계급 지배의 도구로 인식했지만, 동시에 상황에 따라 독자적인 자율성을 발휘할 수 있는 존재로 보았다. 즉 국가권력은 단순히 지배계급의 이익을 집행하는 기관이 아니라, 계급 간의 균형을 유지하고 사회 전체를 통제하는 능력을 일정 부분 보유하고 있다는 것이다(Held, 1983: 27).

이러한 마르크스의 분석은 현대사회에서도 유의미하다. 특히 대중의 지지와 선거를 통해 권력을 강화하는 포퓰리즘적 권위주의 정권의 등장을 이해하는 데 중요한 이론적 틀로 활용되고 있다.

2. 계급국가론의 원형

1) 도구주의적 국가관

국가의 도구성을 강조하는 입장에 따르면, 국가는 전략적 위치에 있는 사람들이 직접적으로 국가정책을 조작하거나, 간접적으로 국가에 압력을 가함으로써 권력을 행사하는 지배의 도구로 이해된다. 즉 국가는 사회 전체의 이익을 대표하는 중립적 기구가 아니라, 지배계급의 이해를 실현하고 그들의 통치를 정당화하기 위한 수단에 불과하다는 것이다.

이러한 관점은 마르크스의 도구주의적 국가관에 근거한다. 마르크스는 국가를 자본주의 사회에서 지배계급의 계급적 이해를 보호하고 유지하기 위한 정치적 장치로 보았다. 다시 말해 국가는 자본가 계급의 지배를 제도적으로 보장하며, 법과 정책, 군대, 경찰 등과 같은 국가기구를 통해 피지배계급의 저항을 억압하고 자본주의적 생산관계를 재생산하는 역할을 수행한다.

요컨대 마르크스의 도구주의적 관점에서 국가는 지배계급의 이익을 실현하는 수단이자 계급지배의 기구로서 기능하며, 사회 변혁을 위해서는 국가 자체의 구조적 전환이 불가피하다는 결론에 이르게 된다.

(1) 돔호프(G. William Domhoff)

돔호프는 저서 『누가 미국을 다스리는가?(Who Rules America?)』에서 미국의 지배계층을 규명하기 위해 정황분석(contextual analysis), 명망가분석(reputational analysis), 지위분석(positional analysis)이라는 세 가지 방법론을 활용하였다.

먼저 정황분석은 사회적 명사들의 전기(biography), 출신학교, 그리고 사적·공적 교류 관계를 면밀히 검토함으로써 개인들 간의 교제망을 추적하는 방식이다. 이를 통해 엘리트들이 어떤 사회적 맥락 속에서 상호 연결되어 있는지를 밝힌다. 다음으로 명망가분석은 지역사회나 특정 집단에서 영향력이 있다고 평가되는 인물을 지목하게 하고, 그들을 통해 주관적으로 인지되는 권력 구조를 파악하는 방법이다. 마지막으로 지위분석은 주요 기업, 은행, 재단 등 권력의 핵심 기관을 구성하는 인물들을 추출하여, 그들의 공식적 지위와 제도적 역할을 중심으로 지배구조를 해명하는 방식이다.

돔호프는 이러한 분석을 토대로, 소득 수준, 부의 집중 정도, 정치제도 및 주요 정책결정 과정에 참여하는 정도에서 우월한 위치를 차지하는 사회적 상류 계급이 존재하며, 이들이 곧 국가의 통치 계급(ruling class)을 형성한다고 주장하였다(Domhoff, 1967). 그는 특히 미국 사회의 상류 계층이 국가 연간 소득에서 불균형적으로 많은 몫을 차지하고, 그 구성원 다수가 정부조직이나 정책결정 기구에 직접적으로 참여하며, 정책 형성과정을 지배하고 있다는 점을 강조하였다(Domhoff, 1970: 109).

이러한 지배계층은 단순한 경제적 지위를 넘어 계급적 유대(class cohesion)를 통해 응집력을 유지한다. 이는 공통된 성장 배경, 예컨대 엘리트 학교에서의 교육 경험을 공유함으로써 강화된다. 또한 이들은 사교클럽, 동호회, 정책 입안 단체와 같은 조직에 적극적으로 참여하며 상호작용을 통해 권력의 흐름을 효과적으로 통제한다. 돔호프는 더 나아가 대기업의 최고경영자, 유력 법무법인의 파트너, 거대 재단 및 주요 결사체의 고위 인사들이 정치적 영향력을 행사하며, 이를 통해 자신들의 이해를 반영하는 통치 목적을 달성한다고 분석하였다(Domhoff, 1971). 결국 돔호프의 연구는 미국 사회에서 권력이 분산되어 있다는 다원주의적 관점과 달리, 권력이 특정 상류층 집단에 집중되어 있으며 이들이 경제적·사회적·정치적 자원을 조직적으로 활용하여 통치 구조를 주도한다는 점을 실증적으로 보여주었다는 데 중요한 의의가 있다.

(2) 밀리반드(Ralph Miliband)

밀리반드의 국가론적 관심은 1960년대 서구 사회에 광범위하게 확산되었던 국가주도형 개혁주의(statist reformism)사상에 대한 비판에서 비롯되었다. 당시 개혁주의적 시각은 국가의 적극적 개입을 정당화하면서, 국가가 특정 계급에 종속되지 않고 사회 전체의 관리자로서 공익을 실현할 수 있다는 전제를 전제로 삼았다. 이러한 가정은 국가를 계급 중립적인 행위자로 간주하는 자유주의적·다원론적 국가관의 기반이기도 했다.

밀리반드는 이러한 관점에 도전하기 위해 1969년에 저서 『자본주의 사회에서의 국가(The State in Capitalist Society)』를 출간하였다. 그는 국가를 단순히 사회 전체의 후견인으로 이해하는 자유주의적·다원주의적 국가 개념을 경험적 근거를 통해 반박하고자 했다. 이 책에서 그는 국가를 "특정 계급의 사회 내 우월한 지위를 수호하는 것을 주된 목적으로 하는 특수한 제도”라고 규정하였다. 나아가 그는 자본주의 사회의 정치·경제적 삶이 무엇보다 자본주의적 생산양식에 내재된 사회관계에 의해 구조적으로 규정된다고 강조하였다. 이러한 사회관계 속에서 대립적 사회세력이 등장하며, 이들의 충돌과 긴장은 선진 자본주의 사회의 정치체계와 사회적 질서를 형성하는 핵심 요인으로 작용한다는 것이다.

국가의 핵심적 권력 자리를 차지하는 관료·정치인·군부 인사들은 대체로 기업가, 자본가, 또는 기업 중심적 중산 계급 출신으로 채워진다고 본다. 따라서 이들은 구조적으로 경제적 지배계급의 이해와 이익을 대변할 수밖에 없으며, 결과적으로 국가는 자본가 계급의 헤게모니를 유지·강화하는 도구로 기능한다. 또한 자본가 계급은 그들의 우월한 재정적 지위를 활용하여 행정부·정당·군부·언론 등 다양한 제도적 영역에 직접적·간접적으로 영향력을 행사하고, 이를 통해 중요한 정책결정 과정에 실질적 통제력을 발휘한다.

더불어 자본주의 체제가 스스로의 정당성을 확보하고 사회적 지배를 정착시키는 과정에서, 정당·기업·교회·대학·매스미디어와 같은 제도들이 핵심적인 사회화 장치로 작동한다고 보았다. 이러한 제도들은 자유기업의 원칙을 옹호하고 자본주의적 질서를 내면화시키는 역할을 수행하며, 결과적으로 피지배 계급이 현존 체제를 자연스럽고 당연한 것으로 수용하게 만든다(Miliband, 1969).

밀리반드는 국가를 자율적이고 중립적인 공공기관으로 보는 것이 아니라, 자본주의적 생산양식에 뿌리내린 계급적 권력관계의 산물로 보았다. 그의 분석은 자본주의 사회에서 국가는 경제적 지배 계급의 이해를 제도적으로 반영하고 강화하는 정치적 장치임을 논증하는 데 핵심적인 의의가 있다.

2) 구조주의적 국가관

도구주의적 관점은 국가를 특정 계급이나 엘리트가 자신의 이해관계를 실현하기 위한 수단으로 파악한다. 즉 전략적 위치에 있는 사람들이 직접적으로 국가정책을 조작하거나, 간접적으로 국가에 압력을 행사함으로써 권력을 유지·강화하는 도구로 본다. 이에 반해 1960년대 중엽 프랑스에서 전개된 구조주의적 마르크스주의는 이러한 단순한 도구주의적 시각을 비판하며, 국가의 자율성을 강조한다.

즉 구조주의적 마르크스주의는 국가를 계급지배의 도구로만 보던 기존 관점에서 벗어나, 자본주의 체제의 안정과 재생산을 위해 일정한 자율성을 가진 제도로 이해한다. 이러한 관점은 국가가 단순히 지배계급의 이해를 기계적으로 대변하는 것이 아니라 자본주의 사회 전체의 구조적 요구에 따라 기능하며, 때로는 지배계급의 단기적 이해에 반하는 정책을 수행할 수도 있음을 시사한다.

요컨대 구조주의적 마르크스주의는 국가를 계급투쟁의 장이자 구조적 재생산의 핵심 장치로 이해함으로써, 국가와 사회의 관계를 보다 복합적이고 체계적으로 해석하려는 시도로 평가할 수 있다.

(1) 알튀세르(Louis Althusser)

프랑스 철학자 알튀세르의 철학에서 주요 개념은 '과잉결정(overdetermination)'에서 시작된다. 하나의 현상은 하나의 원인으로 귀착될 수 없으며, 하나의 현상을 만들어낸 원인은 생각보다 복잡하며 많은 요소들이 중첩된 작용일 수 있다는 것이다. 이러한 의식에서 그의 저서 『레닌과 철학 그리고 에세이 모음집(Lenin and Philosophy and other essays)』에서 사회의 구조를 하부구조(경제적 토대)와 상부구조로 나누고, 상부구조는 다시 정치·법률(법률과 국가)과 이념(종교적, 윤리적, 법적, 정치적, 기타)이라는 두 개의 수준으로 구분된다고 보았다. 사회의 구성을 건물에 비유하여 상부구조의 두 개 층은 궁극적으로 토대에 의해 결정된다.

하지만 상부구조의 상대적 자율성과 토대에 대한 상호작용 또한 인정한다. 따라서 상부구조의 한 수준으로서의 국가는 토대와의 상호작용 및 상대적 자율성을 갖는다고 볼 수 있다. 알튀세르에 의하면 국가는 국가권력의 기능에서만 그 의미를 찾을 수 있으며, 그것은 구체적으로 국가장치로 나타난다. 이때 국가장치는 경찰과 군대 같은 억압적 국가장치와 정치와 법률, 문화, 그리고 교육과 같은 이념적 국가장치로 구분된다. 특히 이념의 역할은 알튀세르의 정치이론의 주종을 이룬다. 이념이란 "개인들이 그들의 현실적 생존 조건에 대해서 갖는 상상적 관계의 표현"으로 정의되며, 그것은 현실과 부합되지 않는 하나의 환상으로 파악된다. 또한 이념은 항상 이념적 장치와 실천 속에 의식으로 존재하며 인간을 하나의 주체로 규정한다.

그의 주장 근거는 초기 마르크스의 인간소외라는 연구 주제보다는 후기의 과학성에 집중하면서, 과학적 추론은 불가능하다는 결론에 있다. 사물을 호명하는 과정 속에서 논리적인 사고의 결과가 아니라 무의식적으로 주체로 형성되면서 이념으로 내면화된다는 것이다. 즉 우리가 '교수님'이라는 호명이 그를 특정한 주체로 인식하게 하듯이, 인간은 구조와 이념으로 만들어질 수 있다는 점이다. 이념적 국가장치 중에서도 교육, 특히 학교는 체제의 재생산과 관련하여 지배적인 역할을 담당하며, 지식 및 단순한 지배이념의 보급과 주입에 결정적인 공헌을 한다고 본다(Althusser, 1971). 분명히 구조주의적 입장에서는 국가의 역할이 체제의 유지, 즉 생산관계의 재생산을 확보하기 위한 기능 면에서 파악되고 있으며, 상부구조로서의 국가는 토대와의 관계에서 강제력 행사와 이념적 영향력 면에서 상대적 자율성을 인정받고 있다. 결과적으로 경제가 모든 것을 결정하지 않으며, 국가도 하부구조로부터 자율성을 가지며 상부구조로서 우리를 지배한다는 주장이다.

(2) 풀란차스(Nicos Poulantzas)

그리스 출신의 마르크스주의 정치이론가 니코스 풀란차스(Nicos Poulantzas)는 1960~70년대 프랑스 구조주의의 영향을 받아, 전통적 마르크스주의의 도구주의적 국가관을 비판하고 새로운 국가이론을 제시하였다. 그의 사상은 크게 전기, 구조주의적 단계와 후기, 투쟁적·역동적 단계로 구분된다. 전기에는 알튀세르의 구조주의적 영향이 강하게 표현된다면, 후기로 갈수록 구조의 일방적 결정론을 넘어 국가를 계급투쟁의 장으로 재해석하는 방향으로 발전한다.

그는 전기 저작 『정치권력과 사회계급(Political Power and Social Classes), 1968』에서 전통적인 도구주의적 국가관을 비판하고, 국가의 상대적 자율성을 강조하였다. 그는 사회의 지배가 단순히 영향력 있는 개인이나 집단의 의도적 행위에서 비롯된다고 보지 않았다. 오히려 국가의 기능은 사회구조, 특히 자본주의적 생산양식의 구조적 요구에 따라 기능하는 제도적 장치라고 보았다.

이는 알튀세르의 구조주의적 마르크스주의에 깊이 뿌리내린 입장이다. 상술하였듯이, 알튀세르는 사회를 '경제적, 정치적, 이데올로기적 구조'라는 세 층위로 나누고, 이들 간의 관계를 '상대적 자율성'과 '구조적 인과성(structural causality)'의 틀로 설명했다. 이러한 영향을 받은 풀란차스는 국가를 사회의 상부구조로 보되, 경제구조의 직접적 산물이 아니라, 자본주의적 생산양식을 재생산하기 위해 필요로 되는 구조적 기능을 수행하는 제도적 장치로 이해했다. 즉 풀란차스는 자본주의 국가는 지배계급의 직접적인 도구가 아니라 자본주의 구조를 재생산하는 역할을 한다고 본다. 자본주의 사회의 국가가 다음과 같은 세 가지 기능을 수행한다고 보았다.

첫째, 국가는 지배계급을 정치적으로 조직하는 기능을 수행한다. 자본주의 사회에서는 경제적 이해관계의 분파로 인해 지배계급 내부의 단결이 어렵기 때문에, 국가는 이들을 통합하여 정치적 헤게모니를 형성하는 역할을 담당한다. 예를 들어 헌법과 제도는 모든 국민의 '개인적 권리 보호'를 강조하지만, 이는 결국 피지배계급이 국가에 의존하게 만들고, 지배계급의 통치를 정당화하는 기반이 된다.

둘째, 국가는 노동자 계급을 정치적으로 분열시키는 기능을 한다. 국가는 자신을 국민 전체의 대표로 내세우며 노동자 계급의 자율적 조직화를 방해한다. 예를 들어 1980년대 한국의 민주화 이후 정부가 국민연금, 건강보험 등 복지제도를 확대한 것은 피지배계급에게 '물질적 양보'를 제공함으로써 혁명적 조직화를 약화시키고, 체제의 안정을 도모한 사례라 할 수 있다.

셋째, 국가는 피지배계급을 체제 내 지지기반으로 흡수하는 기능을 한다. 예컨대 20세기 초 영국의 수공업자와 쁘띠부르주아들은 대공업화 속에서 몰락하며 공무원 등으로 흡수되었고, 결과적으로 자본주의 국가를 떠받치는 지지계급이 되었다.

이처럼 풀란차스는 국가가 단순히 지배계급의 도구로 기능하는 것이 아니라, 자본주의 체제를 안정적으로 재생산하기 위해 일정한 자율성을 갖는 구조적 장치로 보았다. 국가가 복지정책 등으로 단기적으로는 자본가 계급의 이익을 제한하더라도, 장기적으로는 노동계급의 급진적 요구를 완화시켜 체제를 유지한다는 것이다. 예컨대 1970년대 박정희 정부의 의료보험 도입은 기업의 비용 부담을 늘렸지만, 노동계급의 급진화를 억제하여 자본주의 질서를 공고히 했다. 이처럼 국가의 개입은 지배계급의 단기적 손실을 감수하더라도 자본주의의 장기적 안정성을 확보하는 기능을 한다.

그러나 1970년대 후반, 풀란차스는 구조주의가 갖는 결정론적 한계를 비판하며 국가를 보다 역동적이고 관계적인 개념으로 재정립한다. 그의 후기 저작인 『국가, 권력, 사회주의(State, Power, Socialism), 1978』는 그 전환의 변곡점이다.

그는 이전의 구조적 결정론에서 벗어나 국가를 더 이상 폐쇄적 구조로 보지 않았다. 국가를 "사회적 권력관계의 응축체(condensation of class relations)"로 규정하며,

국가는 계급투쟁이 구체적으로 전개되는 장소이자 과정이라고 주장했다. 후기 풀란차스에 따르면, 국가는 하나의 단일한 권력 주체가 아니라 계급 간의 모순과 권력관계가 참여하는 응집된 복합적 구조이다. 국가의 각 부처와 제도는 특정 계급이나 분파의 이해관계를 반영하며, 이들 사이의 갈등이 국가정책 결정 과정에 그대로 드러난다. 즉 국가는 단순히 지배계급의 수단이 아니라, 사회 내 모순이 교차하는 '전략적 장소이자 과정'으로 존재한다.

그는 또한 국가의 자율성이 절대적인 것이 아니라, 계급 간의 역학관계에 따라 변화할 수 있는 역사적·정치적 공간임을 강조한다. 따라서 피지배계급의 참여와 대중운동을 통해 국가 권력이 변혁될 수 있으며, 이는 민주적 사회주의로의 이행 가능성을 보여준다. 이러한 점에서 풀란차스의 후기 국가관은 전기의 구조적 결정론을 넘어, 국가를 변혁의 가능성을 지닌 '계급투쟁의 장'으로 새롭게 조명한다.

풀란차스의 사상 전환은 '구조 속의 행위(agency within structure)'라는 새로운 관점을 제시한 데 의의가 있다. 전기에서 그는 구조적 인과성에 따라 국가를 분석했으나, 후기에는 구조와 행위의 상호작용, 즉 계급세력 간의 전략적 투쟁이 국가의 성격을 규정한다고 보았다. 그 결과 국가는 더 이상 지배계급의 "수동적 반영물"이 아니라, 계급세력이 전략적으로 경쟁하는 역동적 권력의 장이 되는 것이다.

이는 국가가 피지배계급의 조직적 개입을 통해 변형될 수 있음을 의미하며, 국가를 단순히 '억압의 기구'로 보는 전통적 마르크스주의와 달리 '변혁의 가능성을 내포한 제도적 장치'로 재해석하게 되었다.

그의 발자취로 인해, 마르크스가 보여준 국가에 대한 이중적 시각인 국가를 지배계급의 도구이면서도 일정한 독립성을 가진 구조로 본 인식을 통합한 시도로 평가할 수 있다. 따라서 구조주의적 국가이론의 입장은 국가가 자본주의 구조를 유지하기 위한 기능적 임무를 수행하면서도, 일정한 자율성과 변혁 가능성을 동시에 지닌다는 점에서 기능주의와 결정론을 절충한 독특한 성격을 가진다는 결론이다.

제4절

다원주의 국가론

1. 다원주의의 기본 개념

다원주의는 19세기 후반 급격한 사회 구조적 변화 속에서 등장한 사상적·이론적 산물이다. 산업혁명 이후 산업화와 도시화가 급속히 진행되면서 전통적 공동체의 유대가 약화되고, 국가 권력은 점점 중앙집권화되고 관료적으로 팽창하였다. 이러한 변화 속에서 개인은 대규모 산업조직과 관료제 국가라는 거대한 구조 앞에서 점차 무력한 존재로 전락하게 되었다. 이 시기 지식인과 정치사상가들은 "비대해진 국가 권력과 거대조직의 압력 속에서 개인의 자유와 권리를 어떻게 보호할 것인가"라는 근본적인 문제의식에 직면했다. 바로 이 질문에 대한 하나의 이론적 해답으로 제시된 것이 다원주의(pluralism)였다.

다원주의는 근대 자유주의의 개인주의 전통을 계승하면서도, 변화한 사회구조 속에서 개인의 자유를 실질적으로 보장할 수 있는 새로운 사회적 메커니즘을 모색하였다. 즉, 개인이 더 이상 고립된 존재로서가 아니라 자율적으로 조직된 다양한 집단을 통해 정치적 의사를 표현하고 권력을 견제하는 존재로 기능해야 한다는 것이다. 따라서 다원주의는 국가와 사회의 기본 단위를 개인으로 두되, 이 개인들이 공동의 이익이나 가치에 따라 자발적으로 결집한 집단을 핵심 매개로 본다.

다원주의 이론가들은 정치적 힘이 단일 엘리트에 집중되지 않고, 다수의 자율적 집단들 사이에서 분산되어야 민주주의가 건강하게 유지된다는 입장에서 시작한다. 그렇기 때문에 정치현상을 개인의 심리나 제도적 구조로 설명하기보다, 집단 간의 상호작용과 갈등, 조정의 과정으로 설명한다. 더불어 개인이 다양한 사회집단에 중복적으로 소속(overlapping membership)되어 있다는 점에 주목하며, 이러한 다중 소속이 극단적인 대립을 완화하고 사회적 통합을 촉진하는 중요한 역할을 한다고 보았다(Truman, 1971: 157~166). 즉 사람들은 직장, 종교, 지역, 이익단체 등 여러 사회조직에 속해 있기 때문에 단일 이해관계만을 추구하기 어렵고, 결과적으로 타협과 협상이 민주주의적 질서를 형성하게 된다는 것이다.

이러한 관점에서 사회는 위계적으로 통제된 단일 구조가 아니라, 열린 소집단들이 상호 연결된 복합적 네트워크로 이해된다(Alford and Friedland, 1985: 35). 정치 과정은 경쟁적 집단들 간의 경합과 조정의 결과물이며, 정부 정책은 그 과정 속에서 형성된다. 다원주의는 사회 내의 갈등을 부정하지 않는다. 오히려 갈등은 불가피하되, 그것이 제도적 틀 안에서 조정과 타협의 정치로 전환될 수 있는 사회적 구조가 중요하다고 본다.

요약하자면 다원주의는 산업화가 진행되고 관료제가 커지면서 개인의 자율성이 약해진 근대사회에서, 개인의 자유를 지키기 위한 자유민주주의 이론으로 부각된 개념이다. 개인이 혼자 존재하는 것이 아니라 여러 집단을 통해 자신의 의견을 표현한다는 점에 주목한다. 노동조합, 시민단체, 직능단체처럼 다양한 이익집단이 활동하면서 서로 경쟁하고 견제하면, 어느 한 곳에 권력이 과도하게 쏠리는 것을 막을 수 있다. 따라서 다원주의적 민주주의는 여러 집단이 협상하고 타협하며 균형을 맞춰가는 과정 자체가 민주주의를 움직이게 하는 핵심 원리라고 본다. 즉 민주주의는 다양한 목소리가 경쟁하고 조정되는 역동적인 체제이며, 이런 상호 견제 구조 속에서 자유와 권력이 균형을 이루며 건강하게 작동한다는 의미이다.

2. 다원주의 국가 이론

다원주의 이론가들은 국가에 대해 자주 언급하지 않는 경향이 있다. 이는 정치현상의 기본 분석 단위가 국가가 아니라 개인 중심의 집단이기 때문이다. 다원주의 관점은 상이한 이해관계를 가진 개인들이 주관적 이익이나 욕구를 충족시키는 방법으로 집단 형성을 전제하기 때문에, 국가의 독립적 성격을 인정하지 않는다. 이에 따라 국가는 다양한 행위자(개인 및 집단)들의 분쟁을 해결하는 중립적 시장이자, 그들이 이익을 추구하기 위해 활용할 수 있는 중립적 도구로 인식된다(Elkin, 1985: 181~182). 국가의 주요 기능은 합의적 가치를 구체화함으로써 사회를 통합하거나 선호를 집약하는 중립적 기제로 요약된다(Alford and Friedland, 1985: 43). 정치학자 칼 도이치(Karl Deutsch)는 정부를 권력 기구로 보지 않고, 정치 지도자가 안정과 질서를 위한 적절한 고려 아래 유연하게 유동적 상황을 처리하는 것이 중요하다고 강조하였다(Deutsch, 1963).

일부 다원주의자들은 국가를 개인 선택의 집합체로 이루어진 또 다른 비시장적 제도(non-market institution)로 간주하기도 한다. 정부는 병원, 대학, 각종 재단과 같은 비시장적 조직 중 하나에 불과하며, 시장과 구분되는 특징은 강제적 권력을 독점하는 점이라고 본다(Alford and Friedland, 1985: 44). 이러한 국가와 정부를 함축적 국가(implicit state)로 정의한다. 또한 케네스 애로우(Kenneth Arrow)는 정부를 다수의 집단적 조직 중 하나로 보지만, 일차적으로 강제력 독점에 의해 다른 제도와 구분된다고 주장한다. 국가와 정부는 개인적 행동이 부족할 때 공공 행동을 통해 사회가 필요로 하는 기능을 수행한다는 것이다(Arrow, 1974: 25).

3. 다원주의와 이익집단

1) 이익집단의 정의

이익집단은 정부나 정당으로부터 일정한 자율성을 지니면서 공공정책에 영향을 미치려는 조직으로 정의된다(Wilson, 1990). 이들은 구성원의 특정 이해를 제도적 절차를 통해 관철시키는 공식적 조직체라는 점에서 사회운동과 구별된다. 대표적으로 노동조합, 사용자 단체, 소비자 단체, 전문직 협회, 산업별 이익단체, 그리고 특정 사회적 이슈를 촉진하려는 캠페인 조직 등이 이에 해당한다. 이익집단은 그 목적과 활동 방식에 따라 크게 보호적(protective) 집단과 촉진적(promotional) 집단으로 나눌 수 있다.

첫째, 보호적 집단은 주로 물질적 이해관계의 보호와 증진을 목표로 하는 단체들로, 노동조합·사용자 단체·전문직 협회(예: 변호사협회, 의사협회) 등이 이에 해당한다. 이들은 정부 정책에 영향력을 행사하기 위해 제재수단(sanctions)을 동원할 수 있다는 점에서 강력한 정치적 행위자로 기능한다. 예컨대 노동조합은 임금 인상이나 근로조건 개선을 위해 파업(strike)을 단행할 수 있으며, 의료단체는 정부의 새로운 보건의료정책에 협조를 거부함으로써 정책결정 과정에 압력을 가할 수 있다. 이러한 보호적 집단은 구성원에게 선택적 이익(selective benefits)을 제공하는 동시에, 정부의 관련 부처와 긴밀한 협의 관계를 유지하며 내부자 지위(insider status)를 확보하려 한다. 이들은 일반적으로 조직적 결속력이 강하고 재정적으로도 안정적이어서, 정치체계 내에서 가장 영향력 있는 이익집단으로 평가된다. 또한 기능적 이해뿐 아니라 지역적 이해를 중심으로 결집한 보호적 집단도 존재하는데, 대표적으로 지역 내 개발사업을 반대하는 님비(NIMBY, Not In My Back Yard)운동이 그러한 사례이다.

둘째, 촉진적 집단은 특정한 사상, 가치, 정책 또는 정체성을 옹호하고 확산시키는 것을 주된 목적으로 하는 단체이다. 이들은 물질적 이익보다는 공공선(public good)이나 사회적 가치의 실현에 초점을 맞추며, 환경단체나 인권단체 등과 같은 형태로 활동한다. 예를 들어 그린피스(Greenpeace)는 기후변화 대응, 해양보호, 핵실험 반대 등의 활동을 통해 국제적 의제 설정에 큰 영향을 미쳤으며, 국제앰네스티(Amnesty International)는 인권침해 국가에 대한 국제적 압박을 가함으로써 촉진적 집단의 전형적인 역할을 보여준다.

보호적 집단이 제도권 정치와 긴밀히 연결되어 정책결정 과정에서 내부적 영향력을 행사한다면, 촉진적 집단은 대중적 캠페인, 언론활동, 시민참여를 통해 여론을 형성하고 정치적 의제를 확산시킨다. 특히 성숙한 민주주의 사회에서는 촉진적 집단이 시민사회의 역동성을 대표하며, 국가권력의 일방적 정책결정에 대한 대항적 균형 세력(countervailing force)으로 기능하고 있다.

그러나 보호적 집단과 촉진적 집단의 경계는 칼로 자르듯이 명확하게 재단할 수 있는 것은 아니다. 예를 들면 여성운동과 성소수자 단체와 같은 단체들은 여론에 영향을 미치려고 하기 때문에 그들은 종종 촉진적인 집단으로 분류된다. 하지만 그들의 일차적인 목적은 특정한 집단들의 이익을 도모하는 것이다. 그들은 촉진적 수단을 활용하는 보호적 이익집단으로 받아들여질 수 있다.

이익집단은 다양한 수단과 통로를 통해서 자신들이 원하는 정책이 입안되고 유지, 변경될 수 있도록 노력을 가한다. 다원주의적 국가론에서는 이러한 이익집단들 간의 경쟁이 매우 중요하며, 이들의 자유롭고 공정한 경쟁이 국가를 지탱하는 핵심적 요소가 된다고 본다. 나아가 이익집단들은 〈그림 3-4〉와 같이 여론을 형성하고 정책결정을 주도하는 의회, 정부, 관료, 법원과 정당에 다양한 형태의 직간접적 접촉을 통해 자신에게 영향을 미치는 정책이 원하는 방향으로 유도될 수 있도록 노력한다.

그림 3-4 • 이익집단의 다양한 영향력 통로

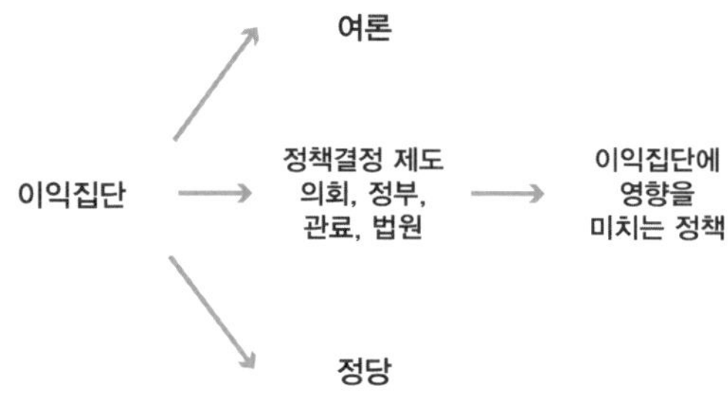

2) 다원주의와 이익집단

다원주의적 관점은 제2차 세계대전 이후 정치학에서 이익집단의 정치적 행동을 설명하는 데 있어 가장 지배적인 이론적 틀로 자리 잡았다. 이 관점에 따르면 정치는 단일한 엘리트나 계층에 의해 지배되는 것이 아니라, 자유롭게 조직된 다수의 이익집단들이 서로 경쟁하고 협상하는 과정으로 이해된다. 즉 정치란 다양한 이해관계를 대표하는 집단들이 정부에 영향력을 행사하기 위해 끊임없이 경쟁하는 '열린 장(場)'이라는 것이다. 이러한 다원주의적 시각에서 국가는 특정 집단의 이해를 대변하는 행위자가 아니라, 여러 집단이 공정하게 경쟁할 수 있도록 조정하고 균형을 유지하는 중립적 심판자(arbiter)로 기능한다.

이 이론의 기초를 마련한 아서 벤트리(Arthur F. Bentley)는 "집단이 적절히 반영된다면, 모든 것이 반영되는 것이다. 내가 '모든 것'이라 말하는 것은, 정말로 모든 것을 의미한다"(Bentley, 1908)라고 말하며, 사회적 현실은 개인이 아니라 '집단의 상호작용' 속에서 형성된다고 보았다. 벤트리의 이러한 사유는 정치과정의 핵심 단위를 개인이 아닌 '이익집단'으로 전환시킨 결정적 전환점이었다.

다원주의 이론가들에 따르면, 민주주의 사회에서는 모든 유형의 이익이 정부라는 중립적 심판자 앞에서 표현될 수 있다. 국가는 특정 집단의 이익에 편향되지 않으며, 다양한 사회집단이 공평한 조건에서 영향력을 행사할 수 있는 경쟁적 공간을 제공한다. 사회가 발전하고 경제·문화적 분화가 심화될수록 새로운 이해관계와 정체성이 등장하고, 이를 대변하기 위한 새로운 이익집단이 형성된다. 다원주의는 이러한 정치적 다양성을 긍정적으로 바라보며, 정치가 제한된 소수의 엘리트가 아닌

'누구에게나 열려 있는 경쟁적 시장'으로 기능한다고 본다.

또한 다원주의는 사회 내 다양한 이익집단의 요구가 구체적이고 전문적인 정책 영역에 집중된다고 본다. 그 결과 정부의 정책 활동 역시 점점 세분화되고 전문화된다. 이 과정에서 어떠한 단일 엘리트나 지배집단도 국가 전체를 통제할 수 없으며, 대신 상이한 이익집단들이 각 정책 부문에서 분산된 영향력을 행사하게 된다(정상호, 2006). 따라서 다원주의 사회에서의 정책결정은 특정 경제적 이해만을 반영하는 것이 아니라, 사회 전반의 다양성을 수용하는 조정적 과정으로 이해된다.

이러한 관점은 현대 민주주의의 실제 작동 원리를 설명하는 데 특히 중요한 의의를 지닌다. 다원주의는 '다수결 원리'만으로는 민주주의의 현실을 온전히 설명할 수 없다고 본다. 실제 정치 과정은 소수 집단들 간의 경쟁과 협상을 통해 이루어지며, 각 영역에서는 서로 다른 집단들이 주도권을 나누어 가진다. 그러나 특정 영역에서 단일 집단이 과도한 권력을 행사하지 못하도록, 다른 경쟁 집단들의 존재와 정부의 중립적 조정이 견제와 균형의 역할을 수행한다(최장집, 2017). 이로써 다원주의는 '여럿에 의한 지배(rule by many)'라는 민주주의의 본질을 구현하는 정치적 질서로 간주된다.

다원주의의 실제 작동을 가장 잘 보여주는 사례는 미국의 이익집단 로비 시스템이다. 미국 정치에서는 총기 소지권을 옹호하는 전미총기협회(NRA), 환경 보호를 중시하는 시에라 클럽(Sierra Club), 노동자의 권익을 대표하는 미국노동총연맹-산업별노조회의(AFL-CIO) 등 수많은 이익집단들이 의회와 행정부를 상대로 로비 활동을 벌인다. 예컨대 총기 규제 정책을 둘러싸고 NRA는 강력한 로비를 통해 규제 법안의 통과를 저지하거나 수정하려 하고, 반대편에서는 총기 규제를 지지하는 시민단체들이 여론을 형성하고 의원들을 설득하려 한다. 이러한 과정에서 정부는 중립적 조정자로서 양측의 주장을 검토하고 절충안을 모색한다. 이는 다원주의의 핵심 원리인 '집단 간 경쟁과 권력의 분산'이 실제 정치 체제에서 어떻게 구현되는지를 보여주는 대표적 사례라 할 수 있다.

결국 다원주의는 사회의 복잡성과 다양성을 인정하면서, 정치권력이 특정 집단에 집중되지 않도록 제도적·사회적 균형을 유지하려는 이론이다. 국가는 적극적인 주도자가 아니라 이익집단 간의 공정한 경쟁을 보장하는 심판자로서 기능하며, 이러한 상호작용을 통해 민주주의의 안정성과 포괄성이 유지된다. 다시 말해, 다원주의는 현대 민주주의의 '다양성 속의 질서'를 설명하는 핵심적 이론적 토대라 할 수 있다.

4. 다원주의의 흐름

1) 사상적 기원

자유와 방임주의에 기초한 다원주의를 이해하기 위해서는 그 사상적 뿌리를 미국 건국의 핵심 이론가인 제임스 매디슨(James Madison)에게서 찾을 수 있다. 비록 다원주의 이론이 제2차 세계대전 이후 본격적으로 발전하였지만, 그 근본 정신은 이미 미국 헌법이 제정되던 시기의 매디슨 정치철학 속에 내재되어 있었다.

미국 건국 당시 신생 정부는 매우 불안정했다. 정책 결정은 소수의 권리 보장이나 정의 실현보다는 다수의 이해관계에 따라 좌우되는 경우가 많았다. 독립 직후 제정된 첫 헌법인 『연합규약(The Articles of Confederation)』은 중앙정부의 권한을 극도로 제한하고, 13개 주의 자율성을 강조하였다. 그 결과 중앙정부는 독립적인 군대를 보유하지 못했으며, 상행위를 규제하거나 세금을 부과할 권한조차 없었다. 심지어 국제관계를 통제할 수 없었기 때문에 각 주가 개별적으로 외교 교섭을 수행하는 혼란스러운 상황이 벌어졌다. 이러한 제도적 불안정 속에서, 경제적·정치적 이해관계를 가진 다수파의 횡포가 정책을 왜곡한다는 비판이 사회 곳곳에서 제기되었다.

매디슨은 이러한 문제의 근원을 '파벌(faction)'의 존재에서 찾았다. 그는 파벌을 "공동체 전체의 권리나 공공선을 침해하면서, 특정 집단의 이해를 추구하기 위해 결집한 사람들의 모임"으로 정의했다. 그는 파벌이 인간의 본성에서 비롯된 불가피한 산물임을 인정하면서도, 그것이 초래하는 폐해를 최소화할 수 있는 제도적 장치를 마련해야 한다고 주장했다. 이러한 사상은 그가 집필한 『연방주의자 논고(Federalist Papers) 제10편』에서 명확히 드러난다.

매디슨은 파벌을 없애기 위해 자유를 억압하는 것은 "질병보다 더 해로운 처방"이라고 비판하며, 파벌의 완전한 제거는 불가능하다고 보았다. 따라서 그는 그들의 영향력을 제도적으로 통제하고 균형을 유지하는 방안을 제시했다. 첫째, 그는 '광

대한 공화국(extended republic)'의 구성을 통해 파벌이 전국적으로 결집하지 못하도록 분산시켜야 한다고 주장했다. 작은 공화국에서는 소수 파벌이 권력을 독점하기 쉽지만, 넓은 영토와 다양한 인구 집단을 포괄하는 대규모 공화국에서는 이해관계가 다원화되어 어느 한 집단이 절대적 지위를 차지하기 어렵다. 즉, 사회의 다양한 파벌 간 경쟁이 자연스럽게 균형과 조정의 메커니즘을 형성한다고 본 것이다.

둘째, 매디슨은 헌정적 장치, 즉 권력분립과 견제와 균형(check and balances)을 통해 권력을 분산시켜야 한다고 보았다. 이를 통해 어떤 집단도 절대적 권력을 행사하지 못하도록 하고, 상호 감시 속에서 권력의 남용을 방지할 수 있다고 생각했다.

이러한 매디슨의 통찰은 훗날 등장한 이익집단 다원주의 이론의 사상적 토대가 되었다. 즉 사회 내 다양한 집단들이 서로 경쟁하고 견제하는 가운데 정책이 형성된다는 다원주의적 정치 질서의 핵심 아이디어는, 이미 매디슨이 주장한 파벌 통제 논리와 광대한 공화국 구상의 연장선상에 있는 것이다. 따라서 전후 미국에서 다원주의 이론이 제도화되었을 때, 그것은 새로운 이론적 혁신이라기보다 매디슨적 헌법 정신의 재발견이라 할 수 있다.

2) 초기 다원주의 이론: 전통적 집단 이론

상술한 다원주의의 지적 기원은 매디슨이 '파벌을 이익 추구 집단으로 규정하며, 이를 견제하기 위한 헌법적 장치의 필요하다고 강조'한 정치 사상에서 찾을 수 있다. 그러나 이러한 아이디어가 정치학에서 체계적인 이론으로 정립되기 시작한 것은 20세기에 들어서였다. 초기 집단 이론의 출현 배경을 역사적·사회적 맥락에서 검토하면, 20세기 초 미국 정치의 정책 결정 과정에서 로비 활동의 영향력 확대와 보편화가 핵심 요인으로 작용하였다.

19세기 후반까지 미국 정치의 중심에는 지역 공동체를 기반으로 한 시민들의 자발적 결사체가 자리하고 있었다. 이 시기 정치 참여는 비교적 분권적이고 지역사회 중심적으로 이루어졌으며, 개인이나 단체는 직접적인 참여를 통해 공공문제에 관여했다. 그러나 20세기 초 산업화와 도시화가 급격히 진전되면서 이러한 정치 구조는 근본적인 변화를 맞이하게 된다. 바로 이 시기를 1890~1920년 사이의 진보 시대(Progressive Era)라 부른다.

진보 시대는 대규모 산업 자본의 성장과 그로 인한 사회적 불평등, 정치 부패, 독점적 기업권력에 대한 비판이 거세지던 시기였다. 철도, 석유, 철강 등 거대 기업들이 국가경제를 장악하면서, 이들은 자신들의 이해를 관철하기 위해 본격적으로 의회와 행정부에 영향력을 행사하는 로비 활동을 펼치기 시작했다. 그 결과, 과거 자발적 시민참여 중심의 정치문화는 점차 조직화된 이해집단 중심의 정치문화로 전환되었다.

이러한 변화에 대응해 정부는 기업의 정치적 영향력을 제한하기 위한 여러 제도적 장치를 마련했다. 그 대표적인 예가 1907년 제정된 '틸만 법(Tillman Act)'으로, 이는 기업의 정치자금 기부를 금지한 미국 최초의 연방 차원의 로비 규제 법안이었다. 그러나 아이러니하게도, 이러한 법적 규제는 로비 활동을 억제하기보다 오히려 공식적이고 제도화된 형태의 로비 시스템을 정착시키는 계기가 되었다. 기업들은 법의 허점을 활용해 다양한 합법적 로비 전략을 개발했고, 전문 로비스트와 법무법인이 등장하면서 로비는 미국 정치 과정의 핵심적인 요소로 자리 잡았다.

결국 진보 시대의 개혁은 기업의 정치 개입을 통제하려는 시도였지만, 그 과정에서 오히려 이익집단이 제도적 행위자로 인정받는 정치 구조를 형성하는 결과를 낳았다. 이 시기를 기점으로 로비는 부패나 비공식 거래의 영역을 넘어, 미국 민주주의의 현실적 운영 메커니즘으로 자리하게 되었으며, 이는 이후 학계와 시민사회가 '이익집단 정치'라는 새로운 정치 질서를 본격적으로 탐구하게 되는 계기가 되었다.

이러한 시대적 경향을 반영하여 아서 벤트리(Arthur F. Bentley)와 데이비드 트루먼(David B. Truman)은 이익집단의 개념, 형성 과정, 그리고 정치적 역할을 분석하는 데 초점을 맞추었다. 이들의 작업은 다원주의가 미국 정치과학의 주류 패러다임으로 자리 잡는 데 기여하였으며, 제2차 세계대전 후 냉전 시대의 이념적 맥락에서 민주주의의 다원적 본질을 강조하는 이론적 기반을 제공하였다.

(1) 벤트리(Arthur F. Bentley)

미국 정치학자 벤트리는 이익집단을 "공유된 이익을 위해 집단적으로 행동하거나 행동하려는 경향이 있는 사회의 하위분파(subsection)"로 정의하였다(Bentley, 1967: 211). 이 정의에 따르면 이익은 집단의 존재 이유이자 본질이며, 이익과 집단은 불가분의 관계에 있다. 즉 이익이 없으면 집단도 존재하지 않으며, 사회를 인간의 이익 추구와 교섭, 상호작용으로 이루어진 체계로 설명하였다. 그의 이론은 다원주의적 관점에서 정치적 과정을 이해하는 데 중요한 기여를 하며, 집단 간 경쟁과 갈등이 사회적 질서와 변화를 형성하는 핵심 메커니즘임을 강조한다.

벤트리의 집단 이론은 논리적 연쇄관계로 체계화된다. 결사체(집단)는 상이한 이익과 가치를 기반으로 형성되며, 개인들은 공통의 목표나 가치를 공유함으로써 집단을 구성한다. 이는 사회적 상호작용의 산물이다. 대표적으로 1960년대 미국의 민권운동이 있다. 아프리카계 미국인들은 인종 평등이라는 공통 가치를 공유하며 NAACP(National Association for the Advancement of Colored People)와 같은 집단을 형성했고, 이는 1964년 민권법(Civil Rights Act) 제정을 위한 정치적 압력으로 이어졌다.

사회적 분화 과정이 진전됨에 따라 정치 영역에서는 점점 더 특화되고 다양한 특수집단들이 형성된다. 산업화, 기술 발전, 사회적 진화는 새로운 이해관계와 가치를 창출하며, 이에 따라 다양한 집단이 출현한다. 20세기 후반 한국의 급속한 산업화는 노동자 계층의 이익을 대변하는 민주노총과 한국노총 등의 노동조합을 강화하여 임금 인상, 노동 조건 개선, 기술 혁신 지원과 같은 상이한 이익을 추구하며 정치적 과정에 참여한다.

벤트리의 이론은 기술 발전과 사회적 진화에 따라 상충하는 이익과 가치를 추구하는 집단들이 경쟁적으로 등장한다는 점을 강조하며, 이를 확산 이론(Theory of Proliferation)으로 명명한다. 사회적 분화는 점점 더 많은 특수화된 집단을 생성하며, 이들이 정치적 과정에서 활발히 활동한다. 기후위기가 화두가 되고 있는 현대사회에서 범국제기구, 환경 단체, 재생에너지 기업 그리고 화석연료 산업이 각기 다른 이익을 대표하며 정책 결정 과정에서 경쟁한다. 이들은 기후 변화 정책, 탄소세, 재생에너지 보조금과 같은 사안에서 상충하는 입장을 취하며 정치적 갈등을 유발한다.

동시에 벤트리는 집단을 갈등의 기본 단위로 간주하며, 사회 변화를 집단 간 갈등의 산물로 이해한다는 점에서 갈등 이론(Conflict Theory)으로도 불린다(김영래, 1997: 27). 대표적으로 한국의 최저임금 인상 논쟁에서 노동조합은 임금 인상을, 중소기업연합회는 비용 절감을 주장하며 치열한 갈등을 벌였다. 이 과정에서 정부는 양측의 이익을 최저임금위원회를 통해 정책을 조율한다.

벤트리의 주장은 상이한 이익과 가치를 가진 집단들이 상호 경쟁하고 갈등하는 과정이 사회와 정치의 핵심 동력이라는 점에 초점을 맞춘다. 그는 이익집단의 활동을 통해 사회적 변화와 정치적 과정이 형성되며, 이러한 상호작용이 사회의 역동성을 유지한다고 보았다. 그의 집단 이론은 이익집단을 사회의 이익 추구와 상호작용의 산물로 정의하며, 사회적 분화와 기술 발전이 다양한 특수 집단을 생성한다고 본다. 그의 확산 이론과 갈등 이론은 집단 간 경쟁과 갈등이 정치적 변화를 이끄는 핵심 동력임을 강조한다. 미국의 민권운동, 한국의 노동조합과 기업 간 최저임금 갈등 등은 그의 주장이 여전히 유효함을 보여준다. 다원주의적 관점에서 정치적 과정을 이해하는 데 중요한 통찰을 제공하며, 집단 간 갈등과 협상이 사회적 질서를 형성하는 메커니즘임을 보여주고 있다.

(2) 트루먼(David B. Truman)

트루먼의 파열 이론(Disturbance Theory)은 이익집단의 형성과 활동을 설명하는 다원주의적 정치 이론의 핵심 개념 중 하나로, 사회적 균형의 파열(disturbance)이 이익집단의 출현과 발전을 촉진한다고 본다. 이 이론은 사회적 상호작용과 균형 회복의 역동적 과정을 중심으로 이익집단의 역할을 분석한다.

트루먼은 이익집단을 "하나 이상의 공유된 태도를 바탕으로 사회의 다른 집단에 대해 특정한 주장을 제기하는 집단"으로 정의한다(Truman, 1971: 33). 이익집단은 개인들이 공통의 이해관계나 목표를 중심으로 조직화된 집단으로, 정치적 과정에서 중요한 행위자로 기능한다. 19세기 이후 산업화와 도시화로 인해 사회적 분화가 심화되면서 다양한 이해관계가 충돌하고 새로운 집단이 형성되는 시대적 배경에서 발전했다. 이러한 사회적 분화는 특정 역할과 경제 활동에 특화된 개인들을 통해 다양한 이익집단의 출현을 촉진했다. 파열 이론의 핵심은 사회적 균형의 파열이 이익집단 형성의 주요 원동력이라는 점이다. 트루먼은 사회를 항상성(homeostasis)을 유지하려는 체계로 간주하며, 이 체계는 외부 또는 내부의 돌발적 요인(파열)에 의해 균형이 깨질 때 새로운 집단이 형성되고 상호작용을 통해 균형이 회복되는 과정으로 작동한다고 보았다. 사회적 균형은 전쟁, 경제적 위기, 과학기술의 발전, 교통 및 통신 혁신 등과 같은 외부적 또는 구조적 변화에 의해 파열된다. 이러한 요인들은 기존의 사회적, 경제적, 정치적 관계를 재편하며 특정 집단에 이익 또는 불이익을 초래한다. 균형의 파열로 인해 불이익을 받은 집단은 자신들의 이익을 보호하거나 회복하기 위해 조직화된다. 예를 들어 노동자들은 임금 저하와 같은 경제적 불이익에 대응하여 노동조합을 결성할 수 있다. 불이익을 받은 개인들이 집단으로 조직화되면서 새로운 이익집단이 형성된다. 이 집단은 다른 집단이나 정부를 상대로 자신들의 주장을 펼치며, 상호작용을 통해 협상과 타협을 시도한다. 결과적으로 집단 간 상호작용은 경쟁, 협상, 합의를 통해 새로운 사회적 균형을 창출한다. 이 과정에서 체계는 안정성을 회복하며, 이익집단은 정치적 과정에서 영향력을 행사하는 주요 행위자로 자리 잡는다.

트루먼은 이익집단의 형성을 단순히 자연스러운 사회적 분화의 결과로 보지 않고, 역동적이고 상호작용적인 과정으로 설명한다. 사회를 정적인 구조가 아닌, 끊임없이 변화하고 적응하는 체계로 간주한다. 예를 들어 산업화로 인해 노동자와 자본가 간의 갈등이 심화되면서 노동운동과 같은 이익집단이 등장했다. 하지만 모든 사회 구성원이 즉각적으로 이익집단에 가입하지는 않는다고 보았다. 특정 집단이 불이익을 인식하고 조직화될 필요성을 느낄 때, 즉 파열이 발생했을 때 잠재적 이익집단이 실제적 이익집단으로 전환된다. 또한 개인은 단일 집단에만 소속되지 않고 다양한 집단에 중첩적으로 가입한다. 이러한 중첩적 가입은 개인에게 상충하는 압력을 가하여 극단적인 대립을 완화하고 협상과 타협을 촉진한다. 이는 민주주의 체계의 안정성을 유지하는 데 기여한다(Truman, 1971: 157~166).

파열 이론은 다원주의적 관점에서 정치 과정을 이해하는 데 중요한 기여를 했다. 우선적으로 파열 이론은 이익집단의 형성을 정적인 사회구조의 산물이 아니라 역동적이고 상호작용적인 과정으로 설명한다. 이는 사회 변화를 이익집단의 출현과 연결 짓는 새로운 시각을 제공한다. 또한 균형과 안정성을 보여주었다. 이익집단의 경쟁과 상호작용이 사회적 혼란을 초래할 수 있지만, 중첩적 가입과 협상 과정을 통해 궁극적으로 체계의 안정성을 강화한다고 보았다. 이는 다원주의가 민주주의의 지속 가능성을 뒷받침한다고 보는 낙관적 관점을 반영한다. 파열 이론은 정치를 다양한 이익집단 간의 경쟁과 타협의 과정으로 정의하며, 정부 정책이 이러한 상호작용의 결과물로 형성된다고 본다. 이는 정책 결정 과정에서 집단의 협상력이 중요한 역할을 한다는 점을 강조한다.

그러나 파열 이론 역시 비판에서 벗어날 수 없었다. 첫 번째, 이익집단은 모두 똑같지 않다. 모든 집단이 동등한 협상력을 가지지 않는다는 점에서, 자원과 조직화 능력이 부족한 집단은 정치 과정에서 소외될 수 있다. 두 번째, 파열을 너무 강조한다. 사회적 혼란을 이익집단 형성의 주요 원인으로 보지만, 점진적 변화나 내부적 동기에 의한 집단 형성에는 덜 주목한다. 마지막 비판은 파열이론의 낙관론이다. 중첩적 가입이 항상 갈등을 완화하고 균형을 회복한다고 보는 관점은, 심각한 사회적 분열이나 극단적 대립 상황을 충분히 설명하지 못할 수 있다.

파열 이론은 이익집단의 형성과 정치적 역할을 사회적 균형의 파열과 회복이라는 역동적 과정으로 설명하며, 다원주의적 정치 이론의 중요한 틀을 제공한다. 이 이론은 사회적 변화와 갈등이 새로운 집단의 출현을 촉진하고, 이들 집단의 상호작용이 민주적 질서를 유지하는 데 기여한다고 본다. 특히 중첩적 가입의 개념은 개인의 다중적 정체성과 이해관계가 갈등을 완화하고 협상을 촉진한다는 점에서 민주주의의 안정성을 강조한다. 그러나 이론의 낙관적 가정과 자원의 불평등 문제는 추가적인 논의가 필요한 지점으로 남는다(김영래, 1997: 28).

3) 현대적 다원주의 이론

1960년대 미국 사회에서는 정치 지도자들의 공식적 정책 결정 이면에 실제적 영향력을 행사하는 경제적·사회적 엘리트 집단의 존재를 주장하는 찰스 라이트 밀즈(Charles Wright Mills)의 권력 엘리트론을 비롯한 다양한 엘리트 이론이 확산되었다(제9장 참조). 이러한 시대적 배경 속에서 달(Robert Dahl)은 밀스의 엘리트 이론을 반박하며, 미국의 경험적 사례 연구를 기반으로 체계적인 다원주의 이론을 정립하였다. 달은 다원주의에 대한 비판을 선택적으로 수용하면서도 그 기본 원리를 옹호하였으며, 한편 린드블럼(Charles Lindblom)은 다원주의에 대한 엘리트주의적·계급주의적 비판에서 불균형의 개념을 적극적으로 규명하려 노력하였다. 이처럼 달과 린드블럼은 다원주의에 대한 비판적 담론과 대결하며, 현대적 다원주의라는 발전된 형태의 논의를 이어갔다.

(1) 달(Robert Dahl)의 다두제(polyarchy)

권력 엘리트 이론의 다원주의 비판에 대하여, 달은 과거의 다원주의자들과 달리 이러한 비판의 일부를 수용하는 모습을 보였다. 즉 투표를 제외하고는 정치인과 정치과정에 영향력을 미칠 수 있는 자원이 사회 집단 간에 불균등하게 분배되어 있는 것은 사실이며, 정치인들에게 영향력을 행사하는 실질적인 세력은 유권자들의 극히 작은 비율에 지나지 않는다고 언급했던 것이다(Dahl, 1961: 130; Dahl, 1956: 130).

그러나 그는 정책결정에 지배적 영향력을 끼치는 세력이 존재한다는 비판의 수용에도 불구하고, 다원주의적 모델은 여전히 유효할 수 있다고 주장하였다. 우선적으로 그는 사회 내에 존재하는 어떠한 개인이나 집단도 정치과정에 대한 영향력을 행사하는 데 필요한 자원을 완전히 결여하고 있지 않다고 주장하였다. 또한 달은 '잠재적 집단'이라는 개념을 통해, 비록 아직까지는 실제적으로 조직화되지 않았더라도 모든 사회 구성원들은 정치적 영향력과 관련한 자원을 보유하고 있기 때문에 이들의 집단 형성에 대한 가능성은 항존하며, 정책결정자들은 이러한 잠재적 집단에 대한 고려하에서 정책결정을 진행할 수밖에 없다는 논지를 폈다. 더불어 그에 의하면 정치적 영향력을 향하는 사회 집단의 경로는 다양하며, 한 가지 방법이 차단되었다고 하더라도 다른 경로를 발견할 수 있다. 집단들은 의원에 대한 로비뿐만 아니라 선출직 공직자들에 대한 선거 자금 기부, 공직 청문회 참여, 공직 관료와의 대담 기회 등을 가지며 무엇보다 대중매체를 활용할 수 있다. 이러한 사회적 특질에 대한 설명과 더불어 달은 '정상적인(normal)' 미국의 정치과정을 지탱하는 미국적 정치체제 역시, 활동적이고 정당성을 지닌 이익집단이 정책결정과정에서 자신들의 의견을 효과적으로 개진하고 정부로 하여금 반영할 수 있는 기회를 제공한다고 주장함으로써, 사회적 집단의 역학과 미국 정부가 지닌 비교적 개방적인 특성 양 측면으로부터 다원주의의 가능성을 옹호하였다(Dahl, 1956: 145).

특히 달은 저서 『누가 지배하는가?(Who Governs? Democracy and Power in an American City)』에서 뉴헤이븐(New Haven)이라는 미국의 한 도시를 사례로 공동체 내부의 권력관계를 분석함으로써 밀즈가 주창했던 단일한 권력 엘리트 집단(power elite)이 존재하지 않음을 경험적으로 알 수 있다고 주장하였다. 달에 의하면 미국의 정치체제에는 단일한 권력 엘리트 집단이 아닌 광범위하고 다양한 사회적 기반을 지닌 정치체제가 존재하고 있으며, 이러한 체제에서는 선출직 정치인들이 주요한 정책결정권을 지니고 있음에도 이러한 결정의 정치적 결과(선거결과 등)를 항상 의식하고 있다. 따라서 선출직 정치인들은 다양한 이익과 가치를 지니고 분포되어 있는 유권자 집단 내부에서 조직화된 반대가 형성되지 않도록 특정 집단의 독점적인 이익을 관철시키기보다는 다양한 사회적 이익의 조정과 타협을 이끌어내는 경향이 있다는 것이다(Dahl, 1961).

달의 연구는 미국 사회의 권력 구조와 민주주의의 작동 방식을 다원주의적 관점에서 체계적으로 분석하며, 통합 엘리트 이론의 단일 권력 구조를 반박한다. 그의 발견은 다음과 같이 정리할 수 있다.

첫째, 다두제(polyarchy)로서의 권력 구조: 달은 미국 사회의 권력 구조가 소수의 엘리트에 의해 지배되는 과두제(oligarchy)가 아니라, 다양한 정치적 자원을 가진 여러 지도자 집단에 의해 운영되는 다두제라고 주장한다. 다두제는 다양한 이익집단과 지도자들이 경쟁하고 타협하며 정책 결정을 이끌어내는 체제를 의미한다. 예를 들어 1950년대 코네티컷주 뉴헤이븐에서 달이 수행한 경험적 연구는 도시 재개발, 교육 정책, 공공 서비스와 같은 다양한 영역에서 경제 엘리트뿐 아니라 정치인, 교육자, 시민단체가 서로 다른 영향력을 행사하며 정책을 형성했음을 보여준다(Dahl, 1963: ch.6). 이는 단일 엘리트 집단의 지배를 부정하고, 권력이 분산된 다원적 구조를 입증한다.

둘째, 지도자와 시민 간 상호작용적 관계: 달은 각 영역의 지도자 집단과 일반 시민 간 관계가 일방적인 지배가 아니라 상호작용적 관계라고 보았다. 이는 그의 '기대반응의 법칙(the rule of anticipated reaction)'에서 잘 드러난다. 지도자들은 대중의 잠재적 반발을 예상하여 정책 결정에서 시민의 의견을 반영하려 한다(Dahl, 1958: 463~469).

셋째, 권력의 불평등과 평등의 유지: 달은 미국의 다두제하에서 권력의 불평등이 존재하지만, 경제적 부가 자동적으로 교육, 문화, 정치 등 다른 영역에서 우월적 지위를 보장하지는 않는다고 보았다. 각 영역마다 다양한 불평등이 존재하지만, 이는 민주적 평등을 심각하게 훼손하지 않는다. 예를 들어 뉴헤이븐 연구에서 경제 엘리트는 잠재적 영향력을 가졌으나, 실제 정책 결정에서는 교육자, 지역 정치인, 시민단체가 더 큰 역할을 했다. 이는 경제적 자원이 정치적 권력으로 직접 전환되지 않으며, 다양한 집단 간 경쟁과 균형이 유지됨을 보여준다.

달의 발견은 미국 사회가 실제적·잠재적 집단들 사이의 균형을 통해 정치적 안정성을 획득하고 공공선을 실현한다는 매디슨의 교리를 이상적으로 구현하고 있음을 보여준다(정상호, 2006: 61). 매디슨은 연방주의 논문에서 다양한 이익집단의 경쟁이 폭정을 방지하고 공공선을 촉진한다고 주장했다. 달은 뉴헤이븐의 사례를 통해, 다두제가 이익집단 간 경쟁과 타협을 통해 민주적 균형을 유지하며, 특정 집단의 독점을 막는 메커니즘으로 작동한다고 입증했다.

달의 연구는 미국 사회가 소수의 엘리트에 의해 지배되는 과두제가 아니라, 다양한 지도자 집단이 경쟁하는 다두제라는 점, 지도자와 시민 간 상호작용적 관계, 그리고 권력의 불평등이 민주적 평등을 심각히 훼손하지 않는다는 점을 강조한다. 이는 매디슨의 교리를 현실적으로 구현하며, 집단 간 균형이 정치적 안정성과 공공선을 실현하는 데 기여함을 보여준다.

달의 저작 이래 다원주의 이론의 영향력은 현실 정치에서나 학계에서나 증대되었다. 왜냐하면 달의 주장은 초기 다원주의자들의 설명 방식, 이를테면 "정치는 집단들 간의 상호작용"이라는 트루먼의 명제처럼 중립적이고 객관적인 진술을 넘어 정치와 사회가 이렇게 '되어야 한다'는 당위론적·규범적 주장을 함축하고 있었기 때문이다. 달을 통해 사람들은 집단들의 상호작용을 통한 정책결정은 민주주의의 위협이 아니라 민주주의의 유지를 위한 실질적 덕(virtue)이며, 따라서 참여의 증진은 불가피하게 더 많은 이익집단을 필요로 한다고 인식하게 되었다(Ainsworth, 2002).

(2) 린드블럼(Charles Lindblom)의 기업의 특권적 지위에 대한 설명

고전적 형태의 다원주의가 실제적·잠재적 집단 간 균형을 강조하고, 달(Robert A. Dahl)과 같은 현대적 다원주의자들이 사회 집단 간 영향력의 불균형에도 불구하고 잠재적 집단의 개념을 통해 균형을 지속적으로 옹호했다면, 린드블럼(Charles E. Lindblom)은 다원주의적 정치 이론을 견지하면서도 사회적 영향력의 불균형에 초점을 맞추었다. 특히 그가 집중적으로 분석한 영역은 현대 사회에서 기업의 특권적 영향력과 달이 주장하는 다두제 간의 관계이다.

현대적 다원주의자들의 새로운 관심사는 기업과 다른 사회 집단 간 영향력의 불균형이었다. 기업의 영향력은 본질적으로 그들이 활용할 수 있는 경제적 부의 규모에서 비롯된다. 기업은 이러한 부를 통해 로비스트, 시장 분석가, 미디어 전문가, 변호사 등을 고용함으로써 정책 결정 과정에 다른 집단들보다 훨씬 효과적인 영향을 미칠 수 있다. 가장 적절한 사례는, 2008년 미국 금융위기 당시 대형 은행과 금융기관(예: 골드만삭스, JP모건)은 막대한 자본을 바탕으로 로비 활동과 미디어 캠페인을 통해 구제금융법(TARP, Troubled Asset Relief Program)의 통과를 촉진했다. 이는 기업이 거대 자본을 이용해 다두제 내 정책 결정에 영향을 미치고, 미디어를 통해 대중 의견을 조작하거나 금융기관 구제를 자의적 선택으로 보이게끔 유도한 사례이다.

린드블럼은 다두제에서 기업이 차지하는 특권적 지위를 체계적으로 분석했다(Lindblom, 1977: 170~188). 그는 민주주의와 자본주의 체제에서 기업이 수행하는 기능을 근거로 기업의 특권적 지위를 설명한다. 기업은 현대 사회의 경제 운영에서 핵심적 위치를 점유하며, 투자 대상, 시기, 장소, 그리고 생산·분배 조직 방식을 결정하는 데 있어 다른 사회 집단과 비교할 수 없을 정도의 막대한 결정권을 보유한다. 예를 들어 특정 기업이 여러 지방정부와 협상에서 세금 감면과 인프라 지원을 요구하며, 제조공장 설립 위치를 결정한다고 가정하자. 특정 기업이 특정 지역에서 투자를 철회할 경우, 해당 지역의 경제는 실업률 증가와 세수 감소로 큰 타격을 입을 가능성이 높아진다. 이로 인해 지방정부는 특정 기업의 요구를 우선적으로 수용하며 정책을 조정하게 된다.

기업이 투자를 철회하거나 지연시킬 경우, 사회 전체의 경기가 하락하고 정부 세입이 감소하여 국가 재정 악화를 초래한다. 이러한 경제 악화는 유권자들의 실업, 고용 불안정, 소득 감소를 유발하며, 결과적으로 기업은 정부뿐만 아니라 유권자들에게까지 영향력을 미친다.

린드블럼은 기업의 영향력이 정부 행태를 결정하는 데 있어 다른 집단들과 차원이 다르며, 정부가 기업의 요구에 여타 집단보다 더 큰 관심을 기울인다고 보았다. 심지어 기업이 로비에 적극적으로 의존하지 않더라도, 정부는 기업의 요구에 집중할 수밖에 없는 구조적 상황에 놓여 있다. 공직자들은 정책이 투자자, 은행가, 재정 기관의 선호에 크게 어긋나지 않아야 함을 잘 알고 있다. 선거가 가까워질수록 이해도는 상승한다. 좋은 사례는 2017년 미국 트럼프 행정부의 세제 개혁(Tax

Cuts and Jobs Act)이다. 이는 대기업과 금융기관의 세금 감면을 중심으로 설계되었으며, 이는 기업의 투자 철회나 자본 도피를 방지하려는 의도에서 비롯되었다. 기업의 요구에 어긋나는 정책은 시장에서 투자 철회, 자본 도피, 투기 등의 방식으로 처벌받으며, 이는 경제 악화를 초래해 정부에 대한 유권자 지지를 약화시킨다.

린드블럼은 시장을 정부의 재량을 제한하는 '감옥'으로 비유하며, 다원주의적 정치 체제를 전면적으로 부정하지는 않지만, "다원주의는 정책 결정의 구속되지 않은 영역(unimprisoned zone)에서만 작동할 뿐이다"라고 주장한다(Lindblom, 1982: 335). 기업 특권의 반대 사례가 될 수 있지만, 2025년 한국은 시장자본주의 기반인데도 불구하고 노란봉투법과 더 큰 상법을 채택하며 노동자의 권익과 소액주주의 권리에 우선순위를 두었고, 이는 기업의 요구인 노동 유연화와 규제완화와 같은 다른 집단의 요구가 상대적으로 배제되는 결과를 낳았다. 이러한 측면에서 린드블럼은 다원주의의 기본 틀을 수용하면서도, 엘리트주의자나 계급주의자들이 지적한 사회적 영향력의 불균형에 주목함으로써 다원주의가 실질적 운영에서 심각한 제약에 직면해 있음을 강조한다.

다원주의는 자본주의 경제를 근대화의 핵심 과정으로 간주하며, 민주주의를 정치 참여의 권리와 기회 확대로 정의하고, 국가를 발전된 정치 제도로 본다. 근대화는 경제 성장을 촉진하고 전통적 사회 구조의 계승된 지위로부터 해방시키는 역할을 한다. 사회적 분화 과정에서 다양한 역할이 생성되며, 이에 따라 소득, 위신, 권위 등이 보상으로 주어진다. 20세기 후반 한국의 급속한 산업화는 IT 전문가, 금융 전문가 등 새로운 직업군을 창출하며 사회적 계층의 다양성을 증대시켰다. 이러한 복잡한 경제·사회적 구조는 고도로 분화된 국가 구조의 기초를 마련한다.

사회 구조의 복잡성은 새로운 정치적 요구를 지속적으로 유발하며, 국가는 다양한 정책과 기구로 이에 대응한다. 환경, 노동, 소비자 권익 등 다양한 이익집단의 요구를 반영하기 위해 복잡한 정책 결정 기구들이 탄생된다. 결과적으로 자본주의, 근대화는 시민들의 의식 변화를 유도하고 민주주의의 근간인 참여를 활성화한다. 이는 다원주의에서 자본주의와 민주주의가 사회 발전의 필수 요소임을 보여준다.

린드블럼의 이론은 다원주의의 틀을 유지하면서도 기업의 특권적 영향력으로 인해 다두제가 제약받는 현실을 강조한다. 그는 기업이 경제적 부를 바탕으로 정책

결정과 대중 의견에 강력한 영향력을 행사하며, 정부가 기업의 요구에 우선순위를 두는 구조적 문제를 지적한다. 동시에 다원주의는 자본주의와 민주주의가 사회 발전을 위해 필수적이라고 보며, 근대화 과정에서 분화된 사회 구조와 정치 참여의 확대를 강조한다. 린드블럼의 분석은 다원주의의 이상과 현실적 제약을 연결하며, 현대 민주주의의 복잡성을 이해하는 데 중요한 통찰을 제공한다.

제5절 국가론의 의의

비교정치학에서 국가 개념은 16세기 주권과 영토 경계에서 시작되어 영토보전권으로 확장되었으며, 1950년대에 이르러 이스턴의 정치체계 모형과 연계되며 과학적 접근으로 해석되었다. 알몬드와 동료들은 국가를 정부 기능 중심으로 분석하여 현대 정부 이해에 기여했으며, 구조기능주의 접근은 정부의 다양한 역할과 기능을 설명하는 초석이 되었다. 이와 함께 국가의 작동이 자본주의 체제의 계급관계에서 자유로울 수 없다는 계급주의적 국가론과, 갈등을 집단 간 경쟁으로 보는 다원주의적 국가론의 발전 과정을 통해 국가와 정책과정을 다각도로 조명했다.

다원주의적 시각은 국가를 둘러싼 현상을 항구적 갈등이 아닌 개인과 집단 간 경쟁으로 보는 인식 전환을 전제로 한다. 현대사회는 다양한 집단으로 구성되며, 이들이 자신의 이익과 정체성을 정치적으로 표출하는 과정이 국가에 의해 매개되는 다원주의적 과정으로 이해된다. 이러한 과정이 원활히 이루어지는 체제는 민주적 정치체제로 간주된다. 예를 들어 미국의 민주주의는 로비 단체, 노동조합, 시민단체 등이 정책과정에서 경쟁하며 의사결정을 형성하는 다원주의적 사례로 분석된다(Truman, 1951). 이 과정에서 국가는 중립적 중재자로 작용하며, 다양한 이해관계를 조정한다.

계급주의적 접근은 다원주의가 간과하는 사회적 갈등의 구조적·근본적 원인을 강조한다. 이는 자본주의 체제 내 계급관계가 국가의 작동과 정책과정에 내재된 모순을 초래한다고 본다. 예를 들어 밀리반드(1969)는 국가가 자본가 계급의 이익을 우선시하며 노동계급의 요구를 체계적으로 억제한다고 주장했다. 이는 국가를 계급 지배의 도구로 보는 마르크스주의적 관점과 연결되며, 예컨대 1980년대 영국의 대처 정부가 광부 파업을 억압한 사례는 국가의 계급적 편향을 보여준다. 계급주의는 사회갈등의 근원을 구조적 모순으로 보고, 국가의 역할이 이를 완화하거나 강화한다고 분석한다.

다원주의는 국가와 정치 과정을 '소프트웨어'적 측면에서 바라보며, 다양한 이익집단 간의 상호작용과 경쟁의 역학을 강조한다. 반면 계급주의는 사회의 '하드웨어'적 측면, 즉 계급 구조와 그로부터 비롯되는 사회적 모순을 중심으로 국가의 역할을 분석한다. 이러한 관점에서 복지국가 모델은 다원주의적으로는 노동자, 기업 그리고 정부의 협상과 같은 제도적 타협의 결과로, 계급주의적으로는 자본주의 경제 질서에서 발생하는 자본과 노동 간의 구조적 갈등이 빚어낸 산물로 해석될 수 있다. 따라서 어느 한 이론만을 절대화하기보다, 사회 갈등의 근본적 원인을 인식하되 이를 제도적 경쟁의 틀 속에서 조정하고 통합하는 방식이 필요하다. 이러한 통합적 시각은 구조적 모순을 민주적 경쟁의 형태로 전환함으로써, 국가가 민주주의의 이상에 보다 근접하도록 하는 국가 이해의 지평을 열어줄 것이다.

제4장

정치문화

제4장

정치문화

시대를 넘어 정치를 이해하는 데 있어 사회의 관습, 전통, 규범, 이념 등과 같은 문화적 요소는 핵심적인 분석의 틀로 강조되어 왔다(Pye, 1991). 비교정치학에서 정치문화를 연구한다는 것은 바로 이러한 사회 구성원들이 공유하는 지배적 규범, 가치, 사고방식, 행동양식을 체계적으로 분석하는 접근을 의미한다. 정치문화 연구의 출발점은 인간 그 자체에 대한 이해에 있다. 즉, 정치현상을 비롯한 인간의 모든 사회적 행위를 이해하기 위해서는 인간이 어떤 존재인가에 대한 근본적 이해가 선행되어야 한다. 이는 인간의 본성이나 성향에 대한 탐구 없이 정치현상을 설명하는 것이 불가능하다는 점을 시사한다.

따라서 인간의 심리적·성향적 요인에 주목하는 접근방법은 이러한 인식에서 출발하며, 인간의 행위가 본성이나 성향에 의해 좌우된다는 기본 전제를 바탕으로 한다. 여기서 '본성'은 선천적으로 타고난 인간의 기본적 성질을, '성향'은 주어진 상황 속에서 특정한 방식으로 반응하려는 경향을 의미한다. 이러한 전제 위에서 정치문화론은 인간의 행위를 심리적·성향적 측면에서 분석하는 비교정치학의 주요 이론으로 발전하였으며, 정치적 태도와 행동의 원인을 규명하고, 이들 간의 차이를 설명하는 것을 핵심 과제로 삼는다. 이때 정치적 태도에는 의견, 신념, 이념, 가치관 등과 정치행동 간의 관계가 모두 포함된다.

정치문화의 개념은 본래 '문화' 자체에 대한 학문적 탐구에서 비롯되었다. 따라서 정치문화를 논의하기 위해서는 우선 '문화'라는 개념의 정의가 선행되어야 한다. 인류학에서 문화는 핵심적인 분석 범주로 자리 잡아 왔으며, 다양한 방식으로 정의되어 왔다. 1871년 인류학자 에드워드 버넷 테일러(Edward Burnett Tylor)는 문화를 인류학에 도입하면서, "지식, 신념, 예술, 도덕, 법, 관습 및 인간이 사회의 구성원으로서 획득하는 능력과 습관들의 복합적 총체"로 정의하였다(Kluckhohn, 1864: 165~168). 이후 테일러와 보아스(Tylor and Boas)는 문화를 "한 공동체의 사회적 습관의 표현이자, 집단의 습관에 의해 형성된 개인의 반응과 그로부터 산출된 인간 활동의 결과물"로 보며, 문화의 내용적·행위적 측면을 강조하였다(Chilcote, 1994: 178). 이러한 관점에서 인류학적 문화 개념은 사회적 조직(social organization), 핵심 가치(core values), 신념(specific beliefs), 사회적 행동(social action), 그리고 삶의 방식(way of life)을 포괄하는 총체적 체계로 이해되었다(Kroeber and Kluckhohn, 1952).

이후 문화에 대한 정의는 기어츠(Clifford Geertz)에 의해 상징적 해석학의 관점에서 새롭게 확장되었다. 그는 문화를 "상징에 내재된 의미의 유형으로서, 역사적으로 전달되고 공유되며, 인간의 삶에 대한 지식과 태도를 의사소통하고 지속시키는 상징적 체계"로 규정하였다(Geertz, 1973b: 89). 이는 문화를 단순한 생활양식이 아닌 의미의 체계적 구조로 이해한 것으로, 인간의 행위, 제도, 사회구조를 해석하는 데 있어 핵심적인 분석도구로 작용하였다. 즉 기어츠의 관점은 인류학적 전통을 계승하면서도 문화를 "역사적으로 축적되고 상징적으로 표현된 인지적·감성적 개념의 체계"로 재정의함으로써, 인간의 사회적 의미 형성과정을 해석하는 틀을 제공하였다.

오늘날 문화는 단순한 생활양식이 아니라 하나의 세계관(worldview)으로 인식된다. 문화 연구는 개인과 집단의 행태를 이해하는 데 있어 가장 영향력 있는 접근법 중 하나로 자리 잡았으며, 사회현실에 대한 인지적·정서적 신념을 포괄하는 개념으로 확장되었다(Berger, 1995). 나아가 문화는 특정 시기와 공간에서 형성된 사회적 맥락을 해석하는 동시에, 서로 다른 문화 간의 차이와 상호작용을 설명하는 분석적 도구로 기능한다.

비교정치학에서 문화는 일반적으로 두 가지 측면에서 이해된다. 첫째, 문화는 사람들이 일상생활을 영위해 나가는 데 사용하는 의미의 체계로서 작동한다. 둘째, 문화는 사람들이 집단을 구성하고, 사회적 문제들에 대응하며, 정치적 정체성을 형성하는 데 결정적 영향을 미치는 사회의 근간으로 이해된다. 이러한 정치문화적 접근의 목적은 집단 간의 상이한 동기와 정체성을 분석함으로써, 상호 이해와 공존의 가능성을 모색하는 데 있다.

문화는 집단 구성원들의 주관적 감정과 경험을 반영하는 독특한 삶의 양식이며, 신성화나 세속화 등 특정한 상징적 형태로 표현된다. 문화는 사회 구성원들의 순환적인 생활리듬을 보여주고, 과거와 현재, 그리고 미래의 사건들을 해석하는 지침으로 작용한다(Berger, 1995). 또한 문화적 은유는 특정 집단의 경험과 정체성을 드러내고, 구성원 간의 정서적 결속을 강화하는 인지적 의미를 지닌다. 이러한 점에서 정치문화는 단순한 제도적 변수나 정치행동의 결과가 아니라, 인간의 행위와 사회적 의미가 교차하는 핵심적 분석 단위로서 비교정치 연구의 중요한 축을 형성하고 있다.

제1절 정치문화 연구의 기원과 방법적 특성

1. 정치문화 연구의 기원

제2차 세계대전 이후, 여러 국가의 민족성이나 민족문화의 특징을 규명하려는 시도로 비교정치학 분야에서는 문화를 정치적 맥락에서 이해하려는 노력이 전개되었다. 1950년대 미국에서 행태주의가 유행하면서 정치학자들은 정치적 정향과 행동을 보다 체계적으로 분석하기 위해, 그동안 다소 모호했던 문화의 개념을 명확히 정의할 필요성을 인식하였다. 당시 문화는 '한 사회에서 당연시되는 관습, 신념체계, 사고방식 등을 포괄하는 생활양식의 총체'로 해석되었으며, 정치문화는 사회 일반문화의 하위문화로 간주되었다. 이에 따라 정치문화는 '한 사회 내에서 공유되는 정치적 사고방식, 정치에 대한 행동양식, 가치, 신조, 정서적 태도 등의 의식 경향'으로 정의되었다(Beer, 1962: 32~34). 물론 다른 정치학 개념들과 마찬가지로 정치문화의 정의는 학자마다 다소 차이를 보였으나, 일반적으로 정치문화가 사회 구성원들이 자신이 속한 정치체계나 정치적 문제에 대해 가지는 사고방식과 태도를 의미한다는 점에는 대다수 학자들이 동의하였다.

정치문화에 대한 구체적인 논의가 본격화되기 전, 정치문화 개념은 19세기 말에서 20세기 초 유럽의 다양한 학풍에서 영향을 받았다. 우선, 19세기 말 유럽의 사회학자들은 사회 및 정치 현상을 설명할 때 이상적인 종교적 태도, 도덕적 사고, 이념, 의식, 가치, 사상과 같은 주관적 변수들을 중시하였다. 특히 막스 베버(Max Weber)와 같은 학자들은 가치나 사상이 경제구조나 정치제도의 변화에 촉매 역할을 할 수 있다고 보았다. 또한 사회심리학은 정치문화 연구에 중요한 영향을 미쳤다. 20세기 초 제1차 세계대전, 볼셰비키 혁명, 경제대공황과 같은 세계적 사건들을 설명하기 위한 연구들이 진행되면서, 사회심리학자들은 개인의 행위와 태도가 결정되는 원인과 과정, 그리고 개개인 및 사회집단 간 상호작용에 주목하였다. 이러한 관심은 자연스럽게 정치문화 연구로 이어졌다. 이외에도 정치문화 연구는 지그문트 프로이드(Sigmund Freud)의 심리인류학과 같은 인접 학문 분야로부터 상당한 영향을 받았다.

결국 오늘날의 정치문화 개념은 행태주의적 접근 속에서 미시적 분석(심리학적 해석)과 거시적 분석(정치사회학 전통)을 통합하려는 의도적 과정을 통해 형성되었다고 볼 수 있다(Mayer, 1972). 이는 개인의 복합적이고 미묘한 심리 현상을 정치학의 과학적이고 논리적인 영역으로 연결하는 수단으로도 이해된다(Pye, 1965: 9).

2. 국가 간 문화 비교

정치문화의 본질을 이해하는 데 가장 전통적인 방법은 국가특성(national character) 연구로 볼 수 있다(Inkeles, 1997). 이 접근은 특정 국가나 집단의 공유된 가치, 태도, 심리적 특성을 통해 문화적 정체성을 탐구하며, 심리사회적 관점에서 국민의 일관된 행동 패턴을 분석한다. 예를 들어 누군가가 주변 사람들로부터 "매우 한국적이다"라고 묘사된다면, 우리는 그를 집단주의를 지향하고, 체면과 정을 중시하고, 근면한 성격으로 상상할 수 있다. 이는 한국 문화에 대한 전형적인 고정관념(stereotype)으로 역사적 이미지를 반영한다. 그러나 이러한 특성화는 개별 인물과 상당히 불일치할 수 있으며, 단순한 일반화에 불과하다는 점을 우리는 잘 알고 있다. 그럼에도 불구하고, 대부분의 사람들은 특정 집단이나 국가를 간편하게 묘사하기 위해 이 같은 방식을 일상적으로 활용한다.

알렉스 잉켈스(Alex Inkeles)의 연구를 살펴보자. 그는 제2차 세계대전 후 미국, 소련, 독일의 국민성을 비교하며, 산업화와 현대화가 국가특성을 어떻게 형성하는지를 분석했다. 미국의 경우 개인주의와 낙관주의가 핵심 특성으로 자유시장 경제와 민주주의 체제가 개인의 자율성과 성공 지향적 태도를 강화했으며, 소련은 집단주의와 권위주의가 지배적으로 계획 경제와 중앙집권적 일당 체제는 개인의 복종과 국가 중심적 사고를 강화했으며, 독일은 질서와 효율성을 중시하는 규범적 태도가 산업화와 결합해 강한 관료제적 국가특성을 형성했다고 설명했다. 이러한 특성이 정치 행위에 미치는 영향을 설명한다. 이처럼 국가특성 연구는 정치문화의 안정성과 변화를 이해하는 데 유용하나, 과도한 일반화로 인해 한계가 있다. 최근 연구는 세대분열 현상, 지역적 다양성, 경제위기와 세계화 등의 맥락적 변인을 통합한 다층적 접근으로 이를 보완하며, 정치문화의 동태성과 다양성을 포착한다.

비교정치학자들 가운데 일부는 특정 국가의 국가특성을 명시하고, 이를 기반으로 정치 행태를 예측하거나 설명하려 한다. 이들은 모든 개인을 하나의 국가특성으로 단순화하는 것이 아님을 인정하며, 모든 사람이 정확히 하나의 프로파일에 부합할 수 없다는 점을 충분히 인지한다. 그럼에도 불구하고, 이들은 이러한 프로파일이 정치 논의를 전개하는 데 매우 유의미한 정확성을 지닌다고 주장한다. 예를 들어 영국의 지배 엘리트는 영국의 국가특성을 통해 설명될 수 있다. 감정 조절과 예의 바름, 계급 의식과 국가 우월감, 상급자에 대한 신뢰 등이 그것으로, 이는 옥스퍼드(Oxford)와 케임브리지(Cambridge) 같은 사립학교에서의 교육 훈련과 중상층 배경에서 형성된다. 그러나 흥미롭게도, 이러한 교육적·계급적 배경은 지난 30년간 영국을 이끈 주요 수상들, 마가렛 대처(Margaret Thatcher), 존 메이저(John Major), 토니 블레어(Tony Blair)와 잘 맞지 않는다. 물론 대처는 성장 배경과 성별 차이에도 불구하고 영국 국가특성과 부합하는 측면이 있었으나, 전체적으로 영국 의회 정치 엘리트와 고위 공무원의 배경이 점차 변화하고 있는 것은 명백하다. 그럼에도 특정 국가의 정치문화를 연구하는 학자들은 이러한 국가특성 프로파일이 많은 정치 지도자와 엘리트의 지향과 행태를 분석하는 데 여전히 유효하다고 강조한다.

그러나 국가특성 연구는 복잡한 정치 현실을 과도하게 단순화하는 총체적 일반화로 비판받는다. 대부분의 정치학자들은 이 접근이 국가 내 복잡한 실제 정치 행위를 설명하는 데 별다른 힘을 발휘하지 못한다고 지적한다. 그럼에도 신념과 행태의 현저한 패턴에 기반한 세밀한 국가특성 연구는 사회 내부의 정치문화와 행태를 통찰하는 매력적인 시각을 제공할 수 있다. 실제로 이러한 문화 중심 설명은 최근 연구에서 널리 활용되고 있다.

1940년대와 1950년대 초반에 진행된 문화인류학과 정신분석의 이론적 관점의 병합은 문화 간에 드러나는 행동양태의 차이를 설명하기 위한 미시적 현상과 거시적 수준의 현상을 연결 짓는 틀을 제공했다. 국가 성향 연구에서 가장 잘 알려진 저작은 베네딕트(Ruth Benedict)의 연구였다. 그녀는 문화는 보편적 규범에 의해 평가 될 수 없으며 각 문화는 고유의 역사적 맥락 속에서 일정한 선택과 강조를 통해 형성된다고 주장하였다. 어떠한 사회든 수많은 가능한 행동 양식 중에서 특정한 것을 선택하고 그 선택들이 모여서 "문화적 패턴"을 만든다는 것이다. 그렇기 때문에 각 문화는 외부의 관점으로 판단할 수 없는 나름의 일관된 체계를 가진다. 이는 모든 문화는 그 자체의 맥락에서 이해되어야 한다는 문화상대주의의 핵심이 되고 있다. 2차대전 시기 미국정부의 요청으로 그녀는 일본사회를 연구하여 그 결과물로 『국화와 칼(The Chrysanthemum and the Sword)』 출간하였다. 일본문화를 설명하면서 일본인들의 행동과 가치관이 극단적 이중성을 보인다고 주장하였다. 국화와 같이 겸손하고 미적인 문화를 지니지만 동시에 칼과 같이 위계적, 폭력적 전통을 가진다며 일본 사회의 조화와 긴장, 아름다움과 폭력, 그리고 예절과 잔혹성이 공존하는 모순된 성격을 묘사하였다. 그녀는 일본인의 행동양식과 가치체계를 서구 사회의 내적 양심을 중요시하는 "죄책의 문화"와 대비되는 타인의 시선과 사회적 규범이 개인의 행동을 규제하는 "수치의 문화"로 설명하였다(Benedict, 1946).

각 국가가 독특한 프로파일을 형성하는 데 있어 구성원들의 유아기와 아동기의 사회화 과정이 중요한 영향을 미치게 되고, 이로 인해 정신분석적 측면에 상당한 영향을 받는 정형화된 패턴을 보인다(Benedict, 1946; Gorer and Rickman, 1946; Mead, 1942). 사회화, 성향, 그리고 정치적 행동 간의 연계를 강조하면서 사회 속에서 자란 개인은 자연스럽게 그 문화의 성격을 내면화한다는 일반화를 제공했다. 예를 들어 정상적 행동과 비정상적 행동도 문화마다 다르다는 것이다.

하지만 비판이 나타나기 시작했다. 국가 내부의 동질성에 대한 추론, 연구와 관련된 이론에서 핵심적 요인을 뒷받침하는 증거의 부족, 그리고 각 국가가 처하게 되는 정치적 변화 또는 연구의 대상 국가의 주요 정치행위자들이 갈팡질팡(zigs and zags)하게 하는 것에 대해 제대로 설명해내지 못하는 무능력, 그리고 무엇보다 현장조사보다는 문헌과 외부데이터에 의존한 연구 방식에 문제를 지적했다.

루시안 파이(Lucian W. Pye)와 에드워드 밴필드(Edward C. Banfield)는 국가 성향 연구에 대한 비판이 거세지던 시기, 문화상대주의의 분석적 가치를 실증적으로 보여준 대표적 정치학자들이다. 이들은 특정 지역의 문화적 맥락을 깊이 탐구함으로써, 국가와 사회의 정치적 행태를 이해하는 데 문화적 요인이 얼마나 핵심적인지를 제시하였다.

파이(Pye, 1985)는 1950년대 버마(현 미얀마)를 연구 대상으로 삼아 국가 정체성(national identity)의 본질을 탐구하였다. 당시 버마는 식민지배로부터 독립한 신생국가로, 정치적 불안정과 사회적 분열이 심각한 상황이었다. 파이는 이러한 혼란의 배경에는 단순히 제도나 자원의 문제가 아니라, 정치 엘리트의 심리적·문화적 성향이 자리하고 있다고 보았다. 그는 국가 성향 연구가 엘리트의 역할을 간과한다는 기존의 비판을 수용하고, 엘리트의 내면 세계를 분석하는 정신분석적 접근을 시도하였다.

파이는 에릭 에릭슨(Erik H. Erikson)의 심리사회적 발달 8단계 이론을 분석 틀로 활용하였다. 이 이론은 인간 발달을 1~5단계(유아기에서 청년기: 자아 정체성 형성)와 6~8단계(젊은 성인기에서 노년기: 가족, 직업, 사회적 관계, 삶의 의미 탐구)로 구분한다. 파이는 이를 바탕으로 버마 엘리트들의 인터뷰 데이터를 분석하여, 개인적 정체성과 국가 건설 간의 연계성을 탐구하였다. 그의 연구에 따르면, 엘리트들은 식민지 경험과 전통적 가치 사이에서 정체성의 갈등을 겪고 있었으며, 이러한 내면적 긴장은 국가 통합 전략과 정책 선택에 직접적인 영향을 미쳤다. 결국 그는 국가 발전이 제도 설계나 경제적 자원뿐 아니라, 엘리트의 문화적·심리적 역량에 의해 크게 좌우된다고 결론지었다.

반면 밴필드(Banfield, 1967)는 남부 이탈리아의 소규모 농촌 마을을 연구 대상으로 삼아, 집단적 사회·정치 행동이 부재한 원인을 분석하였다. 그는 이 마을에서 소작농들이 공공의 이익을 위한 협력을 거의 하지 않는 현상을 관찰하고, 이를 '도덕관념 없는 가족주의(amoral familism)'로 설명하였다. 이 개념은 개인이 오직 직계 가족이나 가까운 친인척만을 신뢰하고 협력하며, 그 외의 사회 구성원과의 협동은 기대하지 않는 문화적 태도를 의미한다.

그의 연구는 1950년대 이탈리아 남부의 역사적·사회적 맥락에서 비롯되었다. 이 지역은 오랜 세월 봉건적 지주 구조와 빈곤에 얽매여 있었고, 이에 따라 사람들은 생존을 위해 가족 단위의 폐쇄적 생존 전략을 발전시켰다. 예를 들어 소작농들은 외부인과의 협력보다는 가족 내 자원 공유를 통해 생계를 유지해왔으며, 이는 신뢰의 범위를 가족으로 제한하는 경험적 학습으로 이어졌다. 이러한 가족주의가 공공선을 위한 정치적·사회적 협동을 저해한다고 보았다. 마을 주민들은 학교 건립이나 기반시설 개선 같은 공동 사업에 무관심했는데, 이는 협력의 이익이 가족 내부로 확산될 것이라 믿지 않았기 때문이다. 밴필드는 이러한 도덕관념 없는 가족주의가 사회적 신뢰의 확대를 가로막는 문화적 장벽으로 작용하며, 집단적 발전의 가능성을 약화시킨다고 지적했다.

결국 파이와 밴필드는 문화상대주의적 시각을 통해 정치 행태를 이해하는 새로운 경로를 제시하였다. 파이는 버마 엘리트의 정체성과 국가 건설의 관계를, 밴필드는 이탈리아 농촌의 가족주의가 협동적 행동을 저해하는 메커니즘을 각각 밝힘으로써, 정치적 결과를 설명하는 데 있어 문화적·심리적 요인의 중요성을 부각시켰다. 두 학자의 연구는 국가 성향 연구가 제도나 경제 변수에만 치중하던 기존 접근의 한계를 넘어, 문화적 맥락이 정치 발전을 규정하는 핵심 변수임을 실증적으로 입증한 전환점이었다.

3. 정치문화 연구의 특징

지금까지 우리는 정치문화 연구의 기원과 발전, 그리고 그 대표적인 사례들을 간략히 살펴보았다. 그렇다면 이렇게 발전해온 정치문화론이 비교정치 연구에 기여할 수 있는 영역은 어디일까? 이를 살펴보는 것은 정치문화론이 합리적 선택이론이나 제도주의와 같은 비교정치의 다른 접근들과 어떻게 구별되는지를 이해하는 동시에, 정치문화론 자체에 대한 이해를 더욱 심화시키는 과정이 될 것이다.

정치문화 연구의 방법적 특징을 요약하면 다음과 같다. 첫째, 정치문화는 개인을 민족이나 공동체와 같은 사회적 동질성 속에 연결시킨다. 둘째, 사회적 갈등의 형성, 사회 질서의 유지, 그리고 정치적 행동의 원인을 규정하며, 이를 통해 공동체에 정당성과 권위를 부여한다. 셋째, 정치문화는 집단의 경계를 설정하거나 그 안팎에서 새로운 집단을 형성하게 하는 사회화 기능을 수행한다. 넷째, 정치문화는 행위자의 동기와 행동을 해석하는 데 중요한 단서를 제공한다. 다섯째, 정치문화는 정치적 동원이나 정치적 조직의 발생 원인을 설명하는 데도 유용한 분석 틀을 제공한다(Lichbach and Zuckerman, 1997). 이러한 정치문화 연구의 특징적인 분석 영역을 검토해보자.

1) 개인과 집단의 정체성 연결

문화는 특정한 정치적 행위가 거의 유사한 형태로 표출되는 현상을 설명하며, 이를 통해 개인과 집단의 운명을 연계시킨다. 이러한 연계 과정에서 핵심은 특정 행동의 합리성을 판단하는 기준을 설정하고, 타 집단의 관점도 동등하게 타당한 대안으로 인정할 수 있는 동질화 작업이다.

동질화의 원동력은 집단 구성원들이 공유하는 발전적·역사적 경험이 외부 세계에 대응하여 내부 집단의 이미지를 형성하는 데 있다. 동질화의 대상은 종종 강한 감정적 의미를 지니며, 냄새·맛·소리와 같은 감각적 요소를 요구하는 인지적 측면과 연결된다. 문화적 애착을 공유하는 사람들은 공통 경험을 바탕으로 통합된 집단 정체성을 발전시킬 수 있다. 앤더슨(Benedict Anderson)은 『상상의 공동체(Imagined Communities, 1991)』에서 인쇄기의 발명이 활자 인쇄를 통해 서적을 대량 유통함으로써, 멀리 떨어진 사람들도 상호 집단적 이미지를 공유할 수 있게 되었다고 설명한다〈Box 4-1〉. 앤더슨에 따르면, 개인은 집단 내에서 정체성을 발견하거나 집단과 연계될 수 있다. 내부 집단 정체성 형성 과정은 구성원들이 실제로 공유하는 요소를 강조하며, 연계된 운명에 대한 이데올로기를 통해 내부 유대를 강화하고 현실적 요소보다 감정적 요소를 우선시한다. 또한, 집단 내 통일성을 과대평가하며 정서적·인지적 공통 요소를 강조하고, 외부인과의 차이를 명확히 한다(Turner, 1988). 일반 규범으로부터의 이탈은 집단 단결과 공유 역사적 경험의 신화적 요소와 양립 불가능한 것으로 간주되어 부정되거나 선별적으로 무시되는 경향이 존재한다.

그러나 문화는 개인을 집단 정체성에 연결하는 중요한 본질이 될 수 있음에도, 위기나 불확실한 상황에서는 개인의 감정에 좌우될 수 있다는 점을 유의해야 한다(Lichbach and Zuckerman, 1997: 48 재인용). 예를 들어 과거 한국 대선에서 '북풍'으로 불리는 북한의 위협이 가시화될 때, 중도층 유권자와 일부 진보 성향 유권자들이 보수적 정체성으로 이동하는 현상이 관찰되었다. 이는 외부 위협이 집단 정체성을 강화하고 투표 행동을 변화시키는 사례이다.

이러한 유사한 사례는 2001년 9/11 테러 공격 이후 미국의 정치적 변화이다. 테러 사건 직후, 미국 사회에서는 애국심과 국가 정체성이 급격히 강화되었으며, 이는 부시 행정부의 대테러 정책 지지와 보수적 투표 성향 증가로 이어졌다. 사회 정체성 이론에 따라 외부 위협은 집단 구성원의 자존감을 위협하여 민족주의적 행동을 촉진하며, 이는 선거에서 공화당 지지 확대와 같은 형태로 나타났다. 이는 위협 강도가 높을수록 보안 중심 정책을 지지하는 집단 정체성 강화로 설명된다. 이러한 사례들은 문화적 동질화가 외부 위협하에서 감정적 요인에 의해 가속화되며, 정치적 행위와 집단 운명을 재구성한다는 점을 입증한다.

Box 4-1 • 상상의 공동체

근대적인 '민족(nation)'의 형성과정은 정치사회화와 집단 정체성 형성의 대표적 사례로, 정치문화 연구의 핵심 주제 중 하나라 할 수 있다. 민족의 기원과 성격을 둘러싼 다양한 논의 가운데, 베네딕트 앤더슨(Benedict Anderson, 1991)의 『상상의 공동체(Imagined Communities)』는 민족주의의 성찰을 통해, 민족이 실재하는 실체가 아니라 "개념으로서만 존재하는 상상의 산물"이라고 주장한다. 즉 민족은 근대에 들어 형성된 개념임에도 불구하고, 마치 고대로부터 존재해 온 실재처럼 '우리'라는 믿음을 심어 준다.

인쇄술의 발달은 이러한 상상의 공동체가 형성되는 데 결정적 역할을 했다. 신문과 서적의 대중적 보급은 사람들로 하여금 같은 언어, 같은 활자, 같은 사건을 공유하게 만들었다. 성서나 고전의 유통은 과거의 이야기를 현재로 불러와 공동의 역사 의식을 확산시켰고, 서로 얼굴 한 번 본 적 없는 이들 사이에서도 "우리는 함께 한다"는 정체성이 생겨났다. 이어 종교 역시 문화적 매개체로서 공동체 형성에 기여했다. 형상적 이미지(figural images)를 통해 지역 주민들은 자신들의 전통과 기억을 재현하며, 신앙의 틀 안에서 동일한 '우리'의 감정을 공유했다.

이처럼 민족은 "제한되고 주권을 가진 정치공동체"로 상상된다. 구성원 모두가 서로를 직접 알지 못하더라도, 마음속에는 서로에 대한 친밀감과 소속의 이미지가 존재한다. 해외에서 같은 국적의 사람을 우연히 만났을 때 느끼는 친근감은 바로 이러한 상상의 결과다. 앤더슨의 시각에 따르면, 이러한 감정은 문화적으로 구성된 시간과 공간 안에서 학습된 것이며 실제 교류가 없더라도 '민족'의 정서가 경험되는 이유이기도 하다.

하지만 민족주의는 언제나 긍정적 기능만을 수행한 것은 아니다. 제국주의 시대, 민족주의는 지배의 논리로도 악용되었다. 제2차 세계대전 당시 나치즘과 파시즘, 그리고 일본의 군국주의는 국민을 동원하는 도구로 민족주의를 활용했다. 그러나 식민지 사회에서는 이러한 지배의 논리가 되레 저항의 논리로 전환되어 제국을 위협하는 민족해방운동으로 이어졌다. 결국 민족이라는 개념은 실재하나, 그 민족 자체는 실재하지 않는다고 할 수 있다.

이처럼 만들어진 민족의 개념은 근대 국가의 정당성을 지탱하는 근간이 되었다. 국가 권력은 관제 민족주의를 통해 국민에게 역사적 사명과 국가적 소속감을 부여하며, 국민들이 국가를 위해 헌신하도록 유도했다. '상상의 공동체'로서의 민족은 실체 없는 믿음이지만, 그 믿음은 국가의 존속과 재생산을 가능케 했다.

오늘날 '민족주의'라는 단어는 결코 낯설지 않다. 특히 '한민족'이라는 구호 속에서 자란 세대에게 민족은 자연스럽고 자명한 사실처럼 느껴진다. 그러나 앤더슨은 이러한 민족주의가 얼마나 허약한 철학적 기반 위에 서 있는지를 보여준다. 민족주의는 얕은 철학적 깊이에도 불구하고, 그 결과는 때로 거룩하고 때로 참혹했다. 월드컵 응원처럼 공동체적 열정으로 발현되기도 하지만, 아프리카의 내전이나 유럽의 인종청소처럼 파괴적 폭력으로 이어지기도 했다.

심지어 '모국어'라는 표현 속에서도 우리는 '어머니'라는 따뜻한 감정을 통해 국가를 연상하고, 그 애정이 곧 타자에 대한 배타성으로 확장되곤 한다. '단일민족', '유구한 역사'라는 말은 우리에게 자부심을 주지만 동시에 세계를 이분법적으로 구분하게 만든다. 이러한 민족주의적 사고가 과연 세계인으로 성장하는 데 도움이 될까?

글로벌 시대, 한국 사회가 여전히 '한민족'이라는 상상의 경계 안에 머무른다면, 진정한 세계시민으로 나아가는 길은 스스로 좁혀버리는 셈이 아닐까.

2) 정치 갈등과 폭력

많은 연구에서 문화는 정치적 갈등과 폭력의 수준 및 형태를 포함하여 사회적 질서, 행동의 원인 등을 설명하는 데 유용한 역할을 맡는다. 이러한 연구에서 문화는 행동을 이해하기 위한 의미의 체계와 상대자의 동기, 그리고 정체성을 형성하고 유지하기 위한 메커니즘을 제공한다. 집단들이 그들의 결속력을 강화시키고 외부 집단에 대한 적대감을 증대시키기 때문에 내부 집단이 가지고 있는 세계관은 강화된다. 갈등적 상황에서 모든 문화적 동원화가 폭력으로 점철되는 것은 아니지만 폭력의 가능성을 예측할 수 있다.

무엇보다도, 문화는 정치적 우선순위를 결정하는 핵심 요소이다(Laitin, 1986: 11). 라이틴(Laitin)은 스페인의 바스크 지역과 카탈로니아 지역 간 정치적 저항의 차이를 설명하기 위해 문화적 요인에 주목했다. 바스크 지역의 소규모 마을에서는 명예에 대한 강한 문화적 관념이 남성들 사이에서 자치 의식을 강화하여 외부 영향에 대한 강한 저항으로 나타났다. 반면 카탈로니아 지역에서는 이러한 문화적 관념이 작기에 저항보다는 순응적 형태를 보이곤 한다. 즉 두 지역의 하위문화 차이가 정치적 행동의 차이를 초래했다. 특히 바스크 지역에서는 소규모 남성 집단이 상징적이고 제한된 성공을 목표로 저항에 참여하며, 폭력 행위조차 명예를 유지하는 정당한 수단으로 간주되어 그 지속성을 담보했다. 따라서 두 지역 간 폭력 사용의 차이는 경제불평등, 정치적 억압 등 객관적 기능적 차이나 상대적 박탈감, 소외감이 아닌 각 공동체의 문화적 조직화에서 비롯된다. 문화는 단순히 갈등의 배경이 아니라 갈등의 형태와 강도를 결정하는 핵심 변수로써, 문화적 조직화는 민족적 부흥이 폭력으로 전환될 가능성에 결정적인 영향을 미친다(Laitin, 1986). 라이틴의 문화 이론은 정치적 갈등과 민족주의 연구에서 중요한 함의를 가지지만, 문화의 과도한 강조는 비판받는 이유이기도 하다.

마크 로스(Marc Howard Ross)는 갈등과 폭력의 수준, 형태, 그리고 목표의 차이를 설명하기 위해 비교 문화적 접근을 채택했다(Ross, 1993). 그의 이론은 사회 구조적 요인(예: 빈곤, 사회적 불평등)과 심리문화적 요인(예: 자녀 양육의 낮은 관심, 남성 정체성의 갈등, 외부인에 대한 문화적 세계관)의 상호작용이 갈등의 발생과 관리 방식을 결정한다고 보았다. 한 집단의 문화적 세계관이 외부인을 어떻게 인식하고 해석하는지가 갈등의 결과를 좌우한다고 보았으며, 이는 정치적 사회화 과정에서 강화된다. 유년기부터의 가족 내 소통과 교육이 지역주의(regionalism)와 같은 사회적 갈등을 증독 또는 완화할 수 있다는 점은 이러한 사회화의 중요성을 시사한다. 또한 로스는 '갈등의 문화(culture of conflict)' 를 집단 수준의 갈등 발생 자체보다, 갈등이 발생했을 때 이를 어떻게 해석하고 관리하는지에 초점을 맞춘 개념으로 정의하여 갈등이 단순히 객관적 이해관계의 충돌이 아니라, 문화적 해석을 통해 재구성된다는 점을 강조한다.

로스의 이론은 상술한 라이틴의 문화 이론과 밀접히 연계된다. 라이틴이 문화적 조직화가 정치적 저항과 폭력의 차이를 초래한다고 설명한 바와 같이, 로스 역시 문화가 갈등의 해석 프레임을 제공하여 폭력의 수준과 지속성을 결정한다고 보았다. 그러나 로스는 심리문화적 요인을 더 광범위하게 포함하여, 자녀 양육이나 성별 정체성과 같은 개인적·가족적 차원이 집단 갈등으로 확대되는 메커니즘을 강조한다. 결과적으로 두 이론은 문화가 정치적 행동과 갈등 관리의 핵심 변수임을 공통적으로 지적하며, 객관적 요소인 경제적 박탈감보다는 문화적 맥락이 갈등의 양상을 형성한다는 점을 강조한다. 이러한 관점은 현대 사회에서 지역주의나 민족 갈등을 해소하기 위한 정책적 함의 제공할 수 있다. 즉 유년기 사회화와 문화적 재교육이 사회적 요구의 폭력적 전환을 방지할 수 있는 효과적인 개입 전략이 될 수 있다.

문화는 최근 몇 년 사이에 민족과 정체성 논쟁에서 표면적으로 부각되며 중심적 위치를 차지했다. 매우 다른 정체성을 가진 집단들 간의 갈등에서 문화적 요인이 핵심으로 떠오를 때, 이는 종종 논쟁을 불러일으켰다. 정체성의 위협이라고 느낄 때 자신들 집단의 문화적 요소를 위협받기 쉬운 문제로 간주한다고 지적했다(Horowitz, 1985). 이러한 관점은 북아일랜드의 정체성 갈등사례에서 볼 때 한 문화에 중요하게 간주되는 요소들은 다른 문화에게는 위협으로 간주된다. 1541년, 영국의 헨리 8세(Henry VIII)가 아일랜드를 침공하여 아일랜드 왕위를 겸임하면서, 영국은 북부 지역에 영국계 신교도(프로테스탄트)들을 대거 이주시켰다. 이로 인해 토착민인 아일랜드계 가톨릭(구교도)과의 종교적·문화적 대립이 시작되었다.

이 갈등은 오랜 세월 동안 누적되며 정치적 성격을 띠게 되었다. 특히 1921년 영국-아일랜드 조약체결 이후, 영국계 신교도가 다수를 차지하던 북아일랜드는 영국에 잔류하게 되었고, 가톨릭이 다수를 이루던 남부는 독립하여 오늘날의 아일랜드 공화국이 되었다. 그러나 북아일랜드 내에서는 여전히 신교도(친영파)와 가톨릭(민족주의파) 간의 정치적·정체성 갈등이 지속되었다. 이러한 북아일랜드의 경험은 한 사회 안에서 종교와 문화가 결합된 정체성의 차이가 얼마나 깊은 분열을 초래할 수 있는지를 잘 보여준다. 신교도의 문화와 가치가 가톨릭 공동체에겐 지배와 위협의 상징으로 인식되었고, 반대로 가톨릭의 민족주의적 움직임은 신교도들에게 체제 전복의 불안으로 느껴졌다. 따라서 북아일랜드 사례는 특정 문화나 종교가 자신의 정체성을 방어한다는 명분 아래 타 집단에 대한 배제와 공포를 조장할 때, 그것이 얼마나 쉽게 폭력적 갈등으로 번질 수 있는지를 경고한다.

결국 상술하였듯이, 문화적 공포를 정치적으로 이용하거나 강화하려는 시도는 사회 통합을 해치고, 정체성의 공존 가능성을 위협하는 행위임을 보여주는 것이다.

Box 4-2 • 80만 명이 죽은 르완다 사태의 원인은 무엇인가?

르완다의 불편한 역사는 민족 갈등이라는 이름으로 알려져 있지만, 그 뿌리는 복잡한 역사적·정치적 맥락 속에 자리한다. 투치와 후투는 오랫동안 르완다 사회를 구성해온 두 집단이었으나, 본래는 혈연적 차이보다 경제적·사회적 구분에 가까웠다. 투치는 주로 목축과 상업을, 다수였던 후투는 농경을 중심으로 생활하였으며, 상호 혼인과 신분 이동이 가능했다. 즉 두 집단은 완전히 다른 민족이라기보다 하나의 공동체 안에서 다양한 사회적 역할을 분담하는 관계에 가까웠다.

그러나 19세기 말 벨기에 식민지 지배가 시작되면서 상황은 급변한다. 벨기에 당국은 소수인 투치를 식민지 지배의 중재자로 이용하기 위하여 '우월한 인종'으로 규정하고 행정·교육·권력 구조의 중심에 배치하였다. 반대로 후투는 열등한 집단으로 취급되면서 사회적 불평등이 고질화되기 시작한다. 특히 1930년대에는 신분카드 제도를 도입하여 인종 분리정책을 더욱 가속하였다. 이 과정에서 종족 간 갈등은 식민 지배를 정당화하는 도구가 되었고, 뿌리 깊은 불신과 원한이 누적되면서 자신들만의 문화적 정체성이 확립되었다.

1962년 독립 이후 다수인 후투가 권력을 장악하게 된다. 그동안 탄압에 복수하듯 투치 엘리트에 대한 정치적 보복과 배제가 시작되었고, 이는 수십 년간 지속적인 학살과 내전 그리고 우간다에 투치족 무장단체(RPF)가 결성되기도 하였다. 그 정점이 바로 1994년 르완다 집단학살이었다. 4월에 있었넌 대통령 비행기 추락사건의 배후를 투치족으로 지목한 극난주의 후투 성권은 약 100일 동안 80만 명에 달하는 투치와 온건 후투인을 학살하였다. 7월부터 투치의 반격으로 수도 키갈리를 함락시키고 RPF는 키갈리에서 외부로 통하는 통로를 차단하고 후투족을 탄압하였다. 일련의 모든 사건들은 20세기 최악의 집단폭력 중 하나로 기록된다.

오늘날 르완다는 과거로부터 벗어나 다른 길을 모색하고 있다. 투치 출신의 폴 카가메 대통령이 이끄는 정부는 민족 구분을 공식적으로 금지하고, "르완다인"이라는 통합적 정체성을 강조한다. 경제 성장과 교육 개혁, IT 산업 육성을 통해 국가 이미지를 바꾸려는 노력도 진행 중이다. 하지만 정치적 자유의 제약, 카가메 체제의 권위주의적 성격, 집단학살의 상처가 남긴 사회적 불신은 여전히 해결해야 할 과제이다.

결국 르완다의 사례는 민족 간의 본질적 대립이라기보다, 식민주의와 권력 투쟁이 빚어낸 비극이자 혼재된 서로 다른 문화공동체의 갈등이었다고 할 수 있다. 현재의 르완다는 과거의 상처를 치유하고 '상상의 공동체'를 재구성하려는 노력을 경주하고 있다.

3) 집단의 경계 설정과 행동 조직

문화는 단순히 집단의 동질성을 규정하는 개념에 그치지 않는다. 그것은 집단 내부의 결속과 집단 간의 관계가 어떠한 방식으로 형성되고 유지되는지를 설명하는 핵심적 틀이기도 하다. 다시 말해, 문화는 "누가 누구와 함께 살아가는가, 누구와 시간을 보내는가, 누구에게 감정적 친밀감을 느끼는가, 누가 자원을 통제하고, 어떤 방식으로 재산이 세대 간에 전이되는가, 그리고 일이 어떻게 조직되는가"와 같은 근본적인 사회적 질문에 대한 답을 제시한다(Levinson and Malone, 1981; Naroll, 1970). 각 사회는 이러한 질문들에 상이한 해답을 제시하지만, 다수의 연구가 보여주듯이 한 사회가 내리는 답변의 방식은 구성원들의 행동 양식과 타인에 대한 기대를 근본적으로 형성한다.

사회집단의 문화적 정의는 친족, 연령, 성별, 종교, 혹은 공통의 이해관계 등 무엇을 기준으로 하든 간에, 집단 내 구성원들의 행동을 예측하는 중요한 기초를 제공한다(Greif, 1994; Scott, 1985). 예를 들어 한국의 제16대 대통령 선거는 세대 간 정치문화의 차이를 극명하게 드러낸 사례였다. 전체 유권자의 약 60%를 차지한 20~30대 젊은 층 중 59.1%는 진보 성향의 노무현 후보를 지지했으며, 반대로 보수 성향의 50~60대 이상 유권자 중 61%는 이회창 후보에게 표를 던졌다. 결과적으로 노무현 후보가 당선되었는데, 이는 젊은 세대의 가치관과 정치문화가 선거 결과에 결정적인 영향을 미쳤음을 보여준다. 노무현은 '변화'와 '참여'를 내세우며 젊은 층이 공감할 수 있는 언어와 이미지를 활용했고, 이에 반해 이회창은 안정과 질서를 강조했으나 다소 권위적이고 보수적인 인상으로 젊은 유권자와의 문화적 간극을 좁히지 못했다. 이 사례는 정치적 선택이 단순히 이념의 문제가 아니라 세대별 문화적 사회화의 결과임을 보여주는 대표적 예시다.

사람들은 흔히 자신이 속한 사회나 집단의 가치와 행동 양식을 "자연스러운 것"으로 받아들인다. 그러나 앤더슨(Anderson, 1991)이 지적하듯, 이러한 '자연스러움'은 사실 지속적인 사회화와 학습의 결과이다. 인간은 특정한 문화적·정치적 질서가 합리적이라는 믿음을 반복적으로 주입받으며, 어느 순간 그것을 의심하지 않게 된다. 예컨대 막스 베버(Weber, 1976)는 19세기 프랑스가 국가 교육체계의 확립, 교통·운송체계의 확장, 군대 조직의 통합을 통해 지역적 다양성을 극복하고 국민적 동질성을 창출한 과정을 분석했다. 즉 문화는 단순히 존재하는 것이 아니라 제도적 과정, 사회화를 통해 '만들어지는 것'이라는 실증적 사례를 보여주었다.

모든 문화는 집단 내부와 외부의 차이를 전제하면서도, 그 구분의 방식과 강도는 매우 다양하다. 문화를 학습한다는 것은 곧 집단의 동기, 행동규범, 그리고 사회적 맥락에 따라 타인에게 어떻게 행동해야 하는지를 배우는 과정이다(Lichbach and Zuckerman, 1997: 49). 따라서 문화적 사회화는 개인의 정체성뿐 아니라 집단 간 관계의 구조를 형성하는 중요한 사회적 장치라 할 수 있다.

이러한 관점에서 볼 때, 문화의 경계는 결코 고정적이지 않다. 비교문화적 분석을 통해 확인되듯, 사회적 구분의 견고함은 시간과 맥락에 따라 가변적이다. 다인종 국가인 아프리카의 경우, '상황적 민족성(situational ethnicity)'이라는 개념은 이를 잘 보여준다. 예컨대 나이지리아나 케냐 등에서는 동일한 개인이 상황에 따라 자신을 '부족의 일원', '국가의 시민', 혹은 '종교 공동체의 구성원'으로 정체화하며, 정치적·경제적 이해관계에 따라 민족 경계가 유연하게 재구성된다(Harbison, 2017). 이는 민족과 문화가 고정된 실체가 아니라, 사회적 환경 속에서 끊임없이 재구성되는 관계적 산물임을 시사한다.

결국 문화는 집단의 동질성을 규정하는 동시에, 사회적 경계와 권력관계를 만들어내는 상징적 틀이 된다. 그리고 이러한 문화적 구성은 정치적 선택, 사회적 연대, 경제적 협력의 모든 장면 속에 내재되어 있다. 따라서 문화를 이해한다는 것은 단순히 '다름'을 인식하는 것이 아니라, 집단의 행동을 형성하고 사회 질서를 정당화하는 깊은 구조를 이해하는 일이라 할 수 있다.

4) 타 집단의 행동과 동기의 해석을 위한 틀 제공

행동은 언어와 마찬가지로 본질적으로 모호하다. 어떤 행위가 실제로 무엇을 의미하는지를 정확히 이해하기 위해서는, 그 의미를 함께 해석할 수 있는 공유된 문화적 틀이 필요하다. 같은 행동이라도 그것을 바라보는 문화적 배경이나 사회적 맥락에 따라 전혀 다른 의미로 해석될 수 있다는 것이다.

설명이나 해석이 전혀 필요 없는 행동은 거의 없다. 대부분의 정치적·사회적 행동은 여러 층위의 의미를 지니며, 단순히 겉으로 드러나는 모습만으로는 그 본질을 파악하기 어렵다. 예를 들어 누군가의 미소나 고개 끄덕임 같은 단순한 표정이나 몸짓조차 상황에 따라 동의, 비꼼, 혹은 긴장 완화의 신호로 다르게 이해될 수 있다. 이런 미묘한 차이를 구분하려면 언어적 이해 못지않게 높은 수준의 맥락적 해석 능력이 요구된다.

정치적 행동을 이해하는 일은 이보다 더 복잡하다. 단순히 행동의 결과만 보는 것이 아니라, 그 행동이 왜 일어났는지(동기)와 행위자가 이를 어떻게 정당화하거나 설명하는지(의도와 담론)를 함께 살펴야 하기 때문이다. 따라서 정치적·사회적 행동을 올바르게 분석하기 위해서는, 개별 행위를 고립된 사건으로 보는 것이 아니라 그 행동이 일어난 더 넓은 사회적·문화적 맥락 속에서 이해하는 접근이 필요하다.

동기는 개인의 행동을 단순한 심리적 현상으로 보는 데 그치지 않고, 그 행동이 이루어지는 넓은 사회적·문화적 환경과 연결하는 핵심적인 고리로 작용한다. 그래서 문화 연구에서 동기는 매우 중요한 개념으로 다뤄진다(D'Andrade and Strauss, 1992). 즉 어떤 사람이 왜 특정한 행동을 했는지를 이해하려면, 개인의 내면뿐 아니라 그가 속한 사회적 규범, 가치, 관계망 등 문화적 맥락 전체를 함께 살펴야 한다는 것이다.

그러나 이러한 접근은 행동을 이해하기 위해 개인의 '정신구조'를 분석해야 한다고 보는 전통적인 심리학적 관점과는 다르다. 클리퍼드 기어츠(Clifford Geertz)는 이러한 내면 중심의 접근에 반대하며, 인간의 행동을 해석할 때는 머릿속 생각을 분석하기보다 '검사작업(inspecting event)', 즉 행동이 실제로 일어난 사건과 그 상황을 세밀하게 관찰하고 해석하는 과정이 필요하다고 주장했다(Geertz, 1973a: 10~12).

기어츠에 따르면 문화란 단순한 행동 양식의 집합이 아니라, 인간이 지식과 태도를 서로 소통하고 유지하며 발전시키는 상징적 체계이다. 다시 말해 문화는 세대를 거쳐 전해지는 의미의 틀(inherited concept system)이며, 사람들은 이 틀을 통해 세계를 이해하고, 그 속에서 자신의 행동과 타인의 행동을 해석한다(Geertz, 1973: 89).

결국 동기를 이해한다는 것은 단순히 개인의 마음 속 원인을 찾아내는 것이 아니라, 그 행동이 의미를 갖게 되는 사회적·문화적 맥락을 함께 읽어내는 일이다. 기어츠의 관점에서 문화 연구란 바로 이러한 '맥락 속의 해석'을 통해 인간 행동의 의미를 파악하려는 작업이라 할 수 있다.

반면 디안드레이드의 동기 연구는 인간의 행동을 이해하기 위해 '스키마(schema)'라는 개념을 핵심적으로 활용한다. 이 개념은 원래 영국의 심리학자 프레더릭 바틀릿(Frederic Bartlett)의 저서 『기억: 전쟁의 유령들(Remembering: The War of the Ghosts, 1932)』에서 제시한 것이다.

바틀릿은 인간의 기억이 단순히 정보를 그대로 저장하고 재생하는 과정이 아니라, 개인의 문화적 배경과 사회적 경험에 따라 재구성(reconstructive)되는 과정임을 실험으로 입증했다. 그는 영국 참가자들에게 북아메리카 원주민의 전승 이야기인 『전쟁의 유령들』을 읽게 한 뒤, 일정 시간이 지난 뒤의 회상을 반복적으로 관찰했다. 그 결과, 참가자들은 이야기 속의 초자연적 요소를 논리적이거나 일상적인 내용으로 바꾸어 기억하는 경향을 보였다. 예를 들어 원래 이야기의 신비한 영적 사건들은 점차 격식과 과학적 기반의 영국 문화에 익숙한 형태로 왜곡되거나 단순화시켰다.

이 실험은 인간의 기억이 객관적 기록이 아니라, 개인이 가진 문화적·사회적 '스키마', 즉 인식의 틀에 따라 재구성된다는 점을 보여주었다. 바틀릿의 연구는 현대 인지심리학의 출발점이 되었고, 이후 '스키마 이론(schema theory)'의 기초를 마련한 선구적 작업으로 평가받는다.

디안드레이드는 이러한 스키마 개념을 문화 연구에 적용하면서, 스키마를 "대상과 사건을 인식 가능하게 하는 개념적 구조"로 정의했다. 다시 말해 스키마는 우리가 세계를 이해하고 해석할 수 있도록 돕는 공유된 인식의 틀이며, 이는 특정 문화와 사회화 과정을 통해 형성된다. 그 결과 스키마는 우리가 어떤 정보를 선택적으로 받아들이고, 무엇을 중요한 것으로 인식하며, 어떻게 행동할지를 결정짓는 기준이 된다.

디안드레이드는 특히 스키마와 동기의 상호작용에 주목했다. 그는 스키마가 단순히 인식을 돕는 구조일 뿐 아니라, 문화적으로 형성된 '동기적 노력(motivational strivings)'에 의해 만들어지고, 동시에 새로운 동기를 생성한다고 주장했다(Strauss, 1992: 6). 즉 스키마는 문화적 경험 속에서 만들어지며, 그 속에서 사람들은 어떤 목표를 추구하고 왜 특정한 행동을 하는지를 배우게 된다.

결국 동기와 스키마의 관계는 인간 행동을 이해하는 데 필수적이다. 동기는 개인이 특정 행동을 선택하도록 이끄는 내적 추진력이고, 스키마는 그 동기가 어떤 방식으로 형성되고 해석되는지를 결정하는 구조적 틀이다. 따라서 인간의 행동을 올바르게 이해하려면, 개인의 심리적 동기뿐 아니라 그 동기가 작동하는 문화적 스키마의 맥락까지 함께 살펴야 한다.

문화 연구의 동기 개념은 합리적 선택 이론의 이익 개념과 유사하다. 예를 들어 "인도의 특정 지역에서는 매년 돌아가신 조상들을 달래기 위하여 가축의 절반을 제물로 바친다"거나, "유교문화의 영향을 받은 아시아 국가의 부모가 자녀 교육에 헌신한다"거나, "전시 또는 휴전 시 레이더에 나타나는 전투기나 잠수함의 숫자와 위치가 군사적 행동을 제약한다(한미연합훈련의 규모와 횟수를 통해 북한의 도발적 행동을 제한하는 경우를 생각할 수 있다)"는 식의 설명이다. 여기서 이익과 동기의 혼란을 정리해 줄 수 있는 단어는, 동기와 이익은 행동을 설명하는 데 유사하지만, 스키마는 이 둘의 차이를 명확히 드러낸다. 합리적 선택 이론에서 이익은 보편적이고 객관적인 것으로 간주되지만, 동기는 특정 스키마에 의해 맥락적으로 정의된다. 예를 들어 이익 기반 설명은 "조상을 화나게 하지 않는 것이 이익이다"는 안전 추구라는 보편적 이익을 가정한다면, 동기 기반 설명은 "조상에게 가축을 재물로 바치지 않으면 한 해 농사를 망친다는 두려움"이라는 스키마는 특정 문화에서만 의미 있는 동기를 형성한다.

윌다브스키(Wildavsky, 1994)는 합리적 선택 이론이 이익을 단순화한다고 비판하며, 스키마를 통한 문화적 분석이 이익의 다양성을 밝힌다고 주장한다. 스키마는 동기를 문화적 맥락에 묶어 행동의 다양성을 설명하는 데 유용하다. 물론 동기와 스키마의 상호작용 분석은 행동의 복잡성을 이해하는 데 유용하지만, 한계도 있다.

스키마는 문화적·역사적 맥락에 따라 달라지므로, 보편적 이론화가 어렵다. 또한 동기는 내적이고 주관적이어서, 스키마와의 관계를 정량적으로 분석하기 어렵다. 무엇보다 상이한 스키마는 문화 간 소통에서 오해를 유발할 수 있다. 그럼에도 불구하고, 동기와 스키마의 상호작용은 문화 연구에서 행동의 기원과 다양성을 탐구하는 데 강력한 틀을 제공한다. 이는 특히 정치적·사회적 행동의 맥락에서, 단순히 이익에 기반한 설명을 넘어서는 심층적 이해를 가능하게 한다.

이익은 어떤 집단이든 특정 상황에서 보편적이고 예측 가능한 방식으로 행동한다고 가정하지만, 동기를 강조하는 입장은 집단 간 행동 설명의 다양성에 초점을 맞춘다. 이에 윌다브스키(Wildavsky, 1994)는 합리적 선택 이론가들이 이익을 단순화하는 오류를 범한다고 비판하며, 실증적 문화 연구가 문화 간 이익 개념의 체계적 변화를 밝힌다고 주장한다. 상호 문화적 행동 연구에서 동기와 이익의 차이는 항상 중요한 문제는 아니다. 이익이 공유될 때는 동기처럼 작용하여 행동의 이유를 설명할 수 있다. 그러나 문화 간 상황에서는 이 차이가 더 중요해진다. 예를 들어, 유교 문화에서 자녀 교육에 헌신하는 부모를 이익으로 설명하면 "자녀의 성공이 부모의 노후를 책임진다"이므로, 왜 자녀의 성공이 노후와 연관되는지에 대한 의문과 부모와 자식 각각의 책임감에 대한 불확실성이 남는다. 따라서 특정 문화에서 동기가 왜 중요한지에 대한 연구만이 적절하다(Lichbach and Zuckerman, 1997: 50).

정치적 행위를 이익으로만 환원하면 다양한 학문적 추론이 제한된다. 모든 행동이 이익 극대화를 위한 것이라는 주장은 다른 설명을 배제한다. 이익 기반 설명의 강점은 사고와 행동 간의 가정된 연결성에 있지만, 행동을 지속하게 만드는 이익을 확인하기 어렵고, 행위자의 사고와 행동의 일치를 검증하기도 어렵다. 첫째, 자기 집단의 방식대로 외부인도 반응할 것이라 믿으며 자문화의 규칙을 적용하는 일반화 전략이다. 유교문화권 사람은 타 문화의 부모도 자녀 교육에 헌신할 것이라 가정하는 경우이고 둘째, 외부인이 자문화의 동기를 공유하지 않을 것이라 예상하고, 그들이 '이교도적' 방식으로 행동하며 '문명화된 개념'을 따르지 않을 것이라 가정하는 차별화 전략이다. 이는 타문화 행동을 이해하는 데 오해를 발생 시킬 수 있다(Lichbach and Zuckerman, 1997: 51).

공유된 문화적 틀로 사회현상을 의식적으로 분석한 경우는 드물다. 대부분은 문화적 추론을 내재화하여 이에 대해 의식적으로 문제 제기하지 않는다. 그러나 압박이나 혼란 속에서 문화적 상징이나 신호를 잘못 이해하거나 전달하지 못하는 사람이나 집단을 자기민족 중심적으로 비난한다. 즉 사람들은 자신의 신념에 도전하는 변화를 원치 않는다.

5) 정치적 조직화와 동원화에 자원을 제공

문화는 집단 및 그 지도자들이 조직화와 동원화를 위해 활용하는 핵심 자원이다(Brysk, 1995; Edelman, 1964; Kertzer, 1988; Laitin, 1986). 예를 들어 틸리(Carles Tilly)는 『Contentious Performances(논쟁적 행동, 2008)』에서 집단행동의 개념을 "학습되고 공유되며 상대적으로 신중한 선택 과정을 통해 연출되는 일상(routines)의 제한된 틀, 즉 레퍼토리는 학습된 문화적 창조물"이라고 설명했다. 즉 집단행동의 레퍼토리는 한 시대의 사람들이 정치적 요구를 표현할 때 선택하는 익숙한 행동이 목록과 방식이며, 이는 사회의 역사적 맥락과 정치적 구조 속에서 형성되고 변화한다는 것이다. 예를 들어 18세기 이전의 집단행동은 주로 조세저항운동, 곡물 약탈, 탄원서 제출과 같이 지역 공동체 중심의 전통적 행위가 많았다면, 19세기 이후 근대 국가의 정당과 노동조합의 등장과 함께 시위, 파업, 청원, 선거운동, 대중집회 등 근대적 레퍼토리를 사용하기 시작했다. 이처럼 레퍼토리는 사회의 정치구조, 시민권의 발전, 통신수단의 발달 등에 따라 시간적으로 변화한다.

인류학자 코헨(Abner Cohen)은 『Custom and Politics in Urban Africa: A Study of Hausa Migrants in Yoruba Towns(아프리카 도시의 관습과 정치: 요루바 지역 하우사 이주자에 대한 연구, 1969)』에서 나이지리아 요루바족 도시(현재 이바단)로 이주한 하우사(Hausa)족 커뮤니티가 어떻게 그들의 전통 문화의 가치, 신화, 상징, 의례를 정치적 도구로 조작하여 비공식적 정치 조직을 형성하고, 요루바 사회에서 정치적·경제적 이익을 추구하는지 분석하여 문화적 관습이 정치적 동원과 권력 형성에 어떻게 활용되는지를 탐구하였다. 그는 문화 개념의 정치적 사용을 보다 일반적으로 분석하며, 특히 "일반적인 정치적 사안"이 현실적 제약으로 인해 직접적으로 추진되기 어려운 상황에서 문화적 조직화(공식적 또는 비공식적 조직이 종교, 연령 집단 등 명확한 문화적 관례를 중심으로 형성되는 것)의 중요성을 강조했다. 항상 의식적인 전략은 아니지만 집단은 종종 직접적 추진이 어려운 목적을 달성하기 위해 문화적 조직화를 활용한다(Cohen, 1969: 201~210). 코헨은 문화적 조직화가 집단의 단결과 효과적 동원화를 강화하며 다음과 같은 여섯 가지 정치적 기능을 수행한다고 보았다(Lichbach and Zuckerman, 1997: 53, 재인용).

집단 차별성 정의: 문화적 조직화는 정치적 환경 맥락에서 집단의 작동 영역과 구성원의 정체성을 정의한다. 이는 신화적 기원, 우월성 주장, 혈통 및 동족결혼, 도덕적 배타성, 내부문화(endo-culture), 공간적 근접성 및 균질화를 통해 이루어진다.
내부 의사소통 강화: 집단 내 구성원 간 의사소통을 촉진하여 정치적 필요를 충족한다.
문제 해결 장치 제공: 집단이 직면한 일반적 문제에 대한 공식화된 해결 방안을 제시한다.
결정 실행 및 권위 부여: 집단을 대표하여 결정을 실행하고 필요한 권위를 부여한다.
정치적 이데올로기 형성: 친족관계의 언어나 관습(ritual)에 뿌리내린 정치적 이데올로기를 통해 권력의 정통성을 확보하고 권위로 전환한다.
규율과 의례적 통합: 기념식과 의례를 통해 이데올로기를 공동체의 현재 문제와 연결하며 규율의 필요를 충족한다.

더불어 종교는 비공식적 정치 조직의 이상적인 청사진을 제공한다. 종교는 인간 존재의 근본적 문제와 맞닿아 있으며, 일상생활 속에서 정치적 사안에 정당성과 안정성을 부여하는 강력한 감정적 에너지를 동원한다. 다시 말해 종교는 단순한 신앙 체계가 아니라, 상징과 의례를 통해 정치적 의미를 구성하고 유지하는 사회적·정서적 기반으로 작동한다. 종교는 예배나 신앙행위를 넘어 상징의 힘을 통해 사회적 관계에 내재된 권력의 역학을 드러내고, 이를 조정하는 기능을 수행한다(Cohn, 1970: 37~40).

종교는 또한 예배, 복지, 교육, 사회 활동을 위한 공간을 제공함으로써, 이러한 활동을 정치적 기능으로 발전시킬 수 있다. 정기적이거나 간헐적인 종교 모임은 신도들 간의 집회와 의례, 정보 교환, 사회적 논의의 장이 되며, 이는 자연스럽게 정치적 의사소통과 조직화의 기반을 형성한다. 더 나아가 종교의 신화와 상징 체계는 정치·경제·사회적 환경의 변화에 맞추어 끊임없이 해석되고 재해석된다(Cohen,

1969: 210). 즉 종교는 고정된 교리가 아니라, 사회적 변화 속에서 새롭게 의미를 부여받는 유동적 정치자원인 셈이다.

코헨의 연구는 주로 소수 집단의 생존 전략에 초점을 맞추었으나, 그 분석 틀은 대규모 민족 집단의 지도자들이 정치적 권력을 획득하고 유지하는 방식에도 적용된다. 예를 들어 1960년대 이후 나타난 프랑스의 강경한 반이민 정책, 독일의 반외국인 시위, 아프리카 국가들의 공포 정치, 그리고 신가산주의(Neo-Patrimonialism)의 폐해는 모두 문화적 상징의 정치적 활용을 보여주는 사례들이다. 또한 동유럽과 구소련, 북한 등에서는 상징과 의례가 정치적 조작의 수단으로 이용되며, 그 결과 사회 전체에 심각한 왜곡과 폭력이 초래되었다.

그렇다면 왜 세르비아, 아르메니아, 헝가리, 혹은 범아프리카주의(Pan-Africanism), 반일주의 같은 문화적 호소력이 강한 정치운동이 여전히 강력한 영향력을 발휘하는가? 이를 단순히 개인의 이익 추구로 설명하기는 어렵다. 문화적으로 정의된 집단 정체성은 개인의 정치적 선택을 넘어서는 감정적·도덕적 결속을 형성하기 때문이다. 즉 문화적 상징과 의례는 집단의 소속감과 연대의식을 강화하고, 구성원들이 공동의 목표 아래 동원되도록 만든다. 이러한 정체성과 결속의 힘이야말로 정치적 행동의 핵심 동력이며, 종교와 문화가 단순한 배경이 아닌 정치의 실질적 구성 요소로 기능하는 이유다.

제2절 시민문화 연구

앞서 논의된 정치문화의 본질을 보다 명확히 파악함으로써 정치문화 연구를 더욱 공고히 확립할 수 있는 체계적이고 과학적인 방법론이 존재한다. 바로 조사 연구(survey research)이다. 조사 연구는 국민들 가운데 일부를 선정하여 표본을 구성하고, 이 표본에 속한 개인들에게 정치적 신념이나 행태와 관련된 일련의 질문을 제시한다. 연구자는 이러한 응답을 취합하고 분석하여 정치문화를 요약하는 특정 패턴을 도출하며, 이를 통해 주어진 표본으로부터 해당 국가 국민들의 특징적인 정치문화를 추론한다. 이러한 조사 연구를 활용한 사례로 가브레엘 알몬드와 시드니 버바(Gabriel A. Almond와 Sidney Verba)의 『The Civic Culture: Political Attitudes and Democracy in Five Nations(1963)』가 있다. 이 연구는 미국, 영국, 독일, 이탈리아, 멕시코 등 다섯 국가의 정치문화를 대상으로 한 비교 조사 연구를 수행하며, 다음과 같은 목표를 설정하였다.

첫째, 특정 국가의 정치문화를 체계적으로 설명하고자 하였다. 둘째, 여러 국가의 정치문화를 비교 분석하여 공통 변수를 식별하고 이를 일반화하는 데 초점을 맞추었다. 셋째, 민주주의의 유지와 발전을 위해 필요한 정치문화 및 사회구조의 특성을 탐구함으로써 이론적·실증적 통찰을 얻고자 하였다. 넷째, 제3세계의 신생 국가들이 어떠한 정치체제를 형성할지 예측할 수 있는 기반을 마련하고자 하였다.

다섯 국가의 시민 표본을 대상으로 심층 인터뷰를 실시하였으며, 이를 통해 수집된 방대한 자료(약 5,000명 이상의 응답자)를 다양한 통계적·질적 방법으로 취합하고 분석하였다. 특히 이 과정에서 교육 수준과 성별 등 정치문화를 결정짓는 핵심 연역 변수들을 제시함으로써 국가 간 공통성과 차이점을 도출하고, 일반화의 가능성을 탐색하였다. 나아가 이를 바탕으로 다섯 국가의 정치문화를 다각적으로 비교 분석함으로써, 정치문화 연구의 방향을 열었다. 이 연구는 단순한 실증 분석을 넘어 민주주의의 안정성과 개발도상국의 정치적 전환에 대한 의미를 제공하고 있다.

알몬드와 버바의 시민문화 연구는 조사 연구를 통한 정치문화 연구에서 나타날 수 있는 장점과 단점 모두를 확연하게 보여주는 하나의 지표가 되고 있다. 여기서는 이러한 연구 결과를 도출한 알몬드와 버바의 연구를 좀 더 구체적으로 살펴보기로 하자.

1. 알몬드와 버바(Almond and Verba)의 정치문화

알몬드와 버바는 민족성 개념보다는 정치문화 개념을 선호하였는데, 이는 정치문화가 인류학, 사회학, 심리학으로부터 문화적 갈등이나 문화 변용과 같은 연관 개념을 도출할 수 있는 유연성을 제공하기 때문이다(Almond and Verba, 1963: 13). 그들은 거시적 차원에서 정치문화를 국민들이 정치체계와의 관계 속에서 경험하는 심리적 정향, 인지, 감정, 평가와 연관지어 설명하였다. 이들의 개념적 전제는 다음과 같다. 첫째, 시민의 덕목과 책임감, 타인과의 가치 공유, 동료에 대한 신뢰, 근심으로부터의 자유 등 사람에 대한 따뜻한 태도가 기반이 되는 세계관이다. 둘째, 개인 자유의 허용과 피통치자 간 합의에 기반한 참여적·다원적 민주주의이다. 셋째, 막스 베버의 사상에 입각한 합리적 관료제를 통한 질서 유지이다. 마지막으로, 근대화 정도와 관련된 안정성, 문자 해득률, 교육 수준 등이다. 이러한 전제는 정치문화 연구에서 일반적·거시적 차원과 구체적·미시적 차원으로 귀결된다(Almond and Verba, 1963: 4~11).

알몬드와 버바가 제시하는 정치문화는 정치적 정향, 즉 정치에 대한 관여 양식과 태도를 통해 표현된다. 정치적 정향은 세 가지 형태로 구분될 수 있다. 첫째, 인지적 정향(cognitive orientation)은 특정 사회집단의 현실 인식, 정치 의식, 정치 성향을 나타내며, 정치체계에 대한 지식이나 믿음과 밀접하게 연결된다. 둘째, 감정적 정향(affective orientation)은 주변 상황에 따라 정서적으로 영향을 받는 측면이다. 셋째, 평가적 정향(evaluative orientation)은 특정 집단의 가치체계를 반영하며, 정치체계에 대한 판단이나 의견을 의미한다(Almond and Verba, 1963: 15). 이 세 정향은 모두 정치체계에 대한 태도를 나타낸다.

정치체계에 대한 정향 분석 외에도 개인의 역할에 대한 정향이 존재하며, 이는 정치 참여(participation)의 정도와 참여를 통해 영향을 미칠 수 있는 효능(efficacy)의 정도로 구분된다. 이처럼 정치문화의 성격은 정치적 대상에 대한 태도에 따라 결정된다. 알몬드와 버바는 이를 바탕으로 정치문화를 세 가지 유형으로 분류하였다(Almond and Verba, 1963: 17~20). 첫째, 지방형 문화(parochial culture)는 시민들이 정치체계의 입력(input)과 산출(output) 모두에 대해 낮은 인지와 참여를 보이는 유형으로, 전통적·지역 중심 사회에서 흔히 관찰된다. 둘째, 신민형 문화(subject culture)는 시민들이 정치체계의 산출에 영향을 받으나 입력에 적극적으로 참여하지 않는 수동적 유형이다. 셋째, 참여형 문화(participant culture)는 시민들이 입력과 산출 모두에 적극적으로 관여하며, 민주적 참여를 강조하는 유형이다. 이 유형들은 순수하게 존재하기보다는 혼합 형태로 나타나며, 안정된 민주주의를 위한 이상적 정치문화는 이들의 균형, 즉 시민문화(civic culture)로 간주된다.

1) 지방형 정치문화(Parochial Political Culture)

지방형 정치문화는 전근대적이고 전통적인 사회에서 주로 관찰되는 정치문화의 한 유형이다. 이 유형의 정치문화 속에서 생활하는 사람들은 대체로 정치체계에 대한 투입(input)이나 산출(output)에 대해 뚜렷한 정치적 정향을 드러내지 않으며, 정치체계 자체를 명확하게 인식하지 못한 채 정치적 대상에 대한 기대나 관심 없이 일상을 영위한다. 심지어 정부에 의한 변화에 대해서도 지극히 무관심하여 어떠한 기대도 표출하지 않는 경향이 강하다. 일부 구성원이 인지적 정향을 보유하고 있다 하더라도, 그들의 감정적 정향과 평가적 정향은 종종 부정적이고 부정확한 양상을 띤다. 이러한 맥락에서 지방형 정치문화의 구성원들은 자신을 정치적 주체로 인식하지 못하는 경우가 대부분이며, 이는 정치참여의 부재와 사회적 무관심을 초래하는 핵심 요인으로 작용한다. 이 개념은 민주주의 발전의 장애물로 지적되며, 현대 정치학에서 정치문화의 유형화를 위한 기초적 틀로 활용되고 있다.

2) 신민형 정치문화(Subject Political Culture)

신민형 정치문화는 과도기적이고 신민적인 사회에서 나타나는 정치문화의 한 유형이다. 이 정치문화에 속한 사람들은 정치체계에 대한 지식과 감정을 보유하고 있으며, 이는 인지적 정향과 감정적 정향으로 표현된다. 그러나 신민형 정치문화에서는 전문화된 정부의 권위를 인정하고 이에 복종하는 경향이 강하기 때문에, 평가적 정향이 대체로 수동적인 형태로 나타난다. 즉 위로부터의 강제나 명령에 의해 산출된 정책 결과물에 대해 순종적인 태도를 보인다. 이로 인해 정책결정 과정에 대한 적극적인 참여는 자연스레 결여되며, 사람들은 자신이 정치체계에 영향을 미칠 수 있다는 자각 없이 자신의 역할과 존재를 수동적 위치에 자리매김한다. 알몬드와 버바의 연구에서 신민형 정치문화는 민주적 참여의 부족과 권위에 대한 복종적 태도를 특징으로 하며, 이는 민주주의 발전의 중간 단계로 간주된다.

3) 참여형 정치문화(Participant Political Culture)

참여형 정치문화는 시민적이고 민주적인 사회에서 나타나는 정치문화의 한 유형이다. 이 정치문화에 속한 사람들은 대부분의 정치적 대상에 대해 명확한 정치적 정향을 보유하며, 자신이 속한 정치체계의 구조와 기능을 깊이 이해할 뿐만 아니라 이를 평가하는 데 적극적인 태도를 보인다. 나아가 자신을 정치적 주체로 자각하고, 정치체계에 적극적으로 참여하려는 긍정적인 의지를 드러낸다. 다만 이들은 자신의 정치적 역할 자체에 대해서는 대체로 긍정적이지만, 그 역할을 수행하며 느끼는 감정은 긍정적일 수도, 부정적일 수도 있다.

알몬드와 버바는 정치문화를 지방형, 신민형, 참여형의 세 가지 유형으로 분류하였다(Almond and Verba, 1963). 그러나 현실 세계의 정치문화는 이처럼 명확히 구분되지 않으며, 대체로 이 세 유형이 혼재된 형태인, 지방-신민형, 신민-참여형, 지방-참여형, 그리고 시민문화(civic culture)와 같은 혼합형 정치문화가 나타난다.

중요한 점은 이러한 혼합형 정치문화가 단선적인 발전 과정을 따르지 않는다는 것이다. 즉, 저급한 정치문화가 고급한 정치문화로 대체되는 것이 아니라, 각 국가마다 고유한 혼합 비율로 이 유형들이 공존한다. 예를 들어 참여형 정치문화가 두드러진 시민사회나 민주사회에서도 지방형 또는 신민형 정치문화를 지닌 구성원들이 존재한다. 이들은 참여형 정치문화를 지닌 이들과 극단적인 대립이나 갈등을 일으키기보다는 상호보완적이고 발전적인 영향을 주며 공존한다.

비참여적이고 전통적인 지방형 및 신민형 정치문화는 개인의 과도한 정치 참여를 적절히 제한함으로써 참여의 태도를 완화하는 역할을 한다. 이는 마치 자동차의 가속페달(참여형)과 브레이크(비참여형)가 상호작용하여 참여의 방향, 범위, 속도, 강도를 조화롭게 조절하는 것과 유사하다. 시민사회에서는 참여형 정치문화가 주도적 역할을 하지만, 타인에 대한 신뢰와 같은 비참여적 태도가 내포하는 긍정적 가치 또한 중요한 기여를 한다. 이러한 상호작용은 민주주의의 안정성과 지속 가능성을 높이는 데 필수적이며, 정치문화의 동태적 균형을 이해하는 데 핵심적인 통찰을 제공한다.

표 4-1 • 알몬드와 버바의 정치문화 유형

구분	지방형(parochial)	신민형(subject)	참여형(participant)
의미	좁고 편협	복종	참여 및 적극성
시스템 이해도	매우 적음	어느 정도 이해함	매우 높음
성격	변화에 대한 기대가 없음	전문화된 정부의 권위를 인정함	투입(input)과 산출(output)에 대한 이해도가 높음
태도	특별한 정향이 없음	정부의 결정과 자신의 역할, 그리고 평가적 정향 등에 매우 수동적임	자신의 역할에 대해 긍정적임
특징	인지적 정향은 있지만, 감정적·평가적 정향이 부정적이거나 불확실함	자기가 시스템에 영향을 미칠 수 있다고 생각하지 않음	자신의 역할에 대해 느끼는 감정은 긍정적일 수도 있고, 부정적일 수도 있음

2. 알몬드와 버바의 시민문화(Civic Culture)

알몬드와 버바는 미국·영국·이탈리아·멕시코·독일 등 다섯 국가 비교 연구를 통해 미국과 영국의 민주주의에 적합한 정치 문화 유형을 탐색하고 이를 시민 문화(Civic Culture)로 명명하였다. 시민 문화는 단순한 참여를 넘어선 복합적인 특성을 지닌다. 이는 사회에 대한 소속감과 일체감이 강하게 표출되는 충성적인 측면과 함께, 정치 과정에 대한 적극적인 참여가 활발하게 이루어지는 참여적인 측면이 특징적으로 혼합되어 나타나는 정치 문화의 이상적인 유형이다.

이러한 시민 문화는 참여형 정치 문화가 주된 위치를 차지하면서도, 그 내부에는 독자적인 영역을 확보하고 있는 지방형(Parochial) 정치 문화와 신민형(Subject) 정치 문화의 요소가 적절히 혼합된 형태를 띠고 있다. 따라서 시민 문화는 전통적인 가치와 현대적인 요소가 병존하며, 정치적 합의와 다양한 의견이 공존하는 다원주의적(Pluralistic) 문화로 정의할 수 있다. 알몬드와 버바는 이 시민 문화야말로 안정적이고 기능적인 민주주의를 뒷받침하는 핵심적인 정치 심리적 토대라고 분석했다.

알몬드와 버바(Almond and Verba, 1963)는 시민문화가 지닌 특성들로 인해, 그것이 정치발전을 달성하는 데 핵심적인 역할을 수행할 수 있다고 보았다. 특히 민주주의 체제에서 시민문화는 단순히 제도적 장치나 형식적 절차를 넘어, 전통과 현대를 연결하고 민주주의의 안정성을 유지하는 데 필수적인 역할을 한다. 즉 시민문화는 한 사회 내에 공존하는 전통적 태도와 현대적 태도를 조화롭게 결합함으로써 정치문화의 근대화를 촉진하는 매개체로 작용한다.

시민문화가 이러한 기능을 수행할 수 있는 이유는 그 속에 내재된 여러 형태의 균형 때문이다. 알몬드와 버바는 시민문화의 핵심적 특징으로 다음의 세 가지 균형을 제시하였다.

첫째, 시민들은 선거를 통해 엘리트의 권력을 제한하는 동시에, 엘리트들이 시민의 의사를 반영하도록 유도한다. 선거는 단순한 권력 교체의 절차가 아니라, 시민과 엘리트 간의 상호통제적 균형을 유지하는 제도적 장치로 기능한다. 이를 통해 시민들은 정치적 안정성과 제도적 합리성을 확보한다.

둘째, 시민들은 정부와의 관계에서 능동성과 수동성을 적절히 조화시킨다. 즉 정책결정 과정에서는 적극적으로 참여하여 자신의 의사를 반영하지만, 일단 정책이 결정되고 집행된 이후에는 결과를 차분히 수용하는 태도를 보인다. 이러한 균형적 태도는 과도한 정치적 동원이나 비합리적 반응을 방지하고, 제도적 신뢰를 강화하는 역할을 한다.

셋째, 시민들은 정치참여의 수준에 있어 균형적 태도를 유지한다. 지나친 참여로 인해 정부 기능이 마비되는 것을 방지하는 한편, 과도한 무관심이나 냉소주의로 인한 정치적 소외 또한 경계한다. 다시 말해, 시민문화는 정부의 권위와 시민의 자율적 참여가 상호 견제하면서도 조화를 이루는 상태를 의미한다. 이러한 균형적 구조 속에서 민주주의는 제도적 안정성과 시민적 합리성을 동시에 달성할 수 있게 된다(Almond and Verba, 1963).

이러한 논의에서 알몬드와 버바는 시민문화를 "합리성-활동주의 모형(rationality-activist model)"으로 인식하고 있음을 알 수 있다(Almond and Verba, 1963: 31). 그들에게 시민문화 속의 시민은 감정에 휘둘리는 존재가 아니라, 이성에 의해 주도되는 합리적 행위자로 설정된다. 시민은 다양한 정치적 정보를 수집하고 분석하며, 자신이 추구하는 가치와 이해관계에 근거해 합리적이고 책임 있는 판단을 내릴 수 있는 존재로 이해된다.

결국 알몬드와 버바의 시민문화론은 민주주의의 안정성과 발전을 개인의 합리적 행위와 제도적 균형의 상호작용 속에서 설명하려는 시도로 요약된다. 시민문화는 단순한 참여의 문화가 아니라, 이성적 참여와 제도적 절제의 조화를 통해 민주주의를 공고히 하는 정치문화의 이상형(ideal type)으로 제시된 것이다.

3. 알몬드와 버바의 정치문화 연구에 대한 비판

알몬드와 버바는 정치문화를 독립적인 이론이 아닌, 이론 형성에 영향을 미치는 하나의 변수로 설정하는 점을 강조하였다. 실제로 그들의 정치문화 연구는 비교정치 분야에서 유용한 도구적 개념으로 발전해 온 바 있으며, 이 점에서 그 의의가 크다고 평가할 수 있다. 그러나 이 연구에는 여러 심각한 문제점이 내재되어 있으며, 이는 정치문화 이론의 과학적 엄밀성과 적용 가능성을 약화시키는 요인으로 지적되어 왔다.

첫째, 정치문화를 체계적으로 정의하고 과학적인 비교정치 연구에 활용하려는 알몬드와 버바의 노력에도 불구하고, 개념적 정의와 범주 설정에서 상당한 모호성이 드러난다. 다양한 문화적 변수의 존재에도 불구하고, 정치문화 유형을 지방형, 신민형, 참여형, 그리고 시민문화라는 네 가지로 극단적으로 단순화한 일반화는 비현실적이라는 비판을 받는다. 많은 정치학자들이 현실 세계의 복잡한 정치문화를 이러한 제한된 유형으로 구분하는 것이 가능한지 의문을 제기해 왔으며(Bostock, 1973), 이는 이론의 경험적 타당성을 훼손하는 근본적 약점으로 지적된다.

둘째, 알몬드와 버바의 연구는 가치편향적인 시각으로 진행되었다는 비판을 피할 수 없다. 그들은 중상류층 백인 남성을 정치 참여의 이상적 주체로 간주하고, 미국과 영국의 자유민주주의 체제를 가장 우월한 모델로 여겼다. 이는 앵글로-아메리칸 중심의 편향된 관점에서 비롯된 것으로, 연구 대상 국가들의 독특한 역사적 배경을 세심하게 고려하지 못하게 만들었다. 이러한 편향은 민주주의 체제 내 무관심과 비참여를 이데올로기적으로 정당화하는 오류를 초래했으며, 이상적 정치문화의 조건을 설정하는 데 자의적이고 편협한 태도를 드러냈다(Lehman, 1972). 결과적으로, 앵글로색슨과 미국 중심의 시민문화 개념 정의는 연구의 객관성을 심각하게 저해하였다.

셋째, 정치문화와 정치체계 간 인과관계 설명의 모호성이 비판 대상이다. 알몬드와 버바는 정치문화를 정치체계에 영향을 미치는 독립변수로 설정하였으나(Almond and Verba, 1963: 33), 정치체계가 정치문화에 미치는 역방향 영향을 완전히 부정하지는 않았다. 실제로 그들은 연구 대상 국가들의 정치문화가 해당 정치체계의 영향 아래 형성되었다고 강조한 바 있다(Almond and Verba, 1980: 29). 그러나 이러한 상호 영향이 구체적으로 어떤 과정을 통해 이루어지는지에 대한 설명이 결여되어 있으며, 상호작용에 대한 실증적 탐구가 부재하다. 이는 이론의 인과적 엄밀성을 약화시키는 치명적 한계로 평가된다.

넷째, 방법론적 문제점이 두드러지게 나타난다. 대표적으로 표본추출의 왜곡이 지적되는데, 멕시코의 경우 대부분의 응답자가 도시 거주자로 한정되어 당시 인구의 60% 이상을 차지하는 농촌 주민을 배제하였다. 또한 이탈리아 시민들의 경우 과거 파시즘 영향과 문화적 과묵성으로 인해 정치적 견해를 솔직하게 드러내지 않는 경향이 강했음에도, 이러한 맥락을 무시하고 표면적 응답만으로 지방형 정치문화로 결론지은 것은 방법론적 결함을 드러낸다. 이러한 문제는 연구의 신뢰성과 일반화 가능성을 심각하게 훼손한다.

다섯째, 분석론적 차원의 한계로 인해 추가 비판을 받는다. 알몬드와 버바는 개인의 정치적 태도를 분석할 때 구조적 측면보다 심리학적 측면을 과도하게 중시하였으며, 이를 민주주의 사회와의 일치·불일치 관점에서 논의하였다. 그러나 이는 정치체계에 대한 실제적 평가가 아닌 심리적 차원에 치중한 접근으로, 보다 정확한 분석을 저해한다는 지적이 있다. 또한 정치문화의 동태적 변화를 간과하고 이를 장기적으로 안정된 존재로 인식한 점이 문제시되는데, 연구 기간 동안 미국과 영국에서 발생한 시민들의 정치적 태도 변화가 이를 반증한다. 이러한 분석적 결함은 정치문화 이론의 실증적 유용성을 제한하는 요인으로 작용한다.

정치문화에 대한 알몬드와 버바의 연구 결과가 발표된 후, 수많은 비판들과 함께 유사한 연구들이 뒤따랐다. 파이(Pye, 1965)와 칸트릴(Cantril, 1965), 달(Dahl, 1966), 잉글하트(Inglehart, 1989; 1997), 그리고 돌턴(Dalton, 2000) 등이 그 예이다.

특히 잉글하트(Ronald Inglehart)는 서구 사회에 대한 세밀한 실증 연구를 통해 시민들의 정치사회학적 가치가 젊은 세대를 중심으로 점진적으로 변화해 왔음을 입증하였다. 그의 이론에 따르면, 기성세대는 강력한 국가 방위, 안정적인 치안 유지, 경제 성장과 같은 물질주의적(materialist) 가치를 강조하는 반면, 젊은 세대는 심미적 만족, 표현의 자유, 삶의 질 향상과 같은 탈물질주의적(post-materialist) 가치를 우선시한다. 이러한 변화는 1980년대 이후 더욱 두드러지게 나타나, 일부 국가에서 탈물질주의자들의 비율이 급증하였다. 예를 들어 World Values Survey(WVS)의 1999~2001년 데이터에 따르면, 멕시코(16%), 영국(22%), 핀란드(28%), 아르헨티나(29%) 등에서 탈물질주의자 비율이 높게 관측되었으며, 이는 노르웨이(17%)부터 네덜란드(39%)에 이르는 범위 내에서 분포하였다(Dalton, 2002). 특히 분단 시기 서독에서는 탈물질주의자 비율이 세 배 증가하여 약 44%에 달하기도 하였으며, 이는 전후 경제 번영과 세대 교체의 결과로 해석된다. 반대로 헝가리(2%)와 한국(7%)에서는 탈물질주의 경향이 상대적으로 안정적으로 유지되었고, 러시아와 폴란드와 같은 전환기 국가들에서는 정치·사회·경제적 불안정으로 인해 탈물질주의적 가치가 급속히 쇠퇴하였다(World Values Survey, 2001). 이러한 국가별 차이는 잉글하트의 '희소성 가설(scarcity hypothesis)'을 뒷받침하는 사례로, 경제적 안정 기간 동안 성장한 세대가 탈물질주의를 선호한다는 점을 보여준다.

잉글하트의 주장은 물질적 번영이 가치관 변화를 유발한다는 점에서 기본적으로 심리학적 전제에 기반한다. 즉 유년기의 경제 조건이 성인기의 가치관 형성에 결정적 영향을 미친다는 것이다. 예를 들어 세계대전과 대공황을 겪은 세대는 극도의 물질적 궁핍으로 인해 생존 중심의 물질주의 가치를 내재화하였으나, 1960년대 전후 세대는 전후 경제 호황 속에서 성장하며 물질적 충족을 넘어 정신적·자아실현적 가치를 추구하게 되었다. 이는 세대 교체(generational replacement)를 통해 사회 전체의 가치 지형이 점진적으로 변화한다는 '세대 효과(cohort effect)'를 설명하는 사례이다.

그러나 이러한 논의에 대해 더치와 테일러(Raymond M. Duch와 Michael A. Taylor)는 교육의 역할을 강조하며 반론을 제기하였다. 그들은 유년기 경제적 충족 수준보다는 성장 과정에서 받은 교육의 내용과 질이 탈물질주의 가치 형성에 더 큰 영향을 미친다고 주장하며, 잉글하트의 경제 중심 관점에 대한 실증적 재검토를 촉구하였다(Duch and Taylor, 1993). 예를 들어 교육 수준이 높은 집단에서 탈물질주의 경향이 더 강하게 나타나는 사례는 경제 조건 외에 인지적·사회화적 요인의 중요성을 시사한다. 이와 같은 비판은 잉글하트 이론의 다각적 확장을 지적하며, 현대 정치문화 연구에서 세대 간 가치 충돌의 복잡성을 이해하는 데 기여한다.

제3절 정치사회화를 통한 정치과정 연구

정치사회화는 정치문화와 밀접한 관계를 갖는 주요 접근법 중 하나로, 개인이 사회의 정치문화를 학습하고 내재화하는 과정을 설명한다. 이 접근법은 심리적·성향적 관점에 뿌리를 두고 있으며, 개인의 정치적 태도와 행동양식 형성에 핵심적인 역할을 한다. 알몬드는 정치사회화를 정치문화의 유도 과정으로 정의하며, 이를 통해 정치체계의 다양한 역할과 주요 행위자들에 대한 태도, 가치관, 감정이 형성된다고 보았다(Almond, 1960). 따라서 정치사회화는 정치체계 또는 그 하위체계의 구성원들이 정치적 태도와 행동양식을 습득하는 과정이자, 한 세대가 정치적 신념과 기준을 다음 세대에 전수하는 문화적 전이(cultural transmission)로 이해할 수 있다.

정치사회화 연구는 내용, 단계, 기구, 기능의 네 가지 주요 범주를 중심으로 이루어진다. 먼저, 정치사회화의 내용은 한 사회가 구성원들에게 전달하고자 하는 정치문화의 구체적 요소를 의미한다. 여기에는 정치적 가치, 규범, 신념 등 사회 구성원들이 공유해야 할 정치적 태도가 포함된다. 정치사회화는 개인의 생애 주기에 따라 단계적으로 진행되며, 일반적으로 아동기, 청소년기, 청년기, 성인기로 구분된다(Erikson, 1963: 247~274). 각 단계마다 개인은 사회적 경험과 교육을 통해 정치적 이해와 태도를 점차 내면화하게 된다. 또한 정치사회화의 기구는 이러한 정치적 태도와 가치관을 전달하는 매개체로서 작용한다. 대표적으로 가정, 학교, 동료, 매스미디어, 직장, 그리고 정치적 경험 등이 있다. 이들은 개인이 사회 속에서 정치적 정체성을 형성하고 정치 체계에 대한 인식을 발전시키는 데 핵심적인 역할을 한다. 마지막으로, 정치사회화는 사회체제의 유지와 변화라는 두 가지 상반된 기능을 수행한다. 즉 기존 질서를 안정적으로 유지하도록 돕는 동시에, 새로운 세대의 가치 변화나 사회적 요구를 반영하여 체제의 변화를 촉진하기도 한다.

이제 이러한 정치사회화가 어떤 기구를 통해, 어떤 방식으로 작동하는지를 보다 심층적으로 살펴보도록 하자.

1. 정치사회화 연구의 흐름

정치사회화는 오랫동안 정치학과 사회과학 전반에서 깊은 관심의 대상이 되어 왔다. 특히 각 국가의 정치체제와 이념적 배경에 따라 정치사회화 연구의 초점과 목적은 크게 달라졌다.

예를 들어 미국과 같은 자본주의 국가에서는 정치사회화가 민주주의 정치체계의 정당성과 지속 가능성을 검증하는 중요한 연구 수단으로 활용되었다. 미국의 정치학자들은 시민들이 민주적 가치와 규범을 어떻게 내면화하고, 이를 통해 민주주의가 어떻게 유지·발전하는지를 분석함으로써 민주주의 체제의 타당성을 입증하려 했다. 반면 북한, 중국, 구소련 등 사회주의 국가에서는 정치사회화가 체제 선전과 이념 교육의 핵심 도구로 사용되었다. 이들은 대중을 사회화시켜 혁명적 사회에 대한 신념과 가치를 주입하고, 사회주의 체제에 대한 충성심을 고양시키는 데 중점을 두었다. 한편 미국의 사회과학자들은 제3세계의 저개발 국가를 연구하면서, 대중매체가 전통적 가치관에 머물러 있던 국민들을 현대적 가치와 행동양식으로 변화시키는 사회화의 주요 매개체로 작용한다고 보았다.

이처럼 정치사회화 연구는 단순한 개인의 태도 형성을 넘어, 체제의 정당성 유지와 사회적 통합을 설명하는 핵심적인 분석 틀로 발전하였다. 이러한 발전의 역사적 배경에는 사회화 개념의 이론적 정립 과정이 자리한다.

'사회화(socialization)'라는 용어는 사실 사회과학자들이 이를 학문적으로 사용하기 이전부터 이미 통용되고 있었다. 『옥스퍼드 영어사전(The Oxford Dictionary of the English Language)』에 따르면, 이 용어의 사용은 1828년까지 거슬러 올라가며, 그 의미는 "사회적으로 되는 것, 즉 사회 속에서 살아가기에 적합한 존재로 만드는 과정"으로 정의되어 있다(Clausen et al., 1968: 21). 초기의 정의는 주로 도덕적 관점을 강조했으며, 사회화란 사회를 위한 개인의 완성 과정으로 이해되었다.

미국에서 사회화 개념이 학문적으로 정립된 것은 1890년대 무렵으로, 짐멜(Simmel, 1909)의 논문이 그 사상적 기초를 제공하였다. 이후 사회화는 주요 사회학 저서에서 꾸준히 다루어졌으며, 특히 1920년대 후반 문화와 인성 연구가 활발해지면서 그 적용 범위가 본격적으로 확장되었다. 1930년대에는 사회학뿐 아니라 심리학·인류학 등 다양한 학문과 연계되며 학제적 연구가 활발해졌다. 결정적으로 1939년 7월, 『미국 사회학 논총(American Journal of Sociology)』가 사회화를 주제로 한 논문들을 다수 게재하면서 이 개념은 사회학계에서 보편적인 연구 주제로 자리잡았다.

심리학 분야에서는 1930년대까지 사회화 개념이 학습이론과 인성 이론 속에 통합된 형태로 사용되었다. 이후 인류학자들이 문화와 인성의 관계를 탐구하면서 사회화 개념을 적극적으로 도입하였고, 그들의 연구는 사회화의 문화적 차원을 부각시키는 데 기여했다. 이러한 학문적 흐름 속에서 사회심리학적 접근이 정치학에 도입되었고, '개인이 왜, 그리고 어떻게 정치적 신념을 습득하는가'라는 질문에 대한 탐구가 본격화되었다.

결국 정치사회화 연구의 역사는, 사회화 개념이 단순한 개인의 사회 적응 과정을 넘어 정치적 가치와 신념의 내면화 과정, 즉 체제 유지와 변동을 설명하는 정치적 메커니즘으로 확장되어 온 학문적 진화의 과정이라 할 수 있다.

2. 정치사회화 기구

정치사회화는 다양한 기구나 구조에 의하여 수행된다. 정치사회화의 기능을 담당하는 기구나 구조는 가정, 동료집단, 학교, 교회, 사회 계급, 종족집단, 직장, 대중매체, 특정한 사건의 경험, 개인적 특성 등 여러 가지가 있을 수 있다. 우리는 이 중에서 중요하다고 생각되는 정치사회화의 기구에 대해서 살펴볼 것이다.

1) 가정

가정은 가장 일차적이고 강력하며 지속적인 정치사회화의 기관이다. 개인의 정치적 기원은 가정 환경에서 경험한 행동과 믿음에 깊이 영향을 받는다. 개인이 스스로 판단할 능력이 형성되기 전에, 그들은 가정 내에서 우연히 들은 대화나 관찰을 통해 정치 세계에 대한 인지 능력을 흡수한다. 예를 들어 한 조사에 따르면 미국의 7세 아동 중 다수가 이미 특정 정치 정당을 인지하며, 주요 정당의 정치적 노선이 아동의 정향에 영향을 미친다(Jennings, Markus and Niemi, 1991). 심지어 부모와 자녀 간 상호작용 유형은 정치적 태도와 밀접한 관련이 있다. 만약 부모가 엄격하고 토론을 억제하며 불복종에 강한 제재를 가하는 권위주의적 가정이라면, 자녀는 이를 사회적 권위 관계의 적절한 모델로 인식할 가능성이 높다. 반대로 규칙 제정이나 결정 과정에서 이슈에 대한 논의를 중시하는 가정이라면, 자녀는 정치 세계에서도 적극적인 참여 권리를 더 강하게 느끼게 된다.

가정은 일부 지도자에게 정치적 의제의 중요한 방해물로 간주되기도 하였다. 예를 들어 마오쩌둥(Mao Zedong)은 혈족 관계, 연장자, 남성에 대한 순종을 강조하는 유교 가르침에 따른 전통적 충성을 강력히 반대하였다. 그가 중국의 권력자가 된 후, 그는 모든 중국인이 연령과 성별에 관계없이 개인 평등을 수용하고, 사회 전체 이익을 위해 협력적으로 일해야 한다고 주장하였다(슬로건: "인민을 위해 봉사하라"). 마오쩌둥은 가정을 이러한 목표의 주요 장애물로 여겨, 사회에서 가정을 '억압의 요새'로 규정하였다.

2) 학교

정치적 권위의 관점에서 학교는 국가의 가장 중요한 정치사회화 기관으로 평가된다. 학교는 정치적 믿음이 형성되는 감수성이 가장 예민한 청소년기 아동·청소년들과의 접촉을 통제하고 유지할 수 있는 기회를 제공한다. 가정과 분리된 교실은 대부분의 젊은이들이 경험하는 가장 보편적인 사회의 소우주(microcosm)이다. 교사는 사회적으로 바람직하다고 여겨지는 행동에 보상을 부여하고, 이를 따르지 않는 경우 보상이나 처벌을 유보하는 권위적 인물로 기능한다. 대부분의 학생들은 자신의 욕구를 억제하고, 교육 체계가 제공하는 상징적 보상을 가치 있게 여기며, 학교 규칙 내에서 동료와 상호작용하도록 교사의 권위를 따르는 훈련을 받는다. 나아가 모든 학교에는 정치 체계를 지지하는 의식이 존재하며, 이는 정치 지도자나 상징에 대한 충성을 표현하는 노래, 구호, 활동 등을 포함한다.

또한, 학교의 교육과정은 학생들의 정치 세계에 대한 이해를 형성하는 데 핵심적 역할을 한다. 교육 권위는 가르치는 주제, 교재 내용, 심지어 교사의 발언과 행동을 통제할 수 있다. 교육에 대한 가장 극단적인 통제 형태는 프랑스 제4공화국(1946~1958) 시기에 나타났는데, 중앙 정부가 모든 학교 커리큘럼을 엄격히 규제하여 공화주의 가치와 애국심을 주입하였다. 한국의 경우도 유사한 예가 있는데, 과거 제3공화국 시기(1963~1972)에 '국기에 대한 맹세'나 '국민교육헌장'을 암송하는 관행이 이를 대표한다. 학교에서 모든 교과서와 강의는 선택적으로 구성되므로, 강조되는 내용, 무시되는 내용, 의미와 가치의 확립 방식에 대한 주입이 일방적이고 극단적인 경우가 많았다.

3) 동료 집단

대부분의 사람들이 교육 체계에서 상당한 시간을 보내며 정치사회화의 높은 비율을 경험하지만, 그 이후에도 학습은 완전히 중단되지 않는다. 부모의 영향력이 감소하고 공식 교육이 종료됨에 따라, 동료 그룹은 많은 개인의 정치적 사회화에 중요한 역할을 한다. 동료 그룹은 일반적으로 친구, 이웃, 직장, 조직 내 구성원 등을 의미한다.

많은 경우 동료와 주변 사람들은 개인의 정치적 관점에 '2단계' 의사소통 흐름을 통해 영향을 미친다(Bennett, 2001; Zaller, 1992). 정치에 관심과 지식이 있는 사람들은 다양한 자원을 통해 새로운 정보를 1단계로 습득한 후, 이를 다른 사람들과 2단계로 교환한다. 특히 대중은 정치적 신념이 덜 뚜렷하고 덜 발전되어 있는 경우가 많아, 동료 간 직접적 의사소통이 정치 정보의 풍부한 교환을 촉진한다. 이러한 메시지는 즉각적이고 신뢰성 있으며, 대면 상호작용의 강력한 힘을 지니기 때문이다.

중국은 마오쩌둥 통치하에서 1958년부터 1962년까지의 대약진운동과 1966년부터 1976년까지의 문화혁명 기간 동안 동료 그룹을 중요한 정치사회화 도구로 활용하였다. 집단 농장, 공장, 기타 작업장에서 소규모 그룹 내에서 정치적 신념과 행동에 대한 논의가 의무화되었으며, 그룹 구성원들은 서로의 정치적 행동을 감시하였다. 만약 개인의 관점이나 행동이 대다수 의견에서 벗어나면, 그룹은 다양한 압력을 통해 그 잘못을 인식하고 수정하도록 유도하였으며, 적절한 정치적 태도로 되돌리려 하였다. 이러한 압력이 실패할 경우, 조롱과 같은 더 공격적인 동료 압력, 또는 최후 수단으로 구금과 강제 이동을 통해 대다수 의견 준수를 강제하였다. 문화혁명 시기 동료 압력은 극단적 형태로 발전하여, 마오쩌둥 사상을 신봉하는 사람들이 '홍위병'을 자발적으로 조직하였고, 이를 따르지 않는 사람들에게 협박, 진압, 폭행 등을 가하였다(Wen, 1995).

이러한 동료 그룹의 영향을 학문적으로 설명하기 위한 사례로는 케냐에서 있었던 증세법안 반대 시위가 정부의 변화를 촉구하는 반정부 시위로 확대된 사례이다. 이 시위에서 청소년과 젊은이들은 엑스(옛 트위터)에 '목요일에 만나요'라는 해시태그(#tutanethursday)를 올리는 동시에 동료 그룹을 통해 증세 반대와 정부 정책 비판하며 정치적 각성과 참여를 촉진하였다. 예를 들어 청년들이 카페나 SNS를 통해 의견을 교환하며 시위에 나선 것은 동료 그룹의 '2단계' 의사소통이 정치사회화를 가속화한 대표적 사례로 평가된다. 또 다른 사례로 미국 대학생들의 정치사회화를 꼽을 수 있다. 대학 캠퍼스에서 동료 관계는 부모의 영향력을 넘어 정치적 의견 형성에 큰 역할을 하며, 연구에 따르면 친구와의 친밀성이 정치 참여를 증가시키고, 예를 들어 선거 캠페인이나 사회 운동에서 동료 그룹의 논의가 개인의 관점을 강화한다. 이러한 사례들은 동료 그룹이 정치적 학습의 지속적 매개체로 작용하며, 특히 청소년기와 성인 초기에 강력한 영향을 미친다는 점을 입증한다.

4) 사건

환경은 개인의 정치적 신념과 행동 형성에 결정적인 영향을 미치는 요인이 되곤 한다. 특히 예상치 못한 사건이나 충격적인 경험은 개인의 정치적 태도를 급격히 변화시키는 강력한 사회화의 계기가 될 수 있다.

예를 들어 사라 브래디(Sarah Brady)는 남편 제임스 브래디(James Brady)가 1981년 로널드 레이건 대통령 암살 시도 사건에서 총상을 입은 뒤, 단순한 정치가의 아내에서 총기 규제 운동의 상징적 인물로 변모했다. 그녀의 개인적 경험은 강력한 정치적 행동으로 이어졌고, 미국 사회의 총기 규제 담론을 활성화시키는 계기가 되었다. 비슷하게 미키 사도프(Micky Sadoff)는 음주운전으로 가족을 잃은 후, 개인적 비극을 사회운동으로 전환시켜 '음주운전 반대 어머니회(MADD)'를 창립했다. 이 단체는 이후 미국에서 가장 영향력 있는 시민단체 중 하나로 성장하며, 사회적 분노를 제도적 변화를 이끌어내는 정치적 힘으로 전환시켰다.

이처럼 특정 사건은 개인의 정치적 참여와 행동 양식을 근본적으로 바꾸는 촉매제가 될 수 있다. 그러나 개인의 정치적 성향은 단기적인 충격만이 아니라, 장기적 사회 변화와 구조적 경험에 의해서도 점진적으로 형성된다. 특히 사회적 가치관이 고착되는 '정치적 성숙기'에 있는 청년층은 이러한 환경 변화에 가장 민감하게 반응한다.

예컨대 1998년 한국 외환위기는 당시 청년세대에게 자본주의의 불안정성과 대기업 중심 경제의 부패 문제를 각인시켰다. 이러한 경험은 그들이 장년층이 된 이후에도 반시장적이거나 진보적인 정치 성향을 지속적으로 유지하게 만든 요인으로 작용했다. 비슷하게 2007년 미국 서브프라임 모기지 위기는 금융자본가들의 탐욕과 제도의 모순을 목격한 세대에게 강한 반시장 정서를 심어주었다. 이들은 이후 사회적 약자 보호와 불평등 해소를 중시하는 정치적 올바름(political correctness)이나 급진적 진보 이념을 지지하는 경향을 보였다.

결국 개인의 정치적 신념과 행동은 단일한 사건의 충격과 사회 전체의 장기적 흐름이 상호작용한 결과로 형성된다. 즉 사람들은 우연한 경험 속에서 정치적 자각을 얻기도 하고, 시대의 구조적 변화 속에서 새로운 가치관을 내면화하기도 한다. 이러한 과정이 바로 정치적 사회화의 핵심 메커니즘이며, 한 사회의 정치문화가 세대 간에 어떻게 전승되고 변형되는지를 설명하는 중요한 단서가 된다.

5) 대중매체

대중매체는 개인의 정치적 정향(political orientation)을 형성하는 데 있어 가장 강력한 사회화 요인 중 하나이다. 과거 신문, 라디오, 텔레비전, 잡지 등이 주요 매체였다면, 오늘날에는 유튜브, 팟캐스트, 엑스(옛 트위터), 인스타그램, 틱톡 등 소셜 미디어 플랫폼이 정치 정보의 핵심 통로로 자리 잡았다. 정보통신기술의 혁명적 발전으로 정보의 양은 폭발적으로 증가했고, 전달 속도는 즉각적으로 빨라졌다. 그 결과 현대 사회의 사람들은 정치, 사회, 경제 관련 뉴스에 실시간으로 노출되며, 의식하든 그렇지 않든 정치적 학습 과정에 지속적으로 참여하게 되었다.

선거철이 다가오면 뉴스 채널은 정당의 공약과 후보자의 행보를 집중 보도한다.

시민들은 TV 토론을 시청하거나 유튜브 영상을 통해 후보자의 태도와 발언을 비교하게 된다. 이러한 과정은 단순한 정보 소비가 아니라, 정치적 판단과 가치 형성의 과정으로 이어진다. 정부 여당은 정책 성과를 홍보하고, 야당은 이를 비판하는 메시지를 전달함으로써 매체를 활용한 정치적 이미지 경쟁을 펼친다.

그러나 대중매체는 언제나 긍정적인 역할만 하는 것은 아니다. 왜곡된 보도, 편향된 뉴스, 가짜 정보는 정치적 판단을 흐리게 하며, 때로는 사회적 갈등을 증폭시키기도 한다. 예컨대 미국의 2016년 대선에서는 SNS상의 허위 뉴스가 실제 선거 결과에 영향을 미쳤다는 분석이 제기되었다. 한국에서도 특정 이슈를 둘러싼 팟케스트, 블로그 그리고 유튜브 채널의 선정적 보도나 '댓글 여론전'이 정치적 편향과 불신을 키운 사례가 있다.

이처럼 대중매체는 정치 사회화의 중요한 통로이지만, 그 영향력에는 분명한 한계도 존재한다.

첫째, 매체가 제공하는 정보는 정치 지식을 확장시키지만, 일관되고 지속적인 메시지가 결여되면 근본적인 태도 변화를 일으키기 어렵다(Almond and Powell, 1978: 96). 둘째, 사람들은 자신의 기존 신념과 일치하는 정보에 더 주목하는 경향이 있다. 예를 들어 진보 성향의 사람은 진보 언론을, 보수 성향의 사람은 보수 매체를 더 자주 소비하며, 그 결과 기존의 정치적 관점이 강화되는 확증편향(confirmation bias)이 발생한다. 셋째, 대중매체의 대부분 정보는 정치권이나 정부의 발표를 재전달하는 형태이므로, 직접적인 영향력보다 간접적 여론 형성 효과가 크다. 넷째, 정보는 '두 단계 유통(two-step flow)' 과정을 거치며 왜곡될 수 있다(Prewitt and Dawson, 1977: 195~196). 즉 뉴스가 여론 주도층에게 먼저 해석된 뒤 일반 대중에게 전달되면서, 그 내용이 특정 집단의 시각에 맞게 변형될 수 있다는 것이다.

오늘날 이러한 경향은 소셜 미디어의 등장으로 더욱 복잡해졌다. 소셜 미디어는 누구나 정보를 생산하고 공유할 수 있는 플랫폼을 제공함으로써 정치 참여의 문턱을 크게 낮췄다. 예컨대 2016년 미국 대선의 '버니 샌더스 지지 운동'이나, 2017년 한국의 '촛불 집회'는 온라인에서 조직된 시민 행동이 실제 정치 변화를 이끌어낸 대표적 사례이다. 그러나 동시에, 소셜 미디어는 가짜 뉴스, 혐오 표현, 정치적 조작, 여론 왜곡이 빛의 속도로 확산되는 부정적 측면도 안고 있다.

최근 연구들은 이러한 플랫폼의 알고리즘 기반 '필터 버블(filter bubble)'이 문제의 핵심임을 지적한다. 사용자가 선호하는 정보만 반복적으로 보여줌으로써, 서로 다른 정치적 견해를 접할 기회를 차단하고, 사회적 분열을 심화시키는 것이다. 예를 들어 보수 성향 이용자는 자신의 정치관을 강화하는 뉴스와 게시물만 접하게 되고, 진보 성향 이용자 역시 그 반대의 정보만 소비한다. 이런 현상은 서로 다른 집단 간의 이해를 가로막고, 정치적 양극화(polarization)를 가속화시킨다.

또한 소셜 미디어는 전통 언론과 달리 사용자 생성 콘텐츠(user-generated content)가 중심이기 때문에, 정보의 진위 검증이 어렵다. 허위 정보나 극단주의적 콘텐츠가 빠르게 확산되면, 정치적 무관심이나 왜곡된 정치 인식이 형성될 위험이 커진다. 실제로 엑스(옛 트위터)와 같은 플랫폼에서는 정치적 논쟁이 사회적 합의의 장이 되기보다, 감정적 분열과 적대감의 공간으로 변질되는 경우가 많다.

따라서 현대 사회에서 대중매체와 소셜 미디어는 정치 사회화의 가능성을 폭넓게 확장시켰지만, 동시에 정보의 신뢰성과 미디어 리터러시(media literacy)가 그 어느 때보다 중요해졌다. 즉 시민들이 매체를 비판적으로 해석하고 정보의 출처를 검증하는 능력을 갖출 때, 비로소 대중매체는 민주주의를 심화시키는 건전한 정치 사회화의 도구로 기능할 수 있다.

제4절 정치적 관습과 상징주의

머레이 에델만(Murray Edelman)은 『정치에서의 상징의 활용(The Symbolic Uses of Politics, 1964)』이라는 저서를 통해 정치학 연구에 큰 전환점을 마련했다. 이 책이 출간되기 전까지만 해도, '정치적 상징'이나 '정치적 관습'이 어떻게 사람들의 인식과 행동에 영향을 주는지에 대해 진지하게 탐구하는 학자는 적었다. 이후에도 많은 비교정치학 연구자들은 이 주제를 다루는 것이 지나치게 복잡하고 위험하다고 여겨 외면하곤 했다.

하지만 그의 주장은 매우 간결하다. 정치를 "상징의 행렬(a parade of symbols)"로 규정하며, 사람들이 정치적 상징에 반응하는 방식에는 두 가지 차원이 있다고 설명한다. 첫째, 인지적 수준에서는 상징이 정치적 의사소통의 수단으로 작용한다. 즉, 정치 지도자나 제도가 사용하는 상징은 사람들에게 정보를 전달하고, 현실을 이해하는 틀을 제공한다. 둘째, 감정적 수준에서는 상징이 단순한 정보 전달을 넘어, 사람들의 감정과 열정을 자극해 행동을 이끌어낸다.

특히 에델만은 지도자가 상징을 통해 대중에게 심리적 안도감(reassurance)을 제공할 수 있는 능력을 강조한다. 이러한 상징적 리더십은 불안한 대중의 감정을 안정시키고, 사람들이 집단적으로 움직여 구체적인 이익이나 목표를 추구하도록 만드는 힘이 된다. 결국 에델만의 핵심 메시지는 정치는 단순한 제도나 정책의 영역이 아니라, 끊임없이 상징을 생산하고 해석하는 과정이라는 것이다.

예를 들어 2001년 9월 11일 테러 공격 이후, 조지 부시 대통령(George W. Bush)은 "테러와의 전쟁(War on Terror)"이라는 상징적 담론을 통해 대중을 동원했다. 이 과정에서의 인지적 상징인 "테러와의 전쟁"은 복잡한 국제 안보 문제를 단순화하여 대중에게 명확한 메시지(미국 vs. 테러리스트)를 전달했다. 이 담론은 정책(예: 애국법, 아프가니스탄·이라크 전쟁)을 정당화하는 정보적 틀로 작용했다. 여기에 감정적 상징이 더해진다. "테러리스트", "자유", "애국심" 같은 단어와 국기, 9/11 추모 행사는 두려움, 분노, 단결심을 유발하며 대중의 감정적 지지를 동원했다. 지지를 바탕으로 테러 위협에 대한 대중의 불안을 완화하기 위해 강력한 군사 행동과 안보 정책을 상징적으로 제시하며, 정부가 상황을 통제하고 있다는 믿음을 심어주었다. 이 상징적 동원은 방위 산업의 이익을 증대시켰고, 공화당 정부의 정치적 권력을 강화했다. 이 사례는 에델만이 주장하는 상징이 인지적 정보와 감정적 동원을 결합하여 정치적 목표를 달성한다는 점을 명확히 보여준다. "테러와의 전쟁"은 단순한 정책이 아니라 상징적 틀로 작동하며 대중의 행동과 정부의 권위를 정당화했다.

이렇듯 정치적 상징주의와 관습은 다양한 정치적 역학과 광범위한 연구 범위 내에서 상징과 관습이 의미를 갖도록 하는 문화적 틀을 형성한다는 점에서 중요하다(Brysk, 1995). 아래의 사설은 상징이 민족의식의 표현으로 나타나는 구체적 사례를 제시한다.

Box 4-3 • 안중근 의사를 '화폐인물'로

일본을 갈 때마다 통분을 금할 수 없는 일이 있다. 일본 지폐 1000엔권에 이토 히로부미(伊藤博文)의 초상이 들어 있는 것을 발견하는 일이다. 이토 히로부미가 누군가. 일본의 한반도 침략의 원흉이 아닌가.우리 민족의 원흉인 그가 버젓이 일본인의 우상으로 그려져 있는 일본 돈을 여행 경비로 쓰기 위해 양복 안주머니의 지갑에 넣고 다녀야 하는 한국인의 심정은 정말 착잡하다. 지갑을 안주머니에 넣고 돌아다니다 보면 우리의 원흉을 마치 가슴 속에 품고 다니는 것이 아닌가 하는 생각이 들어 소스라치게 놀랄 때가 한두 번이 아니었다. 얼마 전 1000엔권의 신권부터는 다른 인물로 바뀌었지만 지금도 이토 히로부미의 초상이 들어 있는 1000엔권 지폐를 찾는 것은 어렵지 않다. 그래서 나는 1909년 10월 26일 하얼빈(哈爾濱)역에서 이토 히로부미를 권총으로 사살한 안중근 의사를 우리나라 화폐 인물로 모실 것을 제안한다. 내일 모레는 안 의사 서거 94주년이 되는 날이다. 올해는 의거 95주년이 되는 해이다. 물론 안 의사 외에도 수많은 독립 애국지사들이 계시는데 왜 유독 안 의사만을 화폐 인물로 모셔야 하느냐는 반론이 있을 수도 있다. 그러나 결론부터 말하건대, 그 이유는 일본 지폐에 안 의사가 사살한 이토 히로부미의 초상이 들어 있기 때문이다. 일본이 그럴진대 바로 그 국권 상실의 원흉을 처단한 안 의사를 지금까지 우리나라 화폐의 인물로 모시지 않은 것은 한민족으로서 심각한 불찰이고 부끄러운 일이다. 또한, 일본의 국내 정국이 지금 어떤 상황으로 치닫고 있는지를 통찰해 본다면 안 의사를 우리의 화폐 인물로 모셔야 하는 이유가 더 자명해진다. 한국, 중국 등 주변 국가의 정당한 항의에도 불구하고 역사 교과서 왜곡, 전시동원령과 다름없는 유사법제 제정, 일본 총리의 거침없는 신사 참배와 독도 망언 등 과거를 반성하기는커녕 역사를 거스르고 있는 게 아닌가. 바로 이 때, 우리는 안 의사를 화폐 인물로 모시는 것과 같이 우리의 민족 정기를 분명히 보여줄 수 있는 조치를 취해야 한다. 안 의사를 화폐 인물로 모심으로써 일본에 독립 국가로서의 우리 역사를 당당히 말해야 한다. 안 의사를 화폐 인물로 모심으로써 우리의 일상에서도 그의 조국과 민족에 대한 한없는 사랑을 재확인하며 살 수 있음은 물론이다. 후손에게도 그 이상 좋은 역사 교과서가 없을 것이다. 이것은 국수주의적 사고가 아니다. 맹목적인 민족주의는 경계해야 한다. 안 의사는 민족애를 넘어 동양평화론을 제창한 코스모폴리탄적 평화주의자였다. 그러한 동양 평화를 일본이 짓밟으려 했기 때문에 이에 앞장선 이토 히로부미를 사살했다는 점을 생각하면 그의 행동은 맹목적인 민족주의가 아니라 세계평화주의였음을 알아야 한다. 우연인 줄 알지만, 우리 돈의 화폐 도안에는 모두 조선 시대에 활약한 이씨 성을 갖고 있는 인물들만 모셔져 있다. 화폐 인물의 시대적 배경이 모두 조선 시대와 이씨 성의 인물에만 국한된 것은 바람직한 일이 아니다. 우리의 역사를 스스로 축소시키는 인상이 짙기 때문이다. 한 나라의 화폐는 경제적 유통 수단일 뿐만 아니라 나라의 얼굴이다. 그런데 우리나라는 다른 나라와는 달리 지폐는 1975년, 동전은 82년에 화폐 도안을 바꾼 이래 지금까지 그대로 쓰고 있다. 가급적 빨리 화폐 도안을 새롭게 바꾸어 나라의 얼굴을 새롭게 해야 한다. 어느 철학자는 "과거에 눈을 감은 자는 미래에도 눈을 감게 된다"고 갈파했다. 안중근 의사를 화폐 인물로 모시는 기쁨을 온 국민과 함께 나눌 수 있기를 기대해 본다.

※ 김영광, 문화일보 2004년 03월 24일

일반적으로 대부분의 연구들이 시민의 선택적 행동으로서의 선거에 주목했다면, 보다 문화적인 접근은 정당과 후보자들이 권력을 유지하기 위해 어떤 방식으로 문화적으로 공유된 수사를 활용하고, 또 시민에게 문화적 호소력을 가지기 위해 어떻게 공포를 조성하는지를 분석한다. 우리가 이해하는 정책적 입장이나 후보자 선택은 단지 개인의 선호에 의해 결정되는 행위만을 의미하지 않는다. 이러한 정치적 정향(orientations)은 공유된 문화적 이해와 정체성과 어떻게 조화를 이루거나, 때로는 충돌하는지를 함께 고찰할 필요가 있다.

정치적 사안의 문화적 뿌리를 폭넓게 탐구하는 일은 정치적 관습이 단순한 반응을 넘어, 의미와 형태를 갖춘 행동으로 형성되는 과정을 이해하려는 관심으로 이어진다(Gusfield, 1966). 1989년 동독에서 구정권의 종말을 상징하던 횃불행진, 2002년 효순·미선이 추모 촛불집회, 2004년 노무현 대통령 탄핵 반대 촛불집회, 2016년과 2024년 박근혜·윤석열 대통령 퇴진 촛불집회 등은 어둠을 밝게 비춘다는 '의미를 갖춘 정치적 관습'의 대표적 사례라 할 수 있다.

이처럼 일련의 정치적 사건들을 주목함으로써, 이전의 정권하에서는 상상하기 어려웠던 행동들이 어떻게 시민들로 하여금 참여의 용기와 가능성을 부여하게 되었는지를 분석할 수 있다. 더 일반적으로, 2010년 튀니지에서 식량 부족으로 촉발된 '재스민 혁명' 역시 실질적 변화와 관습적 행동 사이의 상호작용을 통해 보다 효과적으로 설명될 수 있다.

정치적 관습은 대부분의 사람들에게 정치적 실체를 구성하는 핵심 요소로 작용하며, 이를 통제하는 권력의 중요성에 대해 날카로운 시각을 제시한다. 관습은 정치적 사건, 정책, 체제, 지도자에 대한 대중의 인식과 태도에 영향을 미치는 강력한 도구이다. 이를 통해 사람들은 정치 제도가 무엇에 적합한지, 정치 지도자에게 요구되는 자질은 무엇인지, 그리고 이러한 기준을 현실과 어떻게 비교·평가할지에 대한 사고를 발전시킨다(Kertzer, 1988: 79).

정치적 관습의 의미 구성에 대한 세밀한 연구는 매스미디어뿐 아니라 사회운동까지 포괄한다. 민주주의 사회에서 시민들은 핵심 지식에 접근할 뿐만 아니라 그 지식을 해석하는 틀까지도 제공받고 있다(Dayan and Katz, 1992). 정치적 관습은 모호하고 불확실한 상황에서 의미를 부여하며, 특히 변화의 시기에 집단의 동질성을 형성하고 유지하는 원동력으로 작용한다. 문화적 기반 위에 구축된 관습은 특정 집단을 결속시키는 동시에 타 집단을 배제한다. 강력한 정치적 관습은 문화적 은유(metaphors)와 의미를 활용하여 정치적 실체를 가시화한다. 예를 들어 과거 한국선거에서 후보자들은 북풍, 극일, 지역차별 등의 문화적 은유를 미디어를 통해 확산시켜 불리한 선거 구도를 뒤바꾸고 유리한 환경을 조성하려는 상황 반전 효과를 기대한다. 이러한 정치적 관습은 세상을 인식하고 판단하는 인지적 구조, 즉 '프레임'을 형성하여 무의식적 사고를 의식적 행동으로 전환하여 대중 담론을 형성하고 집단적 사고를 유도하는 반복적 과정을 통해 의도된 목적을 달성한다(Lakoff, 2006: 22~25).

한국정치맥락에서 프레임이론을 설명해보자. 이해를 돕기 위해 프레임 이론의 작동 원리부터 살펴보자. 상술하였듯이 대체적으로 사람들은 사실보다 틀(frame)을 먼저 인식한다. 따라서 어떤 개념이 혐오, 극단, 종북, 적폐, 배신 같은 언어적 프레임에 묶이는 순간 그 개념은 본래의 정치적 의미 또는 사실을 잃고 도덕적 비난의 대상으로 전락한다. 자주 논란의 대상이 되고 있는, 정치권에서 '반중과 혐중'을 구분하거나 의도적으로 혼용할 때 그 이면에는 정치적 동원과 프레임 전략이 작동한다. 반중은 특정 정책과 외교적 입장의 표현이라면 혐중은 중국인에 대한 정서적 혐오나 배타적 감정을 의미한다. 정치세력이 혐중을 과도하게 부정적으로 프레임하는 것은 단순한 언어의 선택이 아니라 치밀한 정치적 행위로 볼 수 있다. 이 전략을 통해 중국과 관계를 중시하는 정치세력은 도덕적 우위를 점유하고, 반대세력은 편견과 혐오를 조장하는 비합리적 세력으로 묘사된다. 혐중은 비도덕이라는 상징적 질서(symbolic order)가 고착된다. 결과적으로 반중담론을 정책 논쟁의 영역에서 도덕적 문제로 전환시켜 반대세력을 비합리적이며 감정의 집단으로 위치시키게 된다. 사회 내 다양한 견해를 '친중 vs. 혐중'으로 단순 이원화하여 중도층들은 정책적 판단 대신 정서적 진영선택을 강요받으며 정체성 기반의 지지층 결집인 정체성 정치로 변질된다. 따라서 혐중 프레임은 단지 정치적 구호가 아니라 여론 형성과 정체성 구축의 핵심도구로 사용되면서 중국의 영향력에 대한 비판조차도 편견으로 인식되고, 공공담론의 장에서 대중국 외교정책 비판이 비합리적이고 감정적 공격으로 치부될 수 있다. 이러한 현상은 특정 이슈에 대한 반대의견도 혐오의 문제로 탈정치화되고 국제 관계를 둘러싼 실질적 외교 안보 논의는 뒷전으로 밀리게 될 수 있다.

가짜 뉴스와 프레임은 밀접한 관계를 맺는다. 가짜뉴스의 기원은 다양하지만, 민족국가의 형성과 함께 본격화되었다고 보는 것이 합리적이다. 가짜뉴스를 생성하는 것은 비교적 쉬우나, 이를 빠르게 확산시키기 위해서는 매체가 필수적이다. 과거 문명사회에서 정보는 라틴어를 통해 성직자와 귀족 등 특권층에 의해 독점되었으며, 지배층의 이익을 대변했다. 인쇄술의 발명은 정보를 라틴어의 독점에서 지역 공용어로 확산시켜 다수의 접근을 가능하게 했다. 종교개혁과 함께 라틴어 성경을 루터가 독일어 성경으로, 틴데일의 영어 성경 번역으로 문자 해독력 증가와 지역 언어 공유를 촉진하여 사람들 간에 소통이 확대되었다. 결과적으로 우리는 같은 뿌리라는 "상상의 공동체"로 불리는 민족의식을 형성했다(Anderson, 2016).

1678년 영국 성공회 사제 타이투스 오츠(Titus Oates)의 가짜뉴스는 대표적 사례이다. 그는 "교황청이 영국 왕실을 붕괴시키려 한다"는 내용의 소책자를 배포했다. 당시 영국은 종교개혁의 여파로 천주교, 성공회, 장로교 간 극심한 종파 갈등에 휩싸여 있었다. 사회적 분열과 불신이 극에 달한 상황에서 오츠의 가짜뉴스는 기름을 부은 격이었다. 비록 성공회가 국교로 자리매김 했지만, 이 가짜뉴스는 음모론을 부추겨 3년간 수많은 천주교인을 처형으로 몰아넣었다. 사회적 불신과 분열은 가짜뉴스의 필요조건이었고, 인쇄술의 발달로 인한 정보혁명은 이를 확산시킨 충분조건이었다.

현대사회에서 가짜뉴스는 정치인의 선별된 지표와 지원을 통해 강화되며, 언론, 소셜미디어, 유튜브, 팟캐스트 등을 통해 빛의 속도로 확산된다. 이는 다시 정치적 분열로 이어진다. 불확실성과 명확한 답변에 대한 욕구는 출처나 근거를 검증하지 않은 채 분노를 표출하고 불안을 가짜뉴스로 해소하려는 경향을 부추긴다. 넘쳐나는 정보는 자기성찰의 시간을 단축시키며, 타인이나 구조적 모순을 비난하는 투사로 변신하여 특정 세력을 대변하는 집단적 세력으로 확대·강화된다.

제5절

정치문화론의 한계와 의의

정치문화는 인간과 사회를 대상으로 한 심리적·성향적 접근을 통해 체계화된 개념으로, 정치적 태도와 행동의 원인을 규명하고 다양한 정치적 태도 간의 차이를 분석한다. 결과적으로 세계관의 한 형태로 이해된다. 이러한 정치문화의 본질을 올바르게 파악하기 위해서는 정치현실을 이해할 수 있는 국가별 특성에 대한 심층적 연구가 필수적이다. 정치문화의 본질에 대한 명확한 접근이 결여될 경우, 새로운 정치체제의 등장, 사회 계급의 형성, 현대 이념의 출현과 같은 정치적 변동을 충분히 설명하기 어렵다(Roy, 1994: viii). 따라서 연구대상국의 정체성과 변화의 흐름을 이해하는 데 정치문화 연구는 중요한 분석 틀로 기능한다.

최근의 정치문화 연구들은 가치관 변화가 정치 행위와 체제에 미치는 동태적 영향을 중심으로 발전하는 경향이 나타나고 있다. 특히 세계가치조사(World Values Survey), 월드서베이(World Survey), 프리덤하우스(Freedom House) 등에서 제공하는 패널 데이터를 활용한 종단적 분석(longitudinal analysis)을 통해, 세대 간 가치 전환이나 위기 상황인 팬데믹, 기후변화, 난민 문제 등에서 나타나는 태도 변화가 제도적 결과로 어떻게 연결되는지를 탐구한다. 이러한 접근은 정치문화를 정태적인 배경 요인이 아니라, 행위자와 제도 간 상호작용을 매개하는 동적 구조로 재정의하며, 정치문화 연구의 새로운 방향성을 제시하고 있다(Fouka and Tabellini, 2025; Hanley et al., 2025).

이처럼 정치문화론은 폭넓은 활용 가능성과 연구 범위를 지니고 있지만, 그만큼 적용에 있어서는 신중함이 요구된다. 이는 정치문화론에 대한 주요 비판들이 대체로 이론 자체의 결함이라기보다 연구자의 부주의한 적용과 해석 방식에서 비롯되기 때문이다. 따라서 정치문화론의 타당한 활용을 위해서는 이러한 한계를 충분히 인식할 필요가 있다. 아래에서는 정치문화론에 제기된 대표적인 비판들을 살펴본다. 논의는 개념적 모호성에서 출발하여 방법론적 한계와 이론적 한계로 이어지는 구조로 구성되어 있으며, 이를 통해 비판의 층위를 명확히 드러내고자 한다.

첫째, 정치문화에 대한 부주의한 접근은 문화 연구의 동어반복(tautology)으로 전락할 위험을 안고 있다. 예를 들어 특정 국가에서 독재가 발생하는 이유를 단순히 그 국가의 문화 때문으로 설명하는 빈약한 접근은 피해야 하며, 이를 방지하기 위해 정치문화에 대한 상세하고 명확한 조작적 정의가 요구된다. 이는 이론의 설명력을 약화시키는 근본적 문제로, 실증적 연구에서 구체적 변수 설정의 필요성을 강조한다.

둘째, 정치문화 개념 자체의 모호성이 지적된다. 기술적으로 정치문화는 문학, 예술, 음악, 가치관, 정치이념, 종교, 역사, 행태 전반을 포괄할 수 있으므로, 실제 연구에서 이를 구체적이고 명확하게 규정하지 않으면 이론적 일관성이 훼손된다. 이 비판은 첫 번째와 연계되어, 개념적 명확성 부재가 동어반복을 초래한다는 논리적 연결성을 드러낸다.

셋째, 정치문화론은 구조적 접근을 도외시할 가능성을 내포한다. 이는 주로 마르크스주의자들의 비판으로, 구조적 접근이란 생산수단의 보유 및 분포 등 물질적·경제적 관계를 의미하며, 정치문화론자들이 문화 강조로 인해 이러한 유물론적 요인을 간과하는 경향을 보인다는 점을 지적한다. 이로 인해 이론은 문화적 요인에 치중한 편향성을 드러내며, 사회경제적 구조와의 통합적 분석이 요구된다.

넷째, 정치문화론은 국가 간 비교연구에 집중함으로써 국제적 변수에 대한 관심이 상대적으로 부족하다. 국제적인 문화 영향력이나 글로벌화된 요인을 소홀히 다루는 이 편향은 국내 중심 접근의 한계를 노출하며, 현대 정치환경에서 국제적 상호작용을 고려한 확장이 필요하다.

마지막으로, 정치문화론에는 연구자의 자민족중심주의(ethnocentrism)가 무의식적으로 반영될 위험이 있다. 이는 시민문화론 비판과 유사하게 서구 중심적 관점이 비서구 사회를 평가하는 데 편향을 초래할 수 있음을 지적하며, 문화 상대주의를 강조한다. 이러한 비판은 앞선 문제점들과 논리적으로 연결되어, 정치문화론의 객관성과 보편성을 제고하기 위한 방법론적 개선을 촉구한다.

정치문화론을 보다 생산적으로 활용하기 위해 다음을 고려해야 한다(Wiarda, 2007: 80).

1. 정치문화론을 활용하되 신중하게 접근해야 한다.
   → 정치문화를 연구에 적용할 때는 단순한 설명 수단으로만 보지 말고, 그 한계와 맥락을 항상 고려해야 한다.
2. 정치문화는 역동적임을 명심해야 한다.
   → 정치문화는 고정된 것이 아니라 사회적·경제적·정치적 변화에 따라 끊임없이 변동하며, 시대적 상황에 민감하게 반응한다.
3. 한 국가 내에도 다양한 정치문화가 존재할 수 있다.
   → 서로 다른 정치문화는 공존할 뿐 아니라, 때로는 갈등적인 관계를 형성하기도 한다. 연구자는 이러한 다양성을 감안해야 한다.
4. 정치엘리트에 의한 정치문화 조작 가능성을 염두에 두어야 한다.
   → 정치엘리트들은 자신들의 이익을 위해 정치문화의 의미를 재구성하거나 조작할 수 있으며, 이는 정치문화 분석의 해석에 영향을 줄 수 있다.
5. 정치문화론의 설명은 부분적임을 인식하라.
   → 정치문화론은 분명 유용한 분석 도구이지만, 모든 정치 현상을 완전히 설명할 수 있는 만능 이론은 아니다. 따라서 정치문화만으로 정치적 인과관계를 단정하려는 태도는 경계해야 한다.

그럼에도 불구하고 정치문화론은 비교정치 연구에서 여전히 강력한 분석 패러다임으로 작용하고 있으며, 특히 문화적 맥락 속에서 정치 행위의 동기와 제도적 결과 간의 관계를 해명하는 데 중요한 역할을 하고 있다. 한편 정치사회화는 정치문화론과 밀접하게 연관된 개념으로, 인간의 심리적·성향적 접근에 기초하여 정치적 태도와 행동양식이 형성되는 과정을 의미한다. 이는 민주주의 정치체계에 관한 다양한 가설을 검증하거나, 민주주의의 정당성과 발전 수준을 분석하는 데 활용된다. 더 나아가 정치사회화는 그 내용, 단계, 기구, 기능을 통해 정치체계의 유지와 변화 간의 관계를 설명할 수 있는 유용한 틀을 제공한다. 따라서 가정, 학교, 또래집단, 사회적 사건, 대중매체 등 다양한 사회적 기구를 통해 수행되는 정치사회화의 구조와 기능에 대한 지속적인 연구가 필요하다. 이러한 연구를 통해 정치문화론은 정치적 안정성과 변동을 함께 설명할 수 있는 보다 포괄적이고 실증적인 이론으로 발전할 수 있을 것이다.

제5장

합리적 선택

제1절 합리적 선택 이론의 발전

제2절 합리성의 개념

제3절 합리적 선택의 모형과 방법론

제4절 합리적 선택이론의 비판에 대한 변명

제5절 합리적 선택 이론의 여러 형태

제6절 합리적 선택 이론의 한계와 전망

제5장

합리적 선택

인간의 행동은 크게 세 가지 유형, 즉 무의식적 행동, 비의도적 행위, 그리고 의도적 행동으로 구분할 수 있다. 무의식적 행동은 하품과 같은 단순한 생리적 반응이나, 관습화되어 인성적 특징으로 굳어진 행동을 의미하며 특별한 의지나 목적이 개입되지 않는다. 이에 반해 비의도적 행위는 행위자의 명확한 의지나 합리적 고려 없이 발생하지만, 그 배경에는 심리적·사회적 메커니즘이 작동한다. 이 비의도적 행위는 종종 개인의 통제 범위를 넘어선 구조적 또는 심리적 힘의 결과로 나타나는데 예시는 다음과 같다.

- 계급적 이해관계: 엥겔스(Engels)가 지적했듯이, 개인이 자신의 계급적 이익이 아닌 자본가의 이익을 자신의 이익으로 착각하는 허위의식(False Consciousness).
- 심리적 충동: 프로이드(Freud)의 이론처럼, 도덕관이나 현실 조정 능력(ego)을 압도하고 표출되는 충동적 행동(id).

• 사회적 습성: 부르디외(Bourdieu)가 제시하는 문화 자본의 힘에 의해 사회 계층별로 무의식적으로 형성되는 사고방식 및 행태(Habitus).

이러한 무의식적이거나 비의도적인 행위와 달리, 의도적 행동은 특정한 욕구나 필요를 충족하기 위해 주체가 목적을 가지고 수행하는 행위이며 합리적인 성격을 띠게 된다. 합리적 선택 이론(Rational Choice Theory)은 바로 이 의도적 행동의 특성을 체계적으로 파악하고자 하는 방법론이다. 합리적 선택이론은 행위자가 자신의 선호를 바탕으로 효용을 극대화하기 위해 내리는 전략적 선택을 분석하며, 이러한 합리적 행위들이 어떻게 사회 현상의 인과적 메커니즘을 미시적 수준에서 구성하는지를 설명하는 것을 목표로 한다.

합리적 선택 이론은 베버(Max Weber)가 제시한 합리화 모형 중에서도 가치적 합리성보다는 도구적 합리성에 뿌리를 두고 있다. 다시 말해 인간이 사회적 가치나 도덕적 신념에 따라 행동하기보다는, 자신에게 주어진 조건 속에서 가장 효율적인 결과를 산출하려는 방향으로 판단하고 행동한다고 보는 것이다. 이러한 전제는 서구 자본주의 사회에서 나타난 '경제적 인간(homo economicus)'의 개념과도 맞닿아 있다. 경제적 인간은 단순히 물질적 이익만을 추구하는 존재가 아니라, 자신의 선택이 가져올 결과를 합리적으로 계산하고 비교할 수 있는 '합리적 인간'으로 이해된다.

합리적 인간, 즉 합리적 행위자는 확실성, 위험, 불확실성이라는 서로 다른 조건 속에서도 가능한 대안들을 인식하고 그에 따른 결과를 판단할 수 있는 인식 능력을 지닌 존재로 가정된다. 그는 주어진 정보 속에서 자신에게 가장 큰 효용을 가져다 줄 선택을 찾아내며, 이를 통해 효용의 극대화(utility maximization)를 추구한다. 따라서 합리적 선택 이론에서 중요한 것은 행위의 과정이 아니라 그 목적이며, 개인은 자신이 원하는 결과를 얻기 위해 가장 합리적인 수단을 선택한다고 본다.

이러한 경제적 인간을 "비록 다른 사람들과 함께 살아가더라도, 남의 눈치를 보지 않고 자신의 비용과 이익을 독립적으로 계산하며 지기본위적인 선택을 하는 행위자"로 정의한다(박효정, 1994: 35). 이처럼 합리적 선택 이론은 인간을 사회적 존재이면서도 철저히 계산적인 존재로 이해한다. 타인과의 관계 속에서도 개인은 자신의 효용을 극대화하기 위한 계산을 멈추지 않으며, 모든 선택은 일정한 이성적 판단의 결과로 간주된다.

이 이론은 단일한 학문적 체계라기보다는 여러 접근과 관점을 포괄하는 집합적 틀로 이해될 수 있다. 공공선택 이론, 사회선택 이론, 의사결정론, 가치효용론(Value-Utility Theory), 게임 이론(Game Theory), 합리적 행위자 모형, 실증적 정치경제학 등 다양한 분야가 모두 이 이론의 범주 안에서 논의된다. 따라서 합리적 선택이론은 경제학적 사고방식을 정치와 사회 현상에까지 확장하려는 시도로 볼 수 있으며, 개인의 이익 추구라는 단순한 가정 속에서 사회 질서와 집단적 행위의 복잡한 모습을 해석하려는 하나의 시도라 할 수 있다(Lichbach and Zuckerman, 2009).

따라서 합리적 선택이론은 단순한 정치학적 접근이 아니라, 도구적 합리성의 개념을 과학적으로 설명하기 위해 수학, 경제학, 철학 등 여러 학문이 함께 발전시켜 온 학제적 결실이라고 볼 수 있다. 이 이론은 인간이 주어진 제약 속에서 자신의 이익을 극대화하기 위해 어떻게 선택하고 행동하는지를 논리적이고 수학적인 모델로 표현하려는 시도에서 출발했다.

존 폰 노이만(John von Neumann)과 오스카 모르겐슈테른(Oskar Morgenstern)은 경쟁 상황에서 개인이나 집단이 서로의 전략을 고려하면서 어떤 선택을 하는지를 분석하였다. 이들의 연구는 전략적 상호작용을 수학적으로 설명한 최초의 시도로, 오늘날 게임이론과 전략적 선택의 핵심 기초를 이루고 있다(Neumann and Morgenstern, 1953). 이후 로버트 루스(Robert D. Luce)와 하워드 라이파(Howard Raiffa)는 개인의 선호가 어떻게 집단적인 의사결정으로 결합되는지를 탐구하였다. 루스는 소비자 행동 이론과 협상 분석론을 통해 개인의 선택이 사회적 결과로 이어지는 과정을 설명하였고, 라이파는 불확실한 상황 속에서 최적의 결정을 내리는 전략, 즉 기대효용이론을 발전시켰다(Luce and Raiffa, 1957). 이들은 사람들이 완전한 정보를 갖지 못한 상황에서도 합리적으로 선택할 가능성을 수학적으로 제시하였다.

또한 케네스 애로우(Kenneth Arrow)는 일반균형이론과 사회선택이론을 발전시켜, 개인의 선호가 사회적 선택으로 종합되는 과정의 논리적 한계를 규명하였다(Box 5-1 참조). 특히 그의 '불가능성 정리'는 어떠한 의사결정 제도도 모든 사람의 선호를 완벽히 반영하면서 동시에 공정성을 유지할 수 없다는 사실을 증명함으로써, 민주적 의사결정의 복잡성을 수학적으로 드러냈다.

이러한 경제학과 수학의 이론적 토대는 이후 정치학 연구에도 깊은 영향을 미쳤다. 앤서니 다운스(Anthony Downs)는 『민주주의의 경제이론(The Economic Theory of Democracy)』에서 유권자와 정당이 합리적 계산에 따라 행동한다는 모형을 제시하여, 선거와 정책 선택의 경제학적 분석을 개척했다. 또한 맨커 올슨(Mancur Olson)은 『집단행동의 논리(The Logic of Collective Action)』를 통해 개인들이 공공재를 생산하는 과정에서 발생하는 무임승차 문제를 설명하였다. 윌리엄 리커(William Riker)는 게임이론적 접근을 통해 정치연합(coalition)과 투표행태를 분석하였으며, 더글러스 노스(Douglass North)는 합리적 선택의 시각을 제도분석에 접목시켜 제도의 형성과 변화가 개인의 이익 계산과 어떻게 맞물리는지를 밝혀냈다.

이처럼 합리적 선택이론은 경제학적 합리성과 정치학적 제도 분석을 결합한 종합적 이론으로 발전하였다. 그 결과, 이 이론은 공공정책의 설계, 선거 전략 분석, 국가 제도 연구, 국제 협상, 조직 내 의사결정 구조 분석 등 다양한 분야에서 폭넓게 활용되고 있다.

즉 합리적 선택이론은 인간의 합리적 행동을 과학적으로 설명하면서도, 이를 사회적·정치적 맥락 속에서 구체적으로 적용할 수 있는 가장 영향력 있는 분석 패러다임 중 하나로 자리매김하고 있다.

본 장에서는 비교정치 분야에 널리 활용되고 있는 합리적 선택 이론의 발전배경을 살펴보고, 합리적 선택 이론에서 가정하고 있는 합리성의 개념에 관해 소개한다. 이런 논의를 바탕으로 합리적 선택 이론의 모형과 방법론에 관해 조명해보고, 게임 이론으로 대표되는 합리적 선택 이론의 구체적 형태에 대하여 살펴본다.

제1절 합리적 선택 이론의 발전

경험적 과학으로서의 합리적 선택 이론의 발전에는 많은 학자들이 공헌하였다. 특히 다운스(Anthony Downs)는 정치학에 있어 합리적 선택 이론을 도입하는 데 선구자적인 역할을 담당하였다. 다운스는 『민주주의의 경제적 이론(An Economic Theory of Democracy, 1957)』에서 투표행위와 선거과정을 분석함에 있어 후보자와 유권자의 합리적 선택을 강조한 공간 모형(spatial modeling)을 도입하여 선거행위의 합리성을 설명하였다. 그는 정치인은 정책과 정부 서비스를 공급하는 공급자이며, 유권자는 자신의 정치적 요구를 구매하는 소비자와 같고, 따라서 선거에서 벌어지는 정치적 역학을 합리적 선택 이론을 통하여 설명 가능하다고 보았다. 즉 다운스는 정치인은 자신의 정치적 지지를 획득하기 위해 정치적 서비스를 유권자에게 제공하는 것이며, 유권자 역시 공적으로 제공되는 서비스를 얻기 위해서 자신의 이익에 가장 도움이 되는 공약을 표방하는 후보자에게 투표를 한다고 간주하였던 것이다.

그림 5-1 • 다운스의 선거공간 모형

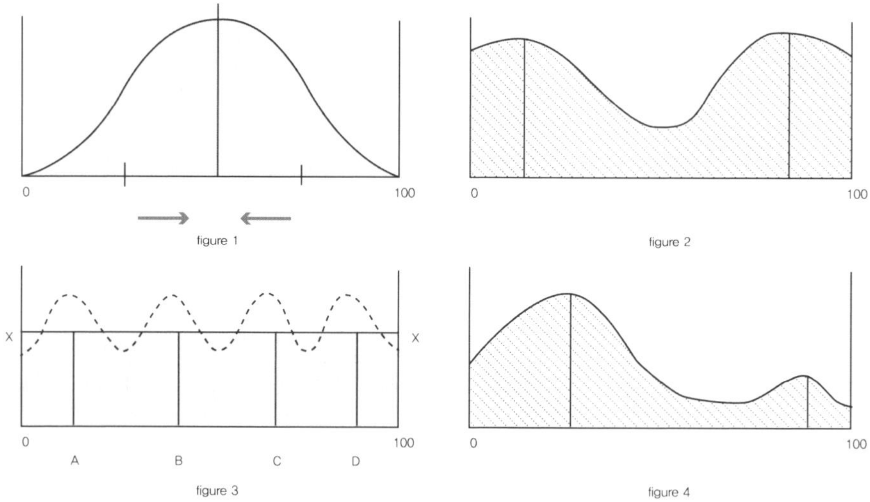

합리적 선택 이론의 도입을 통하여, 다운스는 선거과정에서 이루어지는 후보자와 유권자의 행위가 모두 자신의 이익을 위해 행해지는 합리적 선택에 의해 이루어지는 것으로 바라볼 수 있게 되었다. 그는 이러한 선거과정 속에서 정당들은 더 많은 표를 얻기 위하여 인구 비례에서 가장 큰 비율을 차지하는 중도적 성향의 유권자들에게 집중하게 되고, 그 결과 선거 공간에 존재하는 정당들이 결국 유사한 정책들을 가진 정당으로 수렴하게 된다고 하였다. 즉 진보와 보수로 이루어진 양당체제 속에서 중도적 투표성향을 가진 유권자가 많을 때 양 정당은 모두 중도적 성향을 지닌 유권자들을 끌어들일 수 있는 정책을 내세우기 때문에 두 정당의 색깔은 점차 중도로 가까워질 것이라고 본 것이다(figure 1).

그러나 예외의 경우도 존재한다. 중도적 성향의 유권자보다 양극단의 성향을 가진 유권자가 많을 경우에는 극단적 양당체제가 나타날 수 있고(figure 2) 경우에 따라서 좌와 우 극단점에 있는 유권자들은 투표를 거부함으로써 자기쪽 성향에 후보자가 더 가까워지도록 행동하는 경우도 있다. 다음은 유권자들이 이념적으로 균등하게 배분되어 있을 경우에는 다당제가 나타날 수 있으며(figure 3), 다당제의 정당들은 정책 노선상의 차이점을 유지해 나갈 것이다. 그러나 경향성의 측면에서, 대다수의 정당들이 합리적으로 행동한다면 그들은 중도적 유권자를 겨냥한 정책을 채택할 것이라고 볼 수 있다. 그 외로 개발도상국가 또는 저발전국에서 종종 나타나는 현상이 있다(figure 4). 이러한 경우 원칙적으로 유권자의 선호가 많은 A쪽의 후보자가 승리할 거라 볼 수 있지만 B쪽의 유권자들이 경제적으로 우위에 있어 정치적 동원이 쉽기 때문에 승리하는 경우가 많다.

나아가 리커(William H. Riker, 1964, 1982)는 합리적 선택 이론을 정치제도 연구에 성공적으로 적용하였다. 그는 다운스가 제시한 선거 공간 모형을 기반으로 정치 제도의 기원과 지속을 전략적 선택의 산물로 설명했다. 그의 연구는 미국 연방주의와 같은 거대 정치 제도의 탄생과 유지를 상호 이익 극대화라는 합리적 관점에서 분석했다. 작은 규모의 주들은 독자적으로 세금을 걷는 것보다 연방에 합류하여 연방정부 차원의 재정적 원조를 받는 것이 이익이며, 인구가 많은 큰 주들은 사회 혼란이나 위기 발생 시 연방 정부의 물리적 또는 군사적 도움을 받을 수 있다는 상호 이익이 존재한다는 것이다. 리커는 이러한 행위자들의 전략적 계산이 연방이라는 제도를 형성하고 지속시키는 핵심 동력임을 밝혀냈다. 그는 제도가 단순히 역사적 유산이 아니라, 합리적인 행위자들의 균형 잡힌 선택에 의해 어떻게 유지되는지를 체계적으로 입증했다. 이로써 리커는 합리적 선택 이론이 단순히 선거 행태를 넘어 복잡한 정치 제도를 분석하는 데 도구가 될 수 있음을 제시하였다.

한편, 올슨(Mancur Olson)은 『집단행동의 논리(The Logic of Collective Action, 1971)』에서 무임승차(free rider) 문제를 제기함으로써 합리적 개인들 간의 전략적 상호작용을 강조하였다. 올슨은 합리적 개인들이 의사결정과정에서 다른 사람들이 어떻게 결정할지에 따라 자신의 선택을 결정한다고 보았다.

올슨의 논의는 기본적으로 공공재와 집단행동의 문제에 관심을 두고 있다. 그는 이익집단이 조직되고 영향력을 행사하는 메커니즘에 대해 연구하였다. 그는 집단행동에 대한 다원주의자와 마르크스주의자의 설명에 모두 반기를 들었다. 먼저, 그는 집단행동은 집합적 이익의 자연적인 표출이라고 하는 다원주의의 명제에 의문을 던졌다. 올슨은 한 조직 내의 개인들은 특정한 이득, 즉 동기(incentives)가 없이는 집단적 이익을 위한 행동을 취하지 않을 것이라고 보았고, 이 집단들은 집단의 목적이 아닌 개인적 이익이라는 다른 목적을 위해서 조직된다고 했다. 한편, 올슨은 일반적으로 공유된 계급 이익에 의하여 자발적인 계급 조직이 형성될 것이라고 주장한 마르크스주의자들의 생각에도 동의하지 않았다. 올슨은 마르크스주의자들이 가정한 것과 같이 계급이 이기적이고 개인도 똑같이 이기적이라고 한다면, 이기적인 개인들은 합리적인 동기 없이는 집단적 이익 추구를 위하여 계급 조직을 형성하지 않을 것이라고 보았던 것이다. 다시 말해, 올슨은 합리적이고 이기적인 개인들은 강제나 유인과 같은 외부적 동인이 없으면 결코 집단의 이익 달성을 위하여 행동하지 않을 것이라고 주장했다. 마찬가지로 다원주의자들이 주장하는 개인의 이익이 집단의 이익으로 전위된다는 주장 역시 비판한다.

결국 집단행동의 문제는 아이러니하게도 개개인이 최선의 결과를 얻기 위하여 노력하면서 나타날 수 있다. 예를 들면 많은 사람들은 환경문제에 매우 민감하지만 나 하나의 행동은 환경을 오염시킨다고 생각하지 않는다. 하지만 쓰레기를 마구 버리는 개개인의 행동은 환경 전체를 파괴하게 된다. 이렇듯 합리적 선택 이론의 기여 중 하나는 "개인의 선호와 집합적 결과는 일치하지 않는다"는 점이다. 결과적으로 긍정적 또는 부정적 동기 부여라는 집단행동의 문제를 해결할 수 있는 삼자의 개입을 정당화시키곤 한다.

합리적 선택 이론은 한편으로 제도에 대한 연구 또한 발전시켜왔다. 방법론적 개인주의에 입각한 합리적 선택 이론에서 제도란 외견상 대립되는 이론적 범주에 속하는 것처럼 보이지만, 초기의 합리적 선택 이론이 지니고 있던 이론적 순진성, 즉 거래비용[1)]의 무시, 완벽한 정보 등의 빈약한 이론적 가정들을 극복할 수 있는 수단으로서 이론가들은 제도에 주목했던 것이다.

예컨대 미국 의회의 입법과정에 대한 연구에서, 초기 합리적 선택 이론은 의원들의 선호가 다양하고 다루는 문제가 다차원적이므로 미국 의회 입법과정에서는 안정적인 균형점이 존재할 수 없을 것이라고 주장하였다. 그러나 현실의 미국 입법과정은 상당한 안정성을 띠고 있었다. 이러한 이론과 현실상의 괴리를 제도가 만들어내는 환경에 초점을 두었던 후대의 이론가들은 미국 의회제도(veto point)가 의원들이 직면하고 있는 집단행동 문제를 해결하고 안정적인 균형점을 도출 및 유지할 수 있게 한다는 것을 증명하였다(정영덕 외, 1999: 17~18).

합리적 선택 제도주의의 대표 학자인 더글러스 노스(Douglass C. North)는 『경제사에서 구조와 변화(Structure and Change in Economic History, 1981)』에서 전략적 상호작용과 제도의 결합을 중심으로 국가의 경제적 발전을 설명하였다. 그는 경제 활동이 단순히 개인의 이익 극대화 논리에 의해 이루어지는 것이 아니라, 제도적 틀(institutional framework) 속에서 형성되는 거래 비용(transaction costs)과 교섭력(bargaining power)의 구조에 의해 좌우된다고 보았다. 즉 제도는 개인과 집단의 선택을 제약하면서도 가능하게 하는 규칙의 체계이며, 이러한 제도의 성격이 국가 간 경제 성과의 차이를 낳는 핵심 요인이라는 것이다.

노스는 특히 거래 비용의 크기가 역사적 발전의 중요한 변수가 된다고 주장했다. 예를 들어 17~18세기 영국에서는 재산권 보호 제도가 안정적으로 확립되면서 거래 비용이 크게 감소했고, 이는 자본 축적과 시장 확대를 촉진시켜 산업혁명의 토대를 마련했다. 반면 같은 시기 스페인은 중앙집권적이고 비효율적인 제도로 인해 거래 비용이 높았고, 식민지 자원 착취에 의존하는 경제 구조가 지속되면서 장기적 성장을 저해했다. 이러한 비교는 제도가 경제 행위의 효율성을 결정하고, 결국 국가의 발전 경로를 구조화한다는 노스의 핵심 논지를 잘 보여준다.

그는 이후 저서 『제도, 제도변화 그리고 경제성취(Institutions, Institutional Change and Economic Performance, 1990)』에서 논의를 확장하며, 경로의존성(path dependency)

---

1) 환경의 불확실성(uncertainty)과 인간의 기회주의(opportunism)적 성향으로 인하여 통제와 감시가 없을 경우 불건전한 거래행위가 나타나게 된다. 이러한 행위를 제한하는 데 드는 비용을 거래비용이라고 말한다(Williamson, 1981: ① 인간의 제한된 합리성, ② 환경적 불확실성, ③ 기회주의적 행동, ④ 불완전경쟁시장의 개념을 참조할 것).

과 비형식적 제도(informal institutions)의 중요성을 강조했다. 노스에 따르면, 제도는 단 한 번의 선택으로 형성되는 것이 아니라 과거의 선택과 경험이 누적되면서 형성된 역사적 산물이다. 따라서 한 사회의 제도적 궤적은 과거의 제약과 규범에 의해 지속적으로 영향을 받는다.

또한 그는 제도 변화를 단순히 법률이나 정책의 변화로만 볼 수 없다고 지적했다. 오히려 사회적 신뢰, 관습, 가치관과 같은 비형식적 제도, 즉 문화적·사회적 요인이 헌법, 법률, 규칙과 같은 형식적 제도와 상호작용하며 경제 성과를 결정한다고 보았다. 이런 요인들은 제도의 변화를 더디게 만들기도 하지만, 동시에 사회적 안정성과 신뢰를 제공하는 기반이 되기도 한다.

결국 노스의 이론은 경제 성과의 차이를 단순한 자원 보유나 정책 효과로 설명할 수 없으며, 각 사회가 가진 제도적 유산과 그 변화의 경로를 이해해야 한다는 점을 보여준다. 그의 연구는 제도와 경제의 관계를 역사적 맥락 속에서 분석함으로써, 제도가 인간의 선택을 어떻게 구조화하고, 나아가 역사적 발전의 방향을 결정짓는가를 밝힌 고전적 성과로 평가된다.

경제 발전은 경제 제도의 진화로 이루어지며, 이는 거래 주체들의 세금감면, 재산권 인정 등의 거래 비용을 줄이는 합리적 노력의 결과이다. 동기를 유발하는 자유, 경쟁, 사유재산권이 보장되는 자유 시장 경제 제도가 가장 효율적이라고 보았으며, 이는 미국의 경제 성장 사례에서 잘 드러난다. 19세기 미국에서는 헌법적 재산권 보호와 시장 자유화가 거래 비용을 최소화하여 산업화와 혁신을 촉진하였으나, 아프리카의 대다수 국가들은 식민지 시대의 비형식적 제도인 신가산주의 중심의 엘리트 중심 권력 구조로 인해 경로의존적 불평등이 지속되어 경제 성장이 지연되었다(김성수, 2020). 이러한 실증 사례는 노스의 이론이 경제사적 다양성을 어떻게 해명하는지를 보여주며, 현대 개발 정책에서 제도 개혁의 중요성을 시사한다.

마찬가지로 코즈(Ronald Coase)는 코즈의 정리(Coase theorem)라는 원리를 통해 외부성(externality), 특히 시장 실패 시 정부의 직접적인 간섭 없이 이해당사자들 간의 협상으로 사회적으로 바람직한 결과를 도출할 수 있다고 주장하였다(Coase, 1960).

코즈의 정리는 재산권이 명확하게 정의되고, 시장에서 상품과 서비스를 교환하는 데 드는 비용인 거래 비용이 없거나 매우 낮다면, 시장 참여자들 간의 협상을 통해 외부성 문제를 해결하고 자원을 효율적으로 배분할 수 있다. 그러므로 정부의 개입은 불필요하다는 것을 주장했다. 그의 이론을 공장 설립으로 발생할 수 있는 소음 및 공해 피해 사례에 적용해 보자. 일반적으로 이러한 외부성 문제의 해결책은 정부의 규제를 생각하게 된다. 그러나 코즈는 이러한 개입이 오히려 분쟁 해결에 더 큰 거래 비용을 발생시키거나 비효율적인 결과를 초래할 수 있다고 지적한다.

코즈의 정리의 핵심은 다음과 같다.

1. **재산권의 명확화:** 공장의 오염 물질 배출권과 거주자들의 쾌적한 주거 환경권을 명확히 정의한다.
2. **협상을 통한 해결:** 재산권이 명확해지면, 피해를 보는 거주자나 오염을 유발하는 공장 모두 협상 테이블에 앉아 서로에게 금전적 보상을 하거나 규제를 수용하는 등의 합리적 선택을 하게 된다.
3. **최적의 해결책 도출:** 거래 비용이 낮다면, 협상을 통해 사회 전체적으로 가장 효율적인 생산 및 공해 수준, 즉 최적의 해결책을 자발적으로 찾을 수 있다.

결론적으로 코즈의 정리는 외부성 문제를 해결하기 위해 정부가 직접 규제하는 대신, 제도적 틀(재산권)을 명확하게 정리해 줌으로써 시장 참여자들이 합리적 선택을 할 수 있는 방안을 마련해야 한다는 주장을 담고 있다. 이는 사법적 해결이나 정부 규제가 아닌, 시장 메커니즘을 통한 문제 해결의 가능성을 제시한 중요한 이론적 공헌으로 평가된다.

이상과 같은 합리적 선택이론의 발전은 본질적으로 신고전주의 경제학의 인간관, 즉 이른바 '경제적 인간(homo economicus)' 개념에 기초하고 있다. 합리적 선택이론은 개인이 자신의 효용을 극대화하기 위해 합리적으로 선택한다는 전제에서 출발하며, 이를 정치적 행위와 제도 분석에 적용한 혁신적 시도이자 분석적 전환으로 평가된다. 그러나 이러한 공통된 근원에도 불구하고, "합리적 선택이론은 곧 신고전주의 경제학이다"라는 단정은 성립하지 않는다(Bates, 1998). 앞서 언급했듯이 합리적 선택이론은 다양한 방향으로 변형·확장되었으며, 특히 합리적 선택 제도주의는 제도적 맥락을 고려한 정치학적 응용으로 주목받고 있다.

무엇보다 정치학의 합리적 선택이론과 신고전주의 경제학의 가장 큰 차이는 정치제도와 권위체의 역할에 대한 인식의 차이에서 드러난다. 신고전주의 경제학자들은 시장을 자율적 조정 메커니즘으로 보며, 국가나 정부와 같은 권위체의 개입이 최소화될 때 사회적으로 가장 효율적인 결과가 도출된다고 주장한다. 이들은 합리적인 개인들이 자유롭게 상호작용할 경우 시장은 스스로 균형과 효율성을 달성한다는 신념을 갖고 있었다.

그러나 정치학의 합리적 선택이론가들은 이러한 경제학적 가정을 그대로 정치현상에 적용하는 데에 근본적인 의문을 제기하였다. 정치적 선택과 제도적 결정은 단순히 개인의 합리적 행위의 총합으로 설명될 수 없으며, 개별 행위자들의 합리적 선택이 반드시 집단 수준에서의 합리적 결과로 이어지는 것은 아니라는 점이 강조되었다. 이른바 파레토 최적(Pareto optimality) 개념의 정치적 한계를 드러낸다. 파레토 최적이란 "누구에게도 손해를 끼치지 않으면서 다른 누군가의 이익을 더 이상 증대시킬 수 없는 상태"를 의미하는데, 경제학적으로는 효율적 자원배분의 이상적 상태를 가리킨다. 그러나 현실의 정치 상황에서는 권리의 범위가 불분명하고, 이해당사자 간의 협상 비용이 높으며, 정보의 비대칭성이 존재하기 때문에 이러한 이상적 효율성이 자동적으로 실현되기 어렵다.

이와 같은 문제의식을 기반으로 제도주의 경제학자인 커먼스(John R. Commons), 미첼(Wesley C. Mitchell), 에이어스(Clarence Ayres) 등은 신고전주의의 한계를 비판하며, 경제활동은 결코 시장이라는 추상적 공간에서 자율적으로 작동하는 것이 아니라 일련의 '사회적 틀(social framework)내부에서 작동한다는 것을 강조하였다. 이들은 국가별 제도적 특수성과 역사적 맥락을 중시하면서, 개인의 행위가 사회적 규범·관습·문화적 요인 등에 의해 제약받는다는 점을 강조하였다.

그러나 이러한 접근은 제도의 특수성만이 강조되어 오랫동안 신고전주의 경제학의 보편적 설명력에 비해 상대적으로 저평가되었다. 그럼에도 불구하고, 제도적 요인의 중요성이 점차 인정되면서 최근 들어 신제도주의와 결합하여 새로운 분석 패러다임으로 부활하게 되었다.

특히 1970년대 이후 등장한 합리적 선택 제도주의(Rational Choice Institutionalism)는 신고전주의의 개인주의적 전제를 유지하면서도, 개인의 선택이 이루어지는 제도적 제약과 구조적 조건을 함께 고려하려는 시도로 발전하였다. 이 접근은 거래비용

이론(transaction cost theory), 재산권 이론(property rights theory), 공공선택 이론(public choice theory) 등의 연구 흐름과 연결되며, 제도가 개인의 선택 행위를 어떻게 구조화하고 제약하는지를 분석하는 데 초점을 맞추었다.

이러한 흐름은 20세기 후반 노벨경제학상 수상자들의 연구를 통해 정점에 이르렀다. 상술했던 내용들을 정리해 보자면, 1991년 수상자 로널드 코즈(Ronald Coase)는 거래비용 개념을 도입하여 시장과 기업, 그리고 제도의 존재 이유를 설명하였다. 1993년 수상자 더글러스 노스(Douglass North)는 제도를 '제약 구조'로 정의하며, 제도의 변화가 경제·정치 발전의 핵심 동력임을 밝혔다. 그리고 2009년 노벨상 공동 수상자인 올리버 윌리엄슨(Oliver E. Williamson)[2)]은 조직 내 거래비용과 지배구조를 분석하여 제도의 효율성을 정교하게 이론화했으며, 엘리너 오스트롬(Elinor Ostrom)은 공동자원 관리의 성공 사례를 통해 국가나 시장의 개입 없이도 자생적 규칙과 협동이 가능함을 보였다.

결국 합리적 선택 제도주의는 신고전주의 경제학의 합리적 개인 가정을 유지하면서도, 정치·사회적 제도라는 구조적 맥락을 함께 고려함으로써 보다 현실적인 분석 틀을 제공하였다. 이는 합리적 선택이론이 단순한 경제학적 모형의 확장이 아니라, 정치학의 제도적 현실을 설명하기 위한 체계적 이론으로 진화했음을 보여주는 결정적 전환점이라 할 수 있다.

---

2) 시장이 항상 효율적이라는 신고전파의 가정을 비판하며, 현실에서는 거래를 수행하는 데 탐색·협상·감독 등 다양한 거래비용(transaction cost)이 발생한다고 보았다. 이러한 비용이 클수록 개인 간의 자유로운 거래보다는 기업이나 제도 같은 조직적 구조(hierarchy)가 더 효율적일 수 있다. 특히 특정 자동차 부품처럼 그 모델에 맞추어 설비, 기술, 인력, 설계(자산의 특수성)가 되어 다른 용도로 바뀌기 어려운 경우가 발생할 수 있다. 그래서 이러한 상황에서는 시장보다 기업 내부의 통제(내부조직)를 통해 거래를 관리하는 게 효율적이다. 또한 인간의 제한된 합리성과 기회주의 속성 때문에 안정적인 거래를 위해서는 법, 계약, 제도 같은 거버넌스 구조가 필수적이다. 결국 시장과 기업, 제도를 모두 거래비용을 최소화하기 위한 다양한 사회적 장치로 이해하고 있다(Williamson, 1985).

제2절

합리성의 개념

합리적 선택 이론의 핵심은 바로 '합리성(rationality)'의 개념에 있다. 합리성은 인간이 미신이나 초월적 권위에 의존하던 사고방식에서 벗어나, 이성과 논리를 삶의 기준으로 삼으려는 계몽주의 사상에서 기원하였다. 이러한 사고는 인간이 세계를 인식하고 통제할 수 있다는 확신, 즉 근대적 주체로서의 자각을 상징하는 개념으로 자리 잡았다. 그러나 합리성은 그 자체로 포괄적 의미를 지니기 때문에, 학문적 맥락에서 사용할 때는 그 범위를 엄밀히 한정할 필요가 있다. 합리적 선택 이론에서 합리성이란 "주어진 목표를 달성하기 위해 가장 효율적인 수단을 선택하는 행위의 논리"로 정의된다. 따라서 비교정치학적 분석에서 어떤 행위가 합리적이라고 평가될 수 있으려면, 행위자가 여러 대안 중 최소의 비용으로 최대의 이득을 실현할 수 있는 선택을 했을 때만 해당된다. 이러한 관점은 가치 중심의 실질적 합리성(substantive rationality)이 아니라, 수단 중심의 도구적 합리성(instrumental rationality)에 근거한 분석적 틀을 전제로 한다(Isaak, 1981).

합리적 선택 이론이 발전함에 따라 '합리성'의 개념 또한 진화하였다. 초기의 신고전주의 경제학적 접근은 완전한 정보와 무제한적 인지 능력을 전제하여, 인간이 언제나 최적의 결정을 내릴 수 있다고 보았다. 그러나 현실 세계의 인간은 그러한 이상적 존재가 아니다. 현대의 신제도주의적 접근은 이 점에 주목하여, 실제 행위가 다양한 제약 속에서 이루어진다는 사실을 강조한다. 정보의 불완전성, 정보 획득에 따른 비용의 존재, 인간의 인지 능력의 한계 등은 모두 완전한 합리성을 제약하는 요인이다. 이와 같은 한계 인식은 신고전주의의 가정과 신제도주의의 현실적 통찰을 결합시키며, 합리적 선택 이론의 이론적 지평을 확장시켰다.

특히 허버트 사이먼(Herbert Simon)은 이러한 문제의식을 바탕으로 '제한된 합리성(bounded rationality)' 개념을 제시하였다. 그는 인간이 항상 최적의 대안을 찾아내기보다는, 주어진 정보와 인지적 제약 속에서 만족스러운 선택을 한다고 보았다(Simon, 1976). 이는 완전한 효율성을 추구하는 합리성에서, 현실의 제약 속에서 가능한 합리성을 탐색하는 방향으로 개념을 재구성한 것이다.

이처럼 합리성 개념의 진화는 합리적 선택 이론의 적용 범위를 크게 확장시켰다. 정치적 의사결정이나 정책 선택의 과정에서도 이제 인간의 행위는 완전한 계산의 결과가 아니라, 제한된 정보와 제도적 환경 속에서 이루어지는 현실적 판단으로 이해된다. 따라서 제한된 합리성은 합리적 선택 이론을 보다 실증적이고 현실적인 분석 도구로 전환시킴과 동시에, 행위자의 문화적·제도적 맥락을 고려해야 한다는 중요한 함의를 던져준다. 이는 전통적인 합리성 모델이 지닌 형식적 한계를 보완하며, 정치행위의 복합성과 맥락성을 보다 정밀하게 포착할 수 있도록 하는 이론적 진전이라 할 수 있다.

제3절 합리적 선택의 모형과 방법론

경험적 연구에 활용될 수 있는 합리적 선택 모형은 다운스, 리커, 올슨, 노스, 애로우(Box 5-1) 등에 의해 제시된 바와 같이, 제한된 제약 조건하에서 각 행위자가 자신의 목적을 달성하기 위한 전략적이고 합리적인 선택을 강조한다. 이 모형은 개인의 선택이 동시에 타인들의 잠재적 평가와 고려 대상이 되며, 따라서 개인 행동 및 선택이 타인의 행동에 의존적이라는 점을 핵심적으로 드러낸다.

합리적 선택 모형은 방법론적 개인주의(methodological individualism)에 기반하나, 그 초점은 개별 선택 자체가 아니라 선택의 집합(aggregation of choices)에 있다. 즉 합리적 선택 이론은 거시적 변동의 미시적 토대로서 개인 선택의 분석을 제공하며, 선택의 집합이 어떻게 사회적 결과를 형성하는지를 설명한다(Lichbach and Zuckerman, 1997: 23). 이 모형은 행위자들이 타인의 결정에 민감하게 반응한다는 전제와 합리성 전제를 바탕으로 한 균형점 분석(equilibrium analysis)에 의존하며, 이는 모형의 안정적 결과와 그 설명을 가능하게 한다.

합리적 선택 모형의 핵심 구성요소는 다음과 같이 구분된다: ① 연구 대상 사건에 참여한 행위자들의 합리성을 전제, ② 선택 과정의 제약 형태 규명, ③ 행위자 간 전략적 상호작용 분석, ④ 선택 결과로서 도출되는 균형점 해결로 구분된다. 이러한 요소들은 경험적 연구에서 정치적·경제적 현상을 체계적으로 분석하는 데 유용하며, 예를 들어 올슨(Mancur Olson)의 집단 행동 이론에서처럼 공공재 문제의 해결을 통해 집단 선택의 비합리성을 설명하는 데 적용될 수 있다.

1. 합리적 선택 모형의 구성요소

1) 합리성의 추론

합리적 선택 모형의 요지는 개인들이 완벽한 정보와 계산 능력을 이용하여 자신의 이익을 극대화하기 위한 행동을 할 것이라는 합리성의 추론에 있다. 즉 신고전주의 경제학에서 규정하는 순수한 합리적 선택 모형은 최적성, 일관성, 인과성, 확률 산술성이 충족되어야 한다.

첫째, 최적성(optimality)은 주어진 신념(belief) 아래 자신의 욕구(desire)를 달성하기 위한 행위자의 최상의 수단이 선택되어야 한다는 것을 의미한다. 이때 행위자의 신념은 주어진 정보(information) 내에서 행위자가 가질 수 있는 최선의 것으로서, 수집된 정보의 양은 주어진 행위자의 욕망(desire)하에서 최적이어야 한다. 더 자세히 비용과 편익의 관계성에서 살펴볼 수 있다. 비용은 선택을 함으로써 치르는 대가로 볼 수 있으며, 편익은 선택을 통해 얻게 되는 이익 또는 만족감으로 볼 수 있다. 그렇다면 합리적 선택은 비용에 비해 편익이 가장 큰 것을 선택하는 것으로 정의할 수 있다.

- 행위자의 신념(B: Belief)이 주어졌을 경우, 그의 행위(A: Action)는 충분한 정보(I: Information)에 의하여 욕구(D: Desire)를 충족시키는 최적의 수단이어야 한다.
- 행위자의 신념(B)은 주어진 정보(I)에 의하여 취할 수 있는 최선의 것이어야 한다.
- 수집된 정보(I)의 양과 질은 행위자의 욕구(D)를 고려할 때 최적이어야 한다.

∴ 위의 세 가지 조건을 충족시킨 합리적 의사 결정의 인과관계는 다음과 같다.

D → I → B → A

둘째, 일관성(consistency)은 신념과 욕구의 내적 모순이 존재하지 않을 것을 요구하며, 주어진 신념하에서 행위자가 적절하게 가중치를 부여한 모든 욕구들을 전체적으로 만족시키는 최선의 행위를 실시할 때 충족된다. 셋째, 인과성(causality)은 행위자의 행동이 욕구와 신념에 의해 합리화될 뿐만 아니라, 실제로 욕구와 신념에 의해 추동되어야 한다는 것이다. 넷째, 확률 산술성(probability calculus)은 행위자의 선택이 기대효용을 극대화해야 한다는 것이다(Elster, 1986; Tsebelis, 1990). 실질적 예를 들어본다면, 휴대폰을 사야겠다는 욕구가 생겼을 때 가장 좋은 조건을 찾기 위하여 인터넷 서핑이나 매장을 방문하면서 정보를 얻게 된다. 모아진 만족할 만한 정보를 바탕으로 최적의 조건을 선택했다는 믿음이 생길 때 휴대폰을 구입하는 행위를 하게 된다.

다음으로 두 가지 분석적 연구를 사례로, 실제 합리적 선택 이론을 적용한 분석에서 행위자들의 합리성이 어떠한 식으로 가정 및 전제되는가에 대해 간단히 살펴볼 수 있다. 첫 번째 사례로 어업에 의존하는 작은 지역사회들을 비교한 오스트롬(Ostrom, 1990)의 『공유재 관리(Governing the Commons)』를 들 수 있다. 이 연구에서 오스트롬은 공유재[3]를 보호하지 않은 일부 지역사회는 정부의 통제나 법적 강제력으로 공유재를 보호하는 다른 사회보다 더 성공적으로 운영되어 왔다는 사실이다. 즉 어장·하천·녹지·국립공원·공공시설 등은 누구나 사용할 수 있는 공유재이지만 동시에 과도한 이용으로 인해 고갈될 수 있는 '공유지의 비극(tragedy of the commons)' 문제를 다루었다.

두 번째 사례는 정부의 수입발생과 세금에 관한 레비(Levi, 1988 과 1997)의 『규칙과 세금에 대하여(Of Rule and Revenue)』와 전쟁 시 젊은이들의 강제적 기여(강제 징집)를 성공적으로 이끌어내기 위하여 정부가 취했던 행동들을 설명하고 있는 『동의, 반대, 그리고 애국심(Consent, Dissent, and Patriotism)』에 관한 내용이다.

---

3) 공유재란 비배제성(non-excludability)과 비경합성(non-rivalness)을 갖는 공공재 가운데 경합성은 있으나 배제가 불가능한 재화를 말한다. 즉 소비는 경합적이나 배제에 따른 비용 부담이 과중해 배제의 원칙이 적용되기 어려운 재화가 공유재다. 공유재도 민간 부문에서 생산·공급이 가능하다는 측면에서 준공공재에 속한다. 이러한 공유재에는 천연자원이나 희귀 동식물 그리고 녹지, 국립공원, 하천, 기타 공공시설이 속한다. 공유재의 비배제성 때문에 공유재에는 과소비와 공급 비용 귀착 문제가 야기된다. 간단히 정리하면 공유재는 비배제성을 갖지만 경합적인 자원, 즉 재화의 소비에 대한 접근을 막을 수는 없지만 한 사람이 소비하게 된다면 그만큼 다른 사람의 소비가 제한받게 되는 속성을 갖는 자원으로 볼 수 있다(강원택, 2000: 57).

첫 번째 사례는 공유재에 의하여 생계를 유지하는 사람들 사이에서의 협력의 문제에 관한 것이고, 두 번째 레비의 사례는 정부와 시민들 사이에서의 협력의 문제에 관한 것이다. 행위자의 합리성을 정의하는 방식과 관련하여 두 분석의 공통적인 특징을 살펴보면, 먼저 두 분석은 모두 행위자들이 불확실한 상황하에서 합리적 결정을 한다는 것을 기본 가정으로 두고 있다. 오스트롬과 레비는 예상비용과 기대수익, 그리고 개인의 선호에 따른 행위자들의 합리적 선택은 이익의 인하율(현재의 선택에 따른 이익이 시간의 흐름에 따라 유지되는 정도)과 직면한 위기를 가늠하는 능력에 따라 변화한다고 보았다.

우선 오스트롬의 사례를 살펴보자. 그녀는 어업에 의존하는 소규모 지역사회들을 비교하면서, 각 사회가 공유된 자원을 어떻게 관리하고 있는지를 분석했다. 즉, 공유재를 이용하는 사람들은 어업의 지속가능성, 어획량에 대한 지식, 그리고 향후 발생될 수 있는 자연재해 등에 대하여 충분한 지식을 가지고 있지 못하다. 그리고 그들은 자신들의 어획량과 외지인들의 어획량 수준에 대해서도 불확실한 추정만을 하고 있다. 뿐만 아니라 그들은 외지인이나 외부 지역사회에 의해 어장남획이 발생할지에 관해서도 확신할 수도 없다. 오스트롬(Ostrom, 1990: 34)은 이러한 불확실한 상황에서의 합리적인 가정이란 시행착오(trial-and-error)를 거치며 습득된 지식을 기반으로 산술과정을 통하여 새로운 가정을 만드는 것이라고 주장하였다. 오스트롬의 연구 결과에 따르면, 중앙정부의 통제나 법적 강제력이 존재하지 않더라도 일부 지역사회들은 스스로 규칙을 만들고, 협동과 감시를 통해 공유재를 안정적으로 관리할 수 있었다. 특히 이러한 지역사회들은 세금을 납부하거나 국가의 직접적 개입을 받지 않음에도 불구하고, 오히려 외부의 간섭이 있는 공동체보다 공유재를 더 효과적으로 보호하고 운영하고 있었다.

즉 오스트롬은 합리적 선택 이론의 틀 속에서 개별 행위자들이 자신의 이익을 극대화하면서도 상호 신뢰와 규범을 바탕으로 협력할 수 있다는 가능성을 보여주었다. 그녀의 연구는 인간을 단순히 이기적인 존재로만 보는 기존의 합리적 선택 모형을 넘어, '제한된 합리성 속의 협동적 행위자'라는 새로운 관점을 제시한 사례로 평가된다.

그림 5-2 • 오스트롬의 사회공유재산에 대한 경제적 지배구조

위와 같은 경제적 지배구조(economic governance)가 지속 가능하기 위하여 8가지 제도적 조건, ① 누가 자원을 이용하는지에 대한 명확한 전제, ② 상황에 맞는 이익분배의 원칙, ③ 의사결정에 참여하고 싶은 환경, ④ 이익분배와 참여에 대한 감시, ⑤ 규칙위반자에 대한 적절한 제재, ⑥ 갈등해소를 위한 메커니즘, ⑦ 정부 등에 의한 자율관리 인정, ⑧ 큰 조직은 효과적인 소통을 위하여 소규모 그룹으로 분산이 필요하다. 결론적으로 공유지의 비극은 시장의 바탕에서 정부가 적당한 개입과 규제를 통해 공유자원이 지켜질 수 있는 규칙을 보호하는 것이다.

레비의 사례에서 대부분의 남성들은 특히, 전시에 군 입대를 선택함으로써 매우 높은 인하율(discount rate)을 감수한다. 즉 그들은 군 복무 후 전쟁 투입으로 인한 사망 또는 부상 등의 개인적 손실의 예상 수준이 높음에도 불구하고 입대를 선택하는데, 이는 젊음, 위험 감수 의지, 그리고 '자신은 죽지 않을 것'이라는 낙관적 믿음에 기인한다. 그러나 그들은 전쟁 참여 기간, 부상 가능성, 또는 전후 외상 후유증에 대한 관련 정보가 부족하며, 오스트롬의 어업 사례와 달리 목숨을 위협하는 전쟁 참여는 반복적 시행착오를 통한 학습이 불가능하다. 따라서 그들은 과거 자료, 동료, 외부 자료, 정부가 제공하는 영웅담 등을 지침으로 삼는 '제한된 합리성(bounded rationality)'에 의존하여 선택한다.

더불어 레비의 세금 징수 사례는 정부의 정당성이 단순히 법적 권위나 강제력에서 비롯되는 것이 아니라, 공공재의 제공과 시민의 의무 준수를 촉진하는 '상호 신뢰 관계'에 기초한다는 점을 잘 보여준다. 즉 시민들은 정부가 공정하고 효율적으로 세금을 사용해 사회적 이익을 창출한다고 믿을 때, 비로소 세금 납부를 정당한 의무로 받아들이게 된다. 이러한 신뢰는 '윤리적 상호 호혜성(ethical reciprocity)'을 형성하며, 이는 시민들이 완전한 자발성은 아니지만 일정 부분 자발적으로 세금 납부에 동의하는 '준-자발적 동의(quasi-voluntary compliance: 국가는 체벌능력을 보유하고 시민은 국가의 공정성을 인식하는 관계)'로 이어진다.

레비는 이를 '불확정적 동의(contingent consent)'라 부르며, 이는 정부가 신뢰를 저버리거나 불공정한 세금 집행을 할 경우 언제든 철회될 수 있는 조건부 성격의 동의임을 강조한다. 따라서 세금 징수는 단순한 강제 행위가 아니라, 정부의 정당성, 정책의 공정성, 그리고 시민의 신뢰가 맞물려 작동하는 복합적 사회 계약의 결과로 이해할 수 있다. 즉, 레비의 공정성은 도덕이 아니라 제도적 신호이다.

하지만 이러한 메커니즘 속에서 개인의 합리성은 완전하지 않다. 시민은 정부 정책의 효과를 즉각적으로 검증할 수 없고, 정부 역시 납세 행태를 완벽하게 예측하거나 통제할 수 없다. 결국 레비의 분석에서 '합리성'은 불확실성과 시행착오의 제약 속에서 작동하는 상술한, '제한된 합리성'으로 귀결된다. 다시 말해 납세 행위의 수용은 사전에 완벽히 계산된 결정이 아니라, 사후적으로 "정부가 신뢰할 만했기 때문"이라는 설명으로만 정당화되는 일종의 '사후적 합리화(post hoc rationalization)'라는 것이다.

즉 세금 징수 이론은 강제력과 자발성 사이에 존재하는 미묘한 긴장을 해명하며, 국가의 재정적 정당성이 단순히 세금을 걷는 능력에 있지 않고, 신뢰에 기반한 시민적 동의를 확보하는 능력에 달려 있음을 분명히 보여준다.

이러한 합리성 가정 자체는 합리적 선택 이론이 지속적으로 비판받아 온 핵심 지점이기도 하다. 학자들 사이에서는 '무엇이 합리적인가', 그리고 '개인이 실제로 합리적으로 행동하는가'에 대한 논쟁이 끊이지 않는다. 특히 문화적 가치나 종교적 신념이 때로는 개인의 이익을 넘어서는 희생적 행동을 설명할 수 있다는 점에서, 순수한 합리성 가정의 한계가 자주 지적된다.

그럼에도 불구하고 비교정치 연구에서의 합리성 가정은 '강한' 의미의 완전한 합리성을 전제하지 않는다. 오히려 개인이 자신의 선호에 따라 일관되게 행동한다고 가정하는 '약한 수준의 합리성(weak assumption)'으로 이해된다. 다시 말해 이는 인간이 항상 최적의 선택을 한다는 의미가 아니라, 각자가 주어진 상황 속에서 자신이 선호하는 방향으로 행동할 것이라는 최소한의 가정을 두는 것이다. 이러한 접근은 행위자들의 선호 체계를 분석하기 위한 '조작적 정의(operational definition)'로 기능하며, 현실의 가치 판단을 배제하기 어렵다는 한계가 있지만, 연구를 단순화하고 비교 가능성을 높여주는 실용적 도구로 작용한다.

실제 사례 연구에서는 이 조작적 정의를 활용하여 합리성 개념을 상황에 맞게 변형하는 것이 어렵지 않다. 중요한 것은 행위자 집단이 처한 환경과 그들의 주요 관심사를 정확히 관찰하는 것이다. 예를 들어 상인은 상품 판매를 통해 이윤을 극대화하려는 것이 합리적인 선택일 것이고, 광부는 위험한 작업 환경 속에서 안전을 최우선으로 고려하는 것이 합리적 행동으로 간주될 수 있다.

이처럼 연구자는 각 행위자의 맥락에 따라 효용함수(utility function)를 설정함으로써, 전통적 경제학의 분석 틀과는 다른 결론을 도출할 수 있다. 즉 개인이나 집단의 '최대욕구(maximand)'를 어떻게 정의하느냐에 따라 정치적·경제적 행동 양식의 다양성을 설명할 수 있으며, 이러한 접근은 합리적 선택 이론이 단일한 계산적 모델이 아니라, 맥락적 해석이 가능한 '유연한 분석 틀'임을 보여준다(Lichbach and Zuckerman, 1997: 24).

요컨대 합리적 선택 이론의 '약한 합리성 가정'은 인간 행동의 복잡성을 단순화하는 동시에, 비교정치 연구에서 행위자 간 차이를 분석할 수 있는 실용적 언어를 제공한다는 점에서 여전히 유효한 분석 도구라 할 수 있다.

종합하면 합리적 선택 이론의 핵심 가정은 세 가지로 요약될 수 있다. 첫째, 방법론적 개체주의(methodological individualism)로, 모든 사회적 현상은 개인의 의도적이고 목적 있는 행동을 통해 설명될 수 있다는 전제를 둔다. 둘째, 안정적이고 일관된 선호(stable and consistent preferences)로, 개인은 상황이 달라져도 자신의 기본적 목표나 선호 체계를 유지한다고 본다. 셋째, 효용 극대화(utility maximization)로, 개인은 자신이 가진 제약조건하에서 가장 효율적인 수단을 선택하여 목표를 달성하려

한다는 가정이다.

그러나 합리적 선택 이론은 종종 오해되듯이 단순히 경제학적 의미의 '이익'이나 '부의 극대화'에만 국한되지 않는다. 즉 개인이 반드시 경제적 이익을 추구해야만 합리적이라고 보는 것은 아니다. 오히려 합리성의 개념은 행위자가 자신이 중요하게 여기는 목표를 일관된 방식으로 추구한다는 보다 포괄적인 의미를 가진다. 따라서 효용 극대화는 단순히 금전적 이익을 넘어서, 도덕적 만족, 사회적 인정, 공동체적 가치 실현 등 비경제적 요소까지 포함할 수 있다.

이러한 확장된 합리성 가정의 장점은 현실적 복잡성을 반영한다는 데 있다. 즉 행위자는 경제적 효용뿐 아니라 윤리적 판단, 사회적 관계, 공공선에 대한 고려 등 다양한 동기를 종합적으로 판단하며 행동한다는 점을 보여줌으로써, 실제 정치·사회 현상을 보다 설득력 있게 설명할 수 있다. 그러나 이러한 접근은 분석의 난이도를 높이는 결과를 종종 낳는다. 공정성, 공동체 기준(community standards), 비이기적 동기(non-egoistic motivation) 등과 같은 요인을 포함하면 모델의 단순성이 훼손되고, 행위자의 선택을 수리적으로 예측하거나 일반화하기가 어려워지기 때문이다.

합리적 선택 이론은 인간 행동을 완벽히 예측하기 위한 도식이 아니라, 행위자가 어떤 제약 속에서 어떤 논리로 선택하는가를 설명하기 위한 분석의 틀로 이해해야 한다. 경제적 효용에 한정되지 않고, 정치적·사회적·문화적 맥락을 포괄적으로 고려할 때 비로소 이 이론은 현실 사회를 보다 풍부하게 해석할 수 있는 도구가 될 수 있다.

2) 제약의 형태

비교정치학에서 실제 행동은 행위자의 계산적 고려만으로 발생하지 않으며, 오히려 행위자가 직면한 '제약(constraints)'에 의해 크게 좌우된다. 이러한 제약은 자원의 희소성과 제도 및 조직에서 비롯된 두 가지 주요 형태로 나눌 수 있다.

첫째, 자원의 희소성(resource scarcity)은 신고전주의 경제학에서부터 주목받아 왔던 대표적인 제약 조건으로서, 행위자들이 선택을 하는 데 기본적인 제약이 된다. 경제적 극빈층이나 정부에 직접적인 관련이 없는 사람이라 할지라도 주어진 자원, 즉 제한된 자원하에서 자신의 이익을 위하여 효용을 극대화하는 행동을 취한다.

둘째, 제도는 규칙, 제재, 관습의 집합으로서, 공동체 내에서 상호작용과 선택 가능성을 규정한다. 이는 행위자들의 전략적 선택을 구조화하며, 균형적 결과로 이끄는 '게임의 규칙'으로 기능한다. 예를 들어, 입법부에서 투표 순서, 계산 방식, 의사규칙은 제도적 제약으로 작용하며, 행위자의 전략적 선택(예: 연합 형성)을 예측 가능하게 한다. 그리프는 제도에 대해 "행동에 관해 기술적으로 결정된 제약"으로 정의하며, 이는 "자기강화성(self-enforcing)" 특성을 지닌다고 보았다(Greif, 2005: 7). 이처럼 모든 제도들은 규범화되는 측면을 지녔으며, 모든 집행 메커니즘을 지배하는 규칙이 법률적 또는 관습적 바탕을 두고 구체화된 것이라고 할 수 있다. 모든 제도는 국가가 규칙을 집행할 때는 정치제도로, 개인이 사회 안에서 승인이나 회피라는 메커니즘을 통하여 규칙이 집행된다면 사회제도, 그리고 이득과 손실의 수단에 의하여 규칙이 집행된다면 경제제도로 고려된다. 구조는 제도 내에서 행위자들이 상호작용하는 장소로, 민주적 정책 결정에서 정당, 정부, 이익집단 등이 특정 안건을 두고 경쟁하며 정책을 형성한다.

3) 전략적 상호작용

전략적 행위(strategic interaction)는 이 이론의 기원인 신고전주의 경제학과 구별되는 결정적 지점이다. 신고전주의 경제학에서는 행위자들이 자신의 선택 시 타인의 선택을 고려하지 않는다고 가정하지만, 실제 정치적·사회적 현실에서는 행위자들이 타인의 행동을 예측하고 이를 자신의 의사결정에 반영한다.

예를 들어 무임승차(free-riding), 어장 남획, 목초지 과다 활용과 같은 공공재 문제에서 행위자들은 최소한 "타인이 무엇을 할 것인가"를 고려하며, 선거 참여, 정부 정책 순응, 집단 행동, 심지어 반란에서도 타인의 동참 여부에 대한 믿음에 기반해 행동한다. 구체적으로 대한민국 병역 의무자의 경우, 자신이 최전방 철책 수호와 같은 국가와 내 가족 그리고 동료를 지키는 중대한 역할을 담당할 것이라 믿는다면 병역을 자발적으로 수용할 가능성이 높다. 반대로 다수의 병역 의무자가 현역 입영이나 대체복무에서 제외된다면, 자발적 의지가 강한 병역 의무자라도 병역에 대해 부정적 태도를 보일 수 있다. 이는 전략적 상호작용의 핵심을 보여주는 사례로, 개인의 선택이 타인의 선택에 의존적임을 드러낸다.

따라서 모든 행위자의 결과는 개별 선택뿐 아니라 전략적 상호작용에 따라 결정되며, 의사결정자들은 타인의 결정을 예측하며 선택한다. 이 과정에서 의사결정자들은 공통된 지식과 정보를 바탕으로, 모든 행위자가 도구적 합리성(instrumental rationality)을 지닌다고 가정하고, 동일 정보로부터 동일한 선택이 도출될 것이라 추정하여 타인의 선택을 예측한다. 이러한 논의는 '죄수의 딜레마(prisoner' s dilemma)'와 같은 게임 이론적 틀을 통해 보다 구체적으로 분석될 수 있으며, 이는 전략적 상호작용이 합리적 선택의 핵심 동인임을 강조한다.

4) 균형점 해결

마지막 구성 요소는 행위자들이 '합리성' 전제와 '제약 조건'하에서 '전략적 상호작용'을 통해 도달하는 '균형점(equilibrium)'을 규명하는 것이다. 균형점의 발견은 합리적 선택 이론이 분석 모델을 통해 설명하고자 하는 궁극적 목표, 즉 개인 선택의 집합이 초래하는 특정 사회·정치 현상의 인과적 결론을 도출하는 과정이다. 이는 합리적 선택 모형이 미시적 선택과 거시적 결과를 연결하는 이론적 다리로서 기능함을 보여준다.

그러나 일부 학자들은 "모든 행태가 정태적이며, 합리적 개인 간 상호작용은 항상 균형점을 산출한다"는 가정에 반대한다. 특히 애로우의 불가능성 정리(Arrow, 1951)는 집단 선택에서 일관된 합리적 결과 도출의 어려움을 밝히며, 모든 균형이 효율적이지 않을 수 있음을 시사한다. 이는 합리적 선택 이론이 가정하는 최적 균형의 보편성을 문제 삼는다.

결과적으로 최선의 선택이 불가능한 상황에서 합리적 행위의 논리는 차선적 균형(suboptimal equilibrium)과 제도적 배열을 산출하는 데 있으며, 합리적 개인들은 제약 내에서 최적 균형을 추구한다. 상술한 오스트롬은 공유재 관리에서 장기적으로 유지된 성공 사례(예: 스위스 목초지)와 실패 사례(스리랑카, 터키, 캘리포니아의 어장 남획)를 비교하며, 공유재 관리의 해결책과 한계를 제시하였다. 레비는 대규모 전쟁 시 군 입대 선택이 형성하는 균형점의 비효율성을 입증했으나, 입법자와 정부의 복지 혜택 제공 정책 수행여부에 따라 이러한 균형점이 변동될 수 있음을 보여주었다. 그리프는 중세 후기 상업 발전 연구에서, 제노바와 베니스의 상이한 상업제도

그림 5-3 • 합리적 선택의 모형

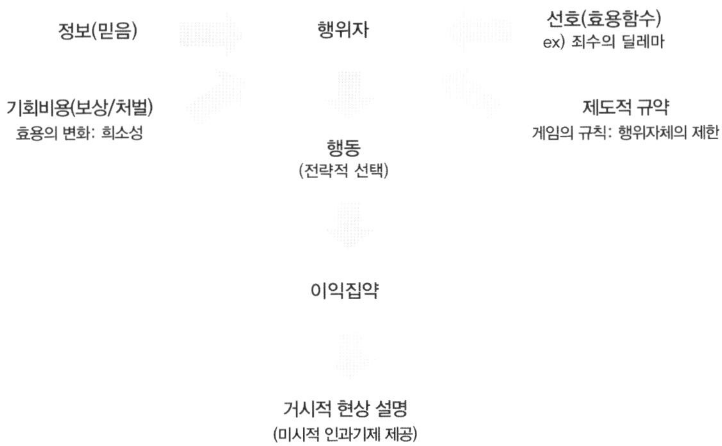

를 분석하며 상업 부양 정책이 항상 효율적 결과를 보장하지 않지만, 정책 개입에 따라 제도적 배열이 다양하게 변화했음을 설명했다(Greif, 2005). 이러한 사례들은 합리적 선택 모형이 비효율적 균형과 동태적 변화를 설명하는 데 유용하지만, 그 한계와 맥락적 제약을 동시에 드러낸다.

Box 5-1 • 애로우(Arrow)의 불가능성 정리(impossibility theorem)

케네스 애로우(Kenneth J. Arrow)는 1951년 저서 『사회적 선택과 개인의 가치(Social Choice and Individual Values)』에서 민주주의적 투표제도가 사회 구성원 전체의 선호를 만족시킬 수는 없음을 증명하였다. 완벽한 의사결정으로 평가받기 위해서는 민주적이면서 동시에 효율적으로 개인의 선호가 반영된 집단의 의사결정을 도출해야 하지만 그런 의사 결정방식은 없다는 것이다. 결과적으로 민주적인 투표의 의사결정이 항상 효율적인 결론을 만들어 내지는 못한다는 것이다. 애로우는 사회적 선호체계가 가져야 할 바람직한 조건을 제시하고 이 조건들을 동시에 만족하는 사회후생함수가 존재하지 않음을 증명한 것이다. 불가능성 정리에서 제시하는 공리는 다음과 같다.

1. **완전성(completeness)과 이행성(transitivity)**: 모든 사회적 상태를 비교·평가할 수 있어야 하며, a·b·c라는 세 사회적 상태에 대해 a를 b보다 더 선호하고 b를 c보다 더 선호한다면 a를 c보다 반드시 더 선호해야 한다.

2. **파레토 원리(Pareto principle)**: 이 사회의 모든 사람이 a를 b보다 더 선호하면 사회도 a를 b보다 더 선호해야 한다- 사회적 선택절차는 개인의 선호순서(복지, 경제, 교육, 안보 등)와 함께 작동
3. **비독재성(non-dictatorship)**: 이 사회의 어느 한 구성원의 선호가 전체 사회의 선호를 좌우해서는 안된다- 모든 유권자는 동일한 비중의 투표권 있음
4. **제3의 선택가능성으로부터의 독립(independence of irrelevant alternatives)**: a와 b의 두 사회적 상태를 비교할 때, 이들과 직접 관련이 없는 제3의 선택가능성의 존재는 이들 사이의 선호순위에 아무런 영향을 주지 말아야 한다-이질적 큰호소는 선호의 구성요소들을 오히려 편입시켜 유권자들은 선택하지 않게 된다.

여기서 애로우는 공리 1,2,4를 만족시키는 사회적 선호체계는 반드시 공리 3을 위배하게 된다는 것을 증명하였다. 현실에서 등장하는 사회적 선호체계는 투표형태로 등장하는데 이를 살펴보면 독재, 만장일치제, 다수결 투표, 점수투표제 등이 있다. 독재의 경우 공리 3을 위배하게 되고, 만장일치제는 안건 상호간의 우열을 판단할 수 없기 때문에 완전성을 위배하게 된다. 다수결은 일부 개인의 선호가 쌍봉성을 지니게 되는 경우 투표의 역설(Paradox of Voting)이 나타나게 되며, 단봉성 선호를 가지는 경우는 투표의 역설이 나타나지 않으나 단봉성 선호만을 요구하는 공리 4에 대한 위배가 나타나게 된다. 점수투표제는 선호의 강도를 표시함으로써 어떠한 선호 순위가 다른 선호 순위에 영향을 주는 공리 4를 위반하게 된다.

예를 들어보자. 우리 대학 정치외교학과 모의국회 구성원 9명이 MT를 가기 위하여 산, 바다, 계곡 중 선택을 하기로 한다. 4명은 산>바다>계곡 순, 3명은 바다>계곡>산 순 그리고 나머지 2명은 계곡>바다>산이다. 민주적 다수결로 볼 때 4명이 선택한 산으로 결정하면 문제가 없어 보이지만 산으로 가는 것이 학우들이 진정 원하는 것일까? 만약 계곡을 빼고 투표하자고 하면 4명은 그대로 산으로, 3명은 바다, 그리고 2명은 차선책으로 바다를 선택해 결과가 바뀔 수 있다. 반대로 바다를 빼고 투표를 한다면 4명은 그대로 산, 3명은 차선책으로 계곡, 그리고 2명은 그대로 계곡을 선택해 결과가 바뀔 것이다. 결과적으로 이러한 사실은 우리 학과 구성원들은 산보다는 바다와 계곡을 선호한다는 사실을 확인시켜 주고 있다. 하지만 처음 세 곳을 대상으로 한 투표결과는 개인의 선호와는 다른 산으로 결정되었다는 것이다. 민주적인 방식의 투표결과가 과연 구성원들의 선호도를 제대로 반영되었는가에 의문점을 갖게 되는 대목이다. 우리가 사용하고 있는 다양한 형태의 의사결정과정이 완벽한 것은 아니라는 점을 증명하고 있다.

이처럼 불가능성 정리는 이 네 가지 공리를 모두 만족하는 합리적이고 민주적인 사회후생함수가 존재할 수 없다는 점을 증명하였다. 그러나 이 정리를 비관적으로 바라볼 필요는 없다. 왜냐하면 애로우가 요구하는 공리의 구조가 현실에 비해 너무 강해서 오히려 현실에 적용되기 어렵기 때문이다. 따라서 애로우의 정리는 그 결과 자체보다 우리의 의사결정과정에서 생길 수 있는 문제점을 분석할 수 있는 계기를 마련하였다는 점에서 의의를 갖는다.

2. 합리적 선택의 방법론

비교 분석 및 역사적 분석 영역에서 합리적 선택 이론은 분석 틀로 자리 잡았고, 방법상 자의식이 강한(self-conscious) 모형으로 진화하였다. 이러한 자의식이 강하다는 것은, 곧 이론이 해결해야 할 근본적인 질문들이 명확해졌음을 의미한다. 그 기원인 신고전주의 경제학으로부터 어떻게 구별되어 독자적인 정치학 이론으로 정립될 것인가? 이론의 모델링이 가능한 범위와 한계는 어디까지인가? 그리고 이론의 설명력을 높이기 위해 적절하고 체계적인 설명적 변수를 어떻게 도입할 것인가 하는 의문들이다.

합리적 선택 이론의 핵심적인 유용성이 이론의 간소화(parsimony)와 검증 가능성에 놓여 있다는 점이다. 따라서 '실제 세계'의 복잡성으로 인해 더 정교한 분석이 요구되는 상황이라 하더라도, 이론 자체는 지나치게 과도하고 엄격한 분석에 의해 제약을 받아서는 안 될 것이다. 정치적·사회적 현실의 복잡성과 이론의 명확성 사이에 존재하는 이러한 딜레마는 많은 학자들이 연구에서 직면하는 어려움이다. 그럼에도 불구하고, 합리적 선택 이론이 제시하는 연구 방법론은 현재 다양한 형태로 실제 연구에 성공적으로 적용되어 활용되고 있다.

이제부터는 합리적 선택 이론의 이론적 요소들이 실제 분석적 연구에서 어떻게 활용되고 있는지를 그 활용 방법의 측면에서 나누어 구체적으로 살펴보자.

1) 비교정태분석

비교 정태 분석(Comparative Static Analysis)은 원래 경제학에서 유래한 방법론으로, 외생 변수(exogenous variables)의 주어진 값에 따라 내생 변수(endogenous variable)의 값이 결정되는 모형의 원리를 따른다. 이 분석은 외생 변수의 변화 이전 상태와 변화 이후 상태를 비교함으로써 내생 변수, 즉 균형값의 변동을 파악하는 것을 의미한다. 특히 제약 조건의 변동은 외생 변수 변동의 대표적인 유형이며, 이는 곧 내생 변수인 균형값의 변동을 초래한다. 이러한 균형의 추정(presumption of equilibria)에 대한 연구는 연구자들에게 "특정한 균형점을 붕괴시키는 것은 무엇인가?"라는 핵심적인 질문을 던지게 한다.

일단 어떤 영역에서든 균형점(equilibrium)에 도달하게 되면, 그 상태는 대개 파레토 최적의 속성을 띠게 된다. 즉 선택에 참여한 행위자 중 일부의 효용에 손실을 초래하지 않는 한 변화될 수 없는 상태가 되는 것이다. 이러한 파레토 최적의 상황에서는 이론적으로 선택을 변화시킬 만한 동기가 발생하지 않아야 한다. 그러나 현실 세계에서 발생하는 정치, 사회적 의사 결정은 정지하지 않고 지속적으로 변화한다. 바로 이러한 균형점의 변화를 체계적으로 이해하기 위해서는 외부 충격이나 독립 변수의 변경 등이 개인들의 합리적인 행동에 어떠한 영향을 미치게 될 것인지에 관한 일련의 가설이 필수적으로 요구되는 것이다.

비교 정태 분석은 이론적 균형점이 외부 충격이나 제약 조건의 변동에 의해 어떻게 변하는지를 설명하는 방법론으로 제도와 정책의 지속성 및 변화 요인을 분석하는 데 효과적으로 활용되고 있다. 상술한 오스트롬(Elinor Ostrom)과 레비(Margaret Levi)의 연구를 통해 이해해 보자.

오스트롬은 비교 정태 분석을 활용하여 공유재 보호를 위해 수립된 전통적 제도들의 붕괴 원인을 분석했다. 그녀의 연구는 공유재의 효율적 관리를 위해 도달했던 특정 제도적 균형점이 인구 포화나 정부의 외부적 개입과 같은 외생 변수의 변화에 의해 어떻게 무너지는지를 밝혀냈다. 이는 공유재를 관리하는 행위자들이 외부 충격에 직면했을 때 기존의 규칙이 더 이상 파레토 최적을 유지하지 못하게 되자 새로운 합리적 선택을 모색하게 되면서 제도가 변화하게 됨을 실증적으로 보여주었다.

레비는 정부가 시행하는 징병과 징세 정책이 어떻게 성공하거나 실패하는가를 단순히 권력의 강제력으로 설명하지 않고, 정부(수요자)와 시민(공급자)간의 전략적 상호작용으로 분석했다. 즉 국가의 명령에 대한 시민의 복종은 강압의 결과가 아니라, 상호 신뢰와 이익 계산에 기반한 합리적 선택의 결과라는 것이다. 그녀의 연구에 따르면, 징병이나 세금 부과가 성공적으로 이루어지기 위해서는 다음 두 가지 요인이 균형을 이루어야 한다.

정부 측면에서는 징병이나 징세 정책이 어떤 목적을 위해 추진되는지가 중요하다. 예를 들어 정책이 단순히 전쟁을 수행하기 위한 인력 확보 수단인지, 혹은 징집된 시민들에게 사회적 지위 향상이나 경제적 보상을 제공하는지에 따라 시민들의 참여 태도가 달라질 것이다. 다시 말해, 정부가 정책을 얼마나 정당하고 공정하게 설계하느냐가 시민의 협조를 끌어내는 핵심 변수다.

시민 측면에서는 시민들이 정부를 얼마나 신뢰하는지, 그리고 다른 시민들도 똑같이 의무를 이행할 것이라고 믿는지가 결정적이다. 시민들이 "나만 희생하는 것"이 아니라 "모두가 함께 부담을 나눈다"고 인식할 때, 징세나 징집에 자발적으로 동참할 가능성이 높아진다. 이러한 집단적 신뢰는 '공정한 의무 이행'이라는 사회적 규범을 형성하며, 정부 정책의 실질적 성공을 가능하게 한다.

결국 레비의 분석은 정부가 강제력을 행사한다고 해서 시민의 협조가 자동으로 이루어지는 것은 아님을 보여준다. 시민들은 자신이 속한 공동체와 정부 간의 신뢰 관계, 상호 호혜성, 정책의 정당성을 고려하여 참여 여부를 '합리적으로' 판단한다. 따라서 징병이나 징세의 성패는 단순한 복종의 문제가 아니라, 국가와 시민이 서로의 이익을 인정하고 신뢰를 축적하는 과정에서 형성되는 전략적 균형의 결과로 이해할 수 있다.

이처럼 오스트롬과 레비의 연구는 합리적 선택 이론이 추상적인 경제적 계산을 넘어, 정치적 신뢰와 제도적 정당성같은 사회적 요인을 포괄하여 국가와 시민 간 관계를 분석하는 유용한 틀임을 보여준다.

2) 분석적 서술

합리적 선택이 발전을 거듭함에 따라, 제도적 분석 형태의 연구가 눈에 띄게 증가하였다. 이러한 제도를 다루는 연구의 발전은 개인 행위자의 정보 비용 감소와 행동의 중점적 연구등과 같은 핵심 요소들을 체계적으로 설명하는 데 중요한 역할을 하고 있다. 제도는 행위자의 전략적 상호작용이 발생하는 환경이자 규칙이기 때문에, 이 환경을 분석함으로써 행위의 인과 관계를 더욱 명확히 할 수 있게 된 것이다. 특히 게임 이론을 적용한 경험적 연구들은 이러한 제도적 분석 모형을 통해 분석의 정교함과 예측력이 크게 강화되었다. 제도는 합리적 행위자들이 전략적으로 선택하고 반응하는 장을 제공하며, 이를 통해 합리적 선택 이론은 개인의 미시적 선택이 어떻게 거시적인 정치적 결과와 제도의 안정성(또는 변화)으로 이어지는지를 설명하는 도구로 활용되고 있다.

제도의 대안적 위치는 행위자들의 전략적 상호작용을 분석하는 데 필요한 전제조건에 대한 고민을 해소해 주었다. 사이먼(Herbert Simon)이 제시한 수요 합리성(demand rationality)의 관점에서 볼 때, 개인들은 다른 행위자들이 최선의 전략을 고안해내기 위해 어떤 결정을 할 것인지 추정해야만 한다. 문제는 이러한 추정 과정, 즉 행위자들 간의 공통 지식(common knowledge)을 형성하는 과정에서 발생하는 막대한 정보 비용을 합리적 선택 모형이 제대로 설명하지 못한다는 점이다. 상당량의 정보가 주어진 사례일지라도, 그 정보를 획득하는 데 드는 비용을 산출하는 데는 종종 실패할 수밖에 없다. 이러한 한계를 극복하기 위해 제도의 개념에 주목함으로써 효과적인 분석 방법을 찾아낼 수 있다.

노스(Douglass North)와 같은 학자들은 다수의 행위자들이 제도를 통해 정보 제공을 받게 된다고 가정함으로써, 복잡한 다수 행위자 간의 전략적 상호작용 분석을 수행할 수 있는 효과적인 길을 열었다. 즉 제도는 단순히 제약이나 규제로서의 구속력만을 가지는 것이 아니라, 행위자들이 각자의 선택을 하는 데 있어 다른 사람들의 행태에 관한 예측 효과를 제공하는 핵심적인 역할을 수행하는 것이다. 여기에서 각각의 행위자들은 제도로부터 습득한 정보를 바탕으로 자신의 전략적 선택을 내릴 수 있게 된다.

예를 들어 수입세 제도는 잠재적 소비자들에게 상품 가격에 대한 지식을 제공해 주며, 동시에 개인적 탈세에 대한 처벌 가능성을 알려준다. 이러한 제도가 있다면, 대부분의 사람들은 다른 이들 역시 탈세를 선택하지 않거나 무임승차하지 않을 것이라고 예측할 수 있게 된다. 이처럼 제도를 통해 제공되는 정보는 억제력의 역할을 가지는 동시에, 지불 동기와 같은 호혜 관계(reciprocity)를 촉진하는 기반이 되는 것이다(Levi, 1988).

합리적 선택 이론은 오랫동안 사회 현상이나 정치적 결과를 개인의 선택이 축적된 결과로 설명해 왔다. 이 이론에 따르면 개인은 합리적인 의사결정자이며, 각자의 선호와 전략적 판단에 따라 행동하고, 이러한 행동의 상호작용이 집합적인 결과를 만들어낸다. 그러나 시간이 지나면서 정치적·사회적 상황과 제도적 맥락이 점점 복잡해짐에 따라, 단순한 합리적 선택 모형으로는 현실을 충분히 설명하기 어려워졌다. 다양한 쟁점이 얽혀 있는 실제 사례를 이해하기 위해서는 이론적 추상보다 구체적이고 경험적인 지식이 더욱 중요해지고 있다.

그럼에도 합리적 선택 이론가들은 여러 대표적 사례 연구를 통해 핵심 행위자,

전략, 그리고 제약 요인을 식별하는 데 큰 기여를 해왔다. 또한 이들은 설명의 정밀도를 높이기 위해 가설 검증과 인과적 설명을 위한 연구 방법론을 발전시켜 왔다. 다음 단계는 이러한 연구를 바탕으로 독립변수와 종속변수 간의 인과적 연결 메커니즘을 명확히 제시하는 특수한 분석 모형을 구축하는 것이다. 예를 들어 올슨(Mancur Olson)의 연구에서는 행위자의 효용을 예측하는 효용 방정식(utility equation) 형태로 모형이 제시되었고, 라이틴(David Laitin)의 연구에서는 게임이론적 접근을 통해 행위자 간의 전략적 상호작용과 균형 형성 과정을 분석했다.

특히 게임 이론은 합리적 선택 이론의 논리적 확장을 가능하게 한 중요한 도구이다. 게임 이론은 행위자들이 어떤 조건에서 균형 상태에 도달하는지를 밝히는 비교정태적 분석뿐 아니라, 그 균형이 어떤 경로를 통해 형성되는지, 즉 경로의존성을 설명할 수 있다는 점에서 강점을 가지고 있다. 합리적 선택 이론은 여전히 사회과학 분석의 핵심적 틀 중 하나이지만, 오늘날의 복잡한 제도적 현실 속에서는 정태적 모형을 넘어선 동태적·맥락적 접근의 필요성이 점점 더 커지고 있다.

3) 경로의존성(Path Dependence)

특정 사례를 연구할 때 중요한 순간이나 행동을 정확히 포착하려면, 그 행동이 나타나게 된 과거의 제약 요인을 이해하는 것이 필요하다. 현재의 선택이나 행동은 과거의 사건들과 단절되어 존재하는 것이 아니라, 인과적 연결고리를 통해 이어져 있기 때문이다. 즉 어떤 사건은 이전의 결정이나 행동에서 비롯된 결과이며, 그 흐름은 시간의 연속성을 가진다. 경로의존성이란 한 번 특정한 경로가 형성되면, 그 이후의 선택과 행동이 과거의 결정과 구조에 의해 제약을 받는 현상을 말한다. 비록 그 경로가 더 이상 가장 효율적이거나 최적의 선택이 아닐지라도, 이미 형성된 제도적·역사적 틀이 이후의 방향을 계속 제한하게 되는 것이다.

경로의존성은 과거로부터 현재로 이어지는 인과 연결고리, 즉 "역사는 중요하다(history matters)"는 표어에 충실한 개념이지만, 이것을 규명하는 일은 결코 단순하지 않다. 가령 경로의존성은 옛 도시나 지방의 지나간 자취를 통해 그것의 특유한 발전 경로를 거스르는 비용(costs of reversal)이 매우 크다는 것을 알려준다. 즉 선택의 기로에서는 다른 선택을 할 수 있는 기회가 주어지지만, 과거로부터 축적된 견고한 제도적 배열로 인해 최초의 선택에서 다른 선택으로 가는 역전현상이 억제된다는 것이다.

경로의존성의 의미는 경로(path)보다는 차라리 나무(tree)에 대한 비유를 통해 더 쉽게 이해할 수 있다. 예를 들어 하나의 줄기에는 서로 다른 많은 가지가 뻗어 있고, 사람들은 하나의 줄기를 통해 여러 가지로 올라가야 한다. 한 사람이 줄기를 타고 특정한 가지 위로 올라간다면 다음 사람은 다른 가지를 이용할 수 있다고 하더라도 이전 사람이 선택한 가지를 따라 올라갈 것이다. 혹은, A와 B라는 가지 중 A라는 특정 가지를 선택했다면, A 가지를 타고 오르다가 다시 내려가는 비용을 감수하지 않는 이상, 애초에 선택하지 않았던 B 가지로 돌아가는 것은 매우 어려운 일이 될 것이다.

QWERTY(타자기 키보드 배열) 자판의 사례는 이러한 경로의존성의 대표적인 예라고 할 수 있다(David, 1985: 332~337). 1870년대 QWERTY 배열의 타자기가 출시되어 시장을 선점하자, 타자기 생산자와 구매자, 타자 수, 타자학원 등 관련 이해관계자들의 기득권이 형성되었고 1930년대에 더 효율적인 Dvorak 배열 타자기가 출시되었지만 시장에서 받아들여지지 않았다. 이는 QWERTY 배열 중 하나만 변경하더라도 경로이탈로 인해 이해관계자들이 치러야 할 비용이 매우 컸기 때문이다. QWERTY 배열은 오늘날의 컴퓨터와 무선통신기기에도 그대로 적용되고 있으며 음성인식 기술과 같은 외생적인 충격이 없는 한 특정 경로를 유지하고 있다. 즉 QWERTY 자판 사례는 시간이 지날수록 현상유지에 따른 편익이 증대되고, 반대로 경로이탈에 따른 비용이 증가하는 수확체증(increased return)의 원리가 적용되고 있는 사례라고 할 수 있다(Pierson, 2000: 251~267).

더불어 퍼트넘(Robert Putnam, 1993)은 노스(Douglass North, 1990)의 제도론적 분석을 바탕으로 14세기 이탈리아 시민들의 사회적 신뢰 수준을 분석했다. 퍼트넘은 북부 이탈리아에서는 높은 신뢰를 기초로 한 시민 참여의 '선순환 구조(virtuous cycle)'가, 남부 이탈리아에서는 불신을 기초로 한 '악순환 구조(vicious cycle)'가 형성되어 초기 경로에 대한 의존성이 발생했음을 보여주었다. 이러한 순환 구조가 일단 만들어지면 새로운 변화를 추구하기는 매우 어렵다. 이는 이미 조직화된 상태(existence of coordination)를 변화시키기 위해 드는 노력과 비용이 너무 크기 때문이다. 즉 행위자들은 이미 형성된 조직 상태를 유지하려 한다는 것이다(Hardin, 1995). 조직이 발전하고 경로가 더욱 견고해진 경우, 조직들은 더 많은 심리적 때로는 물리적 이익을 추구하게 되며, 이 과정에서 시민들은 기존의 경로가 최적이 아님에도 불구하고 이를 계속해서 채택하는 경향을 보인다. 결국 경로의존성은 과거의 역사적 사건과 맥락에서 벗어나지 못했기 때문에 최적의 적응(optimal adaptation)에 실패하고 현재의 비효율적인 상태를 지속하게 만드는 핵심적인 요인으로 작용한다.

이해를 돕기 위해 한국의 사례를 살펴보자. 광주광역시에는 왜 2025년에 들어 대형마트가 만들어지게 되었는지 경로의존성의 관점에서 설명할 수 있을 것이다. 이러한 현상은 단순히 시장 상황이나 기업의 의사결정 때문만이 아니라, 과거의 제도적 선택과 사회적 관계망, 그리고 지역적 정치경제 구조에 뿌리를 둔 정치적 행위와 담론이 현재의 결과를 제약하고 있는 과정으로 이해할 수 있다.

광주는 한국 근현대사에서 산업화 과정에서 상대적으로 소외되었고, 동시에 민주화운동의 상징적 도시로 자리 잡았다. 이러한 역사적 경험 속에서 광주는 시민 공동체 의식과 지역 상권의 자율성이 강하게 형성된 지역으로 발전하였다. 그 결과 소상공인 중심의 지역경제 구조가 오랜 기간 유지되었으며, 대형 외부 자본에 대한 경계심이 사회적으로 공유되어 왔다.

즉 초기 산업 및 상업 구조가 중소 자영업 중심으로 형성되었고, 지역사회가 협동적·공동체적 가치를 중시하면서, 이마트나 롯데마트와 같은 대형 유통자본의 진출에 대한 저항 운동이 지속적으로 발생해 왔다. 이러한 경험이 누적되면서 “대형마트의 진출은 지역경제를 해친다”라는 인식이 확산되었고, 이를 뒷받침하는 제도적 저항 구조 또한 강화되었다.

이러한 경로에서 벗어나기 위해서는 기존의 구조를 해체하고 새로운 제도적 틀로 전환해야 하지만, 이때 발생하는 전환비용(switching cost)은 매우 크다. 광주에 대형마트가 들어서기 위해서는 단순한 기업 투자만이 아니라, 시민사회와의 갈등 조정, 지역 소상공인의 이해관계 조율, 지방정부의 정책적 합의 등 복잡한 사회적 비용이 발생한다. 따라서 경제적으로는 가능하더라도 사회적으로 실현되기 어려운 구조적 제약이 작동하고 있다고 볼 수 있다. 결국 광주는 과거에 형성된 ‘공동체 중심 경제’라는 경로가 시민 인식, 제도, 이해관계의 결합을 통해 현재까지 자기강화적으로 지속되고 있는 대표적인 사례이다. 특히 이러한 구조는 지역정치인과 기득권 세력의 이해관계와 맞물리며 더욱 공고화되고 있다.

제4절 합리적 선택이론의 비판에 대한 변명

합리적 선택이론 역시 여러 비판이 제기되어 왔다. 주로 지역학 연구자나 역사학자들은 이 이론이 정치적·역사적·문화적 맥락을 충분히 반영하지 못하며, 지나치게 형식적·이론적 틀에 의존한다고 지적한다. 또한 정치학 연구에서 합리적 선택이론이 실제로 얼마나 경험적 기여를 하고 있는가에 대해서도 의문이 제기된다는 지점이다(Green and Shapiro, 1994).

보다 구체적으로 보면, 합리적 선택이론의 한계는 설명하고자 하는 현실 현상과 이를 단순화·추상화한 연구 모형 간의 괴리에서 비롯된다. 연구모형은 복잡한 정치현상을 분석적으로 분류하고 단순화하여 핵심 요인을 파악하기 위한 도구에 불과하다. 그러나 연구모형이 현실을 대체하는 것으로 오인될 경우 문제가 발생한다. 현실의 정치현상은 모형이 가정하는 이론적 추상물보다 훨씬 복잡하며, 새로운 변수나 요인이 발견되면 모형 자체가 수정되어야 한다. 이런 점에서 합리적 선택이론의 '완전한 합리성' 가정은 현실과 충돌할 가능성이 크다.

예를 들어 한국의 지역주의 투표를 합리적 선택의 틀로 설명하려는 시도(조기숙, 2000)는 방법론적 개인주의의 한계를 보여준다. 지역주의적 투표가 개인의 효용 극대화 선택이라는 논리를 유지하려면, 투표 이후 정치적 혜택이 개별 유권자에게 어떻게 효율을 가져다주는지가 명확히 제시되어야 한다. 그러나 실제로는 이러한 인과 메커니즘이 불분명하다는 점이 문제로 지적된다(강원택, 2000: 56).

이러한 비판을 이해하기 위해서는 합리적 선택이론의 기본 전제를 살펴볼 필요가 있다. 이 이론은 행위자가 명확한 선호체계를 가지고 자신의 효용을 극대화하기 위해 전략적으로 선택한다는 가정에서 출발한다. 경제학적 논리를 정치현상에 적용한 이 접근법은 점차 방법론적 한계에 대한 반성과 비판 속에서 적용 방식이 변화하고 있다.

우선 최근의 합리적 선택 연구는 전통적인 엄격한 형식화에서 벗어나 제도주의와의 결합을 심화하고, 행태주의적 통찰과 질적 방법론을 수용하는 실용적 경향을 보인다. 과거에는 제도를 외생적 제약으로 간주하는 경향이 강했으나, 오늘날의 합리적 선택 제도주의는 행위자가 제도적 맥락 속에서 전략적으로 행동하며, 그 행동이 다시 제도의 형성과 안정성을 설명한다는 점을 강조한다. 즉 제도를 단순한 배경이 아니라 권력과 이익을 둘러싼 전략적 상호작용의 결과물로 본다.

예를 들어 최근 쿠데타가 빈번한 아프리카 사헬벨트 국가들에서 권위주의 체제하에도 엘리트 간 협력적 질서가 형성되는 이유를 게임이론적 모델을 통해 분석한다. 이는 엘리트들이 장기적 이익을 극대화하기 위한 전략적 선택을 한다는 전제하에, 제도의 내생성(endogeneity)을 설명하려는 시도이다.

합리적 선택이론이 직면한 또 하나의 주요 비판은, '완전한 정보'와 '무한한 계산 능력'을 가진 이상적 행위자 모델이 현실 정치의 인간 행위를 제대로 설명하지 못한다는 점이다. 이에 대한 대응으로 최근 연구들은 행태경제학의 통찰을 적극적으로 수용하고 있다. 즉 행위자는 '제한된 합리성' 안에서 행동하며, 인지적 편향(cognitive bias), 휴리스틱(heuristics)[4], 감정 등의 요인에 의해 선택이 영향을 받는다는 점을 모델에 통합하고 있다.

예컨대 투표행태 연구에서 유권자가 모든 후보의 정책을 계산적으로 비교하기보다, 소속감이나 문화적 상징을 근거로 선택하는 경향을 합리적 선택 모델 속에 반영하려는 시도가 그것이다. 이러한 접근은 합리적 선택이론의 현실 적합성을 높이는 동시에, '완벽한 효용 극대화'라는 전통적 개념을 '제한된 조건 속에서의 만족스러운 선택'으로 확장한다.

더 나아가, 합리적 선택이론은 방법론적 실용주의(methodological pragmatism)의

---

4) 완전한 정보나 논리적 계산 없이도 경험, 직관, 단순한 규칙을 통해 결정이나 판단을 내리는 실용적 합리성의 표현이라고 볼 수 있다. 특히 투표형태나 정책선택연구에서 휴리스틱을 중요한 개념이다. 예를 들어, 대체적으로 유권자들은 모든 정책 정보를 완벽히 파악하기 어렵기 때문에 '정당 소속', '이념 구분', '후보자의 인상, 말투 등 비정책적 요소', '전문가나 언론의 권위', '주변 사람 모방' 등의 단서로 비합리적으로 보이지만 현실적으로는 복잡한 정치 정보를 단순화시켜 '결정 비용'을 줄이는 실용적 합리성을 바탕으로 후보자 또는 정책을 선택한다는 주장이다.

흐름 속에서 질적 연구와의 통합을 시도하고 있다. 연구자들은 공식 모형을 통해 논리적 일관성과 인과 메커니즘을 설정한 뒤, 실제 사례 연구를 통해 모델의 가정과 예측을 검증하거나 수정한다. 예를 들어 민주주의로의 전환과 같은 정치변동 과정에서 엘리트의 전략적 선택을 모형화하고, 이후 역사적 맥락을 분석하여 예측된 행위와 실제 사건을 비교하는 방식이 그것이다.

결국 비교정치학에서 합리적 선택이론은 비판에 직면하면서도 자기 진화를 거듭해왔다. 과거의 경직된 가정을 고수하기보다, 제도와 행위자의 상호작용을 구체적으로 탐구하고, 인간 행위의 현실적 제약을 반영하였다. 또한 사례 연구와 결합함으로써 분석 도구로서의 유연성과 실증적 타당성을 강화하고 있다. 이러한 발전적 진화는 합리적 선택이론이 여전히 비교정치학의 핵심 분석 틀로서, 보다 현실적이고 다층적인 정치현상 분석을 가능하게 하고 있다.

제5절 합리적 선택 이론의 여러 형태

1. 결정 이론(Decision Theory)

개인에게 합리적 선택이란 여러 대안 중에서 자신에게 가장 큰 이익을 줄 대안을 선택하는 결정을 의미한다. 이를 도식화시킨 것이 결정 이론이다. 이 이론은 대안에 따라 발생하는 결과들이 가지는 효용, 결과들의 발생확률, 그리고 결과에 따른 기대효용치 등의 요소를 포함한다.

〈표 5-1〉은 합리적 선택과 관련된 선택 대안과 이에 따른 기대효용치를 정리한 것이다. 먼저 여기서는 A와 B라는 두 개의 선택대안이 있으며 A를 선택하였을 경우, a, b, c라는 세 개의 결과가 나올 수 있다. 그 결과에 따라 얻는 효용은 a가 1,000, b가 -100, c가 -20이며 그 결과들이 발생할 확률은 a가 0.2, b가 0.7, c가 0.1이다. 따라서 각 결과에 따라 기대되는 효용은 각각 200, -70, -2이다. B를 선택하였을 경우에는 d와 f라는 결과가 나올 수 있으며 그들의 효용은 각각 700과 20이고

각각이 발생될 확률은 0.1과 0.9이다. 따라서 기대효용은 각각 70과 18이다.

표 5-1 • 기대효용치의 예

	결과	효용	확률	기대효용치
A	a	1,000	0.2	200
	b	-100	0.7	-70
	c	-20	0.1	-2
B	d	700	0.1	70
	f	20	0.9	18

〈표 5-1〉을 통해서 살펴보면 A를 선택하였을 때 기대되는 효용치는 각각 결과의 기대효용치인 200, -70, -2를 합친 128이며, B를 선택하였을 경우의 기대효용치는 70과 18을 합친 88이 된다. 따라서 행위자는 기대효용치가 높은 A를 선택하는 것이 합리적인 선택이 된다.

그러나 합리적 선택과 관련하여 행위자들이 반드시 앞에서와 같은 전략을 택하는 것은 아니다. 예를 들어, 최소극대화 규칙(maximin rule)을 살펴보자. 만약 행위자가 모험을 싫어하는 소심한 성격의 소유자라면 최악의 결과를 피하려 들 것이다. A를 선택하였을 경우 최악의 결과는 b로 그 효용이 -100이며 B의 가장 나쁜 결과는 f의 20이다. 그렇다면 행위자는 A와 B 중 어느 것을 선택할 것인가? 만약 그가 최소극대화 규칙을 추종한다면 그는 덜 나쁜 결과인 f가 있는 B를 선택할 수도 있다. 이 최소극대화 규칙은 모험을 피하려는(risk-averse) 심리에 근거한 것으로서 행위자로 하여금 파국적인 손실을 입지 않도록 하는 전략이라고 볼 수 있다.

2. 게임 이론(Game Theory)

게임이론은 본래 경제 문제를 분석하기 위한 새로운 접근 방식으로 출발하였다. 그러나 오늘날 그 적용 범위는 경제학을 넘어 정치학, 사회학, 심리학 등 사회과학 전반으로 확산되었으며, 사회현상을 수학적 모형에 기초하여 체계적으로 이해하려는 시도를 가능하게 하고 있다. 특히 정치학에서는 분쟁, 협력, 협상과 같은 상호작용적 상황에서의 의사결정 과정을 분석하는 데 있어 중요한 분석 도구로 활용되고 있다.

상술하였듯이, 게임이론의 이론적 토대를 확립한 학자는 노이만(John von Neumann)과 모르겐슈테인(Oskar Morgenstern)이다. 이들은 두 명 혹은 그 이상의 행위자가 경쟁하는 상황, 즉 한쪽의 이익이 곧 다른 쪽의 손실로 직결되는 적대적 상호작용을 영합게임(Zero-Sum Game)이론으로 설명하였다. 그러나 초기의 영합게임 모형은 현실의 복합적인 인간 행동, 즉 경쟁과 협력이 공존하는 사회적 상호작용을 충분히 설명하기에는 한계가 있었다. 이에 따라 학자들은 게임이론의 적용 범위를 확대하여, 상호의존적인 이해관계를 지닌 다수의 개인이 참여하는 사회적 상황(Zagare, 1984)이나 공유 자원과 제도적 규칙이 존재하는 환경(Ostrom, Gardner, and Walker, 1994)으로까지 확장시켰다.

게임이론 발전의 결정적 전환점은 존 내쉬(John Nash)의 기여로부터 비롯된다. 내쉬는 여러 행위자가 참여하는 비영합게임(Non-Zero-Sum Game)에서도 일정한 조건하에 안정적인 균형 상태가 존재함을 증명하였다. 이를 내쉬균형(Nash Equilibrium)이라 하며, 각 참여자가 상대방의 전략을 고려한 상태에서 자신의 전략을 바꿀 유인이 없는 안정된 상황을 의미한다. 이러한 개념은 개인의 합리적 선택이 상호작용 속에서도 일정한 질서를 형성할 수 있음을 보여주었고, 그 공로로 내쉬는 1994년 노벨경제학상을 공동 수상하였다. 그의 발견 이후 게임이론은 정치, 경제, 외교, 사회적 협력 구조 등 다양한 분야에서 가장 강력한 이론적 분석 도구로 자리 잡게 되었다.

내쉬균형의 핵심은 다음과 같다. 게임의 각 참여자는 상대방의 전략을 주어진 것으로 간주한 상태에서 자신에게 가장 유리한 선택을 한다. 상대방 또한 동일한 방식으로 최적 전략을 수정해 나간다. 이러한 상호 조정이 반복된 결과, 어느 누구도 자신의 선택을 일방적으로 바꾸어도 더 나은 결과를 얻을 수 없는 상태에 도달하게 되는데, 이때의 상태가 바로 내쉬균형이다. 즉, 모든 행위자가 상대의 전략을 고려했을 때 자신의 전략이 이미 최적이기 때문에 더 이상 전략을 변경할 유인이 존재하지 않는 안정된 국면인 것이다.

예를 들어 냉전시기 핵억제 모형은 내쉬 균형의 대표적 응용 사례로 볼 수 있다. 미국과 소련이 핵무기를 보유하고 있을 때 한쪽이 먼저 공격하면 상대의 보복으로 상호파괴(mutual assured destruction)가 초래된다. 따라서 서로가 공격하기 않는 전략이 최적이며, 이 상태는 어느 한쪽도 먼저 공격할 유인이 없으므로 내쉬균형에 해당된다. 즉 비공격이 상호 최선의 대응전략이 되어 평화적 억제 상태가 유지된다. 이러한 논리를 '게임이론적 안정성(stability of deterrence)'이라고 부른다.

게임이론은 일반적으로 세 가지 핵심 구성요소로 이루어진다. 첫째, 경기자(player)는 게임에 참여하는 의사결정 단위로, 개인·집단·노동조합·선거 후보자·외교관·전쟁을 수행하는 장군 등 다양한 행위자가 될 수 있다. 둘째, 전략(strategy)은 각 경기자가 목표 달성을 위해 선택할 수 있는 행동의 규칙이나 계획을 의미한다. 셋째, 보수(payoff)는 게임의 결과로 각 경기자가 얻게 되는 이익이나 손실을 수치로 표현한 값으로, 효용(utility) 개념과 연결된다.

게임이론의 핵심은 모든 의사결정이 상호의존적(interdependent choice)이라는 점에 있다. 즉 한 행위자의 선택만으로 결과가 결정되지 않고, 다른 행위자들의 선택이 동시에 결과를 형성한다는 것이다(정용덕 외, 1999: 31). 따라서 합리적인 결정을 내리기 위해서는 각 참여자가 상대방의 행동을 예측하고 이에 대응하는 전략을 고려해야 한다.

이 가운데 게임의 실제 결과를 결정짓는 핵심 요소는 전략이다. 전략이란 게임의 모든 우발적 상황에서 경기자가 어떠한 행동을 취해야 하는지를 규정하는 행동의 일반적 계획을 의미한다. 게임이론은 이러한 전략적 선택이 만들어내는 다양한 결과를 체계적으로 분석한다. 이를 위해 각 경기자의 가능한 모든 전략 조합과 그에 따른 보수를 득실표(payoff matrix)형태로 정리한다. 득실표는 복잡한 상호작용 관계를 시각적으로 단순화하여, 개인의 합리적 선택이 집단적 결과에 어떤 영향을 미치는지를 분석할 수 있도록 돕는다.

요컨대, 게임이론은 전략적 상호작용 속에서 인간의 선택이 어떻게 결과를 형성하는지를 규명하는 분석 틀이다. 그 응용 범위는 경제학적 거래 관계에서부터 외교협상, 집단행동, 제도 설계에 이르기까지 광범위하며, 합리적 선택이론과 결합하여 사회과학의 이론적 설명력을 한층 강화시키는 데 기여하고 있다.

1) 2인 영합게임(Two-person Zero-sum Game)

2인 영합게임은 두 사람 사이의 대결을 가정한 것이다. 한 플레이어의 이득은 상대 플레이어의 손실과 같기 때문에 두 사람의 득실의 합은 항상 '0(zero)'이 된다는 특징을 가지고 있다. 이 게임은 서로가 상대방에 대한 완전한 정보를 가지고 있다고 전제하고 있으므로 게임 당사자들은 서로가 취할 수 있는 모든 가능한 전략들과 그에 따르는 득실을 알고 있는 것으로 가정한다.

(1) 둘 다 우월전략이 있는 경우

다음(〈표 5-2〉)의 득실표에 따라 각 플레이어가 선택할 전략을 살펴보자. 먼저 A의 전략을 살펴보자. A는 B가 전략 1을 선택하였을 때, 자신이 전략 1을 선택하면 4를 얻고 전략 2를 선택하면 0을 얻게 된다. 따라서 이 경우 A는 전략 1을 선택할 것이다. 또한 B가 전략 2를 선택하였을 때, 자신이 전략 1을 선택하면 3을 얻고 전략 2를 선택하면 -2를 얻는다. 따라서 이 경우도 A는 역시 전략 1을 선택하는 것이 이득이 된다. 즉, 이 게임에서 A에게는 B가 어떤 전략을 선택하든 무조건 전략 1을 선택하는 것이 이득이다. A에게 전략 1은 언제나 전략 2보다 유리하므로 전략 1을 A를 위한 우월 전략(dominant strategy)이라 한다.

그럼 이번에는 B와 관련된 우월전략을 알아보자. B는 A가 전략 1을 선택하였을 때, 자신이 전략 1을 선택하면 -4를 얻고 전략 2를 선택하면 -3을 얻게 된다. B가 전략 1을 선택하면 0을 얻고 전략 2를 선택하면 2를 얻는다. 따라서 이 경우, B는 무조건 전략 2를 선택하는 것이 유리하다. 이 게임에서는 전략 2가 B의 우월 전략이 된다. 결과적으로 이 게임은 A와 B 모두 우월전략인 A는 전략 1, B는 전략 2를 선택하여 결국(3, -3)에서 종결된다.

(2) 하나만 우월전략이 있는 경우

아래의 득실표에 따라 두 플레이어가 택할 수 있는 전략을 살펴보자. 먼저 A의 경우를 보자. B가 전략 1을 택하였을 때 A가 전략 1을 택하면 5를, 전략 2를 택하면 10을 얻는다. B가 전략 2를 택하였을 때 A가 전략 1을 택하면 4를, 전략 2를 택하면 -8을 얻는다. 이 경우는 우월전략이 없다.

표 5-2 • 2인 영합게임 득실표 1

		B	
		전략 1	전략 2
A	전략 1	-4 4	-3 3
	전략 2	0 0	2 -2

B의 경우를 보자. A가 전략 1을 택하였을 때 B는 전략 1을 택하면 -5를, 전략 2를 택하면 -4를 얻는다. A가 전략 2를 택하였을 때 B는 전략 1을 택하면 -10을, 전략 2를 택하면 8을 얻는다. 이때 B는 A가 무엇을 택하든 전략 2를 택하는 것이 유리하다. 즉, B에게 전략 2는 우월전략이 된다.

그러면 이 게임은 어떻게 종결될 것인가? B는 우월전략인 전략 2를 택할 것이다. 그러면 A는 4와 -8 중, 자신에게 유리한 결과를 가져오는 4, 즉 전략 1을 택하게 된다. 게임은 A의 전략 1, B의 전략 2로 종결되어 A는 4를 얻고 B는 -4를 얻는 것으로 종결된다.

표 5-3 • 2인 영합게임 득실표 2

		B	
		전략 1	전략 2
A	전략 1	-5 5	-4 4
	전략 2	-10 10	8 -8

(3) 둘 다 우월전략이 없는 경우

먼저 A를 살펴보면, B가 전략 1을 택하였을 때, A가 전략 1을 택하면 -10을, 전략 2를 택히면 8을 얻는다. B가 전략 2를 택하였을 때 A가 전략 1을 택하면 5를, 전략 2를 택하면 -4를 얻는다. 이 경우 A는 우월전략을 가지고 있지 않다.

B를 살펴보자. A가 전략 1을 택하였을 때, B가 전략 1을 택하면 10을, 전략 2를 택하면 -5를 얻는다. A가 전략 2를 택하였을 때 B가 전략 1을 택하면 -8을, 전략 2

를 택하면 -4를 얻는다. 따라서 B도 우월전략이 없다.

그렇다면 이 게임은 어떻게 끝날 것인가? 먼저 전략을 선택하면 상대방이 거기에 맞춰 자신에게 유리한 전략을 택하게 되기 때문에 이 게임은 성립되지 않는다. 이를 게임이 종료되지 않는다고 말한다.

표 5-4 • 2인 영합게임 득실표 3

		B	
		전략 1	**전략 2**
A	전략 1	10 -10	-5 5
	전략 2	-8 8	-4 -4

2) 죄수의 딜레마(Prisoner's Dilemma)

게임 이론 가운데 사회과학에서 가장 많이 인용되고 있는 것 중의 하나가 '내쉬균형'을 나타내는 죄수의 딜레마이다. 한마디로 이것은 개개인의 합리적인 선택은 결국 참여자 모두에게 최대의 이득을 가져오는 합리적인 결과를 낳을 것이라는 추론에 의문을 제기하는 내용이다. 은행 강도와 같은 중죄를 저지를 혐의를 받는 두 용의자가 체포되어 서로 격리된 채 감옥에 수용되어 있다고 가정하자. 그리고 검사는 그들에게 다음과 같은 회유와 홍정을 한다고 치자. 만약 한 사람이 범행을 자백하고 다른 사람이 묵비권을 행사하면, 자백한 사람은 가벼운 형(1년)을 받고 묵비권을 행사한 사람은 은행 강도에 대한 모든 죄를 뒤집어쓰고 중형(10년)을 받는다. 만약 둘 다 자백을 하면 두 사람 모두 처벌은 받지만 정상을 참작하여 가벼운 형(7년)을 받는다. 그런데 둘 다 자백하지 않고 묵비권을 행사하면 검사가 확보한 증거가 거의 없으므로 매우 가벼운 형(2년)을 받는다.

이러한 상황 속에서 가장 최선의 결과를 얻으려면 두 용의자는 어떻게 해야 하는가? 또한 용의자들이 합리적인 결정을 하려면 어떤 선택을 해야 하는가? 각자의 전략을 계산해보기로 하자.

표 5-5 • 죄수의 딜레마에 따른 이득표

		죄수 B	
		묵비권	자백
죄수 A	묵비권	2 2	1 10
	지백	10 1	7 7

먼저 A의 입장을 살펴보자. B가 묵비권을 행사하였을 경우, A 자신이 자백을 하면 자신은 1년형을, 묵비권을 행사하면 2년 형을 받는다. A 입장에서는 1년 형을 받는 자백이 자신에게 유리하다. B가 자백하였을 경우, A 자신이 자백하면 자신은 7년 형을, 묵비권을 행사하면 혼자 죄를 뒤집어쓰고 10년형을 받게 된다. 이 경우도 자백하는 것이 자신에게 유리하다. 결국 A는 B가 자백을 하든지 묵비권을 행사하든지 간에 자신은 자백을 하는 것이 무조건 유리하다는 결론에 이르게 된다. B의 입장도 마찬가지다. A가 어떤 전략을 택하든 자신은 자백하는 것이 유리하므로 자백을 선택하게 된다.

두 용의자는 각자의 합리적 계산에 의해 자백을 하게 된다. 그 결과는 어떻게 나타나는가? 둘 모두 각각 7년형을 받게 된다. 두 사람이 모두 묵비권을 행사하였을 때보다 더 큰 형을 살게 되는 역설적인 결과가 나타난다. 즉, 개인들은 각각 매우 합리적인 선택을 하였으나 집단적으로 볼 때 비합리적인 결과가 발생한다. 그래서 이러한 현상을 설명하는 게임을 죄수의 딜레마라고 이름 붙인 것이다.

죄수의 딜레마와 같은 상황은 다음과 같은 특징을 갖는다. 첫째, 각 플레이어는 우월전략을 가진다. 둘째, 두 플레이어가 모두 우월전략을 선택하면 그렇지 않은 경우보다 더 불리한 결과를 가져올 수 있다. 개인적 합리성이 집단적 불합리성을 가져올 수 있는 역설적 현상이 발생한다. 셋째, 한 사람은 합리적 선택(자백)을 하고 다른 사람은 비합리적 선택(묵비권)을 하면 합리적 선택을 한 사람이 더 큰 이득을 얻는다.

3) 겁쟁이 게임(Chicken Game)

1950년대 미국의 반항적인 10대들 사이에서는 자동차를 마주보고 달리는 게임이 유행하였다. 이러한 무모한 용기의 과시를 위한 게임을 겁쟁이 게임이라고 한다. 겁쟁이 게임을 하는 행위자들은 자신의 배짱과 용기를 과시하기 위해 두 사람이 서로 반대 방향에서 자동차를 몰아 상대방을 향해 전속력으로 돌진한다. 빠른 속력으로 달려오는 두 자동차의 거리가 가까워지면서 정면충돌을 피하려고 먼저 차 방향을 돌리면 그 사람이 지는 것이며 그는 겁쟁이가 되는 것이다. 만약 두 사람 다 그대로 직진하면 큰 부상을 당하거나 심지어 죽을 수도 있다. 두 사람 다 충돌을 피하려 방향을 바꾸면 모두 체면이 깎이게 되나 치명상은 피할 수 있으며 혼자 겁쟁이라고 불리는 것보다는 낫다.

이 겁쟁이 게임에서 플레이어들이 선택할 수 있는 합리적 전략은 무엇일까? 이 게임에서는 각자의 우월전략이 없다는 점에서 죄수의 딜레마와는 성격이 다른 게임이다. 때문에 두 플레이어는 보수적이고 신중한 결정을 내려야 한다. 이 경우 최소극대화 전략이 활용될 것으로 예상할 수 있다.

먼저 A를 살펴보자. A가 중간에 피할 경우 얻는 최악의 결과는 겁쟁이 소리를 듣는 -5이며, 직진을 할 경우 예상되는 가장 나쁜 결과는 서로 충돌하여 중상을 당하는 -10이다. A가 신중한 행위자로 최악의 결과를 회피하려 한다면 -5와 -10 중 -5의 결과가 나오는 피하는 전략을 택할 것이다. 이러한 계산은 B에게도 그대로 적용될 수 있어 결국 B도 피하는 전략을 선택함으로써 정면을 보고 달려오던 차들은 서로 피하는 것으로 게임은 종료된다.

그러나 이 게임의 플레이어들이 언제나 최소극대화 전략을 택하리라는 보장은 없다. 이 게임의 성격 자체가 이미 비이성적인 것으로 합리적 선택의 범위를 벗어나 있고 실제 상황에서 두 플레이어가 흥분된 상태라면 합리적 판단을 못할 수도 있기 때문이다.

이 게임은 냉전시대 핵무기를 중심으로 한 군비경쟁에 많이 응용되었다. 겁쟁이 게임에서의 직진은 핵무기 사용을 의미하는데, 만약 양국이 모두 핵무기를 사용한다면 이는 두 나라 모두의 파국을 의미한다. 결국 어느 누구도 핵무기를 사용하지 못하고 만다. 극한대결 상황에서도 겁쟁이라는 소리를 피할 수 있는 명분만 존재한다면 핵위협을 철회할 수 있는 것이다.

표 5-6 • 겁쟁이 게임 득실표

		B	
		피함	직진함
A	피함	-5, -5	-5, 5
	직진함	5, -5	-10, -10

제6절 합리적 선택 이론의 한계와 전망

합리적 선택이론은 비교정치학에서 인간 행위의 동기와 결과를 설명하는 강력한 분석 틀로 자리 잡아왔다. 이 이론은 사회적·정치적 현상을 개인의 합리적 계산과 선택의 결과로 이해하며, 구조적 제약이나 문화적 요인보다는 제도적 맥락 속에서 행위자의 전략적 판단을 중시한다. 이러한 접근은 몇 가지 중요한 장점을 지닌다.

첫째, 합리적 선택이론은 인간의 행위를 심리적·인지적 요인에 의존하지 않고 제도적·논리적 계산에 기반하여 명확하게 설명할 수 있다. 즉, 어떤 결과도 우연이나 실수가 아닌 합리적 선택의 결과로 이해할 수 있다는 점에서 높은 설명력을 지닌다. 둘째, 사회·정치적 현상의 순환적 변화를 균형적으로 분석할 수 있다. 특정한 행위의 변화가 발생했다면 반드시 그에 상응하는 동기(incentive)가 존재한다는 가정을 통해, 행위의 원인과 결과를 체계적으로 추적할 수 있다. 이러한 분석은 최적의 행위를 예측할 수 있게 하며, 실수나 관습, 상징적 의미 등 대안적 설명을 배제함으로써 논리적 일관성을 유지한다. 셋째, 축적된 지식을 토대로 연역적 추론이 가능하다는 점에서 학문적 정합성을 확보할 수 있다. 마지막으로, 합리적 선택이론은 개인 간 비교 가능성이 높다는 장점을 지닌다. 즉, 국적이나 문화적 배경이 다르지라도 동일한 제도적 조건과 합리성의 가설 아래에서는 유사한 행동 양식이 도출될 것이라는 예측이 가능하다.

최근 들어 사회적으로 바람직한 결과를 도출하기 위한 대안적 메커니즘으로 사회적 자본(Social Capital)이 주목받고 있다. 이는 합리적 선택이론에서 제기된 집단행동의 문제(collective action problem), 죄수의 딜레마(Prisoner's Dilemma), 무임승차 문제(free-rider problem), 공유지의 비극(the tragedy of the commons) 등에 대한 보완적 접근으로 평가된다. 사회적 자본론은 구성원들의 바람직한 행동을 유도하기 위해 신뢰와 참여를 기반으로 한 사회적 규범과 규칙 집행 메커니즘이 정착되어야 함을 강조한다. 특히 신뢰는 오랜 시간의 상호작용 속에서 형성되며, 자유로운 상호거래가 활성화될 때 지속 가능한 협력의 기반이 구축된다고 본다.

한편, 비교정치학에서는 합리적 선택이론과 문화상대주의가 인간 행위의 동기와 목표를 설명하는 상반된 접근법으로 제시된다. 합리적 선택이론이 목표와 믿음을 보편적·인과적으로 간주하고 문화적 차이를 이익 계산으로 환원하는 반면, 문화상대주의는 목표와 믿음의 다양성을 강조하며 문화적 맥락이 행위를 특수하게 형성한다고 본다. 전자는 보편성(universality)을, 후자는 특수성(particularity)을 우선시한다. 또한 합리적 선택이론이 규범을 이기적 계산으로 환원하여 이타적 행동을 제한적으로 설명하는 반면, 문화상대주의는 규범과 가치가 독립적 동기로 작용하여 도덕적·공동체적 행위를 가능하게 한다고 본다. 따라서 두 접근의 통합은 문화적 맥락을 고려한 제한된 합리성(bounded rationality)모델을 통해 정치 행태를 보다 정교하게 이해할 가능성을 제시한다.

비록 합리적 선택이론을 기반으로 하는 분석이 논쟁의 중심에 머물러 있다 하더라도, 이 이론은 비교정치 분야의 주요한 패러다임으로 자리 잡고 있다. 실제로 합리주의 연구는 독립된 학문 분과를 형성하고 있으며, 지역 연구자들에게도 유용한 분석 틀을 제공하고 있다. 그러나 합리주의자들의 실증주의적 윤리학과 보편적 합리성 가정은 다양한 학문적 조류로부터 비판을 받고 있다. 특히 인간의 행위가 언제나 검증 가능한 합리적 계산에 근거한다는 주장은 현실적 한계를 지닌다는 지적이다(Lichbach and Zuckerman, 2009: 133).

그럼에도 불구하고 합리적 선택이론 연구자들이 자신들의 이론적 모델을 지속적으로 개선하고, 분화된 패러다임 간의 경쟁을 통해 설명력을 강화해 간다면, 합리적 선택이론은 여전히 정치학의 핵심적 분석도구로 기능할 것이다. 다시 말해 합리성의 보편적 가정을 절대화하기보다는 제도적 맥락과 문화적 특수성을 포괄하는 방향으로 적용해 본다면, 이 이론은 정치적 현실을 보다 심층적으로 설명할 수 있는 통합적 패러다임으로 진화할 가능성을 내재한다고 감히 생각해본다.

제6장

제도주의

제6장

제도주의

정치 제도라는 개념은 매우 폭넓게 사용된다. 일반적으로는 민주주의, 권위주의, 전체주의 등과 같은 정치 체제의 유형을 설명하는 데 활용되기도 하고, 정당·국회·행정부·입법부 등과 같은 공식적인 정치 구조를 지칭하기도 한다. 또한 그 범위는 헌법·법률·규범·재산권과 같은 공식적 규칙(formal rules)뿐 아니라, 관습·문화·가치 등 비공식적 제약(informal constraints)까지 포괄한다(North, 1991: 97; 하연섭, 2011: 336~337).

이처럼 정치 제도는 다의적이고 복합적인 개념이기 때문에, 정치학의 특정 분야에 명확히 위치시키기 어렵다(Kohli et al., 1995: 4). 그럼에도 불구하고, 정치 제도 연구는 인간의 정치적 행위와 조직의 지속성, 그리고 그 내재된 가치와 의미를 이해하는 데 중요한 단서를 제공한다.

비교정치의 관점에서 정치 제도 연구는 규칙, 규범, 구조를 분석함으로써 인간의 정치적 삶이 어떠한 방식으로 가능해지고 또 제약받는지를 조명한다. 이는 정치

권력의 형성 과정과 주요 정치기구의 작동 원리를 이해하는 데 유용하며, 더 나아가 자유와 평등의 가치 변동, 개인의 이익 추구 방식, 정치적 선택의 합리성 등에 대한 설명도 가능하게 한다.

그러나 제도 일반에 관한 연구는 비교정치학을 넘어 사회과학 전반에 걸쳐 폭넓게 전개되어 왔기 때문에, '제도'라는 용어의 정의와 개념적 구분, 발전 과정을 명확히 구획하는 일은 쉽지 않다.

이에 본 장에서는 제도주의 이론의 발전 과정을 살펴보며, 구제도주의와 신제도주의의 등장 배경과 주요 특징, 그리고 상호 간의 차이와 한계, 비판 및 대응 논의를 검토한다. 특히 비교정치학에서 광범위하게 적용되는 역사적 제도주의(historical institutionalism)를 중심으로 알아보자.

제1절 제도주의 이론의 발전과정

제도주의 이론은 20세기 초, 정치학 외부의 학자 집단에 의해 시작되었으며, 이후 비교정치학자들의 참여로 본격화되었다. 이 이론의 초기 씨앗을 뿌린 핵심은 제도주의 경제학자들이었다. 대표적으로 베블런(Thorstein Veblen)은 인간은 이성적 존재보다는 주변환경, 규범 등에 영향을 받아 행동하며 더 나아가 지위를 확인시키위하여 과시적 소비도 하게 된다고 주장했다. 에이어스(Clarence E. Ayres)는 사회적 변화는 창의적인 기술로 변화하려 하지만 규제에 의해 늦어진다는 점을 지적하면서 탈규제와 생산성을 강조하였다. 그리고 커먼스(John R. Commons)는 경제는 제도적 그리고 비제도적 영역 안에서 단순한 교환이 아니라 구조적 제약 안에서 거래가 이루어지는 것이라는 시장 중심의 주류 신고전주의 경제학에 대한 강력한 비판과 대안 제시를 목표로 삼았다.

이와 동시에 제도를 문화, 규범, 정당성과 같은 상징적이고 인지적인 요소에 의해 형성된 것으로 분석하는 사회학자 셀즈닉(Philip Selznick, 1994)도 제도주의 발전에 기여하였다. 그의 이론은 조직이 생존을 위해 환경의 기술적 효율성뿐만 아니라 사회적 기대에 부응하는 문화적 적합성을 충족시켜 스스로 가치있는 존재가 된 상태를 제도라 하였고 이 과정을 제도화(institutionalization)라고 불렀다.

여기에 더해, 기존에 법·제도·체제 등에 대한 기술적 서술과 비교를 하던 비교정치학자들이 가세하면서 제도주의는 확고한 학문 분야로 자리 잡게 된다. 특히 비교정치학자들은 국가의 공식적 구조뿐만 아니라, 문화, 가치, 그리고 사회적 규범에 근거를 둔 비공식적 제도들을 중심으로 연구를 시도함으로써 제도주의의 분석 대상을 확장하는 데 기여하였다.

초기 제도주의는 기술의 진보적 역할과 제도의 사회적 기능을 강조하면서, 집단주의(holism)와 진화주의(evolutionism)의 성격을 내포한 접근으로 발전하였다. 이 시기의 제도주의 연구는 시장 중심의 경제학에 대한 비판적 대안을 제시하며, 제도를 단순한 외생적 제약이 아니라 인간 행위에 의해 형성되고 변화하는 역동적 요소로 이해하였다.

첫째, 초기 제도주의는 제도를 주어진 것으로 간주하지 않고, 인간의 행위와 상호작용 속에서 창조되고 변동할 수 있는 사회적 산물로 보았다. 따라서 사회 변동은 경제적 성과에 영향을 미치는 제도의 작용뿐 아니라, 제도 자체의 변화 과정에서도 발생한다고 보았다.

둘째, 정부의 경제적 역할을 기본적 사회현상의 하나로 중시하였다. 즉 정부는 단순한 조정자나 규제자가 아니라, 경제제도의 형성과 변형을 주도하는 핵심 행위자로 인식되었다.

셋째, 경제구조가 진화하는 과정에서 제도의 기술적 기능이 모든 자원의 상대적 희소성을 결정짓는 근본적인 원천이라고 보았다. 다시 말해, 기술적 진보는 제도적 맥락 속에서만 의미를 갖고, 그에 따라 자원의 배분과 활용 방식이 달라진다고 이해하였다.

넷째, 자원 배분의 근본 원칙을 시장의 자율적 기제에서 찾지 않고, 사회구조로서의 제도에 두었다. 이는 시장을 절대적 조정 메커니즘으로 보는 신고전파 경제학과 뚜렷이 구분되는 입장이었다.

다섯째, 인간 사회에서 형성된 가치체계(value system)가 시장에서 형성된 가격체계(price system)보다 우선한다고 보았다. 즉 인간의 경제활동은 단순히 효율성의 논리에 의해 움직이는 것이 아니라, 사회적 가치와 규범이라는 제도적 맥락에 의해 규정된다고 본 것이다.

이와 같이 초기 제도주의는 시장 중심적 경제 패러다임의 한계를 비판하며, 기술과 제도의 상호작용을 통해 사회경제적 변동을 설명하려는 대안을 제시하였다. 이러한 사상적 흐름을 총칭하여 구제도주의(Old Institutionalism)라 부른다.

제1장에서 살펴본 바와 같이, 20세기 중반에 들어서면서 행태주의가 비교정치학의 중심적 연구 경향으로 부상하였다. 이 시기 학자들은 제도(institution) 자체보다는 정치 행태, 즉 개인의 태도·가치·참여 행위 등 실증적 측면에 주목하였다. 특히 1960~1970년대에는 구조기능주의적 분석, 정치문화, 이익집단 연구 등이 활발히 전개되었으며, 1980년대에는 국가론과 더불어 합리적 선택 이론이 부상하였다.

그러나 이러한 행태주의적 접근은 정치·경제·사회 현상을 설명함에 있어 인간의 행위를 둘러싼 구조적 제약 요인, 즉 제도의 역할을 간과한다는 한계를 드러냈다. 이에 대한 반성적 움직임 속에서 1990년대에 들어 '제도'를 중심 개념으로 다시 주목하는 새로운 학문적 흐름이 등장하였는데, 이를 신제도주의(New Institutionalism)라고 한다.

신제도주의는 하나의 단일 학파나 특정 이론 체계를 지칭하지 않는다. 오히려 정치학, 경제학, 사회학, 행정학 등 다양한 학문 분야에서 활동하는 학자들이 각자의 연구 대상을 정치체제, 조직, 시장, 사회규범 등을 분석하는 과정에서 제도를 핵심적 설명 변수로 설정한다는 점에서 느슨하게 연결되어 있다. 따라서 신제도주의의 공통점은 제도의 중요성을 복원하려는 문제의식에 있을 뿐, 애초에 동일한 학문적 기원이나 이념적 지향을 공유하는 것은 아니다.

다시 말해, 신제도주의는 인간 행위를 전적으로 개인의 합리성이나 심리적 동기에 환원시킨 기존의 행태주의적 접근을 비판하며, 인간의 선택이 제도적 구조와 규범적 맥락에 의해 제약되고 조정된다는 점을 강조한다는 데 공통된 문제의식을 가진다.

이와 같은 학문적 관점의 확산 속에서 신제도주의는 여러 하위 분파로 발전하였다. 대표적으로는 역사적 제도주의(Historical Institutionalism), 사회학적 제도주의

(Sociological Institutionalism), 조직론적 제도주의(Organizational Institutionalism), 합리적 선택 제도주의(Rational Choice Institutionalism), 그리고 신제도주의 경제학(New Institutional Economics), 신제도주의 사회학(New Institutional Sociology) 등이 있다. 이들은 모두 제도의 역할을 강조하지만, 제도를 이해하는 이론적 전제와 방법론적 접근에서는 상이한 특징을 지닌다.

마치와 올센(March and Olsen, 1989: 735~738) 그리고 디마지오와 포웰(DiMaggio and Powell, 1991)은 신제도주의를 행태주의, 환원주의, 기능주의, 방법론적 개체주의 등에 대한 비판적 대안으로 보았다. 특히 이들에 따르면, 신제도주의는 사회현상을 개인의 단순한 효용 계산이 아니라 제도적 맥락 속의 행위(logic of appropriateness)로 이해하려는 시도였다. 다만 이러한 해석은 주로 역사적 제도주의나 사회학적 제도주의에 적합하며, 합리적 선택 제도주의나 신제도주의 경제학은 오히려 방법론적 개체주의의 틀을 유지한 채, 제도를 행위자의 전략적 선택을 제약하는 제도적 규칙(institutional rules)으로 이해하는 경향을 보인다.

이러한 점에서 구제도주의와 신제도주의는 제도에 대한 공통된 관심에도 불구하고 그 접근 방식에서 뚜렷한 차이를 보인다. 구제도주의가 제도를 역사적 진화와 사회적 가치체계의 산물로서 거시적·규범적 차원에서 이해한 반면, 신제도주의는 제도를 행위자 간 상호작용을 조정하는 규칙과 제약의 체계로 파악한다.

제2절

구제도주의와 신제도주의 비교

행태주의와 같은 전통적 사회과학 이론은 인간 행위를 사회적 맥락으로부터 분리된 '원자화된 개인(atomized individual)'의 행동으로 이해한다. 즉 사회현상을 분석할 때 개인을 기본 단위로 설정하고, 그 개인의 합리적 선택이나 심리적 동기를 중심으로 사회 전체를 설명하려는 접근이다.

이에 비해 구제도주의와 신제도주의는 모두 인간 행위를 단순히 개인적 차원에서 설명할 수 없다고 본다. 구제도주의는 인간 행위를 이끄는 규범적·도덕적 원칙과 같은 가치적 요소에 주목하였으며, 신제도주의는 이러한 행위가 이루어지는 정치적·경제적·사회적 맥락을 중시한다. 두 접근 모두 사회적 맥락이 인간의 선택을 제약한다는 점에서 공통되지만, 그 초점과 분석 방식에는 중요한 차이가 있다.

특히 신제도주의는 제도를 인간 행위에 영향을 미치는 구조적 제약 요인(structural constraints)으로 이해한다. 즉 개인의 행위와 상호작용은 제도의 영향 아래에서 이루어지며, 그 결과 사회적 행태는 안정성(stability)과 규칙성(regularity)을 띠게 된다. 제도가 존재할 경우 개인의 선택이나 행동은 무작위적으로 나타나지 않고 일정한 패턴을 형성하며, 이러한 제도적 맥락이 개인의 행위와 선호(preference)를 형성하고 제약하게 된다. 즉, 예측이 가능하다는 것이다.

결국 구제도주의가 도덕적 규범과 가치를 강조하며 제도를 '행동의 올바름을 판단하는 기준'으로 본다면, 신제도주의는 맥락과 구조의 영향력을 강조하면서 제도를 '행동의 가능성과 한계를 규정하는 틀'로 이해한다. 다시 말해, 구제도주의가 제도의 당위적 측면(normative dimension)에 주목했다면, 신제도주의는 제도의 설명적·분석적 측면(analytical dimension)을 통해 인간 행위를 이해하려는 데 초점을 두고 있다.

구제도주의의 일반적인 특징을 이해하는 것은 이후 등장한 신제도주의와의 차이점을 명확히 구분하는 데 필수적이다. 스콧(Scott, 2001)에 따르면, 구제도주의가 지닌 초점과 한계를 다음과 같이 정리했다. 첫째, 구제도주의는 주로 국가 기관의 공식적 구조나 법체계와 같은 명시적이고 가시적인 제도에만 관심을 두었다. 둘째, 제도의 기능이나 작동 원리를 분석하기보다는 특정 정치체제의 특징을 기술(descriptive)하는 데 머물렀다. 다시 말해, 제도가 공동체 구성원의 행위나 사회적 결과에 어떠한 영향을 미치는지를 설명하는 데는 한계가 있었다. 셋째, 구제도주의의 핵심 관심은 경험적 분석이 아니라 도덕적·규범적 원칙에 있었다. 이는 제도를 "어떻게 되어야 하는가(what should be)"의 관점에서 바라보았다는 의미로, 실제 제도가 "어떻게 작동하는가(how it is)"에 대한 인과적 분석이 결여되어 있다.

결국 구제도주의는 제도를 단순한 공식적 구조물(formal structure)로 보고 그 기술적 특징에 머물렀기 때문에, 제도의 변화 메커니즘이나 행위자에 미치는 실질적 영향력을 설명하는 데 뚜렷한 한계를 보였다. 이러한 한계가 바로 신제도주의가 등장하게 된 직접적 배경이 되었다. 신제도주의는 1970년대 이후 정치학, 경제학, 사회학 등 여러 학문 분야에서 거의 동시에 등장하며, 연구의 중심을 '행태'에서 '제도'로 이동시켰다.

첫째, 구제도주의가 국가기관의 법적·형식적 측면만을 기술하는 데 그쳤다면, 신제도주의는 제도를 사회현상을 설명하는 핵심 변수(core explanatory variable)로 설정하였다. 즉 제도를 단순한 배경이 아닌 인과적 매개(causal mechanism)로 간주하여 개인과 집단의 인식, 전략, 선택, 그리고 우연성(contingency)까지 포괄하는 분석적 틀로 확장한 것이다. 따라서 신제도주의는 단순한 구조 묘사가 아니라 행위자의 선택과 제도의 상호작용을 분석하는 이론으로 발전했다.

둘째, 신제도주의는 제도를 행위의 제약조건이자 결과물로 동시에 본다는 점이다. 즉 제도는 개인의 선호, 전략, 상호작용 패턴을 형성하는 구조적 맥락(structural context)인 동시에, 개인의 행위와 전략 선택을 통해 변화 가능한 동태적 변수(dynamic variable)로 이해된다. 이처럼 신제도주의는 제도를 독립변수로 상정하면서도 그 자체를 다시 설명해야 할 종속변수로 간주한다는 점에서, 행위와 제도의 상호작용(interaction)을 중시하는 분석적 틀을 제공한다(Peters, 1996; Norgaard, 1996).

셋째, 신제도주의는 제도를 중심으로 국가 정책의 형성과 결과를 설명하려는 분석적 목표를 가진다. 이는 제도의 맥락적 특성을 고려함으로써, 국가 간 정책 패턴의 공통성과 차이를 동시에 이해하고자 한다. 애쓰모글루와 로빈슨(Acemoglu and Robinson, 2012)은 역사적 사례 분석을 통해, 사유재산권을 보호하고 공정한 경쟁 및 투자를 촉진하는 포용적 경제제도(inclusive economic institutions)를 채택한 국가들이 사유재산권을 제한하고 경제적 인센티브를 제공하지 못하는 착취적 경제제도(extractive economic institutions)를 유지하는 국가들에 비해 번영을 이루었다고 주장한다. 이들은 포용적 경제제도가 포용적 정치제도와 결합될 때 경제적·정치적 번영이 제도적으로 상호 연계되어 나타난다고 강조한다. 신제도주의의 이러한 접근은 국가 간 정책의 동질화보다는 다양성과 차이점을 설명하려는 시도에서 비롯된다. 즉 신제도주의는 각국의 고유한 제도적 맥락을 분석의 중심에 두며, 이를 통해 정책 결과의 차이를 규명한다. 이로 인해 신제도주의는 비교정치학 및 비교정치경제학과 이론적·방법론적 공통점을 공유하며, 국가 간 정책 패턴의 다양성을 이해하는 데 중요한 틀을 제공한다.

넷째, 신제도주의는 마르크스주의나 근대화이론 같은 거대 이론(grand theory)이 포착하지 못한 현실을 분석하기 위한 대안적 이론 틀(alternative framework)을 제시한다(Lichbach and Zuckerman, 1997: 86). 거시적 구조 변수가 아닌, 개인 간 상호작용과 의사결정 패턴에 영향을 미치는 중범위 수준의 제도적 요인에 주목한다는 점이 특징이다(Thelen and Steinmo, 1992). 따라서 신제도주의는 일반화된 법칙을 찾기보다, 구체적 맥락 속에서 작동하는 제도의 논리와 행위자의 선택을 분석함으로써 '중범위 이론(middle-range theory)'의 개발을 지향한다.

표 6-1 • 구제도주의와 신제도주의의 비교

	구제도주의	신제도주의
제도에 대한 분석 방법	국가기관의 공식적 구조와 법체계, 기술적이고 규범적	사회현상을 설명하기 공식적 제도와 비공식적 규범, 분석적이고 인과적
주요 목표	제도의 존재 자체를 서술	제도가 왜 지속되고, 어떻게 변화하며, 결과에 어떤 영향을 미치는지 설명
제도의 역할과 행위자	도덕적 원칙의 구현, 행위자는 수동적이며 제도적 산물	제약조건, 정보 제공자, 권력 배분자, 행위자는 전략적이며 제도를 형성하고 적응함
연구의 범주/ 이론의 규모	거시적 구조/ 거대 이론(grand theory)	미시적 구조/ 중범위 이론(middle-range theory)

요약하자면 구제도주의가 제도의 구조적 측면에 머물러 있었다면, 신제도주의는 제도를 행위의 원인과 결과로 동시에 다루며 국가 간 제도적 다양성을 설명하는 분석 틀로 발전하였다. 이러한 이론적 전환은 행태주의와 구조기능주의의 한계를 극복하고, 제도와 행위의 상호작용을 중심으로 정치·사회적 변화를 설명하려는 학문적 흐름을 형성하였다. 다시 말해 구제도주의가 제도의 '존재'와 '기능'에 주목했다면, 신제도주의는 제도의 '형성', '지속', 그리고 '변화'의 과정을 중심으로 사회현상을 설명하고자 한 것이다.

제3절

신제도주의 이론

신제도주의 연구는 매우 포괄적인 스펙트럼을 지니고 있다. 역사적 제도주의, 합리적 선택 제도주의, 그리고 셀즈닉에 기반한 사회학적 제도주의 중에서 비교정치와 밀접한 관련이 있는 역사적 제도주의를 중심으로 살펴보자. 그러나 이 분류는 상호 배타적이라기보다는 상호 보완적인 성격을 띠고 있다(Koelble, 1995: 241~243).

먼저 5장에서 다루었던 합리적 선택 제도주의는 신제도주의 중 행위자의 역할에 비중을 두면서, 합리적인 개인이 주어진 제도의 제약 속에서 의식적 상호작용을 통해 자신의 이익을 극대화할 수 있는 계산에 따라 전략적 선택을 하게 된다는 점에 초점을 둔다. 합리적 선택이 이루어지는 과정의 총합은 곧 파레토 최적의 균형(equilibrium)을 이룬다는 것이다(김선명, 2009: 223).

사회학적 제도주의의 경우, 합리적 선택 제도주의와는 다르게 개인의 효용(utility) 가치 추구보다는 다수의 구성원들이 공통으로 당연하게 받아들이고 있는(taken-for- granted) 상징체계, 가치관, 문화, 기대, 도덕, 가치, 상징 등 무형의 인식체계(cognitive paradigm)까지도 제도의 개념으로 설정하여 개인의 행동을 제약하는 틀로 보고 있다. 이러한 인식체계는 국가가 수직적으로 조직 및 개인에게 강제하여 이식시키는 것과 행위자 간의 자발적 인식의 공유로 수평적으로 형성되는 것, 이 두 가지 차원을 모두 포함한다(Hall and Taylor, 1996: 949~950). 강제(coercion)와 모방(emulation)이라는 규범적 압력(normative pressure)을 통해 상부와 하부 조직 및 행위자 간에 인식체계의 수직·수평적 동형화(isomorphism)가 이루어지게 된다는 것이다(Miller and Banaszak-Holl, 2005: 197~203).

결국 제도로서 행위자들이 세상을 바라보는 방식과 '어떻게 행동해야 적절한가'를 결정하는 인지적 틀을 제공한다. 이는 합리성이나 효율성보다는 정당성을 통해 작동한다. 동형화로 조직이나 행위자가 효율성이 아닌 성공적인 조직이나 사회적 규범을 모방하여 사회적 정당성을 얻는다. 그렇기 때문에 제도의 지속은 조직이 환경으로부터 "우리는 옳은 일을 하고 있다"는 문화적 승인을 받으려는 욕구로 설명되곤 한다. 조직이 사회적 기대에 부응하지 못하면 생존이 위협받기 때문에, 조직은 환경적 요인에서 파생되는 문화적 요인을 따를 수밖에 없다.

본 장에서 중점적으로 다루고 있는 역사적 제도주의는 합리적 선택 제도주의와 사회학적 제도주의를 절충한 개념으로 볼 수 있는데, 제도를 "정치 및 정치경제 조직구조에 내재된(embedded) 공식·비공식적 절차(procedure), 관행(routine), 규범(norms), 협약(convention)"으로 정의하고 있다. 이러한 역사적 제도주의의 핵심 개념은 역사와 맥락이다. 역사적 제도주의에서는 맥락에 대한 적절한 이해 없이 사회현상 혹은 정책을 설명하기란 불가능하며, 이러한 맥락을 형성하는 것은 다름 아닌 역사라고 주장한다.

역사적 제도주의에서의 첫 번째 특징은 제도의 형태와 모습(institutional forms and configurations)에 초점을 맞추어 사회현상을 설명하고자 하는 데 있다. 제도의 구체적인 모습이 달라짐에 따라 사회적 결과 혹은 정책이 어떻게 달라지는지를 분석하는 데 그 목적이 있기 때문에 '제도주의'라고 부르는 것이다. 역사적 제도주의는 특정 시점에 형성된 제도가 상당 기간 지속되어 그 이후의 사회현상에 계속해서 영향을 미친다고 본다. 따라서 특정 시점에서의 맥락을 이해하려면 그 맥락의 배경이 되는 역사적 과정에 주목해야 한다고 주장하는 점에서 '역사적' 제도주의라고 부르는 것이다. 신제도주의 분파 중에서도 역사적 제도주의는 거시적 맥락과 역사적 과정을 동시에 분석한다는 특징이 있다.

두 번째, 행태주의, 다원주의에서는 제도를 개인이나 집단의 이익을 반영하는 부차적 현상(epiphenomena)으로 간주한다. 마르크스주의 및 구조기능주의에서도 제도는 경제관계를 반영하거나 사회체제의 기능적 요구를 충족시키는 부수적인 현상에 불과하다. 전통적인 집단 이론이나 마르크스주의의 몰역사적인 접근을 비판하며 등장하였다. 이는 행위를 형성하고 제약하는 맥락으로서의 제도의 중요성을 강조하며, 그러한 맥락이 형성되는 역사적 과정을 중시한다. 즉 역사적 제도주의는 개인 행위에 대한 원자화된(atomized) 설명과 제도의 형성 및 변화의 맥락에 대한 비사회적(asocial)·몰역사적인(ahistorical) 설명방식에 대한 비판으로부터 출발하였다.

1. 이론적 발전

역사적 제도주의는 1950년대 이후 사회과학의 주류였던 행태주의의 구조기능주의, 다원주의, 합리적 선택 이론에 대한 비판에서 시작되었다. 이 이론들은 각기 다른 내용에도 불구하고 공통된 시각을 공유한다.

다원주의에서는 정치체제를 지속적 상호작용 관계에 있는 무수한 집단들의 거대한 네트워크로 본다. 정책이란 집단 간 상호작용의 균형을 통해 형성되는 것으로 파악하며, 이러한 균형은 이익집단의 상대적인 영향력에 따라 결정된다고 본다. 이익집단의 상대적 영향력이 변화함에 따라 정책도 변화하게 된다는 것이다. 국가란 그 자체의 이해나 정책선호를 지니지 않은 채 단지 이익집단 간의 상호작용을 중재하는 역할만을 담당하는 중립적인 중재자(neutral arbiter)에 불과하다. 또한 사회적 행위자들, 특히 자본조직과 노동조직도 단일한 이해관계를 지닌 계층적 구조로 조직화되어 있는 것이 아니라 사안에 따라 다양한 중첩된 이해관계를 형성하는 것으로 해석한다. 이러한 다원주의의 기본적인 전제는 자본주의 사회에서 생산수단의 소유와 집단행동의 가능성으로 각각 대표되는 자본과 노동이 향유할 수 있는 권력자원(power resources)이 특정 집단의 수중에 집중화·집권화되어 있는 것이 아니라 사회 내의 다양한 집단 간에 균등하게 분배되어 있다고 전제한다(Korpi, 1980).

다원주의에 있어서 집합적인 정치적·경제적 행위가 개인 선택의 집합적 결과로 간주되며, 개인 선택은 개인의 주관적 선호에서 비롯된다. 정치의 목적은 이러한 개개인의 선호를 만족시키는 것이며, 이 선호는 사회적 맥락과는 무관하게 독립적으로 주어진다고 본다(March and Olson, 1984). 따라서 집합적 행위의 결과를 설명하기 위해 개인의 주관적인 선호를 분석의 기초로 삼고 개인이나 집단의 특성, 태도 및 행위에 초점을 맞춘다. 이 점에서 다원주의는 방법론적으로 행태주의에 기반한다. 또한 집단 간 자유로운 상호작용과 경쟁을 강조하는 다원주의는 시장 논리로 정치현상을 설명하며, 합리적 선택 이론과도 밀접히 연계된다.

이러한 행태주의, 다원주의, 합리적 선택 이론 그리고 도구주의에 대한 역사적 제도주의의 비판은 다음과 같다.

첫째, 역사적 제도주의는 행위를 분석의 기본 단위로 삼고, 이러한 개인 행위가 계산된 자기 이익의 표현으로서 개인 선호를 반영한다고 보는 행태주의와 합리적 선택 이론의 기본 가정을 비판하며 출발한다. 이 이론들은 개인의 행위와 선택을 설명할 때 사회 구조와 사회 관계의 영향력을 철저히 부정한다는 점에서 원자화된 개인, 즉 과소 사회화된(under-socialized) 개인을 상정하는 특징을 가진다. 반대로 제도주의적 시각은 개인 행위를 제약하는 공식적·비공식적 제도의 영향력을 최우선으로 강조한다. 이러한 제도는 개인보다 지속성을 가지며, 개인의 선호를 직접 반영하지 않는다. 역사적 제도주의자들은 사회적 관계가 원자화된 또는 과소 사회화된 개인들로 환원될 수 없다고 본다. 즉 구조화된 행위자들 간의 관계인 제도가 인간 행위를 지속적으로 제약하므로, 개인의 합리적 선택만으로는 행위를 설명할 수 없다는 것이다(Katznelson, 1997). 이들에 따르면, 인간 행위는 제도적 맥락 속에서 형성될 뿐만 아니라 개인의 통제와 인식 범위를 넘어서는 문화적·사회경제적·정치적 구조에 깊이 내재되어 있다. 따라서 역사적 제도주의에서는 개인 행위를 합리적 극대화(rational maximization)로 해석하지 않는다(March and Olsen, 1984: 737). 역사적 제도주의는 개인 행위가 자신의 효용 및 선호를 넘어서는 구조적·제도적 요인에 의해 형성된다고 강조한다. 결국 기존 주류 사회 이론들은 개인 행위를 분석할 때 사회 구조를 철저히 무시하는 문제점을 지닌다는 것이다(Koelble, 1995).

둘째, 다원주의와 행태주의에서는 개인 선호의 합이 집단 선호이며 개인 선호를 집단 선호로 전환시키는 기제(mechanism)가 효율적이라고 가정한다. 그리하여 정치적 시장(political markets)이 자유롭게 작동하는 한 정책을 둘러싼 투입과 산출의 구조적 일관성(structural coherence)은 이들의 관심 대상이 아니다. 이와 달리 역사적 제도주의는 개인 선호를 합산하는 것이 불가능할 뿐만 아니라 더욱 중요하게는 선호를 합산하는 정치적 과정 혹은 기제가 개인의 선호를 재형성시킨다고 본다. 이러한 집단적 의사 결정을 위한 규칙, 과정, 또는 기제가 역사적 제도주의로 개념화되며, 바로 이 제도 아래에서 특정 이익이 특권적 지위를 얻는 동시에 다른 이익은 무시되는 결과가 초래된다는 것이다. 다시 말해서, 선호와 의사 결정은 제도의 산물이며, 제도적 규칙과 의사결정 과정이 선호와 의사 결정을 다양하게 왜곡시킬 수 있음을 강조한다(Immergut, 1998).

셋째, 다원주의와 행태주의에서는 개인의 선호에 기초해서 개인의 선택이 이루어지고 이로부터 행위가 발생한다고 가정한다. 그러나 정작 개인의 선호가 어떻게 형성되는지는 설명하지 않는다(March and Olsen, 1984: 736). 이 이론들에서는 행위자들의 선호가 외부적으로 주어진 것으로만 가정될 뿐이다. 합리적 선택 이론의 경우에도 모든 행위자들이 효용 극대화를 추구한다고 가정하지만 행위자들이 왜 극대화하고자 하는 구체적인 이해와 선호의 구조를 가지게 되었는지는 설명하지 못한다(Evans and Stephens, 1988: 733). 역사적 제도주의에서는 선호란 설명되어야 할 대상이지 논의의 출발점일 수는 없다고 본다. 즉, 역사적 제도주의의 기본 특징은 선호를 제도적 구조의 내재적 산물로 보는 데 있다(Krasner, 1988: 70).

넷째, 역사적 제도주의는 기능주의적 시각에 대해서도 동의하지 않는다. 기능주의적 시각에서는 구조가 특정한 기능을 수행하기 위해 존재한다고 해석한다. 따라서 제도의 환경이 변화하면 이러한 환경 변화에 이에 적응하기 위해 제도도 변화한다고 본다. 반대로 역사적 제도주의는 역사적 발전과정의 복잡성과 비효율성을 강조한다. 또한 현재의 제도적 구조를 과거의 산물로 파악하며 과거의 선택이 역사 발전의 경로를 제약한다고 이해한다. 따라서 역사적 제도주의는 구조가 특정한 기능을 수행하기 위해 존재한다는 기능주의적 설명방식을 비판하고 제도에 내재하는 갈등과 균열에 초점을 맞춘다. 구조는 그것이 특정한 기능을 수행하기 때문에 존재하는 것이 아니며, 기능이 항상 그것에 일치하는 구조를 낳는 것도 아니라는 것이다(Krasner, 1984).

다섯째, 역사적 제도주의는 도구주의적 관점을 지지하지 않는다(March and Olsen, 1984: 738). 과거의 정치 또는 정부는 단지 시민을 교육시키며 문화적 가치를 증진시키는 도구의 역할을 한다고 간주하였다. 하지만 현재 정치현상을 살펴보면 정부의 역할보다도 비공식적 구속조건인 상징, 의식, 예식, 신화 등(Cohen, 1974)이 대중들의 관심과 지지를 이끌기 위하여 정치엘리트에 의하여 도구로 사용되고 있다.

끝으로, 희소한 자원을 획득하기 위한 집단 간 경쟁이 정치의 중심이라는 점에서 역사적 제도주의와 다원주의는 공통점을 가진다. 그러나 다원주의가 각 국가 간의 상이한 정책 결과와 정책 결과의 불평등을 설명하는 데 실패하였다면, 역사적 제도주의는 정치와 경제의 제도적 모습이 각 국가 간 상이한 정책 결과의 불평등을 설명할 수 있는 요인이라고 주장한다(Hall and Taylor, 1996). 사실 다원주의와 행태주의에서는 정치적 결과를 설명하기 위해 개인이나 집단의 특성, 태도 등에 초점을 맞추지만, 이 이론들이 체계 내에서는 왜 이러한 정치적 행태, 태도 및 집단 간의 권력자원의 배분이 국가마다 상이한지를 설명하지 못한다. 즉, 유사한 조직적 특성과 유사한 선호를 가진 이익집단들이 왜 상이한 국가에서는 유사한 형태로 정책에 영향을 미치지 못하는가에 대한 설명력을 결여하고 있다. 역사적 제도주의자에 따르면, 이를 설명하기 위해서는 각 국가에서 서로 다른 형태로 나타나는 제도적 차원의 변수에 초점을 맞추어야 한다. 결국 유사한 정책 문제에도 불구하고 국가 간 정책의 차이가 존재하는 이유를 발견하고자 하는 것이 역사적 제도주의자들의 문제의식이라고 할 수 있다. 역사적 제도주의에서는 왜 국가마다 이익집단들이 요구하는 정책이 상이한지 그리고 왜 국가마다 계급이익이 상이하게 표출되는지를 해명하고자 한다(Thelen and Steinmo, 1992).

역사적 제도주의에 대한 관심은 다원주의, 행태주의, 그리고 합리적 선택 이론이 해명하지 못하는 문제들에 대한 대안적 설명을 모색하는 과정에서 발전해 왔다. 다원주의와 행태주의에서는 제도가 논의의 중심 과제가 되지 않는다. 제도는 개인이나 집단의 이익을 단순히 반영하는 부수적 현상으로 간주되기 때문이다. 그러나 다원주의나 합리적 선택 이론이 암묵적으로 가정하듯 미시적 수준의 행위가 거시적 수준의 행위, 즉 집합적 행위(collective behavior)를 설명하는 것이 아니라, 오히려 거시적 변수가 미시적 행위에 지대한 영향을 미친다는 점을 인정한다면, 개인의 선호가 집합적 행위를 설명할 수 있다는 이 이론들의 기본 가정은 심각한 도전에 직면할 수밖에 없다. 이는 정책 설명에서 각국 고유한 맥락의 중요성을 강조하며, 이러한 맥락을 형성하는 핵심 요인으로서 역사의 역할을 부각시킨다(Ashford, 1992).

2. 제도의 의미

역사적 제도주의에서 제도의 개념은 학자마다 그 정의가 다르기 때문에, 이를 하나의 표준화된 보편적 정의로 규정하기는 어렵다. 다만 포괄적으로 제도란 '장기간에 걸친 인간행동의 정형화된 패턴(a set of regularized patterns of human behavior)'으로 이해될 수 있으며, 개인과 집단의 행위 및 의사결정에 영향을 미치는 공식적·비공식적 제약 요인을 의미한다. 이러한 제도는 단순히 제도적 장치로서 존재하는 것이 아니라, 행위자들의 선택 구조를 형성하고 행동의 가능성을 규율하는 사회적 맥락으로 기능한다.

역사적 제도주의의 대표적 학자인 피터 홀(Peter Hall)은 제도를 "정치와 경제의 각 부문에서 개인들 간의 관계를 구조화시키는 공식적 규칙, 순응 절차, 표준화된 관행"으로 정의하였다(Hall, 1986: 16). 이는 제도의 개념을 가장 포괄적으로 제시한 정의로 평가된다. 이후 홀(1992)은 제도의 개념을 세 가지 수준으로 세분화하였다.

첫째, 가장 포괄적인 수준의 제도는 민주주의나 자본주의와 같은 사회의 기본적 조직 구조를 규정한다. 헌법에 규정된 선거제도나 생산수단의 사유화를 명시한 경제체제 등이 그 대표적 예이다. 이러한 제도는 자본과 노동의 관계, 그리고 사회의 정책 방향을 근본적으로 제약하는 구조적 틀로 기능한다.

둘째, 중범위 수준의 제도는 국가와 사회의 기본 조직구조를 형성하며, 사회집단 간 세력관계와 정책 형성·집행 과정에 광범위한 영향을 미친다. 이 수준의 제도는 국가 간 상이성을 띠며, 각국의 정책 차이를 설명하는 중요한 변수로 작용한다. 예컨대 노동조합의 조직화율이나 집권화 정도를 나타내는 '노동조직의 구조', 생산자 조직의 특성과 자본분파 간의 관계를 의미하는 '자본의 조직화 형태', 그리고 선거제도·정당체계·관료제의 조직 형태 등을 포괄하는 '정치체제의 구조' 등이 이에 해당한다.

셋째, 가장 협의의 제도는 공공조직의 표준화된 관행이나 규정, 일상적 절차를 의미한다. 이 수준의 제도는 공식적일 수도, 비공식적일 수도 있으며 상대적으로 가변성이 높다. 그러나 이러한 제도적 요인 역시 특정 집단의 이해를 제도적으로 보호함으로써 권력 배분과 정책 방향에 중요한 영향을 미칠 수 있다.

이처럼 역사적 제도주의에서 제도의 개념은 매우 포괄적이고 다층적이다. 역사적 제도주의자들은 일반적으로 행위자들의 이익 정의를 규정하고 권력 관계를 구조화하는 모든 제도를 분석의 대상으로 포함시킨다(Thelen and Steinmo, 1992: 6). 따라서 역사적 제도주의는 제도 그 자체의 개념 정의보다는, 제도가 행위자 간 상호작용을 어떻게 규율하고 제약하는가에 초점을 맞춘다. 이러한 관점에서 임메르굿(Immergut, 1998)은 제도에 대한 표준화된 정의의 부재가 역사적 제도주의의 약점이 아니라 오히려 그 유연성을 보여주는 강점이라고 보았다. 실제로 제도의 구체적 의미는 연구자가 분석하고자 하는 정치·사회적 현상과 연구문제의 성격에 따라 달라지기 때문이다(Liberman, 2001).

역사적 제도주의의 분석에서 특히 중범위 수준의 제도가 중심적인 관심을 받는다. 이 수준의 제도는 거시적 구조와 개별 행위자 사이의 가교 역할을 수행하며, 제도의 지속성과 변화를 동시에 설명할 수 있는 핵심 단위로 기능하기 때문이다. 역사적 제도주의는 국가를 단순한 중재자나 지배계급의 도구로 보지 않는다. 오히려 국가는 일정한 자율성과 독립성을 지닌 행위자로 상정되며, 국가와 사회를 연결하는 제도적 관계망을 분석의 중심에 둔다(Lecours, 2000).

결국 역사적 제도주의는 제도를 정치권력과 사회구조를 매개하는 실질적 장치로 이해하며, 제도를 둘러싼 관계적 구성과 그로부터 발생하는 정치적 결과를 탐구하는 데 초점을 맞춘다. 이러한 접근은 정책연구의 이론적 기반으로 발전하기도 하였으며, 제도의 다양성과 역사적 맥락성을 동시에 포착할 수 있는 유연한 분석 틀로서의 의의를 지닌다.

3. 신제도주의의 주요 특징

1) 독립변수와 종속변수로서의 제도

역사적 제도주의는 행위와 구조적 맥락의 상호작용(interplay of meaningful acts and structural contexts)에 초점을 맞춘다. 이 접근법은 행위자를 단순히 역사의 객체(objects)로 보지 않고, 역사의 주체(agents)로 개념화한다(Thelen and Steinmo, 1992). 즉 역사적 산물로서 제도는 행위를 제약하지만, 동시에 제도 자체가 의도적이거나 비의도적인 전략, 갈등, 선택의 결과물로 형성된다. 스코치폴의 표현을 빌리면, 역사적 제도주의는 "행위와 구조적 제약 요인의 변증법적 관계(the dialectic of actions and structural determinants)"를 강조하며, 제도와 행위의 상호작용을 분석의 핵심으로 삼는다(Skocpol, 1984: 4).

역사적 제도주의는 구조 혹은 제도를 일차적으로는 독립변수로 상정한다. 즉, 역사적 제도주의자에 의하면 개인의 행위를 설명하기 위해서는 행위가 이루어지는 맥락을 설명해야 하며, 이러한 맥락이란 다름 아닌 제도적 환경(institutional setting)인 것이다. 이렇게 행위를 형성 혹은 제약하는 제도가 상정되면 이 제도가 형성된 역사적 배경을 설명해야 한다. 다시 말해서 맥락에 대한 이해 없이 행위를 설명할 수 없으며, 이러한 맥락이 역사적 산물이라는 것이다. 따라서 역사적 제도주의에 있어서 핵심 개념은 바로 역사와 맥락이라고 할 수 있다. 이를 통해 행위, 선택 혹은 정책이 종속변수로 상정되며, 독립변수로서의 제도가 어떻게 이러한 선택을 제약하는지를 설명하게 된다. 즉, 행위자의 이해관계와 권력관계를 설명하는 데 있어 역사적으로 형성된 맥락의 중요성이 부각되는 것이다(Immergut, 1998: 22). 그러나 역사적 제도주의자들은 제도가 행위를 결정하는 것은 아니며, 단지 행위자의 선택을 제약하는 맥락을 제공할 뿐이라고 판단한다. 동일한 제도적 제약 요인 하에 놓여 있더라도 다른 행위가 나올 수 있고(Immergut, 1998), 제도가 정치를 제약하고 굴절시키긴 하지만 결과를 설명하는 유일한 요인은 아닌 것이다(Thelen and Steinmo, 1992: 3). 즉, 역사적 제도주의자들은 사회경제적 발전, 아이디어, 권력의 배분, 계급구조, 집단역학(group dynamics)과 같은 변수의 중요성을 부정하지 않는다. 그러나 이러한 변수들이 상호작용하는 맥락을 중시하며, 제도가 정치적 상호작용을 구조화시키고 결과에 영향을 끼친다고 설명한다(Thelen and Steinmo, 1992; Hall and Taylor, 1996).

역사적 제도주의에 있어서 제도와 행위의 관계는 일방향적·결정론적으로만 개념화되지는 않는다. 역사적 제도주의에 있어서 제도는 종속변수인 동시에 독립변수이다. 즉, 역사적으로 형성된 국가와 사회의 거시적인 제도적 구조는 개인과 집단의 선택 그리고 행위에 의해 변화한다. 예를 들어 1930년대 미국 대공황 시기의 뉴딜 정책은 기존 제도적 제약(연방주의 구조)하에서 형성되었으나, 노동조합과 사회운동의 행위가 새로운 복지 제도를 창출하며 제도 변화를 촉발했다. 이 경우, 행위가 독립변수로 작용하고 제도가 종속변수로 전환된다. 이러한 변증법적 상호작용은 제도가 행위를 구조화하면서도 행위자에 의해 재구성될 수 있음을 보여준다. 이렇게 되면 이제는 행위가 독립변수로 상정되고 그에 의해 변화하는 제도가 종속변수로 상정된다. 이러한 측면에서 역사적 제도주의에서는 제도를 독립변수인 동시에 종속변수로 개념화한다.

2) 제도와 선호형성

역사적 제도주의에서는 제도가 수행하는 역할을 크게 네 가지로 본다. 첫째, 제도는 정책을 형성하고 집행하는 정부의 능력을 제약한다. 둘째, 제도는 정치·경제적 행위자들에게 기회를 제공할 뿐만 아니라 그들의 행위를 제약하여 그들의 전략을 객관화한다. 셋째, 제도는 정치·경제적 행위들 간의 권력 배분에 영향을 미침으로써 궁극적으로 정책 결과에 대한 행위자들의 영향력을 좌우한다. 넷째, 제도는 행위자들이 그들의 이익 혹은 선호를 어떻게 정의할 것인가에 영향을 미침으로써 행위자들이 추구하는 목적을 구체화하는 역할을 담당한다(Hall, 1986; Pontusson, 1995).

제도의 역할에 대한 첫 번째와 두 번째 견해는 역사적 제도주의뿐만 아니라 다른 신제도주의 학파에서도 발견할 수 있다. 그러나 다른 제도주의 시각과 역사적 제도주의가 차별화되는 제도의 역할에 대한 개념 정의는 세 번째와 네 번째 정의, 특히 네 번째 정의에서 발견할 수 있다.

무엇보다도 행위자들의 이익 혹은 선호가 제도에 의해 형성된다고 보는 것이 역사적 제도주의의 가장 중요한 특징이다. 다시 말해서, 주어진 선호를 논의의 출발점으로 삼는 합리적 선택 제도주의와는 달리 역사적 제도주의는 선호나 이익이 제도적 맥락 속에서 형성된다고 본다(Katznelson, 1992). 합리적 선택 제도주의에서는 선호의 형성을 분석 대상에서 제외하고 단지 선호가 주어져 있다고 가정할 뿐이다. 즉 합리적 선택 제도주의에서는 행위의 기초로 선호를 설정한다. 하지만 실제 설명 방식은 관찰된 행위로부터 선호를 추론한 후 이렇게 추론된 선호로부터 행위를 설명함으로써 순환론적(tautological) 설명 방식의 오류에 빠지게 된다(Rothstein, 1996; Blyth, 1997). 반면 역사적 제도주의에서는 선호가 제도적 맥락에 의해 형성되는 것이지 이를 '고정된 것' 혹은 '주어진 것'으로 간주할 수 없을 뿐만 아니라 선호의 형성을 각 개인의 심리를 분석해서 설명할 수 있는 것도 아니라고 본다(Koelble, 1995; Immergut, 1998). 이러한 측면에서 합리적 선택 제도주의와 역사적 제도주의의 가장 중요한 차이점은 선호 형성을 외생적인(exogenous) 것으로 파악하느냐 아니면 내생적인(endogenous) 것으로 파악하느냐에 있다. 행위자들의 전략, 목적, 그리고 선호를 설명해야 할 변수로 상정함으로써, 역사적 제도주의는 행위의 맥락을 이해하지 못한다면 자기 이익을 위한 행위(self-interest behavior)라 하더라도 의미를 갖지 못한다고 주장한다.

또한 역사적 제도주의에서는 단순히 원자화된 개인만을 분석해서는 행위를 이해할 수 없다고 주장한다. 그렇지만 선호가 제도적 맥락에서 형성된다는 것이 결정론에서 주장하는 것처럼 제도가 개인을 완전히 재사회화시킨다거나 규범이 개인 행동을 완전히 결정한다는 것을 의미하는 것은 아니다. 대신에, 제도는 행위자들이 추구하는 목적이나 이러한 목적을 달성하기 위한 수단에 대한 선별적인 해석을 가능하게 하는 여과 기능을 수행한다고 볼 수 있다(Immergut, 1998).

3) 국가-사회관계와 제도

역사적 제도주의는 정치적 영역의 상대적 자율성을 강조하며, 정치를 사회의 다른 부문과 차별화하는 접근법이다(하연섭, 1999: 21~24). 이는 다원주의와 대비된다. 다원주의에서는 정부를 사회집단의 선호를 실현하는 장이나 중립적 중재자로 간주하며, 국가를 독립적·자율적 행위자나 실체적 존재(corporate entity)로 보지 않는다. 따라서 다원주의에서는 국가와 정부가 동의어로 취급되는 느낌이지만, 정책은 사회집단 간 경쟁의 산물일 뿐 제도라는 개념은 정책 설명에 유용성을 갖지 못한다(Krasner, 1984). 예를 들어, 미국의 다원주의적 정책 과정에서 로비스트들이나 이익집단들이 의회에 영향력을 행사하며 정책이 형성되는 모습은 이를 잘 보여준다. 이 경우 국가는 독립적 의지를 가지지 않고, 사회집단의 상호작용 결과로 정책이 결정된다.

반면, 역사적 제도주의는 국가를 단순한 사회적 선호의 반영물이 아니라, 그 자체로 행위자이자 제도로서 개념화한다. 이는 국가가 사회적 맥락을 넘어 독자적 선호와 행동 능력을 가진 존재로 간주된다는 점에서 다원주의와 구별된다. 그러나 역사적 제도주의는 네오 마르크스주의(Neo Marxism)국가론이나 국가중심론과도 차별성을 보인다.

네오 마르크스주의 국가론은 경제 중심적 결정론을 넘어 정치·문화·이데올로기의 복합적 작용을 강조[1]하기 때문에 국가의 행위를 자본축적과 체제 정당화라는 기능적 필요로 설명하며, 국가 간 유사성을 강조한다. 예를 들어, 1970년대 서유럽 복지국가의 정책은 자본주의 체제의 안정과 정당화를 위해 노동자 계급의 요구를

---

1) 네오 마르크스주의자들은 "착취는 공장에서만이 아니라, 학교·언론·문화 속에서도 이루어진다"고 주장한다.

부분적으로 수용한 사례로 볼 수 있다. 그러나 이 접근법은 지나치게 포괄적인 기능 정의로 인해 구체적 정책 입안 제도를 설명하지 못하며, 국가 간 차별성을 분석하는 데 한계가 있다(Hall, 1986). 이는 기능에서 제도를 추론하는 방식이 제도에서 기능을 파악하는 것보다 어렵기 때문이다.

국가중심론은 국가를 중립적 중재자나 계급관계의 반영물이 아닌, 독자적 이해와 정책 선호를 가진 행위자로 본다. 예를 들어, 경제발전을 주도했던 1970년 한국의 경제기획원이나 일본의 경제산업성(MITI)은 국가 주도의 산업정책을 통해 글로벌 시장에서 기업의 경쟁력을 강화한 사례에서 국가의 자율적 역할을 확인할 수 있다. 그러나 국가중심론은 국가의 내부 구조와 엘리트의 선호에만 초점을 맞추어 사회집단과의 상호작용을 간과할 위험이 있다(Cammack, 1992). 이는 국가의 정책 집행 능력이 당시의 환경과 사회적 특성에 크게 의존한다는 점에서 한계로 지적된다.

역사적 제도주의는 국가를 자율적 행위자로 상정하면서도, 국가-사회 관계와 이를 구조화하는 제도적 특성(institutional arrangements)에 주목한다. 예를 들어, 스웨덴의 복지국가는 국가와 노동조합, 기업 간 협상 제도인 '사회적 파트너십'에 기반해 정책을 형성하며, 이는 국가와 사회의 상호작용을 제도적으로 설명한다. 이러한 접근은 국가 중심적 접근법과 사회 중심적 접근법을 연결하며, 국가와 사회를 연결하는 제도적 틀을 강조한다.

결론적으로 역사적 제도주의는 국가의 자율성과 국가-사회 관계의 제도적 특성을 동시에 고려함으로써, 다원주의, 네오 마르크스주의, 국가중심론의 한계를 보완한다. 이는 스웨덴의 사회적 파트너십이나 한국과 일본의 산업정책과 같은 사례를 통해 구체적으로 드러난다. 이를 통해 역사적 제도주의는 국가정책의 차별성과 상호작용을 설명하는 강력한 분석 틀을 제공한다.

4) 거시적 맥락과 제도의 복합적 모습에 대한 분석

역사적 제도주의는 정책의 형성과 결과를 설명하는 데 있어 제도적 맥락의 중요성을 강조한다. 이는 정책이 단순히 개인 선호의 합이나 행위자 간 갈등과 상호작용의 산물로 환원될 수 없다는 점에서 비롯된다. 미시적 접근법, 즉 정책 과정에서 행위자들의 갈등과 상호작용만을 분석하는 방식으로는 국가 간 정책의 차이성이나 한 국가 내 정책 패턴의 지속성을 설명하기 어렵다. 이는 정책 결과가 행위자들의 접근 가능성, 선호와 이익의 정의, 그리고 상호작용 패턴을 제약하는 거시적 제도적 구조에 크게 의존하기 때문이다(Lichbach and Zuckerman, 1997: 88~89). 예를 들어, 미국의 지루했던 의료보험 개혁(예: Affordable Care Act, 2010)은 의회 내 정당 간 갈등과 로비스트의 영향력뿐 아니라 의회의 구조적 제약(상·하원의 의결 절차, 필리버스터 등)이 정책 결과에 결정적 영향을 미친 사례를 보여준다.

역사적 제도주의에서 제도적 맥락은 개별 제도나 조직이 독립적으로 존재하는 것이 아니라, 상호 결합된 조직과 제도의 복합적 구성(organization and institutional configurations)을 의미한다. 이 결합 방식은 행위자들의 상호작용 패턴을 형성하며, 결과적으로 정책의 내용과 방향을 결정한다. 이 점을 분석하는 데 핵심적인 개념이 바로 거부점(veto points)이다. 임메르긋(Immergut, 1992)에 따르면, 정책 결정은 단일한 의사결정이 아니라 여러 의사결정 지점으로 구성된다. 각 지점에서 사회집단이나 정치세력은 특정 정책의 통과를 저지할 수 있는 기회, 즉 거부점을 가진다. 거부점의 수와 위치는 행정부와 입법부의 관계, 입법부의 구성, 정당체제의 특징, 선거 결과 등에 의해 결정된다. 독일의 연방제 구조는 좋은 사례를 제시한다. 연방상원이 주정부의 이익을 대변하며 정책에 대한 거부점을 형성한다. 2000년대 독일의 노동시장 개혁, 하르츠 개혁[2]은 연방상원의 동의가 필요했던 구조적 제약으로 인해 협상이 복잡해졌고, 이는 정책 내용에 직접적 영향을 미쳤다.

역사적 제도주의는 제도적 요인뿐 아니라 행위자의 이익, 전략 , 권력 배분 등의 비제도적 요인과의 상호작용을 중시한다. 텔렌과 스테인모(Thelen and Steinmo, 1992: 13)는 제도가 정치를 제약하고 굴절시키지만, 결과의 유일한 원인은 아니라고 강조한다. 즉, 제도적 접근법은 행위자의 전략이나 권력 배분과 같은 비제도적 요인의 중요성을 간과하지 않으며, 이들 간의 상호작용을 분석한다. 상술하였듯이,

2) 하르츠 개혁(Hartz Reforms)은 2003년부터 2005년까지 독일에서 추진된 노동시장 및 사회복지 개혁이다. 당시 연방수상 게르하르트 슈뢰더(Gerhard Schröder)가 이끄던 사회민주당(SPD) 정부가 주도했으며, 높은 실업률 감소, 노동시장 유연성 제고, 복지 시스템의 지속 가능성 강화를 목표로 삼았다. 개혁의 명칭은 개혁 설계 위원회 의장 페터 하르츠(Peter Hartz)에서 유래했다. 역사적 제도주의 관점에서 볼 때, 하르츠 개혁은 독일의 연방제와 연방상원(Bundesrat)의 거부점으로 인해 복잡한 협상 과정을 거쳤다. 연방상원의 주정부 대표들은 지역 이익을 반영하여 개혁 내용에 영향을 미쳤으며, 이는 정책의 점진적이고 타협적인 성격을 강화했다.

스웨덴의 복지국가 정책은 사회적 파트너십 제도에 기반하지만, 1990년대 경제 위기라는 비제도적 요인으로 인해 복지 정책이 조정된 사례는 제도와 맥락의 상호작용을 보여준다. 스테인모(Steinmo, 1993)는 제도적 요인이 더 포괄적인 정치·경제·사회적 환경에서 작동하며, 그 맥락 속에서 이해되어야 한다고 주장한다. 이는 제도와 사회적·역사적 과정을 상호적으로 분석하는 역사적 제도주의의 특징을 드러낸다(Ethington and McDonagh, 1995).

또한, 제도 구성요소의 결합 양식에 따라 비제도적 요인의 영향력이 달라질 수 있다는 점이 역사적 제도주의의 핵심이다(Lieberman, 2001). 예를 들어 한국의 단일 정부 체제는 거부점이 상대적으로 적어 행정부가 정책을 신속히 추진할 수 있는 반면, 미국의 분권적 연방제와 삼권분립 구조는 입법부, 사법부 등 다수의 거부점을 만들어 정책 변화를 지연시키거나 수정한다. 이는 한국의 신속한 의료보험개혁과 미국의 복잡한 의료보험 개혁 과정의 차이를 설명할 수 있다.

결론적으로, 역사적 제도주의는 제도적 맥락과 비제도적 요인의 상호작용을 통해 정책의 차이성과 지속성을 설명한다. 거부점 개념과 같은 분석 도구를 활용해 미국 의료보험 개혁, 독일 하르츠 개혁, 스웨덴 복지국가 정책과 같은 사례에서 제도적 구조가 정책 과정과 결과에 미치는 영향을 구체적으로 드러낸다. 이를 통해 역사적 제도주의는 국가 간 정책 차이와 지속성을 이해하는 강력한 분석 틀을 제공한다.

5) 불평등한 권력관계와 정책

역사적 제도주의는 행태주의 및 합리적 선택 이론과 달리 거시적·구조적 시각과 권력관계에 초점을 맞춘다. 이는 사회 내 권력 불평등이 제도에 의해 구조화되고 강화된다는 점을 강조한다.

다원주의는 개인과 집단의 선호가 이익집단이나 정당을 통해 정치적 요구로 표출되며, 정부가 이를 수동적으로 정책으로 전환한다고 본다. 체계 이론은 투입, 전환, 산출, 환류 개념으로 정치 과정을 설명하지만, 행위자 간 동등한 권력자원을 가정한다. 행태주의와 합리적 선택 이론 역시 원자화된 개인을 전제하며, 불평등한 권력관계가 상호작용을 왜곡할 가능성을 간과한다.

역사적 제도주의는 선호가 제도적 맥락에 의해 왜곡된다고 주장한다. 제도는 권력을 불평등하게 배분하며, 특정 집단에 의사결정 과정에서 특권적 접근을 부여한다. 예를 들어, 스웨덴의 '사회적 파트너십' 제도는 노동조합에 강한 영향력을 제공하지만, 비조합 근로자는 상대적으로 배제된다(Immergut, 1998; Hall and Taylor, 1996). 이는 노동자의 권익을 지나치게 강화하는 노란봉투법이 기업인의 우려에도 2025년 추진된 한국의 사례에서 나타나듯이 특정 이익이 특권적 지위를 얻고, 다른 이익은 불이익을 받는 구조를 낳는다. 독일의 하르츠 개혁은 기업과 정부의 이익을 우선시했으나, 저임금 노동자와 실업자는 복지 축소로 손실을 겪었다. 이는 정책이 모든 사회구성원의 후생을 증진시키지 않고, 수혜 집단과 손실 집단을 분화시킨다는 점을 보여준다.

합리적 선택 제도주의와의 차이도 뚜렷하다. 합리적 선택 제도주의는 동등한 권력관계를 가정하며, 제도를 집합적 딜레마 해결 수단으로 본다. 예를 들어, 교통 혼잡 해결을 위한 도로 사용료 제도는 구성원 간 협력으로 형성된다. 제도 변화는 편익이 비용을 초과할 때만 발생한다고 본다. 반면, 역사적 제도주의는 권력 불평등에 주목하며, 제도가 불평등한 권력관계 속에서 갈등의 산물로 형성된다고 본다(Korpi, 2001). 일단 형성된 제도는 권력 불평등을 고착화한다. 예를 들어, 19세기 말 영국의 노동법은 자본가의 이익을 우선시하며 형성되었고, 1980년대 신자유주의를 추진한 대처 정부의 노동조합 규제는 권력 역학의 변화(보수당의 정치적 우위)가 제도 변화를 이끌었다.

결론적으로, 역사적 제도주의는 불평등한 권력관계와 제도적 맥락이 사회적 가치의 불평등한 배분을 초래한다고 본다. 한국의 노란봉투법, 스웨덴의 사회적 파트너십, 독일의 하르츠 개혁, 영국의 노동법 변화는 제도가 권력관계를 구조화하고 정책 결과를 형성하는 과정을 보여준다. 이는 다원주의, 행태주의, 합리적 선택 이론과 달리 권력과 제도의 상호작용에 초점을 맞춘 역사적 제도주의의 핵심이다.

6) 역사적 과정과 경로의존에 대한 강조

역사적 제도주의는 행위를 형성하고 제약하는 맥락으로서 제도의 중요성을 강조하는 동시에 이러한 맥락이 형성되는 역사적 과정을 중시하는 데 그 특징이 있다. 역사적 제도주의에서는 현 시점에서 존재하는 제도가 역사적 과정의 산물로 간주되며, 사회경제적 환경이 바뀌었다 할지라도 지속되는 경향을 지닌다고 본다. 역사적 제도주의에서 강조하는 역사란 단순히 과거를 의미하는 것이 아니라, 과거의 특정 시점에서 나타난 원인이 현재까지도 영향을 미친다는 역사적 인과관계(historical causation), 특정 시점에서의 선택이 미래의 선택을 지속적으로 제약한다는 경로의존(path dependency), 그리고 사건의 발생 시점과 순서가 사회적 결과에 중대한 영향을 미친다는 역사적 과정을 의미한다(김성수, 2013).

역사적 제도주의에서는 사회현상을 설명하는 데 있어 경로의존 및 의도하지 않았던 결과(unintended consequences)를 중시한다(Hall and Taylor, 1996; Pierson and Skocpol, 2003). 예컨대 t시점에서의 기능적 요구에 부응하기 위해 제도가 성립되었다 할지라도 이렇게 형성된 제도는 애당초 제도가 성립될 수 있었던 사회적 환경이 변화함으로써 전혀 새로운 기능적 요구가 제기되더라도 그 자체가 지속되는 경향을 지닌다. 그리하여 t시점에서 특정 기능적 요구를 충족하기 위해 설립된 제도는 환경 변화로 인해 t+1시점에서 새로운 요구가 제기 되더라도 지속되는 경향이 있다(Krasner, 1988). 이는 제도는 t시점에서는 종속변수이지만 t+1시점에 이르게 되면 이 시점에서 제기되는 체제의 요구에 적절히 부응하지 못할 수 있을 뿐만 아니라 t+1 시점에서의 문제를 해결하는 데 있어 오히려 역기능적인(dysfunctional) 역할을 수행할 수도 있다. 이러한 경로의존 현상이 발생하는 경우, 특정 시점에서의 선택이 더 효율적인 대안경로를 배제하며 최적 적응(optimal adaptation)을 저해할 수 있다.

이러한 측면에서 역사적 제도주의는 제도가 항상 효율적으로 설계되거나 현재 문제를 해결한다고 보는 공리주의적·기능주의적 시각을 비판하며 의도하지 않을 결과와 비효율성과 우연성을 강조한다(Hall and Taylor, 1996; Ethington and McDonagh, 1995). 기능주의적 관점은 환경 변화에 따라 제도가 유연하게 적응한다고 보지만, 역사적 제도주의는 환경 변화와 제도 변화 간 괴리, 최적 결과와 실제결과 간 괴리를 지적한다. 예를 들어 미국의 선거인단 제도(electoral college)는 18세기 연방 설립 시 지역 균형을 위해 설계되었으나, 현대 민주주의에서 인구 비례적 대표성을 저해하는 비효율적 제도로 간주되며, 개혁 시도에도 불구하고 경로의존으로 지속된다. 이러한 이유로 이들 시각에서는 역사가 아무런 의미를 갖지 못하는 것이다(Krasner,

1988). 사실 행위양식, 역할, 규범, 공식적 조직 등이 환경의 변화에 대응하여 유연하고 신속하게 적응해 나가면서 변화한다면 사회현상을 설명하기 위해서는 역사와 맥락에 대한 고려 없이 개인에 초점을 맞추는 것이 타당할 것이다.

제도 변화는 주로 경제위기, 군사적 갈등 등의 외적 충격에 의해 촉발되며, 점진적 변화가 아닌 간헐적이고 급격한 양상을 띠게 된다(Ikenberry, 1988). 이러한 역사적 전환점(critical junctures)은 게임의 규칙을 재설정하며 새로운 제도를 형성한다. 예를 들어 1930년대 대공황은 미국 뉴딜 정책을 통해 복지 제도를 창출하였고, 비록 경제적 환경이 극복되었지만 이는 이후 수십 년간 사회정책의 경로를 결정지었다. 위기 극복 후 새로운 제도는 고착화되어 경로의존성을 강화한다(Krasner, 1984).

정리하면, 우선 역사적으로 형성된 제도적 구조는 행위자들의 특정 행위를 보상하고 다른 행위를 벌하는 방식으로 그 국가만의 독특한 패턴을 만들어 낸다(Zysman, 1994). 이처럼 역사적으로 형성된 제도적 구조는 억압(constraints)과 유인(incentives)의 독특한 패턴을 형성하여 어제의 제도적 틀이 오늘의 정치적 및 경제적 참여자들에게 선택을 제한한다. 이렇듯 형성된 경로의존성은 쉽게 변하지 않는다(Huber, Payne and Puto, 1982).

그러나 크래스너(Krasner, 1984)는 제도의 모습이 결정적 · 근본적으로 변화하게 되는 중대한 전환점(critical junctures)이 존재하며, 이때 새롭게 형성된 제도에 의해 역사적 발전과정이 새로운 경로를 밟게 되고, 이후 이 새로운 제도가 지속되는 시기로 구분될 수 있다고 주장하며 이를 단절된 균형점(punctuated equilibrium)이라고 명시하였다. 여기에서 유의할 점은 경로의 시작과 끝이 행위자의 계획대로 이동하는 것을 의미하는 게 아니라는 것이다. 우연한 사건과 맥락 속에서 발생한 중대한 전환점을 계기로 의도하지 않은 제도의 제약을 받게 되며, 따라서 경로는 미결정(indeterminate) 상태에서 자체적 방향성을 갖는다(Mahoney, 2000: 535~537).

역사적 발전과정의 경로의존적 특징을 홀(Hall, 1993)은 제1장에서 설명한 쿤(Thomas Kuhn)이 이야기하는 과학혁명의 구조와 대비시켜 설명하였다. 홀에 의하면 제도의 모습이 근본적으로 변화하는 시기, 즉 중대한 전환점은 쿤의 논의에서는 패러다임이 변화하는 시기라고 할 수 있으며, 변화된 제도에 의해 정책이 수행되는 시기를 쿤의 논의에서는 정상과학(normal science)이 진행되는 시기라고 할 수 있는 것이다. 따라서 홀에 있어서 제도는 일상적인 정치가 수행되도록 맥락을 제공하는 것으로 개념화된다.

미국의 국가형성과정을 분석한 스코로넥도 제도가 환경 변화에 기능적으로 적응할 것이라고 보는 시각을 비판하였다(Skowronek, 1982). 스코로넥에 의하면 환경 변화에 적절히 적응하기 위해 제도적 쇄신이 필요하다 할지라도 그것이 자동적으로 이루어지는 것은 결코 아니다. 즉 환경 변화는 제도 변화를 위한 자극에 불과할 뿐, 기존의 제도적 틀이 정부개혁의 과정과 결과를 제약하기 때문에 환경 변화에 대한 제도적 차원의 기능적 대응이 필연적으로 일어나는 것은 아니라는 것이다.

역사적 제도주의에 따르면, 제도 변화의 근본적 요인은 외적 충격에 의한 위기 상황이다. 그러나 제도의 형성과 변화 과정을 설명함에 있어, 이 접근법은 기존 제도가 여전히 존재하는 상태에서 새로운 제도가 형성된다는 점을 강조한다. 즉, 제도 변화 과정에서도 기존 제도는 새로운 제도의 형태와 방향을 제약하는 경로의존을 낳는다. 특히, 기존 제도에 의해 형성된 권력 관계는 새로운 제도 형성 과정에서 각 행위자의 영향력을 상이하게 조정하며, 이는 제도 변화의 동학을 복잡하게 만든다(Hall and Taylor, 1996). 예를 들어, 19세기 독일의 비스마르크 복지 제도는 당시 노동 계급의 불만을 사전 차단하기 위해 설계되었으나, 이후 복지 국가 발전 과정에서 기존 권력 구조(국가-노동자 관계)가 새로운 제도 설계를 제약하며 점진적 개혁 경로를 형성하였다. 이는 역사적 제도주의가 위기 상황뿐 아니라 기존 제도의 지속적 영향을 통해 제도 변화를 설명하는 핵심 논리를 보여준다.

결론적으로, 경로의존 개념은 제도의 형성과 변화에 대한 기능주의적 설명방식에 대한 비판으로 이어진다. 제도가 형성되는 시점과 형성된 제도가 영향력을 행사하는 시점에 상당한 차이가 있는 경우, 제도가 현재 수행하고 있는 기능을 근거로 제도가 만들어지게 된 원인을 추론해낼 수는 없다. 특히, 제도가 처음 형성될 당시의 사회경제적 환경과 권력관계가 시간의 흐름에 따라 변화하였는데도 불구하고 제도가 존속되고 있을 경우, 현재 제도가 수행하고 있는 기능으로부터 제도의 기원을 설명할 수는 없는 것이다. 이러한 측면에서, 역사적 제도주의는 제도 기원과 유지 간 비연속성을 강조하며, 현재 기능만으로 제도 기원을 설명할 수 없다고 본다(Pierson and Skocpol, 2003). 예를 들어, 영국의 의회 제도는 중세 권력 균형에서 기원했으나, 현대 민주주의 기능과는 별개로 존속하며, 초기 권력 관계가 현재까지 영향을 미친다. 이는 제도가 사회적 과정의 부산물이거나 의도하지 않은 결과일 수 있음을 시사한다. 따라서 역사적 제도주의는 기능주의적 접근을 넘어 역사적 맥락과 경로의존을 통해 제도 변화와 지속성을 이해하는 강력한 틀을 제공한다.

4. 신제도주의에 대한 비판

1) 일반화의 문제

역사적 제도주의에 대한 첫 번째 비판은 사회과학이 추구하는 연구 결과의 축적과 이를 기반으로 한 체계화·일반화된 이론의 개발이 어렵다는 점이다. 이 비판은 주로 합리적 선택 이론가들로부터 제기되었으며, 역사적 제도주의가 개인과 집단의 행위를 제약하고 형성하는 거시적인 구조에 초점을 맞추어 사회현상을 설명하기 위한 변수들을 제시할 뿐, 검증 가능한 정교한 전제들(parsimonious propositions)을 제공하지 못한다고 본다. 특히, 역사적 제도주의가 강조하는 비결정성(indeterminacy)과 사례의 독특성은 일반화된 이론 개발을 방해하는 요인으로 지적된다.

예를 들어, 역사적 제도주의는 특정 국가의 노동정책 형성 과정을 분석할 때, 그 나라의 역사적·제도적 맥락인 노동조합의 구조, 정부와 기업 간의 관계, 과거 정책 등에 초점을 맞춘다. 그러나 이러한 접근은 한국의 노동정책과 일본의 노동정책을 비교할 때 각 사례의 고유한 제도적 특성에 지나치게 의존하여, 두 사례를 포괄하는 일반화된 이론을 도출하기 어렵게 만든다. 이는 역사적 제도주의가 개별 사례의 맥락을 깊이 이해하는 데는 강점이 있지만, 체계적이고 보편적인 이론 구축에는 한계가 있음을 보여준다.

2) 행위에 대한 미시적 설명의 문제

역사적 제도주의에 따르면, 제도는 행위자들의 행위를 직접적으로 결정하지 않고, 단지 그들의 선택을 제약하는 맥락을 제공할 뿐이다. 따라서 역사적 제도주의는 제도가 행위를 얼마나, 혹은 어떻게 제약하는지에 대한 정확한 인과고리(causal chain)를 제시하지 못한다(Hall and Taylor, 1996). 이로 인해 개인의 의지가 결과에 더 큰 영향을 미치는지, 아니면 제도적 제약 요인이 결과에 더 중요한 영향을 미치는

지가 불분명해진다(Koelble, 1995).

또한, 역사적 제도주의는 거시적 차원의 변수에 초점을 맞춤으로써 행위의 미시적 기초(micro-foundations)를 설명하는 데 한계를 드러낸다. 즉, 역사적 제도주의는 개인이나 집단이 행위를 하는 구조적 조건(structural conditions)을 해명하는 데 크게 기여했지만, 특정 역사적 조건에서 나타나는 구체적인 개인의 행위를 설명할 수 있는 행위 이론을 제시하지 못한다.

예를 들어, 역사적 제도주의는 한국의 복지국가 형성 과정을 분석할 때, 1987년 민주주의로 전환된 후 노동조합과 시민사회의 제도적 연합이 복지정책의 발전을 촉진했다고 설명할 수 있다. 그러나 특정 정책 결정 시점에서 개별 정치인이나 노동조합 리더가 왜 특정 선택을 했는지, 그들의 구체적인 의사결정 과정은 무엇이었는지에 대한 미시적 설명은 부족하다. 이는 역사적 제도주의가 제도적 맥락을 강조하지만, 개인의 동기나 선택의 미시적 메커니즘을 충분히 다루지 못함을 보여준다.

3) 제도결정론의 문제

역사적 제도주의는 국가 간 정책의 상이성을 설명하는 데 있어 국가들을 동질화하는 지나친 일반화의 오류를 피하며 매우 효과적이었다. 그러나 정치적 결과가 제도의 모습(institutional configuration)에서 쉽게 추론될 수 있다는 인상을 준 것도 사실이다. 아이켄베리(Ikenberry, 1988: 242)가 지적했듯이, 역사적 제도주의는 정책결정 과정에서의 구조적 제약 요인에 초점을 맞춤으로써 '무엇이 가능하지 않은가'를 설명할 수는 있지만, '무엇이 가능한가'를 제대로 설명하지 못하는 문제점을 지닌다.

텔렌과 스테인모(Thelen and Steinmo, 1992: 14)는 이러한 문제점을 역사적 제도주의의 "제도결정론(institutional determinism)의 오류"로 표현했다. 이들에 따르면, 역사적 제도주의는 국가 간 정책의 상이성과 동일 국가 내 정책 패턴의 지속성을 설명하는 데 성공적이었다. 그러나 비교 연구에서 역사적 제도주의는 각 국가의 특징적인 제도적 모습이 상이한 정책 결과를 초래한다고 주장하는, 이른바 비교정학(comparative statics)의 경향을 보였다. 즉 행위자들의 선호, 전략, 그리고 권력관계가 제도적 맥락에 의해 제약되고 형성되며, 이는 각 국가 간 상이한 정책 결과를 낳는다고 본다. 이러한 설명 방식은 국내 제도의 모습이 정책 결과를 결정짓는 유일한 변수이며, 이러한 제도적 제약하에서는 다른 결과가 불가능하다고 결론짓는다. 이로 인해 역사적 제도주의가 강조하는 제도적 제약 요인(institutional constraints)이 제도결정론으로 비약하는 문제점이 발생한다(Thelen and Steinmo, 1992).

예를 들어, 역사적 제도주의는 영국과 프랑스의 경제정책 차이를 분석할 때, 영국의 분권화된 노사관계 제도와 프랑스의 중앙집권적 국가 개입 제도가 각각의 경제정책 결과를 결정했다고 설명할 수 있다. 영국의 경우, 분권화된 제도가 시장 중심적 정책을 강화한 반면, 프랑스의 중앙집권적 제도는 국가 주도적 정책을 촉진했다고 볼 수 있다. 그러나 이 설명은 특정 제도적 맥락이 정책 결과를 필연적으로 결정한다고 가정하며, 행위자들의 창의적 선택이나 국제적 외부 요인을 간과할 수 있다. 이는 역사적 제도주의가 제도적 제약을 강조하면서도 다른 가능한 정책 경로를 탐색하지 못하는 제도결정론적 한계를 보여준다.

4) 제도변화에 대한 설명의 문제

역사적 제도주의는 제도의 안정성과 지속성을 적절히 설명하지만, 제도의 변화는 제대로 설명하지 못한다는 비판이 제기된 바 있다(Koelble, 1995). 물론 역사적 제도주의에서 제도의 지속성이 곧 영속성을 의미하는 것은 아니다. 크래스너(Krasner, 1984)의 경우, 간헐적으로 발생하는 급격한 제도의 변화에 이어 장기간의 안정성과 경로의존적 변화가 수반된다고 주장하며, 스코로넥(Skowronek, 1982)도 기존 제도가 혁명적 변화에 의해 급격히 변할 수 있는 가능성을 인정한다. 따라서 역사적 제도주의자들은 제도가 지속되는 시기가 급격한 변화에 의해 중단될 수 있음을 인정하며, 이 시기에 새로운 제도의 모습이 형성된다고 본다. 그러나 제도 변화에 대한 이러한 설명 방식은 변화의 원인으로 외적 충격만을 강조할 뿐, 내재적 모순과 갈등, 그리고 행위자들의 선택이 구체적으로 어떻게 제도의 변화를 초래하는지를 제대로 설명하지 못하는 문제점을 드러낸다.

5. 비판에 대한 역사적 제도주의의 반론

1) 방법론적 특징

역사적 제도주의에 대한 첫 번째 비판은 과학이 갖추어야 할 일반화의 가능성이 매우 낮다는 점에 있다. 이에 대해 역사적 제도주의자들은 사회현상을 연구함에 있어 일반화는 가능하지 않을 뿐만 아니라, 오히려 바람직하지 않다고 주장한다. 사회현상은 단순한 원인-결과의 선형적 관계로 설명될 수 없으며, 복잡하고 다양한 요인이 역사적 맥락 속에서 결합함으로써 형성된다는 것이다. 따라서 역사적 제도주의는 개별 변수의 독립적인 영향력보다 변수들이 결합되는 방식, 그리고 그 결합이 이루어지는 역사적 시점과 상황에 주목한다. 동일한 요인이라 할지라도 그것이 작동하는 시기와 맥락에 따라 결과는 전혀 다르게 나타날 수 있다는 점에서, 인과관계는 항상 맥락적으로 구성된다고 본다.

이러한 관점에서 역사적 제도주의는 단일 원인론적 설명(mono-causal explanation)보다 제도 간의 관계와 결합 양식을 중시한다. 즉, 제도를 하나의 고립된 변수로 다루기보다는 제도 간 상호작용과 관계적 구조를 분석의 핵심으로 삼는다. 이러한 방법론적 특징은 인과관계의 복잡성(causal complexity), 다중복합적 인과관계(multiple conjunctural causation), 설명변수 간의 우연적 결합(contingent relation between explanatory elements), 그리고 인과관계의 맥락성(contextual logic of causality)을 강조하는 것으로 요약된다.

이처럼 역사적 제도주의는 다양한 요인들의 결합과 그 역사적 우연성을 중시하기 때문에, 사회현상을 몇 개의 독립변수로 단순화하여 그 개별적 영향력을 계량적으로 측정하는 접근은 의미가 없다고 본다. 대신 역사적 제도주의는 사례 비교와 역사적 과정 분석에 기반한 비교역사분석(comparative historical analysis)을 주요 방법으로 채택한다(Skocpol, 2003). 이 접근법은 역사적 맥락과 과정의 중요성을 강조하며, 모든 사례에 보편적으로 적용 가능한 인과모형의 존재를 거의 인정하지 않는다. 따라서 역사적 제도주의는 엄밀한 의미의 '이론'이라기보다 '접근법', '분석틀', 혹은 '시각'으로 이해하는 것이 적절하다(정무권, 1996; Immergut, 1998).

그럼에도 불구하고 역사적 제도주의는 단순히 개별 사례의 특수성만을 기술하는 해석주의적 태도에 머물지 않는다. 비록 보편적 일반화는 불가능하더라도, 유사한 사례에 대한 귀납적 비교를 통해 중범위 수준의 일반화(mid-range generalization)는 가능하다. 이러한 귀납적 접근을 통해 특정 현상을 둘러싼 복합적 인과관계를 드러내고, 제도가 역사적 맥락 속에서 어떻게 상호작용하며 결과를 산출하는지를 탐구할 수 있다.

역사적 제도주의는 인과관계의 규칙성을 시간적·공간적으로 제약된 것으로 이해하며, 그 한계를 인정하는 가운데 중범위 이론의 구축을 지향한다. 다시 말해, 역사적 제도주의는 일반화의 한계를 단점으로 보지 않고, 오히려 현실 사회현상의 복잡성과 다양성을 충실히 설명하기 위한 필연적 결과로 받아들인다. 이러한 점에서 역사적 제도주의는 사회과학의 설명 방식에 있어 '맥락 속의 인과성'을 탐구하는 하나의 실천적 대안으로 평가될 수 있다.

2) 구조와 행위자

역사적 제도주의는 거시적 맥락과 제도의 복합성을 강조한다는 점에서 사회현상 분석에 중요한 공헌을 해왔지만, 동시에 제도적 제약 속에서 개인의 구체적 행위를 충분히 설명하지 못한다는 비판을 받는다. 사회적 행위의 주체가 궁극적으로 개인이라는 점을 고려할 때, 미시적 분석 틀의 부재는 역사적 제도주의의 근본적 한계로 지적된다. 헤이는 역사적 제도주의가 행위자의 이익과 선호가 어떻게 형성되며, 그들의 행위 동기가 어떠한 과정을 통해 구성되는지를 충분히 설명하지 못한다고 비판한다(Hay, 2001: 195). 이는 개인의 행위를 제도적 구조에 종속된 결과로만 해석함으로써 미시적 기초를 간과한 결과라 할 수 있다. 이러한 한계를 극복하기 위해 일부 연구자들은 합리적 선택 제도주의의 산술적 선택 분석과 사회학적 제도주의의 인지적·문화적 요소를 결합할 필요성을 제기한다.

그럼에도 불구하고, 역사적 제도주의의 공헌은 개인 행위를 단순히 제도에 종속된 결과로 환원하지 않고, 제도적 맥락 속에서 구조화된 행위로 이해한다는 점에서 여전히 유효하다. 제도는 행위자의 선호와 이익의 정의, 전략적 선택, 그리고 권력관계에 영향을 미치지만, 행위를 완전히 결정짓는 것은 아니다. 제도는 선택의 범위를 제약하는 동시에 가능성을 제공하는 '행위의 제약이자 기회(opportunities for action)'로 작용한다(Lecours, 2000: 517). 따라서 역사적 제도주의는 제도결정론적 함정에 빠지지 않기 위해 제도와 행위의 상호작용, 즉 행위-구조의 변증법적 관계를 강조한다. 그러나 이러한 관계를 세밀하게 분석할 수 있는 구체적 이론틀이 아직은 충분히 정립되지 않았다는 점에서 미시적 통합의 필요성은 여전히 남아 있다.

이러한 맥락에서 최근 역사적 제도주의가 주목하는 개념이 바로 '아이디어(ideas)'이다. 제도적 제약 속에서도 개인은 여전히 제한된 범위 내에서 여러 대안을 선택할 수 있으며, 이때 어떤 선택을 하게 되는가는 행위자가 가지고 있는 아이디어에 의해 결정된다는 것이다. 역사적 제도주의의 핵심 문제를 "제도와 행위가 어떻게 연결되는가"라는 질문에 적절한 답을 제시하지 못한다는 데서 찾았다(Hall and Taylor, 1996). 그들은 이 문제의 해결책으로 아이디어를 제시했다. 즉, 새로운 아이디어의 수용은 행위자의 선호와 인식의 틀을 변화시켜 상황에 대한 정의를 바꾸고, 결과적으로 구체적인 선택의 방향을 달리하게 만든다. 또한 아이디어란 개인이 가진 세계관, 규범적 신념, 그리고 인과관계에 대한 해석 등을 포함하는 개념으로, 이를 통해 행위자가 특정 상황에서 어떤 선택을 하게 되는지를 설명할 수 있다(Goldstein and Keohane, 1993).

이러한 아이디어 개념은 제도 변화의 원인과 경로를 설명하는 데에도 중요한 분석 단서를 제공한다(Blyth, 1997). 대표적인 사례로 1930년대 미국 대공황 당시 케인스주의 아이디어가 뉴딜정책의 기반이 되었던 사례가 있다. 기존의 자유방임주의가 경제위기를 해결하지 못하자, 정부 개입과 재정지출을 강조하는 케인스주의 아이디어가 등장하며 불확실성을 완화하고 사회적 연합 형성을 통해 제도 변화를 이끌었다. 이는 영국 케임브리지에서 발전한 아이디어가 미국으로 확산된 사례로, 루즈벨트 행정부의 선호와 전략이 아이디어를 매개로 재구성된 과정을 보여준다. 이와 유사하게, 1970년대 스태그플레이션 위기 속에서 신자유주의 아이디어는 케인스주의의 한계를 비판하며 대처 정부와 레이건 행정부의 제도 변화를 촉발하여 시장 중심의 경제 질서, 노동조합 약화, 금융 규제 완화 등의 정책은 위기 정의의 재구성과 새로운 아이디어의 수용을 통해 가능했다. 이는 아이디어가 내부 요인으로 작용해 경로의존적 제도 변화의 유연한 형태를 설명할 수 있음을 보여준다.

이처럼 아이디어를 매개로 개인의 자율적 선택과 제도 변화의 가능성을 인정하게 되면서, 역사적 제도주의는 외부적 충격뿐만 아니라 내부적 요인을 통한 변화에도 주목하게 되었다. 다만, 역사적 제도주의는 여전히 합리적 선택 제도주의와 구별된다. 제도 변화가 개인의 선택 결과로 나타난다 하더라도, 그 변화 과정은 기존 제도의 틀 속에서 전개되며, 따라서 변화는 경로의존적 패턴을 따를 수밖에 없기 때문이다. 동시에 역사적 제도주의는 행위자의 선택을 형성하는 아이디어 또한 제도적·역사적 맥락과 분리될 수 없다고 본다(Heclo, 1994).

결론적으로 개인 행위를 충분히 설명하지 못한다는 비판은 역사적 제도주의의 미시적 보완 필요성을 드러내지만, 아이디어 개념의 도입은 제도와 행위의 연결을 강화하며 이론적 지평을 한층 확장시켰다. 아이디어는 개인의 인식과 선택을 통해 제도의 선택적 변화를 가능하게 하는 매개로 작용하며, 미시적 행위와 거시적 구조를 연결하는 다리로 기능한다. 이러한 점에서 아이디어에 주목한 역사적 제도주의의 발전은 제도 연구의 새로운 방향을 제시하며, 복합적 사회변화의 동학을 이해하는 데 중요한 이론적 기여를 제공한다.

3) 제도변화

역사적 제도주의는 시간적 맥락과 경로의존성을 강조하며 제도의 안정성을 설명한다. 전통적으로는 단절된 균형모형(punctuated equilibrium model)이 지배적이었는데, 이 모형은 대공황 시 뉴딜 정책에서 볼 수 있듯이, 급격한 경제 위기같은 외부 충격이 중대한 전환점(critical junctures)을 만들고, 이로 인해 제도가 급격히 변하며 장기간 안정성을 유지한다.

그러나 이러한 단절된 균형모형은 제도변화를 폭넓게 설명하는 데 한계를 드러낸다. 첫째, 외부 요인만을 변화의 원인으로 강조하여 제도 내부의 내재적 요인인 구성요소 간 갈등을 무시한다. 둘째, 변화가 항상 급격하다고 보아 시간의 흐름에 따른 점진적 변화의 가능성을 간과한다. 셋째, 제도의 지속성을 과도하게 강조하여 시간 흐름에 따른 자연적 또는 적응적 변화를 고려하지 않는다. 이로 인해 특정 시점의 제도 모습에 초점을 맞춘 비교정학적 분석에 머무르며, 국가 간 정책 차이를 설명하는 데 제한된다.

이러한 한계를 극복하려는 대표적인 노력으로, 제도의 구성요소 간 균열과 갈등에 주목하는 오렌과 스코로넥(Orren and Skowronek, 1994; 1996)의 연구를 들 수 있다.

이들에 의하면 제도란 동질적인 단위체가 아니라 이질적인 요소로 구성된 복합체이다. 역사적 제도주의가 제도의 복합성을 강조해 왔음에도, 제도 변화를 설명할 때는 여전히 제도를 단일하고 동질적인 논리로 파악해 왔다는 점이다. 반면 오렌과 스코로넥은 제도 변화를 분석함에 있어서도 이러한 복합적 구성을 핵심 변수로 삼았다.

제도를 단일한 논리에 의해 작동하는 단위체로 이해할 경우, 변화를 야기할 수 있는 요인은 외부적 충격뿐이라는 결론에 이르게 된다. 그러나 오렌과 스코로넥은 제도를 구성하는 다양한 요소들이 각기 다른 시기에, 상이한 사회적 필요에 따라 형성된 결과물이라고 보았다. 일단 형성된 제도는 경로의존성에 의해 지속되려는 속성을 가지므로, 한 시점에서 존재하는 제도는 서로 다른 시대적 배경에서 비롯된 이질적 요소들이 공존하는 상태로 나타난다. 이러한 이질성은 필연적으로 구성요소 간 갈등을 초래하며, 이 갈등이 제도 변화를 유도한다. 그들은 이를 '제도의 병렬적 구성(intercurrence)'이라 명명하였다(Orren and Skowronek, 1996: 114). 즉, 제도는 시간적으로 비동시적인 요소들의 공존체이며, 각 구성요소는 고유한 역사와 형성 논리를 가진다는 점이 중요하다.

특히 제도의 각 구성요소가 형성 당시의 사회적 권력관계를 반영한다는 점에 주목하였다(Orren and Skowronek, 1994). 따라서 개인이나 집단 간 권력관계 및 상호작용 패턴이 변하면 제도 또한 변할 수 있다. 제도는 단지 외부 충격에 반응하는 수동적 구조물이 아니라, 구성요소 간의 균열과 갈등을 통해 내적으로 진화하는 동태적 체계라는 것이다. 이 관점에서 제도 변화는 외생적 사건의 결과라기보다, 제도 내부의 상호작용과 권력 재편 과정에서 발생하는 내생적 변화로 이해된다.

이러한 접근은 단절된 균형모형의 핵심 한계인 (1) 내부 요인의 무시, (2) 시간의 비동시성에 대한 간과, (3) 점진적 변화 가능성의 부재를 동시에 극복할 수 있는 가능성을 제시하였다. 실제 사례로 미국 정치 발전에서 1830년대 남부 노예제와 민주주의 확장의 공존을 들 수 있다. 노예제는 계층적·지역적 통제의 질서를, 민주주의는 백인 남성의 참정권 확대를 대표하며, 이 둘의 병렬적 상호작용은 상호 위협을 초래했다. 노예제는 민주적 확장을 저해하고, 민주주의는 노예제의 법적·사회적 구조를 도전하며, 결국 노예제의 찬반이 남북전쟁으로 이어지는 제도 변화의 주요 요인 중 하나가 되었다.

더불어 지오바니 카포치라(Giovanni Capoccia)는 한 발 더 나가 제도의 '작동력(bite)' 즉, 제도가 정치적 변화를 어떻게 제약 또는 구조화하는지를 체계적으로 분석했다. 그는 내생적 제도 변화 이론(Thelen 2004; Mahoney and Thelen 2010)을 바탕으로, 점진적 아래로부터의 변화(bottom-up processes)에 기존 제도가 대응하는 제도적 조건을 강조했다. 제도의 작동력은 두 가지 메커니즘에서 발생한다. 문화적 범주가 견고하게 제도화되어 재해석을 억제하거나 기존 제도 수호자(institutional incumbents)들이 개혁의 순간을 통제하여 변화를 약화시키는 것이다. 이는 제도의 인과적 힘(causal force)과 내생적 과정을 통합적으로 분석하며, 제도를 단순한 중개자가 아닌 독립적 요인으로 재정의하였다(Capoccia, 2016). 예를 들면, 미국의 인종 정체성을 들 수 있다. 정부 기관이 이를 주도하는 인구 조사 그리고 법률과 이민법 등이 '백인'과 '흑인' 등의 범주를 구분하면서 일관되게 제도화하게 한다. 결국 이 범주가 사회적 가치와 행동을 제도화하기 때문에 변화의 가능성이 어렵게 될 수 밖에 없다는 것이다(Smith 2006: 94).

결론적으로, 오렌과 스코로넥(Karen Orren and Stephen Skowronek)은 내부 요인, 제도 형성의 시간적 비동시성, 그리고 점진적 변화를 주목함으로써 단절된 균형모형의 한계를 극복했으며, 카포치아(Giovanni Capoccia)는 이를 보완하여 제도의 작동력을 통해 안정과 변화의 균형을 제시한다. 이들 연구는 제도 변화 연구에 새로운 지평을 열었다고 볼 수 있다.

제4절

신제도주의 이론의 가능성

오늘날 정치제도 연구는 정치변동과 정치현상 등을 분석하기 위하여 정치학의 여러 분야에서 활용되는 연구 방법으로서, 정치제도가 지니는 다의적 의미에도 불구하고 인간의 정치활동에 대한 이해를 돕는 데 유용하게 사용되고 있다. 특히 제도주의 이론은 정치학, 경제학, 사회학 등 사회과학 전반에 적용되고 있다. 과거 제도주의 연구는 국가기관의 공식적 구조와 법체계에 대한 단순한 기술에 한정되었으나, 행태주의 혁명 이후 사회과학의 전반적 흐름을 반영하여 분석적 틀에 기반한 설명과 이론적 발전을 이루고 있다.

신제도주의는 제도를 사회현상을 설명하는 핵심 변수로 상정하며, 제도의 공식적·구조적 측면뿐만 아니라 행위와의 상호관계를 통해 사회 변동의 원인을 규명함으로써 국가 간 정책 패턴과 결과의 공통점 및 차이점을 밝히는 데 효과적으로 활용되고 있다. 이러한 경향은 마르크스주의의 경제 결정론적 관점에서 권력관계의 불평등을 설명하는 방식에서 탈피하여, 제도적 맥락 속에서 국가와 사회의 관계를 통해 권력 자원의 배분을 설명한다. 권력 경쟁을 통해 제도가 형성되고, 일단 형성된 제도는 불평등 구조를 고착화시키는 관성(inertia)을 지니게 된다는 것이다(Pierson, 2000: 263). 이러한 측면을 활용하면 신제도주의적 접근법은 단순히 민주화된 정치체제의 묘사에 그치지 않고, 세계화 과정이나 민주주의 체제 내에서 나타나는 권력 집중 현상, 즉 '새로운 권위주의의 등장'에 대한 분석 틀을 제공할 수 있다.

상술하였듯이, 신제도주의 연구는 역사적 제도주의, 합리적 선택 제도주의, 사회학적 제도주의 등 포괄적인 스펙트럼을 가지고 있으며, 역사와 맥락을 중심으로 한 역사적 제도주의는 비교정치의 중심으로 자리 잡고 있다. 역사적 제도주의는 역사와 맥락을 핵심 개념으로 삼아 맥락에 대한 적절한 이해 없이는 사회현상을 설명할 수 없으며, 이러한 맥락을 형성하는 것이 역사라고 파악한다. 이처럼 역사적 제도주의는 제도의 형태와 모습에 초점을 맞추어 사회현상을 설명하고, 제도를 역사적 산물로 이해한다. 따라서 거시적 맥락에 초점을 맞추면서도 역사적 과정을 분석한다는 특징을 지닌다.

정치제도에 관한 연구는 구제도주의와 신제도주의의 구분처럼 이론 자체의 분류가 존재하지만, 특정 국가의 정치제도를 대상으로 제도의 변화 과정을 면밀히 탐구하는 등 여전히 풍부한 연구 소재를 제공한다. 이는 정치현상을 분석하는 비교정치 연구자들에게 지속적인 연구의 화수분이 되고 있다.

제7장

정치구조

제7장

정치구조

민주주의가 단순히 다수의 지배를 의미하지 않고, 권력의 분산과 통제를 통해 국민의 자유와 권리를 보장하는 체제임을 고려할 때, 삼권분립은 민주주의의 근본 원리를 제도적으로 구현한 형태라 할 수 있다.

국가 권력은 행정부, 입법부, 사법부의 세 기관으로 분화되어 있으며, 이들은 상호 견제와 균형(check and balance)의 원리에 따라 작동한다. 한 기관의 권한이 확대될수록 다른 기관이 이를 통제함으로써, 권력이 한쪽으로 집중되는 것을 방지하고 국민의 기본권이 침해되지 않도록 한다. 이러한 권력 분립의 구조는 단순히 제도적 장식이 아니라, 국민의 의사를 대표하고 이를 실현하기 위한 권력의 민주적 운영 원리로 기능한다.

특히 삼권분립의 핵심은 각 기관이 독립적으로 존재한다는 데 그치지 않고, 권력을 '분할'하는 동시에 '공유'함으로써 권력의 균형을 이루는 데 있다. 다시 말해, 삼권분립은 권력의 분리(separation of power)뿐 아니라 권력의 공유(power sharing)를 통해 국민의 의사가 왜곡되지 않도록 보장하는 장치이다. 따라서 삼권의 관계는 기관 간 위계가 아니라 상호 관계적 구조이며, 정치적 권력이 어떻게 행사되는가를 결정짓는 관계의 문제로 이해되어야 한다(Hague et al., 2017: 102).

각 국가는 자국의 역사적 경험과 정치문화적 맥락에 따라 서로 다른 형태의 권력분립 구조를 채택하였으나, 그 공통된 목표는 국민주권의 실질적 구현에 있다. 권력의 집중은 곧 국민의 자유에 대한 위협이 되며, 권력의 분립은 곧 국민주권의 안전장치이기 때문이다.

본 장에서는 이러한 민주주의의 기본 원리를 바탕으로, 첫째 민주주의의 개념과 가치, 그리고 자유민주주의의 역사적 발전 과정을 고찰하고, 둘째 행정부·입법부·사법부의 다양한 국가별 구조와 운영 형태를 비교한다. 마지막으로 근대 이후 정부체제의 핵심으로 자리 잡은 관료제의 개념과 그 장단점을 살펴봄으로써, 오늘날 국가 권력의 구조가 국민주권의 원리를 어떻게 구현하고 있는지를 종합적으로 이해하고자 한다.

제1절 민주주의

1. 민주주의의 개념 정의: 소다로(Sodaro)의 민주주의의 사원

오늘날 대부분의 근대 국가의 정치구조는 민주주의의 원리를 추구한다. 따라서 정치구조를 논의하기에 앞서, 민주주의에 대한 이해를 선행하는 것은 필수적이라 할 수 있다. 민주주의는 다양한 사상과 이론적 전통에 의해 해석될 수 있기 때문에, 단일한 개념으로 정의하기 어렵다. 그럼에도 불구하고, 민주주의 체제를 채택한 여러 국가들의 정치구조를 비교해 보면 민주주의의 핵심적 의미에 대한 일정한 공통점을 발견할 수 있다. 즉, 오늘날 보편적으로 통용되는 민주주의의 개념은 간단히 말해 “누가 국민을 통치할 것인가를 국민 스스로 결정할 권리를 국민이 지니는 체제”로 정의할 수 있다(김성수, 2025: 271~274).

이와 같이 정의된 민주주의의 개념을 보다 명확하게 이해하기 위해서는 몇 가지 추가적인 요건들을 검토할 필요가 있다. 이를 위해 소다로(Sodaro, 2008: Chpt.7)가 제시한 '민주주의의 사원(The Temple of Democracy)' 모형을 활용할 수 있다(그림 7-1). 소다로는 민주주의라는 이념을 하나의 사원에 비유하며, 그 사원을 지탱하는 여러 구성요소를 통해 민주주의의 구조적 요건을 설명한다.

민주주의의 사원은 세 개의 기둥으로 지탱되고 있다. 그것은 국민주권(Popular Sovereignty), 권리와 자유의 보장(Rights and Liberties), 그리고 경제적 풍요(Economic Well-being)이다. 이 세 기둥은 민주주의가 실질적으로 작동하기 위한 기능적 요건에 해당하며, 일정한 토대 위에 서 있다. 이 토대는 근본적인 기반을 형성하는 요소로서, 기둥이 제대로 서기 위해 반드시 필요하다.

그림 7-1 • 민주주의의 사원

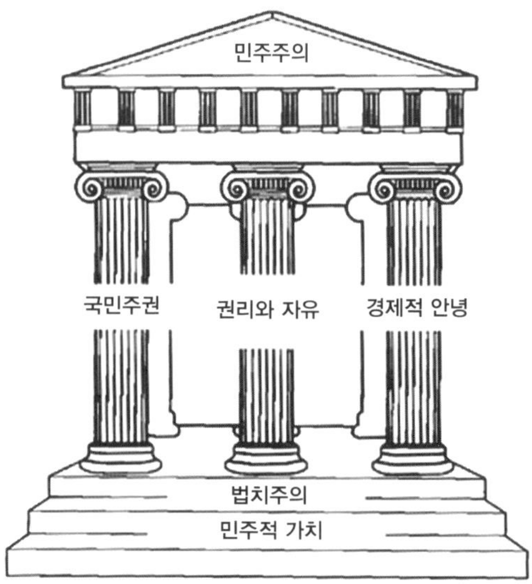

※ Michael J. Sodaro, 2008, *Comparative Politics: A Global Introduction*(3rd ed.), New York: McGraw-Hill, Ch. 7.

사원의 토대를 이루는 핵심 요소는 두 가지이다. 첫째는 '인치(人治)'가 아닌 '법에 의한 통치(The Rule of Law)'이다. 법에 의한 통치는 통치자의 권력 또한 법의 제약을 받아야 한다는 원리를 의미하며, 이는 민주주의가 전제하는 권력의 제한과 책임성의 원칙을 구체화한 것이다. 그러나 이러한 법치 또한 그 자체로 완전하지 않으며, 보다 깊은 차원에서 '민주적 가치'에 의존해야만 올바르게 기능할 수 있다.

따라서 민주주의의 구조를 온전히 이해하기 위해서는 민주적 가치에 대해 보다 상세히 살펴볼 필요가 있다.

1) 민주적 가치

민주주의는 오늘날 대부분의 국가들이 정치체제를 조직하는 기본 원리이자 제도적 기반을 갖춘 정치 형태이다. 그러나 민주주의를 단순히 제도나 절차의 문제로만 이해하는 것은 충분하지 않다. 민주주의의 본질은 주권을 가진 국민이 스스로를 통치한다는 '자기통치(self-government)'의 이상에 있으며, 이는 곧 민주주의를 지탱하는 핵심 가치들에 대한 이해로 이어진다.

즉, 민주주의는 단순한 정치 제도가 아니라, 인간과 사회에 대한 특정한 신념과 규범을 담고 있는 사상적 원리로 현실의 정치를 이끌고 방향을 제시하는 '이념적 나침반'의 역할을 한다. 그렇기 때문에 민주적 가치는 민주주의의 근간을 이루는 토대라 할 수 있다.

이 점에서 소다로가 제시한 민주주의의 사원 모형에서, 열 가지 민주적 가치가 사원의 가장 아래에서 전체 구조를 떠받치고 있는 것은 결코 우연이 아니다. 민주적 가치는 제도와 절차, 그리고 정치적 행위를 가능하게 하는 근본적인 기반이기 때문이다.

(1) 자유(Freedom)

자유의 가치는 민주주의를 떠받치는 세 가지 핵심 기둥 중 하나인 '권리와 자유의 기둥' 과 깊은 관련이 있다. 이는 곧 국민이 권위적이거나 억압적인 통치로부터 보호받아야 한다는 기본적인 원리를 의미한다. 이 사상의 뿌리는 제2장에서 살펴본 로크와 같은 사회계약론자들의 사상으로 거슬러 올라간다. 그들은 인간이 본래부터 자유롭고 평등한 존재이며, 국가 권력은 이러한 개인의 자유를 지키기 위해 존재한다고 주장했다. 오늘날 대부분의 민주주의 국가들은 이러한 자유의 가치를 헌법에 명시적으로 담고 있다. 그 결과 표현의 자유, 언론의 자유, 사상과 종교의 자유, 그리고 집회·결사의 자유와 같은 권리들이 제도적으로 보장되고 있다. 다시 말해, 자유의 가치는 단순한 이상이 아니라, 민주주의를 실질적으로 작동하게 만드는 제도적 기반으로 구체화되어 있는 것이다.

(2) 포괄(Inclusion)

포괄의 가치는 민주주의의 핵심 원리 중 하나로, 민주적인 권리와 자유는 모든 사람이 차별 없이 동등하게 누려야 한다는 뜻을 담고 있다. 즉, 인종·성별·계층·집단의 차이에 상관없이 누구에게나 투표권을 포함한 기본적인 권리와 자유가 공정하게 보장되어야 한다는 것이다. 이 원리가 지켜지지 않은 대표적인 사례로 발트 3국(에스토니아, 라트비아, 리투아니아)을 들 수 있다. 이들 국가는 소련이 해체된 이후 독립을 이루었지만, 당시 인구 중 상당 부분을 차지하던 러시아계 소수민족에게 투표권 등 여러 시민적 권리를 제한했다. 이러한 조치는 특정 집단을 배제함으로써 민주주의의 기본 가치인 포괄성을 훼손한 사례로 평가된다. 결국 포괄의 가치는 민주주의가 소수나 특정 집단의 이익을 위한 체제가 아니라, 모든 구성원이 동등하게 참여하고 권리를 누릴 수 있는 정치 질서임을 상기시켜 준다.

(3) 평등(Equality)

평등의 가치, 혹은 평등의 원리는 민주주의 사회에서 모든 사람이 동등하게 권리와 자유를 누려야 한다는 뜻을 담고 있다. 즉, 누구도 법적·사회적 지위나 재산, 성별, 인종 등의 이유로 권리의 분배에서 차별받아서는 안 된다는 것이다. 평등의 핵심은 권리의 '동등한 분배(equal distribution of rights)'에 있다. 이는 앞서 설명한 '포괄의 원리'가 "누구나 민주적 권리를 가져야 한다" 는 데 초점을 두었다면, 평등의 원리는 "그 권리가 실제로 모두에게 공평하게 주어지고 있는가" 에 초점을 맞춘다는 점에서 서로 보완적인 관계에 있다. 예를 들어, 1918년까지 영국에서는 집을 소유한 남성에게만 투표권이 부여되었는데, 이는 앞서 포괄 개념에서 든 발틱 3국의 사례와는 달리 특정 인구 집단을 원천적으로 참정권으로부터 배제한 것은 아니라는 측면에서 포괄 개념에 상응한다. 그러나 투표권을 행사하기 위해 '재산'이라는 조건을 붙인 것은 권리를 불평등하게 나눈 것이며, 결과적으로 평등의 원리를 위반한 셈이다. 이처럼 평등의 가치는 단순히 권리를 인정하는 차원을 넘어, 그 권리가 실제로 모든 사람에게 동등하게 주어지고 행사될 수 있도록 보장하는 데에 그 의미가 있다.

(4) 공평 · 공정(Equity)

공평과 공정의 가치는 현대 자유주의에서 발전한 중요한 민주적 원리로, 평등의 개념을 한 단계 확장한 것이다. 앞서 살펴본 '평등'이 주로 법적·형식적인 의미에서 모든 사람에게 동일한 권리와 자유를 보장하는 것을 뜻한다면, 공평과 공정은 경제적·사회적 영역에서 '기회의 평등(equal opportunity)'을 강조한다. 즉, 평등의 원리가 "모두가 같은 권리를 가져야 한다"는 법적 선언이라면, 공평과 공정은 "모두가 같은 출발선에서 시작할 수 있도록 기회를 보장해야 한다" 는 실질적 원리라 할 수 있다. 이는 단순히 권리의 평등을 넘어서, 누구나 노력과 능력을 발휘할 수 있는 환경을 만드는 데 초점을 둔다. 또한 공평과 공정의 가치는 경제적 불평등이 정치적 참여의 불평등으로 이어지지 않도록 막는 제도적 장치를 포함한다. 경제적 여건이나 사회적 배경 때문에 특정 집단이 정치 과정에서 배제되거나 불리한 위치에 놓이지 않도록 하는 것이다. 이러한 맥락에서 공평과 공정은 경제적 복지의 보장, 즉 모든 사람이 최소한의 삶의 안정 속에서 자신의 잠재력을 실현할 수 있도록 돕는 사회적 책임의 개념까지 포괄한다. 결국 공평과 공정의 가치는 민주주의가 단순히 법적 평등을 넘어, 실질적이고 참여 가능한 평등을 구현하기 위한 핵심 토대라 할 수 있다.

(5) 존중 · 관심(Respect)

존중과 관심의 가치는 민주주의에서 매우 중요한 원리로, 모든 사람의 권리와 자유가 차별 없이 보장되어야 한다는 점에서 '평등'의 개념과 깊이 연결되어 있다. 그러나 존중과 관심은 단순히 형식적인 평등을 넘어서, 사회적 약자나 소수자에게 특별한 의미를 지닌다. 이 가치는 인종, 장애, 성별, 성적 지향, 종교 등과 같은 차이 때문에 불이익을 받는 사람들이 사회 안에서 동등한 인간으로 대우받아야 한다는 생각에 기반한다. 즉 다수든 소수든 상관없이 모든 인간은 존엄한 존재이며, 그 존엄은 사회 구성원 모두가 서로를 존중하고 배려할 때 비로소 실현된다는 것이다. 따라서 존중과 관심의 가치는 민주주의가 단순히 권리의 평등을 선언하는 데 그치지 않고, 실제로 다양한 배경을 가진 사람들이 서로의 차이를 인정하며 함께 살아갈 수 있는 사회를 만드는 데 필수적인 윤리적 기반이라 할 수 있다.

(6) 관용(Tolerance)

관용의 가치는 민주주의의 중요한 덕목으로, 흔히 '포용력'이라고 표현된다. 이는 자신과 다른 생각이나 신념을 가진 사람의 존재를 인정하고, 그들의 의견을 존중하며 함께 공존해야 한다는 의미를 담고 있다. 다시 말해, 관용은 포괄성과 법적 평등을 바탕으로 다름을 인정하고 조화를 이루는 태도를 뜻한다. 예를 들어 이란의 경우 이슬람교 시아파가 다수를 차지하고 있지만, 수니파나 기독교인도 법적으로 종교 활동을 할 수 있다. 그러나 이들은 여전히 시아파와 동등한 수준의 교육, 취업, 정치 참여의 기회를 보장받지 못하고 있다. 이런 상황에서는 종교적 차이에 따른 차별이 존재하므로, 진정한 의미의 관용이 실현되었다고 볼 수 없다. 관용의 가치는 단지 존재를 허용하는 데서 그치는 것이 아니라, 다른 집단에게도 동등한 권리와 자유를 보장하는 것을 뜻한다. 1960년대 미국의 사례도 관용의 의미를 잘 보여준다. 당시 일부 개인 사업자는 '사유재산의 권리'를 이유로 흑인의 출입을 제한했지만, 정부는 민주주의의 원리에 따라 이를 정책으로 금지했다. 정부의 강제성이 개인의 권리를 속박한다고 불만을 가질 수 있지만, 관용의 가치로 이해되어야 한다는 것이다. 흑인에 대한 차별을 막고 누구나 동등하게 식당이나 호텔을 이용할 수 있도록 한 것이다. 이는 개인의 재산권보다 민주적 관용의 원칙, 즉 소수자에 대한 존중을 우선시한 정책이었다. 이와 같은 관용의 원리는 경제적 영역에서도 적용될 수 있다. 소수자나 저소득층을 위한 증세와 재분배 정책은 단순한 경제정책이 아니라, 사회 구성원 모두가 불평등으로 인해 배제되지 않도록 하기 위한 관용의 실천이라 할 수 있다. 결국 관용은 민주주의가 단순히 다양한 의견을 허용하는 체제를 넘어, 다른 사람의 존재와 권리를 적극적으로 보호하고 존중하는 정책이자 사회적 태도임을 보여준다.

(7) 복지(Welfare)

복지의 가치는 민주주의를 지탱하는 세 번째 기둥에 해당하며, 개인과 공동체, 그리고 사회 전체가 경제적으로 안정되고 풍요로운 삶을 누릴 수 있어야 한다는 의미를 담고 있다. 민주주의 사회에서 복지가 중요한 이유는 단순히 생활 수준을 높이는 데 그치지 않는다. 경제적 불평등이 심해질수록 부유층과 서민층 간의 격차가 커지고, 이는 결국 정치적 발언권과 사회적 참여 기회의 차이로 이어지기 때문이다. 다시 말해, 경제적 불평등은 사회적 불평등으로 이어져 모든 시민이 동등하게 참여하고 결정할 수 있는 민주주의의 근본 원리를 위협할 수 있다. 따라서 복지의 가치는 민주주의를 유지하기 위한 필수 조건이다. 모든 시민이 최소한의 경제적 안정 속에서 인간다운 삶을 살 수 있도록 사회가 제도적 장치를 마련해야 하며, 이를 통해 민주주의의 다른 가치들인 자유, 평등, 관용 등이 실제로 실현될 수 있다.

(8) 협력(Cooperation)

민주주의가 오래 지속되기 위해서는 사회 안의 다양한 집단과 지도자들이 끊임없이 대화하고 협상하며, 때로는 서로에게 양보하는 노력이 필요하다. 민주주의는 한쪽의 승리나 일방적인 지배가 아니라, 다른 생각과 이익을 가진 집단들이 조정과 타협을 통해 공존하는 정치 체제이기 때문이다. 따라서 민주적 정치구조와 제도를 안정적으로 유지하려면, 다원주의의 핵심 정신인 화해와 양보(compromise)가 반드시 뒤따라야 한다. 이는 단순히 의견을 맞추는 과정이 아니라, 다르다는 서로의 입장을 존중하고 공동의 이익을 위해 차이를 조정하려는 태도를 의미한다. 결국 민주주의의 지속 가능성은 제도 자체보다, 그 제도를 지탱하는 사람들의 타협과 협력의 문화에 달려 있다고 할 수 있다.

(9) 신뢰(Trust)

선출된 정치인이나 정부 관료들은 국민에게 신뢰받을 수 있는 도덕성과 책임감을 보여야 한다. 즉, 양심에 따라 행동하고 공정하게 일하는 모습을 통해 국민이 그들을 믿을 수 있어야 한다는 뜻이다. 이러한 신뢰성은 민주주의의 가장 기본적인 원리인 '국민의 자기통치(self-government)'를 가능하게 하는 전제 조건이다. 국민이 자신의 대표자들을 신뢰하지 못한다면, 정부는 정당성을 잃고 민주주의는 제대로 작동하기 어렵다. 따라서 정치인과 공직자는 개인의 이익보다 공공의 이익을 우선시하고, 투명하고 정직하게 일해야 한다. 그래야만 국민이 정부와 정치 제도에 대한 신뢰를 유지하며, 민주주의가 건강하게 지속될 수 있다.

(10) 안보(Security)

안보의 개념은 단순히 군사적인 국방력만을 뜻하지 않는다. 그것은 더 넓은 의미에서, 국가가 국민의 생명과 재산을 안전하게 지켜야 한다는 원리를 포함한다. 즉, 안보는 외부의 위협으로부터 국가를 보호하는 일뿐 아니라, 개인이 일상생활 속에서 신체적 안전과 재산권을 침해받지 않도록 보장하는 것을 의미한다. 다시 말해, 국가 차원의 국방과 개인 차원의 안전이 함께 확보될 때 비로소 진정한 안보가 실현된다고 할 수 있다. 따라서 민주주의 사회에서의 안보는 국민의 자유와 권리를 지키기 위한 필수적 조건이며, 국가의 존재 이유 중 하나로 이해될 수 있다.

이처럼 열 가지 개념으로 구성된 민주적 가치는 민주주의의 토대이자, 궁극적으로 민주적 공동체의 형성과 유지를 목표로 한다(김성수, 2018: 246~247). 민주주의는 단지 제도나 절차의 집합이 아니라, 이러한 가치들이 사회 속에서 살아 숨 쉴 때 비로소 온전하게 작동한다.

민주적 공동체는 화해와 신뢰, 그리고 안보를 기반으로 유지된다. 자유와 평등, 포괄과 공정, 존중과 관용, 복지와 신뢰, 그리고 안보는 각각 따로 존재하는 원리가 아니라, 서로 긴밀히 연결되어 민주주의의 생명력을 만들어낸다. 자유는 권위적 지배로부터 개인을 보호하고, 평등과 포괄은 모든 구성원이 동등한 권리로 참여할 수 있는 사회적 토대를 마련한다. 공평과 공정은 기회의 불균형을 해소해 각자가 자신의 역량을 발휘할 수 있도록 하고, 존중과 관심, 관용은 다양성을 포용하며 사회적 조화를 이끌어낸다. 복지는 경제적 안정과 사회적 연대를 가능하게 하며, 타협과 신뢰는 정치 공동체의 지속성을 보장한다. 마지막으로 안보는 이러한 모든 가치들이 안정적으로 실현될 수 있는 최소한의 조건을 마련한다.

결국 민주주의는 단순히 선거의 공정성이나 시민의 기본권 보장만으로 완성되지 않는다. 위의 열 가지 가치가 사회 전반에 뿌리내리고 서로를 지탱할 때, 비로소 민주주의는 발전적이고 포용적인 공동체로 나아갈 수 있다. 이러한 가치의 조화는 개인의 자유와 공동체의 책임이 균형을 이루는, 성숙한 민주사회의 기반이 된다.

2) 법에 의한 통치(the Rule of Law)

민주주의의 두 번째 토대인 법에 의한 통치는 국가와 통치자의 권력을 법이 제한해야 하며 국민 모두가 법률에 평등하다는 원칙을 의미한다. 즉 어떤 사람도 법 위에 설 수 없으며, 권력 역시 법의 틀 안에서 행사되어야 한다는 것이다. 이러한 원칙은 통치자가 자신의 감정이나 이익에 따라 나라를 다스리는 전제정치와는 근본적으로 다르다. 법치주의의 핵심은 '사람이 아니라 법이 지배해야 한다'는 믿음이며, 이는 통치가 개인의 자의적 판단이 아니라 사회적 합의와 이성에 기반해야 한다는 생각에서 출발한다.

이 사상의 뿌리는 고대 그리스 철학으로 거슬러 올라간다. 플라톤이 철인왕(Philosopher King)에 의한 통치를 이상으로 제시한 반면, 아리스토텔레스는 "인간이 아니라 법이 지배해야 한다"고 역설했다. 인간은 감정과 이해관계에 흔들리기 쉽지만, 법은 사회 구성원 간의 합의를 통해 만들어진 누구나 지켜야 하는 이성의 산물이기 때문이다. 따라서 법은 권력의 남용을 억제하고 사회 구성원들 간의 공정성과 안정성을 보장하는 장치로 작동한다.

그러나 법치가 실제로 작동하기 위해서는 이를 뒷받침하는 제도적 기반, 특히 사법부의 독립이 필수적이다. 입법부나 행정부가 법의 해석이나 판결에 간섭하지 않아야 하며, 사법부는 오직 법과 양심에 따라 판단할 수 있어야 한다. 만약 사법부가 권력의 영향을 받는다면, 법은 더 이상 정의의 기준이 아니라 권력자의 도구로 전락하게 되어 결국 전체주의가 등장할 수 있다. 민주적 절차에 따라 선거에 승리한, 베네수엘라의 고 우고 차베스 대통령은 1999년 집권 후 헌법을 개정하고 사법부를 재구성하면서 권력 강화를 위한 체계적 사법 장악을 추진했다. 그는 새 헌법 제정을 통해 기존 대법원 판사들을 해임하거나 교체하고, 자신에게 충성하는 인사들로 사법부를 재편했다. 2004년에는 대법원 판사 수를 20명에서 32명으로 늘려 여당이 다수를 차지한 의회가 대통령 측 인사를 대거 임명할 수 있도록 하였으며, 이후 비판적인 판사들을 해임하거나 구속하는 등 사법부를 철저히 통제했다. 그 결과 사법부는 독립성을 상실하고 행정부의 정치적 도구로 전락했으며, 법치주의는 권력을 정당화하는 외형만 남은 채 민주적 견제 기능을 잃게 되었다. 법치의 핵심은 바로 이 권력으로부터의 독립성에 있다.

여기서 더 중요한 점은, 법치주의가 민주적 가치 위에서 작동해야 한다는 것이다. 법은 단순히 질서를 유지하기 위한 통제의 수단이 아니라, 자유·평등·공정·존중과 같은 민주적 가치를 실현하기 위한 수단이어야 한다. 민주적 가치가 결여된 법은 형식만 남은 억압의 틀로 변질되며, 결국 민주주의를 해치는 결과를 낳을 수 있다.

이러한 이유로 민주주의의 구조를 사원에 비유할 때, 가장 아래에는 민주적 가치가, 그 위에는 법치가 자리한다고 말할 수 있다. 민주적 가치는 법이 존재해야 하는 이유를 제공하고, 법은 그 가치를 구체적인 제도와 현실 속에서 실현하는 역할을 맡는다.

결국 법에 의한 통치가 중요한 이유는, 그것이 권력의 자의적 행사를 견제하고 국민의 자유와 권리를 보호하며, 민주적 가치를 실제 사회 속에서 구현하는 유일한 장치이기 때문이다(김성수, 2025: 296). 법이 지배하는 사회란 단순히 규율이 있는 사회가 아니라, 이성이 정의를 실현하고 권력이 그 앞에 머리 숙이는 사회인 것이다.

3) 3가지 기둥: 민주주의의 기능

지금까지 민주주의의 유지와 운영을 위한 기본적인 두 가지 토대인 민주적 가치 10가지와 법에 의한 통치에 대하여 살펴보았다. 이러한 토대에 기반을 둔 민주주의 사원의 세 가지 기둥은 무엇을 의미하는 것일까? 이 세 가지 기둥은 민주주의의 현실적인 운영을 위하여 민주주의 정치구조가 수행해야 하는 기능들을 축약해 놓은 것이라고 할 수 있다. 그러나 이 기능들은 실제적인 운영에 있어서 최대한과 최소한의 반영이라는 스펙트럼의 차이를 지닐 수 있음을 명심해야 한다.

(1) 국민주권

국민주권은 민주주의의 가장 근본적인 개념으로, 국가의 권력이 어디에서 비롯되는지를 보여주는 원리이다. 즉, 국가는 국민의 동의와 의지에 기반해 정당성을 갖게 되며, 통치자는 국민이 선택해야 한다는 것이다. 이런 의미에서 국민주권은 미국의 16대 대통령 에이브러햄 링컨(Abraham Lincoln)이 말한 "국민의, 국민에 의한, 국민을 위한 정부"라는 표현으로 요약될 수 있다. 국민주권이 실질적으로 작동하기 위해서는 국민의 정치적 참여와 정부에 대한 신뢰가 중요하며, 이러한 요소들은 법과 제도를 통해 보장된다. 이를 통해 포괄성, 평등, 공정성과 같은 민주적 가치가 실현될 수 있다.

국민의 정치적 참여 방식은 크게 대의민주주의와 직접민주주의로 나뉜다. 먼저 대의민주주의는 국민이 직접 정치에 참여하기보다는 대표를 선출해 정치권력을 위임하는 형태이다. 여기서 가장 중요한 것은 공정하고 투명한 선거제도이다. 후보자 간의 자유로운 경쟁, 비밀투표, 평등한 참여가 보장되어야 하며, 선거는 정기적으로 실시되어야 한다. 또한 국민은 정당 활동이나 선거운동, 여론 형성을 통해 간접적으로 정책 결정 과정에 참여할 수 있다. 이런 과정을 통해 선출된 대표자는 국민의 신뢰 속에서 정당한 권위를 갖게 되며, 국정감사나 정보 공개와 같은 제도를 통해 국민은 여전히 통제권을 행사할 수 있다.

반면 직접민주주의는 국민이 통치 행위에 직접 참여하는 형태를 뜻한다. 이는 고대 그리스 도시국가, 특히 기원전 500~300년대 아테네 민주주의에서 관찰된다. 아테네에서 시민은 입법 기관 그 자체였으나, 이러한 역사적 직접민주주의 모델은 포괄성과 공정성의 가치를 실현하지 못했다. 여성, 외국인, 노예 등 비시민권자가 정치 참여에서 배제되었기 때문이다.

현대적 맥락에서 직접민주주의는 어떤 형태를 취할 수 있는가? 첫째, 국민투표 민주주의(plebiscitary democracy)가 대표적이다. 'Plebiscite'라는 용어는 라틴어 'plebs'(보통 사람, common people)와 'scitum'(결의, decision)의 합성어로, 다수 국민의 의지를 직접 결의하는 것을 의미한다. 이는 대통령 선거나 헌법 개정 투표 등 현대 정치에서 여전히 영향력을 발휘한다. 둘째, 최근 형태로 교통·통신 기술의 발전이 전자민주주의(e-democracy)를 가능케 한다. 인터넷과 이메일 등을 활용해 국민의 직접적 의사를 정치 결정 과정에 반영할 수 있는 기반이 마련된 것이다.

그러나 직접민주주의에는 한계도 존재한다. 복잡한 사회문제를 충분한 숙고 없이 단순한 투표로 결정할 경우, 감정적 판단이나 선동에 휘둘릴 위험이 있다. 또, 잘못된 결정이 내려졌을 때 그 책임을 명확히 묻기 어렵다는 점도 문제로 지적된다. 이런 이유로 제2장에서 다룬 보수주의 사상가 버크(Edmund Burke)는 국민이 모든 사안에 직접 개입하기보다, 선출된 대표에게 일정한 신뢰를 부여하고 그들의 전문적이고 숙고된 판단을 존중해야 한다고 강조했다. 그는 대표자가 단순히 국민의 의사를 기계적으로 반영하는 존재가 아니라, 국민의 이익을 장기적이고 책임감 있게 실현할 수 있는 인물이어야 한다고 본 것이다(Burke, 2013[1790]).

결국 국민주권의 핵심은 국민이 정치의 주인이되, 이 주권이 성숙한 참여와 제도적 신뢰를 통해 행사되어야 한다는 데 있다. 민주주의는 단순히 '모두가 투표하는 체제'가 아니라, 국민의 의사가 합리적으로 제도화되고 지속적으로 검증되는 정치 질서일 때 비로소 그 의미를 완성한다.

(2) 권리와 자유

법에 의한 지배를 바탕으로 한 개인의 권리와 자유의 보장은 민주주의 정부가 추구해야 할 가장 핵심적인 목적이다. 이는 단순히 정부가 효율적으로 작동하기 위한 수단이 아니라, 민주주의 그 자체가 지향하는 본질적 가치이기도 하다. 다시 말해, 민주주의는 국민의 자유와 권리를 보호하기 위해 존재하며, 이러한 보호는 법의 지배를 통해 실질적으로 구현된다.

이러한 원리를 제도적으로 뒷받침하는 대표적인 장치가 바로 삼권분립 제도이다. 입법부, 행정부, 사법부가 각기 독립된 권한을 가지면서도 서로를 견제하고 균형을 이루도록 설계된 이 구조는, 권력이 한곳에 집중되어 국민의 권리와 자유가 침해되는 것을 방지한다. 다시 말해, 국민이 위임한 권력이 국민 자신을 억압하지 않도록 하는 안전장치인 것이다. 따라서 민주적 정부의 본질은 단순히 국민의 뜻을 대변하는 데 그치지 않고, 법의 지배 아래에서 국민의 자유와 권리를 실질적으로 보장하는 것에 있다. 보장해야 할 권리와 자유의 구체적 내용은 다음과 같다:

1. **사유재산권:** 개인의 생명과 재산이 정부의 불법적 간섭으로부터 보호받을 권리.
2. **표현(언론)의 자유:** 사상과 의견을 자유롭게 표현할 권리.
3. **종교의 자유:** 개인의 신앙과 종교적 실천을 보장받을 권리.
4. **자유로운 선거권:** 신뢰할 수 있는 통치자를 선출하기 위한 권리.
5. **집회와 결사의 자유:** 정치적 목적을 위한 조직적 활동의 권리.
6. **여행과 거주 이전의 자유:** 이동과 거주지 선택의 자유.
7. **법 앞의 평등:** 법적 절차에서 동등한 대우를 받을 권리.
8. **재산 소유 및 처분권:** 개인 재산을 자유롭게 소유하고 처분할 권리.
9. **공공교육 수혜권:** 교육 접근의 권리.

이러한 아홉 가지 권리와 자유의 보장은 민주주의 체제의 성숙도를 평가하는 최소한의 기준을 형성한다. 그러나 국민주권과 권리·자유 보장 사이에는 내재적 긴장 관계가 존재한다. 현대 민주주의 국가의 대부분은 대의민주주의, 즉 다수결 원리(majority rule)에 기반을 두고 있다. 이로 인해 다수의 지배가 소수자의 권리와 자유를 침해할 가능성이 발생한다. 이러한 긴장은 다수결에 의한 의사결정이 개인의 기본권을 제한하거나 억압할 수 있는 민주주의의 딜레마를 드러낸다.

(3) 경제적 안녕

민주주의 정치체제의 근본 기능이자 이를 지탱하는 세 번째 기둥으로 경제적 안녕의 유지와 보장이 있다. 이는 경제성장과 복지서비스 제공이 단순한 경제적 차원을 넘어, 국민의 기본적 정치적 권리로 인정됨을 의미한다.

그러나 경제적 안녕이 민주주의 유지에 얼마나 중요한 비중을 차지하는지에 대해서는 지역, 국가, 시대적·역사적 맥락에 따라 상충하는 견해가 존재한다. 예를 들어, 1990년대 공산주의 블록 붕괴 이후 동유럽 주민들은 경제적 안녕을 민주주의의 핵심 요소로 간주하였다. 이는 경제적 안정성이 보장되지 않으면 어떠한 정치체제도 지속 가능하지 않음을 시사한다. 이러한 견해는 특정 역사적 상황에서 경제적 평등과 기본 생활권 보장이 정치적 자유보다 우선할 수 있음을 함의한다. 반면, 경제적 번영을 누리는 서구 유럽에서는 상이한 조사 결과가 나타난다. 이 지역에서는 물질적 번영을 위해 정치적 자유가 억압되어서는 안 된다는 입장이 우세하다.

그럼에도 경제적 종속이 존재하는 한 진정한 자유를 만끽할 수 없다는 점에서 경제적 안녕은 일반 국민들에게 민주주의의 필수적 요소이자 기본 조건으로 간주된다. 이러한 경제적 안녕의 중요성으로 인해 현대 민주주의 정치체제는 자유시장경제에서 정부의 경제 개입을 강화하는 혼합경제(mixed economy)로 점차 전환되었다. 이에 따라 정부의 시장 개입과 자유시장 제도가 병행되며, 민주주의 체제 내에서 경제적 안정과 정치적 자유의 균형을 모색하는 구조적 변화가 관찰된다.

2. 자유민주주의의 모델들

지금까지 우리는 민주주의의 가치와 기능에 대해 살펴보며, 추상적인 민주주의 원리가 어떻게 구체적인 국가 기구와 제도 속에 반영되어 있는지를 개괄적으로 검토하였다. 그러나 민주주의는 단순히 보편적 원리나 규범적 이념으로만 존재하는 것이 아니라, 역사적 맥락 속에서 끊임없는 변형과 발전을 거듭해 온 정치적 체제이기도 하다. 다시 말해 민주주의는 시대적 조건과 사회적 구조, 그리고 정치적 경험에 따라 다양한 형태로 구체화되어 왔으며, 따라서 민주주의의 여러 모델과 변천 과정을 역사적으로 검토하는 일은 민주주의를 심층적으로 이해하기 위한 필수적인 작업이라 할 수 있다.

이러한 다양한 민주주의의 유형 중에서도 오늘날 전 세계 대다수 국가의 정치체제를 규정하고 있는 것은 '자유민주주의(liberal democracy)'이다. 자유민주주의는 가장 현실적으로 제도화된 형태이자, 근대 이후 정치적 정당성의 핵심 원리를 구성하는 체제이다. 민주주의의 이상이 단순히 '국민의 지배'를 의미한다면, 자유민주주의는 그 지배가 개인의 자유와 권리를 존중하는 제도적 틀 안에서 실현되어야 함을 강조한다. 다시 말해, 자유민주주의는 다수의 지배라는 민주적 원리와 개인의 자유를 보장하는 자유주의적 원리를 조화시키려는 역사적 시도의 산물이다.

이에 따라 본 절에서는 맥퍼슨(Macpherson, 1977)과 필자(2025)의 논의를 중심으로 자유민주주의의 사상적 기반과 역사적 전개 과정을 분석하고자 한다. 이를 통해 자유민주주의가 단순한 정치체제의 한 유형이 아니라, 근대 정치사상과 제도발전의 핵심 축으로서 민주주의의 현실적 의미를 형성해 온 과정을 살펴볼 것이다.

Box 7-1 • 자유주의적 민주주의와 공화주의적 민주주의

현대 자유민주주의의 발전 과정을 살펴보기 전에, 오늘날 민주주의 이념과 모델의 기초를 이루는 두 가지 주요 전통인 자유주의와 공화주의를 간략히 소개한다(Tercheck and Conte, 2001: 3~7, 51~55). 이 두 전통은 현대 민주주의의 개념과 정확히 일치하지는 않지만, 민주주의의 사상적 기반을 형성하는 핵심 아이디어와 유산을 제공한다.

1. 자유주의

고전적 자유주의는 개인의 권리 보장과 피치자의 동의에 기반한 통치를 강조하는 사상적 전통이다. 인간의 권리, 이성, 평등에 대한 신념을 바탕으로, 개인을 다른 시민이나 정부의 간섭으로부터 보호해야 한다는 점을 역설한다. 이는 자유주의가 개인의 권리를 핵심 개념으로 삼고 있음을 보여준다. 이후 자유주의는 다수결에 의한 지배를 개인의 권리를 보장하는 최적의 수단으로 받아들이며 민주주의와 융합되었다.

존 로크(John Locke)는 이를 대표하는 초기 자유주의자로, 대중의 의결에 의한 입법을 통해 정부와 통치자를 견제함으로써 개인의 자유를 보장할 수 있다고 보았다. 그는 피치자의 동의에 기반한 정부가 자유의 가장 강력한 수호자라고 믿었으며, 비록 완전한 투표권 평등을 주장하지는 않았지만, 다수결 원리에 따라 정부가 피치자에 의해 견제받는 제도를 지지했다. 로크가 피치자의 동의를 강조한 이유는 이것이 인간의 자연권(생명, 자유, 사유재산)을 보호하는 가장 적절한 장치라고 보았기 때문이다. 그는 노동을 통해 소유권이 부여되는 사유재산을 강조하며, 사유재산권을 자유주의 전통의 중심적 권리로 자리 잡게 했다. 또한, 로크는 자유에 대한 위협으로 (1) 독재적 정부와 (2) 신중한 고려 없이 여론에 휘둘리는 상황을 꼽았으며, 특히 후자는 다수에 의한 지배라 하더라도 피치자의 동의에 기반한 정당한 통치로 볼 수 없다고 보았다.

토머스 페인(Thomas Paine)은 자유를 정상적 상태로 규정하고, 정부는 사회의 실패를 반영하는 필요악에 불과하다고 주장했다. 정부의 폭정이 막대한 피해를 초래할 수 있으므로, 페인은 로크와 마찬가지로 피치자의 동의에 기반한 정부 운영과 최소한의 정부(제한된 정부)를 통해 개인의 권리와 자유를 보호해야 한다고 보았다.

제임스 매디슨(James Madison)은 개인의 자유와 권리를 보장하는 정부를 지지하면서도 민주주의의 폐해를 방지하기 위한 방안을 모색했다. 그는 다수 지배의 가장 큰 문제로 특정 파벌(faction)이 정부를 장악해 소수자의 권리를 침해하는 상황을 꼽았다. 이를 막기 위해 매디슨은 권력 분립과 다양한 이익의 상호 견제를 통해 다수 파벌의 독점을 방지하는 입헌적 제도를 제안했다. 그는 공화주의자들과 달리 시민의 덕성에 의존하기보다는 제도적 설계를 통해 파벌의 해악을 억제해야 한다고 보았다.

알렉시스 드 토크빌(Alexis de Tocqueville)은 근대 민주주의의 평등주의적 특성을 강조하며, 과거 귀족적 덕성이나 전통적 권위에서 벗어나 평등 정신에 기반한 민주주의가 등장했다고 보았다. 그러나 그는 민주주의가 자유와 평등의 충돌, 특히 다수의 독재로 변질될 위험성을 우려했다. 이를 해결하기 위해 그는 자발적 조직과 지방 정부에의 헌신을 통해 공동체 연대가 민주주의 내에서도 가능하다고 보았다. 또한, 그는 종교가 개인주의와 물질주의를 극복하고 민주주의의 장기적 지속성을 보장하는 데 기여한다고 주장했다.

2. 공화주의

서구 민주주의에는 자유주의와 별개로, 아리스토텔레스, 마키아벨리, 루소를 사상적 선조로 하는 공화주의 전통이 존재한다. 개인의 권리 보호를 강조하는 자유주의와 달리, 공화주의는 공동체의 보전과 시민의 덕성 함양을 중시한다. 좋은 공화국은 단순히 제도적 배열로 달성되는 것이 아니라, 시민의 덕성과 교양을 통해 실현된다. 시민의 덕성은 공공선(common good)에 대한 헌신을 의미하며, 이를 통해 시민은 공동체의 이상적 주체가 된다. 반면, 사적 이익 추구로 공공선을 훼손하는 행위는 공화주의자들이 가장 우려하는 사태이다.

아리스토텔레스는 국가를 가족이나 다른 단체보다 중요한 최상의 공동체로 보았다. 좋은 국가는 시민의 행복을 보장하지는 않더라도, 그 조건을 제공한다고 보았다. 그는 정치권력의 형태를 양적(권력의 주체: 한 사람, 소수, 다수)과 질적(모두의 이익 또는 지배자의 이익 봉사) 기준으로 구분하며, 시민이 사적 이익으로 인해 공동체를 훼손하지 않도록 교육과 중산층 중심의 사회구조를 통해 관용과 중용의 정신을 강조했다.

마키아벨리는 시민의 덕성에 기반한 공화국을 이상적 정부 형태로 보았으며, 법뿐만 아니라 관습, 습관, 종교를 통해 시민적 덕성과 자유를 보전해야 한다고 보았다. 그는 순수한 정부 형태(군주정, 귀족정, 민주정)의 타락을 지적하며, 각 형태의 장점을 결합한 혼합정이 가장 이상적이라고 주장했다. 또한, 사적 이익의 과도한 추구가 공동체를 타락시킬 수 있으므로, 경제 영역의 통제가 필요하다고 보았다.

루소는 자유와 평등의 자연 상태를 상정하며, 일반의지에 기반한 사회계약을 통해 타락을 극복할 수 있다고 보았다. 일반의지는 특수의지의 위협을 받으므로, 시민은 자유와 평등을 지키기 위해 단호한 정치적 행동에 나서야 한다고 주장했다. 또한, 그는 공화국 창설 시 입법자가 도덕적이고 공동체 중심의 규범을 설정해야 하며, 이를 통해 시민에게 공공선이 전승되어야 한다고 보았다.

미국 헌법 제정 과정은 자유주의와 공화주의 전통의 융합을 보여준다. 매디슨의 권력 분립과 견제·균형 원리는 자유주의적 개인 권리 보호를 강조하며 파벌의 폐해를 막고자 했다. 반면, 공화주의적 요소는 지역 공동체의 자치와 시민 참여를 통해 공공선을 추구하도록 설계되었다. 예를 들어, 미국의 연방제는 토크빌이 강조한 지방 자치의 연대 정신을 반영하며, 동시에 로크의 피치자 동의 원칙을 제도화한 사례라 할 수 있다.

1) 모델 1: 보호적 민주주의(protective democracy)

자유민주주의 이론은 근대 사회의 특징 중 하나인 유산자와 무산자로의 계급 구분을 전제로 한다. 이러한 사회적 구분을 바탕으로 초기의 자유민주주의 이론가들은 자본주의적 시장경제를 중심으로 한 사회 구조와 고전적 정치경제학의 법칙을 반영하여 자유민주주의의 개념을 이론적으로 정립하고자 했다. 즉, 그들은 자신의 효용을 극대화하려는 합리적 개인이라는 가정과, 서로 다른 이해관계를 지닌 개인들이 경쟁과 갈등을 벌이는 사회라는 전제를 바탕으로 자유민주주의의 이론적 기초를 구축하였다.

이와 같은 이론화는 공리주의 전통의 대표적 사상가인 벤담(Jeremy Bentham)과 제임스 밀(James Mill)에 의해 체계적으로 발전되었는데 이들 중 벤담은 다음과 같은 이론적 바탕에 기초하였다(Bentham, 2007[1789]).

첫째, 합리적이며 정당하다고 인정되는 사회적 선(善)의 유일한 기준은 최대 다수의 최대 행복이며, 행복은 개인의 쾌락(pleasure)에서 고통(pain)을 뺀 양으로 정의된다. 그리고 전체 사회가 지닌 행복의 총합을 계산할 때 각 개인은 하나의 단위로 취급될 수 있다. 둘째, 모든 개인은 자신의 쾌락을 끊임없이 추구하며 이러한 쾌락과 행복은 물질적인 소유에 기초한다. 셋째, 개인의 부를 최대화하는 방법 중 하나는 다른 사람을 지배할 수 있는 권력을 가지는 것이다. 또한 인간 노동력은 생산을 위한 가장 강력한 도구이기 때문에 모든 사람은 자신의 부를 늘리기 위하여 다른 사람의 서비스를 사용하고자 하는 욕망이 있다. 넷째, 사회란 이러한 욕망을 가진 개인들의 집합이며 이를 유지하기 위하여 법이 필요하다. 그리고 이러한 법의 구조는 최대 다수의 최대 행복을 생산해내야 한다. 다섯째, 벤담은 이러한 법의 목적이 생계의 제공(to provide subsistence), 풍요의 생산(to produce abundance), 평등의 장려(to favour equality), 안전(치안)의 유지(to maintain security)라는 네 가지 하위 목적으로 나누어진다고 하였다.

이러한 원리에 기반한 법이 수행하는 기본적인 역할은 노동하는 사람들과 그들의 성과를 보장하는 것이다. 나아가 벤담은 안전 개념과 관련하여 노동과 재산의 사용이 보장받지 못하는 한 문명은 불가능하다고 말했다. 그러나 개인의 능력과 힘은 다르기 때문에 개인이 받는 노동의 대가도 다르다. 이러한 차이를 무시하는 어떠한 법도 결국 생산성에 대한 동기를 약화시킬 것이기 때문에 벤담에 있어서 법은 생산성을 위해 평등의 가치를 양보해야만 한다. 더불어 그에 의하면 인간은 쾌락보다 고통에 예민하기 때문에, 평등을 위한 재분배는 누군가의 쾌락을 빼앗아 다른 누군가에게 나눠줌으로써 고통을 증가시키므로 사회 전체의 행복을 위해 바람직하지 않다. 맥퍼슨은 이러한 벤담의 주장이 당시 자본주의의 발전을 반영하는 것이며 벤담 역시 개인의 재산 보호가 평등보다 위에 있다는 부르주아들의 생각을 대변하고 있었다고 비판한다.

이와 같은 사회에서 정치체제(political system)는 이중적 문제를 안게 되는데, 하나는 자유시장사회(free market society)를 육성하는 정부를 구성해야 하며 한편으로 시민 구성원들을 탐욕스러운 정부로부터 보호해야 한다는 것이다. 이러한 문제의 해결책은 정기적인 선거와 비밀투표, 언론의 자유 보장 등과 함께 투표자 개인의 소망을 자유롭고 효율적으로 표현할 수 있는 선거권(the franchise)의 확대에 있다.

벤담은 행복을 제로섬적인 것으로 파악했기 때문에 정부를 구성하는 소수에게 행복이 집중되면 정부의 지배를 받는 다수의 행복은 줄어든다고 생각했다. 따라서 이러한 문제를 막을 수 있는 길은 총선거를 통해서 선출된 정부가 다수의 피지배자들을 억압하는 것을 막을 수 있도록 그들을 자주 교체하는 것이다. 그럼에도 불구하고 벤담은 시대적인 제약 속에서 선거권의 확장보다는 선거권 제한에 대해 더 많은 관심을 가졌다.

보통선거권의 개념에 가장 강력한 이론적 기초를 제공한 인물은 존 스튜어트 밀의 아버지인 제임스 밀이었다. 그는 "투표는 곧 힘이며, 투표권의 부재는 정치적 힘의 부재"고 보았다. 따라서 모든 개인은 자신의 이익과 안전을 보호하기 위해 반드시 투표권을 가져야 한다고 주장했다. 그러나 이러한 원칙에도 불구하고, 제임스 밀은 모든 사람에게 선거권을 허용하지는 않았다. 그는 여성, 40세 미만의 남성, 그리고 빈곤층에 대해서는 선거권을 제한해야 한다고 보았으며, 결과적으로 재산 자격에 기반한 제한적 선거권을 옹호하였다.

그럼에도 불구하고 그의 생각은 점차 변화하였다. 그는 결국 보통선거권의 확대를 수용하는 방향으로 입장을 수정하게 되었는데, 그 이유는 보통선거권이 부여되더라도 대부분의 노동자 계급은 여전히 지식과 덕망을 갖춘 중간계급의 지도와 모범에 따를 것이라고 믿었기 때문이다. 즉 밀은 비록 모든 시민에게 투표권이 주어지더라도, 실제 정부의 운영은 여전히 유산계급에 의해 이루어질 것이라고 생각했다.

주목할 점은, 제임스 밀의 이러한 관점이 유산자에 의한 정부 운영을 정당화하면서도 동시에 대중의 자유로운 보통선거를 전제로 하고 있었다는 것이다. 다시 말해, 그는 민주적 참여의 절차적 정당성을 인정하면서도, 그 결과가 엘리트 중심의 통치로 귀결될 것이라 보았다.

결론적으로, 이러한 제임스 밀의 사상은 자유민주주의의 초기 형태인 '보호적 민주주의의 사상적 기초를 이루었다. 이들은 민주주의의 이상을 실현하기 위해 보통선거권을 주장한 것이 아니라, 무한한 욕망을 지닌 개인들 간의 갈등을 제어하고, 동시에 정부로부터 시민을 보호하며 유산계급의 경제적 번영을 유지하기 위해 선거권의 확대를 주장한 것이다. 즉, 보통선거권은 민주적 평등의 실현이 아니라 사회질서와 경제적 안정의 수단으로 이해되었던 것이다.

2) 모델 2: 발전적 민주주의(developmental democracy)

벤담과 제임스 밀이 구상했던 자유민주주의 모델은 19세기 중엽부터 노동자 계급의 조직화가 확장되면서 변화하기 시작했다. 이 새로운 민주주의 모델은 존 스튜어트 밀(John S. Mill)로부터 시작되었다(Mill, 2002[1863]). 그는 1848년 유럽의 연속적 혁명과 영국의 차티스트 운동 등의 영향을 받아 새로운 민주주의 모델을 제시했다. 기본적으로 밀은 아버지 제임스 밀과 벤담의 보호적 민주주의 개념, 즉 정부로부터 시민의 보호와 자기 방어(self-protecting)를 간과하지 않았으나, 인류의 발전 가능성을 더 중요한 요소로 여겼다. 그에게 민주주의는 인류의 발전에 기여해야 했으며, 이러한 의미에서 밀의 모델은 도덕적 모델이라고 할 수 있다. 보호적 민주주의 모델과 달리, 밀은 인류의 발전 가능성을 도덕적 비전에서 찾았으며, 이는 아직 성취되지 않았으나 언젠가 달성될 수 있는 자유롭고 평등한 사회였다.

발전적 민주주의라고 불리는 모델 2는 크게 두 가지로 나뉜다. 모델 2의 첫 번째 유형(모델 2A)은 밀에 의해 주장된 것이다. 밀은 평등의 달성이라는 이상과 현존하는 계급 불평등 사이의 모순을 인식했으나, 이를 교육과 협동조합 등을 통해 치유할 수 있다고 보았다. 반면, 20세기에 등장한 다른 유형(모델 2B)을 주장한 홉하우스(Hobhouse), 드웨이(Dewey) 등은 계급 문제가 이미 끝났거나 끝나가고 있다고 주장했다. 그들은 다원적 차이가 자발적인 사회 그룹의 등장을 통해 평화롭게 균형을 이루며 해결될 뿐만 아니라 긍정적 이익을 가져올 것이라고 생각했다. 이 관점에서 정부는 사회의 적이 아니라, 다원적 차이를 조정하는 규칙 제정자로서 긍정적 행위자로 재정의되었다. 이러한 영향은 이후 국가 개입의 정당성을 뒷받침하는 논리로 활용되었다.

한편, 밀은 사회가 벤담이 생각했던 바처럼 자기이익 추구와 경쟁에 집착하는 개인들의 단순한 집합이 되어서는 안 된다고 보았다. 대신 사회는 개인의 능력 행사와 발전을 위한 공동체를 지향해야 한다고 주장했다. 그러나 밀에 따르면, 사회는 아직 이러한 상태에 도달하지 못했으며, 우리는 사회를 그런 공동체 상태로 진전시켜야 한다. 또한 그는 벤담과 달리 쾌락의 질적 차이를 인정했으며, 생산성과 행복을 계량적으로 등치시키는 주장을 반박했다. 즉, 생산성 증대가 노동자들의 발전으로 이어지지 않으며, 진정한 자아의 행복은 개인이 스스로를 발전시킬 때에만 획득될 수 있다고 보았다.

그럼에도 밀은 모든 사람이 똑같이 한 표를 가지는 것에 반대했다. 그는 당시

사회가 노동자와 고용자로 분할되어 있으며, 노동자가 고용자보다 수적으로 우위를 점한다고 보았다. 따라서 일인일표제가 시행되면 노동자 계급이 입법부와 행정부를 장악해 자신들의 계급 이익을 위해 정치권력을 행사할 것을 우려했다. 어느 한 계급이 다른 계급보다 수적으로 다수가 되는 것은 바람직하지 않으므로, 그는 차등적 복수투표제를 주장했다.

따라서 밀의 선거제도는 모든 사람이 한 표씩 행사하되, 소수에게 더 많은 표를 부여하는 특권을 보장하는 형태였다. 그는 일부에게 복수투표권을 부여함과 동시에, 시장에서 실패한 빈민 구호 대상자, 문맹자, 계산 능력이 없는 자, 파산자, 직접세를 납부하지 않는 사람들을 선거권에서 완전히 배제해야 한다고 주장했다.

이러한 관점에서 밀은 완전한 평등주의자가 아니었다. 오히려 밀의 민주주의 모델은 투표권자의 산술적 범위에서 모델 1 보다 더 제약적이었다. 그러나 도덕적 차원에서는 모델 1 보다 더 민주적이었다. 특히 밀의 발전적 민주주의 모델은 이후 자유민주주의에 큰 영향을 미쳤으며, 그의 노동 대중에 대한 우려는 후속 사회운동 등으로 불필요한 염려로 판명되었다.

밀의 우려, 즉 보통선거권에 의한 계급정부 탄생에 대한 두려움은 어떻게 사라졌을까? 이는 민주주의의 부정적 영향을 제어할 수 있는 정당 시스템에 의해 가능했다. 정당 시스템은 사회의 불가피한 불평등 속에서도 보통·평등 선거를 조화시키며 자유민주적 질서를 유지할 수 있었으며, 극단적 쟁점을 희석하고 유권자에 대한 정부의 책임을 강화함으로써 조화를 달성했다. 밀의 발전적 민주주의 모델은 20세기 중엽 다양한 자유주의자들에게 영향을 미쳤으며, 한편으로는 사회 모순을 극복할 수 있는 노동자 교육과 생산자 협동조합 주창자들에게도 영향을 주었다.

3) 모델 3: 균형 모델(equilibrium model)

세 번째 민주주의 모델은 균형 모델 혹은 다원주의 모델(pluralist model)로 불린다. 이 모델은 다원주의(pluralism), 엘리트(elite), 균형(equilibrium)이라는 세 가지 핵심 개념으로 요약된다. 이는 현대 민주주의 정치체제가 다원적 사회(plural society)에 적합해야 한다는 전제에 기반한다. 다원적 사회란 사회 구성원들이 각자의 이익에 따라 다양한 집단을 형성하고, 이러한 집단들이 병렬적으로 공존하는 사회를 의미한다. 이때 엘리트들은 각 집단의 지도자로서 정치 과정에서 핵심적인 역할을 수행한다. 마지막으로 균형이란 정치적 자원의 수요와 공급이 일정한 조화를 이루는 상태, 즉 민주적 정치과정이 시장적 경쟁을 통해 안정적으로 유지되는 체제를 뜻한다.

이러한 모델을 최초로 체계화한 학자는 슘페터(Joseph Schumpeter)이다. 그는 민주주의를 규범적 가치나 도덕적 이상으로 보지 않고, 정부를 선출하고 권위를 부여하는 절차적 메커니즘으로 정의하였다. 슘페터(1942)에 따르면, 민주주의란 유권자들이 정책을 직접 결정하는 제도가 아니라, 정책 결정을 담당할 대표자를 선출하는 제도적 장치이다. 즉, 유권자는 '무엇을 결정할 것인가'가 아니라 '누가 결정할 것인가'를 선택하는 행위자이며, 엘리트들은 유권자의 지지를 얻기 위해 경쟁하는 존재이다. 이러한 경쟁은 정당을 매개로 이루어지며, 선거는 유권자가 특정 엘리트에게 일정 기간 통치 권한을 위임하는 절차로 기능한다. 따라서 민주주의는 엘리트 간 경쟁을 통한 권력 획득 메커니즘이 제도화된 정치 질서로 정의된다.

모델 3은 이러한 슘페터적 경쟁 민주주의를 기반으로, 민주주의를 시장 메커니즘으로 해석한다. 이 모델에서 투표자는 소비자이며, 정치인은 판매자에 비유된다. 투표자는 자신의 효용을 극대화하기 위해 선택하고, 정치인은 권력을 확보하기 위해 정치적 재화를 공급한다. 따라서 정치 과정은 수요와 공급의 시장 균형처럼 작동하며, 경쟁적 엘리트 정당체제가 가장 효율적인 균형점을 형성한다고 본다. 이때 유권자와 정치인은 모두 합리적 선택자로 간주되며, 이들의 상호작용을 통해 정치체제는 자원의 효율적 배분을 달성한다고 가정한다.

그러나 이러한 접근은 민주주의를 지나치게 경제학적 모델로 단순화함으로써 여러 한계를 노출한다. 첫째, 사회·경제적 지위가 높은 집단이 조직과 자원의 측면에서 더 유리하다는 점을 간과한다. 그 결과, 실제 경쟁은 평등하지 않으며, 권력은 소수 엘리트에게 집중될 위험이 있다. 둘째, 정치시장이 완전 경쟁을 이루지 못한다는 현실적 제약 속에서, 엘리트 간 경쟁은 과두제(oligarchy)로 귀결될 수 있다. 따라서 모델 3에서의 민주주의는 통치의 정당성을 확보하는 절차적 장치로 축소되며, 발전적 민주주의와 같은 이상적 사회상은 제시되지 않는다.

이 모델은 기술적·설명적·정당화적 타당성의 측면에서 평가될 수 있다. 먼저 기술적 타당성 면에서 모델 3은 오늘날 서구 자유민주주의 국가의 현실을 비교적 정확히 묘사한다. 비록 유럽 일부 국가에서 이념적 정당균열이나 사회적 연대 중심의 정치가 여전히 존재하지만, 시장 중심의 사회에서는 모델 3이 높은 적실성을 갖는다. 설명적 타당성과 정당화적 타당성 측면에서는 비판이 존재하나, 이 모델은 전통적 이상주의 모델(모델 1과 2)에 비해 민주주의의 현실적 작동 방식을 가장 구체적으로 설명한다는 평가를 받는다.

그럼에도 불구하고 모델 3의 '한계 균형(optimal equilibrium)'과 '소비자로서의 시민주권'은 이상적 가정에 불과하다. 실제 정치시장은 경제시장과 달리 권력, 자본, 교육, 정보의 불평등이 심화되어 있으며, 이로 인해 균형은 '불평등 속의 균형'으로 나타난다. 시민주권은 형식적으로 보장되지만 실질적으로는 제약된다. 정치 참여의 기회는 사회경제적 자원에 따라 달라지며, 동일한 노력과 시간을 투입하더라도 결과는 불평등하게 나타난다. 이러한 현실은 정치적 무관심을 심화시키며, 결국 민주주의의 참여 기반을 약화시킨다.

하지만 모델 3의 관점에서는 일정 수준의 정치적 무관심이 오히려 체제 안정성을 유지하는 데 기여할 수 있다고 본다. 과도한 정치 참여는 체제 불안을 야기할 수 있기 때문이다. 따라서 현실의 정치시장은 완전경쟁이 아니라 제한된 경쟁이며, 이 속에서 소수의 엘리트가 '판매자'로서 정치적 영향력을 독점하게 된다. 결국 소비자 주권(citizen sovereignty)은 이론적 표상에 불과하게 된다.

그럼에도 불구하고, 모델 3은 시장사회가 신뢰받고 공동체적 결속보다 경제적 효율성을 중시하는 현대 서구 사회의 현실을 가장 잘 반영하는 민주주의 모델로 평가된다. 즉, 이 모델은 민주주의의 이상형을 제시하기보다, 민주주의가 실제로 작동하는 방식을 경험적으로 가장 설득력 있게 설명하는 현실주의적 접근이라 할 수 있다.

4) 모델 4: 참여민주주의(participatory democracy)

참여민주주의는 구체적 실체를 지닌 모델이라기보다는 하나의 이념적 지향으로 볼 수 있다. 이는 1960년대 서구 사회의 신사회운동의 슬로건으로 등장하였으며, 이후 1960~1970년대 노동자 계급으로 광범위하게 확산되었다. 이 시기 정부 정책 결정 과정에 시민 참여가 필수적이라는 인식이 보편화되면서, 참여민주주의는 블루

칼라(blue-collar) 및 화이트칼라(white-collar) 노동자들의 불만과 소외감을 반영한 산물로 평가된다.

참여민주주의에 대한 논의는 정부가 참여를 어떻게 확대할 수 있는지, 그리고 참여 확대가 본질적으로 바람직한지에 대한 의문으로 이어진다. 이 주제에 대한 논쟁은 다각적이다. 하지만 확실한 점은 참여 확대가 그 자체로 사회 불평등을 해소하지는 않으나, 참여 제한과 불평등 간에는 강한 상관관계가 존재하며, 더 평등하고 인간적인 사회는 더 광범위한 참여를 요구한다는 사실이다.

핵심 질문은 '더 많은 참여가 가능한가'에 있다. 근대 국가의 방대한 인구 규모는 직접민주주의를 실현하기 어렵게 만들었으나, 인터넷과 디지털 플랫폼 발전은 이러한 가능성을 제기한다. 그러나 기술발전과 정보혁명이 모든 시민의 참여를 보장할 수 있을지는 여전히 불확실하다. 정책이나 안건의 성격에 따라 참여의 실현 가능성이 달라지기 때문이다. 예를 들어, 사형제 폐지나 마리화나 합법화 같은 단순 찬반 이슈는 명확한 참여가 가능하나, 복잡하고 다차원적 고려가 환경규제와 같은 이슈에서는 직접민주주의적 접근이 어렵다. 따라서 진정한 과제는 참여민주주의의 즉각적 달성이 아니라, 최대한 그에 근접하는 방식을 모색하는 데 있다.

참여민주주의의 이상적 지향으로는 마르크스주의적 휴머니즘과 루소의 일반의지 개념이 공동체성을 강조한다. 그러나 맥퍼슨의 모델 3으로 조직된 자유민주주의 사회에서는 혁명적 변화를 통한 참여민주주의 달성이 거의 불가능하다. 우리는 엘리트 경쟁, 정치적 무관심, 이익 갈등으로 특징지어지는 모델 3의 세계에 속해 있으며, 과제는 이러한 맥락에서 문제를 해결하고 참여민주주의로 나아갈 전제를 발견하는 것이다. 첫 번째 전제는 사회 구성원의 의식 변화이며, 두 번째는 사회·경제적 불평등 축소이다. 즉, 소비자로서의 개인 의식 전환과 불평등 해소가 참여민주주의의 전제 조건이다. 그러나 여기에는 악순환이 존재한다. 즉, 의식 변화와 불평등 해소가 없으면 참여민주주의가 어렵고, 반대로 참여민주주의가 실현되지 않으면 의식 변화와 불평등 완화가 어려워진다.

이 모순을 해결하기 위해 맥퍼슨은 모델 4를 4-A와 4-B로 구분하여 검토한다. 모델 4-A에서 참여민주주의의 핵심은 기층 수준의 직접민주주의를 기반으로 한 피라미드형 시스템(pyramidal system)이다. 이는 이웃과 직장에서의 직접민주주의를 기초로 하며, 면 대 면 토의, 합의 또는 다수결 의사결정, 상위 단위 대표 선출, 그리고 선출자들의 책임성을 포함한다. 그러나 단순 피라미드 형태의 의회제도는 관료적 독재로 수렴되기 쉽고, 대중의 무관심으로 인해 지속적 직접민주주의를 유지하기 어렵다고 지적된다.

이 한계를 극복하기 위해 모델 4-B에서 맥퍼슨은 정당 시스템(party system)의 중요성을 강조한다. 책임성 있는 피라미드형 시스템은 지속적 정당 시스템과 결합될 때 참여민주주의 본질을 달성할 수 있다는 것이다. 기층 직접민주주의와 상위 대의민주주의의 조합은 두 방식으로 가능하다. 첫째 방법은 비현실적인데, 이는 서구의 의회제나 대통령제의 구조를 두 개 이상의 정당이 존재하는 소비에트 연방의 형태로 바꾸는 것이다. 반면, 현실적 모델 4-B는 현 서구 제도를 유지하면서 각 정당을 피라미드형 참여 시스템으로 개혁하는 것을 의미한다. 즉, 피라미드형 직접민주주의 기구를 지속적 정당제와 연계시키는 것으로, 경쟁적 정당제가 유지되는 가운데 각 정당의 내부 구조를 통해 참여를 보장한다.

그렇다면, 모델 4가 자유주의적인가에 대한 질문이 남는다. 답은 긍정적이다. 참여민주주의는 독재적 또는 전체주의적이지 않으며, 시민의 자유로운 참여를 허용한다. 이 측면에서 모델 4는 모델 2인 발전적 민주주의가 제기한 자유민주주의의 윤리적 원칙 없이는 존립하기 어렵다. 맥퍼슨은 자기발전을 위한 동등 권리가 반영될 때 모델 4가 최고의 자유민주주의 전통이 될 수 있다고 보았다.

참여민주주의는 이론적 논의뿐만 아니라 다양한 실천 사례를 통해 그 잠재력과 한계를 드러내 왔다. 대표적인 예로, 브라질 포르투 알레그레(Porto Alegre)의 참여 예산제(participatory budgeting)로, 1989년부터 시행된 이 제도는 시민들이 지역 예산 배분에 직접 참여하는 피라미드형 구조를 채택하였다. 기층 모임에서 시민들이 우선순위를 논의하고, 상위 위원회로 대표를 선출하여 예산을 결정하는 방식으로, 사회 불평등 완화와 시민 역량 강화에 기여하였다. 이는 맥퍼슨의 모델 4-A와 유사하며, 연구에 따르면 참여율 증가와 함께 빈곤 지역 투자 확대를 이끌었으나, 정당 정치의 개입으로 지속성 문제가 발생하였다. 서울의 경우, 2012년대부터 디지털 플랫폼'소셜미디어센터'을 2019년부터는 '서울의 공론장' 활용한 참여민주주의를 도입하여 시민이 제안을 수렴해 왔다. 이는 기술 발전을 통한 참여 확대를 보여주며, 지역공동체 개선 효과를 발휘하였으나, 디지털 격차로 인한 배제 문제가 지적되었다.

이러한 사례들은 참여민주주의가 기술과 제도적 설계를 통해 실현 가능하나, 불평등, 정치적 무관심, 복잡성으로 인해 지속적 도전이 있음을 시사한다. 따라서 맥퍼슨의 모델 4처럼 정당 시스템과의 결합이 성공적 전환의 열쇠로 평가된다.

5) 모델 5: 심의민주주의(deliberative democracy)

지금까지 전통적인 자유민주주의의 발전 과정을 맥퍼슨의 모델별로 검토하였다. 개인의 권리와 자유 보호에서 출발한 보호적 민주주의를 거쳐 참여민주주의로 이어지는 전개 과정을 보여주었다. 무엇보다, 대의제 민주주의가 소수 엘리트의 지배로 귀결될 수 있다는 위험에 대한 경각심은 남아있다. 참여민주주의가 자유민주주의의 위협에 대응하여 직접민주주의적 요소를 보완함으로써 이러한 문제점을 해결하려 했다면, 최근 논의되는 심의민주주의는 직접민주주의의 한계를 극복하고자 한다. 심의민주주의(또는 숙의민주주의)는 대의제 민주주의의 형식성에 대한 비판에 공감하면서도, 참여민주주의가 지닌 비심의적(non-deliberative) 측면을 문제시한다. 심의민주주의론의 핵심은 시민의 능동적 참여뿐만 아니라 신중한 판단과 토의에 기반한다는 점에 있으며(주성수, 2009: 191), 이는 시민들이 정치인이나 엘리트에 못지않은 역량을 갖추고 있다는 전제를 포함한다.

구체적으로 '심의(deliberation)'는 "경쟁적인 주장을 진지하게 저울질해보는 토의의 과정"으로 정의될 수 있다(Fishkin and Farrar, 2005: 71). 전통적으로 심의는 엘리트의 전유물로 여겨졌으나, 최근에는 일반 시민의 의사결정 참여 방식으로 확대되었다. 즉, 시민들은 참여 과정에서 심의를 거쳐야 하며, 시민 상호간 및 시민-엘리트 간 토의를 통해 의사결정이 이루어져야 한다. 시민들의 능동적 참여와 심의를 강조하는 심의민주주의의 발전 배경은 기술, 문화, 정치적 측면에서 찾을 수 있다(Gastil and Keith, 2005: 14~16). 인터넷과 이메일 등 커뮤니케이션 기술의 발달은 시공간 제약 없이 누구나 문제를 제기하고 의제를 제시하며 진지한 토의를 가능하게 하는 조건을 창출하였다. 또한, 정보의 풍부함과 다양한 참여 확대는 획일적 문화에서 다양성 문화로의 전환을 촉진하며, 인종, 종교, 성별, 성적 지향 등의 차이를 인정하고 정체성을 중시하는 과정에서 심의의 중요성이 부각되고 있다. 여전히 엘리트 중심의 싱크탱크가 지배적이지만, 시민사회단체의 의제 설정과 대안 제시를 통해 다양한 이해당사자들이 참여하는 심의적 거버넌스(deliberative governance)의 역할도 확대되고 있다.

심의민주주의의 조건과 관련하여 바버(Barber, 1984)는 민주주의의 본질이 시민 간 '공적인 판단(public judgment)'을 발전시키는 데 있다고 강조한다. 공적인 판단이란 상호의존적 심사숙고와 결정의 조건에서 시민들이 상호작용하며 행사하는 공적 기능을 의미한다. 또한, 맷슨(Mattson, 1998: 5)은 능동적 참여자이자 신중한 심의자로서의 이상적 시민상을 '민주적 대중(democratic public)'으로 제시한다. 민주적 대중은 시민들이 모여 자신들의 삶에 영향을 미치는 지방 및 국가적 이슈에 대해 심사숙고하고 공적 판단을 할 때 형성된다. 시민들은 공적 토론 모임을 통해 경청, 설득, 주장, 타협, 공통분모 모색 등의 기술을 익히며, 이를 통해 정보를 갖춘 정치적 결정을 내릴 수 있다. 맷슨은 이러한 민주적 대중 중심의 민주주의를 '실제적 민주주의(real democracy)'로 명명하며, 지도자나 대표자 없이 시민들이 모든 것을 결정하는 직접민주주의와 구분한다.

따라서 심의민주주의가 실현되기 위해서는 자치역량(empowerment)을 갖춘 시민들의 참여와 심의가 필수적이다. 시민참여의 중요성은 "시민들이 이슈에 대해 생각하고 대안들을 비교하며, 어떤 정책 또는 후보가 적절한지 의사표현을 하는 과정"에 있다(Weeks, 2000: 360). 이 맥락에서 자발적 참여에 기반한 개방적이고 신중한 토의를 전제로 하는 심의민주주의가 시민참여의 핵심으로 부각된다. 심의민주주의를 "공동체 의사결정의 심의적 과정에 정보를 갖춘 시민들의 참여"로 정의할 때, 그 일차적 조건은 광범위한 참여, 정보를 갖춘 참여, 심사숙고하는 참여, 그리고 신뢰할 만한 결론으로 요약될 수 있다(Weeks, 2000: 361~362). 마지막 조건은 심의 과정의 결론이 시민뿐만 아니라 이익집단과 정책결정층에게 수용되기 위해 높은 신뢰성을 확보해야 한다는 점을 강조한다. 윅스(Weeks, 2000: 362)에 따르면, 이러한 신뢰성은 심의 과정의 방법들이 공직자가 인정할 수 있는 형식적 타당성을 갖추고, 언론과 시민에게 쉽게 소통되어야 함을 의미한다.

심의민주주의는 이론적 논의뿐만 아니라 실제 사례를 통해 그 유효성을 입증해 왔다. 역사적으로 가장 잘 알려진 예는 고대 그리스 아테네 민주주의로, 기원전 6

세기경에 시민들이 직접 모여 토론하고 의사결정을 하는 형태였다. 이는 심의와 직접민주주의가 결합된 초기 모델로 평가된다. 현대적으로는 피시킨(James Fishkin)의 '심의 여론조사(deliberative polling)'가 대표적이다. 이는 무작위로 선정된 시민 대표자들이 특정 이슈에 대해 교육받고 토론한 후 의견을 수렴하는 방식으로, 여러 국가에서 15년 이상 적용되었다. 예를 들어, 미국 스탠퍼드 대학의 연구에서 이 과정이 당파성을 줄이고 증거 기반 의사결정을 촉진하는 것으로 나타났다.

또 다른 사례로는 한국의 문재인 정부에서 확대된 각종 위원회와 독일의 계획셀(planning cells)도 유사한 맥락에서, 시민들이 정부정책 심의와 평가 그리고 지역계획 이슈에 대해 토론하는 제도로 운영되며, 정책 결정의 민주성을 강화한다. 미국에서는 2005년 허리케인 카트리나 이후 뉴올리언스 재건을 위한 시민 의회(citizens' congress)가 있으며, 2,500명의 시민들이 재건 계획을 심의하였다. 또한, 2022년 메타(Meta, 페이스북)의 기후 오정보 심의 과정에서 약 250명의 사용자 대표자들이 기후 이슈에 대해 토론하고 플랫폼 정책을 제안하였다. 이러한 사례들은 심의민주주의가 실제 정책 형성에 기여하며, 시민 역량 강화와 사회적 합의 도출을 촉진한다는 점을 보여준다.

그러나 사례들의 성공 여부는 참여의 대표성, 정보 제공의 공정성, 그리고 결과의 실행력에 달려 있음을 유의해야 한다.

자유민주주의 전통을 논할 때, 우리는 고대부터 현대에 이르기까지 인류의 정치공동체가 공유해 온 두 가지 근본적인 과제를 간과해서는 안 된다. 이 과제는 바로 '경제 성장 및 부의 분배'와 '정치 권력의 균형 및 조화'를 어떤 수준에서 달성할 것인가라는 문제이다. 이는 단순히 '지금 여기'의 문제가 아니라, 기원전부터 해결을 모색해 온 인류의 영원한 숙제인 것이다.

이러한 문제의식은 이미 고대 그리스의 철학자 아리스토텔레스에게서 명확히 드러난다. 그는 경제적 부의 문제가 정치적 독립성과 밀접하게 연관되어 있다고 강조하며, 시민적 덕성이 단순히 정치적 제도나 교육만으로 형성되는 것이 아니라 경제적 조건의 영향을 받는다고 보았다. 아리스토텔레스는 안정적인 정치 공동체의 중추는 광범위한 중산층이 되어야 한다고 주장했다. 이를 위해 경제적 불평등의 조건을 제한해야 하며, 토지 소유에 일정한 한도를 두어야 한다고 제언하기도 하였다.

또한 가난한 이들의 정치적 독립성을 보장할 수 있도록 고용과 토지를 부여해야 한다고 역설했다. 이러한 주장은 재산을 사적 소유의 영역을 넘어 공공선의 관점에서 다스려야 한다는 근본 원칙을 확립했으며, 이는 후대의 공화주의, 사회주의, 그리고 현대 민주주의 사상가들에게 결정적인 영향을 미쳤다. 심지어 부의 격차를 당연시 했던 자유주의자들조차도 부의 격차가 공화국에 치명적인 위험이 될 수 있다는 경고에 나름대로의 대응책을 마련하면서 현대적 자유주의의 등장을 알렸다.

동시에 현대 사회의 민주주의를 이해하는 데 있어, 우리는 민주주의를 제도로서의 역할로 볼 것인지, 아니면 민의를 대변하는 '대중의 정서'로 볼 것인지에 대한 해석의 딜레마에 직면한다. 주한외신기자 전 협회장 마이클 브린(Michael Breen)의 지적은 이 딜레마를 한국 사회의 맥락에서 잘 보여준다. 그는 "한국인들은 국민의 뜻에 응하는 것이 민주주의의 요체라고 생각한다"라고 지적했다. 즉 어떤 쟁점에 대한 대중의 정서가 특정한 임계 질량에 이르면 국민들이 직접 행동에 나서 의사결정 과정에 영향력을 행사하려 하며, 이것을 '민심(民心)'이라고 인식한다는 것이다. 현재 우리 사회에서 시위나 직접적인 대중 행동을 통해 쟁점을 해결하려는 모습이 빈번하게 나타나는 것을 볼 때, 이는 제도적 민주주의와 직접 민주주의적 정서가 충돌하는 지점을 심각하게 고려해야 할 중요한 시사점이다.

결론적으로 현대 민주주의는 아리스토텔레스가 강조한 경제적 평등을 통한 정치적 안정이라는 고전적 과제와, 대중의 정서를 통한 민주적 정당성 확보라는 현대적 요구 사이에서 끊임없이 균형점을 찾아야 하는 복합적인 도전에 직면해 있다고 볼 수 있다.

제2절 행정부

행정부는 법률에 근거하여 국가의 정책을 판단하고 실행하며, 그 주체는 다수의 관리로서 부, 처, 국, 원, 위원회 등으로 불리는 조직적인 단위로 나뉘어 있다. 각 단위들은 질서 유지, 세금 징수, 기록 보존, 공공재와 서비스의 제공(예를 들면 도로, 교육, 고형 폐기물 처리, 건강증진, 빈곤자들을 위한 금전적 원조 등)과 생산요소들의 규제나 통제(예를 들면 철의 생산, 운송 관련 조항, 음식물 재배 및 분배 등)와 같은 중요한 활동들을 수행한다. 특히 행정부는 의회와의 관계에 따라 정책수행에 큰 영향을 미친다.

1. 행정부의 역할

행정부는 가치 분배 결정을 판단·수행·감시하는 기본 조직으로서 중요한 역할을 한다. 정치체제가 전체주의화 될수록 행정부의 규모와 역할은 커지는 경향이 있다(Danziger, 2003: 147).

첫째, 행정부는 정보관리 업무를 수행한다. 국가는 개인과 사회 변화에 대한 방대한 정보를 수집, 보관, 분석하며, 이는 사회 활동, 환경, 공공재의 영향을 기록하고 공공 가치 분배에 필요한 자료를 제공한다. 둘째, 지식 공급을 담당한다. 관료들은 전문 영역에서 축적한 지식을 바탕으로 정치체제의 결정과 행동에 유용한 전문성을 제공한다. 셋째, 공공재와 서비스 공급에 기여한다. 관료는 공공정책을 판단하고 적용하여 개인과 단체에 공공재와 서비스를 제공한다. 넷째, 공공정책의 규제와 집행에 참여한다. 관료는 개인과 집단의 행동을 위한 가이드라인을 설정하며 공공정책을 판단하고 적용한다. 다섯째, 자원 추출을 담당한다. 국가는 세금 징수 등을 통해 시민, 기업, 또는 국영기업으로부터 자원을 확보하며, 행정 구조는 이를 관리한다. 복잡한 정치·사회·경제적 구조 속에서 관료제는 행정부의 기능을 수행하는 데 필수적인 역할을 하며, 그 중요성과 비중이 점차 커지고 있다.

2. 구조적 제도

1) 대통령제 정부와 의원내각제 정부

(1) 대통령제 정부

대통령제는 미국 헌법을 통해 발전된 정부 형태로, 의원내각제와 달리 입법부와 행정부를 엄격히 분리하여 균형 속에 상호 독립성을 강조한다. 미국식 대통령제의 특징은 다음과 같다. 첫째, 행정부와 의회는 서로 독립적으로 권력이 분리되어 있다. 둘째, 대통령은 국민에 의해 선출되며 임기가 보장된다. 셋째, 대통령은 국가원수이자 행정부 수반으로 이중 역할을 한다. 넷째, 대통령이 장관을 임명하나, 의회의 승인이 필요하다. 다섯째, 장관은 의원직을 겸할 수 없다(한국의 경우는 가능하다). 여섯째, 대통령은 의회가 아닌 헌법에 책임을 진다. 일곱째, 대통령은 의회를 해산할 수 없고, 의회는 탄핵 외에 대통령을 면직할 수 없다. 따라서 의회와 행정부의 견제와 균형이 이루어진다. 여덟째, 입법부와 행정부 간 갈등은 사법부가 해결한다. 아홉째, 권력 집중이 아닌 분립을 특징으로 하며, 권력을 독점하는 기구는 없다(Verner, 1984: 38).

대통령제를 채택한 국가들은 변형이 있더라도 두 가지 공통적 특징을 가진다: ① 대통령과 입법부 모두 국민에 의해 선출되어 민주적 정통성을 가지며, ② 양자 모두 일정 임기가 보장된다(Linz and Valenzuela, 1994).

대통령제는 의회주권에 대한 불신에서 비롯되었으며, 의회의 다수가 모든 것을 좌지우지하지 못하도록 설계되었다. 내각은 자문기구에 불과하며, 정부와 의회는 상호 견제와 균형을 이룬다. 첫째, 집행부 안정성을 가져올 수 있다. 즉 헌법적으로 보장된 대통령 임기로 안정성을 확보한다. 둘째, 국민이 직접 또는 간접적으로 국가 수반을 선출하기 때문에 민주주의가 증진된다. 셋째, 권력 분립을 통해 권력집중을 제한한다(Lijphart, 1992).

하지만 단점도 존재한다. 입법부와 행정부 간 갈등으로 교착상태에 빠질 때 국정 수행이 어려워질 수 있다. 고정된 임기로 경직성이 발생하여 유연한 대응이 어렵다. 승자독식 구조로 포용성이 떨어지는 배타적 정치가 발생한다. 무엇보다 정당정치와 견제·균형이 미흡할 경우, 대통령제가 권위주의적 형태로 변질될 가능성도 발생하며 때에 따라서 포퓰리즘과 결합하여 "선출된 독재자"가 등장할 수 있다.

(2) 의원내각제 정부

의원내각제의 역사는 의회의 발전사와 함께한다. 이는 오늘날 세계에서 가장 널리 채택되고 있는 정부 형태로, 의회와 집행부의 구성 및 활동을 엄격히 분리·독립시키는 대통령제와 달리, 의회가 국정 운영의 실질적 중심에 서는 체제이다.

영국에서 발전한 의원내각제는 본래 의회가 정부를 통제하고 정부가 의회에 책임을 지는 관습적 제도로 출발하였다. 그러나 시간이 지나면서 상호 견제와 협조의 원리를 지닌 체제로 발전하였다. 의원내각제에서는 국민의 선거를 통해 부여된 민주적 정당성을 기반으로, 의회 내 다수파가 정권을 획득하고 내각을 구성하여 정부를 운영한다. 따라서 의회 다수파와 정부 간의 필연적 연계가 의원내각제의 핵심 구조를 이룬다.

의원내각제에서 내각은 통상 구성원 중 한 명을 수상(Prime Minister)으로 선출하여 의회의 지지를 확보한다. 수상은 내각의 수장으로서 집단적 의사결정체인 내각의 정책적 방향을 지도하는 핵심 리더의 역할을 수행한다. 내각과 수상은 정책을 제안하고, 의회를 통해 이를 법률화하며, 각 행정기관을 통해 집행하는 기능을 가진다. 따라서 내각은 행정부와 입법부의 혼합적 성격을 지니며, 그 운영의 실질적 기반은 의회 내 다수파의 지지에 달려 있다. 만약 다수파가 수상을 더 이상 지지하지 않게 되면, 수상은 사임하거나 내각을 재구성하여 다시금 의회의 신임을 확보해야 한다. 이러한 구조에서 의원내각제는 의회와 정부의 공존(coexistence)과 협력(cooperation)을 중시하며, 국민이 부여한 민주적 정당성이 의회를 매개로 정부와 연결된다는 점을 특징으로 한다.

내각제는 이를 채택한 국가의 정치문화와 제도적 맥락에 따라 서로 다른 형태와 안정성을 보인다. 일반적으로 내각제의 정치적 성격은 두 가지 기준, 즉 정부의 안정성(stability)과 정책 운영의 효율성(efficiency)을 통해 평가된다. 정부의 안정성이란 한 번 구성된 내각이나 정부가 장기간 변동 없이 지속되는 정도를 의미하며, 효율성은 국정 수행의 신속성과 정책 집행의 일관성을 뜻한다. 정부가 안정되지 못하면 효율적 운영이 불가능하므로, 두 요소는 상호 밀접한 관련을 가진다.

이 기준에 따라 내각제 국가는 세 가지 유형으로 구분될 수 있다.

첫째, 효율적이고 안정적인 내각제, 즉 총리중심형 내각제(Prime Ministerial Cabinet System)로, 대표적인 예는 영국형 내각제이다. 이 체제에서는 행정부의 핵심인 내각이 의회보다 더 강력한 권한을 행사하며, 총리가 내각 운영의 주도권을 확실히 확보한다.

둘째, 비효율적이며 불안정한 내각제, 즉 의회중심형 내각제(Parliament-Dominant System)가 있다. 이 유형에서는 의회가 과도한 권한을 행사하여 행정부가 약화된다.

대표적 사례로 프랑스의 제3공화국과 제4공화국을 들 수 있다.

셋째, 효율성과 안정성을 일정 부분 기대할 수 있는 내각제, 즉 정당중심형 내각제(Party-Dominant System)이다. 이 유형에서는 의회나 내각보다 정당이 강력한 권한을 행사하며, 정책 결정과 내각 구성 모두 정당의 내부 역학에 크게 의존한다.

이처럼 내각제는 실제 운영되는 방식에 따라 다양한 형태를 보이기 때문에, 내각제의 장점과 단점을 논의할 때에는 어떤 유형의 내각제를 전제로 하는가를 명확히 하는 것이 중요하다(Sartori, 1994: 102; 신명순, 2006: 120).

(3) 대통령제와 의원내각제의 비교

대통령제와 의원내각제의 구분은 크게 다섯 가지 핵심적 차이에 의해서 이루어진다.

첫째, 정부구성이 의회의 신임에 의존하여 존립하는가 아니면 의회 신임과 무관하게 존속하는가에 있다. 의원내각제에서는 수상과 그가 이끄는 내각이 의회에 대해서 책임을 진다. 따라서 내각은 의회의 불신임을 받게 되면 사임한다. 반면 대통령제의 대통령은 자신이 속한 정당이 소수정당의 위치에 놓이더라도, 중죄나 중대한 비행으로 인하여 탄핵받지 않는 이상은 헌법에 의하여 일정한 임기를 보장받는다.

둘째, 정부구성원이 의회에 의하여 선출되는가 아니면 국민에 의하여 선출되는가에 따른 차이가 있다. 의원내각제에서 수상은 〈그림 7-2〉에서 보는 바와 같이 의회에 의하여 선출된다. 수상이 정해지는 실제의 과정은 공식적인 선거에 의하거나 의회 내 정당 간 협상을 통하여 비공식적으로 부상하거나 국가원수가 임명하는 등 다양하다. 그러나 의원내각제의 경우는 누가 수상이 될 것인가가 결국 의회선거에 달려 있으므로 의회에 의하여 수상이 선출되는 제도이다. 반면에 대통령제는 〈표 7-1〉에서 보는 바와 같이 국민에 의한 직접투표를 통하든지, 미국과 같은 선거인단을 통한 간접선거를 통하든지 간에 국민에 의하여 의회와 대통령을 각각 다른 절차를 통해 선출한다. 이러한 두 정치체제의 특징을 배젓(Walter Bagehot, 1961)은 내각제가 입법부와 행정부의 권력 융합을 통한 합의에 토대를 두는 제도이고, 대통령제는 양자의 권력분립에 기초한 견제와 균형의 관계를 지향하는 제도라고 규정하였다.

표 7-1 • 대통령제와 의원내각제 특징 비교

	대통령제	의원내각제
대표국가	• 한국, 미국	• 영국, 일본
선출방식	• 국민에 의한 선출 • 개인의 대표	• 의회에 의한 선출 • 집단의 대표
의사 결정	• 대통령 1인이 결정, 책임	• 연대책임에 의한 합의제
임기방식	• 헌법에 의한 임기보장	• 의회의 불신임으로 임기보장 안 됨
특 징	• 행정부의 수장 • 의원직 겸직 불가 • 의회와 행정부 간 갈등발생시 사법부가 해결	• 내각의 수장 • 의회가 정부를 통제 • 정부는 의회에 대하여 책임
장 점	• 집행부 안정성 • 민주주의 증진 • 제한된 정부	• 효율적·안정적인 내각 운영 가능 • 책임정치 실현
단 점	• 시간상 경직성 발생 • 독재화의 가능성	• 정당정치에 치우칠 가능성 • 상호견제장치의 부재

셋째, 의원내각제와 대통령제는 정부의 의사 결정구조에서 합의제의 성격을 갖는가 아니면 1인 집중제의 성격을 갖는가의 관점에서 그 차이를 확인할 수 있다. 의원내각제를 채택한 국가에서도 수상이 다른 내각의 각료보다 월등한 지위와 권력을 가질 수는 있다. 그러나 의원내각제에서의 내각은 수상을 포함하는 일체성을 가진다. 즉, 수상과 내각이 분리되지 않고 연대 책임의 원칙에 의거하여 운영되는 것이다. 반면에 대통령제에서 각료는 대통령 개인의 자문역할에 불과하며 개별적으로 대통령이 책임을 진다. 따라서 대통령제에서는 대통령 1인이 최종적인 정책결정자이며, 이러한 판단에 대한 책임은 대통령 개인이 지게 되는 것이다(Lijphart, 1992).

넷째, 대통령제와 의원내각제의 차이는 대표관계의 차이에서 분명해진다. 국민의 선거에 의해서 정당성을 부여받은 대통령은 개인적 대표로서 자신의 의사 결정을 통해 국가질서 형성의 방향을 설정하는 반면에, 의회는 각기 다양한 계층, 다양한 집단 및 지역의 국민에 의해 선출된 다수의 의원들이 국민의 의사를 제각기 수렴하여 이를 표현하고 또 조성하는 집단적 대표라고 할 수 있다. 따라서 대통령제 정부형태가 개인적 대표인 대통령의 리더십에 의존하는 데 반해서, 의원내각제 정부형태는 원칙적으로 집단적 대표인 의회의 민주성을 중심으로 움직이고 있다고

그림 7-2 • 대통령제와 의원내각제 대표 선출방식 비교

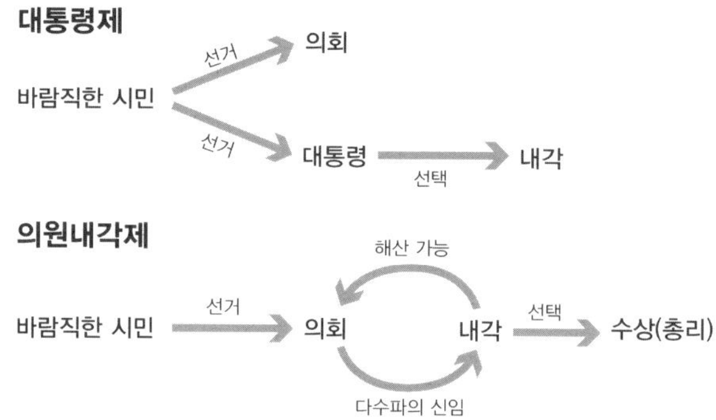

할 수 있다(장영수, 1993: 67~147).

마지막으로 입법부와 집행부의 활동에 있어 대통령제 하에서는 상호독립의 요청에 따라 원칙적으로 정부의 법률안 제출권이 배제되고 겸직이 금지되는 반면에, 정부는 법률안 거부권을 통하여 의회의 입법 작용을 통제하고 의회는 각종 대정부 통제권, 특히 재정에 관한 통제권을 보유함으로써 상호 균형을 이루는 가운데 효율적인 견제가 가능하다. 그러나 의원내각제는 국회의원과 집행부 각료의 겸직 및 의회와 내각의 광범위한 상호 관여를 허용함으로써 협조를 통한 국정수행이 가능하다.

2) 이원집정부제(Dual Executive Systems)

이원집정부제는 대통령제와 의원내각제의 요소를 결합한 통치 구조로서, 대통령과 수상(또는 총리)에게 행정권을 일정하게 분배한 형태를 취한다. 이러한 제도는 국가마다 구체적 운영 방식에 차이가 있으나, 일반적으로 두 가지 유형으로 구분된다(Duverger, 1980: 165~187).

첫째, 프랑스형 준대통령제는 대통령제에 내각제적 요소가 가미된 형태이다. 이 체제에서 대통령은 국민의 직접선거로 선출되며, 국가의 외교·안보 등 주요 정책을 주도한다. 대통령이 의회 내다수당 소속일 경우, 그는 막강한 권한을 행사할 수 있다. 대통령은 자신이 속한 정당의 지도자를 수상으로 임명하고, 수상은 의회의 신임을 받아 행정을 운영한다. 이때 대통령은 내각의 정책 방향과 인사권 전반에 결정적 영향을 미치므로, 사실상 미국 대통령보다 더 강력한 권력을 행사하게 된다.

반면 대통령의 정당이 의회에서 소수당일 경우, 상황은 달라진다. 대통령은 다

수당의 지도자를 수상으로 임명해야 하며, 이 경우 내각은 대통령과 다른 정치적 노선을 가질 수 있다. 이러한 상황을 프랑스에서는 '동거정부(cohabitation)'라 부른다. 동거정부하에서는 수상이 의회를 기반으로 내각을 운영하므로, 권력의 중심이 대통령에서 수상으로 이동하며 내각제적 성격이 강화된다.

대표적인 사례로 프랑스의 미테랑(F. Mitterrand) 대통령 시기를 들 수 있다. 미테랑은 1981~1986년 의회 다수당의 지지를 받았을 때에는 강력한 대통령 중심의 통치를 펼쳤다. 그러나 1986~1988년 동거정부 시기에는 의회 다수당이 야당인 공화당(RPR)이었기 때문에, 미테랑 대통령은 외교·안보 분야를 제외한 대부분의 내정 정책을 수상인 시라크(J. Chirac)에게 위임해야 했다. 이는 프랑스형 준대통령제가 정치적 상황에 따라 대통령제와 내각제의 성격을 유연하게 오가는 체제임을 잘 보여준다.

둘째, 오스트리아·아일랜드·핀란드형 의회주의적 대통령제는 의원내각제에 대통령제적 요소가 일부 결합된 형태이다(Lijphart, 1992). 이 체제에서도 대통령은 국민의 직접선거로 선출되지만, 실질적 권한은 매우 제한적이다. 대통령은 헌법상 국가원수로서 외교나 비상사태 대응 등 특정한 역할을 부여받지만, 실제 정책결정과 행정운영은 의회 다수당을 기반으로 한 수상과 내각이 주도한다.

예를 들어 핀란드의 경우, 대통령은 헌법상 외교정책에 일정한 발언권을 가지지만, 일상적인 정부 운영은 의회 다수당이 구성한 내각이 담당한다. 따라서 대통령의 역할은 국가 통합의 상징적 성격이 강하며, 실질적 권력은 수상과 의회에 집중되어 있다.

한편, 이원집정부제 외에도 몇 가지 독특한 정부 형태가 존재한다. 일부 남미와 아프리카 국가에서는 평의회체제(Council System)가 나타나는데, 이는 사회 각 집단의 대표들로 구성된 소규모 평의회가 입법과 행정 기능을 집단적으로 수행하는 방식이다. 또한 입법의회체제(Assembly System)는 스위스나 UN 등에서 볼 수 있으며, 입법부 대표들이 집단지도체제를 구성하여 직접민주주의적 요소를 강화한 형태로 운영된다.

결론적으로 이원집정부제는 대통령제의 안정성과 내각제의 유연성을 절충한 제도적 구조로, 권력의 배분이 정당 구도에 따라 가변적으로 작동한다는 특징을 지닌다. 프랑스는 대통령과 수상의 관계에 따라 제도적 탄력성이 크게 드러나는 대표적 사례이며, 핀란드는 내각 중심의 권력 구조 속에서 대통령이 상징적 역할을 수행하는 전형적 의회주의적 대통령제 국가로 평가된다.

3. 관료제

관료제는 종종 부정적인 시각에 직면하지만, 실제로는 기상청, 우체국, 식약처 등의 기관을 통해 국민들에게 필수적인 서비스를 제공하며 정부의 권위 있는 결정을 수행하는 핵심 조직이다. 관료는 경찰관, 공립학교 교사, 군인, 국립대학 교수 등 공공정책을 수행하는 모든 국가 행위자를 포괄하며, 공무원 제도에 따라 고용된 인력을 의미한다.

19세기 관료제는 정치적 성향이 강했으며, 임용이 정치적 후견인 제도(patronage system)에 의존하는 경우가 많았다. 그러나 20세기에 들어서면서 관료제는 전문화되었고, 임용 방식이 실적제(merit system) 기반의 시험 및 평가로 전환되었다. 이러한 변화는 19세기에 만연했던 정실 인사(spoils system)의 가능성을 대폭 줄이고 공정성과 전문성을 확보하는 데 기여했다.

관료제는 그 효율성과 전문성을 증진시키기 위한 고유의 구조적 특징을 가지고 있다. 관료제는 계층적 명령 체계(hierarchical chain of command)를 특징으로 하며, 노동의 분화(division of labor)와 명확한 절차(procedure)를 기반으로 조직된다. 이러한 시스템은 효율성과 전문성을 극대화한다. 또한 관료제의 계층적 특성과 명료한 구조는 조직 내외에서 대응성과 책임(accountability)을 확보하는 데 중요하다. 대응성은 환경을 구성하는 외부 집단의 욕구, 선호, 가치 등에 얼마나 민감하게 반응하여 만족시키는가의 문제와 관련된다. 원칙적으로 관료의 주체(principal)는 국회와 대통령이며, 관료는 대리인(agent)으로서 주체의 의지를 수용하고 집행해야 한다. 그리고 책임성은 행위자나 기관이 다른 행위자나 기관에 대해 주어진 임무와 기능 수행의 성과에 대해 책임을 지는 것을 의미하며, 임무 수행의 질에 따라보상과 처벌이 따른다. 관료제는 일반적으로 부서(department)와 독립적인 기관(agency)으로 조직되어 운영된다.

정치학자들은 정부와 관료제를 구별한다. 정부가 규칙과 정책이 적용되고 수행되는 일반적인 조직과 과정을 설명하는 개념이라면, 관료제는 정부가 작동할 수 있도록 고안된 특정한 구조이자 유형으로 설명한다. 이러한 관료제의 구조와 유형은 상술한 베버에 의해 가장 잘 정립된다. 베버는 관료제를 계급 조직으로 특성화하여 업무소재의 책임소재를 명확히 하는 것을 목적으로 한다. 또한, 관료제의 운영 유형에 따라 다음과 같은 이상적인 중요한 특성을 정의했다 (Weber, 1958a: 196~244). 관료제 구성원들은 각각의 경우에 대처할 수 있는 명확한 행동 규칙을 가진다. 합리적 판단을 내리고, 임의적이지 않으며 예측할 수 있고 일관성이 있다. 비인격적으로 객관적으로 업무를 처리한다. 베버의 이 관료제 모델은 현대 행정 시스템의 효율성과 안정성의 기반을 설명하는 데 중요한 학술적 틀을 제공하고 있다.

Box 7-2 • 관료제의 허와 실

1. 관료제의 등장배경

고대로부터 중세에 이르는 농경사회에서는 비교적 단순한 조직들이 사회의 중추적 기능을 담당하였으나, 근대 이후 산업화의 진전과 함께 규모도 크고 복합적 성격을 띤 조직으로서의 관료제가 사회의 근간을 이루게 되었다. 이념형 관료제의 창시자라 할 수 있는 베버(Weber)는 화폐경제의 발달 및 행정사무의 양과 질의 확대가 현대 관료제 생성의 전제조건이라고 하였다.

이렇듯 화폐경제의 발달과 행정사무의 양과 질의 확대에 따른 행정 및 각종 업무의 효율적인 업무수행을 처리하기 위하여 대두된 관료제(bureaucracy)란 용어는 '공무원으로 구성된 거대한 정부조직'을 뜻하는 것이지만 행정부 조직뿐만 아니라 민간 회사, 대학 등 대규모의 조직이라면 모두 해당하는 제도이다.

하지만 국민들이나 정치인들은 관료제란 말만 들어도 낭비, 혼란, 번거로운 절차, 경직성을 연상할 만큼 좋지 않은 의미를 지니고 있다. 그 이유는 관료제의 순기능에 못지 않은 역기능이 존재하기 때문이다.

2. 관료제의 특징

관료제의 첫 번째 특징으로 노동의 분업(Division of Labor)을 말할 수 있다. 생산성을 높이기 위해서 전문적 직문활동을 강조하고 관료들은 그들의 업무를 전문화하여 효율적으로 업무수행을 한다. 또한 노동의 분업으로 인해 관료제 내에서의 직위나 직책은 많아지며 이들의 업무는 상호연계 된다. 그렇기 때문에 각각의 관료들은 다른 관료들의 업무 결과에 의존할 수밖에 없다. 즉, 관료제하에서는 혼자의 힘으로만 완벽한 생산물을 얻을 수 없는 것이다.

둘째, 합법적으로 제정된 법규에 의한 계층제로 이루어지므로 엄격한 수직적 업무 배분과 상하 간 지배복종체계의 성격으로 인해 책임의 소재와 상하관계가 분명하여 절차에 대한 엄격한 준수가 요구된다. 즉, 높은 계층에 올라갈수록 보다 많은 감독권을 지닐 수 있고, 이로 인해 그들은 자신의 위치에 대해 자긍심을 가지게 된다.

3. 관료제의 역기능

하지만 관료제의 특성으로 인해 나타나는 관료제의 역기능 또한 무시할 수 없다. 첫째, 관료제에서는 절차를 중요시하기 때문에 규칙이나 정책을 만들 때 절차가 매우 복잡하고 시간이 많이 걸리며, 목표가 아닌 수단(규칙, 절차)에 지나치게 동조함으로써 과잉동조와 수단의 목표화가 발생하게 된다. 둘째, 책임의 한계를 명확히 하기 위하여 공적인 문서에 의해 행해져야 하므로 문서주의(red-tape)가 발생하며, 이는 곧 형식주의에 빠지게 된다. 이로 인해 관료들은 무사안일주의와 상급자의 권위에 의존하게 되어 문제 해결에 있어서 적극적이고 쇄신적인 태도를 갖지 못하게 된다. 셋째, 노동의 분업으로 인해서 다른 분야에 대한 이해가 부족하여 할거주의가 초래하게 된다. 즉, 자기가 속하고 있는 기관·부처·국·과만을 종적으로 생각하고 다른 부처에 대한 배려가 없어 횡적인 조정과 협조가 곤란한 현상이 발생하게 된다.

이러한 역기능을 간단히 정리하자면, 관료들은 확실한 권한과 책임소재가 주어져야만 업무를 진행한다는 것을 들 수 있다. 관료들은 아무리 급박한 상황이라 하더라도 자신의 권한을 넘어 자원과 예산을 동원하지 못하는 것이다. 상급자로부터 정확한 지시를 받아야만 한다는 문제점을 가지고 있는 이러한 현상은 2014년 한국의 세월호 참사에서도 나타났다.

최근 행정 분야의 주요 쟁점은 관료제가 가진 효율성의 잠재력보다는 조직의 비대화(overgrowth)와 이로 인해 발생하는 민주적 통제의 어려움에 대한 우려이다. 선출직 공무원들, 즉 대통령과 입법부 의원들은 비대해진 중앙 정부 관료제의 규모를 축소하고 권한을 제한하기 위해 다양한 전략을 동원하고 있다. 이러한 전략들에는 특정 프로그램이나 부서를 완전히 폐지하는 종료(termination), 예산을 감축하고 규제 권한을 축소하여 시장의 자율성을 높이는 규제 철폐(deregulation), 중앙 정부의 집행 권한을 지방 정부 수준으로 이양하는 권력 이양(devolution), 그리고 프로그램 통제 및 이행 권한을 민간 기업에 넘겨 효율성을 확보하는 민영화(privatization)가 포함된다. 관료제는 앞으로도 효율성과 전문성을 극대화할 것인지, 아니면 규모의 비대화에 따른 민주적 정당성 문제를 해결하고 권한을 제한할 것인지가 핵심적인 과제로 남아 있다. 따라서 선출직 공무원들은 관료제에 대한 민주적 통제를 유지하도록 지속적으로 경계를 늦추지 않아야 하며, 이를 통해 삼권분립정신에 기초한 상호 견제와 힘의 균형을 실현하고 정부의 책임성과 대응성을 확보할 수 있을 것이다.

4. 정치적 행정부의 역할

20세기를 '행정부의 시대'로 규정하며, 입법부의 권한이 상대적으로 약화되고 행정부의 역할이 강화되고 있음을 강조한다. 이는 행정부가 입법부에 비해 더 효율적이고 적극적인 정책 추진력을 가지며, 혼란의 시대에 대중이 원하는 간결하고 명확한 정책을 제시할 수 있기 때문이다. 특히, 카리스마 있는 최고 통치자는 단일한 목소리로 사회적·국제적 요구에 대응하며 강력한 리더십을 발휘할 수 있다.

'행정부의 시대'에서 정치적 행정부의 역할은 특히 중요하다. 정치적 행정부는 대통령, 국무총리, 각 부처 장·차관 등 고위 정무직을 포함하며, 집권 세력의 정책 의지를 관철하기 위해 관료를 지휘·감독하고 정책 결정과 집행을 주도한다. 대통령제하 정치적 행정부 성공을 위해서는 첫째, 확고한 정책 이념이다. 대통령은 민주적 의견 수렴을 바탕으로 한 정책 조정 능력과 함께 명확한 정책 의지를 가져야 한다. 둘째, 참모조직의 조정·통제기능이다. 정치적 행정부는 행정부처의 현안 정책 결정을 조정·통제할 수 있는 참모조직을 구축해야 하며, 사회 변화와 요구를 반영하는 진취성과 유연성을 갖춰야 한다. 셋째, 정책 목표가 공유되어야 한다. 정권의 정체성과 정책 목표를 공유하는 인사를 핵심 직책에 임명해야 한다. 넷째, 사회 요구 소통이 요구된다. 정책 결정 과정은 사회적 요구와 변화를 반영하는 체계와 연결되어야 하며, 이를 통해 민주적 대표성을 유지해야 한다. 확고한 정책 네트워크가 구축되어야 한다. 단기·중장기적 정책 능력을 위해 시민단체, 민간연구기관 등과 정책 네트워크를 구성하여 정책 기획과 집행의 피드백 체계를 마련해야 한다. 무엇보다, 국민 참여가 보장되어야 한다. 국민 생활에 영향을 미치는 정책은 정보 공개, 의회 참여, 국민 직접 참여를 법적·제도적으로 보장해야 한다. 한국은 전자정부(e-government) 분야에서 정보통신기술을 활용해 공공서비스를 제공하며 세계 최상위를 유지하고 있다(UN Public Administration Network, 2015).

한국의 문재인 정부에서는 대통령 비서실과 같은 참모조직이 정책 조정과 집행을 주도하며, 물론 대통령 탄핵 후 적폐청산이라는 사회적 분위기에 편승한 면도 있지만, 청와대 국민청원과 같이 전자정부를 통한 국민 참여와 각종 국민참여 위원회를 활성화했다. 보여주기식 국민참여 라는 비판과 소통할 수 있는 정책 네트워크의 부족으로 특히 경제정책, 부동산 정책이 사회적 요구를 충분히 반영하지 못했다는 비판도 있다.

제3절 입법부

대부분의 국가들은 통치 기본 구조의 하나인 입법부가 있다(Derbyshire and Derbyshire, 1999). 입법부는 필수적 기구로서 의회를 두고 있다. 대부분의 국가에서 의회는 하나 혹은 둘로 구성되어 있다. 국가에 따라 명칭은 상이한바, 상원과 하원(영국: the House of Lords and House of Commons, 미국: the Senate and House of Representatives, 칠레·멕시코·베네수엘라: the Senate and the Chamber of Deputies, 인도: the Rajya Sabha and the Lok Sabha), 입법의회(코스타리카: the Legislative Assembly, 이스라엘: the Knesset), 국회(이집트, 탄자니아, 대한민국 등: the National Assembly), 전국인민회의(중국: the National People' s Congress), 참의원과 중의원일본: the House of Councillors and the House of Representatives) 등으로 불리고 있다.

1. 입법부의 역할

입법부는 정책 현안을 논의하고 조사하는 국가 기관으로서, 그 명칭과 역할에 국가 통치의 핵심 원리가 내포되어 있다. 입법부의 어원인 라틴어 'Legislature'는 '법(legis)'과 '제기와 제안(latio)'의 합성어이며, 이는 로마 회의(B.C. 500년경~A.D. 100년경)와 같은 초기 입법 기구가 법률 제정에 상당한 권한을 가졌던 역사적 사실과 일치한다. 영국 의회(parliament)가 '중요한 기능을 제안하다'라는 의미를, 프랑스어 'parler'가 '말하다'라는 의미를 내포하듯, 입법부는 본질적으로 논의와 제안의 기능을 상징한다. 초기에는 세습 군주에게 조언하고 정치 집단을 대표하기 위해 설립되었으나, 오늘날 입법부의 주된 기능은 공공정책 결정에 대한 책임을 지는 데 있다.

모든 입법부가 권한 행사를 동일하게 실행하지는 않지만, 대부분의 입법부는 세 가지 핵심적인 역할을 수행하는데, 첫째, 법률 제정(Lawmaking)은 사회 질서와 공익을 위한 법률을 심의하고 통과시키는 입법 과정의 핵심이다. 둘째, 시민의 대표(Representation)로서 다양한 사회 집단과 지역 주민의 이익과 요구를 정부 정책에 반영한다. 셋째, 통치자 감시(Oversight)는 행정부의 권한 남용을 견제하고 정책 집행의 효율성 및 책임성을 확보하는 기능이다.

그러나 입법부의 이러한 보편적 역할들을 단일하게 일반화하기는 어렵다. 입법부의 실제 기능과 권한은 다음과 같은 네 가지 요인에 의해 끊임없이 변화하는 가변성을 보이기 때문이다. 첫째, 입법부의 역할은 헌법적 규정의 명확성과 해석이 국가마다 상이하여 권한 범위가 다르게 나타난다. 둘째, 입법부의 실제 기능은 각 국가의 정치 문화, 제도적 특성, 역사적 배경 등에 따라 다르다. 셋째, 동일 국가 내에서도 입법부의 권한과 영향력은 시간의 흐름과 정치 환경의 변화에 따라 지속적으로 강화되거나 약화되기도 한다. 넷째, 특정 시기에 발생하는 국가적 이슈나 사안의 중요도에 따라 입법부의 역할과 초점이 단기간에도 유동적으로 변화할 수 있다. 이러한 기능적 가변성은 입법부를 이해하기 위해 해당 국가의 고유한 맥락을 고려해야 한다.

1) 법률제정

입법부가 법률의 초안을 만들고, 수정하며, 최종적으로 공포하는 일련의 과정은 그 존재의 핵심적인 의무로 보이지만, 실제로 법률 제정 기능을 가진 입법부가 정책 결정 과정 전반에서 지배적인 역할을 담당하는 것은 아니다. 현대 정치 체제에서 정책 결정의 최종적인 실행과정은 대개 행정부(통치자)의 협력을 거쳐야 하기 때문이다.

그럼에도 불구하고, 각국의 입법부는 정치 체제의 결정 과정에서 중요한 역할을 담당한다. 입법부의 권한은 법률 제정 그 자체로서, 이는 국가의 기본 규칙인 헌법을 통해 명시적으로 규정된다. 법률 제정 권한은 단순히 새로운 규범을 만드는 것을 넘어, 국고 수입을 늘리거나 국고의 지출을 권위적으로 분배하는 재정적 권한을 포함하며, 이는 입법부의 중요한 의무이자 책임으로 인식된다.

입법 과정에서 입법부의 실제 참여 양상은 국가마다 다르다. 어떤 국가에서는 입법부 내에 특별위원회를 구성하여 정부나 다른 주체로부터 제안된 법률안을 직접 개정할 수 있도록 강력한 권한을 부여한다. 반면, 다른 국가에서는 다수의 법률안이 행정부가 아닌 입법부 구성원들에 의해 직접 발의되고 초안이 만들어지기도 한다(Lowi, Ginsberg, Shepsle and Ansolabehere, 2012: 154~161).

결론적으로 입법부는 행정부에 비해 법안 제정 과정의 주도권을 완전히 갖지 못할 수 있으나, 법적 권위 부여와 재정 분배를 통해 정책 결정 과정에 필수불가결한 역할을 수행하며, 그 참여 방식은 각국의 제도적 구조에 따라 상이하게 나타난다.

2) 시민의 대표

입법부는 시민의 의견과 권익을 대변하는 핵심 민주적 기관이다. 각국의 입법자들은 유권자들의 직접 선출을 통해 의회에 진입하며, 시민의 요구가 정책에 반영되도록 하고 그 결과가 실질적 이익으로 돌아가게 할 책임을 맡는다(Lowi, Ginsberg, Shepsle and Ansolabehere, 2012: 132~138).

그러나 입법부가 시민의 '이익을 대표한다'는 개념은 생각만큼 단순하지 않다. 이는 입법자가 고려해야 할 이익이 여러 층위에 걸쳐 있으며, 때로는 서로 충돌하기 때문이다. 대표 행위를 어렵게 만드는 이익의 주요 측면은 첫째, 배경적 이익(Descriptive Interests)이다. 사회 계급·종교·인종 등 특정 집단이 가진 구조적 영향력은 입법자의 대표 방향을 자연스럽게 규정한다. 둘째, 정당 충성(Partisan Loyalty)이다. 입법자는 자신이 소속된 정당의 강령과 정책 기조에 충실해야 하는 압력 속에서 움직인다. 셋째, 국가 전체의 이익(National Interest)이다. 정당이나 특정 집단의 이해를 넘어 국가 공동체 전체의 공공선을 추구해야 한다는 책무가 있다. 넷째, 자율적 판단(Trustee Model)이다. 입법자는 자신의 지적·도덕적 판단에 따라 국가에 가장 도움이 되는 결정을 내려야 한다는 기대를 받는다.

현실에서 입법자들은 이러한 복잡한 이해관계의 압력에서 자유롭기 어렵다. 정치적 지지 기반과 다양한 이해집단은 입법자의 결정 과정에 큰 영향을 미치며, 법률을 제정할 때에도 각 세력의 요구와 선호가 반영될 수밖에 없다. 심지어 이데올로기적 성향이나 정당에 대한 충성심 같은 비합리적 요소들까지 고려 대상에 포함된다. 결국 입법자들은 서로 충돌하는 정치적 이익과 지지 기반의 요구 사이에서 끊임없이 균형을 찾아야 한다. 이는 고정된 공식이 아니라 상황에 따라 달라지는 유동적 과정이며, 각 사안의 성격과 정치적 역학에 따라 적절한 타협을 모색하는 방식으로 대표성을 구현하게 된다.

3) 통치자에 대한 감시

입법부는 행정부, 즉 통치자와의 상호작용 속에서 국가의 핵심 정치적 결정을 만들어내며, 특히 최고 권력을 가진 통치자의 행동을 감시하고 견제할 책임을 지닌다. 입법자는 헌법이 부여한 권한인 통치자를 선출하거나 행정부 구성 및 정책을 승인하는 권리를 통해 통치자의 권력 행사에 직접적인 영향을 미칠 수 있다(Lowi, Ginsberg, Shepsle and Ansolabehere, 2012: 161~164).

먼저, 통치자 선출 기능이 있다. 의원내각제 국가에서는 입법부가 곧 최고 통치자를 결정하는 기관으로 기능하며, 인도의 경우 국회의원이 다수의 지지를 모아 수상을 직접 선출한다. 다음으로, 임명 승인 및 거부 기능이 있다. 미국 상원은 대통령이 지명한 각료나 연방대법원장을 '충고와 동의(advice and consent)' 절차를 통해 승인하거나 거부할 권한을 갖는다. 대표적 사례로 1987년 레이건 대통령이 대법관 후보로 지명한 로버트 보크(Robert Bork)를 사생활을 문제 삼아 상원이 부결시킨 사건이 있다.

또한 의회제 국가에서 내각과 총리는 입법부 다수의 신뢰를 기반으로 통치하는 만큼, 의회는 내각이 합법적 다수의 승인 속에서 정책을 수행하는지 지속적으로 감시해야 한다.

입법부의 감시 기능은 통치자의 정책 수행을 평가·검증하는 순수한 의회의 권리로 여겨진다. 일반적인 감시 절차는 다음과 같다. 첫째, 정책 토론과 검증의 장 마련이다. 의회는 통치자의 정책 구상과 실행을 둘러싸고 심도 있는 논쟁을 벌임으로써 정책의 적절성을 점검한다. 둘째, 각료 출석 의무이다. 영국, 이탈리아, 독일 등 의회제 국가에서 장관들은 국회에 출석해 입법자의 질문에 답변하고 비판을 수용해야 한다. 셋째, 조사 권한 행사이다. 대부분의 입법부는 특정 사안에 대해 공식적·지속적으로 조사할 권한을 갖는다. 스웨덴의 경우 시민이 제기한 행정기관의 위법·부당 행위를 독립적으로 조사하는 '옴부즈맨 제도'를 도입한 점이 특징적이다. 이 과정에서 부적절한 통치 행위가 발견되면, 의회는 질문, 위원회 활동, 옴부즈맨 등의 제도를 활용해 통치자가 문제를 시정하도록 강한 압력을 행사한다.

입법부가 통치자를 견제하는 데 있어 가장 근본적인 힘은 정부의 신뢰성을 무너뜨릴 수 있는 능력이다. 이는 'RIP 폭탄(Revelations, Investigation, Prosecution bomb)'이라는 개념으로 설명되기도 한다(Lowi and Ginsberg, 2000: 716~719). 즉, 언론을 통해 비리나 부패를 폭로(Revelation)하고, 의회가 특별검사를 통해 철저히 조사(Investigation)한 뒤, 필요할 경우 검찰의 기소(Prosecution)로 이어지는 과정이다.

의회제 국가에서 입법부는 통치자가 신뢰를 잃거나 심각한 정책 실패를 일으킬 경우 불신임 투표를 통해 통치자를 사임시키는 강력한 수단을 가지고 있다. 실제로 이탈리아의 경우 1950년대 이후 거의 매년 한 차례씩 내각이 의회의 압력으로 교체된 바 있다. 반면 대통령제에서는 탄핵이 통치자를 직접 파면할 수 있는 핵심 장치로 기능한다. 미국에서는 1868년 앤드루 존슨, 1999년 빌 클린턴 대통령이 하원에서 탄핵소추 되었고, 리처드 닉슨은 탄핵 심판을 피하기 위해 1974년 스스로 사임했다. 한국에서도 2004년 노무현 대통령 탄핵은 기각되었지만, 2017년과 2025년에는 헌법재판소가 국회의 탄핵 청구를 인용해 박근혜 대통령과 윤석열 대통령을 파면하는 결정을 내렸다. 이는 입법부가 통치자를 궁극적으로 견제할 수 있는 제도적 힘을 보여주는 사례이다.

이처럼 입법부의 감시와 견제 기능은 입법권과 더불어 현대 민주주의에서 권력의 균형과 책임성을 유지하는 데 없어서는 안 될 핵심 장치라고 할 수 있다.

2. 구조적 제도

1) 의회의 수

비교정치학적 관점에서, 각국 입법부의 구조는 단일 의회(House)를 갖는 단원제(Unicameralism)와 두 개의 의회(Chambers)를 갖는 양원제(Bicameralism)로 구분되며, 그 채택 양상은 국가의 통치 구조 및 권력 배분을 반영한다. 단원제 입법부는 전 세계 독립 국가 중 약 65%를 차지하는 다수의 국가에서 채택하고 있는 구조이다. 이는 주로 강력한 중앙정부를 채택하는 국가들에서 선호된다(Derbyshire, 1999). 단원제는 양원제가 필연적으로 겪는 업무의 중복 및 혼선 위험을 최소화하며, 입법 절차를 효율적으로 진행할 수 있다는 장점을 가지며, 정치적 책임의 명료성이 있다. 즉 하나의 조직체 구성을 통해 입법 실패나 성공에 대한 정치적 책임 소재가 명확해지며, 유권자의 통제가 용이하다. 주요 채택 국가로 알제리, 불가리아, 중국, 덴마크, 핀란드, 그리스, 헝가리, 이스라엘, 뉴질랜드, 대한민국, 스웨덴 등이 대표적인 단원제 국가로 꼽힌다.

단원제에 비해 소수인 양원제를 채택한 국가들은 대개 권력 분산의 필요성이 높은 구조적 특성을 공유한다. 양원제 국가 중 약 80%가 중앙정부와 지방정부 간의 권력 공유 양태가 나타나는 연방제 국가이다. 이 경우, 하나의 의회(주로 하원)는 인구 비례에 따른 연방 전체를 대표하고, 다른 의회(주로 상원)는 지방 정부 또는 주를 대표하여 권력을 공유한다. 호주, 캐나다, 독일, 인도, 멕시코, 미국 등이 대표적인 연방제 및 양원제 국가이다. 단일 정부 국가 중에서도 약 20%가량이 양원제를 채택하고 있으며, 프랑스, 영국, 이탈리아, 일본 등은 단일 정부 구조에 양원제를 가미한 정치체제를 유지한다(Derbyshire, 1999).

양원제가 단원제에 비해 가지는 구조적 장점은 다음과 같다. 첫째, 두 개의 의회는 특정 사안과 법률에 대해 이중적인 심사를 가능하게 하여 심도 있는 토의를 촉진하고 졸속 입법의 위험을 줄인다. 둘째, 두 개의 의회가 서로 다른 측면의 관점(예: 인구 대 지역)을 대표하여 보다 바람직하고 균형 잡힌 원리를 경쟁적으로 채택하도록 유도할 수 있다. 특히 아일랜드 공화국처럼 상원의원들이 농업, 노동, 산업, 문화 등의 기능적인 단체를 대표하거나 그 대표를 선출하는 경우도 있다. 셋째, 영국이나 캐나다와 같은 국가의 상원은 종신제 등 개인적 능력과 전문성을 바탕으로 선출되는 경우가 있어, 당파적 이해관계에 덜 얽매이는 독립적인 심의가 가능해진다.

시간이 흐름에 따라 일부 양원제는 단원제로 전환된 스웨덴, 코스타리카가 있고 두 의회 간의 권한이 조정되기도 했다. 노르웨이와 영국에서는 상원의 권한이 크게 축소되어, 상원이 하원의 결정을 지연시킬 수는 있으나 실질적인 의사결정 거부권을 행사할 수는 없게 되었다. 이는 두 의회가 입법부의 '시민의 대표'로서의 기능을 중복적으로 제대로 발휘하지 못한다는 비판에 대한 조정이다. 미국의 경우는 상원이 일반적으로 하원에 비해 낮은 권한을 가지는 것과 달리, 상원이 하원과 대등하거나 일부 영역(예: 조약 비준, 고위직 인준)에서 더 강력한 힘을 지닌 독특한 양원제 정치체제를 채택하고 있다.

결론적으로, 입법부 구조의 선택은 단순한 효율성의 문제가 아니라 국가 권력의 분산(연방제), 지역 간의 균형, 그리고 입법의 심도를 추구하는 정치적·역사적 맥락에 따라 결정되는 구조적 제도이다.

2) 입법부의 규모

입법자의 수는 국가별로 크게 차이가 난다. 예컨대 중국의 전국인민대표대회(NPC)는 임기가 5년이며, 최근 의석수는 약 2,977명으로 세계 최대 규모의 입법기관에 속한다. NPC의 실무·상시 기능은 전국인민대표상무위원회(NPCSC)가 담당하며, 상무위원회의 인원도 별도로 구성되어 연중 활동한다.

단일 의회나 소규모 의회를 채택한 국가에서는 대체로 의원들이 '시민'을 대표하는 비율을 인구에 따라 정한다. 이와 관련해 전통적으로 대표자 수 결정에서 인구의 제곱근 비례가 실무적으로 자주 사용된다고 지적했다(Taagepera와 Shugart, 1989: 174~179). 이 이론은 작은 단위의 대표성을 확보하면서 의회 운영의 효율성을 고려하도록 하는 방식이다.

그러나 인구밀도가 높은 국가들에서 '최적' 입법자 수를 단일한 원칙으로 정하는 방법은 명확하지 않다. 예를 들어 미국 하원은 법적으로 의원정원을 435명으로 고정하여 선출한다. 이 기준을 우리나라와 같은 방식의 단순 비율로 환산하면 1명의 하원 의원이 대표하는 인구수는 수십만 명 단위에 이른다. 상원은 각 주별로 2명씩, 총 100명이다.

한국의 경우 국회의 전체 의석수는 300석, 지역구 253석·비례대표 47석으로 운영되고, 국회의장은 1인, 부의장은 2인 체제이다. 국회는 본회의·상임위원회·전원위원회 등으로 활동하고, 상임위원회는 행정부 각 부처 소관별로 설치되어 주요 안건을 사전 심사한다. 현재 상임위원회는 17개이며, 각 상임위원회는 통상최소 12인에서 최대 25인의 의원으로 구성된다. 주요 특별위원회로는 예산결산특별위원회·윤리특별위원회·인사청문특별위원회 등이 있다.

한편 입법자 한 명이 대표하는 인구 규모는 국가마다 매우 다르다. 전 세계 입법부가 설치된 약 165개국을 보면, 많은 국가가 '한 의원당 약 50,000명 이하' 수준에서 대표자를 선출하는 경향을 보였다는 연구 결과가 있다. 다만 이 수치는 국가의 정치·행정구조, 연방·단일국가 여부, 대의제 전통, 선거제도(비례·대선거구·소선거구 등)에 의해 크게 달라진다.

3) 입법부 조직구성 및 역할

법치국가에서 법률의 제정·개정·폐지는 국회의 가장 본질적이고 중요한 권한이다. 한국 국회는 헌법개정안 제안·의결, 예산안·결산 심사, 국정감사·조사, 탄핵소추, 조약 체결·비준 동의 등 다양한 권한을 효과적으로 수행하기 위해 체계적인 업무 분장과 조직을 갖추고 있다. 한국 국회의 핵심 구성과 역할은 다음과 같다.

국회의장단:

- 선출: 무기명투표로 재적 의원 과반수 득표로 선출되며, 의장과 부의장의 임기는 2년.
- 특징: 의장은 당선 다음 날부터 당적을 가질 수 없음.
- 권한: 국회 대표, 회의 운영(의사정리권), 회의장 질서 유지, 국회 조직·운영 전반에 대한 사무 감독.

국회의원:

- 의무:
  - 헌법상: 겸직금지, 청렴, 국익 우선, 지위 남용 금지.
  - 국회법상: 품위 유지, 본회의·위원회 출석, 의사 관련 법령·규칙 준수.
- 특권:
  - 불체포특권: 회기 중 국회 동의 없이 체포·구금되지 않으며, 회기 전 체포·구금된 경우 국회 요구로 석방.
  - 면책특권: 국회 내 직무상 발언과 표결에 대해 외부 책임 면제.

상임위원회:

- 역할: 입법안·청원 심사 및 법률상 정해진 직무 수행.
- 구성: 17개 위원회(국회운영, 법제사법, 정무, 기획재정, 교육, 과학기술정보방송통신,

외교통일, 국방, 행정안전, 문화체육관광, 농림수산식품해양수산, 산업통상자원중소벤처기업, 보건복지, 환경노동, 국토교통, 정보, 여성가족).

- 운영: 소위원회를 설치해 안건 심사. 위원장은 본회의 무기명투표로 선출(재적 의원 과반수 출석, 출석 의원 다수 득표), 임기 2년. 각 교섭단체별로 간사 1인.

특별위원회:

- 역할: 상임위원회 소관 외 또는 특별히 필요한 안건 심사.
- 구분:
  - 상설특별위원회: 예산결산특별위원회(예산안·결산 심사), 윤리특별위원회(의원 자격·윤리 심사 및 징계), 인사청문특별위원회.
  - 비상설특별위원회: 특정 안건 심사를 위해 설치.
- 운영: 위원장 1인 선임, 선임 전에는 연장자가 직무 대행.

교섭단체:

- 구성: 20인 이상 의원을 보유한 정당 또는 의원 집단.
- 역할: 정파 간 의사 통합·조정, 국회 운영 원활화. 본회의·위원회 발언자 수, 위원 선임 등은 교섭단체 의원 수 비율 기준.

입법지원조직:

- 역할: 국회의장 지휘·감독 아래 입법활동 및 행정 업무 지원.
- 기관: 국회사무처, 국회도서관, 국회예산정책처, 국회입법조사처.

4) 입법의 절차와 구조

현대 사회에서 정부입법의 광범위한 권한이 인정되지만, 국회의원의 법률안 제출은 입법부의 근원적 존재 이유이자 고유한 권한이다. 대한민국 국회의 입법 절차와 구조를 중심으로 살펴보면 다음과 같다.

법률안 발의의 주체는 국회의원, 국회 상임위원회 위원장, 정부로 법률안을 제출할 수 있다. 하지만 의원발의는 국회의원 10인 이상의 동의를 얻거나 소관 상임위원장이 발의한다. 발의 전 공개나 심의 의무는 없다. 그리고 정부 제출은 관계기관 협의, 입법예고, 규제심사, 법제처 심사, 차관회의 심의, 국무회의 심의를 거쳐야 한다.

의원 발의 및 정부 제출 공통적으로 상임위원회 검토보고, 예산정책처의 법안비용추계, 법제사법위원회의 체계·자구심사, 입법조사처의 입법조사분석을 거친다. 그 후 법안 심의 절차가 시작된다. 의원 또는 정부가 제출한 법률안은 국회의장에게 보고된 후 본회의에서 해당 상임위원회로 회부된다. 상임위원회 심의 절차는 발의자의 제안 설명, 전문위원의 검토보고, 대체토론, 소위원회 심사, 축조심사, 찬반토론으로 이어진다. 상임위 심의를 마친 법안은 법제사법위원회의 체계·자구심사를 거친다. 법제사법위원회가 심사보고서를 국회의장에게 제출하면, 본회의에서 질의·토론 후 표결이 이루어진다. 마지막으로 의결된 법안은 대통령에 의해 공포된다.

3. 입법부의 쇠퇴

입법부의 권력은 행정부와 관료제에 비해 상대적으로 약화되었다. 이는 견제와 균형의 원리보다는 두 정치 구조 간 실질적 권력 차원에서 분석할 수 있다. 입법부 약화 요인을 살펴보자면 첫째, 응집력 부족이다. 입법부는 복잡하고 느린 의사결정 절차로 인해 신속한 법률 제정이 어렵다. 특히 양원제에서는 상·하원 간 의견 불일치로 문제가 심화된다. 둘째, 행정부는 풍부한 예산, 인력, 전문 지식을 보유하지만, 입법부는 예산, 직원 규모, 급여, 전문성 면에서 열악하다. 입법부는 주로 행정부가 발의한 정책에 반응하며 독자적 정책 제안 능력이 부족하다. 셋째, 사회심리학적 약점을 내포하고 있다. 시민들은 명확하고 역동적인 리더십을 선호하지만, 입법부는 다양한 정체성과 의견으로 구성되어 단일한 목소리를 내기 어렵다. 예를 들어 미국에서 "대통령은 특정 사안에 대해 어떻게 생각하십니까?"라는 질문에는 단일 답변이 가능하지만, "의회는 어떻게 생각하십니까?"라는 질문에는 다당제와 당내 파벌로 인해 다양한 답변이 나온다. 그리고 방송매체의 발달로 대통령과 행정부는 국민과 직접 소통하며 지지 기반을 확보한다. 과거에는 의회가 정당을 통해 국민과 연결되었지만, 행정부의 직접 소통은 입법부의 정당성을 약화시켰다. 또한, 1·2차 세계대전, 세계공황 같은 위기는 통합된 행정부 권력을 요구하며 입법부의 영향력을 더욱 축소시켰다(Lowi and Ginsberg, 2000).

그렇다고 모든 입법부가 무기력한 것은 아니다. 이탈리아, 일본, 스웨덴, 미국 등에서는 입법부가 법률 제정, 대의, 감시 기능을 통해 권위적 가치 분배와 사회적 영향력을 유지한다. 모든 민주주의 사회에는 입법부가 존재하며, 그 구성원은 일반 시민보다 큰 정치적 영향력을 행사한다. 미국 의회는 양원제와 다당제 구조로 인해 복잡한 의사결정 과정을 겪지만, 예산 승인과 법률 제정에서 여전히 강력한 권한을 행사한다. 반면, 한국의 국회는 행정부 주도의 정책에 비해 상대적으로 자원과 전문성이 부족해 입법 주도성이 약화된 사례를 보여준다.

제4절

사법부

사법부는 민주주의 국가의 입법부, 행정부, 사법부 중 가장 약한 권력을 가진 기관으로 여겨져 왔다. 이는 정치권력의 근원인 조직과 지지 기반 면에서 사법부가 취약하기 때문이다. 입법부와 행정부는 국민의 투표라는 민주적 정당성을 통해 선출되지만, 사법부는 국민의 직접적 지지를 기반으로 하지 않아 권력 구조상 한계가 있다. 그러나 입헌주의는 민주주의의 핵심 원칙으로, 헌법이 국민의 의지를 반영하여 국가 운영의 청사진을 제시함으로써 민주주의를 보완하고 강화한다. 따라서 사법부의 영향력 증대는 사법이 정치를 대체한다는 일부 학계의 우려에도 불구하고, 현대 민주주의 국가의 일반적 특징으로 볼 수 있다(Ferejohn and Pasquino, 2003: 248~250).

국가 권력은 남용의 위험성을 안고 있으며, 이를 방지하기 위해 각국 헌법은 권력 분립과 상호 견제·균형을 보장한다. 민주적 법치국가의 역사는 국민의 기본권을 보호하기 위한 권력 남용 방지의 역사라 할 수 있다. 국민주권 원칙에도 불구하고, 공권력은 국민이 선출한 의회나 대통령 같은 대의기관이 행사하므로, 의회 다수파의 부당한 입법이나 행정부의 자의적 권력 행사로부터 국민의 자유와 권리를 보호하려면 사법부의 역할이 필수적이다.

사법부의 권력 강화는 '제왕적 사법부'를 지향하는 것이 아니라, 입법부와 행정부 간 권력 균형을 유지하기 위한 것이다. 이를 위해 사법부는 헌법에 기반한 정당성과 국민의 지지, 그리고 조직적 역량을 필요로 한다.

한국의 헌법재판소는 1987년 민주화 이후 2004년 노무현, 2017년 박근혜, 2025년 윤석열 대통령 탄핵과 같은 사례를 통해 입법부와 행정부의 권력 균형을 유지하며 국민의 권리를 보호해왔다. 이는 사법부가 민주적 정당성과 조직적 역량을 통해 권력을 강화할 수 있음을 입증한다.

1. 사법부의 역할

사법부는 입법부가 제정한 법률을 바탕으로 사회의 다양한 분쟁과 사건을 판결하며, 때로는 정치적 분쟁을 조정하는 역할을 수행한다. 이를 통해 사법부는 입법부와 행정부를 견제한다. 사법부의 공공정책 개입은 사법 소극주의(Judicial Restraint, 법조문과 판례에 충실히 적용)와 사법 적극주의(Judicial Activism, 정치적 소신에 따라 적극 개입)로 구분된다(Hague et al., 2017: 145).

사법부의 핵심 역할은 판결 기능으로, 주어진 상황에 법률과 규칙을 적절히 적용하여 판단하는 것이다. 개인 또는 집단 간 민법 관련 이혼, 계약 등 분쟁에서는 논쟁을 해결하는 것이 주된 목적이다. 환경오염, 절도 등 사회 질서에 반하는 행위와 같은 형법 위반 사안에서는 판결이 사회 질서를 유지하는 중요한 기제가 된다.

국가는 공공 이익과 사회계약을 보호하며, '수용 가능한 사회적 행동'의 경계를 설정해 행위자 간 관계를 보증한다. 그러나 공화국의 정의와 범위, 그리고 수용 가능한 행동의 기준은 정치체제마다 크게 다르다. 일부 정치체제에서는 신체적·경제적 폭력에 대한 규제가 느슨한 반면, 다른 체제에서는 정치 질서나 지도자에 대한 비판이 사회적 행동 위반으로 간주되어 징역이나 사형과 같은 엄중한 처벌이 부과되기도 한다.

미국에서는 사법 적극주의를 보여주는 대법원 판결(예: 1973년 Roe v. Wade, 낙태권 인정)이 사회적 논쟁을 조정하며 입법부와 행정부를 견제했다. 반면, 한국 헌법재판소는 사법 소극주의적 접근으로 헌법과 법률에 충실히 판결하며(예: 2014년 통합진보당 해산 결정), 정치적 중립성을 유지하며 사회 질서를 보장한다. 이는 사법부의 판결 기능이 정치체제의 성격에 따라 다르게 작동함을 보여준다.

2. 사법부의 구조

사법부는 민주주의 국가에서 법률에 따라 분쟁과 사건을 판결하며, 입법부와 행정부를 견제하는 역할을 수행한다. 사법부의 구조는 국가마다 다르지만, 일반적으로 하급 법원에서 상고된 사건을 심리하는 대법원과 법률의 헌법 위배 여부를 판단하는 헌법재판소로 구성된다. 사법부는 법률 위반 여부에 따라 처벌을 결정하며, 광의로는 경찰, 교도소 등 법 집행 기관도 포함된다. 국가별 사법 체계를 간단히 알아보자.

미국은 연방·주·지방 법원, 대법원, 판사, 검사, 변호사 등으로 구성된 복잡한 사법 체계를 가진다. 프랑스는 행정법, 형법, 민법을 각각 다루는 별도의 체계로 나뉜다. 영국은 형법과 민법을 각각 다루는 두 개의 주요 사법 체계가 존재한다. 특이한 사례로 이슬람 경전 코란과 하디스 기반의 신성한 법 샤리아 기반 국가인 아프가니스탄, 사우디아라비아, 수단 등에는 종교법원이 운영되며, 형법·민법·행정법을 포함한 법률 체계를 엄격히 적용한다.

지난 30년간 많은 국가가 헌법을 통해 사법부의 독립성을 보장하려 노력해 왔으며, 이를 위해 별도의 선출제도와 임기 보장을 도입했다. 그러나 사법부의 독립성은 이상과 현실의 간극이 존재한다. 사법부는 가치 분배와 사회적 목적을 위한 중대한 결정을 내리지만, 대부분의 국가에서 최고 지도자 집단의 권력에 도전하지 않고 이를 지지하며, 정치적 이용의 대상이 되기도 한다.

사법부는 재심과 위헌심사(Judicial Review)를 통해 입법부와 행정부의 정책 결정을 재해석하거나 무효화할 수 있다. 캐나다, 콜롬비아, 독일, 인도, 이스라엘, 이탈리아, 멕시코, 노르웨이, 스위스, 미국 등 약 10%의 국가가 강력한 위헌심사 체계를 운영한다. 이들 국가에서 사법부는 상대적으로 독립적이지만, 행정부와 의존적 관계를 유지하며 결정 집행은 행정부에 의존한다.

하지만 사법부는 최고 통치자가 임명한 구성원들로 이루어져 통치 집단과 가치를 공유하는 경향이 있다. 사법부는 명목상 '정의'를 지키지만, 실제로는 정치 엘리트에 봉사하며, 판결 집행은 행정부에 의존하므로 완전한 독립성은 제한적이다.

3. 사법부의 약화와 강화

1) 사법부 약화 요인

현대 민주주의 국가에서 사법부는 법치국가의 요청에 따라 헌법재판을 통해 의회 다수파의 횡포와 자의적 입법을 방지하고, 행정재판을 통해 행정부의 자의적 권력 행사를 견제하며 헌법 수호의 역할을 담당한다. 그러나 한국과 미국의 경우, 사법부는 입법부와 행정부에 비해 상대적으로 약한 권력을 가졌으며, 이는 다음과 같은 다섯 가지 이유로 설명된다(Bickel, 1962).

- 소송 자격의 제약: 사법부는 소송을 통해 권한을 행사하지만, 소송 당사자의 자격이 법률적으로 제한되었다. 대중은 정부의 작위나 부작위에 단순히 불만을 품는다고 해서 소송을 제기할 수 없으며, 특정 지역에서 정부 행위로 직접적 영향을 받은 개인으로 한정되었다. 이는 사법부가 주요 사회세력과 연대를 형성하지 못하게 하여 사법적 영향력을 약화시켰다.
- 구제 범위의 한계: 사법부는 전통적으로 주요 사회세력과의 연대가 금지되어 개인적 구제에 초점을 맞췄다. 이로 인해 사법부의 판결은 사회적·정치적 변화를 주도하기보다는 제한된 범위의 구제 제공에 머물렀다.
- 집행력 부족: 사법부의 판결은 행정부와 집행기관에 의존해 집행된다. 사법부 자체적으로 강제력을 가지지 못하며, 행정부가 협조하지 않을 경우 판결 이행이 불가능하다.
- 임명 과정의 종속성: 대법원 판사 등 사법부 구성원은 대통령의 지명과 의회의 동의를 거쳐 임명된다. 이는 권력분립의 원칙에 부합하지만, 대통령과 의회가 사법부 구성에 관여함으로써 헌법적 판결 과정에 영향을 미칠 수 있다.
- 의회의 사법부 통제: 의회는 사법부의 관할 범위를 변경할 권한을 가지며, 지역법원은 헌법이 아닌 의회 제정 법률에 따라 판결한다. 의회가 사법부의 판결에 반하는 법률을 개정하면 사법권이 약화될 수 있다(Walter Murphy, 1962).

2) 사법부 강화 요인

사법부는 전통적으로 입법부와 행정부에 비해 상대적으로 약한 권력을 가졌으나, 점진적인 변화와 제도적 혁신을 통해 강화되었다. 이는 미국의 사법혁명(judicial revolutions)을 통해 이해할 수 있으며, 제2차 세계대전 이후 미국에서 발생한 사법혁명은 사법부의 권한 강화, 점진적 확대, 그리고 실질적인 권력 분립을 가져왔다. 이를 크게 두 가지 측면으로 나눌 수 있다(Lowi and Ginsberg, 2002: 205~207).

첫째, 실질적 측면에서 사법부의 권한이 강화되었다. 사법부는 선거권과 선거구 획정, 적법절차(due process)를 통한 권한 행사의 정당성 확보, 낙태 허용, 인종차별 철폐 등 사회적·정치적 이슈에서 실질적 영향력을 확대했다.

둘째, 제도적 측면에서 사법부의 영향력이 확대되었다. 소송 당사자의 범위를 확대하고 집단소송제도를 도입하여 판결 범위를 넓혔으며, 지지 세력과 영향력을 강화했다. 또한, 과거와 달리 법원 판결의 지속적 집행 관리를 위한 조직을 확대했다. 이러한 제도적·실질적 변화는 미국 사법부에 전례 없는 권한 강화를 가져왔다.

한국에서도 사법부의 권한 강화 현상이 두드러지게 나타나고 있다.

첫째, 헌법재판소의 기능 확대이다. 헌법재판소는 위헌법률심판, 탄핵심판, 정당해산심판, 권한쟁의심판, 헌법소원심판 등 헌법 관련 사안을 판단하기 위해 1987년 제9차 헌법 개정으로 신설되었다. 헌법재판소가 처리한 헌법 관련 사안의 수는 헌재가 개원한 1988년에는 39건이었으나 1998년에는 657건, 2008년에는 1,132건 등으로 지속적으로 증가하고 있다.

둘째, 사법부의 정치적 문제 개입이다. 2004년 5월 노무현 대통령 탄핵심판 위헌 결정, 동년 10월 신행정수도 건설특별법(행복도시) 위헌 결정, 2005년 호주제 헌법 불합치 결정, 이라크 파병 및 한미 FTA 위헌 여부 판결 등(김성수, 2011: 28~30), 그리고 2017년 박근혜 대통령과 2025년 윤석열 대통령 탄핵소추안 인용 결정 등을 통해 정치적 사안의 최종 결정을 담당하며 국민의 관심을 받았고, 사법부의 영향력을 확인하는 계기가 되었다.

셋째, 판결 효력의 확대이다. 사법부의 특성상 과거 소송 당사자나 소수에 한정되던 판결 효력이 집단소송제를 통해 다수로 확대되고 있다. 예를 들어, 인터넷 업체나 카드회사의 정보 유출 피해자들이 공동으로 변호인을 선임하거나 특정 법무법인이 수십 명에서 수만 명의 소송 당사자를 대리하여 판결을 얻어냄으로써, 적은 비용으로 소송 참여가 가능해졌다. 집단소송제의 도입은 일반 시민과 사법부의 거리를 좁히고, 사법부의 권한을 실질적으로 확대했다.

넷째, 국민참여재판(국민배심제)의 도입이다. 이는 서면 중심 재판에서 법정 공방 중심의 공판중심주의로 전환되면서 국민의 상식을 반영한 국민 중심 재판을 가능하게 한다. 불문법 국가에서는 이미 도입되었으나, 성문법 국가인 한국에서는 소극적이었다. 성문법 국가에서 배심제가 소극적이었던 이유는 법이 국민 위에 있다는 인식 때문이었으나, 국민참여재판의 도입으로 법이 국민과 함께한다는 생각이 확대되었고, 사법부가 국민과 동반하는 국가 권력 기구라는 인식이 자리 잡았다(김성수, 2011: 33~34).

다섯째, 고위공직자범죄수사처(공수처)의 설립이다. 이는 검찰의 역할을 보완하며 고위공직자 수사를 전담함으로써 사법부의 강화로 볼 수 있다. 그러나 정치권의 영향력에서 독립되지 못하는 행태로 인하여 비판을 받을 수 있다.

제5절 정치구조와 정치발전

오늘날 민주주의 국가에서 행정부, 입법부, 사법부는 국가 통치의 세 축을 이루는 필수적인 정치구조로 기능하고 있다. 입법부인 의회에서는 국민의 대표인 국회의원들이 법률안을 발의하고, 이를 심의·의결하여 법률로 제정한다. 이렇게 제정된 법률은 대통령을 정점으로 한 행정부 각 부처에서 최고 규범이자 행정 운영의 근본 원리로 작동한다. 사법부는 정치로부터 독립된 기관으로서, 입법부가 제정하고 행정부가 집행하는 법률을 해석·적용함으로써 법적 정당성을 보장하며, 필요시에는 헌법적 판단을 통해 권력 남용을 제어하는 기능을 수행한다.

이러한 삼권의 분화된 구조는 헌법이 규정하는 기능과 역할에 따라 상호 간 견제와 균형을 유지하면서도, 권력의 공유라는 민주주의의 핵심 원리를 구현한다. 민주주의가 성숙할수록 각 정치구조는 고유한 기능과 책임의 범위를 명확히 하며, 그에 따라 정치적 의사결정 과정이 제도적으로 안정되고 예측 가능해진다. 즉 권력의 분립은 단순한 권한의 분산이 아니라, 권력의 상호 제약과 협력 속에서 국민의 자유와 권리를 보호하기 위한 제도적 장치로 작동한다.

그러나 현대 사회로 올수록 정치구조 간의 경계는 점차 복잡해지고 있다. 사회경제적 문제의 다층성과 정책 이슈의 복합화로 인해 행정부의 기능은 확대되는 경향을 보인다. 이는 단순한 권력 집중의 문제가 아니라, 복잡한 사회문제를 해결하기 위한 기능적 적응과 조정의 결과로 해석할 수 있다. 즉, 현대 행정부의 강화는 정책 전문성과 효율성 확보를 위한 제도적 진화의 한 형태이며, 이를 견제하기 위한 입법부와 사법부의 제도적 균형 장치가 함께 발전해야 한다.

정치구조의 역할은 국가의 정치발전 정도를 평가하는 핵심 기준이 된다. 각 권력이 제 기능을 수행하고, 상호 간의 견제와 균형, 그리고 권력 공유의 원리가 제대로 작동할 때 민주주의는 제도적으로 공고화된다. 반대로 이러한 구조적 원리가 훼손되면 권력의 독점과 정치적 비대칭이 발생하여 민주주의의 후퇴로 이어질 가능성이 높다. 따라서 정치구조의 건전한 상호작용은 민주주의의 성숙과 정치발전의 핵심 지표라 할 수 있다.

결국 현대 민주주의에서 정치구조는 단순히 권력을 분할하는 행정적 틀을 넘어, 국민주권과 법치주의를 실질적으로 구현하는 민주주의의 제도적 기반이자 사회 변화의 동력으로 기능한다. 행정부·입법부·사법부가 각자의 권한 안에서 상호 견제와 협력을 이루며 국민의 의사를 정책으로 실현할 때, 비로소 민주주의는 형식적 체제를 넘어 실질적 가치로서 사회 전반에 뿌리내릴 수 있다.

제8장

정당과 선거

제8장

정당과 선거

정당은 흔히 현대 정치의 꽃이라 불린다. 이는 정당이 국민의 다양한 이해와 의사를 수렴·조정·대변하는 정치 주체이기 때문이다. 정당은 국가와 시민 사이의 매개 역할을 수행하며, 특히 대의민주주의의 핵심 절차인 선거에 조직적으로 개입하는 기능을 담당한다. 또한 정당은 정치적 인재를 발굴·육성하여 정치체계의 안정성과 지속성을 보장하는 중요한 제도적 장치로 작동한다. 이러한 점에서 정당은 민주주의 국가뿐 아니라 권위주의, 심지어 공산주의 체제에서도 그 형태와 역할을 달리하며 존재해 왔다. 즉, 정당은 정치체제의 유형을 불문하고 정치적 의사 형성과 권력 경쟁의 핵심 축으로 기능해온 셈이다.

본 장에서는 이러한 정당의 본질과 기능을 심층적으로 이해하기 위해, 먼저 정당의 기원과 발전 과정, 정당의 주요 역할과 유형, 그리고 정당체제의 구조적 특징을 살펴볼 것이다. 이를 통해 정당이 현대 정치 시스템 속에서 어떠한 제도적 의미를 가지며, 민주주의의 작동 원리와 어떤 관계를 맺는지를 분석하고자 한다.

나아가, 정당의 활동과 불가분의 관계를 지닌 선거 제도에 대해서도 논의할 것이다. 선거는 대의민주주의의 가장 핵심적인 절차이자 시민이 정치적 의사를 표현하는 제도적 통로로서, 정치적 정당성과 권력 정당화를 실현하는 핵심 메커니즘이다. 이에 따라 선거의 정치적 의미를 고찰하고, 다양한 선거 제도의 유형과 그 장단점을 알아보자. 더불어, 선거에서 유권자가 자신의 선택을 어떻게 형성하고 행사하는지를 설명하는 투표행태 연구를 통해 민주주의의 실제 작동 과정을 탐구할 것이다.

마지막으로, 현대 미디어의 발달과 함께 선거과정에서 점점 더 중요한 영향을 미치고 있는 여론조사의 기능과 한계, 그리고 그 정치적 함의를 고찰할 것이다.

제1절 정당

정당은 근대적 정치 과정의 산물로서, 정치체제 내에서 핵심적 역할을 수행한다. 특정 이익집단이 대통령, 총리, 장관과 같은 정부 요직에 구성원을 배치하거나 직접 정치권력을 장악하고자 할 때, 해당 집단은 그 정치적 속성과 조직을 정당으로 전환할 수 있다. 정당은 다양한 이익과 집단을 포괄하는 종합적 조직으로서, 대부분의 정치체제에서 가장 광범위한 연결 기관(linkage institution)으로 간주된다.

정당은 여론을 조직화하고, 정치권력과 정책 결정의 중심에서 국민의 다양한 요구와 이해관계를 중재하며 전달한다. 정당의 출현은 두 가지 관점에서 이해될 수 있다. 첫째, 대중이 공공정책 결정과 지도자 선출에 참여할 권리를 가진다는 이데올로기적 원칙에 기반한다. 둘째, 정치 체제의 안정성과 통제력을 확보하기 위해 조직적 수단을 필요로 한다는 실용적 요구에 기인한다. 결과적으로 정당은 정치 엘리트가 대중의 관심과 이해관계를 반영해야 하는 메커니즘으로 기능한다(La Palombara and Weiner, 1966; 윤용희 역, 1989: 13~14).

1. 정당의 기원 및 특징

뒤베르제(Maurice Duverger, 1976)는 대중 선거와 의회정치의 활성화로 인해 사회적 결사체와 이익집단들이 의회 내에서 활동 기반을 마련한다. 그는 이러한 활동을 지속적이고 효율적으로 수행하기 위해 조직된 항구적 집단이 정당이라고 정의하였다. 정당은 선거 또는 기타 수단을 통해 정부 권력을 획득하려는 조직으로, 종종 이익집단이나 정치적 운동과는 다음과 같은 특징을 통해 구별된다(Heywood, 2002).

1. **정부 권력 획득 목표:** 정당은 정치적 직책을 통해 정부 권력을 행사하는 것을 주요 목적으로 한다. 다만, 소규모 정당은 권력 획득보다는 소수 의견을 표출하는 수단으로 참여하기도 한다.
2. **책임 당원제 조직:** 정당은 공식적으로 등록된 당원을 가진 조직체로, 이는 느슨하고 분산된 정치적 운동과 구분된다.
3. **광범위한 정책 의제:** 정당은 주요 정부 정책 분야에 걸쳐 다양한 문제를 제기할 수 있으며, 이 점에서 이익집단과 유사하지만 집행에 깊이 개입할 수 있다는 점에서 보다 포괄적이다.
4. **정치적 동원과 이념적 정체성:** 정당은 정치적 동원을 통해 공통의 정치적 선호와 이데올로기적 정체성을 통합하여, 구성원 간 결속력을 강화한다

2. 정당의 역할

현대 민주주의에서 정당은 대중의 정치적 사회화와 참여를 촉진하고, 정치권력 및 체제의 정당성을 부여하며, 갈등을 조정하여 국민 통합을 도모한다. 정당의 주요 기능은 다음과 같이 요약된다.

1. 대표 기능(Representation)

정당의 가장 기본적이고 중요한 기능은 대의민주주의 체제에서 당원과 유권자의 의사를 대변하는 것이다. 이를 통해 정당은 국민의 다양한 의견을 정책 결정 과정에 반영한다.

2. 엘리트 형성 및 충원 기능(Elite Formation and Recruitment)

정당은 국가의 정치 지도자를 선발, 교육, 육성하여 정치적 리더십을 공급한다. 이는 정당이 지속적으로 엘리트를 양성하고 충원하는 책임을 수행함을 의미한다.

3. 이해관계 접합 및 집약 기능(Interest Articulation and Aggregation)

정당은 기업, 노동, 종교, 인종 등 다양한 사회적 집단의 이해관계를 접합하고 집약하여 집단적 목표를 형성한다. 이는 정당이 사회적 이익을 통합하는 매개체로 기능함을 보여준다.

4. 사회화 및 동원 기능(Socialization and Mobilization)

정당은 사회적·정치적 이슈를 공론화하고 정책화하여 대중의 정치적 인식을 높이고, 정권 유지 또는 획득을 위해 대중을 동원하며 토론의 장을 제공한다.

5. 정부 조직 기능(Government Organization)

정당은 행정부와 의회 간의 중개자 역할을 수행하며, 특히 의원내각제에서 정부 구성의 핵심 역할을 담당한다. 한국의 경우 대통령이 의원 중에서 임명한 정무장관이 이 역할을 수행한다.

6. 비판 및 감시 기능(Criticism and Surveillance)

주로 야당이 수행하는 이 기능은 정책 대안을 제시하고 집권 여당의 활동을 감시·비판하며, 정치 조사와 정보 공개를 통해 정책 심의의 질을 높인다.

동시에 정당은 긍정적 기능뿐만 아니라 다음과 같이 부정적 영향을 초래할 가능성도 내포한다.

1. 국민 분열 유도

권력 획득을 위한 빈번한 이합집산은 국민 분열을 초래할 수 있다. 특히 지역 갈등과 같은 부정적 균열 구조를 부추기면 심각한 사회적 분열이 발생할 수 있다.

2. 과두 정치화 경향

효율성과 통합력을 추구하는 과정에서 소수 핵심 당직자 중심의 간부정당화가 나타나며, 이는 과두제(oligarchy)로 이어질 위험을 내포한다.

3. 정략적 조작과 국론 분열

불안정한 정당 체제에서는 정당이 조작이나 선동적 언론 활용을 통해 국민을 호도하고 국론을 분열시킬 위험이 있다.

4. 압력단체로의 전환 또는 권력 남용

정책 과정에서 소외된 정당은 제도권 외부에서 압력단체로 변질될 수 있으며, 집권 정당은 권한을 초월한 공권력을 행사하여 정권 재창출을 시도할 수 있다.

3. 정당의 분류

정당의 유형은 선거전략, 사회의 대표, 원칙과 조직의 수용력 등의 기준으로 나누어 볼 수 있다(Diamond and Gunther, 2001: 9).

표 8-1 • 정당의 유형

		다원주의 정당 (Pluralistic)	헤게모니 중심 정당 (Proto-Hegemonic)
엘리트 정당 (Elite Party)		지역 유지 정당 (Local Notable) 상공인 계층 정당 (Clientelistic)	
대중 기반 정당 (Mass -Based Party)	이데올로기적 사회주의 정당 (Ideological /Socialist)	계급 집단적 정당 (Class-mass)	레닌주의 정당 (Leninist)
	이데올로기적 민족주의 정당 (Ideological /Nationalist)	다원주의적 민족주의자 (Pluralist Nationalist)	극단적 민족주의 정당 (Ultranationalist)
	종교주의적 정당 (Religious)	종파 대중 정당 (Denominational-mass)	종교적 근본주의 정당 (Religious Fundamentalist)

인종 기반 정당 (Ethnicity-Based Party)	인종 정당 (Ethnic) 의회 정당 (Congress)	
선거인 정당 (Electoralist Party)	포괄 정당 (Catch-all) 정책지향적 정당 (Programmatic) 개인적 정당 (Personalistic)	
운동정당 (Movement Party)	좌익 자유주의 정당 (Left-Libertarian) 산업화 이후 급진적 우익 정당 (Post-Industrial Extreme Right)	

※ Larry Diamond, and Richard Gunther, 2001, *Political Parties and Democracy,* Baltimore: Johns Hopkins University Press, p.9.

1) 엘리트 정당(Elite Party)

엘리트 정당은 특별한 지역을 기반으로 소수의 중앙집권적 구조를 보이는 정당이다. 엘리트 정당의 특징을 살펴보면 다음과 같다. 기능적인 면으로는 후보자 지명권이 정당 지도자에게 있으며, 수직적 사회 네트워크에 의존하여 선거 운동과 동원이 이루어진다. 사회적 이슈는 지도층에 의해 이루어지며 국가적 이슈보다는 지역적 이슈를 보다 중요시하고, 정당 지도자 간의 이해관계에 의하여 정부가 구성되고 정책이 결정된다. 이러한 특징을 보이는 엘리트 정당은 크게 지역 유지 정당과 상공인 계층 정당으로 구분할 수 있다.

(1) 지역 유지 정당(Local Notable Party)

지역 유지 정당은 19세기 초부터 19세기 중엽 유럽에 처음으로 나타난 정당의 형태로서 재산과 명성을 가진 지역 유지들이 지역의 이익과 지역 유지의 권위를 이용한 호소를 통해 투표 수를 확보하고 의회를 구성하는 경우를 의미한다. 중앙당의 개념과 역할은 적고, 정당은 상징적인 호소일 뿐 후보자 개인적 자질 외에 조직적 구조나 연계는 없는 형태이다. 투표권의 확대와 도시화로 인한 인구 감소 그리고 근대화에 따른 인식의 변화로 이러한 정당 유형은 약화되었다.

(2) 상공인 계층 정당(Clientelistic Party)

상공인 계층 정당(Clientelistic Party)은 지역 유지뿐만 아니라 새로운 중산층, 전문직을 가진 사람들이 상호협력하여 정당을 구성한 사례를 의미한다. 상공인 계층 정당 역시 중앙당 개념 및 이념 등의 프로그램이 상대적으로 약하였고, 이후 사회경제적 근대화로 인해 정당의 기능이 약화되었다.

2) 대중 기반 정당(Mass-Based Party)

정당의 두 번째 형태인 대중 기반 정당은 19세기 후반에서 20세기 초 무렵 유럽에서 등장하기 시작하였다. 등장의 배경은 노동자 계급이 증가하고 정치적 참여의식이 고취되어 대중 정당의 기초가 형성되면서부터였다. 이 과정에서 정당의 이념과 당원을 증가시키기 위하여 종교, 노조 집단 등과 같은 사회 구성 단체들과 상호제휴를 하였고, 이를 통해 전국적인 조직을 갖추게 되었다.

이러한 정당의 형태는 이념적으로 사회주의, 민족주의, 종교 등의 기준으로 다시 나눌 수 있다.

대중 중심의 정당은 민주주의적 정치체제를 선호하며 누구든 가입이 보장되고 모든 기관과 게임의 법칙(rule of the game)을 인정하는 계급 집단적/민족주의 정당(Class- mass/Nationalist Party)과 종파 대중 정당(Denominational-Mass Party)의 성격을 갖는다. 이와는 다르게 민주적 체제를 배제하고 급진적 변화를 성취하고자 하며 필요한 기관만을 인정하고 정당에 충성심이 강한 자, 선택된 자만이 가입할 수 있으며 그들에게 충성심을 강조하는 레닌주의 정당(Leninist Party), 극단적 민족주의 정당(Ultranationalist Party), 종교적 근본주의 정당(Religious Fundamentalist Party)도 존재한다.

대중 기반 정당들은 다음과 같은 공통점을 가지고 있다.

첫째, 후보자는 정당의 지도체제 또는 전문 관료직에 의하여 정당과 이념에 대한 충성심의 기준으로 선출되어야 한다. 둘째, 선거 운동과 캠페인은 조직적인 자원에 의해 선전과 홍보가 이루어져야 한다. 셋째, 정당의 성격을 유지하기 위하여 선거 전략의 일관성을 유지하여야 한다. 넷째, 정당의 이념에 맞추어 노동자 계급, 종교인, 국수주의자들의 이익을 대변한다. 다섯째, 자신 혹은 지도층의 이념을 퍼뜨리는 데 주력한다. 여섯째, 지배적 정치체제를 추구하는 정당은 자신의 이념과 배합되지 않은 정당과는 협력하지 않는다. 일곱째, 국민적인 지지를 얻는 것에 실패하더라도 국회 등 다른 제도화된 기구를 통하여 사회적 영향력을 계속해서 창출한다.

(1) 이데올로기적 사회주의 정당

① 계급 집단적 정당(Class-Mass Party): 다원주의 중심

계급 집단적 정당은 그들의 지역적, 기능적(노조 등)인 기반을 바탕으로 형성되었다. 계급 집단적 정당의 목표는 선거에서 이기고 정부의 관직을 얻는 것에 있다. 이들은 선기에 승리히기 위히여 정당원의 채용과정에 폭 넓은 길을 열어두고 있으며, 회원의 활동성을 통한 선거 동원에 의존한다. 계급 집단적 정당의 정책 방향은 선거구민 대다수의 이익을 중요시하는 이슈에 초점을 맞추고 있다. 이러한 형태의 정당으로 스웨덴, 칠레, 독일의 사민당(Social Democratic Party)을 꼽을 수 있다.

② 레닌주의 정당(Leninist Party): 헤게모니 중심

레닌주의 정당의 목표는 기존의 정치체제를 무너뜨리고 새로운 혁명적 변화 즉, 새로운 사회를 구성하는 데 있다. 사회주의 이념의 전파에 있어서는 다른 집단과의 타협이 없으며 모든 정책결정은 권위적이며 중앙집권적이라 할 수 있다.

이 정당의 특징으로 사회구성원의 한 부분(서유럽의 노조, 지식을 가진 중산층, 아시아의 농부 등)을 조직화하여 사회로 침투하는 것을 들 수 있다. 정당은 그들 스스로를 프롤레타리아, 노동자 계급을 대표한다고 묘사하고 있으나 그 방법에 있어서는 전술한 바와 같이 중앙집권적인 위로부터의 통치(top down rule)라고 볼 수 있다.

(2) 이데올로기적 민족주의 정당

① 다원적 민족주의 정당(Pluralist Nationalist Party):다원주의 중심

다원적 민족주의 정당의 특징은 1990년 후반 스페인의 바스크 국민당(Basque Nationalist Party), 타이완의 민주진보 정당(Democratic Progressive Party)과 같이 대중적 지지 기반을 구축하고 시민들에게 표를 얻기 위하여 시민들을 설득시킬 뿐만 아니라, 다른 제2의 단체라 할 수 있는 문화단체나 종교단체 또는 노조 등에 협조를 구하기도 한다는 점이다. 이렇게 하여 일반대중의 선거 참여를 유도하며, 민족주의적 색채를 구현하기 위하여 객관적인 사회 특성(동일한 민족, 언어, 문화 등)을 정당 성격에 포함시킴으로써 지역의 자치권·독립 등을 요구하는 경우도 있다.

② 극단적 민족주의 정당(Ultranationalist [proto-hegemonic] Party): 헤게모니 중심

파시스트, 뉴파시스트, 나치당과 같은 극단적 민족주의 정당은 카리스마적 지도자와 이념을 바탕으로 개인보다 인종, 국가를 더 위대한 존재로 부각시킨다. 이들은 보통 인종우월주의, 백인우월주의 등에 빠져 있는 경우가 많다. 그들은 정권획득을 위하여 비공식적인 군사 집단을 동원하는 등의 강압적 수단을 사용하기도 한다. 무력을 동원해서라도 정권을 창출한다는 점에서는 레닌주의 정당과 유사하지만 레닌주의 정당은 이념적 색체에 변함이 없는 반면, 극단적 민족주의자들은 카리스마 지도자의 성향에 따라 정당의 이념도 달라질 수 있다는 점에서 레닌주의 정당들과는 다르다고 볼 수 있다. 특히 이와 같은 극단적 민족주의 정당에서는 지도자가 무너지면 정당 자체도 소멸할 수 있다.

(3) 종교주의적 정당

① 종파 대중 정당(Denominational-Mass Party): 다원주의 중심

이탈리아와 독일 등의 예에서 볼 수 있듯이, 다양한 정치단체가 강제로 해산되었던 비민주적 정치체제 하에서 제2차 세계대전이 발발하게 되었다. 제2차 세계대전을 겪는 동안 교회는 가장 강력한 조직체로서 사회 전반에 영향력을 미치기 시작하면서 2차 세계대전 후 정치적 정당의 형태로 발전하였다. 이러한 예로는 서유럽의 기독민주당(Christian democratic party), 폴란드의 기독교 민주주의(Christian Democracy), 체코공화국의 기독교 민주연합(Christian and Democratic Union) 등의 정당을 들 수 있다. 유럽에서 기독교는 일반인들이 쉽게 동화될 수 있는 교리에 바탕을 둔 이념을 상징화시킴으로써 대중적 지지 기반을 만들 수 있었다. 이러한 기독교 정당은 가입자의 당비, 계급적 구조, 정당 신문 등의 측면에서 보면 일반 대중 정당과 비슷한 구조와 체제를 갖추고 있다. 그러나 이러한 정당은 세속적 이념과는 거리를 두고 행동하며 종교적 가치와 전통적 신념(낙태, 이혼, 성적 취향 등)에 큰 비중을 두고 있다.

② 종교적 근본주의 정당(Religious Fundamentalist Party): 헤게모니 중심

종교적 근본주의 정당이 종파 대중 정당(Denominational-mass Party)과 다른 점은 종파 대중 정당의 지지 기반이 다원적인 데 반해, 종교적 근본주의 정당은 엄격하

게 종교적 원칙으로 국가와 사회를 재인식하려 한다는 점이다. 이들은 사회와 정부를 강력한 종교적 교리에 의하여 재구성하여 생활에서 교리와 진리를 지켜야 한다고 주장한다. 이러한 정당의 예로는 알제리아의 이슬람 구원 전선(Islamic Salvation Front), 터키의 복지당(Welfare Party), 이란의 호메이니파(Shiia)를 들 수 있다.

3) 인종적 기반의 정당(Ethnicity-Based Party): 다원주의 중심

인종적 기반의 정당은 남아프리카의 잉카타 자유당(Inkatha Freedom Party), 불가리아의 터키쉬 소수당(Turkish minority party), 자유와 권리를 위한 운동(Movement for Rights and Freedoms), 루마니아의 헝가리안 민주연합(the Hungarian Democratic Union), 그리고 인도의 알칼리 종교당(Akali Religious Party) 등을 들 수 있다.

이 정당들의 특징을 살펴보자면 다음과 같다. 같은 인종적 색채를 강조하고 자신들의 이익을 대변하는 정당으로서, 대중적 기반은 무시한다. 민족주의적 정당은 기존 구조로부터 자신들의 자치권을 찾으려고 하는 반면에, 인종에 기반을 둔 정당은 기존의 정치구조를 이용하여 자신들의 이익을 추구하고 이를 다른 집단으로부터 지키는 것을 우선으로 한다. 또한 기능적 이득과 이념성이 결여되어 있으며 기존에 존재해 왔던 상공인 계층 정당(Clientelistic Party)의 개념만을 유지한다. 이들은 인종적 리더가 있을 경우에는 중앙집권적 형태를 띠지만, 인종적 리더가 존재하지 않을 경우에는 분산적인 형태를 보인다. 후보자에 있어서는 체계적인 인종 지도부를 선출하고, 선거동원은 수직적인 사회네트워크를 이용하며 특정 이슈, 특정 인종의 이익을 대변한다. 인종 정당(Ethnic Party)과 의회 정당(Congress Party)의 차이점은 전자의 경우에는 같은 인종들 안에서 투표 지지 기반을 형성하는 데 반해 후자에서는 인종 집단끼리 서로 연합하여 자신들의 목적을 달성하기 위하여 선거운동과 캠페인 활동을 한다는 것이다. 그렇기 때문에 선거 후에는 항상 문제가 발생하기 마련이다.

4) 선거인 정당(Electoralist Party): 다원주의 중심

선거인 정당은 평상시에는 조직력이 약하여 조직의 틀만 유지하지만 선거전에 있어서는 선거의 승리를 위하여 현대적 선거기술과 전문인들을 고용하여 선거에

임하는 정당형태이다. 이러한 형태에는 합리적 포괄 정당(Catch-all Party), 정책 지향적 정당(Programmatic Party), 개인적 정당(Personalistic Party)을 들 수 있다.

(1) 포괄 정당(Catch-all Party)

포괄 정당(Catch-all Party)은 기존의 투표형태가 정당을 중심으로 이루어져 오던 전통적인 방식에서 후보자 중심으로 이루어지는 변화에 의해 선거의 향방이 정당이 아닌 후보자 중심으로 좌우되는 현상이 나타나면서 출현하게 되었다.

포괄 정당은 선거에서 승리하기 위하여 가능한 한 많은 사회적 이익을 통합하면서 자신들의 이념을 유권자들의 기호에 맞추고 중심적 유권자의 성향에 초점을 두어 선거홍보를 한다. 이와 같은 이유로 포괄 정당을 흔히 만물상 정당 혹은 백화점식 정당이라고 지칭하기도 한다.

이와 같은 정당의 확실한 예로 미국의 민주당(The Democratic Party), 토니 블레어의 노동당(Labour Party), 캐나다의 저스틴 트뤼도의 자유당(Liberal Party of Canada) 등을 들 수 있다. 이 정당들은 우선 연예인, 아나운서 그리고 팟캐스트나 유튜브 운영자들과 같이 유권자에게 가장 어필할 수 있는 사람을 선정하고 대중매체를 통해 후보자 개인의 장·단점에 중심을 맞추어 선거홍보를 진행한다. 이들은 사회·경제적으로 국민의 이익을 대변하는 공약을 내세운다. 하지만 이러한 정당의 형태에서는 시민의 무관심이 사회적 유대감 형성을 어렵게 할 수 있다는 취약점이 존재한다. 현재 우리나라의 정당은 이러한 유형을 따르고 있다고 보아도 무방하다.

(2) 정책 지향적 정당(Programmatic Party)

정책 지향적 정당의 예로는 멕시코의 국가 행동당(National Action Party), 1980년대 이후의 미국의 공화당(Republican Party) 등을 들 수 있다. 이들의 성격은 대중적 기반에 바탕을 둔 이념적 단체로 합리적·효율적 정당과 비슷하다. 하지만 합리적이고 효율적인 정당이 선거의 승리를 위해 이념 성향이나 정책들을 바꾸는 것과 달리, 이들은 이념과 정책적(Programmatic)인 측면에 중점을 두어 행정부와 정부의 의제(agenda)를 강조하는 정당 유형이다. 또한 이들은 정부를 조정하는 힘을 얻기 위해 노력한다.

(3) 개인적 정당(Personalistic Party)

가장 전형적인 예는 인도의 모디(Narendra Modi), 러시아의 푸틴(Vladimir Putin), 튀르키예의 에르도안(Recep Tayyip Erdogan) 등을 들 수 있으며, 이 정당의 합리성은 단지 지도자를 선거에서 이기게 하여 정권을 창출하는 데 있다. 이와 같은 정당은 지역 유지 정당(Traditional Local Notable)과 비슷하지만 세도적 체제 속에서 이루어지며 전임자 또는 국민적 지도자가 정치적 야심을 이루기 위하여 카리스마를 가진 지도자로 조직되었다는 것이 다르다.

이 정당의 특징은 후보자 선택은 정당 지도자가 하고 개인 중심의 선거동원이 진행된다는 점이다. 이 정당은 모두를 포용하기 위해 특정 사회조직을 배제하여 이익을 대변하는 역할이 약하기 때문에 시민의 지지 기반이 약하다는 특징이 있다. 또한 선거 후에 정당을 제도화하는 것은 지도자의 능력에 따라 좌우된다. 한마디로 개인적 정당의 개념은 선거에서 이겨 정부에서 힘을 행사하고 이익단체의 경제적 이익을 대변하며 경제적 배분법칙을 중요시하는 것이다.

5) 운동 정당(Movement Party): 다원주의 중심

운동 정당은 독일의 녹색당(Green Party), 오스트리아의 자유운동(Freedom Movement)처럼 특정 운동의 요소를 포함한다. 이러한 형태의 정당으로 좌익 자유주의 정당(Left Libertarian Party)과 산업화 후의 급진적 우익정당(Post Industrial and Extreme Right Party)을 들 수 있다.

(1) 좌익 자유주의 정당(Left Libertarian Party)

좌익 자유주의 정당은 탈물질주의적(post-materialist)인 성격을 지니고 있다. 이들은 경제적 이슈보다는 다른 여러 가지 사회적 이슈에 보다 많은 관심을 갖는다. 이 정당은 시장경제와 관료조직보다는 사회적 결속과 자유적 참여제도를 만들어야 한다고 주장하는 신사회운동의 요소를 내포하는 경우가 많다.

(2) 산업화 후의 급진적 우익정당(Post Industrial and Extreme Right Party)

이 정당은 질서와 전통, 정체성, 안정 등을 통해 산업화 후 황폐화된 인간의 속성을 찾고자 하는 정당으로 정부의 경제적 간섭과 복지제도에 반대한다. 이들은 복지가 인간을 나태하게 한다는 기본적인 사상을 지니고 있으며, 미국의 45대, 47대 대통령인 트럼프는 이민자 또는 소수자들을 사회 문제의 원인으로 보며, 이들에게 도움을 주는 복지정책을 반대하고 강력한 이민법을 적용하여 미국과 멕시코 국경 사이에 장벽을 설치하고 불법체류자들을 물리적으로 추방한다.

4. 정당체제의 형성과 변화

일반적으로 정당의 기원에 대해서는 두 가지 관점이 널리 논의된다. 첫째, 정당이 역사적으로 형성된 사회적 갈등의 분화 과정에서 비롯되었다고 보는 사회학적 접근이 있다. 이 관점은 계급, 종교, 지역, 민족 등 사회 내부의 다양한 갈등이 정당의 형성과 구조를 결정짓는 주요 요인이라고 본다. 둘째, 정당이 정치적 제도와 법의 발달 과정 속에서 형성되었다고 보는 제도주의적 접근이 있다. 이 관점은 헌법, 선거제도, 의회 운영 규칙 등 제도적 요인이 정당의 성립과 발전을 규정한다고 본다.

사회적 갈등의 분화와 그 심화 과정 속에서 정당이 출현했다는 논의는 립셋과 로칸(Lipset and Rokkan, 1967)에 의해 체계적으로 제시되었다. 그들은 19세기와 20세기 초반 유럽에서 정당의 형성은 사회 집단 간 이해관계가 분화되는 과정에서 비롯된 결과라고 설명하였다. 다시 말해, 정당체계의 등장은 단순한 정치적 조직의 결과가 아니라 사회적 갈등이 정치적으로 제도화된 형태, 즉 사회 구조의 변화가 정치 영역으로 전이된 산물이라는 것이다.

예를 들어, 산업혁명 이후 등장한 자본가 계급과 노동자 계급 간의 경제적 갈등은 노동당과 보수당 같은 계급 기반 정당의 형성으로 이어졌다. 또한 국가 형성과정에서 나타난 중앙과 지방, 국가와 교회, 도시와 농촌, 자본과 노동 간의 갈등으로 설명하며서. 정당은 특정 사회집단의 이해관계를 대변하는 정치적 표현물로 설명하였다. 유럽 정당체계의 기원은 사회적 균열 구조(social cleavage)의 정치적 제도화된 결과로 형성되었다고 분석했다.

반면 뒤베르제(Maurice Duverger, 1951)는 정당체계의 형성을 사회적 갈등보다 정치 제도의 발전 과정에서 찾았다. 그는 정당이 사회 구조의 산물이 아니라, 선거제도와 헌법적 장치에 의해 형성된다고 보았다. 잘 알려진 '뒤베르제의 법칙

(Duverger' s Law)'에 따르면, 소선거구 단순다수제를 채택한 국가에서는 양당제가, 반대로 비례대표제를 채택한 국가에서는 다당제가 형성되는 경향이 나타난다.

예를 들어, 영국과 미국은 소선거구 단순다수제를 채택함으로써 보수당과 노동당, 공화당과 민주당이라는 양당 체제가 굳어졌다. 이는 유권자들이 사표(死票)를 방지하기 위해 현실적으로 경쟁 가능한 두 정당 중 하나를 선택하게 되는 전략적 투표의 결과로 본다. 반면, 네덜란드나 스웨덴처럼 비례대표제를 사용하는 국가에서는 다양한 사회적 이해관계를 반영하는 다당제가 안정적으로 유지되고 있다.

이처럼 뒤베르제의 제도주의적 접근은 정당체계가 사회적 갈등보다는 제도적 설계에 의해 구조화된다는 점을 설득력 있게 보여주었다. 그러나 이러한 설명은 시간이 지나며 나타나는 정당체계의 변화나 재편성인 신생 정당의 등장이나 유권자 정렬의 변화를 충분히 설명하지 못한다는 한계 또한 지닌다.

일반적으로 학계에서는 정당의 형성과 발전을 설명할 때, 상황에 따라 사회학적 접근과 제도주의적 접근을 병행적으로 활용하고 있다. 제도주의적 접근이 지닌 약점은 이미 지적된 바와 같이, 정당이 등장하기 이전에 제도가 어떻게 생겨날 수 있었는가를 설명하지 못한다는 점이다. 제도나 헌법이 만들어지기 위해서는 우선그 제도의 형성으로 이익을 얻을 수 있는 세력의 결집이 필요하며, 이 과정에서 불가피하게 분파와 갈등이 발생한다.

예를 들어, 미국 건국 과정에서의 연방주의자(Federalists)와 반연방주의자(Anti-Federalists)의 대립은 제도 이전 단계에서 이미 존재한 사회적 갈등으로, 미국 정당의 기원으로 평가된다. 이처럼 사회학적 관점에서 본 정당의 출현은 법적·제도적 구조가 갖추어지기 이전부터 사회 내부의 역사적 갈등 속에서 자연스럽게 발생한 현상으로 이해할 수 있다.

반면, 정당체계의 안정성을 설명하는 데에는 제도주의적 접근이 더 설득력을 가질 수 있다. 제도와 헌법이 정착된 정치 환경에서는 정치 엘리트와 유권자들이 제도적 제약 속에서 합리적인 균형점을 모색하며 상호작용한다. 이러한 상호작용과 타협의 과정 속에서 정당체계는 안정적으로 유지될 수 있는 것이다.

결국 두 접근법은 각각의 강점과 한계를 지니고 있다. 제도주의적 접근은 그 한계를 보완하기 위해 합리적 선택이론을 채용하여 발전해 왔고, 반대로 사회학적 접근은 현대 사회의 빠른 변화와 정당의 적응 문제를 분석하는 데 여전히 유용하다. 정당체계의 형성과 변화를 폭넓게 이해하기 위해서는 두 접근법을 상호보완적으로 적용할 필요가 있다.

5. 정당체계

정당들은 정치에서 선거와 정책 경쟁을 통해 서로 영향을 주고받으며, 상대 정당의 전략과 주도권 변화에 능동적으로 반응한다. 따라서 정당체계는 단순히 정당의 수를 나타내는 개념이 아니라, 정당 간의 경쟁 구조와 협력 관계, 그리고 권력의 분포 양상을 설명하는 핵심적인 분석 틀이라 할 수 있다.

또한 정당체계는 정당의 활동을 규율하는 법적·제도적 환경을 반영하기도 한다. 각국의 헌법과 선거법, 정당법 등은 정당의 설립, 운영, 재정, 선거 참여 방식을 규정하며, 이러한 제도적 틀 속에서 정당 간의 경쟁이 이루어진다.

일반적으로 세 가지 유형으로 구분한다. 첫째, 한 정당이 장기간 정권을 유지하며 정치의 주도권을 독점하는 지배정당체계, 둘째, 두 개의 주요 정당이 정권을 번갈아 차지하며 경쟁하는 양당제, 셋째, 세 개 이상의 정당이 존재하며 연합정부나 협상정치가 중심이 되는 다당제이다. 한편, 민주주의적 정당 경쟁이 존재하지 않는 형태로 무정당제(non-party system)와 일당제(one-party system)도 존재한다. 전자는 사우디아라비아나 오만처럼 정당의 결성을 법적으로 금지하는 경우이며, 후자는 과거 공산권 국가나 일부 아프리카·아랍 국가들에서처럼 하나의 정당이 국가 권력을 독점하는 체제이다.

1) 지배 정당체계(dominant party system)

지배 정당체계는 한 정당이 단독으로, 혹은 다른 정당들과의 연합을 통해 장기간 정권을 유지하는 정치체제를 말한다. 이러한 형태는 과거 20세기에 특히 두드러졌으나, 오늘날에도 여전히 일부 국가에서 관찰된다. 일본, 남아프리카공화국, 스웨덴 등이 대표적인 예로 꼽힌다.

우선 남아프리카공화국의 아프리카민족회의(ANC: African National Congress)는 전형적인 지배정당체계의 사례로 자주 언급된다. ANC는 인종차별정책(apartheid)에 반대했던 주요 세력으로서, 민주화 이후 다수 흑인들의 절대적 지지를 기반으로 정치적 우위를 확보하였다. 오랫동안 ANC는 국가 재건과 사회 통합의 주역으로 평가받았지만, 시간이 흐르면서 부패, 파벌주의, 정책 무능 등의 문제로 비판을 받고 있다. 특히 제이콥 주마(Jacob Zuma) 정권 시기의 대규모 부패 스캔들은 ANC의 도덕성과 통치 정당성에 심각한 타격을 주었다. 이러한 정치적 피로감은 최근 선거에서 ANC의 득표율 하락으로 이어졌으며, 2024년 총선에서는 창당 이후 처음으로 과반을 상실하는 결과를 낳았다. 이는 지배정당이 장기 집권의 성공에 안주할 경우, 그 자체가 쇠퇴의 원인이 될 수 있음을 보여준다.

스웨덴의 사회민주노동당(SAP: Sveriges Socialdemokratiska Arbetareparti) 역시 지배적 정당의 지속성을 보여주는 사례이다. SAP는 제2차 세계대전 이후 대부분의 기간 동안 집권하며 스웨덴 복지국가 모델을 설계하고 제도화한 주체로 평가된다. 1945년부터 1998년까지 평균 44%의 득표율을 기록하며 서유럽에서 가장 안정적인 정치세력으로 자리해왔다. 그러나 최근 스웨덴 정치지형은 다극화되는 양상을 보이고 있다. 이민 문제와 복지 축소 논쟁 속에서 극우 정당인 스웨덴민주당(SD)의 약진이 두드러지면서 SAP의 장기적 지배는 도전에 직면하고 있다. 그럼에도 불구하고 SAP는 여전히 스웨덴 정치에서 중도좌파의 중심 세력으로 기능하며, 강한 제도적 기반과 사회적 연계를 유지하고 있다.

일본의 자유민주당(LDP: Liberal Democratic Party)은 현대 민주국가 중 가장 안정적으로 장기 집권을 이어온 사례다. 1955년 결성 이후 단 두 차례의 짧은 야당기를 제외하고는 일본 정치를 실질적으로 주도해 왔다. 자민당은 국가 관료제, 기업, 농촌조직과의 유착을 통해 '정치적 네트워크 국가'를 구축했으며, 선거자금과 정책결정의 교환 구조를 제도화하였다. 이러한 구조는 경제성장기에는 정치적 안정의 기반으로 작용했으나, 장기 집권 속에서 파벌주의, 정책 혁신의 부족, 부패 등 구조적 문제가 누적되었다. 아베(Shinzō Abe) 전 총리의 '국장 논란(국회 동의 없는 국장 결정)'이나 정치자금 불투명성 문제가 불거지며 자민당의 도덕적 리더십이 흔들리기도 했다. 그럼에도 불구하고 자민당은 여전히 일본 유권자 다수의 신뢰를 확보하며, '경쟁적이지만 예측 가능한 지배체제'를 유지하고 있다.

결국 지배정당체계는 정치적 안정과 정책의 연속성이라는 장점을 가지는 동시에, 권력의 경직화와 부패의 제도화라는 구조적 한계를 내포한다. 장기 집권은 정당 내부의 혁신 동력을 약화시키고, 사회적 불만을 흡수하지 못할 경우 체제 전반의 신뢰 위기로 이어질 수 있다. 남아프리카공화국의 ANC가 경험하고 있는 정치적 균열, 스웨덴 SAP의 지배력 약화, 일본 자민당의 부패 논란은 모두 이 같은 경향을 단적으로 보여준다. 따라서 지배정당체계의 지속 가능성은 단순히 선거 승리의 반복이 아니라, 내부 혁신과 제도적 투명성의 확보, 그리고 시민사회의 민주적 감시 기능을 유지할 수 있는가에 달려 있다고 할 수 있다.

2) 양당제(two-party system)

양당제는 두 개의 주요 정당이 정권 획득을 위해 경쟁하며 정치 체제를 주도하는 정당 구조를 의미한다. 대표적인 예로는 영국의 보수당과 노동당, 그리고 미국의 민주당과 공화당이 있다. 이러한 체제에서는 두 정당이 선거에서 국민의 지지를 얻기 위해 경쟁하며, 정치적 선택의 틀을 제공한다. 소수 정당들이 존재하더라도 정부 구성이나 정책 결정에 미치는 영향력은 매우 제한적이다.

미국은 가장 전형적인 양당제 국가로 꼽힌다. 미국의 정당들은 유럽식 강한 조직성과 이념적 응집력을 지니고 있지는 않지만, 그럼에도 불구하고 미국 정치에서 민주당과 공화당은 1860년대 이후 지속적으로 선거를 주도해왔다. 이러한 양당체계는 단순다수대표제라는 선거제도에 의해 강화되어 왔는데, 이 제도는 소수 정당이 의회에 진입하기 어려운 구조적 장벽을 만든다. 또한, 상원이 각 주에서 두 명씩, 하원이 인구 비례에 따라 선출되는 방식 역시 양당의 경쟁 구도를 고착화시킨다.

이러한 미국의 사례를 통해, 유럽식 대중정당과 달리 느슨한 조직 구조를 가진 정당이라 하더라도 이익의 집약과 조정이라는 기능을 통해 강력한 정당 체계 유지할 수 있다는 점을 보여준다(Lowi, Ginsberg, Shepsle, 2005). 나아가 각 주의 선거구 조정권한이 대부분 두 주요 정당에 의해 행사된다는 점도 양당제의 지속을 돕는 요인으로 지적된다(Hague et al., 2017: 326).

영국 역시 전통적인 양당제 국가로서, 보수당과 노동당이 정기적으로 정권을 교체하며 유권자들에게 정치적 책임성을 부여해왔다. 그러나 제3당의 약진이 나타난 적이 있었다. 2001년 총선에서 중도 성향의 자유민주당(Liberal Democrats)은 659석

중 52석을 확보하며, 영국 선거 역사상 가장 많은 의석을 차지했다. 또한 스코틀랜드와 웨일즈에서 부분적으로 도입된 비례대표제 덕분에 자유민주당은 지방의회에서도 세력을 확장할 수 있었다.

이처럼 전형적인 양당제 모델은 점차 변화와 약화의 조짐을 보일 때도 있다. 상술한 '단순다수 단일대표제는 양당제에 유리하다'고 뒤베르제는 설명했으나, 여러 국가들이 비례대표제나 결선투표제를 도입하면서 이러한 구조가 흔들리고 있다. 뉴질랜드와 남아프리카공화국은 기존의 단순다수제를 폐지하고 새로운 제도를 도입하여 양당제를 완화했다. 양당제는 오랜 역사와 제도적 뒷받침을 통해 안정적인 정당 경쟁 구조를 유지해왔지만, 정치적 다양성의 확대와 사회 균열의 심화로 인해 점차 복합적 다당제 체계로의 전환이 일어나고 있다.

3) 다당제(multi-party system)

다당제는 여러 소수 정당으로 구성되며, 이들 간의 협력을 통해 연합정권(연정)이나 경우에 따라 소수정부(minority government)를 구성하는 정치체제이다. 이러한 체계는 대체로 비례대표제의 산물이며, 실제로 비례대표제는 유럽 대륙과 스칸디나비아 지역에서 가장 일반적으로 채택된 선거제도이다. 따라서 다당제의 작동 방식과 효과를 이해하기 위해서는 연합의 성격과 기능, 즉 정당 간 협력의 구조와 정책 조정 메커니즘에 대한 분석이 필수적이다.

과거 영미권에서는 다당제 연합정권에 대해 부정적인 평가가 지배적이었다. 연정은 단일정당 정부에 비해 혼란스럽고 책임성이 부족하며, 약하고 불안정한 정부를 낳는다고 여겨졌다. 국정이 실패할 경우 어느 정당이 책임을 져야 하는지가 불분명하기 때문이다. 실제로 이탈리아의 사례는 이를 잘 보여준다. 이탈리아의 연정은 구성에는 오랜 시간이 걸리지만 붕괴는 빠르며, 정권이 자주 교체되는 등 정치적 불안정이 만성적으로 지속되었다. 이는 영국의 단일정당 내각이나 미국 대통령제의 명확한 권력 책임 구조와 대조되며, 다당제의 비효율성에 대한 대표적 근거로 인식되었다.

그러나 이러한 인식은 1960년대 이후 점차 변화하였다. 유럽 대륙의 전후 경제 복구가 안정화되면서, 연립정부가 반드시 비효율적이지 않다는 경험적 증거들이 나타났기 때문이다. 특히 스칸디나비아 국가들의 경우, 이념적으로 유사한 정당들이 연정을 구성하며, 정책은 당사자 간 합의를 통해 점진적으로 조정되었다. 정부는 자주 교체되었지만, 복지정책이나 경제정책의 방향성은 크게 흔들리지 않았다. 이러한 연정의 특징은 다양한 사회집단이 공존하는 복잡한 사회에서 정책의 연속성과 사회적 합의의 안정성을 유지하는 데 효과적이었다.

그럼에도 불구하고 1990년대 들어 연정의 비효율성 논의가 다시 제기되었다. 정부 재정적자 감축, 국영기업 민영화, 복지지출 축소 등 어려운 개혁 의제들이 등장하면서, 다당제 국가들은 신속한 의사결정에 한계를 보였다. 여러 정당의 이해관계를 조율해야 하는 구조적 제약 때문에 개혁 추진 속도가 느리다는 비판이 제기된 것이다. 실제로 영국 같은 전통적 양당제 국가들은 시장개혁을 신속하게 추진한 반면, 유럽 대륙의 다당제 국가들은 상대적으로 개혁이 지연되었다. 이는 다당제가 세계경제의 급변에 유연하게 대응하기 어려운 제도적 구조가 아닌가 하는 의문을 낳았다.

그러나 이러한 해석은 다소 일면적이다. 2000년대 이후 독일, 네덜란드, 북유럽 등은 점진적이지만 안정적인 개혁을 통해 경제적 회복과 사회적 합의를 동시에 추구했다. 예컨대 독일의 사회민주당(SPD)과 녹색당 연정은 2003년 '아젠다 2010' 개혁안을 통해 복지비용을 줄이고 노동시장을 유연화하면서도 사회적 안정망을 유지하였다. 이는 다당제 연정이 위기 국면에서도 협의와 타협의 정치를 통해 점진적 개혁을 수행할 수 있음을 보여주는 사례이다.

한국은 제도적으로는 대통령중심제 국가이지만, 정당체제 측면에서는 다당제적 요소와 연합정치의 경험을 모두 보여준다. 1987년 민주화 이후 여소야대 상황을 극복하기 위해 민주정의당, 통일민주당, 신민주공화당이 합당하여 탄생한 민자당 김영삼 정부(1993~1998)는 금융실명제, 정치자금법 개정, 군대내 사조직인 하나회 해체 등 강도 높은 개혁을 단기간에 추진하였다. 그 후 1997년 외환위기 이후 김대중 정부(1998~2003)는 새정치국민회의와 자유민주연합의 연합정권으로 출범했음에도 불구하고, 외환위기로 구제금융을 IMF로부터 받고 그들이 요구한 금융개혁·기업구조조정·공공부문 개혁을 신속히 수행하였다. 이는 다당제 연정이라 하더라도 정치적 합의와 위기 대응 의지가 확고할 경우, 강력한 개혁 추진력이 가능함을 입증한 사례로 평가된다.

결국 다당제 연정의 효과는 단순히 '정당 수의 많고 적음'이나 '체제 유형'으로 환원될 수 없다. 연정의 안정성과 효율성은 참여 정당들의 이념적 근접성, 합의 형성 능력, 위기 대응의 정치적 리더십 등에 의해 결정된다. 즉, 다당제 연정이 약한 정부를 낳는가 강한 정부를 낳는가는 제도적 구조보다 정치문화와 협치 역량의 질적 수준에 달려 있다고 할 수 있다.

요컨대, 한국을 비롯한 여러 국가들의 경험은 다당제 연정이 필연적으로 비효율적이라는 주장이 단선적임을 보여준다. 다당제는 때로 느리고 복잡하지만, 사회적 다양성을 제도적으로 포용하고 합의를 중시하는 점에서, 현대 자유민주주의의 복합적 요구에 부합하는 숙의적 거버넌스(deliberative governance)의 한 형태로 발전할 가능성을 열어둘 수 있다.

제2절 선거

선거는 대의민주주의 체제에서 국민이 정책결정에 참가하는 가장 기본적인 행위이며, 주권을 행사하는 가장 구체적이고 기본적인 정치행위라고 할 수 있다. 한 국가에 있어 사회구성원들의 다양한 이해는 선거에 의해서 표명되며, 선거를 통해 선택된 대표자를 통해서 구현된다. 그렇기 때문에 일반적으로 선거는 민주주의적 결정이라는 표상과 연결된다.

선거의 가장 분명한 기능은 공직에 대한 후보자 간의 경쟁 그리고 다음 선거에서 승리자에 대한 책임을 물을 수 있는 수단을 제공하는 것이다. 또한 선거운동은 유권자와 후보자 간에 대화를 가능하게 하며, 이는 곧 사회와 국가 간의 대화를 의미하기도 한다. 경쟁적 선거는 새로운 공직자에게 권위를 부여하거나 교체하는 기능을 하며, 이는 결국 이들이 자신의 의무를 보다 효과적으로 수행하는 데 기여한다(Ginsberg, 1982).

그러나 권위주의나 전체주의 국가에서는 선거가 경쟁적이지 않다는 점을 유의해야 한다. 대부분의 권위주의적 통치자들은 입법부를 유지하되, 그 충원 수단으로서 통제된 선거를 주로 이용하였다.

1. 선거제도

선거제도와 관련된 대부분의 논란은 투표를 의석으로 전환하는 규칙에 대한 것이다. 이 규칙들은 민주주의의 내부적 작동을 형성하는 것으로 기술적이고 전문적이지만 매우 필수적인 요소이다. 앞으로 우리는 이러한 선거에서 투표를 의석으로 전환시키는 규칙을 살펴본다.

선거에 있어서 주된 질문은 제도를 통해 한 정당의 의석수가 그 정당이 선거에서 얻은 표수에 직접적으로 비례하도록 보장되는가의 여부에 관한 것이다. 비례대표제란 이러한 비례성의 목표를 달성하기 위하여 정당의 득표율에 비례해 의석을 배정한다면, 단순다수제와 절대다수제는 유권자의 득표차에 따라 의석을 배정받는다.

1) 단순다수제와 절대다수제

비례적이지 않은 선거제도에서는 각 선거구에서 승자가 모든 의석을 차지하는 승자독식 방식을 취하며, 이러한 방식은 단순다수제(first-past-the-post, FPTP)와 절대다수제(majority/plurality with runoff) 두 가지 형태로 나뉜다.

단순다수제에서는 각 선거구에서 가장 많은 득표를 한 후보가 당선된다. 과반수 득표가 필수는 아니며, 최다득표만으로 승리가 확정된다. 이 제도는 역사적으로 오래되고 단순하며 이해하기 쉬우나, 오늘날 점차 드물어지고 있다. 현재 단순다수제는 주로 영국, 캐나다, 미국, 인도, 카리브해 일부 국가에서 사용된다(Lijphart, 1999).

단순다수제의 핵심 특징 중 하나는 의석 편향(seat bonus) 가능성이다. 즉, 득표율에서는 과반에 미치지 못하더라도 의석에서는 과반을 초과할 수 있다는 것이다. 예를 들어, A와 B라는 두 정당이 전국적으로 경쟁하는 상황을 상정하자. 모든 선거구에서 A정당이 B정당을 한 표 차이로 이기고, 한 선거구에서만 B정당이 큰 차이로 승리했다고 가정하면, 전체 득표수에서는 B정당이 앞설 수 있음에도 결과적으로 A정당이 대부분의 의석을 차지하게 된다. 이는 단순다수제의 승자독식 구조가 내재적으로 갖는 편향성을 보여준다.

또한 단순다수제는 선거구 경계의 중요성을 강조하며, 정당으로 하여금 게리멘더링(gerrymandering), 즉 자기 정당의 득표 효율성을 높이기 위해 의도적으로 선거구를 재조정하도록 유도하는 경향이 있다.

그럼에도 불구하고 단순다수제의 장점도 있다. 전국 단위에서 단일 정당이 과반수 의석을 확보할 수 있다는 점에서, 의회 내 과반수당 정부를 신속하게 구성할 수 있다. 특히 영국과 같이 두 개의 전국적 정당이 경쟁하는 경우, 단순다수제는 과반수당 정부를 반복적으로 배출하여 정권 교체가 가능한 '진자운동'적 정치 역학을 만들어낸다. 그러나 인도와 같이 정당이 지역적으로 분화되고 다수인 경우, 단순다수제를 적용해도 과반수당 정부가 쉽게 형성되지 않으며, 실제로 1989년 이후 한 번도 단독 과반수 정부가 출현하지 않았다. 이처럼 단순다수제의 과반수당 정부 구성 능력은 지역적·정당 체계적 맥락에 따라 크게 달라진다. 또한 최근 정당 충성심의 약화와 정당 경쟁 구조의 다양화는, 단순다수제가 과거처럼 안정적 과반수당 정부를 보장할 가능성을 더욱 낮추고 있다.

절대다수제(majority/plurality with runoff)는 과반수 득표를 요구하여 보다 민주적 정당성을 확보하려는 제도이다. 후보가 과반을 얻지 못하면, 상위 두 후보를 대상으로 결선투표(runoff election)를 실시한다. 이 제도는 20세기 초반 서유럽에서 비례대표제로 전환되기 전 널리 사용되었으며, 오늘날 프랑스와 일부 과거 식민지 국가에서 여전히 채택되고 있다. 절대다수제는 선거자가 과반수 지지를 받는 후보를 선출해야 한다는 직관적 민주주의 원리를 반영한다.

또 다른 비례적이지 않은 방식인 대안투표제(alternative vote, AV)는 유권자가 후보자 선호 순위를 정하고, 과반수 득표자가 나오지 않으면 최하위 후보를 탈락시키고 그 후보에게 투표한 유권자의 표를 재분배하는 과정을 반복한다. 이 방식은 호주와 파푸아뉴기니에서 전국 의회 선거에 활용되고 있다. 최근 호주 연방총선에서도 대안투표 제도를 통해 일부 지역에서 소규모 정당 표가 주요 정당 후보에게 재분배되며, 단순다수제보다 다소 더 폭넓은 지지 기반을 가진 후보가 당선되는 사례가 나타났다.

요약하면, 비례성이 낮은 선거제도는 의석이 특정 정당에 집중되어 안정적인 과반수 정부를 구성하기 쉽다는 장점이 있는 반면, 의석 불균형·게리맨더링 가능성·다당제에 부적합하다는 한계도 함께 지닌다. 단순다수제는 전국적으로 두 개의 주요 정당이 경쟁하는 체제에서는 과반수당 정부를 효율적으로 만들어내지만, 정당 체계가 분열되어 있거나 지역적 특성이 강할 경우에는 안정적인 정부 구성이 어렵다. 이에 비해 절대다수제나 대안투표제는 후보자가 과반수의 지지를 확보하도록 설계되어 있어, 당선자의 민주적 정당성을 높이는 효과가 있다.

결국 현대의 다양한 사례를 보면, 이러한 선거제도의 차이는 정당 체계의 구조, 유권자들의 투표 행동, 선거구의 설계 방식과 긴밀히 연결되어 있어, 단순 비교로 우열을 판단하기 어렵다는 점이 분명하다.

2) 비례대표제

비례대표제는 19세기 말 유럽에서 처음 등장하였으며, 현재는 단순다수제와 절대다수제보다 더 보편적으로 사용되고 있다. 비례대표제의 핵심 원칙은 정당의 득표율에 따라 의석을 배분하는 것으로, 지역 단위가 아닌 정당을 중심으로 대표성을 확보하는 데 초점을 둔다. 이 원칙에 따르면, 이상적인 비례대표제하에서는 정당이 얻은 득표율과 의석 점유율이 거의 일치한다. 예를 들어, 어떤 정당이 40%의 득표를 얻으면 의석 점유율도 40%에 해당하는 구조이다.

비례대표제의 주요 목적은 국민의 정치적 의사를 의석에 정확하게 반영하는 것이다. 유권자가 공약을 보고 특정 정당을 지지하면, 그 정당은 득표율에 비례하여 의석을 배분받는다. 이로 인해 소수 정당도 의석을 확보할 수 있으며, 사표(死票)를 줄이고, 전체 의석 배분의 공정성을 높이는 장점이 있다. 또한 다수파가 과도하게 의석을 차지하는 것을 방지함으로써, 사회 여론을 보다 균형 있게 반영할 수 있다.

반면, 비례대표제의 단점으로는 소당 난립으로 인한 정국 불안정과 정당 지도부가 후보를 선정하는 과정에서 발생하는 폐단이 지적된다. 실제로 비례대표제라고 해서 모두 완벽히 비례적인 것은 아니다. 통상적으로 큰 정당에는 일정한 의석 보너스가 제공되고, 가장 작은 정당은 운영 과정에서 불이익을 받는 경우가 많다. 따라서 '비례적'이라고 이름 붙여진 제도가 모두 완전한 비례성을 보장한다고 가정하는 것은 옳지 않다.

또한, 비례대표제하에서는 단독 과반수당 정부가 탄생하는 경우가 극히 드물며, 연합정부가 표준적 형태가 된다. 이는 선거 이후 어떤 정당들이 정부를 구성할지에 대한 협상이 의회 내에서 이루어지는 과정을 필요로 하며, 따라서 비례대표제는 정부를 직접 선출하는 제도라기보다는 의회를 구성하는 제도로 이해하는 것이 적절하다.

비례대표제의 대표적 방식으로는 정당 중심의 명부식(proportional party list)과 유권자 선택 중심의 단기이양식(single transferable vote, STV)이 있다.

1. 명부식 비례대표제

유권자는 후보자뿐만 아니라 정당에 투표하며, 의석은 정당이 제출한 명부에 따라 배분된다. 정당명부식은 다시 전국 단위 비례대표제와 권역별 비례대표제로 나뉜다. 전국 단위에서는 한 정당의 전국 득표율에 따라 의석이 배분되고, 권역별 제도에서는 전국을 몇 개 권역으로 나누고 각 권역에서 정당별 명부에 따라 의석을 배분한다. 최근 독일과 네덜란드, 스페인 등 유럽 국가들은 권역별 명부식 비례대표제를 활용하여 지역적 대표성과 정당 비례성을 동시에 확보하고 있다.

2. 단기이양식(STV)

유권자가 후보자에게 선호 순위를 매겨 투표하고, 당선 기준을 초과한 표를 차순위 후보에게 이양하는 방식이다. 정당보다 개별 후보자에 대한 선택권을 강조하며, 중·대형 선거구에서 다수 후보를 선출할 때 사용된다. 최근 아일랜드와 몰타, 호주 일부 주에서는 이 제도를 활용하여 후보 개인의 역량과 지역적 지지를 반영한 의석 배분을 실현하고 있다.

비례대표제는 정당 득표율과 의석 배분의 정합성, 소수 대표성 확보, 사표 방지라는 장점이 있지만, 연합정부 형성의 필요성과 정국 안정성 문제, 정당 후보 선정 과정에서의 폐단 등 단점도 존재한다. 다만 최근 유럽과 오세아니아 국가들의 사례를 통해 볼 때, 제도 설계와 유권자 참여 구조에 따라 비례대표제의 안정성과 대표성이 동시에 강화될 수 있음이 확인되고 있다.

3) 혼합선거제도

단순다수제와 비례대표제는 전통적으로 서로 대안적인 선거제도로 간주되어 왔다. 그러나 두 제도의 장점을 결합한 혼합선거제도(Mixed Electoral System, MES)가 등장하였다. 혼합선거제도는 단순다수제의 지역 대표성과 비례대표제의 정당 대표성을 동시에 확보하려는 목적을 가진다.

혼합선거제도의 대표적 사례는 독일 연방하원(Bundestag)이다. 독일 유권자는 두 개의 표를 행사한다. 하나는 지역구 후보에게 투표하는 표이며, 다른 하나는 지역 정당명부에 투표하는 표이다. 하원의 절반 의석은 각 지역구에서 단순다수제로 선출된 후보가 채우지만, 의석 배분의 핵심은 정당명부 투표에 의해 이루어진다. 정당명부 득표율에 따라 각 정당이 배정받는 의석수가 정해지며, 지역구에서 당선된 후보와 명부 후보들이 합산되어 배정된다.

독일 혼합선거제도의 특징 중 하나는, 지역구에서 한 정당이 정당명부 기준 의석보다 더 많이 당선될 경우 추가 의석(overhang seat)을 확보할 수 있다는 점이다. 예를 들어, 2002년 연방총선에서 사회민주당(SPD)은 4석, 기독민주당(CDU)은 1석의 추가 의석을 얻었으며, 이로 인해 연방하원의 전체 의석 수가 증가하였다. 이러한 방식은 지역구 기반 후보의 승리와 정당 득표율에 따른 비례성을 조화시키는 역할을 한다.

혼합선거제도는 독일뿐만 아니라 세계 여러 국가에서 활용되고 있다. 일본은 1994년 개헌 이후 소선거구제와 비례대표제를 혼합한 제도를 도입하여, 지역구에서 승리한 후보와 정당명부 후보가 함께 의석을 확보하도록 하고 있다. 한국은 2020년 총선에서 연동형 비례대표제를 도입했으나, 지역구 의석이 전체 의석의 상당 부분을 차지하는 구조적 한계로 인해 완전한 비례성 확보에 문제가 발생하고 있다. 태국, 러시아, 그리고 일부 구공산권 국가들에서도 지역구와 비례대표를 혼합한 선거제를 유지하고 있다.

혼합선거제도의 장점은 지역 대표성과 정당 대표성을 동시에 확보함으로써, 단순다수제의 지역구 편중과 비례대표제의 단독 과반수 어려움을 완화할 수 있다는 점이다. 다만 실제 운영 과정에서 추가 의석 발생, 정당별 의석 배정 방식, 연동률 등 제도적 설계에 따라 비례성 수준과 정부 구성 안정성에는 차이가 발생할 수 있다.

결론적으로, 혼합선거제도는 단순다수제와 비례대표제의 장점을 결합하여, 지역과 정당 모두의 대표성을 보장하려는 현대 선거제도의 발전적 형태라 할 수 있다.

독일, 일본, 한국 등 사례를 통해, 혼합선거제도가 정치적 다원성과 안정적 정부 구성을 동시에 추구할 수 있음을 확인할 수 있다.

2. 선거제도에 대한 평가

선거제도를 평가할 때 부상하는 중요한 논점 중 하나는 선거제도와 정당체계의 관계이다. 상술하였듯이, 이 주제는 여전히 활발한 논쟁의 대상이다. 뒤베르제는 단순다수제와 양당제 사이에 거의 완전한 상관관계가 존재한다고 주장하였다(Duverger, 1970: 217). 이른바 뒤베르제의 법칙으로 단순다수제는 양당제와 친화성을 가지며, 결선투표제나 비례대표제는 다당제와 친화성을 주장했다.

또한 선거제도의 효과를 기계적 효과(mechanical effect)와 심리적 효과(psychological effect)로 구분하였다. 기계적 효과는 투표를 의석으로 전환하는 규칙에서 직접 발생하며, 예컨대 비례대표제에서 적용되는 봉쇄조항(threshold)이 이에 해당한다. 심리적 효과는 이러한 규칙이 유권자의 투표행위에 미치는 영향을 의미한다. 즉 단순다수제는 유권자가 승리 가능성이 낮은 소수 정당 후보에게 표를 주는 것을 꺼리게 만드는 심리적 효과를 초래한다. 당시 뒤베르제는 단순다수제를 선호하는 것으로 비춰졌는데, 이는 비례대표제가 초래하는 다당제와 그로 인한 불안정한 연정이 정치적 문제를 일으킨다고 판단했기 때문이다.

그러나 1960년대 들어 선거제도에 지나치게 많은 의미를 부여하는 데 대한 반발에서 사회학적 접근법을 적용하여, 20세기 초반 비례대표제가 도입되기 이전에도 유럽은 사회적 균열구조로 인해 다당제적 유산을 가지고 있었다고 지적하였다. 제시비츠(Jesiwicz)도 구공산권 유럽 국가에 대해 유사한 지적을 하였다. 즉, 정치적 파편화가 비례대표제의 도입에 선행한 것이지, 비례대표제가 정치적 파편화를 초래하는 것은 아니라는 것이다(Jesiwicz, 2003: 182).

무엇보다 각국의 정치적·사회적 환경에 따라 적합한 선거제도는 다르게 나타난다. 예컨대 사회적 분열이 심한 북아일랜드의 경우, 비례대표제는 소수 집단 정당에게 일정한 의석을 보장함으로써 다수의 폭정(risk of tyranny of the majority)을 완화하는 기능을 수행한다. 반면 전국적으로 두 개의 주요 정당이 경쟁하는 정치 구조에서는 단순다수제가 단일 정당 정부를 출현시키는 경향이 강하다. 영국의 사례가 대표적이다. 단일 정당 정부는 연정 파트너와의 정책 조율 없이 독자적으로 정책을 추진할 수 있으며, 패배한 정당은 다음 선거에서 재집권의 가능성을 고려하여 집권 정당의 통치를 인정하고 제도적 신뢰를 유지한다.

그러나 단순다수제에는 정당 간 권력 교체가 지나치게 급격하게 이루어질 수 있다는 한계도 존재한다. 캐나다의 사례가 이를 잘 보여준다. 1984년 총선에서 보수당은 약 50%의 득표율로 전체 의석의 4분의 3을 차지했으나, 9년 후 선거에서는 득표율 16%에도 불구하고 단 2석만을 확보하는 극단적인 변동을 겪었다. 이처럼 단순다수제는 정치적 안정성 측면에서 불안정한 결과를 초래할 가능성이 있다.

선거제도는 일단 채택되면 정치적 경로의존성에 따라 오랜 기간 유지되는 경향을 보인다. 권력을 점한 정당은 자신에게 유리한 제도를 변경할 동기가 약하기 때문이다. 그럼에도 불구하고 선거제도 개혁이 불가능한 것은 아니다. 실제로 1990년대에 일본, 이탈리아, 뉴질랜드 등은 선거제도의 불균형과 대표성 문제를 해결하기 위해 혼합선거제도를 도입하였다. 이 제도는 단순다수제의 지역 대표성과 비례대표제의 정당 대표성을 결합함으로써 두 제도의 장점을 조화시키려는 시도라 할 수 있다.

뉴질랜드는 1996년 총선에서 기존 단순다수제를 폐지하고 혼합비례대표제(MMP, Mixed-Member Proportional)를 도입하였다. 유권자는 지역구 후보와 정당명부에 각각 한 표씩을 행사함으로써 지역 대표성과 정당 비례성을 동시에 확보하였다. 일본 역시 1994년 선거제도 개혁을 통해 소선거구제와 비례대표제를 결합하여 지역구 중심성과 정당 대표성을 동시에 반영하고 있다. 이탈리아 또한 2005년과 2015년에 걸쳐 연동형 비례대표제를 도입함으로써, 혼합선거제도가 정당체계의 안정성과 정치적 대표성을 함께 추구하는 현대적 대안으로 자리 잡게 되었다.

그러나 2020년 한국의 사례는 혼합형 선거제도의 구조적 한계를 드러냈다. 거대 정당들이 위성정당을 설립하여 비례대표 의석을 추가로 확보함으로써, 제도의 본래 취지인 소수정당의 대표성 보장이 훼손된 것이다. 이로 인해 선거는 정책 경쟁보다는 의석 확보를 위한 전략적 경쟁으로 변질되었으며, 유권자의 표심이 실제 의석 배분에 제대로 반영되지 않는 결과를 낳았다.

이처럼 선거제도와 정당체계의 관계는 단순한 제도적 규칙의 문제가 아니라, 각국의 역사적 경험, 사회적 균열 구조, 정치문화적 맥락과 밀접하게 결합되어 있다. 따라서 "어떤 선거제도가 최선인가"의 문제는 보편적 정답을 갖지 않으며, 각 사회의 정치적 조건에 따라 상이한 형태로 제도적 최적화를 추구해야 한다는 점이 중요한 결론이라 할 수 있다.

제3절 투표행태

선거는 현대 민주주의의 핵심 기제로서, 국민이 투표를 통해 일정 기간 정치적 권한을 위임할 대표자를 선출하는 과정이다. 이 과정에서 유권자들이 어떠한 기준으로 대표자를 선택하는지, 즉 투표 결정 요인을 규명하는 문제는 정치학의 주요 연구 주제 중 하나이다.

이를 탐구하기 위해 선거 연구자들은 유권자의 투표 참여 태도, 동기, 투표 의사 결정 시기 등 심리적 요인을 조사하고, 이를 통계적으로 분석하여 선거 결과와의 상관관계를 도출한다. 선거 연구는 시기에 따라 이론적 접근 방식에서 뚜렷한 변화를 보이며, 이는 특히 투표 행태 연구가 오랫동안 주도된 미국의 역사적·사회적 맥락과 밀접하게 연관된다. 선거 연구의 이론적 틀은 크게 네 가지로 구분된다:

1. **사회학적 이론:** 사회적 구조와 집단적 정체성(예: 계층, 지역, 종교)이 투표 행태에 영향을 미친다고 본다.
2. **사회심리학적 이론:** 정당 충성도, 사회적 규범, 집단적 태도와 같은 심리적 요인을 강조한다.
3. **경제학적 이론:** 유권자가 합리적 선택에 따라 비용과 편익을 계산하여 투표 결정을 내린다고 본다.
4. **인지심리학적 이론:** 정보 처리, 인지적 편향, 정책 이슈에 대한 인식이 투표에 영향을 미친다고 분석한다.

1. 사회학적 이론

미국 선거 연구 분야에서 설문조사 방법에 기반한 최초의 경험적 연구는 콜럼비아 대학의 폴 라자스펠트(Paul F. Lazarsfeld), 버나드 버럴슨(Bernard Berelson), 헤이즐 거뎃(Hazel Gaudet)의 『The People's Choice(국민의 선택, 1948)』을 꼽을 수 있다. 물론 그 이전에도 집합적 자료를 활용한 경험적 연구가 전무한 것은 아니었다. 예를 들어, 시나 주 단위의 인구조사 결과와 투표 결과를 활용한 생태적 자료(ecological data)를 바탕으로 종교, 인종, 경제적 지위 등이 투표 결정에 미치는 영향을 분석한 연구가 이미 존재하였다. 그러나 라자스펠트 등의 연구는 개인을 분석 단위로 한 설문조사 결과를 적용한 최초의 미시적 접근(micro-level analysis)이라는 특징을 지닌다.

이 연구에 따르면, 개인이 속한 사회 집단의 특성이 투표 선택을 결정적으로 좌우한다. 특히 사회경제적 지위, 거주지, 종교라는 세 변수가 투표 선택을 예측하는 데 가장 중요한 요인으로 밝혀졌다. 여기서 사회경제적 지위는 유권자의 교육 수준, 소득 수준, 직업 등을 통해 측정되며, 사회 내 개인의 총체적 위치를 반영하는 개념이다. 교육과 소득이 높을수록 보수 정당에 대한 지지가 높게 나타난다고 보았다.

그 당시 파슨스(Talcott Parsons, 1951)의 구조기능주의 패러다임에 깊이 영향을 받은 사회과학계에서는 사회적 특성이 정치적 선호를 결정한다는 주장이 지배적이었다. 이 관점에서 개인 투표 행태는 사회경제적 특성의 종속변수에 불과하였다. 사회학적 모형은 유권자의 사회적 배경을 독립변수로 삼아 투표 선택을 설명하는 분석 틀이다. 이 이론은 도시-농촌 분화, 지역 구분, 종족, 언어, 종교, 계급 등의 사회 균열 구조, 특히 계급적 균열에 상응하여 정당이 형성된 서유럽의 투표 행태 연구에서 특히 강조되었다. 예를 들어, 서유럽 국가들에서 노동계급의 사회주의 정당 지지나 농촌 지역(자산을 소유했기에)의 보수 정당 선호는 이러한 균열 구조를 반영한 전형적 사례이다.

그러나 사회 배경 변수는 단기적으로 안정적이기 때문에 투표 선택의 변동성을 설명하는 데 부적합하다는 비판이 제기되었다. 실제로 과거의 미국처럼 계급 균열이 상대적으로 약하고 사회주의 정당이 부재한 선거 환경에서는 사회학적 모형의 적용이 어렵다. 1960년대 이후 서유럽에서도 경직된 투표 모형의 설명력이 약화되었다는 것이 학계의 통설이지만, 그럼에도 개인의 사회경제적 지위와 투표 성향 간 상관관계는 여전히 중요한 분석 요소로 고려되어야 한다.

2. 사회심리학적 이론

미국 선거 연구의 고전으로 평가되는 『American Voters(미국의 유권자)』의 저자들인 미시간학파는 사회심리학적 관점을 바탕으로 투표 행태를 분석하였다(Campbell et al., 1960; 1966). 이들은 사회학적 이론이 주장하듯 유권자의 투표 결정이 사회 집단인 계급, 종교, 성별, 교육 등의 특성에 의해 결정된다면, 선거 결과의 유동성은 어디서 비롯되는지에 대해 의문을 제기하였다. 사회적 배경 변수는 단기적으로 변화하지 않으므로, 이 이론에 따르면 투표 결과는 장기적으로 안정적이어야 한다. 그러나 실제 선거 결과는 장기적 안정성과 단기적 변동성을 동시에 보인다. 이에 미시간학파는 정적인 사회 집단 특성과 동적인 투표 결정을 연결하는 매개 변수로 정당 일체감(party identification) 개념을 제시하였다. 이는 유권자의 사회적 소속이 정당 선호에 영향을 미치고, 이 선호도가 투표 선택에 결정적 역할을 한다는 주장이다.

정당 일체감은 유권자가 특정 정당에 대해 장기적으로 형성한 심리적 애착 또는 귀속 의식으로, 당파적 태도의 일종이다(Belknap and Campbell, 1952; Campbell, Gurin, and Miller, 1954: 88~111). 이 개념의 선거적 효용성은 다음과 같다. 첫째, 유권자의 정치적 쟁점에 대한 입장과 견해를 형성하는 데 영향을 미친다. 둘째, 정치에 대한 관심과 참여를 촉진한다. 셋째, 투표 행태를 결정하는 주요 요인으로 작용하며, 선거의 안정성과 정당 제도화에 기여한다. 넷째, 정치적 정보나 의식이 부족한 유권자에게 투표 결정을 위한 간단하고 비용 효율적인 단서를 제공한다.

정당 일체감은 투표 선택에 직접적 영향을 미칠 뿐 아니라, 유권자의 정책 쟁점 인식이나 정당·후보자 평가에도 간접적 영향을 끼친다(Abramson, Aldrich, and Rohde, 2010: 142). 미시간학파에 따르면, 선거 과정에서 제공되는 정보는 정당 일체감에 기반한 선택적 취득(selective updating) 과정을 거친다. 이는 유권자가 자신의 정당 지지 성향에 맞는 정보를 선별적으로 수용하여 투표 결정을 편향되게 형성한다는 것이다. 정당 일체감은 과거의 정치·사회적 경험을 걸러내는 인식의 선별 기제로 작용하며, 정치적 대상에 대해 비교적 안정적이고 예측 가능한 반응을 유도한다. 이는 유권자가 지지 정당을 긍정적으로, 반대 정당을 부정적으로 평가하는 경향을 나타낸다.

정당 일체감은 감정적·심리적 요인(예: 정당에 대한 애착, 편향)으로, 유권자의 이성적·계산적 합리성과는 거리가 멀다. 미시간학파는 이 감정적 변수가 어린 시절 부모로부터의 정치적 사회화 과정을 통해 형성되며, 성인이 되어 정치적 대상을 평가하거나 인지하는 데 영향을 미친다고 보았다. 따라서 정당 일체감에 기반한 투표는 정책이나 후보 중심의 투표에 비해 상대적으로 비합리적이고 감정적이다.

반면, 노먼 니(Norman Nie), 시드니 버바(Sidney Verba) 그리고 조 페트로칙(John Petrocik)이 공동저술한 『The Changing American Voter(변화하는 미국 유권자, 1976)』에서 정당 일체감의 역할 감소와 정치적 이념 및 정책 쟁점 태도의 일관성 증가를 입증하며 사회심리학적 관점에 다음과 같이 도전하였다.

첫째, 정책 쟁점은 투표 행태에 점차 중요한 영향을 미친다. 한국의 경우, 2017년 북한의 김정은 체제의 핵실험 성공은 북한 문제를 한반도 차원에서 글로벌 이슈로 확장시켰다. 2018년 문재인 대통령과 김정은 국무위원장의 판문점 정상회담, 그리고 트럼프 대통령과의 싱가포르 정상회담은 북한 비핵화와 한반도 질서 변화를 둘러싼 논쟁을 심화시켰다. 이는 보수와 진보 진영 간 사회 균열 구조를 강화하며 투표 행태에 영향을 미쳤다. 단기적 요인(예: 경제 상황, 정책 쟁점)은 정당 일체감의 장기적 지배력을 약화시키고, 유권자의 투표 선택을 변화시킬 수 있다(Kaufman, Petrocik, and Shaw, 2008: 31~32). 정당 일체감은 대통령·정당의 업적에 대한 회고적 평가, 유권자의 불만, 후보자 평가, 과거 투표 행태 등에 의해 변동될 수 있다(Smith, 1985: 264). 그러나 쟁점 기반 투표는 정당 일체감과 달리 시간과 지식이 요구된다는 한계가 있다(Abramson, Aldrich, and Rohde, 2010: 157).

둘째, 미시간학파가 주장하는 정당 일체감은 유권자와 정당의 관계를 좋고 싫음의 단일 차원으로 단순화하며, 규범적·정서적 요소를 혼합하여 투표 행태를 설명하는 데 한계가 있다. 이는 유권자의 복잡한 동기를 충분히 포착하지 못한다.

셋째, 모든 유권자가 정당 일체감에 따라 투표한다면, 집권당의 업적이나 정책 성과와 무관하게 투표가 이루어져 대의민주주의의 반응성(responsiveness)이 약화된다. 이는 정당 일체감이 투표의 안정성을 보장하지만, 정책 변화나 사회적 요구에 대한 민감성을 저해할 수 있음을 시사한다.

3. 경제학적 이론

경제학적 이론은 기본적으로 인간은 합리적이라는 가정에서 출발한다. 우리는 이미 제6장에서 합리적 선택 이론에 대해서 살펴보았다. 그러므로 여기서는 합리적 선택 이론을 기반으로 한 대표적인 세 가지 경제적 투표 행태 이론을 살펴보도록 한다.

첫째, 회고적 투표(retrospective voting)이다. 회고적 투표란 현직 대통령 또는 현직 국회의원이 재직 시절에 수행했던 업적이나 발생했던 사건에 대한 평가를 기반으로 이루어지는 투표를 의미한다. 회고적 투표 유형을 지지하는 학자들은 유권자의 합리적 선택이 현직자의 과거 업적과 사건에 기반을 둔 평가에 근원하며, 투표란 과거 업적에 대한 현직자(incumbent) 보상 내지는 벌칙으로 해석될 수 있다고 주장한다. 이 시각에 따르면 유권자의 후보자 선택은 현직자에 대한 회고적 평가에 근거해 현직자를 심판하는 합리적 선택으로 볼 수 있다. 유권자는 현직자의 과거 업적에 근거해 자신의 정치적 이익을 실현할 수 있는 기대효용을 계산한 후, 기대효용이 높을 경우 현직자를 재신임하며, 기대효용이 낮을 경우 기권하거나 도전자에게 투표한다는 것이다.

둘째, 전망적 투표(prospective voting)이다. 전망적 투표란 과거의 정책 이행 결과에 기반을 두고 선거 시 제시되는 정책적 공약을 평가하고, 유권자의 정책적 입장과 유사한 정책적 입장을 제시하는 정당에 투표하는 것을 의미한다. 전망적 투표 유형을 체계화한 다운스는 전망적 투표자가 정당을 선택하는 과정을 다음과 같이 정리했다(Downs, 1957: ch3).

1) 유권자는 현 정부하에서 받고 있는 효용과 다른 정당이 집권했을 때 받을 것으로 믿는 기대효용을 비교해서 현재 정당과의 효용 차이를 계산한다. 이후 정당과의 차이 값에 따라 정당을 순서대로 나열한다.
2) 양당정치에서 유권자는 자신이 선호하는 정당에 투표한다. 정당이 두 개 이상 존재하는 다당제에서는 다른 유권자의 선호도를 고려해 자신의 투표행위

를 결정한다. 방식은 다음과 같다.

ㄱ) 유권자가 선호하는 정당이 이길 가능성이 클 경우, 해당 정당에 투표한다.

ㄴ) 유권자가 선호하는 정당이 이길 가능성이 거의 없을 경우, 유권자가 가장 선호하지 않는 정당이 이기는 경우를 막기 위해 이길 가능성이 큰 다른 정당에 투표한다.

ㄷ) 그렇지만 유권자가 자신이 선호하는 정당이 미래에 승리할 가능성이 있거나 해당 정당에 대한 지지 표명을 원할 경우, 선호 정당에 투표한다.

3) 유권자가 정당에 대한 우선순위를 정할 수 없을 경우, 다음과 같은 행위를 할 수 있다.

ㄱ) 각 정당이 제시하는 공약이 다를지라도 최소 두 개 정당이 우선순위에서 동률일 경우, 유권자는 기권한다.

ㄴ) 각 정당이 유사한 정당정책을 제시할 경우, 여당의 현재 정책 업적과 여당의 과거 정책 업적을 비교해 현재가 과거보다 나을 경우 여당을 지지하고, 과거가 나을 경우 야당을 지지한다. 현재와 과거의 여당 업적이 유사할 경우 기권한다.

합리적 선택 이론의 시각으로서 회고적 투표 성향과 전망적 투표 성향의 공통점과 차이점은 다음과 같다.

첫째, 회고적 투표와 전망적 투표가 공유하는 이론적 전제는 유권자가 자신의 정치적 목적을 실현할 수 있는 최선의 후보를 선택해 투표한다는 점이다. 반면 두 유형 간의 차이는 최선의 후보를 계산하는 판단 근거가 어디에 근원하는가에 있다. 회고적 투표의 경우에는 판단의 근거가 현직자의 정책 수행 결과인 데 반해, 전망적 투표의 경우에는 후보자가 아닌 정당의 정책 공약을 판단 준거로 삼는다. 즉 회고적 투표가 결과에 초점을 맞추는 반면, 전망적 투표는 바람직한 결과를 이행하기 위한 공약에 초점을 맞춘다.

둘째, 전망적 투표자는 선거 시 제시되는 정당의 정책 공약을 평가하기 위해 이미 발생한 정책 결과를 활용한다. 반면 회고적 투표자는 현직자가 이행한 정책 결과를 기준으로 현직자에 대한 보상을 제공하거나 벌칙을 가한다. 달리 표현하면, 회고적 투표자의 경우 예감 함수는 이미 발생한 정책적 결과에 기반을 두는 반면,

전망적 투표자의 경우 앞으로 발생할 정책적 약속에 기반을 둔다.

셋째, 회고적 투표자는 현직자라는 후보자 평가에 초점을 맞추지만, 전망적 투표자는 정당이 평가의 대상이다. 또한 회고적 투표자의 경우 현직자만의 정책 수행 결과에 초점을 두는 반면, 전망적 투표자는 어느 정당의 공약이 자신의 정책적 입장과 유사한지를 비교한다. 따라서 정당의 정책 공약과 유권자의 정책적 입장 간의 차이에 대한 이슈 투표논의가 가능해진다.

모리스 피오리나(Morris Fiorina)는 합리적 선택 이론의 회고적 투표와 전망적 투표 시각을 종합하여, 유권자의 투표 행태를 설명하는 새로운 접근법을 제시하였다(Fiorina, 1981). 피오리나에 따르면, 합리적 유권자는 정당 정책의 기대효용을 평가할 때, 과거 정당의 업적을 요약한 정당 일체감(party identification)을 기준으로 정당을 선택한다. 이는 유권자가 회고적 투표자처럼 과거 업적을 중시하면서도, 전망적 투표자처럼 정당의 정책 공약을 평가한다는 점에서 두 접근을 연결한다. 정당 일체감은 과거 업적 평가를 축약한 인지적 가치로, 유권자의 투표 결정을 매개하는 핵심 요소로 작용한다.

피오리나의 정당 일체감은 미시간학파의 사회심리학적 정당 일체감과 구별된다. 미시간학파는 정당 일체감을 유아기부터 부모를 통해 형성된 감정적·고정된 애착으로 보았으나, 피오리나는 이를 정책 평가에 따라 변동 가능한 인지적 요소로 재정의한다. 즉 정당 일체감은 정당 정책을 평가하는 주요 기제이지만, 정책 평가 결과가 정당 일체감의 수준에 영향을 미친다. 이는 정당 일체감이 고정된 연대감이 아니라 합리적 계산에 기반한 동적 요소임을 시사한다.

피오리나의 회고적-전망적 투표자는 회고적 투표자와는 달리 현직자 임기 동안 한 업적만을 평가하는 것이 아니라 현직자의 정당이 과거에 행한 업적을 총제적으로 평가한다. 또한 피오리나의 합리적 유권자는 정당정책에 대한 평가가 정책 수행 결과에 대한 객관적 평가가 아닌 정당 일체감을 통한 주관적 평가를 내린다는 점에서 다운스와 차이를 보인다. 유권자는 일체감을 형성하고 있는 정당에 대해서는 우호적 평가를 내리는 반면, 일체감을 형성하지 않고 있는 정당에 대해서는 부정적 평가를 내린다. 따라서 합리적 유권자의 주관적 평가 경향에 비추어 볼 때 비선호 정당의 정책적 제안이 선호 정당의 정책적 제안보다 훨씬 설득력이 있어야 긍정적인 평가가 내려질 수 있다고 예측된다. 달리 표현하면 선호 정당과 비선호 정당의 정책 공약이 종합적인 측면에서 유사하게 평가될 경우에 합리적 유권자는 기존의 선호 정당에 좀 더 긍정적 평가를 내릴 가능성이 크다.

피오리나는 다운스가 제시한 전망적 투표 시각과도 차이를 보인다. 첫째, 해럽과 밀러(Harrop and Miller, 1987: 149~150)가 지적한 것처럼 전망적 투표자는 미래의 행위를 예측하기 위해 정당의 과거 업적을 이용한다. 회고적-전망적 투표자의 경우에 과거의 업적 평가가 현재의 정당 일체감에 직접 영향을 미치며, 그 영향을 받은 정당 일체감은 정당정책을 평가하는 기준이 된다. 둘째, 전망적 투표자는 제시된 정당정책을 정당 간에 비교하기 위해 정당의 과거 업적을 평가하는 반면, 회고적-전망적 투표자는 현 정부의 업적 평가를 보상하거나 처벌하기 위해 과거 업적을 평가한다. 셋째, 전망적 투표자는 제시된 정책에 더욱 관심을 갖지만, 회고적-전망적 투표자는 정책보다는 결과에 더 관심을 가진다. 결론적으로 정당 일체감 개념은 투표자의 기대효용 공식에서 기본적인 판단기준이 될 수 있으며, 이 판단의 역할은 후보자의 정책, 이슈, 이념 등을 평가하는 데 영향을 줄 수 있다(Petrocik, 1989: 44).

이상에서 살펴본 합리적 선택 이론에 기반한 경제적 투표 행태 이론은 논리적으로 매우 설득력이 있을 뿐 아니라 민주주의에 맞는 유권자상을 전제하고 있다는 점에 의미를 갖는다. 그럼에도 불구하고, 실제 경험적 연구에서는 미미한 증거만을 확보함으로써 처음에 약속했던 기대에는 훨씬 못 미치는 결과를 낳았다.

4. 인지심리학적 이론

인지심리학적 이론은 인간의 본성에 대한 전제에서 사회심리학적 이론과 뚜렷이 구분된다. 사회심리학적 이론이 인간을 감정에 쉽게 휘둘리고 비합리적으로 행동하는 존재로 본다면, 인지심리학적 이론은 인간을 이성적으로 사고하는 존재로 이해한다. 그러나 여기서 말하는 '합리성'은 경제학에서 말하는 효율성 중심의 합리성과는 엄연히 다르다.

허버트 사이먼(Herbert Simon, 1985)은 인간의 합리성을 설명하는 두 가지 관점을 제시한다. 첫째, 경제학적 관점의 실체적 합리성(substantive rationality)은 주어진 조건에서 가장 효율적인 선택을 하는 이상적인 인간을 전제로 한다. 이 접근은 '어떤 선택을 하는가'에 초점을 두며, 그 과정이나 사고의 흐름에는 큰 관심을 두지 않는다.

반면 둘째, 인지심리학적 관점의 제한된 합리성(bounded rationality)은 인간이 정보 처리 능력과 인지적 자원에 한계를 지닌 존재임을 강조한다. 따라서 사람들은 완벽한 최적의 선택을 하기보다, 주어진 시간과 정보 안에서 '만족스러운(satisficing)' 결정을 내리는 경향이 있다. 이 이론은 인간의 의사결정이 개인의 인지 능력, 경험, 환경적 제약 등에 따라 다양하게 나타난다고 본다.

인지심리학적 이론은 사회학적, 사회심리학적, 경제학적 이론과 같은 독립된 학파나 패러다임을 형성하지 못했지만, 경제학적 투표 행태 이론의 개별적 특성과 경험적 설명력의 한계를 보완하는 데 기여한다. 이를 구체적으로 이해하기 위해 인지심리학적 이론이 적용된 사례를 살펴보자.

경제학적 이론에 따르면, 유권자는 자신이 가장 관심을 두는 정책을 기반으로 쟁점 투표(issue voting)를 수행한다(Hague et al., 2017: 374). 그러나 정당이 차별화된 정책 대안을 제시하지 않으면 유권자는 쟁점 투표를 하지 못한다고 본다. 이는 외부 환경 변화가 유권자의 투표 행태를 변화시킬 것임을 가정한다. 예를 들어, 미국의 경우 1960년대 민권 운동 시기, 민주당과 공화당이 인종 평등 정책에서 뚜렷한 입장 차이를 보였을 때 쟁점 투표가 두드러졌다. 반면, 인지심리학적 이론은 유권자의 인지 능력에 한계가 있음을 전제한다. 따라서 외부 환경이 변하더라도 모든 유권자가 일률적으로 반응하지는 않을 것이라고 예측한다.

카마인과 스팀슨(Carmines and Stimson, 1980)은 쟁점 투표를 쉬운 쟁점(easy issues)과 어려운 쟁점(hard issues)으로 구분한다. 쉬운 쟁점은 상징적이고 정책 목표 중심이어서 이해하기 쉽고, 장기적으로 정치적 현안으로 유지된다. 예를 들어, 미국에서 낙태권(예: Roe v. Wade 관련 논쟁)이나 총기 규제는 상징성이 강해 유권자가 쉽게 이해하고 투표에 반영한다. 반면, 어려운 쟁점은 기술적이고 정책 수단 중심이어서 이해가 어렵고 장기적 현안이 되기 어렵다. 예를 들어, 세제 개혁이나 의료보험 정책의 세부 조항은 전문적 지식이 필요하다. 이들은 보통 유권자가 쉬운 쟁점 투표를 선호하며, 어려운 쟁점 투표에는 상당한 지식과 관심이 요구된다고 주장한다. 따라서 정당이 명확한 정책 대안을 제시하더라도, 인지적 한계로 인해 대다수 유권자가 어려운 쟁점 투표를 하지 않을 가능성이 높다.

한국의 선거에서도 인지심리학적 이론은 투표 행태의 차이를 설명하는 데 유용하다. 신두철과 필자(2016)는 언론 노출 빈도가 쟁점 인식에 미치는 영향을 분석하였다. 예를 들어, 2012년 한국 대통령 선거에서 경제 민주화와 복지 정책은 빈번한 언론 보도를 통해 쉬운 쟁점으로 인식되었고, 유권자의 투표 선택에 큰 영향을 미쳤다. 반면, 세제 개혁이나 노동시장 구조조정과 같은 복잡한 정책은 어려운 쟁점으로, 유권자의 관심과 이해가 제한적이어서 투표에 미치는 영향이 적었다.

또한, 신정섭과 필자(2017)는 다당제 선거 구도에서 정당의 규모에 따라 유권자의 전략적 선택이 달라진다고 분석하였다. 2017년 한국 대통령 선거에서 유권자들은 대형 정당(더불어민주당, 자유한국당)과 소형 정당(국민의당, 정의당)의 정책 차이를 인지하면서, 투표 효율성을 고려한 전략적 투표를 하였다. 예를 들어, 진보 성향 유권자 중 일부는 정의당의 정책을 선호했으나, 승리 가능성이 높은 더불어민주당에 투표하는 전략적 선택을 했다. 이는 유권자의 인지적 한계와 정보 처리 방식이 투표 행태에 영향을 미친다는 인지심리학적 관점을 뒷받침한다.

인지심리학적 이론은 경제학적 이론의 단순화된 합리성 가정을 보완하며, 유권자의 인지적 한계와 쟁점의 복잡성에 따라 투표 행태가 달라진다고 본다. 쉬운 쟁점과 어려운 쟁점의 구분, 언론 노출 빈도, 다당제 구도에서의 전략적 선택은 한국과 미국 선거에서 이 이론의 적용 가능성을 보여준다. 이는 유권자의 투표 결정이 단순히 정책 대안의 존재 여부에 좌우되지 않고, 인지적 처리 과정과 정보 접근성에 따라 차별화됨을 시사한다.

제4절 여론조사

1. 여론조사의 중요성

여론조사는 시간이 지날수록 정치인이나 유권자, 그리고 학자들에게도 사회현상을 이해하는 데 주요한 도구로 여겨진다. 우선 여론(Public Opinion)은 일반적으로 정치적 이슈나 지도자, 제도, 또는 사건에 대한 시민들의 태도라고 정의할 수 있다. 특히 민주주의 국가에서는 유권자들의 선호를 어떻게 이해하고 정책 과정에 반영하는지가 중요하기 때문에 여론 자체가 대통령이나 의원, 심지어 법원 등 다양한 정치 행위자들에게 영향을 미치는 중요한 요소가 된다. 대중의 선호를 잘 파악함으로써 정책의 설득력과 정당성을 확보할 수 있고, 여론의 지지도를 파악함으로써 기존 정책에 대한 평가와 동시에 미래에 대한 예측을 가능하게 한다.

동시에 여론조사는 어떠한 방법으로 시행하는지에 따라 의도한 답변을 유도할 수도 있고, 변수에 따라 결과가 달라지기 때문에 조작이 가능하다는 문제점도 가지고 있다. 응답자가 상황에 따라 답변을 보수적으로 하게 하기도 한다. 뿐만 아니라 정책 결정자들에 의해 여론조사는 대중들의 정치적 요구를 잠재우는 도구로 활용할 수도 있다.

2. 여론조사 방법

정치 행위자는 여론을 파악하기 위해 다양한 여론조사 방법을 동원하며, 이러한 방법은 시간이 지남에 따라 점차 정교해지고 다양화되었다. 그러나 여론조사는 종종 특정 표본이 어떻게 전체 집단을 대표할 수 있는지에 대한 신뢰성과 의미를 의심받는다. 이에 대해 중요한 점은 여론조사의 목적이 개개인의 모든 의견을 수집하려는 것이 아니라, 폐쇄형 질문(closed-ended questions)을 통해 특정 질문에 대한 집단적 반응 경향을 측정하는 데 있다는 것이다. 이는 여론조사가 전체 모집단의 의견을 대표적으로 추정할 수 있는 통계적 방법을 통해 설계된다는 점에서 그 정당성을 확보한다. 여론조사는 체계적 단계를 거쳐 수행된다.

1. **조사 목적 및 가설 설정:** 여론조사는 명확한 조사 목적과 가설을 설정하는 것으로 시작된다. 예를 들어, 특정 정책에 대한 국민의 지지도를 측정하거나, 선거에서 후보자의 선호도를 파악하는 것이 목적일 수 있다. 2024년 미국 대선에서 여론조사는 카멜라 해리스(Kamala Harris)와 도널드 트럼프(Donald Trump)의 지지율을 비교하기 위해 “어떤 후보에게 투표할 것인가?”라는 가설을 설정한 사례이다.
2. **조사 디자인 및 표본 추출:** 조사 디자인은 표본 추출(sampling)과 설문지 작성으

로 구성된다. 표본은 모집단을 대표할 수 있도록 무작위(random)로 선정되어야 하며, 표본 크기가 클수록 대표성이 높아진다. 한국 갤럽(Gallup)은 전국 여론조사를 위해 약 1,000~2,000명의 무작위 표본을 선정하여 전국 유권자의 의견을 추정한다. 인구대비 표본 수에 대한 지적은 계속되고 있다.

- **전화 인터뷰:** 전화 인터뷰는 짧고 간결한 질문을 통해 빠르게 데이터를 수집하지만, 즉흥적 설명이 제한적이다. 보통 무작위 디지털 다이얼(Random Digit Dialing, RDD)을 사용해 전국 유권자를 대상으로 설문했다.
- **가정 방문 인터뷰(In-home interview):** 이 방법은 심층적 답변을 얻을 수 있지만 비용이 높다. 제9장에서 다룬 1950년대 지역사회 연구에서 헌터(Floyd Hunter)는 애틀랜타 가정 방문을 통해 지역 엘리트의 영향력을 조사했다.
- **집락표본추출(Cluster Sampling):** 특정 지역에서 표본을 추출하는 방식으로, 무작위 원칙을 훼손할 가능성이 있다. 한국의 경우 광주와 대구를 지역주의 투표 형태의 기준점으로 보고 있다. 이러한 특정 도시에 한정된 여론조사는 지역적 편향을 초래할 수 있다.
- **우편 및 온라인 조사:** 비용 효율적이지만, 인센티브 제공으로 인해 응답자의 대표성이 떨어질 수 있다. 예를 들어, 2020년 한국 총선에서 일부 온라인 조사는 젊은 층의 응답 비율이 높아 전국적 대표성의 문제가 발생하기도 했었다.
- **전화면접조사(CATI)및 자동응답시스템(ARS):** CATI는 컴퓨터를 활용해 면접자가 응답을 기록하지만 비용이 높다. ARS는 자동화된 시스템으로 비용을 절감하지만, 객관성과 과학성에 대한 비판이 있다. 한국의 2017년 대선 여론조사에서 ARS 방식은 빠른 데이터 수집을 위해 사용되었으나, 응답률 저하로 인해 신뢰도 논란이 발생했다.

3. **정보 수집 과정:** 면접조사원이 설문지 순서에 따라 응답자에게 질문하고 답변을 기록한다. 이 과정에서는 적절한 날짜와 시간 설정, 조사원의 훈련과 감독, 데이터의 신뢰성 검증(예: 응답자와의 인터뷰가 조작되지 않았는지 확인)이 중요하다.
4. **데이터 분석 및 보고서 작성:** 수집된 데이터는 컴퓨터에 입력되어 단순 통계, 교차분석, 다변인 통계분석 등을 통해 정리된다.

여론조사의 방법론은 사회조사방법론에 기반하며, 특히 확률표본 추출기법(probability sampling)을 기초로 한다. 이는 확률 이론에 따라 적절한 표본을 추출하면 소수의 응답자가 모집단(예: 전국 유권자)을 대표할 수 있다는 원리에 근거한다. 예를 들어, 한국 갤럽의 여론조사는 약 1,000명의 무작위 표본을 통해 전국 성인의 정치적 태도를 추정했으며, 이는 통계적으로 ±3% 오차범위 내에서 모집단을 대표했다. 이 과정에서 무작위 추출은 특정 집단(예: 특정 연령대나 지역)의 과대·과소 대표를 방지하며, 표본 크기와 설문 설계의 과학성이 조사 결과의 일반화 가능성을 보장한다.

여론조사는 신뢰성과 대표성에 대한 비판을 받는다. 예를 들어, 2016년 미국 대선 여론조사에서 힐러리 클린턴(Hillary Clinton)의 승리를 예측한 다수 조사는 트럼프 지지층의 저조한 응답률로 인해 결과가 왜곡되었다. 이는 비응답 편향(non-response bias)과 집락표본추출의 지역적 편향 가능성을 보여준다. 또한, 온라인 조사의 경우, 설문에 응답하도록 유인된 사람들이 모집단을 대표하지 못할 수 있다.

여론조사는 정치 행위자가 대중의 의견을 파악하는 데 필수적인 도구로, 조사 목적 설정, 무작위 표본 추출, 정보 수집, 데이터 분석의 체계적 과정을 거친다. 확률표본 추출기법에 기반한 여론조사는 소수의 응답자를 통해 모집단을 대표할 수 있으며, 이는 갤럽, 퓨 리서치 센터 등의 사례에서 입증된다. 그러나 비응답 편향, 표본의 대표성 문제, 방법론적 한계는 여론조사의 신뢰성에 영향을 미친다. 그럼에도 불구하고, 과학적 설계와 무작위 원칙을 준수할 경우, 여론조사는 민주주의에서 대중의 의사를 반영하는 중요한 수단으로 기능한다.

3. 여론조사의 한계

여론조사는, 우선적으로 응답자에게 제시되는 표준화되고 일률적인 질문들이 다양한 배경의 사람들로부터 복잡다양한 의견을 포괄적으로 수렴할 수 있는가의 문제를 가지고 있다. 모든 사람에게 적용할 수 있는 공통분모에 맞추어 질문을 하면 개개인에게는 잘 맞지 않는 질문이 되어 버리는 경우가 있기 때문이다.

둘째로는 여론조사의 결과가 응답자의 진실성을 완벽하게 반영하는 것이 아니라는 문제점이 있다. 곧 응답자가 자신은 진보적인 사람이라고 대답했다고 하여 반드시 그 사람이 진보적인 사람이라고 단정할 수 없는 것이다. 결국 응답자의 대답 속에 담겨져 있는 인위적인 요소를 인정해야 한다.

셋째는 조사 전문가가 여론의 향배나 쟁점에 대한 자신의 주관적인 판단에 따라 설문지를 작성하는 경우가 종종 있다는 점이다. 조사 전문가의 주관 개입은 여론조사의 객관성과 타당성과 연관된 문제점이라 할 수 있다. 이는 결과 분석에도 영향을 주게 된다. 특히 표본추출 과정에서의 주관 개입이 가능하지만, 질문의 유형이나 형식도 이를 위한 유용한 도구가 된다.

이러한 문제점들로 인해 여론조사 결과에 대해서는 항상 다음과 같은 요소들을 따져봐야 한다. 1) 누가 이 여론조사를 실시했는가? 2) 누가 여론조사를 위한 예산을 부담했고, 왜 그러했는가? 3) 얼마나 많은 사람들이 인터뷰에 응했는가? 4) 어떻게 참여자들이 선별되었는가? 5) 여론조사에 응한 참여자들은 어떤 지역, 혹은 어떤 집단에 소속되어 있는 사람들인가? 6) 여론조사 결과는 사람들이 인터뷰에 응한 답변을 기초로 하여 나타났는가? 7) 누가 인터뷰를 했어야 했고, 하지 말았어야 했는가? 혹은 응답률은 어느 정도였는가? 8) 언제 여론조사가 실시되었는가? 9) 인터뷰는 어떤 방법으로 실시되었는가? 10) 인터넷을 이용한 여론조사는 어떠한가? 11) 표본추출에 있어서의 오류 혹은 조사 결과는 어떠한가? 12) 누가 먼저 했는가? 13) 조사 결과를 왜곡시킬 수 있는 다른 요소들에는 어떠한 것들이 있는가? 14) 어떠한 질문을 했는가? 15) 어떤 순서로 질문을 배열했는가? 16) 여론조사를 가장한 푸시폴(push-poll)은 어떻게 해야 하는가? 17) 동일한 주제에 대한 다른 여론조사는 없는가? 다른 조사들도 같은 결과가 나왔는가? 만약 다르다면 그 이유가 무엇인가? 18) 출구 조사는 어떠했는가? 19) 여론조사보고서에 포함되어야 할 다른 요소들에는 어떤 것이 있는가? 20) 모든 질문에 답변을 했고, 답변 또한 괜찮았다. 그렇다면 그 조사는 정확한 것이라 판단하고 보고해야 하는가?

위에서 살펴본 질문들은 실시된 여론조사가 과연 과학적인 조사인지 아니면 비과학적 조사인지를 결정하는 데 도움을 준다. 제대로 된 과학적인 여론조사는 응답자들뿐만 아니라 그 외의 다양한 사람들의 의견까지 알 수 있는 정보가 된다.

제5절

정당의 발전과 공정한 선거를 위하여

정당은 사회 내 균열구조를 정상적인 소통의 방식으로 정치화하는 핵심적 역할을 수행한다. 한국 사회의 경우, 한국전쟁 이후 우편향적 이념 구조로 인해 진보적 담론을 수용할 정당이 제도화되는 데 시간이 걸렸고, 그 결과 현재에도 이념적 균열로 인한 사회갈등이 부분적으로 표면화되는 현상이 남아 있다.

이러한 맥락에서 정당의 역할을 단순히 합리적 선택의 산물로 보는 주류 정치 이론 외에도, 전망이론(prospect theory)을 적용하면 흥미로운 해석이 가능하다. 전망이론에 따르면, 인간은 합리적 기대효용만을 따르지 않고, 손실 회피(loss avoidance)라는 심리적 동기에 따라 판단을 내린다(Gilovich, Griffin, and Kahneman, 2002). 즉, 사람들은 얻는 이익보다 잃는 것에 더 민감하게 반응한다. 이러한 논리에 따르면, 분배보다 성장을 우선시하며 현상유지와 점진적 변화를 추구하는 보수성향 정당이, 분배 중심의 진보성향 정당보다 안정적 지지를 얻을 가능성이 높다. 실제로 프리드먼(Friedman, 2006)은 경제 성장이 과거 대비 생활 수준의 향상과 함께 관용과 평화를 촉진하지만, 장기적 경기 침체나 저소비는 사회적 불만과 폭력으로 전환될 수 있다고 지적했다. 따라서 경제적 성장과 연속성을 제공하는 보수정당은 유권자가 느낄 수 있는 상실감과 불안감을 완화하여 안정적 지지를 확보할 수 있다.

선거를 통한 다수 의사 반영은 사회계약론과 대의 민주주의 전통에서 비롯된다. 로크는 대의 민주주의가 사회 갈등을 조절할 구조적 장치라고 보았으며, 19세기 이후 선거는 다수결 원칙에 따라 권력의 향방을 결정하는 핵심 메커니즘으로 자리 잡았다. 그러나 선거를 통해 권력 획득을 정당화하기 위해서는 다음과 같은 규범적 전제가 필요하다. 첫째, 선거가 공정한 경쟁 속에서 이루어져야 한다. 둘째, 이번에 낙선한 소수도 차기 선거에서 다수의 일원으로 참여할 기회를 보장받을 수 있어야 한다. 셋째, 다수의 결정이 소수의 권리를 침해하지 않고 보호될 것이라는 신뢰가 유지되어야 한다. 이러한 원칙이 결여될 경우, 대의 민주주의의 핵심인 선거의 의미는 퇴색하게 된다.

한편, 직접민주주의적 요소를 포함하는 제도는 선거의 한계를 보완할 수 있다. 국민투표(referendum)는 헌법 개정이나 공공정책 쟁점에 대한 시민 참여를 가능하게 하고, 발의(initiative)는 시민이 특정 의제를 의회에 상정하도록 허용하며, 소환(recall)은 선출직 공무원의 임기 중 책임을 묻는 장치를 제공한다. 이러한 제도들은 대의제의 대표성을 보완하면서 시민 참여를 확대할 수 있는 중요한 수단이다.

민주주의의 성숙을 위해서는 정당의 갈등 조정 기능이 효과적으로 작동하고, 선거제도의 공정성과 신뢰성이 확립되어야 한다. 더 나아가 시민의 자발적 정치 참여가 활성화될 때, 사회적 균열은 완화되고 정치적 안정성과 시민의 신뢰는 한층 공고해질 것이다. 결국 이러한 과정이 선순환적으로 작용할 때 민주주의는 형식적 제도를 넘어 실질적 가치와 참여의 정치로 나아가리라 기대해 본다.

제9장

정치권력

제9장

정치권력

제1절 권력의 정의

고전적 자유주의자인 프리드리히 하이에크(Friedrich A. Hayek)와 제임스 뷰캐넌(James M. Buchanan)은 경쟁과 선택이 권력을 대체할 수 있다고 주장하였다. 그들은 시장 메커니즘과 개인의 자유로운 선택이 강제적 권력의 필요성을 줄이고, 자발적 협력을 통해 사회적 질서를 형성할 수 있다고 보았다. 그러나 목적 달성을 위해 힘을 사용하는 상황은 우리가 쉽게 목격하듯이 불가피하게 발생할 수 있다.

권력의 어원은 라틴어 'e potere'에서 유래한 '할 수 있는'(to be able)이라는 의미를 가지며(Hague et al., 2017: 9), 버트런드 러셀(Bertrand Russell)은 권력을 "의도한 결과를 만드는 것"으로 정의하였다(Russell, 1938: 35). 즉, 권력은 개인이 다양한 수단과 방법을 통해 타인을 자신의 의도대로 행동하도록 유도하거나 강제하는 능력으로 이해할 수 있다. 이는 자연을 극복하거나, 타인을 유인·강제하거나, 집단적 행동을 통해 목적을 달성하는 모든 경우를 포함한다. 권력은 다음과 같은 세 가지 형태로 체계화할 수 있다.

1. 자연을 극복하는 행위(Power to secure ends over nature)

인간이 자연적 제약을 극복하거나 환경을 통제하여 목표를 달성하는 능력을 의미한다. 예를 들어, 기술적 혁신이나 자원 활용을 통해 자연적 장애를 극복하는 행위는 권력의 한 형태로 간주된다. 이는 주로 물리적·기술적 차원에서 나타나며, 인간의 생존과 번영을 위한 기본적 활동과 관련된다.

2. 강제력이나 유도를 통하여 다른 사람을 제압하는 행위(Power over others through inducement or coercion)

한 개인이나 집단이 타인의 행동을 자신의 의도에 맞게 통제하거나 영향을 미치는 경우를 말한다. 유인(inducement)은 보상, 설득, 또는 동기 부여를 통해 타인을 움직이는 방식이며, 강제(coercion)는 물리적 힘, 법적 권한, 또는 심리적 압박을 통해 타인의 행동을 강요하는 것을 포함한다. 이는 권력의 전통적이고 관계적 정의에 부합하며, 로버트 달(Robert Dahl)의 "A가 B로 하여금 B가 하지 않았을 일을 하게 만드는 능력"이라는 정의와도 연결된다(Dahl, 1957: 202~203).

3. 집단적으로 힘을 사용하는 행위(Power with others)

개인들이 공동의 목표를 위해 협력하여 집단적 행동을 통해 권력을 창출하는 경우를 가리킨다. 이는 노동조합, 시민단체, 정당 등의 조직적 활동을 통해 나타나며, 집단의 결속과 상호작용이 권력의 원천이 된다. 이러한 형태는 개인의 개별적 능력을 넘어서는 집단적 역량을 강조하며, 엘리트주의나 다원주의 이론에서 집단 간 협상과 연합의 중요성을 설명하는 데 활용된다.

위에서 다룬 권력의 세 가지 형태는 상호 배타적이지 않으며, 실제 사회적 맥락에서 복합적으로 작동한다. 예를 들어 환경 문제를 해결하기 위해 시민단체가 정부에 압력을 가하는 경우, 이는 자연 극복이며, 타인에 대한 영향력을 행사하고, 그리고 집단적 협력이 결합된 형태로 나타날 수 있다. 하이에크와 뷰캐넌의 자유주의적 관점은 이러한 권력의 사용, 특히 강제적 권력을 최소화하고 자발적 협력과 시장 경쟁을 통해 사회적 질서를 유지하려는 시도를 강조하지만, 권력의 본질적 속성상 강제와 협력은 여전히 사회적 상호작용의 필수 요소로 남는다.

그러나 일반적으로 권력은 누구나 소유할 수 있는 것이 아니다. 권력을 행사하는 자와 그로부터 가치를 배분받는 자가 구분되며, 배분받는 자들 사이에서도 무게가 동등하지 않다. 자신의 몫이 큰 사람이 있는 반면, 적거나 전혀 받지 못하는 사람도 존재한다. 이러한 현상 속에서 이미 권력을 가진 자와 가지지 못한 자의 분리가 발생한다. 이때 권력을 장악한 사람들을 우리는 엘리트라고 부른다(오명호, 1990: 306). 권력관계는 사회생활 전반에 나타나는 기본적 현상이다. 개인 간, 집단 간, 심지어 국가 간에도 권력관계가 형성되지 않는 곳은 거의 없기 때문이다. 일반적으로 모든 사람은 상대방에 대한 우위를 점하려 하며, 반대로 타인에게 지배받는 것을 거부한다. 따라서 사회는 어디서나 권력을 둘러싼 경쟁과 대립으로 특징지어진다. 정치학은 전통적으로 사회 전반에서 누가 권력을 장악하는지, 그것을 어떻게 행사하며 정당화하는지를 주요 관심사로 삼는다. 따라서 정치학에서 권력은 단순한 통제 행위라기보다는 목적 달성을 위한 능력으로 이해되며, 상대에 대한 관계적 측면에 초점을 맞춘다.

데이비드 이스턴(David Easton)은 정치를 "사회적 가치의 권위적 배분"으로 정의했다(Easton, 1953: 129). 이 정의에 따르면, 권위는 정당한 권력으로 정치학의 가장 핵심적 개념이다. 가치를 배분하기 위해서는 반드시 영향력이나 능력이 요구되기 때문이다. 이러한 능력이 바로 권력, 더 정확히는 정치권력이다. 해롤드 라스웰(Harold D. Lasswell)은 "권력 개념은 정치학 전반에 걸쳐 가장 기본적인 개념이며, 정치 과정은 권력의 형성, 분배, 행사"라고 강조하며 바로 권력의 역할이며 그렇기 때문에 중요하다고 역설했다(Lasswell and Kaplan, 1950: 75).

누가 권력을 소유하는가? 바로 엘리트이다. 이들은 일반적 가치와 특별한 가치 모두를 소유한 영향력을 가진 인물로 간주된다(Bill and Hardgrave, 1981: 162). 이러한 전제는 정치권력을 엘리트주의적 관점에서 분석하는 데 큰 도움을 주고 있다.

엘리트주의는 정치권력을 소수 엘리트 집단의 지배 구조 속에서 이해하려는 관점이다. 다니엘 벨(Daniel Bell)은 이러한 시각에서 정치권력을 분석하였다. 그는 마르크스주의와 파슨스(Talcott Parsons)의 기능주의적 접근을 비판하며, 다원주의가 강조하는 이익집단 간 경쟁보다는 후기산업사회에서 행정부에 집중되는 기능적 합리성(functional rationality)과 전문지식(technical expertise)이 국가 정책 형성의 핵심 요인이라고 보았다(Bell, 1973: 13). 산업사회가 지식과 정보 중심의 후기산업사회로 전환되면서, 기술적 합리성과 효율적인 행정체계가 발달하고, 사회는 점차 체계적이고 조화롭게 관리될 수 있다는 것이다. 즉, 전문성을 갖춘 기술관료가 사회 엘리트로 부상하여 정책을 효율적으로 집행함으로써 정치적 안정성을 높일 수 있다고 보았다.

벨은 사회 구조가 상품 생산과 교환 과정에서 변화한다고 보는 마르크스주의의 전체성 원리, 그리고 사회가 공통 가치 체계를 통해 통합된다고 보는 뒤르켐(Émile Durkheim)과 파슨스의 기능주의적 통합론과는 거리를 두었다.

또한 그는 정책 수립이 기존 정책을 점진적으로 수정·보완하는 결과라는 점증적 모델(incremental model)을 주장한 윌다브스키(Aaron Wildavsky, 1974)의 관점도 거부했다. 윌다브스키는 정책 결정이 완전한 정보와 최적 선택의 결과가 아니라, 현실적 제약 속에서 이루어지는 제한된 합리성(bounded rationality)의 산물이라고 보며, 이해관계자 간 끊임없는 타협의 결과로 정책이 형성된다고 주장한다. 이에 비해 벨은 정책 결정 과정에서 전문성을 갖춘 엘리트의 기능적 합리성을 강조하여, 다원주의적 현실주의와는 뚜렷한 차이를 보인다.

벨은 자본주의의 구조적 위기를 강조한 생태적 마르크스주의자 오코너(James O' Connor, 1973)와도 다른 입장을 취한다. 오코너는 자본주의를 발전이 아닌 경제적 위기 상태로 보고, 자연과 사회적 재생산 조건의 파괴를 통해 체제가 스스로를 위협한다고 주장했다. 그는 자본주의 모순을 '노동 착취'뿐 아니라 환경 위기, 재정위기, 사회 불평등 심화 등 자연과 사회 기반의 붕괴까지 확장하여, 자본주의의 지속 가능성을 근본적으로 경고했다. 벨과 오코너 모두 현대 자본주의 사회의 구조 변동을 분석했다는 점에서는 공통적이지만, 결론은 정반대였다. 벨은 기술과 지식의 발전을 사회 통합과 효율성의 원천으로 보고 엘리트주의적 낙관론을 제시한 반면, 오코너는 자본주의 내부 구조의 한계를 근거로 체제적 위기와 생태적 문제를 강조하였다.

결론적으로 벨의 이론은 다원주의와 생태적 마르크스주의와는 다른 관점을 제시하며, 엘리트주의에 더 가까운 것으로 평가된다. 벨에게 정치란 기술적 합리성에 의해 통제되는 엘리트의 행위 영역이며, 사회 변화는 전문 지식을 갖춘 엘리트가 주도하는 체계적이고 점진적인 진화 과정으로 이해될 수 있다.

엘리트주의의 또 다른 대표 학자인 랄프 다렌도르프(Ralf Dahrendorf)도 마르크스주의와는 다른 시각에서 사회를 분석하였다. 그는 사회적 갈등의 핵심 원인을 경제적 요인이나 계급적 신분에만 두지 않고, 권력과 권위의 불평등에서 찾아야 한다고 주장하였다. 즉 경제적·신분적 격차가 해소되더라도, 조직과 사회 내 권력 구조에서 비롯되는 불평등은 여전히 존재한다는 것이다.

그는 사회를 공통된 가치 체계로 결속된 통합체계로 보지 않았다. 오히려 사회 구조를 효율적 통제를 위해 권한을 위임받은 소수 엘리트가 지배하는 권력 체계로 이해해야 한다고 강조하였다(Dahrendorf, 1959: 165). 이러한 시각에서 볼 때, 사회적 질서와 조직 운영은 단순한 가치 공유나 집단 간 경쟁이 아니라, 권력과 합리성을 독점한 소수 엘리트의 역할에 크게 의존하게 된다.

요약하면, 벨과 다렌도르프 모두 사회를 이익집단 간 경쟁이나 공통 가치에 의해 움직이는 체계로 보지 않고, 권력과 전문성을 갖춘 소수 엘리트가 국가와 사회 운영을 주도하는 현실적 권력 구조로 이해한다는 점에서 엘리트주의적 관점을 명확히 보여준다.

제2절 엘리트주의에서 보는 국가와 사회

엘리트주의적인 입장에서 바라보는 국가와 사회는 다원주의적인 시각과 계급주의적인 시각과는 명확하게 구분된다. 엘리트주의자들이 말하듯이 사회 전반에 광범위한 영향을 미치는 중대한 정책결정은 항상 소수의 엘리트에 의하여 내려지는 것이 현대사회의 현실이라고 볼 수 있다. 이러한 측면에서 엘리트주의에서 바라보는 국가와 사회, 그리고 엘리트와 권력 간의 상호 연관성은 권력의 관점에서 접근하는 것이 필요하다.

엘리트주의의 핵심 관심은 국가를 구성하는 다양한 조직들 간의 권력관계와 상호 연결망에 있다. 엘리트주의 관점에서 국가는 사회의 지배적 조직이며, 엘리트들의 전략적 이해관계에 따라 형성된 조직 간 권력구조의 확대판으로 이해된다. 즉, 국가는 사회 구성원들의 자발적 협력이나 생존을 위한 자연적 발전의 결과라기보다, 엘리트들이 권력과 자원을 장악하기 위해 설계하고 운영하는 체계에 가깝다.

이 점에서 엘리트주의는 다원주의나 계급주의와 근본적으로 다르다. 다원주의가 사회 각 집단의 경쟁과 협의를 강조하고, 계급주의가 경제적 이해를 중심으로 한 계급 간 갈등을 주목한다면, 엘리트주의는 조직과 권력 구조 자체의 작동 방식에 초점을 둔다.

따라서 조직의 목표와 생존 전략은 결국 환경 속에서 자원과 권한을 얼마나 효율적으로 통제할 수 있는가에 달려 있다. 각 조직은 이러한 우위를 확보하기 위해 경쟁하며, 그 과정에서 엘리트들 간의 갈등이 끊임없이 발생한다. 이러한 갈등은 협상, 타협, 법적 명령, 또는 강제력의 행사를 통해 조정되며, 그 결과 일부 조직은 생존하고 다른 일부는 소멸한다.

또한 조직들은 통제가 어려운 불확실한 상황에 처했을 때, 이를 극복하기 위한 대안 전략(Plan B) 으로 합병이나 공동투자 같은 방식을 택하기도 한다. 경우에 따라서는 더 강력한 조직에 종속되거나 연합을 형성함으로써 불확실성을 줄이려는 노력을 기울인다(Pfeffer and Salancik, 1978). 요컨대, 엘리트주의는 국가와 사회를 엘리트 간 권력경쟁이 조직적 형태로 제도화된 장(場)으로 바라보며, 정치와 정책의 동학을 이러한 권력 네트워크의 작동 원리에서 찾는다.

이와 같은 관점에서 국가의 사회적 속성은 엘리트들에게 환경적 제약이자 기회구조로 작용한다. 국가는 시민들이 규칙과 권위를 내면화하도록 정치사회화를 수행하며, 개인들은 조직 내 절차와 명령을 수용함으로써 사회적 안정성을 유지한다. 결국 사회는 다양한 조직으로 구성되어 있으나, 그 조직들은 엘리트들의 권력 전략에 의해 움직이며, 시민들은 그 규칙의 틀 속에서 행동하도록 길들여진다. 다시 말해, 엘리트주의에 따르면 현대 사회는 엘리트의 권력에 의해 작동하는 구조적 체계로 볼 수 있다.

표 9-1 • 이론적 시각과 연구방식의 요소들

분석 수준	세계관 기능적 관계 정치적 관계	방법	중심적 사회과정	주요한 사회 자원	국가·사회 간의 관계	국가의 주요한 측면
조직	합리화된 구조 조직상의 갈등	구조 내의 지배적인 원인들	산업화 사회에서 지배방식의 합리화	정치적 권력	상호조직 간, 권위와 갈등에 예속	관료주의

엘리트주의가 보는 권력의 본질은 국가조직 내부의 결정 능력과 통제력에서 비롯된다. 이익집단은 권력의 중심부로 접근하며, 자신들의 이해를 실현하기 위해 국가조직을 포섭하거나 영향을 미친다. 이러한 순환적 관계는 시간이 지나면서 국가와 지배적 이익집단 간의 제도적 동질화(homogenization)를 초래한다. 예컨대, 미국의 '회전문 인사(revolving door)' 현상은 정치 엘리트와 기업 엘리트가 인사·정책 차원에서 긴밀히 연결되어 있음을 보여준다. 전직 관료나 국회의원이 대형 로비 기업이나 다국적 금융기관의 자문역으로 이동하고, 반대로 기업 엘리트가 행정부의 정책을 결정할 수 있는 행위자로 진입하는 구조는 국가 권력이 소수의 전문 엘리트 네트워크에 집중되는 전형적인 사례이다. 마찬가지로 한국에서도 관료·재계·정치권의 '삼각 엘리트 구조'는 국가정책의 방향성과 자원 배분에 지속적인 영향을 미치고 있다. 이러한 엘리트 네트워크는 국가의 정책결정 범위를 제한하고, 일반 시민의 정치 참여를 구조적으로 제약한다는 점에서 다원주의적 민주주의와는 거리를 둔다.

한편, 엘리트주의는 다원주의나 계급주의와 마찬가지로 사회 내 기능적 제약과 정치적 행위 간의 긴장과 갈등에 주목한다. 그러나 그 초점은 다르다. 엘리트주의는 권력의 본질을 제도화된 통제 관계, 즉 지배와 종속의 구조적 관계로 이해한다.

앤소니 기든스(Anthony Giddens)는 권력관계를 "정례화된 자율성과 종속성의 관계, 즉 지배적 행위자와 예속적 행위자 간의 상호작용"으로 설명한다. 그는 또한 자원이란 권력을 행사하고, 지배구조를 재생산하는 핵심 매개물이라고 지적한다(Giddens, 1979: 91). 즉, 권력은 단순히 개인의 의지나 물리적 강제력에서 나오는 것이 아니라, 제도 속에서 자원을 통제하는 구조적 위치로부터 발생한다는 것이다.

사회학자 알랭 투렌(Alain Touraine) 역시 현대 사회를 거대한 정책결정기구의 권력과 통제, 조작, 억압의 논리에 의해 지배되는 체계로 보았다(Touraine, 1977: 157). 그는 경제적 착취보다 더 근본적인 문제가 바로 사회적 지배 구조의 존재 그 자체라고 주장했다. 즉, 사회를 지배하는 핵심 원리는 단순한 경제적 불평등이 아니라, 정보와 의사결정을 통제하는 엘리트의 권력구조라는 것이다.

또한 랜덜 콜린스(Randall Collins)는 사회를 "세력 간 연합 또는 지배와 복종의 원리에 의해 결합된 조직과 집단의 유동적 네트워크"로 규정했다(Collins, 1968: 51). 그는 이러한 관점에서 국가와 사회를 경제적 생산관계의 결과로만 설명하는 마르크스주의적 관점을 비판했다. 정치와 경제는 서로 영향을 주고받지만, 동시에 각각 독립적인 권력 투쟁의 장(場)으로 이해해야 한다고 주장했다.

요컨대, 엘리트주의는 사회를 지배와 종속, 통제와 권력의 관계로 조직된 구조적 체계로 파악한다. 권력은 단순히 자본이나 계급에서 오는 것이 아니라, 제도적 위치와 자원의 통제에서 비롯되며, 정치와 사회의 핵심 동력은 이 권력 구조의 유지와 재생산에 있다는 점을 강조한다.

후기 산업사회에서는 엘리트 간 경쟁, 사회의 합리화, 그리고 국가계획의 강화가 서로 연동된 구조적 특징을 보인다. 산업화가 진전될수록 사회는 점점 더 복잡한 조직체계를 형성하게 되며, 이러한 복잡성은 필연적으로 효율적 관리와 통제의 필요성을 증가시킨다. 이에 따라 전문 지식과 기술을 갖춘 엘리트 또는 기술관료(technocrat) 중심의 행정체제가 강화되고, 국가 운영의 핵심 권력이 이들에게 집중되는 경향이 나타난다.

시장 메커니즘은 법적으로 고용자와 피고용인, 판매자와 구매자 간의 평등을 보장하여 자원의 효율적 배분과 경제적 관료화를 촉진한다. 그러나 역설적으로, 사회의 합리화와 기능적 효율성이 높아질수록 권력은 분산되기보다 오히려 전문성을 가진 소수 엘리트에게 집중되는 경향이 나타난다.

이러한 현상은 유럽연합(EU)에서 잘 드러난다. EU의 정책결정 구조는 표면적으로 고도로 합리화된 관료적 절차를 갖추고 있지만, 실제 주요 정책 결정은 비선출 행정 엘리트인 유럽위원회(European Commission)가 수도하고 있다. 이로 인해 시민의 민주적 통제가 충분히 이루어지지 않는 '민주적 결핍(democratic deficit)' 문제가 지속적으로 제기된다. 한국에서도 고도 경제성장기 동안 국가 발전을 이끈 기술관료 중심의 행정 엘리트 문화가 여전히 중앙집권적 정책 결정 구조 속에서 강한 영향력을 행사하고 있다. 이러한 구조는 지방자치의 자율성과 지역적 다양성을 제약하며, 정책의 민주적 정당성과 책임성을 약화시키는 요인으로 작용한다.

후기 산업사회에서는 효율성과 합리성을 추구하는 과정에서 기술관료 엘리트의 권력이 제도적으로 강화되고, 그 결과 정치적 민주주의와 행정적 합리성 사이의 긴장이 구조적으로 심화되는 경향이 나타난다. 엘리트주의는 이 점에서 자유민주주의 모델의 엘리트 경쟁 메커니즘과 유사성을 보인다. 즉, 민주주의 역시 엘리트 간 경쟁과 타협 위에서 유지된다는 현실주의적 시각을 제공한다. 대의민주주의는 대중이 직접 통치하기보다, 정치 엘리트가 선거를 통해 권력을 행사하는 체제이며, 정당·노동조합·전문가 집단 등은 대중 참여를 확대하는 수단이지만 동시에 엘리트 통제 아래 과두화되는 경향을 가진다. 엘리트는 의제 설정과 정보 통제를 통해 여론을 형성하고, 정책 방향을 결정한다. 이러한 조합주의적 구조에서는 참여가 제도화되지만, 실질적 권력은 여전히 소수 엘리트에게 집중된다.

산업화가 심화되고 엘리트 간 경쟁이 강화됨에 따라, 국가의 합리적 행위도 필연적으로 권력 집중을 수반한다. 시장 자본주의 체제에서 대기업 간 경쟁과 경제 운영의 복잡성은 행정과 통치 기능의 중앙집중화를 촉진한다. 전문 관료와 전문가로 구성된 계획기관은 단기적 이해관계보다 장기적·미래 지향적 관점에서 국가 계획을 수립하며, 이 과정에서 다양한 이해관계 충돌이 발생하지만, 계획의 통합성과 효율성을 위해 권력을 집중적으로 행사한다. 행정기관은 정책이 정부 명령과 사전 승인된 계획과 일치함을 강조함으로써 예산 확보, 계획 승인 등의 정당성을 확보하며, 합리화는 정책적 효율성과 권력 집중을 동시에 정당화하는 메커니즘으로 작동한다.

따라서 현대 사회에서 민주주의의 질을 높이기 위해서는 엘리트 지배의 불가피성을 인정하면서도, 투명성과 책임성을 제도적으로 강화하는 방향으로 나아가야 한다. 이를 위해 엘리트 간 권력 접근의 개방성을 확대하고, 공직자와 민간 엘리트 간 이해충돌 관리 제도를 강화하며, 시민사회와 언론이 엘리트 네트워크를 감시할 수 있는 구조적 장치를 마련해야 한다.

결국 엘리트주의는 민주주의를 위협하는 요소로만 볼 것이 아니라, 정책 효율성과 민주적 책임성 간 균형을 이루는 제도적 메커니즘으로 기능할 수 있다. 민주주의의 성숙은 엘리트의 존재를 부정하는 데 있는 것이 아니라, 그들의 권력 행사를 투명하고 책임 있게 만드는 데 달려 있다고 할 수 있다.

1. 권력의 개념

마키아벨리(Machiavelli)는 권력을 정치적 덕목(virtù)을 지닌 개인이 사회 속에서 자신의 의지를 실현하려는 행위 그 자체로 보았다. 그는 권력을 인간의 본성적 욕구이자 사회적 실존의 표현으로 이해했다. 한편, 러셀(Bertrand Russell)은 물리학의 기본 개념이 '에너지'라면, 사회과학의 근본 개념은 '권력'이라고 주장하며, 권력을 사회현상을 이해하는 핵심 축으로 제시했다. 라스웰(Harold D. Lasswell) 역시 『권력과 사회(Power and Society)』에서 권력을 한 개인이 다른 개인의 행동을 지배하거나 결정할 수 있는 능력으로 정의했다(Lasswell, 1950). 이러한 견해들을 종합하면, 권력이란 인간의 사회적 관계 속에서 어떤 개인이나 집단이 다른 개인이나 집단의 행동과 선택을 통제하거나 영향을 미칠 수 있는 능력을 의미한다. 나아가 이러한 권력에는 단순한 영향력 이상의, 강제적이고 제도화된 요소가 본질적으로 내포되어 있다고 할 수 있다.

권력은 학문적 논의에서 관계적 관점(relational perspective)과 결정적 관점(decisional perspective)으로 구분될 수 있다. 관계적 권력은 사회적 상호작용 속에서 발생하며, 한 개인(A)이 다른 개인(B)의 행동을 변화시킬 수 있는 능력으로 정의된다. 이는 개인의 특성뿐만 아니라 구조적·맥락적 요인에 크게 의존한다(Dahl, 1957). 반면, 결정적 권력은 특정 결정 과정에서 행사되는 영향력으로, 정책 결정이나 조직 내 의사결정 등 구체적 상황에서 권력이 발휘되는 방식을 강조한다(Bachrach and Baratz, 1962).

제3장 국가론에서 다룬 베버(Max Weber)의 권력, 권위, 정당성 개념은 특히 강제성(coercion)의 이해와 관련해 중요하다. 베버에 따르면 권력은 특정 개인이나 집단이 자신의 의지를 타인에게 강제할 수 있는 확률로 정의되며, 여기에는 비합리적·강제적 요소가 포함된다(Weber, 1978: 53). 권위는 이러한 권력의 합법화된 형태로서, 지배자가 피지배자로부터 순종을 기대할 수 있는 구조적 기반을 의미한다. 정

당성은 권위의 근거가 되며, 베버는 이를 전통적 권위(전통에 의거한 지배), 카리스마적 권위(지도자의 특별한 자질에 의한 지배), 합리적-법적 권위(법과 규칙에 근거한 지배)의 세 가지 유형으로 구분하였다(Weber, 1978: 212-215).

그림 9-1 • 권력자와 피권력자 간의 관계

1. 인과관계(causality) – R. Dahl, H. A. Simon, J. G. March, J. N. Nagel
2. 의도(intention) – B. Barry, H. Goldhammer and E. A. Shils, A. Etzioni
3. 갈등(conflict) – S. I. Benn, E. Dahlstrom, J. P. R. French
4. 제재(sanction) – H. Lasswell and A. Kaplan, P. Blau, R. Bierstedt
5. 영향력(influence) – F. Oppenheim
6. 예방(prevention)
7. 처벌(punishment) – G. Karlsson
8. 의존(dependence) – R. M. Emerson

※ Jan-Erik Lane and Hans Stenlund, 1984, "Power", Giovanni Sartori ed., *Social Science Concepts: A Systematic Analysis*, Beverly Hills: Sage Publications, pp. 327~380을 재구성.

이러한 개념들은 엘리트주의 관점에서 권력의 안정적 행사를 설명하는 데 핵심적이다. 엘리트는 권력을 단순한 영향력이나 강제력으로 행사하는 것이 아니라, 합법적 권위와 정당성을 바탕으로 제도화된 구조 속에서 안정적으로 유지함으로써 사회 내 지배구조를 지속적으로 관리하고 조정할 수 있다.

이렇게 정의된 권력의 개념은 그 특징에 따라 관계와 결정으로 구분하여 찾을 수 있다(오명호, 1990: 306). 권력이라는 개념은 기본적으로 권력자와 피권력자, 즉 영향을 미치는 사람과 영향을 받는 사람 간의 관계가 형성되어야 이해될 수 있다. 이것은 비단 개인뿐만 아니라 집단이나 국가를 포함하는 모든 사회적 단위 간의 상호관계가 전제되어야 한다는 것이다. 권력과 관련한 이 관계의 특성을 얀 에릭 레인(Jan-Erik Lane)과 한스 스텐런드(Hans Stenlund)는 다음과 같이 8가지로 나누어 설명하였다(Lane and Stenlund, 1984). 권력은 단순한 지배나 명령의 문제가 아니라, 행위자 간의 인과적 관계와 상호작용의 역할 속에서 이해되어야 한다는 점이다.

1) 정치권력은 권력자와 피권력자 간의 인과관계라고 이해할 수 있다. 달은 권력관계를 "A는 B가 하지 않을 수도 있는 무엇인가를 하게 만들 수 있는 한, A는 B에 대하여 권력을 소유"(Dahl, 1957: 202~203)하는 것이라고 설명했다. 사이먼은 "A가 B에 대하여 권력을 갖는다는 말은 A의 행위가 B의 행위의 원인이 된다는 말로 대치될 수 있다"(Simon, 1957: 5)라고 이해한다. 결국 권력자와 피권력자 사이에서 발생하는 행위에 대한 인과관계가 권력에서 비롯됨을 설명하고 있는 것이다. 이를테면 정부가 세율 인상을 결정하면, 시민들은 소비나 투자 행태를 조정하게 된다. 이처럼 A의 결정이 B의 행동을 규정하는 순간, 권력은 현실화 된다.
2) 권력관계에는 권력자의 의도가 전제된다. 골드해머와 쉴즈는 "어떤 사람이 그의 의도에 따라 다른 사람들의 행위에 영향을 미치는 한, 그는 권력을 소유한다"(Goldhammer and Shils, 1939: 171)라고 설명한다. 에치오니도 "권력은 어떤 행위자가 그의 방향성과 그가 지지하는 규범을 다른 행위자가 실행하게끔 유도하거나 영향력을 줄 수 있는 행위자의 능력이다"라고 정의한다(Etzioni, 1975: 344). 이러한 관점은 권력이 단순한 영향력의 결과가 아니라, 목표 지향적 행위자의 의도적 작용이라는 점을 강조한다. 예를 들어, 환경정책을 강화하는 정부가 기업들에게 탈탄소 전략을 채택하도록 유도하는 것은, 단순한 명령이 아니라 지속가능성이라는 규범적 가치에 기반한 권력 행사로 볼 수 있다.
3) 권력관계에는 상반되는 의도들이 갈등을 일으키기도 한다. 단순히 권력자의 일방적 의도만이 권력에 영향을 미치는 것이 아니라, 피권력자의 요구 및 이해와 충돌하여 생기는 갈등으로 권력관계를 이해해야 한다는 것이다. 벤은 권력관계를 "A는 B에 대한 그의 권력으로 어떤 의도한 결과를 성공적으로 달성한다. A는 B가 C를 하게끔 만듦으로써 그러한 결과를 달성하게 되는데, 이때 B는 A가 원하지 않았다면 C를 하지 않았을 것이다. 뿐만 아니라 비록 B는 싫었지만, A는 그것을 극복시킬 수 있는 방법을 갖고 있었다"(Benn, 1967: 424)라고 정의한다. 이는 권력이 일방적 강제가 아니라 의도와 이해의 충돌 속에서 형성되는 동적 관계임을 보여준다. 예를 들어, 노사 관계에서

기업이 임금 정책을 결정할 때 노조의 집단적 요구와 충돌하는 상황은 권력의 상호작용적 본질을 잘 드러낸다.

4) 권력관계는 제재의 내용도 포함한다. 라스웰과 카프란은 "권력이란 영향력 행사의 특별한 경우이다. 그것은 어떤 의도된 정책에 대하여 동조하지 않을 때 실제적 또는 위협적인 가혹한 박탈을 통해 타인의 정책에 작용을 미치는 과정인 것이다"(Lasswell and Kaplan, 1950: 76)라고 정의 내린다. 이러한 정의는 권력의 한 축이 보상과 처벌을 통한 순응 유도에 있다는 점을 분명히 한다. 국제정치의 맥락에서, 경제제재는 국가 간 권력 행사의 전형적 예로 들 수 있다. 미국이 특정 국가의 인권 침해를 이유로 무역 제재를 가할 때, 이는 제재를 통해 상대국의 정책 변화를 유도하려는 권력의 발현이다.

5) 권력관계는 영향력이라고 이해할 수 있다. 오펜하임은 권력의 행사가 단순히 강요나 억압이 아닌 설득과 합리적 유도의 과정으로 이루어 질 수 있다고 보았다(Lane and Stenlund, 1984: 360 재인용). 예를 들어 정부가 공익 캠페인을 통해 합리적 논거와 비전을 제시하여 시민들이 자발적으로 쟁책에 동조하도록 만드는 과정은 비권력적 영향력이라 할 수 있다.

6) 권력은 예방이라고 이해할 수 있다. 예방이라고 이해할 때에는 영향력과 같이 권력자가 피권력자로 하여금 무엇인가를 하도록 만들기보다는 하지 못하도록 하는 의미가 내포되어 있다. 이때 예방의 방법으로서 직접적 수단을 통해 행동을 차단하는 물리적 강제(physical coercion)와 법이나 규범을 통해 간접적으로 행동을 제한하는 물리적 억제(physical constraint)의 형태가 있다. 예를 들어 헌법상 대통령의 거부권(veto)은 입법부의 결정을 직접적으로 차단하는 제도적 예방 권력으로 볼 수 있다.

7) 권력관계에서는 처벌이 존재하기도 한다. 칼슨은 피권력자가 권력자에게 굴복하지 않을 때에는 손해나 처벌을 가하여 보상을 회수하는 경우를 강조한다(Karlsson, 1962: 364). 제재와 어느 정도 중복되는 부분이 없지 않지만 피권력자의 물리적 또는 금전적 이익에 손상을 미친다는 것이 특징이다. 면허정지 처분이나 세금 체납에 대한 과태료 부과는 이러한 제재적 권력 작용의 구체적 형태라 할 수 있다.

8) 권력은 의존의 의미를 포함한다. 이는 이머슨이 주장하는 내용으로서, 사회관계란 상호성에 입각하고 있기 때문에 A의 B에 대한 권력은 B의 A에 대한 의존성과 같다고 정의한다. 결국 권력이란 B가 A에게 의존하는 경향을 만들어 내는 것이다(Lane and Stenlund, 1984: 379~380 재인용). 즉 권력은 지배의 불균형이 아니라 의존의 네트워크 속에서 작동한다는 것이다. 현대 글로벌 공급망에서 특정 국가가 원자재 수출국이나 완성품 수입국에 지나치게 의존할 경우, 그 상대국은 비경제적 수단으로도 권력적 영향력을 행사할 수 있게 된다.

상술하였듯이 권력을 결정의 시각에서 접근하는 학자들은, 권력관계를 행위자 간의 상호작용이나 인과적 관계로만 설명하는 것은 현실의 복잡성과 다층성을 충분히 포착하기 어렵다고 지적한다. 실제 사회에서 권력은 수많은 행위자, 제도, 이해집단, 규범이 얽혀 있는 정책결정의 구조적 과정 속에서 작동하기 때문이다. 따라서 권력을 단순히 '누가 누구에게 영향을 미치는가'라는 관계적 차원에서 파악하기보다, 누가 어떤 결정의 결과를 좌우하는가라는 결정의 차원에서 분석하는 것이 보다 적절할 수 있다.

이러한 시각에서 권력이란 특정 집단이나 체제 내에서 중요한 결정을 지배하거나 좌우할 수 있는 능력으로 정의된다. 즉, 권력은 단순한 영향력의 크기가 아니라, 정책결정의 방향을 결정짓는 결정적 개입의 능력을 의미한다. 예컨대 어떤 조직이나 정부 내에서 A와 B라는 두 세력이 상충된 이해관계를 두고 대립할 때, 최종적으로 어느 쪽의 입장이 채택되는가를 통해 권력의 실질적 위치를 가늠할 수 있다. 만약 A의 입장이 지속적으로 정책에 반영된다면, 이는 A가 결정과정에서 '중추적 위치(critical position)'를 점하고 있음을 의미한다. 따라서 권력은 그 자체로 강제적 속성을 지니기보다는, 결정 구조를 통제하는 능력으로서 나타난다.

이러한 관점은 달(Robert Dahl)의 "누가, 무엇을, 언제, 어떻게 얻는가(who gets what, when, how)"라는 정의와도 밀접하게 맞닿아 있다. 권력은 일상적 상호작용의 과정이 아니라, 구체적 정책결정의 결과를 통해 가시화되는 현상이라는 것이다. 즉, 사회의 다양한 이해집단 중 누가 자원의 배분이나 정책의 방향을 결정짓는가를 분석함으로써 권력의 실질적 구조를 파악할 수 있다.

이러한 결정 중심의 시각에서 볼 때, 대통령이나 영국의 총리가 권력자로 규정되는 이유는 그들이 국민 위에 군림하거나 지배자이기 때문이 아니다. 오히려 그들이 국가의 주요 정책과 방향을 최종적으로 결정할 수 있는 공식적 권한(formal authority)을 보유하고 있기 때문이다. 다시 말해, 권력은 상징적 지위나 영향력의 크기에서 비롯되는 것이 아니라, 결정권(decision-making power)이라는 제도적 구조 속에서 구체화된다.

결국 이러한 논의들을 종합하면, 결정의 시각에서 본 권력이란 "정책결정 과정에서 핵심적인 영향을 미칠 수 있는 능력"으로 정의할 수 있다. 이는 권력을 단순한 사회적 관계로 축소하지 않고, 정치적·제도적 의사결정의 실질적 주도권으로 이해하려는 시도이다. 따라서 권력의 본질은 지배나 복종의 구조가 아니라, 결정의 통제력과 방향성의 장악력에 있다고 할 수 있다.

세종대왕의 혁신적 통치와 성리학을 통한 조선의 기틀 확립

세종대왕의 통치력은 조선의 지속 가능한 발전을 위한 과감한 결단력과 추진력의 상징이었다. 그의 정책은 단순한 개인적 신념의 산물이 아니라, 국가 경영의 지혜와 통찰에서 비롯된 것이었다. 세종은 본래 불교 신앙이 깊었지만, 중국 역사에서 성리학이 국가 발전의 원동력이 되었던 사례를 주목했다. 그는 성리학이 조선의 제도와 사회를 근본적으로 혁신할 수 있다고 확신했고, 개인적 종교적 믿음을 뒤로한 채 성리학을 국시(國是)로 채택하는 결단을 내렸다. 이 결단은 곧 정책으로 이어져, 당시 전국에 300여 개에 달하던 사찰을 30여 개로 줄이는 대대적인 정체성 개혁으로 나타났다.

세종이 성리학을 '혁신의 사상'으로 인식한 배경에는 송나라의 번영 경험이 있었다. 특히 남송(南宋) 시대에는 주자의 성리학을 기반으로 한 사회개혁이 농업 혁명을 성공적으로 이끌었다. 시비법(施肥法)과 이앙법(移秧法)의 발전은 양자강 유역의 농업 생산성을 비약적으로 높였고, 이로 인해 발생한 잉여 생산력은 노동의 분업화를 촉진했다. 노동력의 이동과 도시의 성장으로 항주(杭州)와 같은 대도시가 등장했으며, 이는 농업 사회에서 산업 사회로의 전환을 의미했다. 또한 목화, 도자기 산업이 발전하고, 화약·나침반·종이·금속 활자 같은 기술혁신이 뒤따르면서 시장이 성장했고, 세계 최초의 지폐가 사용되기에 이르렀다. 세종은 이러한 역사적 사례를 통해, 성리학이 경제적 번영과 사회적 질서를 동시에 유지할 수 있는 사상이라고 판단했다.

이 같은 인식 아래 세종은 조선에서도 농업 혁신 정책을 적극 추진했다. 단순히 사상을 수용하는 데 그치지 않고, 직접 실험과 연구를 통해 새로운 농법을 도입했다. 궁궐 안에 모판을 만들어 농사 실험을 진행하게 했으며, 강수량과 일조량의 관계를 과학적으로 측정하기 위해 측우기와 해시계의 발명을 장려했다. 이러한 과학적 접근은 농업 생산성 향상으로 이어졌다. 그러나 세종은 경제 성장만으로는 국가가 안정될 수 없음을 간파했다. 그는 산업화가 진행되면 대가족 중심의 농촌 사회가 핵가족 중심의 도시 사회로 변하고, 세속적 가치가 확산되어 사회 규범의 혼란이 일어날 수 있다고 보았다. 이에 세종은 성리학의 윤리와 도덕이 새로운 사회 질서를 정립하는 규범적 기반이 될 수 있다고 판단했다.

이를 실현하기 위해 그는 집현전을 중심으로 성리학 연구를 심화시켰고, 그 사상을 백성에게 널리 전파하기 위한 수단으로 훈민정음 창제와 인쇄술 발전을 추진했다. 한글의 창제는 지식의 독점을 깨고 서적의 대량 인쇄와 보급을 가능하게 해, 성리학적 윤리와 도덕을 백성들이 쉽게 이해하고 습득하도록 만들었다. 또한 교육기관인 서당을 적극적으로 육성하고, 유교 문화의 상징인 조상에 게 제(祭)를 모실 수 있는 사당 건립을 장려하여 사회적 가치 체계를 재정립하고자 했다.

물론 세종이 제도화한 성리학은 조선 중·후기에 들어 당파와 파벌 정치의 원인으로 의도가 퇴색되었지만, 그 역사적 의미는 분명하다. 세종대왕은 개인의 신념보다 국가의 미래를 우선시하며 사상과 제도를 통합적으로 운영한 권력을 보여주었다. 그는 성리학을 단순한 통치 이념이 아니라, 국가의 지속 가능한 발전과 사회 통합을 위한 정치·문화적 도구로 활용했다.

결국 세종의 통치는 사상적 혁신, 과학기술의 발전, 사회적 규범 확립을 유기적으로 결합한 효율적 권력 사례로 볼 수 있다. 그의 결단과 실천은 조선의 근본적 안정과 장기적 번영의 기틀을 마련한, 진정한 의미의 국가 경영 모델로 평가할 수 있다.

2. 권력의 형태

일찍이 러셀(Bertrand Russell, 1938)은 권력의 형태를 직접적 물리력(physical force), 유인(incentive)에 의한 보상과 처벌, 그리고 의견에 대한 영향력(influence)의 세 가지로 구분하였다. 러셀의 분류는 권력이 단순히 강제력으로만 작동하는 것이 아니라, 보상과 처벌을 매개로 하거나, 나아가 이념과 가치의 차원에서도 실현될 수 있음을 보여준다(Russell, 1938 : 25). 권력의 개념을 "의도적 영향력(intentional influence)"으로 정의한다면, 권력은 〈그림 9-2〉와 같이 도식화할 수 있다.

이러한 권력의 개념은 '영향력(influence)'이라는 개념과 밀접한 관계를 가진다. 영향력 또한 권력과 마찬가지로 개인, 집단, 조직, 국가 등 다양한 사회적 단위 전반에 걸쳐 나타난다. 영향력이란 한 행위자 A가 다른 행위자 B의 행위를 특정 방향으로 유도하거나 변화시키는 능력을 의미한다. 로버트 달(Robert Dahl, 1991)은 영향력을 현재적 영향력(manifest influence)과 잠재적 영향력(potential influence)으로 구분하였다(Dahl, 1991: 27-34).

현재적 영향력은 명시적으로 드러나는 관계로, A의 행동이나 요구가 직접적으로 B의 행위 변화를 초래하는 경우를 말한다. 예를 들어 정부가 새로운 세금정책을 시행하여 기업의 투자 패턴이 변화하는 상황은 현재적 영향력의 대표적 사례라 할 수 있다. 반면 잠재적 영향력은 A가 영향력을 행사하려는 구체적 의도를 드러내지 않았음에도 불구하고, B가 A의 잠재적 권력이나 지위를 인식하여 스스로 행동을 조정하는 경우를 의미한다(홍득표, 1999: 72).

예컨대 학생이 교수의 연구실을 방문할 때, 교수가 명시적으로 예의를 요구하지 않아도 학생이 자연스럽게 공손한 태도를 보이는 경우가 그러하다. 이때 교수의 지위와 사회적 위상은 학생에게 내면화된 '잠재적 영향력'으로 작용한다.

따라서 영향력은 행위자 간의 명시적 상호작용에 의해 발생하는 경우뿐만 아니라, 사회적 역할과 규범, 지위에 의해 내재적으로 작동할 수도 있다. 이러한 점에서 권력과 영향력은 서로 구분되지만, 동시에 권력의 작동을 설명하는 상호보완적 개념으로 이해될 수 있다. 권력은 제도적·강제적 관계를, 영향력은 사회적·심리적 관계를 강조함으로써, 사회적 통제의 다양한 양태를 설명하는 데 필수적인 분석 틀을 제공한다.

그림 9-2 • 권력의 형태

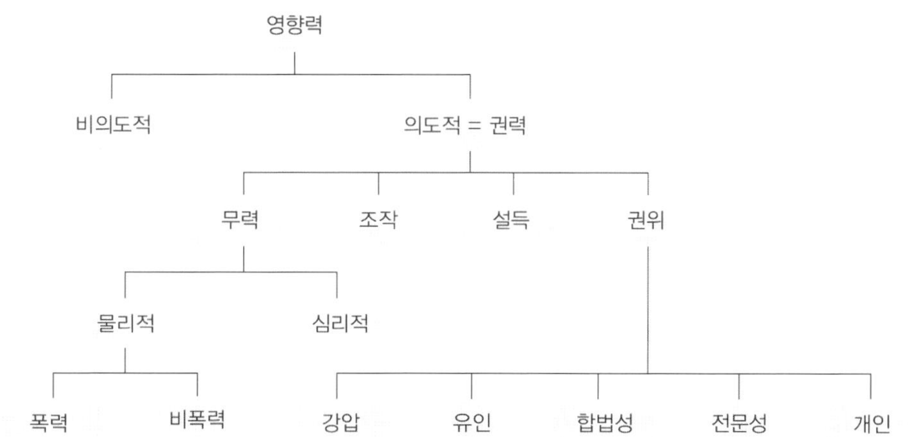

※ Dennis H. Wrong, 1988, *Power: Its Forms, Bases, and Uses*, Chicago: The University of Chicago Press, p.24.

막스 베버(Max Weber)는 권력을 "자신의 의사를 타인에게 수용하도록 강제할 수 있는 실질적인 힘"으로 정의하였다. 즉, 권력이란 한 개인이 타인의 의사와 무관하게 자신의 의지를 실현할 수 있는 능력을 의미한다. 이러한 권력은 흔히 '의도적 영향력(intentional influence)'으로 이해되며, 그 본질은 타인의 행위를 자신의 의도에 따라 변화시키는 데 있다. 그러나 권력이 반드시 권위를 수반하는 것은 아니다. 예컨대 독재자는 막강한 권력을 행사할 수 있으나, 그 지배가 정당성을 상실한 경우 사회적 권위를 갖지 못한다. 권위는 권력자가 피지배자에게 명령할 '정당한 이유'를 인정받을 때 성립하기 때문이다.

권력은 작용 방식에 따라 무력(force), 조작(manipulation), 설득(persuasion), 권위(authority)의 네 가지 형태로 구분된다(Wrong, 1988: 24~28).

첫째, 무력은 권위와 달리 물리적 힘을 수단으로 하는 권력의 형태이다. 이는 타인의 자유를 제한하거나 신체적·심리적 고통을 수반하는 폭력 행위를 통해 나타난다. 예를 들어 군사정권 시절, 정부는 시위대를 무력으로 해산하고 정치적 반대세력을 구속하는 방식으로 국민을 통제하였다. 이는 '폭력적 무력'의 전형적인 사례이다. 그러나 무력은 반드시 폭력적 수단만을 의미하지 않는다. 비폭력적 무력 역시 존재한다. 1989년 체코의 '벨벳 혁명(Velvet Revolution)'처럼, 시민들이 평화적 시위와 단체행동을 통해 정치 권력을 압박한 경우, 이는 물리적 폭력 없이도 실질적 권력 변화를 이끌어낸 비폭력적 무력의 대표적 예다.

둘째, 조작은 권력자가 자신의 의도를 은폐한 채 피권력자가 자발적 의사라 믿으며 권력자의 의도대로 행동하게 만드는 행위를 뜻한다. 데이비드 이스턴(David Easton)은 이를 "B가 A의 의도를 모른 채, 자신의 자유의지라 생각하며 A의 의도대로 움직이는 것"이라고 정의하였다(Easton, 1958: 179). 정치적으로는 특정 세력이 여론을 조작하거나 언론을 통제하여 국민의 판단을 자신에게 유리하게 이끄는 경우가 이에 해당한다. 예컨대 선거 직전에 안보 위기, 외교 갈등 등 특정 사건을 의도적으로 부각시켜 유권자의 감정적 반응을 유도하는 전략은 조작적 권력의 전형이다. 이는 한국의 일부 정권이 남북 긴장 상황, 반일 프레임을 정치적 목적으로 활용한 사례에서도 확인할 수 있다.

셋째, 설득은 권력자가 논리적 근거, 감정적 호소, 혹은 도덕적 권고를 통해 피권력자가 자발적으로 자신의 의도에 동의하도록 만드는 과정이다. 예를 들어 환경단체가 과학적 근거와 윤리적 책임을 강조하며 시민들에게 '플라스틱 사용 줄이기' 운동을 제안하고, 시민들이 이에 동참한다면 이는 강제나 보상 없이 설득에 의해 행동이 변화한 것이다. 오늘날 TV, 신문, 인터넷, SNS 등 대중매체를 통한 여론 형성과 정치적 메시지 전달은 설득의 중요한 수단으로 기능한다. 스테인(Stein)은 권위와 설득의 차이를 "권위는 권력자의 판단을 검증하지 않고 수용하는 것이며, 설득은 권력자의 판단을 검증한 후 수용하는 것"이라고 구분하였다(Wrong, 1988: 35). 즉, 설득은 대화와 비판적 수용의 과정을 통해 이루어지는 보다 민주적 형태의 권력이다.

권위(authority)는 단순한 영향력이 아니라, 지배가 정당하다고 믿는 신념을 바탕으로 성립하는 권력의 한 형태이다. 즉, 피지배자가 지배자의 명령을 정당한 것으로 받아들일 때 권위가 발생한다. 권위는 그 정당성의 근거에 따라 강압적 권위(coercive authority), 유인적 권위(authority by inducement), 정당적 권위(legitimate authority), 전문적 권위(competent authority), 개인적 권위(personal authority)의 다섯 가지로 구분된다.

강압적 권위(coercive authority)는 지배자가 피지배자를 위협하거나 제재를 가할 가능성을 내포함으로써 순응을 유도하는 형태이다. 군사 쿠데타 직후의 통치 체제나 독재 정권에서의 공포 정치가 이에 해당한다. 예를 들어 1970년대 칠레의 피노체트(Augusto Pinochet) 정권은 반대 세력을 체포·고문함으로써 국민을 공포 속에 복종시켰다. 북한과 이란의 핵개발과 체제 통제도 국제사회와 자국민 모두에 대한 강압적 권위의 사례로 볼 수 있다.

유인적 권위(authority by inducement)는 처벌의 공포 대신 보상의 기대를 통해 순응을 이끌어내는 형태이다. 권력자는 피지배자에게 경제적·사회적 보상을 약속함으로써 자신의 의도대로 행동하도록 만든다. 예컨대 대기업이 높은 연봉과 복지 혜택을 제공하여 노동자들의 순응과 충성심을 확보하는 구조, 또는 선거에서 정치인이 금전적 지원이나 공약을 통해 유권자의 지지를 유도하는 경우가 이에 해당한다. 마르크스(Karl Marx)가 지적했듯이, 자본주의 체제에서 노동자는 실제로 특별한 보상을 받지 않지만 "보상을 받을 것이라는 기대"로 인해 부르주아의 이윤 추구 구조에 순응한다. 따라서 유인적 권위는 경제적 권력에 기반한 관계라 할 수 있다.

정당적 권위(legitimate authority)는 사회적으로 승인된 제도나 규범에 근거한다. 부모와 자식, 교사와 학생, 경찰과 시민, 간수와 죄수 등 사회적 지위와 역할에 따라 형성되는 명령과 복종의 관계가 대표적이다. 예컨대 경찰이 법에 따라 시민에게 신분증 제시를 요구하는 것은 개인적 강압이 아니라, 법적 절차에 의해 부여된 정당한 권위의 행사이다. 이러한 권위는 지속적인 감시나 보상을 필요로 하지 않기에 강압이나 유인보다 효율적이다. 동의(consent)에 의한 자발적 행위, 설득이나 영향력과 구분되는 의무(mandatory)와 책임(obligation)으로 나눌 수 있다. 그러나 독재자가 법적으로 권력을 위임받았다 하더라도, 그의 지배가 국민적 동의와 도덕적 정당성을 상실했다면 진정한 의미의 정당적 권위라 볼 수 없다.

전문적 권위(competent authority)는 권력자의 전문적 지식이나 기술에 근거한 권위이다. 의사가 환자에게 치료법을 권하는 행위, 변호사가 의뢰인에게 법률적 조언을 제공하는 행위, 혹은 교수의 학문적 지도가 이에 해당한다. 이들은 강제나 보상 없이, 자신이 가진 지식에 대한 신뢰를 바탕으로 권위를 행사한다. 예를 들어 코로나19 팬데믹 시기, 방역 전문가와 질병관리청의 권위가 대중의 행동을 크게 좌우한 것은 전문적 권위의 대표적 사례라 할 수 있다.

마지막으로, 개인적 권위(personal authority)는 감정적 유대와 인격적 신뢰에 기반한다. 사랑, 존경, 우정, 혹은 신앙과 같은 요소가 관계를 형성한다. 예컨대 종교 지도자의 설교를 신도들이 따르는 것은 그의 인격과 신앙적 카리스마에 대한 존경심 때문이다. 또한 존경받는 스승의 조언을 학생이 순순히 따르는 관계, 혹은 가족이나 연인 간의 헌신과 복종 역시 개인적 권위의 형태로 볼 수 있다. 막스 베버가 제시한 카리스마적 권위(charismatic authority)가 바로 이러한 개인적 권위의 대표적 형태이다.

종합하면, 권력은 단순히 '힘'의 행사에 그치지 않고, 그 행사가 어떠한 정당성, 보상, 전문성, 혹은 감정적 신뢰를 기반으로 이루어지는가에 따라 다양한 형태로 나타난다. 무력은 즉각적이지만 일시적이며, 조작은 효과적이지만 도덕적으로 불안정하다. 반면 설득과 권위는 장기적이며 안정적인 지배 관계를 가능하게 한다. 베버의 분석은 권력을 단순한 강제의 수단이 아니라, 사회적 관계 속에서 정당성과 의미를 획득하는 복합적 현상으로 이해하도록 하는 데 중요한 의미를 제공한다. 권력과 권위는 결국 사회 구성원 간의 '합리적 신뢰와 정당성의 관계' 위에서 비로소 지속 가능한 형태로 작동한다.

Box 9-1 • 갤브레이스(Galbraith)의 정치권력

밀턴 프리드먼으로 대표되는 주류의 통화주의 경제학과는 대척점에 서며 미국의 진보파 경제학자인 갤브레이스(John Kenneth Galbraith)가 제시한 대기업이 탄생한 과정과 관련한 권력 이론은 대중들에게 많은 관심을 받아왔고, 그가 남긴 대표작들은 지금까지도 입에 오르내린다. 갤브레이스는 고전주의적 관점이 가진 경쟁이론에 대한 비판에서 시작해, 현대사회에서는 보다 복합적이고 복잡한 생산 공정과 제품을 가지며 '테크노스트럭처(technostructure)'의 개념이 보다 적합하다고 주장하며, 기업 내에 이러한 체계가 정착되면서 새로운 계급형태로서 경영, 기획, 권력 등이 통합되고 기업내 주체는 조직이 되어 간다고 주장한다.

특히나 갤브레이스는 1983년 펴낸 『권력과 정치(The Anatomy of Power)』라는 책에서 권력이 무엇이며 어디에서 나오는지에 대한 근원적인 질문을 던진다. 갤브레이스는 이러한 권력을 크게 3가지 종류로 나누는데, 적절한 처벌 권력(condign power), 보상적 권력(compensatory power), 그리고 조건부의 권력(conditioned power)이 그것이다.

표 9-2 • 갤브레이스가 본 권력의 3가지 유형과 원천 및 특징

권력의 유형	원천	특징
적절한 처벌 권력 (condign power)	성격 (personality)	적절한 처벌(condign)은 곧 물리적인 힘(force) 혹은 성격적 특성에서 기인하는 카리스마 등에 기반한 권력이라고 할 수 있다.
보상적 권력 (compensatory power)	재산 (property)	긍정적인 보상(affirmativo reward)의 제공으로 인해 형성되는 권력으로, 가령 열심히 일하면 이에 상응하는 대가로 물질적 이득을 받는 등의 경우에서 찾아볼 수 있다.
조건부의 권력 (conditioned power)	단체 (organization)	처벌 권력과 보상 권력을 동시에 소유한 권력으로, 설득이나 교육 및 사회적 책임(social commitment)이 개개인에게 다른 이들의 의지에 따르도록 하는 변화를 발생시키며 나타나는 권력이다. 현대 사회에서 주로 기업이 가지고 있는 권력이라고 할 수 있다.

적절한 처벌의 권력(condign power)은 힘이나 위협의 사용을 통해 실행되는 권력을 의미한다. 이는 주로 물리적인 권력 또는 위협(threat)을 통해 사용된다.

보상적인 권력(compensatory power)은 적절한 처벌의 권력과는 상반되게, 긍정적인 보상(affirmative reward)의 제공으로 인해 형성되는 권력이다. 현대 사회에서 주로 행해지는 권력으로 인센티브와 같은 보상에 기반하여 행해지는 권력이다. 주로 노동의 대가로는 임금을 생각할 수 있다. 동시에 부는 매우 유용한 권력의 원천으로서 작용하는데, 언론 등의 광고시간을 구매하여 일반 대중들을 적절하게 설득하는 것도 하나의 보상을 볼 수 있다. 결국 보상은 직접적 또는 간접적으로 이루어지며, 보상의 원천은 부이다.

조건부의 권력(conditioned power)은 믿음에 대한 변화를 통해 실천되는 것으로서, 설득, 교육, 복종에 대한 문화인식 혹은 올바르고 자연스러운 것으로 여겨지는 것에 대한 사회적 책임(social commitment)이 개개인에게 다른 이들의 의지를 따를 것을 발생시키는 권력이다. 조직에서 가지는 권위와 같은 요건들에 기반을 둔 권력으로, 현대사회에서는 주로 기업, 군대나 교회와 같은 조직체를 기점으로 이뤄진다. 이 권력은 적절한 처벌의 권력이나 보상적 권력보다도 더욱 주요한 권력이라고 할 수 있는데, 이는 처벌과 보상(존재하던 과거 노예제와는)과는 달리 처벌적 권력(징계)과 보상적 권력(승진 및 성과급)을 동시에 소유하면서 조직이라는 특성이 내포하는 심리적 결집력과 강제력이 조합된 종합적 권력이라고 볼 수 있다. 갤브레이스는 이러한 권력의 틀을 정치에 적용하며, 정치세계에서 구성원들이 힘을 가지고 있다고는 하나 결국 현대사회에서 가장 큰 권력을 독차지하게 되는 것은 종합적 권력을 가지고 있는 기업, 즉 최고경영자(CEO)라고 지적한다.

제3절

엘리트 이론

1. 엘리트 이론의 전개

'엘리트(Elite)'라는 용어의 어원을 거슬러 올라가 보면, 본래 17세기에는 '매우 우수한 상품'을 지칭하는 상업적 용어로 사용되었다. 이후 그 의미가 확장되어, '정예 부대'나 '귀족 계층의 상위층'을 가리키는 말로 사용되기 시작했다(Bottomore, 1964: 7). 그러나 오늘날 우리가 사용하는 '엘리트'라는 개념은 단순히 우수한 집단을 의미하는 수준을 넘어, 사회·정치적 권력을 독점하고 행사하는 지배적 소수 집단을 가리키는 개념으로 발전하였다. 이러한 현대적 의미의 '엘리트' 개념은 모스카(Gaetano Mosca), 파레토(Vilfredo Pareto), 미헬스(Robert Michels)와 같은 고전적 엘리트 이론가들에 의해 체계화되었다.

이들 고전적 엘리트 이론가들은 엘리트론의 기초를 이루는 몇 가지 핵심 전제를 제시하였다.

첫째, 이들은 전통적 정치학이 도덕적 규범이나 정의와 같은 가치 판단에 치우쳤다고 비판하며, 정치학은 '이념적 이상'이 아닌 '경험적 사실과 사회의 현실적 법칙'을 탐구해야 한다고 주장했다. 그들은 모든 사회에서 권력의 실질적 행사는 조직화된 소수, 즉 엘리트에 의해 이루어진다는 '조직된 소수의 지배'라는 명제를 불변의 경험적 진리로 제시했다. 이는 통치 형태가 민주제든 귀족제든 상관없이, 권력의 중심에는 항상 엘리트 집단이 존재한다는 인식에 기반한다.

둘째, 이들은 마르크스주의에 대한 비판적 대항 의식 속에서 엘리트 이론을 발전시켰다. 마르크스의 계급 이론이 노동자 계급을 위한 '계시적 이데올로기'에 불과하다고 비판하면서, 엘리트 이론가들은 사회에서 '계급이 완전히 사라진 평등 사회'는 존재할 수 없다고 주장하였다. 이들에게 정치는 경제적 계급 구조의 단순한 반영이 아니라, 엘리트의 성격적 특성, 정치적 기술, 통치 방식에 의해 좌우되는 자율적 영역이었다(오명호, 1990: 314~315).

이후 현대사회에서 권력과 지배 구조를 설명하는 이론들은 크게 세 가지 방향으로 발전했다. 바로 통합 엘리트 이론, 다원주의 엘리트 이론, 신통치 엘리트 이론이다(장달중, 2002: 124~125).

첫째, 통합 엘리트 권력론(integrated elite power theory)은 모스카, 파레토, 미헬스의 고전적 엘리트론을 계승한 이론으로, C. 라이트 밀즈(C. Wright Mills), 플로이드 헌터(Floyd Hunter), G. 윌리엄 돔호프(G. William Domhoff) 등 사회학자들에 의해 발전되었다. 이들은 현대 자본주의 사회에서 권력이 정치·경제·군사의 상층부에 집중되어 있으며, 이들 엘리트가 상호 연계된 '권력 엘리트(power elite)'를 형성한다고 주장했다. 밀즈는 『파워 엘리트(The Power Elite, 1956)』에서 미국 사회를 예로 들어, 기업가, 군부, 정치지도자 간의 밀접한 연합이 국가의 주요 결정을 사실상 독점한다고 지적했다. 이는 사회 전체가 하나의 통합된 엘리트 네트워크를 통해 지배된다는 점에서 '통합적 엘리트론'이라 불린다.

둘째, 다원주의 엘리트 이론(plural elite theory)은 선진 산업사회에서 정치권력이 보다 분산되고, 다양한 이익집단 간의 경쟁과 타협을 통해 민주적으로 행사된다고 본다. 로버트 달(Robert A. Dahl), 넬슨 폴즈비(Nelson Polsby), 레이먼드 울핑거(Raymond Wolfinger), 수잔 켈러(Suzanne Keller), 아놀드 로즈(Arnold Rose) 등이 이 이론을 발전시켰다. 이들은 베버의 정치 이론을 계승하여, 권력이 단일한 지배 엘리트에 집중되어 있지 않고, 여러 사회집단 간의 상호 견제와 제도적 절차를 통해 분산된다고 보았다. 즉, 엘리트는 단일한 지배층이 아니라 다양한 사회 영역(정치, 경제, 학문, 언론 등)에서 기능별로 존재하는 경쟁적 집단이라는 것이다. 이 관점에서 민주주의는 '다수의 엘리트 간 경쟁'으로 유지되는 제도로 이해된다.

셋째, 신통치 엘리트 이론(neo-dominant elite theory)은 다원적 권력론의 한계를 비판하면서 발전한 이론으로, 피터 바크라흐(Peter Bachrach)와 모턴 바라츠(Morton Baratz)에 의해 제시되었다. 그들은 다원주의가 제도화된 권력의 비가시적 작동방식, 즉 '비결정(non-decision)'의 권력을 간과했다고 지적했다. 엘리트는 단순히 정책을 결정하는 것뿐만 아니라, '어떤 이슈가 아예 공론화되지 못하게 하는 힘'을 행사한다는 것이다. 이들은 권력의 작용이 눈에 보이는 결정의 형태로만 드러나는 것이 아니라, 특정 의제의 배제와 통제를 통해 더 깊은 수준에서 유지된다고 보았다. 예를 들어 정책 의제 설정 과정에서 대기업의 이해가 시민단체나 노동계의 요구보다 지속적으로 우선시되는 구조는, 엘리트의 비가시적 권력이 제도화된 사례로 볼 수 있다.

결국, 엘리트 이론의 발전사는 사회 내 권력 집중과 분산의 문제를 둘러싼 논쟁의 역사로 요약할 수 있다. 고전적 엘리트론이 권력의 구조적 집중을 강조한 반면, 다원주의 엘리트론은 그 분산과 경쟁을 통해 민주주의의 가능성을 보았고, 신통치 엘리트론은 그 이면의 제도적 배제를 드러냄으로써 권력의 '숨은 얼굴'을 분석하였다. 현대사회에서 이 세 가지 이론은 상호 보완적으로, 엘리트와 권력, 그리고 민주주의의 복합적 관계를 설명하는 주요 틀로 작용하고 있다

2. 통합 엘리트 이론

통합 엘리트 이론은 통치 엘리트 이론으로도 불리며 모스카, 파레토, 미헬스의 고전적 엘리트 이론가들로부터 밀즈나 헌터, 돔호프 같은 근대적 엘리트 이론가들에게로 그 명맥이 이어지며 엘리트 이론의 가장 큰 줄기를 이루고 있다. 고전적 엘리트 이론은 엘리트를 하나의 '통합'된 집단으로 파악한다. 엘리트는 조직 면에서나, 개인적 자질 면에서나 대중과는 구별되는 우위성과 지배능력이 있다고 인정되는 것이다. 또한 어떠한 정치체제가 구축되어 있는가와 상관없이 지배는 엘리트에 의해서 이루어지며 대중이 정치권력에 영향력을 행사할 수 있는 가능성은 희박하다고 보는 견해이다.

1) 고전적 엘리트 이론

(1) 모스카(Gaetano Mosca)

이탈리아 정치학자이자 정치인인 가에타노 모스카(Gaetano Mosca)는 엘리트 이론의 선구자로 평가된다. 그는 정치권력의 층위를 지배 계급(ruling class)인 엘리트 계층, 전문 기능인(technocrats), 경영자(managers), 공직자(civil servants) 등으로 구성된 하위 엘리트(subelite), 그리고 피지배 계급인 대중(masses)으로 구분한다(Mosca, 1939: 67). 모스카는 이러한 세 계층 중 소수인 엘리트의 지배가 불가피하다는 기본 명제를 제시한다. 그는 소수 엘리트가 다수 대중을 지배할 수 있는 근거로 다음 네 가지 요소를 제기한다.

첫째, 조직의 힘이다. 소규모 집단은 대규모 집단에 비해 조직화가 용이하며, 환경 변화에 신속하게 적응할 수 있다. 이에 따라 그는 '조직화된 소수(organized minority)'가 '비조직화된 다수(unorganized majority)'를 지배하는 것은 불가피하다는 명제를 도출한다. 둘째, '지배 정당화 담론(political formula)'으로 불리는 법적·도덕적 기초나 원칙이다. 인간 통치 현상은 단순한 물리적·물질적 힘에 의존하는 것이 아니라, 도덕적 원칙에 기반한다고 본다. 셋째, 엘리트는 대중과 구별되는 특별한 자질을 보유한다. 이는 지적·물질적 우월성뿐만 아니라 도덕적 우월성을 포함한다. 넷째, 정치 계급은 사회적 세력(social forces)을 통제할 수 있다. 사회적 세력이란 사회적 의의를 지닌 모든 요소, 예를 들어 화폐, 토지, 군사적 용맹성, 종교, 교육, 육체노동, 과학 등을 의미하며, 엘리트는 이러한 요소들을 장악할 수 있다는 것이다(오명호, 1990: 317~318).

또한 모스카는 엘리트의 교체와 충원 문제를 정치 체제와 권위 행사 형태에 따라 분류한다. 권력 행사는 전제적 형태와 자유주의적 형태로 나뉘며, 엘리트 충원 방식은 귀족주의적 경향과 민주주의적 경향으로 구분된다. 귀족주의적 경향은 지배 계급의 모든 성원이 기존 지배 계급의 후손으로부터 보충되는 것을 가리키며, 민주주의적 경향은 지배 계급이 피지배 계급으로부터 충원되는 것을 의미한다. 그러나 현대 많은 국가에서 권위 행사는 자유주의적 경향을 보이지만, 실질적 엘리트 충원은 귀족주의적 경향이 두드러진다고 지적한다. 그는 두 경향이 각각 극단으로 치달을 경우 지배 계급과 피지배 계급 간 균형이 파괴될 위험이 있으므로, 국가의 안정, 즉 파국을 초래하지 않는 평온한 상태는 이 두 경향의 적절한 균형 유지에 달려 있다고 강조한다(Mosca, 1939: 428).

(2) 파레토(Vilfredo Pareto)

이탈리아 철학자이자 경제학자인 빌프레도 파레토(Vilfredo Pareto)는 상위 20%가 부의 80%를 소유한다는 파레토 법칙으로 잘 알려져 있다. 정치학자로서 그는 인류 역사를 바탕으로 엘리트의 두 가지 유형인 '사자형'과 '여우형'을 제시하고, 이들이 사회 변동에 따라 순환한다는 엘리트 순환 이론을 제안했다. 사자형 엘리트는 전통과 현상 유지를 중시하며 권력 행사에서 '힘'을 사용하는 특성을 보인다. 반면 여우형 엘리트는 변화와 쇄신을 강조하며, 설득, 책략, 후원 등의 흡수적 방법을 통해 권력을 행사하는 데 능숙하다. 파레토는 이 두 유형의 엘리트가 시대적 요구에 따라 순환하며 지배 구조를 형성한다고 보았다(Turner and Beeghly, 1981: 406~425).

파레토는 모스카(Gaetano Mosca)보다 통치 엘리트와 피지배 세력을 더욱 명확히 구분하며, 엘리트의 리더십이 사회의 공리와 욕구 충족을 증대시킬 수 있다는 플라톤적 지도자 이론을 채택했다. 그는 사회를 정치권력에 직접적·간접적으로 영향을 미치는 '상위 계층'(통치 엘리트)와 비통치 엘리트로 나누었다. 파레토는 민주주의와 다른 정치 체제 간 차이를 인정하지 않을 정도로 통치 엘리트와 비통치 엘리트를 엄격히 구분했지만, 모스카와 마찬가지로 통치 엘리트가 계급적 영속성을 갖는 집단은 아니라고 보았다.

그는 '순환' 개념을 통해 기존 엘리트가 쇠퇴하고 새로운 엘리트가 등장한다고 설명했다. 모스카가 엘리트 순환을 사회적·문화적 관점에서 분석한 반면, 파레토는 이를 심리적 차원에서 접근했다(장달중, 2002: 127). 예를 들어 한국의 경우 5공화국 시절 6.29 선언 이후 민주주의로의 제도적 전환이 이루어졌을 때, 민정당의 노태우 후보는 '보통사람론'을 내세워 전두환 전 대통령의 심리적 부담을 완화하는 여우형 전략을 채택한 것으로 해석될 수 있다.

파레토는 엘리트의 자질이 시대에 따라 변화하며, 인류 역사에서 기존 엘리트가 몰락하고 새로운 엘리트가 등장한다고 주장했다. 그러나 엘리트의 지배 자체는 불변의 원칙으로 간주된다. 즉 사회는 항상 엘리트에 의해 지배되며, 이들의 순환은 심리적·역사적 맥락에서 필연적으로 이루어진다는 것이다.

(3) 미헬스(Robert Michels)

독일 정치학자 로베르트 미헬스(Robert Michels)는 저서 『정당론(Political Parties)』에서 '과두제의 철칙(iron law of oligarchy)'이라는 개념을 제시하였다. 그는 독일사회민주당(SPD) 당원으로 활동하면서, 가장 혁신적이고 마르크스주의적 성향을 지닌 이 정당조차 시간이 흐르며 엘리트 중심의 과두 지배체제로 변모하는 모습을 목격하였다. 미헬스는 이러한 경험을 바탕으로, 모든 대규모 조직에서는 필연적으로 관료제가 형성되며, 그 관료제의 발전은 결국 소수 엘리트에 의한 과두제로 귀결된다고 주장하였다. 미헬스는 조직이 필연적으로 과두제로 귀결되는 이유를 두 가지 측면에서 설명한다.

첫째는 조직의 구조적 특성 때문이다. 조직은 본래 특정한 목적을 달성하기 위해 형성되지만, 일단 한 번 만들어지고 나면 그 자체의 존속이 목적화되는 경향을 보인다. 이에 따라 조직의 권력을 장악한 엘리트들은 자신들의 지위를 유지하기 위해 점차 보수화되고, 권력의 지속과 안정화를 중심으로 조직을 운영하게 된다.

둘째는 대중의 심리적 요인이다. 대중은 스스로 판단하고 행동하기보다는, 도덕적 정당성을 선점한 강력한 지도자에게 의존하려는 경향을 지닌다. 또한 정치나 조직 운영에 대한 무관심과 재정적 의존성으로 인해, 실질적 내용보다 형식적이고 상징적인 이미지에 쉽게 영향을 받는다. 이러한 심리적 특성은 대중이 엘리트의 조작과 통제에 취약해지도록 만들며, 결과적으로 과두제의 형성을 강화시킨다는 것이다.

일반적으로 엘리트 지배가 현실정치에서 불가피한 현상이라 하더라도, 민주주의 제도를 통해 조직 내부의 경직된 엘리트 지배 구조를 어느 정도 완화할 수 있을 것이라 기대했다. 그러나 미헬스는 정당조차도 본질적으로 조직 위계의 상층부에서 권력이 집중적으로 행사되는 엘리트적 구조를 지닌다고 보았다. 그는 정당의 조직화가 발전의 필수적 과정이지만, 이러한 조직화는 곧 관료화를 초래하고, 관료화는 다시 소수에 의한 과두지배를 필연적으로 낳는다고 주장한다. 결국 변화는 대중의 참여가 아니라 소수 엘리트 간의 내부 갈등을 통해서만 가능하다는 것이다.

이러한 미헬스의 견해는 당시 독일 사회민주당의 혁명적 성격을 반영한 제한적 분석에 불과하다는 지적을 받는다. 또한 그는 엘리트 간 경쟁을 통해 대의민주주의가 실현될 가능성을 간과했다는 점에서 비판을 받고 있다.

표 9-3 • 고전적 엘리트 이론 정리

	가이타노 모스카 (Gaetano Mosca)	빌프레도 파레토 (Vilfredo Pareto)	로베르트 미헬스 (Robert Michels)
기본관점	모든 사회는 지배계급과 피지배계급으로 구성된다.	모든 사람들은 엘리트들에 의해 통치 받는다.	모든 종류의 조직에는 영구적인 과두제적 경향이 존재한다.
핵심개념	• 정치적 계급 • 정치공식 (political formula: 지배 정당화 담론) • 사회세력	• 통치 엘리트	• 지배적 과두집단 • 일반적 도덕 원리 (general ethical principles: 지배 정당화의 도덕적 기제) • 권력
문제의식	• 엘리트의 본성은 무엇인가?	• 엘리트의 본성은 무엇인가?	• 조직들은 왜 위계적으로 조직

	• 사회 내에서 엘리트들이 차지하는 지위의 기반은 무엇인가? • 엘리트들은 스스로의 지위를 어떻게 유지하는가?	• 어떤 상황에서 엘리트 집단의 변동이 일어나는가? • 엘리트들은 스스로의 지위를 어떻게 유지하는가?	되는가? • 과두제의 특징은 무엇인가? • 과두제는 어떻게 유지되는가?
연구방법	다양한 역사적 사례들의 비교 연구	다양한 역사적 사례들의 비교 연구 및 사회심리학	자료수집 및 통계분석

2) 통치 엘리트 이론

(1) 밀즈(C. Wright Mills)

미국 사회학자 라이트 밀즈(C. Wright Mills)는 현대 통치 엘리트 이론의 대표적 학자로, 그의 저서 『권력 엘리트(The Power Elite, 1959)』에서 미국 사회가 권력 엘리트에 의해 지배된다고 주장하며, 이들의 부도덕성과 무책임성을 신랄하게 비판했다. 밀즈는 지위방법(positional method)을 통해 미국 사회의 주요 제도적 영역—즉, 주요 기업(major corporations), 군부(military establishment), 정부(government)—의 상층부에 위치한 인물들이 유기적으로 통합된 권력 엘리트를 형성한다고 보았다(Mills, 1959: 3~4). 그는 이 세 영역이 '권력의 삼각지대(triangle of power)'를 구성하며, 미국의 주요 역사적 결정을 주도해왔다고 주장한다. 밀즈의 이론은 다원주의적 관점과 달리, 미국 사회를 권력이 고도로 집중된 폐쇄적 체계로 간주하며, 고전적 통합 엘리트 이론의 흐름을 계승하면서도 엘리트의 부정적 역할에 초점을 맞춘 점에서 차별성을 보인다.

밀즈는 권력 엘리트가 주요 기업, 군부, 정부의 상층부 인물들로 구성되며, 이들이 상호 연결된 네트워크를 통해 사회를 지배한다고 보았다. 이 삼각지대는 단순히 개별 영역의 권력이 아니라, 상호작용과 통합을 통해 강력한 권력 구조를 형성한다. 예를 들어, 1950년대 아이젠하워(Dwight D. Eisenhower) 미국 대통령은 군부와 정부의 고위직을 오가며 권력 엘리트의 상호 이동성을 보여주었다. 이 시기, 대기업과 정부 간의 긴밀한 협력은 군산복합체(military-industrial complex)의 강화된 사례로 나타난다. 이는 군부가 대규모 무기 계약을 통해 기업과 협력하고, 정부가 이를 지원하며 정책을 조정하는 과정을 통해 권력 엘리트가 통합된 이해관계를 유지했음을 보여준다.

밀즈는 권력 엘리트가 단일한 통합체로 작동할 수 있는 세 가지 주요 요인을 제시한다. 첫째, 권력 엘리트는 유사한 사회적 근원(social origins), 교육, 경력, 생활양식을 공유하며, 이로 인해 심리적·사회적 친밀감을 형성한다. 예를 들어, 1950년대 미국의 엘리트들은 주로 아이비리그 대학에서 교육받고, 상류층 가문 출신이거나 상호 결혼을 통해 네트워크를 강화했다. 이는 현대 미국에서도 볼 수 있는데, 예를 들어 월스트리트의 금융 엘리트와 워싱턴의 정치 엘리트 간의 결혼 및 사교 네트워크는 이들의 동질성을 강화한다. 결과적으로 사회적, 심리적 친근감을 갖게된다.

둘째, 제도적 일치감을 갖는다. 이들이 위치하는 주요 기업, 군부, 정부의 영역은 상호 이해관계의 일치를 통해 통합된다. 각 영역의 엘리트는 다른 영역의 업무를 지원하며, 공통의 이익을 추구한다. 예를 들어, 냉전 시기 미국에서 군부는 방위산업체와 협력하여 대규모 예산을 확보했고, 이는 정부의 정책적 지원을 통해 이루어졌다. 이러한 이해의 일치로 금융 엘리트와 정부 엘리트는 안보 우선이라는 공통 목표를 내세워 협력했다.

셋째, 권력 엘리트는 제도적 영역 간 고위직 이동을 통해 통합성을 강화한다. 예를 들어, 기업의 CEO가 정부 고위직으로 임명되거나, 군부 고위 인사가 방위산업체의 임원이 되는 경우가 이에 해당한다. 사례로는 골드만삭스(Goldman Sachs) 출신 인사들이 미국 재무부 고위직을 역임한 경우를 들 수 있다. 헨리 폴슨(Henry Paulson) 전 재무장관은 골드만삭스 CEO 출신으로, 2008년 금융위기 대응에서 기업과 정부 간 연결고리 역할을 수행했다.

밀즈는 다원주의가 주장하는 개방적이고 투명한 사회상을 비판하며, 미국 사회가 권력 엘리트에 의해 지배되는 폐쇄적 구조라고 보았다. 다원주의는 다양한 사회집단이 경쟁과 협상을 통해 정책 결정을 형성한다고 주장하지만, 밀즈는 대중이 정책 결정에 실질적 영향을 미치지 못하며, 권력 엘리트가 대중을 통제와 조정의 대상으로 간주한다고 보았다. 예를 들어, 1960년대 베트남 전쟁 당시, 군부와 방위산업체, 정부의 권력 엘리트는 전쟁 확대를 주도했으며, 대중은 이 과정에서 정보와 참여 기회가 제한되었다. 이는 다원주의가 가정하는 대중의 민주적 통제가 현실적으로 작동하지 않음을 보여준다.

그는 고전적 엘리트 이론가들(모스카, 파레토 등)의 통합 엘리트 이론을 계승하면서도, 엘리트의 도덕적 해이와 무책임성을 강조한다는 점에서 차별성을 보인다. 그는 권력 엘리트가 사회적 책임을 다하지 않고, 자신들의 이익을 위해 권력을 남용한다고 비판했다. 예를 들어, 1950년대 미국에서 대기업의 로비 활동과 정부의 규제 완화는 소수 엘리트의 이익을 극대화했지만, 노동자 계층과 중산층의 경제적 불평등을 심화시켰다.

통합 엘리트 이론은 미국 사회의 권력 집중과 엘리트 간 네트워크의 구조적 통합성을 분석하며, 다원주의의 낙관적 민주주의관에 도전했다. 이는 현대 사회에서도 여전히 적용 가능하다. 우리는 21세기 네이버, 카카오, 구글, 아마존 등의 기술기업, 금융 엘리트, 정치 엘리트 간의 긴밀한 연계는 밀즈의 삼각지대 개념을 연상시킨다. 그러나 그의 이론도 한계를 지닌다. 첫째, 권력 엘리트의 통합성을 과도하게 강조하며, 제도적 영역 간 갈등이나 내부 분열 가능성을 간과할 수 있다. 둘째, 대중의 저항이나 대안적 운동의 잠재력을 과소평가한다. 예를 들어, 1960년대 인권운동이나 최근의 환경운동은 대중이 엘리트의 지배에 도전할 수 있음을 보여준다.

결론적으로 통합 엘리트 이론은 미국 사회를 주요 기업, 군부, 정부의 상층부 엘리트가 지배한다고 분석하며, 이들의 사회적·심리적 친근감, 이해의 일치, 역할 교환을 통해 권력 구조가 유지된다고 보았다. 이는 다원주의의 개방적 사회상을 반박하며, 권력의 폐쇄성과 엘리트의 도덕적 무책임성을 강조한다. 우리가 겪었던 금융위기 대응, 기술 기업의 정치적 영향력 등이 그의 이론을 뒷받침한다. 그러나 엘리트 내부의 갈등과 대중의 저항 가능성을 충분히 고려하지 못한 점은 한계로 남는다. 밀즈의 이론은 권력의 구조적 집중과 불평등 문제를 분석하는 데 여전히 중요한 시사점을 제공한다.

(2) 헌터(Floyd Hunter)

미국 사회학자 플로이드 헌터(Floyd Hunter)는 현대 사회에서 엘리트를 지역사회의 경험적 분석을 통해 연구하며, 통합 엘리트 이론의 권력 구조를 실증적으로 탐구했다. 통합 엘리트 이론에 따르면, 사회 내 개인 간 관계는 평등하지 않은 피라미드형 구조를 형성하며, 이 피라미드의 최상층에 위치한 통치 엘리트가 사회 내 다른 집단을 지배하고 정책 형성 과정에서 상당한 영향력을 행사한다. 헌터는 이러한 권력 구조를 입증하기 위해 '명성방법(reputational method)'을 활용하여 지역사회 권력(community power)의 피라미드 구조를 분석했다. 이 방법은 지역사회 내 저명인사들의 평가를 통해 권력 구조의 핵심 인물을 식별하는 접근법이다.

헌터는 1950년대 초 인구 약 50만 명의 미국 조지아주 애틀랜타 시를 대상으로 연구를 진행했다. 그는 먼저 애틀랜타의 저명인사록에서 정치, 경제, 자유기업, 문화, 교육 등 다양한 정치사회 집단의 지도자 175명을 선정했다. 이후 지역사회 내 27명의 저명인사에게 이 175명 중 누가 정책 형성 과정에서 가장 큰 영향력을 행사하는지를 묻는 설문조사를 통해 40명을 엄선하여 다음과 같이 구성했다. (상업계 대표: 11명, 제조업계 대표: 7명, 공직 사회 지도자: 5명, 노동단체 지도자: 2명)

이들은 대부분 인근 지역에 거주하며, 시내에서 정기적으로 특정 장소에서 만나 상호작용했다(Hunter, 1969: 76). 이를 통해 헌터는 애틀랜타에 소수의 통치 엘리트가 중심이 되는 지역사회 권력 구조(community power structure)가 존재한다고 결론지었다. 예를 들어, 애틀랜타의 상업 및 제조업계 엘리트는 도로건설 등의 지역 개발 프로젝트에서 주요 의사결정에 영향력을 행사하며, 이 과정에서 공직자와 협력하여 정책을 주도했다.

애틀랜타 연구 이후, 헌터는 명성방법을 미국 전국 차원으로 확장하여 권력 구조를 분석했다. 그는 미국의 권력 구조 최상층이 주로 경제인, 특히 대기업의 경영진으로 구성된다고 밝혔다(장달중, 2002: 128). 예를 들어, 1950년대 포드(Ford)나 제너럴 모터스(General Motors) 같은 대기업의 CEO들은 정부 정책, 특히 산업 규제와 노동 정책에 강력한 영향력을 행사했다. 이들은 정부 고위직 인사나 정치 엘리트와 긴밀한 네트워크를 형성하며, 예를 들어 세금 감면이나 방위산업 계약과 같은 주요 정책 결정에 개입했다. 이러한 사례는 헌터의 지역사회 권력 구조 분석이 전국적 차원에서도 유사한 패턴을 보인다는 점을 보여준다.

헌터의 연구는 밀즈의 통합 엘리트 이론과 유사하게, 소수의 통치 엘리트가 사회를 지배한다고 보았다. 그러나 밀즈가 기업, 군부, 정부의 삼각지대를 강조한 반면, 헌터는 지역사회 차원에서 경제 엘리트의 주도적 역할을 부각시켰다. 그의 명성방법은 권력 구조를 실증적으로 분석하는 데 기여했으며, 엘리트의 네트워크와 상호작용이 권력 유지의 핵심임을 보여준다. 예를 들어, 애틀랜타의 상업 엘리트는 지역 상공회의소나 사교 클럽에서 만나며 정보와 영향력을 공유했고, 이는 한국의 로타리클럽이나 경제인 모임에서도 유사하게 관찰된다.

그의 연구는 1953년을 기준으로 이루어졌으며, 현대 사회와는 여러 차이가 존재한다. 첫째, 명성방법은 주관적 평가에 의존하므로, 실제 권력 행사 여부를 정확히 측정하지 못할 수 있다. 예를 들어, 저명인사들이 특정 인물을 영향력 있는 인물로 지목했더라도, 그들의 실제 정책 영향력이 과대평가되었을 가능성이 있다. 둘째, 1950년대와 달리 현대 사회는 정보통신 기술의 발달과 글로벌화로 인해 권력 구조가 더욱 복잡해졌다. 21세기 미국에서는 구글, 아마존 같은 기술 기업의 CEO들이 전통적 경제 엘리트를 대체하거나 보완하며 새로운 권력 엘리트로 부상했다. 이들은 데이터와 알고리즘을 활용해 프라이버시 규제 등의 정책 결정에 간접적 영향력을 행사한다.

또한, 헌터의 연구는 대중의 저항이나 대안적 권력 구조의 가능성을 간과할 수 있다. 예를 들어, 1960년대 미국의 민권운동은 지역사회 엘리트의 권력 구조에 도전하며 새로운 정치적 주체를 형성했다. 현대에는 소셜 미디어(SNS)를 통한 네팔의 고위층 부패와 연계된 SNS 차단에 반대하는 시위, 아프리카 대륙 곳곳에서 발생했던 기득권에 반대하는 조세저항시위, 미국에서 있었던 흑인인권보장시위인 'Black Lives Matter', 한국의 "촛불시위" 등의 수많은 풀뿌리 운동이 엘리트 중심의 권력 구조를 흔드는 사례로 나타나기도 한다.

명성방법 연구는 애틀랜타 지역사회와 미국 전국 차원의 권력 구조를 분석하여, 통치 엘리트가 피라미드형 구조의 최상층에서 정책 형성을 주도한다는 것을 밝혔다. 연구결과는 경제 엘리트의 중심적 역할과 그들의 네트워크를 강조하며, 통합 엘리트 이론의 실증적 기반을 강화했다. 그러나 명성방법의 주관성과 현대 사회의 복잡한 권력 구조는 그의 이론의 한계로 지적된다. 그럼에도 불구하고, 헌터의 접근법은 현대의 기술 엘리트나 글로벌 기업의 권력 행사를 분석하는 데 여전히 유용한 통찰을 제공한다.

3. 다원주의 엘리트 이론

지금까지 우리는 고전적 엘리트 이론에서부터 통합 엘리트 이론에 이르기까지의 흐름을 살펴보았다. 그러나 현대에 이르러 엘리트 집단의 통합성과 응집력에 대한 의문이 제기되면서, 엘리트를 하나의 단일 세력이 아닌 상호 경쟁하는 복수의 집단으로 바라보는 다원적 관점이 등장하게 되었다. 이러한 다원주의적 시각은 권력이 특정 엘리트에게 집중되어 있지 않고, 여러 엘리트 집단 간에 분산되어 있다는 점에 주목한다. 즉, 권력은 독점되지 않으며, 다양한 엘리트들이 대중의 지지를 얻기 위해 경쟁하는 과정 속에서 권력이 실현된다는 것이다. 이러한 관점은 슘페터(Schumpeter)가 제시한 경쟁적 민주주의 개념의 이론적 흐름을 계승하며 발전한 것으로, 이들을 흔히 다원주의 엘리트 이론가들이라 부른다.

1) 달(Robert A. Dahl)

미국 정치학자 로버트 달(Robert A. Dahl)은 다원주의 엘리트 이론의 대표적 학자로, 통합 엘리트 이론을 비판하며 권력의 다원적 분산과 민주적 통제 가능성을 강조했다. 달은 두 가지 주요 개념을 통해 통합 엘리트 이론을 비판한다: 첫째, 권력 개념의 축소 문제와 둘째, 권력의 합법성 문제이다. 그의 이론은 권력 구조가 단일 엘리트 집단에 의해 지배되지 않고, 다양한 엘리트 집단이 특정 사안에 따라 경쟁하며 영향력을 행사한다고 본다. 이를 통해 그는 현대 대의민주주의가 엘리트 간 경쟁과 대중의 참여가 조화를 이루는 체제라고 주장을 이어 나간다.

달은 권력의 범위(scope of power)를 엄격히 구분하고 분석해야 하며, 사회에는 다양한 엘리트 집단이 존재한다고 주장한다. 이들 엘리트는 각기 자율성을 가지며, 특정 사안에 따라 영향력의 정도와 순위가 달라진다. 또한, 달은 권력을 단순히 특정 지위에 있는 것과 실제로 그 지위를 통해 의도적으로 영향력을 행사하는 경우를 구분한다. 후자만이 통치 엘리트로 간주될 수 있다고 본다.

달의 경험적 연구는 코네티컷주 뉴헤이븐(New Haven) 지역사회를 대상으로 진행되었다. 그는 뉴헤이븐의 정책 형성 과정을 분석하며, 경제계 지도자 등 잠재적 권력을 가진 엘리트들이 실제로는 정책 결정에 적극 참여하지 않거나 영향력을 행사하지 않는 경우가 많음을 발견했다(Dahl, 1963: ch.6). 예를 들어, 1950년대 뉴헤이븐의 도시 재개발 프로젝트에서 기업 경인진인 경제 엘리트는 잠재적 영향력을 가졌으나, 실제로는 시장과 공무원, 지역 정치인들이 정책 결정을 주도했다. 이는 통합 엘리트 이론의 주장, 즉 소수의 통합된 엘리트가 모든 주요 결정을 지배한다는 가정과 상충된다.

달은 권력의 합법성 문제를 강조하며, 권력이 피지배자의 두려움이나 무지에 의해 부여되는 것이 아니라, 피지배 계층의 이익을 위해 엘리트에게 양도된 결과라고 본다. 그는 통합 엘리트 이론이 엘리트의 정책 선호만이 결정 과정에서 채택된다고 가정하지만, 실제로는 그렇지 않다고 주장한다. 달은 근대 민주주의에서 엘리트들이 권력을 유지하려면 선거를 통해 대중의 지지를 얻어야 하며, 이는 엘리트로 하여금 대중의 의견을 반영하도록 만든다고 보았다. 이를 그는 '기대반응의 법칙(the rule of anticipated reaction)'으로 설명한다(Dahl, 1958: 463~469). 즉, 엘리트는 대중의 잠재적 반발을 예상하여 대중의 선호를 고려한 정책 결정을 내릴 수밖에 없다.

뉴헤이븐의 사례에서 달은 다양한 정책 결정 과정(예: 교육 정책, 도시 계획)을 분석하며, 엘리트의 의도와 다른 결과가 나타나는 경우를 확인했다. 예를 들어, 1950년대 뉴헤이븐의 공립학교 재정 배분 정책에서 경제 엘리트가 세금 감면을 선호했음에도, 지역 주민과 교육 관계자의 압력으로 공교육 예산이 증액되었다. 이는 엘리트가 항상 정책을 지배하지 않으며, 대중의 요구가 정책에 반영될 수 있음을 보여주었다.

달은 현대 대의민주주의를 '다두제(polyarchy)'로 개념화하며, 이는 다양한 이익집단과 단체를 대표하는 다수의 엘리트가 경쟁하고 타협하는 체제라고 설명한다(Dahl, 1972). 다두제는 국민주권의 이상과 엘리트의 정책 결정이 조화를 이루는 구조로, 엘리트 간 경쟁과 대중의 신뢰도 평가가 결합될 때 작동한다. 예를 들어, 미국의 1964년 민권법(Civil Rights Act) 제정 과정에서 정치 엘리트(의원, 대통령)와 시민단체, 흑인 커뮤니티의 압력이 상호작용하며 법안이 통과되었다. 이는 엘리트가 대중의 요구를 반영하고, 경쟁적 선거를 통해 책임성을 유지해야 함을 보여준다.

현대 대의민주주의는 국민이 직접 정부를 구성하기보다는 선출된 정치 엘리트가 국민에 대한 책임성을 바탕으로 통치를 수행하는 형태를 띤다. 달은 이러한 체제에서 엘리트의 정책 결정과 대중 참여가 균형을 이루어야 민주주의가 효과적으로 작동한다고 보았다. 예를 들어, 2008년 미국 대통령 선거에서 버락 오바마(Barack Obama)는 경제 위기와 전쟁에 대한 대중의 불만을 반영한 '변화'와 '희망'을 2024년 대선에서 트럼프(Donald Trump)는 미국 내 제조업의 몰락과 신냉전 등장에 대한 대중의 불안감을 미국 우선주의(Make America Great Again) 캠페인을 통해 당선되었으며, 이는 엘리트가 대중의 선호를 고려해야 함을 보여준다.

달의 다원주의 엘리트 이론은 권력의 분산과 민주적 통제 가능성을 강조한다. 뉴헤이븐 사례는 다원주의가 실제 정책 결정에서 어떻게 작동하는지를 실증적으로 보여준다. 그러나 그의 이론은 몇 가지 한계를 지닌다. 첫째, 바크라크와 바라츠(Bachrach and Baratz, 1962)는 달의 권력 개념이 관찰 가능한 갈등에만 초점을 맞추며 무결정(nondecision), 즉 특정 이슈가 의제로 부상하지 못하도록 엘리트가 통제하는 과정—을 간과한다고 비판했다. 예를 들어, 1950년대 미국에서 환경 규제 이슈가 공론화되지 않은 것은 경제 엘리트의 로비로 의제를 차단한 결과로 볼 수 있다. 둘째, 루카스(Lukes, 2005)는 엘리트가 대중의 선호 자체를 조작할 수 있다는 '권력의 세 번째 차원'을 지적하며, 달의 낙관적 민주주의관이 이러한 구조적 조작을 충분히 설명하지 못한다고 비판한다.

달의 다원주의 엘리트 이론은 권력의 범위와 합법성을 강조하며, 통합 엘리트 이론의 단일 권력 구조를 비판한다. 그는 뉴헤이븐의 경험적 분석을 통해 다양한 엘리트 집단이 경쟁하며 대중의 선호를 반영한다고 보았으며, 기대반응의 법칙과 다두제 개념을 통해 현대 대의민주주의의 작동 방식을 설명했다. 그러나 그의 이론은 무결정과 선호 조작의 문제를 충분히 다루지 못한다는 한계를 지닌다. 그럼에도 달의 연구는 민주주의에서 엘리트와 대중의 상호작용을 이해하는 데 중요한 통찰을 제공하며, 현대 민주주의의 복잡성을 분석하는 데 여전히 유효하다.

2) 켈러(Suzanne Keller)

켈러의 다원주의 권력론은 그의 전략적 엘리트(strategic elites)라는 개념에서 출발한다. 전략적 엘리트란 "그들의 판단, 결정(decisions), 행동(actions)이 사회의 많은 구성원들에게 중요하고도 불리한 결과를 미칠 수 있는 사람들"이다(Keller, 1963: 20). 켈러는 이러한 전략적 엘리트들이 밀즈의 권력 엘리트처럼 서로 간에 밀접한 연계나 상호이동을 통해 통합되어 있는 것이 아니라 기능적으로 분화된 특수하고 전문화된 분야에서 자율적으로 존재한다고 주장한다. 사회에는 정치, 경제, 학문, 예술 등 각 영역별로 전문적 엘리트가 존재하며, 이들 간에는 상호의존적 관계가 형성되어 있다. 이렇게 각 분야별로 형성된 전문성 때문에 밀즈가 이야기한 엘리트들의 같은 영역 간의 중첩성(overlap)이나 역할 간 상호교환성의 기능은 나타나기 힘들다는 것이다. 이런 측면에서, 엘리트는 지배층이라기보다는 사회 통합에 기능적 행위자로 본다. 따라서 지배 엘리트 보다는 조정적 엘리트 개념을 강조한다(Keller, 1963: 27~35).

서로 다른 기능적 분야에서 활약하는 이러한 다양한 전략적 엘리트들은 상대적으로 자율적인 성격을 띠게 된다. 그들은 서로 다른 사람들로 구성되어 있으며, 충원에 있어서도 반드시 같은 사회 계급 출신이라고 볼 수 없다. 또한 각자의 역할 수행에 있어서도 고도의 전문성과 능력에 입각한 자율성을 확보하게 된다. 결과적으로 전략적 엘리트들의 전문성과 자율성은 사회 내 하나의 막강한 엘리트의 출현 가능성을 견제할 수 있으며, 권력의 남용을 방지할 수 있다고 본다(오명호, 1990: 346~347). 결론적으로 엘리트를 사회발전의 매개자이자 제도 간 협력의 조정자로 보았다는 점에서, 비교적 낙관적이고 기능주의적 시각을 취했다.

3) 다원주의 엘리트 이론의 확장

상술한 로버트 달(Robert A. Dahl)을 중심으로 발전한 견해는, 현대 민주주의 사회에서 권력이 단일한 엘리트 집단에 집중되지 않고 다양한 이익집단과 제도 간의 경쟁과 협상 속에서 분산적으로 작동한다는 점을 강조한다. 이러한 다원주의적 권력관은 특히 미국의 정치사회 구조를 분석하는 과정에서 심화되었으며, 넬슨 폴즈비(Nelson W. Polsby), 레이먼드 울핑거(Raymond E. Wolfinger), 아놀드 로즈(Arnold M. Rose) 등에 의해 이론적으로 체계화되었다.

우선 폴즈비는 의회의 의사결정 구조를 분석하며, 권력은 폐쇄적인 지배엘리트 손에 집중되어 있지 않고 개방적 경쟁의 장으로서 의회 내외부의 다양한 세력이 영향을 행사한다고 보았다. 그는 권력 연구의 방법론적 전환을 주도한 학자로, 권력의 존재를 단일한 구조나 위계적 지배관계로 환원하기보다, "정책결정 과정에서의 실질적 참여와 영향력의 분포"를 통해 실증적으로 규명해야 한다고 주장하였다(Polsby, 1963). 그는 엘리트 지배의 일원적 구조를 부정하고, 정치체계 내 다수의 '의사결정 공동체(decision-making communities)'가 공존한다고 보았다. 이러한 다원적 권력구조는 특정 개인이나 계층이 아니라 제도적 절차와 제도 간 균형에 의해 유지된다. 즉 권력은 제도화된 경쟁의 산물이며, 사회 각 부문에서의 엘리트는 서로 다른 영역에서 제한된 권한을 행사할 뿐이다.

울핑거 역시 선거 참여와 시민 정치활동을 연구하면서, 권력의 분산이 제도적 구조뿐 아니라 사회적 참여의 확산과도 연관되어 있음을 강조했다. 특히 정치참여와 이익집단의 활동을 매개로 한 '정책 접근성(policy accessibility)'에 주목하였다. 그는 권력의 작동을 '정책결정의 개방성(openness of decision-making process)'이라는 개념으로 설명하면서, 권력의 집중보다는 경쟁적 다원주의가 미국 정치의 특징이라고 보았다. 그의 연구는 엘리트의 존재 자체를 부정하지 않으면서도, 권력의 흐름이 상호 견제와 참여 속에서 분화되어 있음을 실증적으로 제시했다(Wolfinger, 1960).

한편 아놀드 로즈는 상술한 엘리트를 사회 통합의 매개로 보는 기능주의적 다원주의자 캘러와는 다르게 권력을 제도적 분산과 견제를 강조하는 구조적 다원주의자로 구분할 수 있다. 그는 산업사회로의 전환이 권력의 집중을 강화하기보다는 오히려 사회적 분화(social differentiation)를 심화시켜 다양한 전문집단과 기술관료 집단이 등장했다고 주장하였다(Rose, 1967). 이러한 변화는 정치적 의사결정 과정에서도 복수의 엘리트 집단이 상호 의존하는 제도적 분산(institutional dispersion)과 경쟁적 균형(competitive equilibrium)을 형성하게 하였으며, 이들 간의 경쟁과 조정이 민주주의의 안정성을 유지하는 기반이 된다고 보았다. 현대 엘리트 체제를 "상호의존적 기능 엘리트 체제(functional interdependent elite system)"로 규정하면서, 정치권력은 고정된 소수가 아닌 사회 내 다수의 이해집단 간 균형적 상호작용 속에서 유지된다고 보았다. 즉 엘리트는 존재하지만 그 권력은 항상 제도적 제약을 받는다는 것이다.

이처럼 달과 그의 후속 학자들은 미국의 정치사회 현식을 분석함으로써 권력이 특정 엘리트 계층에 집중된다는 고전적 엘리트 이론의 한계를 비판하고, 민주주의 사회에서의 권력은 제도화된 경쟁구조 속에서 다원적으로 분포된다는 점을 강조한다. 이러한 시각은 엘리트 개념을 민주주의 이론과 조화시키려는 시도로 평가되며,

오늘날 거버넌스 연구나 네트워크 정치 분석의 토대가 되었다.

4. 신통치 엘리트 이론

신통치 엘리트 이론은 고전적 통합 엘리트 이론의 흐름을 계승하면서도, 상술하였듯이 다원주의적 엘리트 이론을 비판하는 데 초점을 맞춘다. 전통적 통합 엘리트 이론과 근본적인 차이는 없으나, 신통치 엘리트 이론은 다원주의의 권력 개념을 축소적으로 해석한다는 점을 비판하며, 바크라크(Peter Bachrach)와 바라츠(Morton S. Baratz)의 권력의 양면성(two faces of power) 개념, 즉 결정(decision)과 무결정(nondecision)을 활용하여 권력의 작동 방식을 보다 정교하게 분석한다.

신통치 엘리트 이론가들은 달(Robert A. Dahl)로 대표되는 다원주의 엘리트 이론가들이 권력을 지나치게 협소하게 정의한다고 비판한다. 달의 다원주의는 권력을 주로 관찰 가능한 정책 결정 과정에서의 갈등과 영향력으로 정의하며, 권력은 A가 B로 하여금 B가 원치 않는 행동을 하게 만드는 능력으로 본다(Dahl, 1957: 202~203). 반면, 바크라크와 바라츠는 권력이 단순히 정책 결정에 직접 참여하는 행위에 국한되지 않는다고 주장한다. 그들은 권력을 결정과 무결정의 두 가지 차원으로 구분한다(Bachrach and Baratz, 1962: 947~952).

결정(Decision)은 엘리트가 정책 결정 과정에 직접 참여하여 원하는 방향으로 결과를 이끌어내는 경우. 예를 들어, 미국에서 2008년 금융위기 당시 대형 은행들을 구제하기 위한 구제금융법(TARP, Troubled Asset Relief Program)의 채택은 금융 엘리트와 정치 엘리트가 협력하여 특정 정책을 추진한 결정의 사례이다. 이 과정에서 엘리트들은 의회와 정부를 통해 명시적 결정을 이끌어냈다. 그리고 무결정(Nondecision)은 엘리트가 특정 이슈가 공식 의제로 부상하지 못하도록 차단하거나, 힘, 영향력, 권위를 통해 간접적으로 정책 방향을 조작하는 경우. 예를 들어, 20세기 중반 미국에서 환경 규제와 관련된 이슈가 오랫동안 공론화되지 않은 것은 석유 및 자동차 산업 기업인들이 로비와 영향력을 통해 환경 문제를 의제에서 배제한 무결정의 사례라 볼 수 있다. 이들은 규제가 경제적 이익에 미치는 부정적 영향을 강조하며 대중과 정책 결정자들의 관심을 다른 방향으로 돌렸다.

바크라크와 바라츠는 무결정이 권력의 중요한 측면이라고 강조하며, 이는 특정 이슈가 논의되지 않도록 통제함으로써 엘리트의 지배력을 유지하는 메커니즘이라고 보았다. 반면 다원주의 엘리트 이론가들은 '기대반응의 법칙'을 통해, 대중이 정치에 무관심하더라도 엘리트들이 대중의 기대를 크게 벗어나는 결정을 내릴 수 없다고 주장한다. 이는 대중의 잠재적 반발을 염두에 둔 엘리트의 자율적 조정으로 민주적 통제가 이루어진다고 본다. 그러나 신통치 엘리트 이론가들, 특히 스티븐 루카스(Steven Lukes)와 피터 다이지서(Peter Digeser)는 이에 반대하며, 대중의 정치적 무관심이 엘리트의 의도적 조작에서 비롯된다고 본다(장달중, 2002: 132~133).

루카스는 권력의 세 번째 차원(third dimension of power)을 제안하며, 엘리트가 대중의 선호와 인식을 형성함으로써 그들의 불만이나 저항을 사전에 차단한다고 주장한다(Lukes, 2005: 24). 그는 "사람들이 권력에 대한 대안을 보거나 상상할 수 없도록, 또는 현존하는 질서를 자연스럽고 불변하거나 신성하고 유익한 것으로 받아들이도록 만드는 것이 권력의 가장 교묘하고 지속적인 작용"이라고 기술한다(Hague et al., 2017: 11 재인용). 예를 들어 현대 사회에서 대기업과 미디어가 특정 소비재나 라이프스타일을 '필수적'으로 홍보하며 대중의 욕망을 형성하는 과정은, 대중이 대안적 경제 모델(예: 공유 경제나 지속 가능성 중심 모델)을 상상하지 못하도록 만드는 권력의 사례이다. 미디어 소유주와 광고주로 구성된 엘리트는 정보의 흐름과 대중의 인식을 조작하여 자신들의 이익을 유지한다.

다이지서는 엘리트가 커뮤니케이션과 사고를 통제함으로써 대중이 엘리트에 위협이 되는 요소를 필요하다고 느끼지 않도록 만든다고 강조한다(Digeser, 1992: 980). 21세기 소셜 미디어 플랫폼에서 알고리즘을 통해 특정 정보가 우선적으로 노출되고 다른 정보는 억제되는 방식은, 엘리트(기술 기업 및 광고주)가 대중의 인식과 선호를 형성하는 무결정의 현대적 형태로 볼 수 있다. 페이스북이나 구글과 같은 기업은 사용자 데이터를 분석하여 특정 정치적 메시지나 상업적 콘텐츠를 강조함으로써 대중의 관심사를 조작한다.

신통치 엘리트 이론은 다원주의의 낙관적 민주주의관을 비판하며, 권력의 비가시적이고 구조적 차원을 강조한다. 이는 권력이 단순히 관찰 가능한 갈등이나 정책 결정에만 국한되지 않고, 대중의 사고와 선호를 형성하는 과정에서도 작동한다고 본다. 특히 루카스의 세 번째 차원의 권력은 엘리트가 대중의 인식을 조작하여 저향을 억제하는 메커니즘을 설명하는 데 기여한다. 1980년대 영국의 대처리즘(Thatcherism)하에서 신자유주의 이념이 대중의 '경제적 자유'와 2020년대 한국의 낙수효과, 호텔경제학 담론이 '공정한 성장'과 동일시되도록 광범위한 미디어 캠페인과 정책 담론이 전개된 것은 엘리트가 대중의 선호를 의도적으로 조작한 사례로 볼 수 있다.

신통치 엘리트 이론은 몇 가지 한계도 지닌다. 첫째, 무결정과 세 번째 차원의 권력은 실증적 관찰과 측정이 어렵다. 예를 들어, 특정 이슈가 의제에서 배제된 이유를 엘리트의 조작으로 단정하기는 쉽지 않으며, 다른 사회적·문화적 요인이 작용할 수 있다. 둘째, 이 이론은 대중의 자율성을 지나치게 과소평가할 수 있다. 대중이 엘리트의 조작에 전적으로 수동적인 존재로 간주되면, 시민의 저항이나 창의적 대응 가능성을 간과할 위험이 있다.

신통치 엘리트 이론은 고전적 통합 엘리트 이론을 계승하면서도 다원주의의 권력 개념과 민주주의에 대한 낙관적 시각을 비판하며 권력의 양면성과 구조적 조작을 강조한다. 바크라크와 바라츠의 결정과 무결정 개념, 루카스와 다이지서의 선호 형성 이론은 권력이 단순한 정책 결정뿐 아니라 대중의 인식과 사고를 형성하는 과정에서 작동한다고 본다. 현대 사회에서 미디어와 기술 기업의 정보 통제, 정치적 담론의 조작 등은 신통치 엘리트 이론의 설명력을 보여주는 사례이다. 그러나 이 이론의 실증적 적용과 대중의 자율성에 대한 고려는 추가적인 논의가 필요한 지점이다.

5. 유럽과 미국의 엘리트론 진화 과정에 대한 비교

엘리트론의 발전은 유럽과 미국에서 상이한 역사적 궤적을 따라 전개되었다. 이는 두 지역이 국가와 사회의 관계를 구축해 온 역사적 맥락과 권력의 제도화 방식의 차이에서 비롯된 결과라 할 수 있다.

유럽 사회는 중세 봉건제와 절대왕정을 거치며 국가 중심의 권력 집중 구조속에서 발전해 왔다. 이 과정에서 지배계급은 사회적·경제적 자원을 독점하며 통치의 정당성을 세습적으로 유지하였고, 권력은 구조적으로 고착화되었다. 따라서 유럽의 고전적 엘리트론은 권력의 소유를 '설명'하기보다 '당연한 전제'로 받아들였다.

대표적 학자로 모스카(Gaetano Mosca)는 “모든 사회는 통치하는 소수와 피통치 다수로 나뉜다”고 하였고, 파레토(Vilfredo Pareto)는 “역사란 엘리트의 순환(circulation of elites)” 과정이라고 규정하였다. 또한 미헬스(Robert Michels)는 대중정당 내부조차 과두제의 원리(iron law of oligarchy)에 의해 엘리트화된다고 주장하였다. 이처럼 유럽의 엘리트론은 권력의 불평등을 역사적 필연성으로 인식하며, 국가와 사회 구조를 유지하는 근본 원리로서 ‘엘리트 지배의 제도화’를 분석했다.

반면, 미국은 절대왕정의 경험 없이 자유주의적 계약론과 다원주의에 기초한 사회질서를 형성했다. 초기 미국 정치사상은 사회 내 다양한 집단이 경쟁과 협상을 통해 공공정책을 형성한다는 이익집단 다원주의를 기반으로 했다. 이렇듯 특정한 소수가 지속적으로 사회를 지배한다는 개념은 미국의 이상과 배치되었다.

그러나 1960년대에 접어들면서 이러한 다원주의적 해석은 강력한 도전에 직면했다. 특히 흑인 인권 운동, 시민운동 등과 같은 국가 권력에 대한 저항 운동이 발생하자, 누가 이러한 사회 운동을 조직하고 동원하는지, 그리고 누가 진정으로 국가를 통치하는지에 대한 근본적인 의문이 제기되기 시작했다. 이러한 문제의식 속에서 미국 내에 존재하는 엘리트들의 존재를 파악하는 통치 엘리트론이 등장했다. 이러한 조류는 헌터, 밀즈 등을 통해 정립되었다. 예를 들면, 밀즈는 정치, 경제, 군사 영역을 지배하는 “소수의 상호 연결된 엘리트 집단”이 미국 사회의 주요 의사결정을 통제한다고 주장했다. 이러한 통치 엘리트론은 달의 다원주의를 정면으로 비판하며, 권력의 집중성과 비민주적 현실을 드러냈다.

통치 엘리트론은 권력이 분산되었다는 기존의 다원주의적 통념을 정면으로 비판했기 때문에 미국 지식 사회로부터 상당한 반발에 직면하게 되었다. 결국, 이 비판에 대한 이론적 대안으로 권력의 분산은 인정하되 일부 핵심 집단이 정책 결정에 더 큰 영향력을 행사한다는 점을 수용한 다원주의 엘리트론이 등장했다. 달(Robert A. Dahl)은 권력이 소수의 엘리트에 독점되지 않고 다수의 이익집단 간 경쟁을 통해 분산적으로 행사된다고 분석했다. 그의 연구는 미국 민주주의의 경험을 “경쟁적 엘리트주의(competitive elitism)”로 설명하며, 시민참여와 집단 간 협상이 제도적 균형을 유지한다고 주장하였다. 이러한 전통은 폴즈비(Nelson Polsby), 울핑거(Raymond Wolfinger), 로즈(Arnold Rose) 등을 통해 확산되었다. 이들은 권력의 완전한 분산은 인정하지 않으면서도, 정책 결정 과정이 여전히 다양한 제도와 집단의 경쟁 속에서 이루어진다고 보았다. 다시 말해, 미국 사회는 일부 핵심 엘리트가 존재하더라도 제도적 장치에 의해 권력의 독점이 제약되는 구조적 균형체제라는 것이다.

결국 1970년대 이후 등장한 신통치 엘리트론은 통치 엘리트론과 다원주의 간의 이론적 긴장을 종합하려는 시도로서, 권력의 분산과 집중을 동시적으로 설명하는 방향으로 나아갔다. 예컨대 피터 바크라크(Peter Bachrach)와 모턴 바라츠(Morton Baratz)는 "권력은 단지 결정하는 행위가 아니라, 의제 설정의 통제(control of the agenda)에서도 발휘된다"고 지적하였다. 이러한 발전은 미국 엘리트론이 단순히 권력 집중의 비판에 그치지 않고, 제도적 권력 작동 메커니즘을 실증적으로 분석하는 단계로 진화했음을 보여준다.

결론적으로, 유럽의 엘리트론이 권력의 구조적 정당성과 엘리트의 재생산 메커니즘을 분석하는 데 초점을 맞춘 반면, 미국의 엘리트론은 민주주의 이상과 현실 사이의 긴장, 즉 권력의 분산과 집중의 역동적 균형을 탐구하는 과정에서 발전하였다. 이는 두 대륙의 역사적 경험이 엘리트론의 방향성을 근본적으로 달리 규정했음을 보여준다.

제4절 정치권력과 엘리트의 위상

지금까지 우리는 정치권력의 정의를 바탕으로 다양한 엘리트 이론을 살펴보았다. 엘리트 이론은 크게 두 가지 흐름으로 발전해 왔다. 첫째, 통합 엘리트 이론은 사회가 단일한 엘리트 계층에 의해 지배되며, 이들의 이해관계가 대중의 의지와 무관하게 사회를 움직인다고 본다. 둘째, 다원주의적 엘리트 이론은 다양한 이해관계와 수준을 가진 엘리트 집단들이 경쟁하며, 이 과정에서 대중의 이익이 실현된다고 주장한다. 각 이론은 엘리트의 구성과 역할에 대해 긍정적 또는 부정적 관점을 제시하며, 정치권력의 본질과 작동 방식을 다르게 해석한다.

그러나 모든 엘리트 이론이 공통적으로 전제하는 바는 정치권력의 세계에서 엘리트의 존재가 필연적이며, 이를 부정할 수 없다는 점이다. 그럼에도 불구하고, 중요한 점은 엘리트와 대중의 구분이 정치 현실에 존재하고, 엘리트가 대중을 지배한다고 해도, 이것이 민주주의의 종말이나 절망적 비관론을 의미하지는 않는다는 것이다. 엘리트의 존재 자체가 민주주의를 부정하는 것이 아니라, 그들의 충원 방식과 권력 행사 방식이 민주적 가치를 좌우한다.

이에 대해 라스웰(Harold D. Lasswell)과 카프란(Abraham Kaplan)은 다음과 같이 주장했다: "사회구조가 민주적이냐 아니냐는 엘리트의 존재 여부에 달린 것이 아니라, 엘리트가 대중과 어떻게 관계를 맺는지, 즉 엘리트가 어떻게 충원되고 권력을 어떻게 행사하는지에 달려 있다"(Lasswell and Kaplan, 1998: 202). 이는 엘리트의 충원과 권력 행사가 대중의 선택과 밀접히 연관되어 있음을 강조한다. 선택된 엘리트는 대중의 의지를 반영해야 하며, 이는 민주주의의 핵심 원리이다.

사회계약론의 대표적 철학자인 홉스(Thomas Hobbes)는 피지배자가 리바이어던의 창조자이기에, 리바이어던이 피지배자에게 부당하게 행동하는 것은 본질적으로 불가능하다고 보았다. 동시에 그는 피지배자가 리바이어던의 위해로부터 자신을 보호하기 위해 저항할 권리를 인정함으로써, 사회계약과 주권 양도의 목적을 명확히 했다. 그러나 홉스는 저항권보다는 피지배자의 복종과 통치자의 정당한 권력 행사를 우선시했다(김성수, 2025: 35~36). 이는 권력의 정당성이 궁극적으로 대중의 동의와 의지에 뿌리를 두고 있음을 보여준다.

에이브러햄 링컨(Abraham Lincoln)의 고언 "한 인간의 품성을 시험하려면 그에게 권력을 주어보라(If you want to test a man' s character, give him power)"는 권력의 본질을 날카롭게 드러낸다. 권력은 그 자체로 중립적이며, 사용자의 의도와 대중의 의지가 조화를 이룰 때 비로소 정당성과 가치를 발휘한다. 예를 들어 1964년 미국 민권법(Civil Rights Act) 제정 과정에서 린든 B. 존슨(Lyndon B. Johnson) 대통령은 정치 엘리트로서 권력을 활용해 인종차별 철폐라는 대중의 열망을 반영했으며, 이는 권력이 대중의 이익과 부합할 때 긍정적 변화를 이끌어낼 수 있음을 보여준다. 반면 2008년 미국의 서브프라임 모기지 사태(subprime mortgage crisis)는 전 세계 금융 위기를 일으키는 데 직접적인 영향을 주었던 사태로, 당시 일부 금융 엘리트와 정치 엘리트의 결탁은 대중의 이익을 외면한 권력 남용의 사례이며, 엘리트의 도덕적 책임이 중요함을 시사한다.

결론적으로, 엘리트 이론은 정치권력의 불가피한 현실로서 엘리트의 존재를 인정하지만, 민주주의는 엘리트의 충원과 권력 행사가 대중의 의지와 조화를 이루는 과정에서 실현된다. 권력은 사용하는 자의 품성과 대중의 동의에 따라 그 정당성과 효과가 결정되며, 이는 현대 민주주의에서 엘리트와 대중의 상호작용이 핵심적임을 보여준다.

제10장

정치경제

제10장

정치경제

찰스 린드블럼(Charles E. Lindblom)은 저서 『Politics and Markets(정치와 시장)』에서 정치학과 경제학이 학문적 영역을 넘어 현실적인 영역에서도 상당한 공유 영역을 지닌다고 보았다(Lindblom, 1977: 8). 이에 따라 린드블럼은 두 학문이 기본적인 사회 메커니즘과 체제를 분석하는 과정에 공동으로 참여해야 함을 역설했다. 이러한 주장에 동의한다면, 현대 정치에 대한 심층적 이해는 경제학과의 긴밀한 상호연결성 속에서만 가능할 것이다.

정치학과 경제학의 결합은 이미 역사적으로 뿌리가 깊다. 이 조합은 1760년대 영국 고전학파에 의해 정치경제학(Political Economy)이라는 이름으로 가장 먼저 체계화되었다. 초기 정치경제학의 주요 관심사는 자본주의 경제발전을 위한 국가의 역할에 초점을 맞추었으며, 이는 현대 경제학의 모태로 간주된다. 정치경제학은 자본주의 경제발전을 위한 국가의 역할을 다룬 학문으로, 경제학의 모태라고 볼 수 있다(김성수, 2025: 서문).

정치경제학의 고전적 발전은 애덤 스미스(Adam Smith)에서 절정에 달한다. 스미스는 시장의 효율성을 강조하며 '보이지 않는 손(Invisible Hand)'의 개념을 제시했지만, 동시에 국방, 사법, 공공 사업 등 국가의 필수적인 역할 또한 인정했다. 이후 데이비드 리카도(David Ricardo)와 같은 고전파 학자들은 분배 문제와 국제 무역의 원리를 탐구하며 이 학문을 더욱 발전시켰다.

그러나 19세기 중반, 칼 마르크스(Karl Marx)는 자본주의 체제 자체에 대한 근본적인 비판을 제기하며 정치경제학을 재해석했다. 마르크스는 자신의 저서 『자본론』의 부제에 '정치경제학 비판'을 명시하며 자본주의 지배계급의 착취 메커니즘을 정당화하는 수단으로 보고 비판하였다. 그럼에도 불구하고, 마르크스의 접근은 경제와 정치가 분리될 수 없는 밀접한 관계에 있음을 확인하고, 이 관계 속에서 상호 보완적인 발전 또는 갈등을 모색했다는 점에서 정치경제학의 중요한 전환점이 되었다.

20세기 들어 주류 경제학이 시장의 효율성과 수리적 모델에 집중하며 신고전파 경제학으로 발전하는 동안, 정치경제학은 국가와 시장의 상호작용, 제도, 권력 관계를 탐구하는 독자적인 학문 분야로 그 명맥을 이어왔다.

이러한 역사적 배경을 바탕으로 현대 정치경제 이론의 핵심적인 문제의식과 주요 쟁점들을 중심으로 국가와 시장의 관계를 조명하고자 한다. 이를 위해 먼저 국가와 시장 간의 유사성과 차이점에 주목하여 이들의 관계를 설명한다. 나아가, 현대 정치경제학의 주된 쟁점들을 주제별로 검토하며 국가의 개입 양상과 그 효율성, 그리고 규범적 함의에 대해 심층적으로 살펴본다.

제1절

정치와 경제

정치와 경제는 각각의 목표, 제도적 영역, 그리고 주요 행위자라는 세 가지 특징으로 구분된다(Clark, 1998). 경제는 시장을 통해 개인이 번영을 추구하는 영역이고, 정치는 정부를 통해 집단적 행위자가 공동의 정의를 추구하는 영역으로 정의된다. 그러나 정치와 경제를 이렇게 단순히 구분하기는 어렵다. 양자는 밀접하게 연결되어 있기 때문이다. 경제학이 초기에는 정치경제학으로 불렸다는 점은 이를 잘 보여준다. 그럼에도 불구하고 정치경제학의 특징을 이해하려면 정치와 경제의 개념을 구체적으로 살펴보고 그 차이를 명확히 구분할 필요가 있다. 아래에서는 목표, 제도적 영역, 주요 행위자를 중심으로 정치와 시장의 관계를 간략히 분석한다.

1. 추구하는 목표

경제는 제한된 자원을 활용하여 가능한 최상의 물질적 생활수준을 달성하려는 인간의 노력들과 관련되어 있다. 번영을 향한 경제의 핵심 목표는 효율성(efficiency), 성장(growth), 그리고 안정(stability)의 세 가지 차원으로 요약될 수 있다. 반면, 정치는 시민의 권리를 확립하고 보호하기 위한 제도적 노력과 관련되어 있으며, 그 궁극적 목적은 정의이다. 정의는 다시 개인의 자유, 이익과 의무의 공정한 배분, 사회질서의 유지라는 세 요소로 구체화된다.

경제는 본질적으로 자율적인 시장의 영역으로 이해될 수 있다. 즉, 정치와 구별되는 경제의 가장 고유한 특징은 바로 시장이라는 제도적 공간에 있다. 폴라니(Karl Polanyi, 1944: 71)는 "자기 규제적 시장(self-regulating market)은 사회를 제도적으로 경제적 영역과 정치적 영역으로 구분하도록 요구한다"고 하였는데, 이는 시장이 정치적 간섭으로부터 독립된 자율적 질서로 작동함을 의미한다. 이러한 관점에서 정부의 역할은 애덤 스미스(Adam Smith, 1986[1776])가 제시한 바와 같이 질서 유지, 국방, 그리고 공공재 제공으로 제한된다. 결국 시장의 궁극적 목적은 자본의 축적과 경제 발전이다.

그러나 경제가 사적 이익을 중심으로 작동한다면, 정치는 공적 이익을 중심으로 기능한다. 사적 영역은 개인 또는 집단 간의 자발적 교환이 이루어지는 영역인 반면, 공적 영역은 사회 전체에 영향을 미치는 행위나 집단적 가치와 정체성의 공유를 포함한다(Caporaso and Levine, 1993: 17~21). 후자는 개인의 목적이나 사적 네트워크를 통해 형성되는 것이 아니라, 공동체의 규범과 권위를 기반으로 구축된다.

즉, 정치적 분배는 권위를 포함하지만, 자발적 교환을 억압하기보다 시장에서 확보되지 못하는 평등, 복지, 정의 등의 권리를 보장하는 역할을 한다. 정부는 이러한 권위를 제도적으로 부여받은 주체로서, 개인 간 교환 행위를 초월하는 권위적 결정과 승인(power of decision and consent)을 수행한다.

결국 경제와 정치의 관계는 상호 배타적이지 않다. 번영과 정의는 종종 불가분의 관계를 이루며 서로를 강화시키는 상호작용적 요소로 작용한다. 따라서 경제적 과정과 정치적 과정을 명확히 분리하는 것은 이론적으로 가능하더라도, 현실적으로는 두 영역이 상호의존적 구조 속에서 작동한다고 볼 수 있다.

2. 제도적인 영역

정치는 일반적으로 정부와 관련된 활동들을 의미하며, 반면 경제는 시장에서 이루어지는 교환과 생산 활동을 다룬다. 정치는 본질적으로 권위, 공공생활, 그리고 정부의 제도적 기능과 긴밀하게 연관되어 있다. 이러한 정치의 특성을 세 가지 측면에서 구체적으로 살펴볼 수 있다.

첫째, 정치는 정부 중심적 활동이라 할 수 있다. 정부는 행정부, 입법부, 사법부 등으로 구성된 공식적이고 제도화된 구조를 갖추고 있으며, 이를 통해 사회의 다양한 요구를 조정하고 공공 결정을 내린다. 정치의 세계는 또한 권리와 의무를 규정하는 규범적 체계, 정치 과정상의 절차적 장치, 그리고 실질적 행위를 담당하는 정치 조직(agents)들로 구성된다(Wendt and Duvall, 1989: 43). 언론이나 이익집단과 같은 행위자들도 정책 과정에 영향을 미칠 수 있으나, 이들은 정부 조직에 속하지 않는 비공식적 행위자에 해당한다. 더 나아가 정부는 국가와 동일시되지는 않는다. 국가는 주권, 이념, 국민적 정체성 등 정부가 직접 관여하지 않는 정치적 구조와 가치의 총체를 포함하며, 이 역시 정치적인 영역에 속한다. 이러한 점은 곧 정치가 정의와 공공선(public good)을 추구한다는 본래의 목표와도 연결된다(Caporaso and Levine, 1993: 43).

둘째, 정치는 사적 영역이 아니라 공공 영역에서 작동한다. 즉 정치는 개인이나 집단 간의 직접적인 이익 교환을 다루는 사적 행위가 아니라, 사회 전체의 공공 이익을 조정하고 실현하는 과정이다. 이 과정에서 정부와 공공 영역은 상호 불가분의 관계를 갖는다. 공공 영역은 정부에 정치적 정당성과 권위의 기반을 제공하며, 동시에 정부는 공공 영역을 통해 사회적 목적을 표현하고 실현한다(Dewey, 1927; Arendt, 1986). 따라서 공공 영역은 단순한 정책 수행의 장이 아니라, 사회와 국가를 연결하는 핵심 매개 공간으로 이해될 수 있다.

셋째, 정치는 사회 전체의 이익을 위해 권위적 공공 결정을 내리는 제도적 행위로 정의된다(Easton, 1981). 이러한 권위는 개인의 자발적 행위를 억압하기 위한 수단이 아니라, 오히려 시장에서는 보장되지 않는 평등, 정의, 복지 등의 권리를 실현하기 위한 정치적 분배의 필수 조건이다. 다시 말해, 정치적 분배는 필연적으로 권위를 수반하는 행위이다.

정부는 권위를 활용하여 공공 영역에서 사회 전체의 이익을 실현하는 한편, 정치적 영향력이 미치지 않는 비정치적 영역과 구분된다. 또한, 정책 연결망은 관습과 인식의 수준에서 정부, 공공성, 그리고 권위가 상호작용하는 복합적 구조를 보여준다(Katzenstein, 1978: 19). 정치는 단순히 정부의 행정 활동을 넘어 공공성, 권위, 그리고 사회적 정당성의 제도적 구현 과정으로 이해되어야 한다. 이는 정치를 단순한 권력 행사의 수단이 아니라, 공동체적 가치 실현의 제도적 장치로 보는 현대 정치학의 핵심 관점을 반영한다.

그림 10-1 • 정치의 개념들 사이의 관계

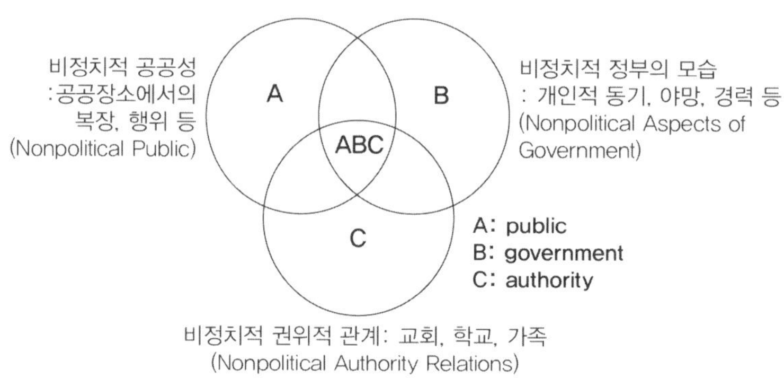

※ James A. Caporaso, and David P. Levine, 1992, *The Theories of Political Economy*, New York: Cambridge University Press.

반면, 경제는 주로 자발적 교환(voluntary exchange)이 이루어지는 시장을 중심으로 작동한다. 시장에서 기업들이 상업적 이윤을 추구하는 활동은, 경제활동 역시 공동의 목표를 지닌 개인이나 집단에 의해 수행된다는 점을 보여주지만, 경제적 행위는 기본적으로 효율성(efficiency), 최소 노력(minimum effort), 그리고 목적 달성을 위한 수단(means to an end)을 중시하며, 단순히 필요한 것을 공급(provisioning)하는 것 이상을 목표로 한다.

첫째, 경제활동은 계산(calculation)에 따라 수행된다(Caporaso and Levine, 1993: 23). 희소한 자원을 활용하여 이윤을 극대화하려는 의도는 경제행위의 핵심 특징으로, 이는 효율성과 제한된 선택이라는 개념에 기반하며, 기본적으로 개인의 사적 영역에서 이루어진다(Weber, 1978). 경제적 계산은 개인이 자신의 욕구를 충족시키기 위해 가능한 모든 수단을 고려하는 행위에 기초하며, 이러한 과정에서 도구적 합리성(instrumental rationality)이 등장한다. 경제학에서 강조되는 합리성은 효율을 최고 가치로 두고, 인간을 목적 자체가 아닌 수단으로 바라보게 만든다.

둘째, 경제는 생산(production)과 순환(circulation)을 통하여 사회에 필요한 물질적 공급(material provisioning)을 하는 행위의 과정으로 정의될 수 있다(Marx, 1964: 41). 생산과 순환을 통해 사회 구성원의 물질적 생활 수준을 유지하고, 재생산과 성장을 추구하며, 가치를 창출하는 것이 경제의 본질적 역할이다. 이러한 과정은 정치와는 구별되는 시장 메커니즘을 전제로 하며, 폴라니(Polanyi, 1944: 71)가 지적한 것처럼 자치적인 시장만을 경제로 간주하는 관점도 존재한다. 그러나 현실에서 국가는 자본 축적과 경제 발전을 위해, 외부성(externalities)이나 사적 영역(private sphere)의 부족한 부분을 보완하는 수단을 제공하는 역할을 수행한다.

그럼에도 불구하고 정치와 경제의 구분은 항상 명확하지 않다. 경제적 거래처럼, 정치적 행위도 종종 고유한 이해관계를 가진 개인이나 집단 간의 상호 호혜적 교환(reciprocal exchange)으로 이루어지며, 정치적 결정에서도 경제적 계산이 필연적으로 작용한다. 반대로 시장의 작동 과정 역시 거래 질서(transaction order)와 배분의 정당성(distributional legitimacy)을 둘러싼 권력의 문제를 포함하고 있어, 정치와 경제를 명확히 구분하기 어렵다.

이러한 관찰에 비추어 볼 때, 정부와 시장이라는 제도적 구분만으로 정치와 경제를 정의하는 것은 불충분하다(Caporaso and Levine, 1992: 24~25). 일부 학자들은 경제적 공공재의 공급을 순수한 사회적 현상으로만 간주하기도 하지만, 실제 경제 활동과 정치적 과정은 서로 상호작용하며 교차하는 영역이 존재한다는 점을 이해해야 한다.

3. 정치와 경제의 관계

시장은 자원과 상품을 공급하거나 요구하는 개인의 선택이 상호작용함으로써 가격을 형성하는 교환 체계로 정의될 수 있다. 이와 같은 관점에서 경제는 사회에 대한 물질 공급의 과정으로 이해되며, 경제행위는 사회 구성원의 물질적 생활 수준을 충족시키는 활동을 포함한다. 즉, 생산과 유통을 통해 사회의 기본적인 수요를 만족시키는 것이 경제의 핵심 기능이다.

경제 활동에서는 특히 재생산(reproduction)과 성장(growth)이 분배(distribution)보다 우선시되며, 수요와 잉여가치(surplus value)를 어떻게 활용할 것인가가 중요한 과제로 부각된다. 이러한 물질적 공급의 관점에서, 개인의 선택보다 전체 경제 시스템의 순환 과정(circulatory process)이 강조되며, 경제 활동의 목표는 희소한 재화로부터 발생하는 수요 문제를 해결하고, 지속적인 경제적 잉여를 확보하는 데 있다.

하지만 시장이 자율적으로 작동한다고 해서 모든 경제적 목표가 자연스럽게 달성되는 것은 아니다. 정부의 역할은 경제 시스템이 안정적이고 효율적으로 기능하도록 보장하는 데 필수적이다. 특히 정부는 자유, 균등, 질서를 수호함으로써 시장의 한계를 보완한다. 자유는 개인과 기업이 창의적이고 효율적인 선택을 할 수 있는 조건을 제공하며, 균등은 경제적 기회와 권리가 공평하게 분배되도록 함으로써 사회적 갈등을 최소화한다. 질서는 거래 규범과 법적 장치를 통해 시장 내의 혼란과 불확실성을 완화하며, 경제 활동의 예측 가능성과 안정성을 확보한다(Caporaso and Levine, 1993: 23).

결국, 경제의 본질적 목표인 번영을 달성하고, 시장의 잠재력을 최대한 활용하기 위해서는 효율성, 성장, 안정이라는 세 가지 차원을 검토하는 동시에, 정부가 자유, 균등, 질서의 원리를 수호함으로써 경제활동이 사회 전체의 물질적 요구를 안정적이고 공정하게 충족할 수 있도록 보장해야 한다(Clark, 1998: 6~20).

1) 효율성과 자유

시장의 효율성을 신뢰하는 고전적 및 신고전적 경제학의 입장에서 볼 때, 완전 경쟁 시장은 몇 가지 예외적인 상황을 제외하고는 최적의 가치 활용을 향해 자원들을 배분한다. 이는 경제학에서 파레토 최적(Pareto-optimality) 혹은 효율적인 경제 상태라고 불리는 상황을 산출한다. 파레토 최적 상태에서는 그 누구도 타인을 더 빈곤하게 만들지 않고서는 자신을 더 부유하게 만들 수 없다(Pareto, 1935). 이러한 시장 메커니즘은 가격 정보가 자원 활용과 상품 판매에 대한 개인 및 기업의 합리적 선택을 유도하는 핵심 신호로 작동하며, 최소한의 정치적 개입하에서 수많은 개별 거래들을 조정한다.

시장은 자유로운 개인들이 상호호혜적인 거래를 수행하도록 허용함으로써 효율성을 달성한다. 개인들은 그들이 시장에 진입하기 위해 보유한 자원이 허용하는 범위 내에서 최대 효용 수준에 도달할 때까지 상호 간의 교환을 지속한다. 경쟁은 이러한 효율성을 촉진하는 중요한 요소이다. 기업과 개인들은 가능한 낮은 가격으로 생산을 가능하게 하는 가장 효율적인 기술을 채택해야 하는 지속적인 압력에 놓이게 되며, 이는 끊임없는 혁신과 비용 절감을 유도한다.

그러나 시장의 효율성에 대해서는 긍정적인 시각만 존재하는 것은 아니다. 비판적 입장에서 볼 때, 현실 시장의 경쟁은 여러 요인으로 인해 불완전한 성격을 지니게 된다. 주요 요인으로는 진입 장벽, 자원의 부동성(immobility), 정보의 비대칭성 및 부족, 그리고 생산의 분화와 기술적 조건에서 비롯되는 권력의 집중(독과점) 등이 있다. 이러한 시장의 불완전성은 결국 비효율성(inefficiency)을 유발할 수 있다. 특히, 높은 거래비용(transaction costs)은 시장 효율성을 저해하는 주요 요소이다. 거래비용은 매매되는 상품의 실질가격에 포함되지 않는 모든 비용, 즉 정보의 수집, 계약의 체결 및 집행, 거래조건의 이행 등에 수반되는 비용을 의미한다. 이러한 비용이 증가할수록 시장이 자원을 효율적으로 배분하는 능력은 감소한다.

또한, 시장 활동의 근저에 놓여 있는 경쟁적인 개인주의 자체가 광범위한 효율성을 저해하는 결정적인 요인이 될 수 있다. 과도한 경쟁은 사회적 결속(social cohesion)을 약화시키고, 그 결과 소외, 무관심, 적대감과 같은 부정적 사회 심리를 유발할 수 있다. 이러한 심리적·사회적 상황은 낮은 생산성, 범죄 증가, 사회 동요 등으로 표출되어 궁극적으로 경제적 효율성에 부정적인 영향을 미친다.

더 나아가, 시장이 경제적 효율성(개인적 선호의 충족)을 달성했다고 하더라도, 그것이 보다 넓은 사회적 효율성을 달성하는 데는 실패하는 경우가 발생한다(Alford and Friedland, 1985). 사회적 효율성은 개인의 구매력으로 충족될 수 없거나, 혹은 집단적인 행동을 통해서만 달성 가능한 목표들(예: 공공재)이 존재함을 인정한다.

정부의 역할은 무엇일까? 바로 시장 불완전성(market failure)에 적극적으로 대응함으로써 효율성을 증가시킬 수 있다. 첫째, 정보의 부족(예: 레몬 마켓)이나 투기적인 과열은 정부의 적절한 규제 조치나 정보 제공을 통해 해결될 수 있다(Akerlof and Shiller, 2010). 둘째, 건전한 경쟁을 저해하는 사적 권력의 집중(독과점)은 반독점법(antitrust law), 규제, 또는 공적인 소유(공기업) 등을 통해 완화될 수 있다. 셋째, 정부는 교육, 훈련, 인프라 투자 등을 통해 생산에 필요한 자원들의 질과 양을 향상시킴으로써 효율성을 간접적으로 촉진한다. 넷째, 경기 후퇴기 동안 정부는 재정 및 통화 정책을 통해 유효 수요를 창출하고 고용을 증가시키는 정책을 추구함으로써 생산과 효율성 회복을 지원할 수 있다(Keynes, 1936).

이러한 경제적 효율성의 제고 노력에 덧붙여, 정부는 시장에서 달성될 수 없는 공공 목표(교육, 국방, 사회보장, 환경보호 등)를 추구함으로써 보다 넓은 사회적 효율성을 달성하는 데 기여한다(Alford and Friedland, 1985). 시민들은 안전한 사회, 깨끗한 자연, 사회적 정의와 같은 비영리적 가치에 대한 선호를 가질 수 있지만, 시장은 오직 이득을 추구하는 구매력 있는 수요에만 반응하기 때문이다. 따라서 비영리적인 가치에 대한 선호가 존재할 때, 사회적 효율성과 번영은 정부의 역할이 필수적이라고 볼 수 있다.

그러나 정부의 활동이 반드시 효율성을 증진시키는 것은 아니며, 오히려 경제적 효율성과 시민의 자율성을 저해한다는 비판적인 주장(정부 실패) 역시 강력하게 제기되고 있다. 첫째, 시장의 힘(경쟁)이 효율성을 달성하도록 강제하는 것과는 달리, 정부 부문(공공재 및 서비스)은 내적으로 효율성을 달성하려는 강한 압력을 받지 않을 수 있다. 공공재는 강제적인 과세를 통해 재정이 공급되므로, 정부는 고객을 잃을 걱정 없이 불만족스러운 서비스도 지속적으로 제공할 수 있다. 둘째, 관료제도가 작동에 있어서 더디고 경직(red tape)될 수 있음을 지적한다(Miller, 1990). 이러한 문제는 자기 이익만을 추구하는 정치인과 관료(rent-seeking)의 행태를 통해 더욱 심화되기도 하며, 이들이 추구하는 높은 수입과 권력의 증가는 공공 자원의 낭비를 초래하여 효율성을 심각하게 저해할 수 있다(임혁백, 1999). 무엇보다, 정부의 규제, 인센티브 변동, 자원 투입 방향 조정과 같은 개입은 의도치 않게 사적 재산권의 안정성을 침해하고, 시장 참여자들의 합리적인 선택과 혁신의 동기를 저해하여 궁극적으로 시장 효율성을 약화시킬 수 있다.

결론적으로, 현대 정치경제학은 시장의 잠재적 효율성과 한계, 그리고 정부의 개입이 가져올 수 있는 긍정적 효과와 부정적 부작용 사이의 복잡한 균형점을 탐구하는 데 집중하고 있다. 최적의 사회적 효율성을 달성하기 위해서는 국가와 시장의 상호작용에 대한 지속적인 연구가 요구된다.

2) 성장과 공평

시장은 경제적인 자원의 활용 가능성과 생산성을 동시에 증진시키는 강력한 메커니즘을 제공한다. 시장은 개인적인 결정의 긍정적 또는 부정적 결과에 직접적으로 영향을 미침으로써 산업 활동에 강력한 인센티브를 부여한다. 이러한 시장의 동기 부여(예: 이윤 추구)의 결과로, 추가적인 자원들이 경제적으로 활용 가능해지고 기존 자원의 질이 향상되며, 혁신과 위험을 감수하려는 기업가 정신(adventurism)이 고취된다.

또한, 시장은 성장을 이끄는 심리적 및 문화적 변화를 촉발한다. 시장은 전통적인 도덕적, 문화적 규범의 제약으로부터 개인을 해방시키고, 개인들이 전통적인 역할과 기대의 틀을 넘어서 자신의 정체성을 창조해낼 수 있도록 함으로써 경제 주체들의 역동성을 높인다.

그러나 성장을 위한 시장의 능력은 여러 요인에 의해 제약을 받는다. 첫째, 성장은 운송 시스템, 교육, 국방 등 광범위한 사회간접자본을 필요로 하지만, 이들은 사적인 이익을 직접적으로 보장해주기 어렵기 때문에 시장 메커니즘만으로는 효율적으로 제공되기 어렵다. 둘째, 정보의 부족에서 비롯되는 불확실성은 성장을 억제하는 주요 요인이다. 투자가들은 자신들이 감내해야 할 위험의 정도를 정확하게 평가할 수 없을 때, 성장에 필수적인 벤처 투자에 재정을 투입하는 것을 주저하게 된다(Akerlof and Shiller, 2010). 셋째, 부와 소득이 너무나 집중되어 소비재에 대한 지출(유효 수요)이 뒤처지는 경우, 시장은 과잉 생산 및 수요 부족으로 인한 경기 침체를 겪게 되어 성장이 억제될 수 있다. 케인즈가 강조한 바와 같이 불황기에 두드러진다 (Keynes, 1936). 넷째, 시장과 관련된 경쟁적 개인주의 역시 성장에 장애를 초래할 수 있다. 사회적 지위를 위한 경쟁은 개인의 영향력을 과시하기 위한 과도한 소비(conspicuous consumption)로 이어져 자원 낭비를 초래할 수 있다. 또한, 과도한 경쟁과 개인주의는 좌절감과 시기심을 조장하여 생산성을 저하시키고 성장에 부정적인 영향을 미칠 수 있다.

그렇다면 정부의 역할은 무엇일까? 경제 성장은 사회가 소비보다 많은 생산을 하고, 이로 인해 얻은 잉여를 생산적인 투자에 투입할 수 있는 능력에 달려 있다. 정부는 이 잉여를 생산하고 활용하는 사회의 능력을 증진시킬 수 있다.

첫째, 자원의 역동적 전환이다. 관습과 전통이 자원을 효율적으로 사용하는 것을 가로막을 때, 정부는 정책적 개입을 통해 이 자원들을 역동적인 생산을 위해 전환시킬 수 있는 능력을 보유한다(Buchanan, 1985). 둘째, 자본 축적을 유도할 수 있다. 정부는 조세 정책, 공공 지출, 그리고 이자율 통제와 같은 통화 정책을 통해 자원들을 소비에서 자본 축적(생산적 투자) 방향으로 전환할 수 있다. 셋째, 인적 자본과 기술 혁신에 대한 투자이다. 교육과 기초 연구에 대한 대규모 재정 지원은 장기간에 걸친 경제 성장의 잠재력을 높이는 데 기여한다. 그리고 정부는 제도적 안정성을 구축하여 불확실성을 감소시킨다. 잘 정비된 재산권, 예측 가능한 법률 체계, 그리고 안정적인 시장 상황을 구축함으로써 개인 투자가들을 위한 제도적 불확실성을 감소시키고 투자를 활성화할 수 있다.

반면, 정부의 활동 역시 성장에 부정적인 영향을 미칠 위험이 있다. 이를 정부 실패(government failure)의 관점에서 볼 수 있다. 첫째, 정부의 징세와 차입(국채 발행)은 생산적인 민간 투자로 이어질 수 있는 가용 자금(loanable funds)을 흡수하여 구축 효과(crowding-out effect)를 유발할 위험이 있다. 둘째, 과도한 규제는 자원들을 가장 효율적인 사용(예: 자유로운 진입과 퇴출)으로부터 이탈시킴으로써 비효율성을 초래하고 경기 불황을 유발할 수 있다. 셋째, 보조금이나 기타 형태의 보호 장치(예: 관세, 수입 제한)는 기업들을 혁신과 현대화의 경쟁적 압력으로부터 보호함으로써 혁신과 성장의 역동성을 저해할 수 있다. 무엇보다 자유시장주의 경제학자들이 우려하는, 개인의 기본권 보장을 위한 정부의 수입 재분배 정책(예: 누진세, 복지 수당, 실업수당)이 생산 활동에 참여하려는 노동 유인(incentives to work)을 떨어뜨리고, 성공을 부인하고 실패에 보상을 제공함으로써 성장을 위한 시장의 잠재력을 잠식할 수 있다고 주장한다(Friedman, 1962).

결론적으로, 경제 성장을 극대화하기 위해서는 시장의 동인과 정부의 제도적 지원이 상호 보완적으로 작용해야 하며, 두 메커니즘의 잠재적 실패 요인들을 효과적으로 관리하는 것이 핵심 과제이다.

3) 안정과 질서

시장은 전문화(specialization)와 교환 관계를 형성함으로써 고도의 상호의존성을 구축하고, 소비자 선호, 기술 발전, 자원 활용 가능성의 변화에 매우 유연하게 반응할 수 있다. 가격 메커니즘을 통해 기업과 소비자들이 각각 자신의 생산 및 소비 결정을 조정함으로써, 이러한 변화들은 즉각적이고 적절한 반응을 유도한다. 이로써 시장은 심각한 불균형이 발생하기 전에 신속한 조정을 통해 경제 안정에 기여한다. 경쟁 압력은 변화하는 사업 환경에 대한 즉각적이고 효율적인 대응에 보상을 제공하는 핵심 동인이다.

금융 시장 역시 안정화에 중요한 역할을 한다. 경제가 침체에 빠지면, 이자율은 하락하여 차입 및 투자가 다시 매력을 가질 때까지 자본 유치를 촉진한다. 역으로 경제가 과열될 경우에는, 치솟는 이자율이 차입과 지출을 억제하여 경제가 다시 안정될 때까지 수요를 조절한다.

그러나 시장은 본질적으로 '호황과 불황(boom and bust)'의 순환(경기 순환)을 내포하고 있으며, 이는 시장이 경제 활동을 조직하는 지배적인 제도가 된 이후 지속되어 왔다. 자본주의 초창기에는 이러한 순환 주기가 주로 투기적인 거품(speculative bubbles)이 발생하는 특정 시장에서 관찰되었다. 예를 들어, 17세기 네덜란드의 튤립 버블(Tulip Mania)처럼, 경제 행위자들이 지속적인 가격 상승을 기대함으로써 거품이 생성되고, 이 거품의 파열은 일부 투자자들의 금융 파산을 초래했다.

현대에 이르러서는 시장의 상호 연결성과 금융 시장의 과도한 확대(financialization)가 국내 및 국제적인 불안정의 순환 주기를 야기한다. 이러한 불안정은 부분적으로 기대심리(animal sprits)로 설명될 수 있다(Akerlof and Shiller, 2010). 투자가들 사이에서 비관적인 심리가 확대되면 이는 실물 경제에 파급되어 경기 후퇴와 실업을 초래한다. 반대로, 과도한 낙관주의는 신규 투자와 높은 지출로 이어져 인플레이션을 촉발할 수 있다.

안정을 위한 정부의 역할은 무엇일까? 적절한 정부 정책은 안정에 필수적인 '기업의 신뢰(business confidence)'를 고무할 수 있다(Wolf, 1988). 심지어 개별 기업들이 반대할 수 있는 정책들조차 경제 전반의 안정에 긍정적으로 기여하기도 한다. 예를 들어, 반독점 정책, 최저임금법, 그리고 진보적인 과세는 안정을 위협하는 부와 권력의 집중을 억제하는 데 도움을 줄 수 있다. 경기 후퇴나 인플레이션이 발생할 경우, 정부는 재정 정책(fiscal policy) 및 통화 정책(monetary policy)을 통해 적극적으로 대응할 수 있다. 재정 정책은 경기 후퇴 시 공공사업 확대 등 정부 지출을 늘리거나 세금을 감면하여 수요를 진작시키고, 인플레이션 시 지출을 축소하거나 증세하여 수요를 억제한다. 반면에, 통화 정책은 중앙은행을 통해 이자율을 조정하거나 통화량을 조절하여 경제 활동의 과열이나 침체를 방지한다.

그러나 정부의 개입 역시 의도치 않은 불안정을 유발할 수 있다. 첫째, 재계 신뢰를 저하시킨다. 자원을 재조정하거나 소득을 재분배하려는 정부의 노력은 기업의 이윤을 감소시키고 재계의 신뢰(투자 심리)를 떨어뜨려 오히려 경기 불안정을 유발할 수 있다. 둘째, 정치적 사업 순환(Political Business Cycle)을 만들어냈다. 재선을 노리는 정치인들은 유권자를 유혹하기 위해 선거 직전에 일시적인 경기 과열을 유도하려는 목적으로 경제를 부양시키며 '정치적인 사업 사이클'을 생성할 수 있다. 일단 선거가 끝난 후 이러한 인위적인 부양 정책들이 철회되면 경제가 급격히 불황에 접어들 위험이 있다. 셋째, 정부 관료들이 선의에 의해 정책을 수행하더라도, 금융 통화 정책(특히 재정 정책)은 불안정을 증가시킬 수 있다(임혁백, 1999). 관료들이 문제를 인식하고, 대응을 마련하며, 정책을 집행하고, 그 결과가 나타날 때까지의 정책시차(policy lag) 동안 경제 상황이 이미 변할 수 있기 때문에, 정책은 더 이상 적합하지 못하거나 오히려 상황을 악화시킬 수 있다. 무엇보다 시장 안정화 메커니즘을 억압할 우려가 있다. 정부가 인위적으로 번영을 유지하려 할 때(예: 비정상적인 저금리 유지), 시장 스스로 안정을 도모하려는 이자율 인상과 같은 메커니즘을 억압하게 된다. 번영이 인위적으로 연장될수록, 그 뒤에 오는 불황은 더욱 심각할 수 있다.

이상에서 우리는 시장이 가지는 효율성과 안정화 기능, 그리고 그것이 내포하는 불안정성의 한계들을 살펴보았다. 또한, 시장 실패에 대응하는 정부 개입의 필요성과 함께 정부 개입의 한계인 정부의 실패와 역효과를 분석했다. 현대 정치경제학은 이러한 논의를 확장하여 소득과 재산의 재분배 문제, 공적인 가치의 재발견, 그리고 공적인 영역과 사적인 영역의 경계에서 작동하는 생산과 교환에 초점을 맞추며 발전해 왔다. 적어도 20세기의 정치경제학은 인접 사회과학의 성과를 흡수하며 발전해 왔기 때문에, 고전적인 분류인 경제는 효율과 사적 영역이며 정치는 민주적 절차와 공적 영역으로 지나치게 단순할 수 있다(김성수, 2025: 서문). 따라서 정치경제학의 궁극적인 과제는 이러한 두 가지 상반된 영역의 유기적이고 상호보완적인 통합을 어떻게 성공적으로 이끌어낼 것인가의 문제를 해결하는 데 있다.

표 10-1 • 정치·경제 제도로서의 시장과 정부

<table>
<tr><th rowspan="5">경제제도</th><th colspan="2"></th><th>효율성</th><th>성장</th><th>안정성</th></tr>
<tr><td rowspan="2">시장</td><td>긍정</td><td>개인 간의 경쟁</td><td>규범의 최소화
기술개발과 자원 증대</td><td>유연성(예: 이자율)</td></tr>
<tr><td>부정</td><td>외부성(externalities),
동기부여의 문제</td><td>사회 인프라의 부족 초래</td><td>독과점 → 불황과 실업으로 이어짐</td></tr>
<tr><td rowspan="2">정부</td><td>긍정</td><td>불안정한 시장에 효율성을 증진시킴
(예: 공공교육 - 기술인력 양성)</td><td>시장의 잉여가치 창출과정에 정부가 개입함으로써 조정 가능
(예: 자본축적에 관여: 세금, 이자율 등)</td><td>불황, 인플레이션 발생 시 정부 개입
(예: 통화·재정정책)</td></tr>
<tr><td>부정</td><td>시장보다는 효율성이 떨어짐(예: 관료주의, 정치적 욕망, 선거 등)</td><td>정부의 개입이 생산적 투자에 부정적 영향을 끼치는 경우</td><td>재산권을 침해할 수 있으며 사업 의욕의 저하로 이어짐</td></tr>
<tr><th rowspan="3">정치제도</th><th colspan="2"></th><th>자유</th><th>공평</th><th>질서</th></tr>
<tr><td rowspan="2">시장</td><td>긍정</td><td>개인의 자유</td><td>수요공급의 성립에 따라 개인의 능력 보장</td><td>지배관계를 상호보존의 교환관계로 환원함으로써 상호의존적 관계를 형성</td></tr>
<tr><td>부정</td><td>비-상품
(non-commodity)
공급의 부족
(예: 국방서비스 등)</td><td>부(富)가 개인의 지위 부여(기회의 평등 결여)</td><td>전통적 가치와 사회구조의 약화 → 자기중심주의</td></tr>
</table>

정부	긍정	시민들의 가능한 선택의 폭을 넓힘으로써 자유 보장(개인 차원에서는 불가능함) (예: 교육, 국방, 사회보장, 환경보호)	사적재산권 외의 기본권(인권) 보장	질서 있는 인간관계의 증진(예: 문화 등)
	부정	때때로 시민의 자유를 제한하기도 함 (예: 세금, 법, 규제)	공평(equity)에 대한 다른 개념들이 존재함	정부의 자원 배분과정에서 시민들의 개인적 이익이 반영될 수 있음 (예: path-dependency, lock-in 효과)

제2절

정치경제학의 기본 분석 틀

아래의 〈그림 10-2〉에 제시된 모델은 정치·경제 체제의 기본적인 개념을 이해할 수 있게 해준다. 이 그림은 상당히 복잡한 생산과 교환 시스템을 극도로 단순하게 도식화한 것이다(Baumol and Blinder, 2001: ch.8; Ruffin and Gregory, 2000: ch.6).

그림 10-2 • 정치·경제체제

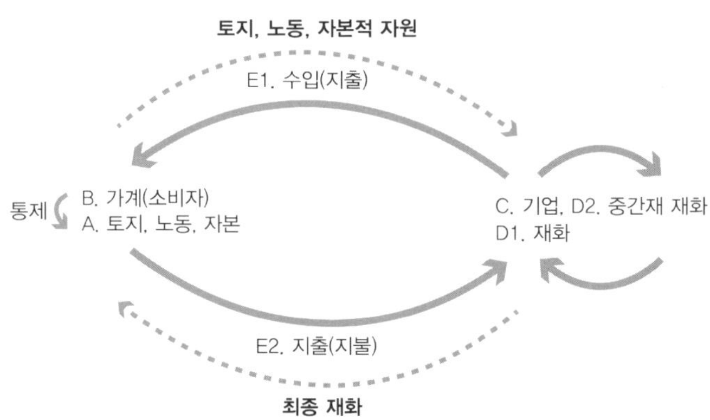

Part A. 경제구조: 수입-지출 모델

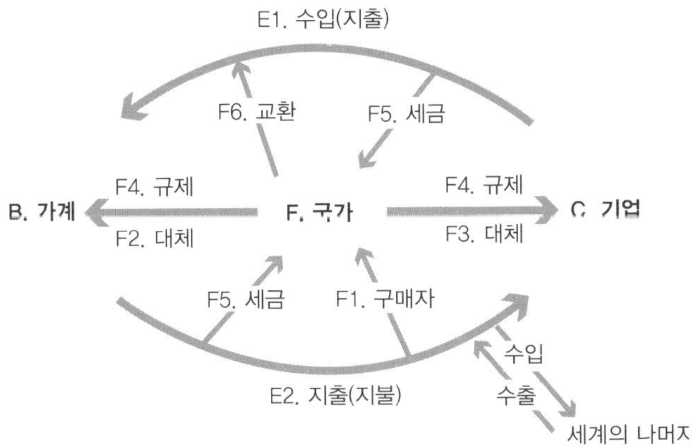

Part B. 국가는 다음의 여섯 가지 역할을 통해 수입-지출 모델을 구성하며 가계와 기업에 공공재를 공급한다.

1. 생산요소, 기업, 가계/소비자

위의 모델에 따르면, 자본주의 발달의 초기에는 토지(land)와 노동(labor), 그리고 자본(capital)으로 구성된 세 가지 생산요소(A)가 경제를 구성하는 기본 요소였다. 이러한 생산 요소들은 경제학 용어에서 가계(household)라고 표현하는 소유자에 의해 통제된다(B). 기업(C)이라고 불리는 몇몇의 행위자들(이 책에서는 '기업'과 '생산자'를 상호교환적으로 사용하게 될 것이다)은 재화(D1)를 생산하기 위하여 이 생산 요소들의 결합을 시도한다.

기업은 자신의 자원들로 재화를 생산하는 단일한 개인일 수도 있다. 예를 들면, 건설현장에서 전기 작업을 하는 임금노동자는 자신의 기술을 통해 건설 현장에 서비스를 제공한다. 또한 기업은 토지와 1차 상품과 같은 미가공품, 노동력, 그리고 자본 등과 같은 다양한 생산 자원들을 사용하는 거대 조직체일 수도 있다. 예를 들면 기업은 목재와 흑연, 고무, 기계, 그리고 노동력과 같은 생산 자원들을 활용해 간단한 형태의 연필들을 생산한다. 기업은 이러한 생산 요소들을 연필이라는 최종 생산물로 바꾸는 것이다. 어떤 재화들은 보다 복잡한 재화를 만들기 위하여 확보되기도 한다. 기업의 생산과정에서 사용되는 이러한 재화들은 일반적으로 중간재(intermediate goods)라고 부른다(D2). 예를 들어, 연필 공장에서는 다른 어떤 기업에 의해 제공되는 흑연과 또 다른 어떤 기업에 의해 제공되는 목재 등을 연필의 생산 과정에서 중간재로 사용한다.

가계는 최종 생산물을 확보하고자 할 때, 노동자에서 소비자로서 두 번째 역할을 담당한다. 소비자는 자신이 원하는 상품을 얻기 위하여 기업과의 교환을 통해 일정한 가치를 제공한다. 이처럼 가계/소비자와 기업 사이에서 등장한 것이 바로 지불체계이다(〈그림 10-2〉 E1과 E2). 기업은 재화를 생산하는 과정에서 필요한 생산 자원들을 적절하게 통제하기 위하여, 가계에 무엇인가를 지불해야만 한다. 소비자의 역할을 담당하는 가계 역시 자신이 원하는 최종 생산물을 얻기 위해서는 기업에 그 무엇인가를 지불해야만 한다. 즉, 상호간의 일정한 지불체계가 성립되는 것이다. 따라서 우리는 어떤 개인이나 집단도 소비자 또는 기업의 역할을 할 수 있으며, 개인과 집단 모두 생산 자원들을 재화로 바꾸거나 최종 상품을 얻는 일련의 과정들에서 상호 밀접한 연관성을 맺고 있다는 점에 주목할 필요가 있다.

지불의 규모(가격)는 자신들이 원하는 재화를 얻기 위하여 자신들이 가진 그 무엇인가를 포기하거나 교환의 대가로 제공할 수 있는 두 행위자 간에 적절한 동의가 이루어졌을 때 성립된다. 경제학 용어에서 각각 행위자들은 교환 이전보다 교환 이후에 보다 높은 수준의 효용성을 확보했기 때문에, 이들은 교환을 통해 '효용성'을 증가시킨 경우라고 할 수 있다. 예를 들면, 감자를 재배하고 있는 어느 한 농부는 고기잡이를 하고 있는 어느 한 어부와의 교환과정에서 어부에게 자신의 감자를 포기하고 제공하는 대신에 어부로부터 어부가 포기한 물고기를 제공받음으로써, 보다 높은 수준의 가치를 확보하여 효용성을 증진시킬 수 있다. 이것은 재화와 재화 간의 직접적인 교환 사례이다.

사실 거의 모든 체제에서는 물물교환이라고 불리는 재화와 재화 간의 상호교환 체제가 있었다. 그러나 대부분의 체제들은 재화 간의 교환을 위한 표준 메커니즘을 발달시킨다. 대표적인 예로 화폐를 들 수 있다. 소비자는 최종 재화를 교환하기 위하여 일정한 금액의 화폐를 생산자에게 지불한다.

만약 소비자들이 공급받기를 원하는 양보다 더 많은 규모의 재화를 기업들이 제공하게 된다면, 분명 그 재화의 가격은 하락할 것이다. 이것이 수요와 공급이 결정되는 원리이다. 만약 수요가 공급보다 적다면, 가격은 떨어질 것이다. 반대로 수요가 공급보다 많다면, 가격은 올라갈 것이다. 이 이론에 의하면, 충분한 규모의 생산자들과 소비자들이 교환을 실시하게 되면 상품의 가격은 수요와 공급의 '균형점(Equilibrium Point)'이라고 알려진 완벽한 균형 지점에 이르게 된다(〈그림 10-3〉 참조). 하지만 1970년대의 석유파동을 전후한 시기와 같이 물가가 상승하는데도 실업이 늘어나는 현상을 스태그플레이션이라고 한다(〈그림 10-4〉 참조). 경제성장을 위한 확장 정책은 물가를 상승시키고, 물가 안정을 위한 긴축정책은 실업률을 증가시키게 된다. 결국 이때 정부는 산업구조조정을 통해 해결책을 찾을 수밖에 없게 된다.

기업이 상품을 생산하는 과정에 필요한 생산 자원들을 확보하기 위해 지불한 것(E1)과 소비자가 자신이 원하는 최종 재화를 확보하기 위해 기업에 지불한 것(E2) 사이에는 어떤 차이가 있을 수도 있다(〈그림 10-2〉 참조). 만약 기업이 상품을 생산하는 과정에서 지불한 비용보다 상품을 판매해서 얻은 이익이 더 많다면, 이 기업은 분명 성공적인 역할을 수행한 것이다. 즉, 지불된 비용을 초과한 금액이 '이윤'으로 기업에게 돌아온 것이다. 그러나 반대로 기업이 상품 판매를 통해 얻은 이익이 생산과정에서 지불한 비용보다 작다면, 이 기업은 분명 실패한 것이다. 즉, 판매이익을 초과한 생산 비용이 기업에게 '손실'로 돌아오는 것이다. 그런 점에서 기업은 당연히 이윤을 최대화하고 손실은 최소화하기 위한 명백한 노력들을 전개한다.

그림 10-3 • 재화의 수요와 공급 간의 관계

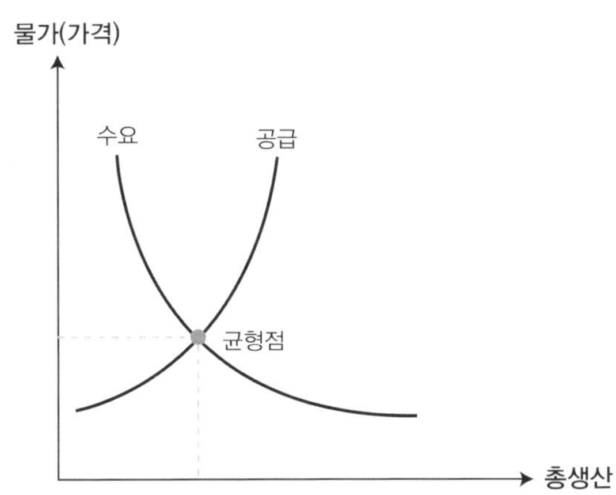

그림 10-4 • 스태그플레이션

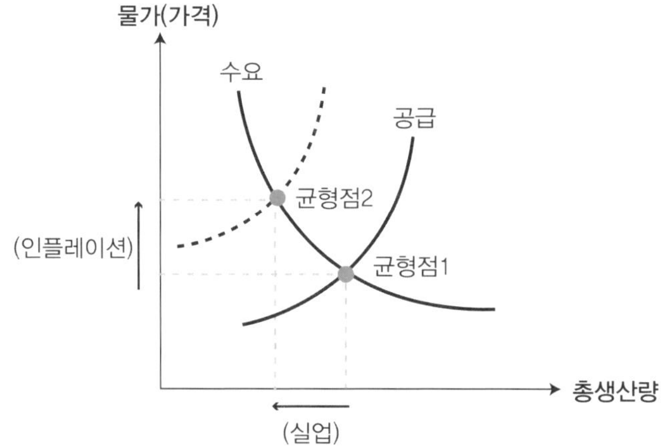

2. 생산과 소비

이와 같은 방식으로 교환체제는 전 세계 곳곳에서 실행되고 있다. 가계는 재화를 얻기 위해 자신들의 자원을 소비하고, 기업은 생산 자원에 대한 대가로서 가계에 소득을 제공한다. 이상적인 측면에서 볼 때, 모든 사람들은 자신들이 보다 필요로 하거나 욕망하는 그 무엇인가를 위해 끊임없이 가치들을 교환한다. 체제가 점점 더 복잡해짐에 따라, 보다 많은 행위자들이 재화의 생산 및 분배 과정에 포함된다. 게다가 화폐를 위하여 재화를 제공하고, 자신이 원하는 재화를 위해 화폐를 제공하는 교환이 지속됨에 따라, 특정한 행위자들은 보다 복잡하고 거대한 교환들을 조직하는 중개인으로 활동할 수도 있다.

이러한 순환이 지속적으로 이루어짐에 따라, 경제체제 내의 모든 행위자들에 의해 보다 많은 재화들이 생산되고, 구입되며, 판매되고, 소비된다. 대부분의 경제체제에 있어 실제적인 교환의 복잡성은 우리의 이해력을 넘어선다. 예를 들어 우리가 상점에서 사과를 구입하고 그 값을 지불한 경우, 과연 우리는 그 가치를 형성하는 데 있어 조금씩 기여해 온 수많은 사람들을 모두 떠올릴 수 있을까? 그것은 사과를 생산하고, 분배하며, 소비하는 일련의 과정들 속의 모든 행위자들을 포함하는 작업이다. 충분한 시간을 가지고 고민에 고민을 거듭한다면, 아마 우리는 우리가 그랬던 것처럼(우리는 사과를 구입하기 위해 비용을 지불함으로써 그 가치에 분명한 기여를 했다!)

그 가치를 형성하는 과정에 관여한 수백여 명의 사람들을 정리할 수 있을 것이다.

만약 다른 사람들이 교환을 통해 우리가 통제하고 있는 생산물이나 재화를 확보하기 위하여 상당한 비용을 기꺼이 지불한다면, 아마 우리는 보다 강력한 재력을 가지게 될 것이다. 이 경우 우리들이 소유하고 있는 자원들의 사용과 관련해 보다 많은 선택권을 가질 수 있을 것이다. 예를 들어, 우리가 등산 중에 200년이 넘은 산삼을 무려 열 뿌리나 캤다고 가정해보자. 이때 우리가 선택할 수 있는 경우의 수는 너무나도 많다. 우리는 열 뿌리 모두를 먹어 버리거나, 일부는 먹고 일부는 팔아서 돈을 확보할 수도 있다. 그리고 그 돈으로 다시 다른 재화나 서비스를 구입할 수도 있다. 즉, 무한히 넓은 가능성의 세계가 펼쳐지는 것이다. 개인적으로 한 번에 다 먹어 버리기보다는 새로운 자원의 꾸러미를 만들 수 있는 선택을 하는 것이 보다 현명하고 합리적일 것이다.

생각해보면, 우리들은 모두 효용을 극대화시키는 전략을 모색함으로써 보다 나은 삶의 질을 향유하고자 한다. 어떤 사람은 화폐나 음식, 또는 귀금속 등의 축적을 원할지도 모른다. 다른 사람은 개인적인 만족을 위해 모든 돈을 소비하고자 할 수도 있다. 또 어떤 사람은 자기 소유의 맨션이나 고급 자동차를 가지기 위해 노력할 것이고, 또 다른 어떤 사람은 축적보다는 무소유를 통해 행복을 추구할 수도 있다.

3. 국가와 세계의 참여

지금까지 우리는 경제체제 모델에 대한 첫 번째 접근을 가졌다. 생산 요소들을 위한 지불과 최종 재화들을 위한 지불의 순환적인 교환은 시스템을 움직이는 동력이 된다. 그러나 이 모델은 지극히 단순한 것이다. 그중에서도 특히 우리는 지금까지의 설명들에서 결정적인 부분을 배제하고 있었다. 바로 정치체제이다. 따라서 〈그림 10-2〉 Part B에서는 국가(F)가 추가되었다. 사실 경제와 국가 사이의 상호작용은 결과적으로 정치경제라는 역동적인 과정으로 귀착된다. 〈그림 10-2〉의 Part B를 보면, 국가는 F1에서 F6까지의 구분을 통해 분류된 6가지 일반적인 방법으로 경제체제에 강력한 영향을 미친다. 따라서 우리는 국가가 어떠한 경제적 활동을 규제할 수 있는지와 재화의 소비자(가계) 혹은 재화의 생산자(기업)를 대체할 수 있는지, 어떤 행위자에게 세금을 부과할 수 있는지, 그리고 어떤 행위자에게 재화와 화폐를 양도할 수 있는지 등에 대해 주의 깊게 살펴보아야 한다. 이것은 6가지 차원의 행태와 관련된 국가의 행동들이 정치경제의 다른 형태들과 구별되는 근거가 될 것이다.

〈그림 10-2〉의 Part B는 경제행위자들의 행태에 영향을 끼치는 국외의 행위자가 존재함을 보여준다. 생산자들은 국가의 잉여 상품들을 국외의 소비자들에게 재화의 형태로 판매할 수 있다. 이를 가리켜 수출이라고 한다. 동시에 소비자들은 국외의 지역 생산자들을 통해 재화를 구매할 수 있다. 이를 가리켜 수입이라고 한다. 그러므로 수입과 수출이 이루어지는 경제체제 안팎에서는 소득의 새로운 흐름이 존재한다(G). 게다가 국가(행위자의 모국이나 타국)는 무역규제를 철폐함으로써 자유를 촉진하는 정책을 수행한다. 이번 장에서는 보다 쉬운 이해를 돕기 위해 세계 잉여 생산물에 대한 정치경제의 역할을 배제하고 있지만, 현실에서 외부 행위자들의 역할은 매우 중요하게 다루어져야 한다.

이상에서 설명한 모델은 또한 일반적인 정치경제 과정을 보여주지만 매우 특수한 경제 행위들에 대해서는 고려하지 않고 있다. 그중에서도 반드시 짚고 넘어가야 할 두 가지 중요한 사실들이 있다.

첫째, 〈그림 10-2〉의 Part B는 전체 모델 속에서 나타나는 특정한 경제행위자의 역할을 명확히 보여주지 않고 있다. 가계는 모든 것을 소비하기보다는 수입의 일부를 저축할 수 있다. 이러한 저축은 금융체계에 포함되어 있다. 이러한 투자자들은 자본을 자원으로 사용하기 위하여 이를 가계에 지불하고, 기업들은 투자자들에게 투자의 대가로 이윤을 배당한다. 현재 금융시스템의 성장과 현실적인 작동은 산업자본주의와 다른 특징들을 낳고 있으며 금융자본과 관련된 국가의 역할은 사회과학과 정치경제 실무에 있어서 그 중요성이 증가하고 있다.

둘째, 이 모델에서는 독립적인 개인들을 경제행위자로 간주하고 있지만, 정치행위자로서 경제활동을 하는 사람들은 개인일 수도 있고, 집단일 수도 있다. 실제 경제에서 몇몇의 행위자들은 생산과 교환의 과정에서 관계된 이익을 증가시키기 위해 다른 행위자들의 자원과 자신의 자원을 결합시킨다. 그들은 협력을 모색하고, 조직과 기관을 구성하며, 자원의 사용을 통제하기 위해 노력할 것이다. 이러한 협력은 개인 소유자들이 공동의 이익을 추구하는 농협이나 노동자 조합 같은 조직에서 나타나고, 카르텔과 같은 시장의 몫이나 가격을 통제할 시 등장하며, 경영자 직능단체나 대기업과 같이 통제되고 비경쟁적인 자본에서 출현하게 된다. 따라서 경제영역에서 발생하는 정치적인 과정과 제도의 문제를 고려하는 것 역시 매우 중요하다 할 수 있다.

제3절 정치경제학의 전개

1. 산업 자본주의의 발달과 민주주의

자본주의가 발달하던 시대, 초기 계몽주의 학자들은 민주주의와 자본주의는 서로 공존할 수 없다고 생각하였다(김성수, 2020: 33~75). 루소(Rousseau)는 자본주의가 계급의 이익을 대변하게 되기 때문에 민주주의의 자유원리에 위배된다고 생각했다. 그는 소유란 자신의 필요와 자신의 노동에 기초해야 하는데 자본주의하에서 인간은 자신의 노동으로부터 소외되며, 과도한 부를 소유한 계급이 가난한 계급을 구속하는 일이 행해질 수 있다고 비판하였다. 공화주의 사상의 선구자인 루소는 정치적인 측면에서 일반의지가 시민사회의 균형을 유지하는 토대가 되며, 이를 통해 인간은 자신을 통치할 수 있는 도덕적 자유를 가질 수 있다고 생각했다. 왜냐하면 일반의지는 개인들의 이익의 합이지만, 동시에 그것을 초월하여 개인들의 자유의지를 실현시키고 사회 전체의 조화와 균형, 진보를 보장하기 때문이다. 따라서 그는 정부가 일반의지를 지키기 위하여 절대적 불평등을 해소해야 할 의무를 짊어진다고 주장한다.

홉스(Hobbes) 역시 자연 상태를 가정하였는데, 그에 따르면 자연 상태에서 사람들은 서로 격리되어 자유스럽게 살아가고 있으며 그 어떤 구속도 없이 자신의 욕망을 채우고 살고 있다. 이러한 상태에서는 정치적 국가도 사회도 존재하지 않는다. 하지만 누군가가 자신의 생명과 재산을 앗아갈 수 있다는 두려움 때문에 사람들은 사회를 형성하여 절대자인 리바이어던(Leviathan)에게 모든 것(사유재산까지)을 양도하여 보호를 받게 된다는 것이다. 그러나 현명한 리바이어던은 개인적 소유를 압류하여 자기 것으로 만들지 않고 사유재산을 보장함으로써 지지를 얻어낸다. 홉스는 현명한 리바이어던은 자본주의(당시는 상업자본주의) 증진을 위하여 일하는 것이 의무라고 한다. 왜냐하면 개인은 생명과 재산을 보호받기 위해서 복종을 선택한 것으로 리바이어던과의 관계에서 작은 권리만 갖게 된다. 재화의 생산, 유통, 분배뿐만 아니라 모든 정치, 경제 관계는 계약적 관계이며 이와 관련된 모든 규칙은 리바이어던에 의해 통제된다. 따라서 군주는 정치권력뿐만 아니라 경제를 증진하기 위한 노력을 하기 때문에, 민주주의는 자본주의와 공존할 수 없다는 결론에 도달했다.

이처럼 초기의 계몽주의 사상가들은 민주주의와 자본주의는 공존하기 힘들다고 하였다. 그러나 점차 민주주의와 자본주의의 상호보완이 가능하다는 주장들이 나오기 시작하였다(김성수, 2004). 벤담(Jeremy Bentham)과 밀(James Mill)의 공리주의 철학은 이러한 변화의 선구자였다(김성수, 2018: 69~74, 135~149). 이들에게 인간은 행복을 극대화하고 고통을 최소화하는 합리적 존재이다. 행복을 측정하는 척도는 재산이다. 공리주의 철학은 개개인의 행복의 합을 사회 전체의 행복으로 보았기 때문에 개인의 재산, 즉 행복을 보호하기 위한 권력을 요청한다. 자본과 노동의 관계에 대한 그들의 성찰은 시장에 대한 국가의 역할로 나아간다. 대부분의 사람들은 노동자이며 가난하다. 이들이 부유해지기 위해서는 자본의 성장이 필요하다. 왜냐하면 자본의 성장을 통해 투자가 증가하고, 이는 곧 고용의 창출과 이윤의 사회적 재분배라는 선순환 고리를 만들어 내기 때문이다. 이러한 과정을 통해 전체적인 사회의 공리가 증가한다. 이러한 선순환 과정에서 국가의 역할은 무엇인가? 사람들은 사회 전체의 행복을 중시하면서도 개인의 사유재산을 보호받고자 하기 때문에 노동의 인센티브를 보장받으려 한다. 바로 여기에 국가의 역할이 있다. 즉, 민주적인 정부는 자본주의 경제를 보호한다는 기본적인 가정이 탄생하는 것이다. 공리주의에 따르면 왕정이나 귀족정치야말로 개인들의 권리와 재산을 침해하기 때문에, 계몽주의와 함께 등장한 자본주의 경제의 노동자와 자본가들은 봉건적 통치에 대항한다는 공통된 이해관계에 입각해 민주정치와 자본주의 경제를 이끌게 된다. 이들은 자본주의의 발달을 위해서는 개인의 권리를 침해하는 왕정 귀족주의로부터 벗어나 개인의 권리를 보호해주는 민주주의가 필요하다고 하였다.

이러한 공리주의 사상은 자유주의와의 조합을 통하여 현대에도 이어지고 있다.

슘페터(Schumpeter)는 그의 저서 『자본주의 사회주의 그리고 민주주의(Capitalism, Socialism and Democracy)』에서 "역사적으로 현대 민주주의는 자유로운 시장 경제활동을 보장한 자본주의의 등장과 함께 시작되었고, 민주주의는 봉건주의를 타파하면서 자본주의 체제가 정립되는 기반을 제공하였다"라고 주장하였다(Schumpeter, 1942).[1] 배링턴 무어(Moore, 1966) 역시 『독재와 민주주의의 사회적 기원(Social Origins of Dictatorship and Democracy)』에서 영국, 프랑스, 미국은 상업부르주아의 등장으로 농업기반 사회를 변화시켜 그들이 자유로운 경제활동을 할 수 있는 자본주의의 등장을 가져오게 된 반면에, 일본과 독일은 지주귀족들이 상업 계급을 지배함으로써 파시스트적 산업근대화와 권위적 체제가 이루어졌고, 러시아의 경우에는 상업부르주아가 근대화의 방향을 제시하는 데 실패하여 혁명적 과정(노동자, 농민의 불만)을 통해 공산주의가 출현하였다고 하였다. 즉, 자본주의의 성공적인 농업사회의 지배와 전환은 지주계급의 몰락을 가져오게 되는 민주주의 등장의 조건이었다(Moore, 1966).

달(Robert Dahl)은 사유재산제, 자유주의 시장경제는 민주적 제도를 가지고 있으며 국유재산제 혹은 계획경제는 권위주의 체제에서 나타난다고 하였다(Dahl, 1990). 또한 근대화이론을 주창하는 학자들은 계량적 접근을 통해 GNP와 민주주의 정치체제는 양의 상관관계를 맺고 있다고 하였다. 이들은 민주주의 체제의 형성에 중요한 교육, 문맹률, 언론, 참여 등의 수준이 경제 수준에 따라 크게 좌우된다고 생각하였다. 이렇듯 초기 계몽주의 학자들이 자본주의와 민주주의의 상존 불가능성을 주장한 반면에 계몽주의 이후의 학자들은 자본주의와 민주주의의 상호보완성을 주장하였다(Lipset, 1993; Lerner, 1958).

필자 역시 자본주의와 민주주의의 관계를 단순한 상호 보완이 아닌 '긴장 속의 공존'으로 파악하였다. 그는 두 체제 간의 필연적 긴장을 인정하면서도, 동시에 그

1) 슘페터는 자본가의 새로운 도전을 통해 만들어지는 창조적 파괴가 자본주의를 붕괴시킨다는 주장으로 사회주의로의 전환을 예측한다. 그 이유는 자본가의 혁신은 점점 경쟁대상을 파괴하기 때문에 기업이 관료주의화 되면서 더 이상 혁신산업이 없어지게 되며, 관료화로 인한 자신의 노력과 비례하지 않는 이미 정량화된 의무와 급여로 사유재산과 계약의 자유를 상실하며, 교육의 확대로 지식인들의 불만이 커지게 된다는 점을 지적했다. 결국 둔화된 시장의 불확실성을 제거하며 사회개선과 기업과 정부 간의 마찰을 줄일 수 있는 효율적 수단으로 정부가 개입하는 사회주의 체제가 등장한다고 주장하였다. 하지만 모든 것의 전제는 놀라운 자본주의 성장이 있기 때문이다.

속에서 조화의 가능성을 강조한다(김성수, 2025). 현대 대부분의 국가는 역사적 경험을 통해 지속 가능한 성장의 최적 조합으로 민주주의를 정치 체제로, 자본주의를 경제 체제로 선택해왔다. 그러나 이 "증명된 조합(proven combination)" 내부에 긴장이 상존한다는 사실은, 두 체제가 단순히 병존한다고 해서 자동적으로 조화를 이루는 것은 아니라는 점을 보여준다.

이 긴장의 본질은 시장 중심 자본주의의 심화가 초래하는 불평등과 그 속에서 발생하는 자유와 권리 간의 불균형에 있다. 다시 말해, 자본주의의 경제적 자유가 강화될수록 사회적 평등을 중시하는 민주주의의 원리와 충돌하게 되는 것이다. 필자는 이러한 문제의 해법을 찾기 위해 우리가 흔히 간과하는 점, 즉 자유주의(liberalism)를 가치중립적으로 이해할 필요성을 제기한다.

자유주의는 봉건적 신분 질서로부터 인간을 해방시켜 능력에 기반한 소유권과 자유로운 시장 활동의 자유를 보장한 자본주의의 사상적 토대이자, 동시에 정치권력을 국민에게 돌려주는 민주주의의 철학적 기반이기도 하다. 하지만 현대 사회는 자유주의를 이 두 체제의 필요에 따라 선택적으로 혹은 편파적으로 해석하는 오류를 범하고 있다. 예컨대 자본주의는 개인의 경제적 자유와 사유재산권만을 절대화하고, 민주주의는 다수의 권리와 평등만을 과도하게 강조하는 경향을 보인다는 것이다.

자본주의와 민주주의가 모두 '개인의 자유와 권리'라는 자유주의적 가치에 근거하고 있다는 사실을 다시 인식할 때, 두 체제 간의 진정한 조화가 가능하다. 특히 그 조화의 매개로서 법의 지배(rule of law)의 중요성을 강조한다. 법의 지배는 시장의 예측 가능성을 보장함으로써 자원의 효율적 배분을 가능하게 하고, 동시에 민주적 의사결정 과정의 공정성을 확보함으로써 사회적 합의의 정당성을 담보한다.

결국 자본주의와 민주주의의 조화를 위한 핵심 조건으로, 자유주의 가치에 기반한 개인의 자유와 권리, 그리고 절차적 정의를 통해 보장되는 다수의 권리(평등)를 함께 포괄하는 균형적 접근을 제시한다(김성수, 2005: 295~296). 그 필자는 이를 통해, 자본주의와 민주주의가 상호 긴장 속에서도 '조화로운 상생의 정치경제 질서'로 발전할 수 있음을 시사하고 있다.

2. 자본주의와 민주주의의 관계

상술한 내용을 더 구체적으로 정리해 본다. 자본주의와 민주주의의 관계를 둘러싼 논의는 오랫동안 정치경제학의 핵심 주제 중 하나로 다루어져 왔다. 자본주의가 민주주의에 긍정적인 영향을 미친다는 견해는, 두 체제의 근본적 가치와 작동원리가 상호 보완적이라는 전제에서 출발한다

첫째, 정치적 자유와 권리는 본질적으로 경제적 자유와 권리로부터 파생되며, 양자는 상호보완적 관계에 있다는 관점이 제시된다. 이러한 인식은 자본주의와 민주주의 모두를 자유주의적 시각에서 이해하는 데 근거한다(김성수, 2005). 자유주의적 관점에 따르면, 경제적 자원을 국가가 독점적으로 통제하는 사회에서는 민주주의의 핵심인 개인의 자유와 권리가 안정적으로 보장될 수 없다. 사회를 향한 국가권력의 침투를 견제하는 대항권력은 자본주의의 기반인 사유재산권과 시장경쟁을 통한 경제 권력의 분산에서 비롯되기 때문이다. 즉, 자본주의 존재 자체가 민주주의적 권리 보장의 제도적 토대를 제공한다는 것이다.

둘째, 자본주의와 민주주의는 동일한 작동원리에 기초하고 있다는 주장도 제기된다. 다운스(Anthony Downs, 1957)로 대표되는 합리적 선택론적 접근에 따르면, 시장에서 생산자는 이윤 극대화를 위해 소비자가 원하는 상품을 제공하듯, 민주주의 체제에서 정치인이나 정당은 국민의 지지를 극대화하기 위해 국민이 원하는 정책을 제시한다. 임혁백(1999: 67)이 지적하듯이, 시장경제와 민주주의 모두 다원적 경쟁구조를 통해 각각 소비자주권과 국민주권이 실현되며, 그 결과 자원의 효율적 배분이 가능해진다. 따라서 양 체제는 경쟁과 선택이라는 동일한 논리를 공유하며 상호 강화적인 관계를 형성한다.

셋째, 자본주의의 발전이 민주주의의 사회적 기반을 성숙시키는 요인으로 작용한다는 근대화론적 관점이 있다. 김호진(1994: 6)은 능력에 따른 소유권을 인정하는 자본주의 발전이 기존의 봉건적 질서와 계급구조를 해체하고 새로운 사회구조를 창출함으로써 민주주의의 사회적 토대를 확립한다고 주장하였다. 경제 발전은 독립적 중산층의 형성과 노동계급의 조직화를 촉진하며, 이들이 정치적·경제적·사회적 시민권의 확대를 요구하게 함으로써 시민사회의 성숙을 이끈다. 또한 이러한 과정이 민주주의의 확산과 공고화에 결정적 역할을 한다고 지적한다(김성수, 2003:

31~138).

반면, 자본주의가 민주주의에 부정적 영향을 미친다는 견해도 존재한다. 이러한 관점은 자본주의와 민주주의가 근본적으로 상이한 조직원리에 기초하기 때문에 필연적으로 긴장관계에 놓인다고 본다. 즉 자본주의가 시장에서 소유나 자본에 비례하여 권력을 배분하는 불평등 체제('1달러 1표주의')라면, 민주주의는 자본의 소유 여부와 무관하게 모든 개인에게 동등한 권력을 부여하는 평등 체제('1인 1표주의')이기 때문이다.

이에 따라 첫째, 자본주의의 구조적 특성인 투자의 사적 통제는 시민의 집단적 선택을 제약하고 민주주의의 근본원리인 '인민의 지배'를 침해한다(Roemer, 1988). 둘째, 사적 소유제도는 자본가에게 권력자원의 동원능력에서 절대적 우위를 부여함으로써 민주주의의 '평등한 접근 원칙'을 훼손한다(Miliband, 1969). 셋째, 경쟁이라는 시장의 논리가 사회 전반을 지배하게 되면 사회적 자본을 많이 소유한 자들의 경제적 결정에 종속되어 '자본에 의한 민주주의의 종속'이라는 결과를 초래한다(Polanyi, 1998: 89). 넷째, 제3세계 국가의 경우 제국주의적 착취구조 속에서 자본주의 시장경제체제는 시장경제는 오히려 민주주의 발전을 저해한다. 종속이론가들에 따르면, 중심부 국가의 경제적 지배는 주변부 국가의 생산·유통·분배 구조를 왜곡시키고, 그로 인해 자율적 민주주의 발전의 사회경제적 기반이 약화된다.

자본주의가 민주주의에 장애 요소가 된다고 보는 주장은 마르크스주의 계열 학자들의 일반적인 주장이다. 자본주의 아래에서의 민주주의는 부르주아 민주주의이므로 결국 계급 간의 갈등이 존재하며, 갈등의 해결은 자본주의의 제거와 사유재산의 금지를 통한 노동 계급의 해방으로 가능하다는 것이다(Poulantzas, 1973; Bobbio, 1989).

한편, 민주주의가 자본주의에 긍정적인 영향을 미친다는 주장도 있다.
첫째, 민주주의는 자본주의를 보호하고 시장을 활성화시키는 제도적 장치로 기능한다. 민주주의 체제하에서 지배계층은 피지배 대중에게 일정 수준 이상의 물질적 양보(예: 고임금, 복지)와 정치적 양보(예: 보통선거권, 정치참여의 자유)를 제공함으로써 체제 전복의 가능성을 줄이고 시장경제의 안정을 도모한다.

둘째, 민주주의의 확대는 피지배 대중의 책임감과 주체의식을 강화하여 사회적 연대와 체제의 안정성을 높이고, 이는 곧 경제발전으로 연결된다.

셋째, 노동계급의 정치참여는 생산방식의 혁신을 촉진하는 긍정적 요인으로 작용한다. 민주주의 제도는 노동자에게 참정권을 부여하고 이익을 대변할 조직을 구성할 수 있게 함으로써, 노사 간 협상과정에서 기업이 기술혁신과 조직혁신을 추구하도록 유도한다. 이는 경쟁력 강화와 생산성 향상으로 이어져 경제발전을 촉진한다.

넷째, 민주주의의 심화는 제도의 합리화와 체제 효율성 제고를 통해 자본주의적 시장경제의 발전을 촉진한다. 성숙한 민주주의는 비합리적 제도를 개혁하고 사회적 비효율을 제거함으로써 인적자원의 효율적 활용과 체제의 합리성을 강화한다.

그러나 민주주의가 자본주의 시장경제에 부정적인 영향을 미친다는 비판도 제기된다. 이러한 논의는 주로 신자유주의적 관점에서 민주주의의 효율성에 대한 의문으로 전개된다. 민주주의는 투표에 의해 구성된 정부가 자원을 재분배하는 체제이기 때문에, 사회 다수가 복지를 선택할 때는 시장의 자율적 자원배분에 비해 비효율적이라는 것이다. 올슨(Olson, 1971)과 프리드먼(Friedman, 1981)은 공권력의 보호가 자발적 이윤추구를 약화시키고 '무임승차'(free-rider)와 '도덕적 해이'(moral hazard)를 조장함으로써 과도한 복지지출과 조세부담을 초래한다고 지적한다. 이러한 복지국가적 개입은 기업의 투자 의욕을 저하시키고 생산과 고용의 정체를 불러, 궁극적으로는 국민 복지의 후퇴로 이어진다는 비판이 제기된다.

요컨대, 자본주의와 민주주의는 서로를 강화하는 상호보완적 관계로 이해될 수도 있지만, 그 내재적 원리의 차이로 인해 상호 긴장과 갈등을 초래할 수도 있다. 따라서 양 체제 간의 관계는 고정된 인과관계라기보다는 역사적·구조적 맥락 속에서 지속적으로 재조정되는 동적 관계로 이해되어야 할 것이다.

제4절

정치경제학의 주요 쟁점

1. 정치경제학의 발전과 주요 쟁점

제2차 세계대전 이후, 적어도 1970년대 후반까지 공공 경제 부문은 놀라운 확대를 경험했다. 공공 지출과 국내총생산(GDP) 간의 관계를 고려할 때, 공공 부문의 규모는 전쟁 이전보다 최소 세 배 이상 증가했으며, 모든 OECD 국가의 국민 총생산(GNP)의 40%에서 50%를 차지했다(Tanzi and Schuknecht, 2000: 6, 52~53).

국가는 경제 및 사회생활에서 이중적인 방식으로 존재한다. 첫째, 국가는 안보 및 국방, 노령자 복지, 보건, 교육, 연구, 운송, 에너지, 통신, 환경 보호에 이르기까지 막대한 비용을 초래하는 수많은 사회적 지출을 제공한다. 둘째, 국가는 지속적으로 규제 및 금융 수단을 통해 게임의 규칙을 마련하고 시장의 결함을 바로잡음으로써 시장의 작동에 개입한다. 그러나 1980년대 이후, 이러한 국가의 역할은 신자유주의로의 전환을 맞이하며 급속하게 축소되는 상황에 직면했다.

경제 자원의 조절을 통한 공공 부문의 활동, 특히 소득과 재산의 재분배는 사회에 매우 중요한 결과를 미치고 있다. 따라서 국가의 활동 수단, 역할, 그리고 그 범위는 현대 정치경제학의 핵심 쟁점이다.

현대의 정치경제학은 주로 다음과 같은 구체적인 질문들을 중심으로 논의를 전개한다. 공공 부문의 규모와 임무인 가장 적절한 국가(혹은 공공 경제 부문)의 규모는 무엇인가? 국가에 부여된 임무(예: 공공재 공급, 복지)는 과연 공공 부문에 의해 완벽하게 보장될 수 있는가? 또한 생산 및 소유 방식으로, 국가는 사회적 급부와 서비스를 스스로 생산할 것인가, 아니면 그것을 민간 부문에 위임해야 하는가? 이와 관련하여 국가는 필요한 경우 공적인 자산을 민영화할 수 있는가? 그리고 재분배 및 규제에 관한 논의이다. 국가는 어떠한 수단으로 소득을 재분배하고 소외된 사람들을 지원하는가? 어떠한 상황에서 민간기업을 국유화하거나 국영기업을 민영화하는가? 민간 부문의 활동을 규율하는 규제들을 유지 또는 감소시켜야 하는가? 마지막으로 재정 및 거시경제 안정을 위한 것이다. 공공 예산은 반드시 거시경제적인 균형에 맞추어 계획되고 집행되어야 하는가? 공적 부채의 한계는 무엇인가?

이러한 국민 경제에 대한 국가의 역할과 시민의 복지를 고려하는 논의는 경제학 내부에서 주로 공공경제학(Public Economics)의 주요 연구 주제이다.

신자유주의 담론의 영향에도 불구하고, 정치경제학의 핵심은 여전히 정부의 역할, 행정 복지 기구의 공고화, 공기업의 활동으로 이루어진 공공 부문에 초점을 맞추고 있다. 그러나 그 범위는 국가 활동에만 머무르지 않고, 공공 부문과 민간 부문의 경계에 대한 관심으로 확대되고 있다. 최근에는 자발적으로 공익과 관련된 재화와 서비스를 제공하는 비영리 민간단체(NGOs, NPOs)들이 증가하고 있다. 이처럼 공적 부문과 사적 부문의 경계를 넘나드는 경제활동은 정치경제학의 새로운 연구 주제가 되고 있다. 또한 정치경제학은 거시경제적 논의에서 벗어나 환경, 에너지, 운송, 교육 등 국가의 특정한 정책들을 연구 대상으로 삼고 있으며, 이는 공공정책 분석(public policy analysis)이라는 복합 학문의 발전을 촉진하고 있다(장행준, 2005: 226~227). 그리고 가장 미시적인 수준에서, 정치경제학은 경제 주체들이 경제 환경을 어떻게 인지하고 해석하며, 어떠한 선택을 내리는지에 관심을 기울인다. 이 분야는 경제학, 정치학, 사회학, 심리학 등 인접 사회과학 간의 활발한 대화(행태 경제학)를 촉진하고 있다.

경제학 이론 체계에서 공공 부문에 대한 연구는 상대적으로 더디게 발전해 왔다. 고전 경제학은 언제나 자유로운 개인들의 생산 및 교환 관계에 초점을 맞추었고, 국가와 공공 부문의 역할은 상대적으로 소홀히 다루는 경향이 있었다. 고전 정치경제학의 창시자인 아담 스미스(Smith, 1986[1776])는 경제 세계가 '보이지 않는 손'에 의해 선천적인 질서를 부여받는다고 주장했다. 이 질서는 합리적 행위자인 개인들 간의 교환과 거래의 결과였다. 비록 스미스 자신이 특수한 이익의 자유로운 표현이 집단적인 복지를 저해할 수 있음을 인식하고 법적·제도적 틀로 이를 억제하고자 했으나(김성수, 2018: 75~91), 그의 자유주의 사상은 후학들이 계속해서 자유로운 개인들 간의 거래에 집중하도록 유도했다. 리카도(Ricardo, 1971[1821]) 등의 고전파는 조세의 결정이 정치 지출의 결정과 독립되어 이루어져야 하며, 공공 지출은 개인의 보호(국방, 사법)로 제한되어야 한다고 주장했다.

19세기 말, 이탈리아 학자들(Pantaleoni, Mazzola, Viti de Marco, Barone 등)과 스웨

덴 학자들(Wicksell, Lindahl)은 국가 활동이 민간 부문과의 경쟁을 유발할 수 있다는 점과 공공 서비스의 불가분성(indivisibility)에 주목했다. 이들은 한계효용학파의 영향을 받아 공공 부문이 민간 부문처럼 소비자들의 욕구에 따라야 한다고 주장했다.

전 세계적인 대공황과 제2차 세계대전, 그리고 냉전 체제에서 확산된 케인스의 이론은 공공 부문(재정적 역할)이 경제적인 균형(완전 고용)을 달성하는 데 필수적임을 명확히 했다(Keynes,1936). 그러나 케인스 이론은 자원 배분과 복지 제공에 있어서 국가가 수행해야 하는 구체적인 역할에 대해서는 명시적으로 언급하지 않았다.

공공 경제 연구가 민간 경제와 동등한 관심을 부여받게 된 것은 1950년대 사무엘슨(Samuelson)과 머스그레이브(Musgrave) 등 케인스 후예들의 기여를 통해서였다. 그러나 이들의 공공 부문에 대한 성찰은 자원의 최적 배분에 대한 공공 부문의 기여를 과도하게 강조했다는 비판을 받았다. 또한, 이들은 시장의 실패에 주목하여 공공 부문의 개입을 강조했지만, 공공 부문에 고유한 정치적 결함(정부 실패)에 대해서는 주의를 소홀히 했다는 지적을 받았다. 이러한 이론적 공백은 1970년대 경제위기(스태그플레이션)와 더불어 통화주의자들의 비판 대상이 되었고, 대안적이며 다양한 경제 연구를 촉진하는 계기가 되었다.

정치경제학은 국가의 역할에 대해 상이한 관점을 가진 두 가지 경향을 중심으로 발전해 왔다. 다분히 공리주의적 논리를 담은 개인주의(individualist) 혹은 자유주의적 관점에서 공적인 결정은 시민-소비자의 개인적 선호를 반영해야 한다는 것이다. 국가는 개인들의 목표를 달성하는 수단으로 간주될 수 있다. 이 접근법은 머스그레이브와 사무엘슨 같은 학자들에 의해 전통경제 이론의 틀 안에서 발전하여, 두 가지 방식으로 확대되었다. 애로우(Arrow, 1951)는 개인적 선호의 집합 시스템에 기초해 집단적인 선호를 설명하는 연구 방법이고, 다른 하나는 뷰캐넌(Buchanan)의 접근방법으로 개인적 선호의 우월성을 인정하며, 정치제도가 개인의 복지를 증진하고 집단적인 면에서 개인의 선호를 구체화하기 위해서만 존재한다고 간주하는 것이다(Van Zijp, 1993; Buchanan, 1980).

국가의 역할에 대한 두 번째 관점은 총체주의(holism)이다. 이러한 관점은 더 이상 개인적 선호에 의지하지 않고 일반이익에 관심을 두며, 기존의 정치 조직에 의지하여 결정을 내린다는 점에서 개인주의적 전통과 구분된다. 이 이론의 주장은 공적인 결정은 개인적 선호, 혹은 효용을 다양하게 만들거나 일정한 구조적 영향력을 끼친다는 것이다.

정치경제학은 공공 부문이 본질적으로 국가 경제의 축을 이루고 있으며, 특히 공공경제 활동이 민간경제 활동과 지속적으로 상호작용하고 있음을 인정한다. 머스그레이브는 이러한 논의를 집약하여 공공경제의 핵심 과제를 세 가지로 제시했다(Musgrave, 1959). 첫째, 자원의 효율적 배분이다. 공공재와 준공공재의 적절한 공급을 통한 시장 실패를 교정하는 것이다. 둘째, 적절한 소득 재분배(Distribution)이다. 조세와 지출을 통한 사회적 정의를 실현한다. 셋째, 경제의 안정화(Stabilization)이다. 재정 및 통화 정책을 통해 경기 변동을 완화시킨다.

결론적으로, 현대 정치경제학의 과제는 시장의 효율성과 국가의 개입이 초래하는 복잡한 효과를 분석하고, 궁극적으로 공공 부문과 민간 부문의 유기적이고 상호보완적인 통합을 어떻게 달성할 것인가의 문제를 해결하는 데 있다.

2. 자원의 최적 배분

자원배분(allocation of resources)이란 제한된 자원을 다양한 용도와 사용자 간에 어떻게 분배할 것인가를 결정하는 과정을 의미한다. 파레토(Pareto)에 따르면, 자원의 최적 배분 상태(Pareto Optimality)란 한 개인의 효용을 증가시키기 위해서는 반드시 다른 개인의 효용이 감소할 수밖에 없는 상태, 즉 타인의 효용을 손상시키지 않고서는 누구의 효용도 더 이상 높일 수 없는 상태를 의미한다. 모든 경제체제가 직면한 근본적 과제는 이러한 자원의 효율적 배분을 통해 사회 전체의 효율성을 극대화하는 데 있다.

이러한 맥락에서 자원은 소비자가 가장 선호하는 재화의 생산에 우선적으로 투입되어야 하며, 동시에 가장 생산성이 높은 산업 부문에 배분되는 것이 바람직하다. 이론적으로는 완전경쟁 체제하에서 이러한 자원의 최적 배분이 자동적으로 이루어진다고 본다. 완전경쟁시장은 모든 경제 주체가 완전한 정보를 공유하고, 진입과 퇴출이 자유로우며, 개별 행위자가 시장가격에 영향을 미칠 수 없는 상태를 전제한다. 이러한 조건이 충족될 경우, 시장의 자율적 가격조정 메커니즘을 통해 자원은 사회적으로 효율적인 방향으로 배분된다.

그러나 현실의 경제에서는 독과점 구조, 정보의 비대칭성, 불완전한 제도적 장치, 그리고 비합리적 심리 요인 등 다양한 제약이 존재하기 때문에 시장의 자동적 조정 기능만으로는 최적의 자원배분이 달성되기 어렵다. 따라서 실제 경제에서는 정부의 정책적 개입이나 제도적 보완을 통해 시장의 실패를 보정하고, 효율성과 형평성을 조화시키는 자원배분 메커니즘을 구축하는 것이 필요하다.

시장에 대한 국가의 개입은 주로 시장 실패(market failure)의 발생과 관련하여 정당화된다(〈그림 10-5〉 참조). 시장 실패란 시장의 자율적 작동만으로는 자원의 효율적 배분이 이루어지지 않거나, 사회 전체의 후생이 극대화되지 못하는 현상을 의미한다(Bator, 1958: 351~379). 시장 실패의 주요 원인은 크게 세 가지로 구분된다.

첫째, 시장지배력(market power)의 형성이다. 특정 경제주체가 독점(monopoly), 과점(oligopoly), 혹은 카르텔(cartel)과 같은 형태로 시장을 지배하게 되면 가격 결정력이 집중되어 경쟁이 제한된다. 이러한 불완전 경쟁은 자원의 효율적 배분을 왜곡시키고, 소비자 후생의 손실(deadweight loss)을 초래한다.

둘째, 외부효과(externalities)의 존재이다. 외부효과란 한 경제주체의 행위가 제3자의 효용이나 생산비용에 영향을 미치지만, 그 효과가 시장 가격에 반영되지 않는 현상을 말한다. 대표적인 예가 환경오염이다. 기업이 생산과정에서 오염물질을 배출함으로써 사회 전체에 비용을 전가하더라도, 시장은 이를 적절히 내부화하지 못한다. 그 결과 자원의 배분은 비효율적 상태에 머물게 된다.

셋째, 공공재(public goods)의 문제이다. 공공재는 비배제성과 비경합성이라는 특성 때문에, 개인의 자발적 시장 거래를 통해 효율적으로 공급되기 어렵다. 국방, 치안, 공공도로, 환경보호 등은 사회 전체에 필요한 재화이지만, 그 수익이 개별 생산자에게 충분히 귀속되지 않기 때문에 시장 참여자들은 이를 적극적으로 공급하지 않으려는 경향이 있다.

이처럼 시장의 자율적 기능만으로는 효율적 자원배분이 이루어지지 않는다는 점에서, 현대 정치경제학의 주요 쟁점은 시장 실패를 어떻게 교정할 것인가에 맞춰져 있다.

서구의 사회민주주의 전통은 시장 실패를 자유방임적 자본주의 체제에서 필연적으로 발생하는 구조적 문제로 인식한다(김성수, 2018: 216; Caporaso and Levine, 1992:

119~121). 이들은 시장의 효율성을 회복하고 사회적 형평성을 확보하기 위해 국가의 적극적인 개입을 정당화한다. 예컨대, 케인스(Keynes)는 고전학파가 실업을 개인의 선택이나 경기 순환에 따른 자발적 현상으로 본 것과 달리, 유효수요의 부족이 실업과 경기불안을 초래한다고 보았다. 따라서 정부는 재정정책과 통화정책을 통해 총수요를 조절하고, 경기의 안정 및 고용 수준을 유지해야 한다고 주장하였다.

반면, 신자유주의는 시장의 자율성과 경쟁 원리를 중시하며, 국가 개입에 대해 근본적인 회의론을 제기한다. 프리드먼(Friedman, 1962)은 시장의 실패가 곧바로 정부 개입을 정당화하지는 않는다고 주장하였다. 그는 오히려 정부 실패의 가능성을 경고하였다. 정부 실패란 정책 결정과 집행 과정에서 관료적 비효율, 정보의 불완전성, 그리고 지대추구(rent-seeking) 행위로 인해 자원배분이 왜곡되고 사회적 비용이 증가하는 현상을 의미한다(Grindle, 1991: 41; Samuels and Mercuro, 1984). 이러한 관점에서 신자유주의는 시장 실패를 교정하기 위한 방안으로 시장 중심적 개혁인 규

그림 10-5 • 시장실패

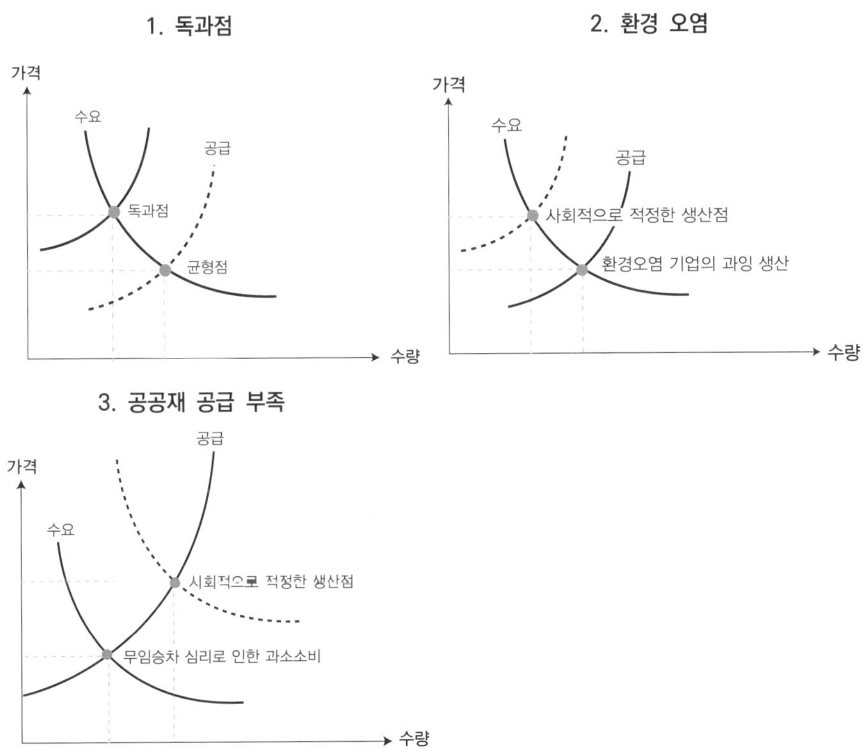

제 완화, 민영화, 경쟁 촉진을 제시한다.

한편, 마르크스주의의 전통은 이들 주류경제학의 시각과 근본적으로 다른 출발점을 가진다. 마르크스주의는 자원의 비효율적 배분이 단순한 시장 실패가 아니라 생산수단의 사적 소유와 자본주의적 생산관계에서 비롯된 구조적 문제라고 본다. 따라서 문제의 해결은 정부의 한시적 개입이 아니라 생산수단의 사회화와 자원의 사회적 관리를 통해서만 가능하다고 주장한다. 즉, 시장의 실패는 비정상적 예외가 아니라 자본주의 체제의 본질적 속성이며, 이를 극복하기 위해서는 시장 중심의 자원배분을 대체할 사회적·집단적 관리체계가 필요하다는 것이다.

결국, 시장 실패에 대한 처방은 경제학적 패러다임에 따라 상이하다. 사회민주주의는 국가의 조정 기능을 통해 시장의 결함을 보완하고, 신자유주의는 시장 메커니즘의 자율성과 경쟁을 강화함으로써 효율을 추구하며, 마르크스주의는 체제 자체의 전환을 통해 근본적 해결을 지향한다. 이러한 논의들은 국가와 시장의 관계, 그리고 자원의 효율성과 형평성 간의 균형이라는 현대 정치경제학의 핵심 문제를 구성한다.

3. 소득과 재산의 재분배

경제학에서 재분배(Redistribution)는 소득, 부, 또는 자산이 한 사회 구성원으로부터 다른 구성원에게 이전되는 것을 의미하며, 특히 사회의 취약 계층을 이롭게 하기 위해 부유층이 빈곤층을 원조할 의무를 이행하는 과정이다. 이러한 재분배 의무의 근원과 효과에 대해서는 상이한 학문적 관점이 존재한다. 재분배 의무의 근원은 크게 두 가지 관점에서 논의된다.

첫째, 윤리적 및 구조적 책임이다. 마르크스주의 경제학에서는 부유층이 빈곤층을 착취하는 사회 구조 자체를 비판하며, 과도하게 축적된 부에 대한 사회 환원 책임을 강조한다(Sherman,1995: 70~71). 즉 부의 축적이 근본적으로 불평등한 생산 관계의 산물이라는 인식에 기반한다.

둘째, 시장 효율성 및 기회 균등이다. 주류 경제학은 재분배를 통해 더 많은 사람을 소비자로 만듦으로써 생산과 고용을 자극하는 경제적 효용에 주목한다. 또한 재분배는 개인들이 더 나은 삶의 수준을 누릴 수 있도록 동등한 기회를 제공하는 사회적 투자로 간주된다. 소득 재분배는 시장 경제의 비효율성(예: 노동량과 보상의 불일치)을 바로잡고 개인의 수입 격차를 평등하게 만드는 정책 목표를 지닌다.

이러한 논의는 자본주의 발전 과정에서 심화된 경제적 불평등, 주기적인 경기 침체, 공황 및 실업 등 심각한 사회 문제가 발생함에 따라 작은 정부론에 대한 재고를 요구하는 역사적 맥락과 연결된다. 케인스(Keynes)는 건전한 국민 경제 발전을 위한 정부의 적극적인 역할을 강조했다. 피구(Pigou)는 복지 개념을 화폐 척도와 관계, 실질 국민소득인 경제적 복지와 비경제적 복지로 구분하고, 경제 성장을 통한 국민소득의 증대, 분배의 평등화, 고용, 물가, 경기 안정이 경제적 복지를 증대시킨다는 명제를 제시하며 분배의 중요성을 역설했다(Pigou, 1912: 3~4).

오늘날 소득 및 부의 재분배는 과세, 복지, 국유화 등의 수단을 통해 이루어진다.

첫째, 과세를 통한 소득 및 재산의 균등화 효과는 소득 배분, 고용 규모, 자원 배분에 영향을 준다. 소득 균등화를 위해 누진소득세가 주로 활용된다. 예를 들어, 소득이 높을수록 높은 세율을 적용하여 소득 격차를 완화한다. 그리고 경제적 불평등의 원인이 주로 재산의 불균등한 상속에서 유래할 경우, 누진 상속세를 통해 세대 간 부의 이전을 균형 있게 조절하여 급진적 경제적 불평등을 방지한다

둘째, 사회 보장은 저소득층의 교육, 보건, 주거 등 기초 생활 지원을 통해 구매력과 수요를 유지시킴으로써 생산과 경제 성장을 도모함과 동시에 공적 부조와 사회보험 등의 사회적 안전망을 구축한다. 공적 부조는 주로 빈곤층을 대상으로 하며, 납세 능력이 없는 극빈곤층에게 납세자의 부담으로 무상 급여를 제공하는 완전한 재분배 성격을 가진다(기초생활보장제도). 사회보험은 실업, 재해, 질병, 노령에 대한 정책으로, 그 재원은 개인과 기업이 보험료 형태로 부담한다. 보험 급부는 피보험자인 개인에게만 지출되며, 이는 부분적인 재분배 성격을 지닌다(국민연금, 건강보험, 고용보험).

마지막으로, 부의 재분배는 한 사람이 보유한 자산을 다른 사람에게 이전함으로써 경제적 평등을 달성하려는 정책을 의미한다. 국유화는 민간 부문의 자산을 공공부문으로 이전하는 대표적인 재분배 수단 중 하나이다.

하지만 재분배 정책에 대한 비판자들은 그 효과와 부작용에 대해 다음과 같은 주장을 제기한다.

첫째, 성장 저해론(Incentive Erosion)이다. 과도한 조세는 부유층과 기업의 투자 의욕을 떨어뜨리고, 가계의 소비 및 저축을 억제하여 전반적인 경제 성장을 가로막는다는 주장이다(Friedman, 1962). 비판자들은 역사적으로 삶의 수준 향상은 재분배 수준이 낮았던 시기에 일어났다고 주장하며, 재분배를 위한 고율의 세금이 생산 활동에 참여하려는 동기(incentives to work)를 약화시킨다고 본다.

둘째, 국가 의존 및 자활 의지 저해한다고 주장한다. 복지와 재분배 관련 국가 활동이 가난한 사람들의 자활 의지를 저해하고 국가에 대한 의존을 강화시킨다는 비판이 제기된다. 이는 도덕적 해이(moral hazard) 문제와 연결된다.

셋째, 공공선택 이론(Public Choice Theory)은 재분배 정책이 정부에 대한 영향력이 결여된 가난한 사람들보다는 정치 권력자들(관료, 이익 집단)을 이롭게 하는 경향(Political Capture)이 있다고 주장한다. 이는 재분배 과정에서 발생하는 비효율성(rent seeking) 문제를 지적한다(특정 이익 집단의 로비에 의해 복지 혜택이 가장 필요한 계층이 아닌 다른 계층에게 집중되는 현상).

결론적으로 현대 정치경제학은 재분배 정책이 추구하는 성장, 평등, 안정의 경제적 복지 증진의 필요성을 인정하면서도, 이 과정에서 발생하는 시장 인센티브의 왜곡, 조세 부담의 비효율성, 그리고 정치적 실패의 가능성을 동시에 분석하며 최적의 균형점을 모색하고 있다.

4. 공공경제와 물가의 안정화

오늘날 자본주의 국가에서 인플레이션(inflation) 현상이 일상화되고 있다는 인식은, 가격 구조의 자동 조절 기능이 경직화되었음을 반영하는 동시에, 팽창한 정부 부문이 경기 조정과 지속적인 경제 성장을 위해 무리하게 유효 수요를 확대한 결과로 설명되기도 한다(Hayek, 1979). 그러나 인플레이션을 유발하는 요인은 단순히 정부의 통화 관리 실패나 전반적인 초과 수요로만 설명할 수 없을 만큼 복잡하고 다양하다. 현재의 인플레이션은 임금 인상 압력, 인플레이션에 대한 기대 심리, 해외 경기 회복에 따른 원자재 확보 경쟁, 부문별 수급 불균형, 대기업의 자의적인 가격 결정, 단기 자금의 투기적 이동 등 수많은 요인의 복합적인 작용으로 이해된다.

인플레이션의 원인과 이에 대한 처방은 경제학파별로 상이한 설명을 제시한다.

전통적으로 케인스학파는 인플레이션을 수요견인(demand-pull) 현상으로 해석한다(Keynes, 1936). 즉, 총수요가 총공급을 초과할 때 인플레이션이 발생한다는 것이다. 케인스학파와 통화주의학파 모두 인플레이션의 근본 원인을 수요와 공급의 불균형에서 찾지만, 처방 방식에서는 현저한 차이를 보인다. 케인스 이론에 따르면, 불완전고용 상태에서는 총수요 증가가 생산량을 확대시킬 뿐 물가 상승을 유발하지 않으며, 완전고용에 도달한 이후 총수요가 계속 증가할 때 비로소 물가가 상승한다. 따라서 인플레이션 억제를 위해 케인스학파는 긴축재정정책을 처방한다. 이는 정부 지출을 줄이고 조세를 조정하여 흑자 재정을 유지함으로써 국내 통화량을 축소시키고, 이를 통해 물가를 안정시키려는 접근이다. 그러나 이 과정에서 금리 인상에 따른 투자와 소비 위축, 경기 둔화의 부작용이 발생할 수 있다. 반대로 경기 침체기에는 정부가 재정지출을 확대하여 국내 통화량의 증가로 물가가 상승하지만 총수요를 진작시키고 경기 회복을 유도할 수 있지만 적자가 누적된다. 결국 케인스학파는 경기 상황에 따라 호경기에는 긴축, 불경기에는 팽창이라는 균형재정의 원리를 중시한다.

이에 반해 통화주의학파는 인플레이션의 원인을 화폐공급의 과잉에서 찾는다. 프리드먼(Friedman, 1959; Friedman and Schwartz, 1963: 676~677)은 화폐의 유통속도가 일정하지 않음을 인정하면서도, 물가 수준이 결국 화폐량의 증가에 의해 좌우된다고 주장하였다. 즉 화폐수량설에 따르면 다른 조건이 일정할 때, 화폐공급이 화폐수요를 초과하면 인플레이션이 발생한다. 따라서 통화주의적 처방은 통화량을 직접적으로 조절하는 긴축금융정책에 초점을 둔다. 중앙은행은 금리 인상, 국공채 매각을 통한 시중 유동성 흡수, 지급준비율 인상 등 다양한 수단을 통해 시중 자금을 회수하고, 이를 통해 인플레이션 압력을 완화할 수 있다. 예컨대 금리를 0.25%p 인상하더라도 실질적으로 2~3% 수준의 수요 억제 효과를 기대할 수 있다.

한편, 인플레이션을 설명하는 또 다른 접근은 비용인상설(cost-push theory)이다(Kemp, 1979; Canto, Miles and Laffer, 1983). 이 이론은 현실의 시장이 완전경쟁 상태가 아니며, 독점적 공급자가 가격을 통제함으로써 인플레이션이 유발된다고 본다. 특히 임금인상설은 불완전고용 상태에서도 특정 산업의 강력한 노동조합이 생산성 증가율을 초과하는 임금 인상을 요구할 경우, 생산비용이 상승하고 이는 제품 가격

인상으로 전이되어 사회 전반의 물가를 끌어올린다고 설명한다. 이러한 임금인상은 시장지배력이 강한 기업에서 쉽게 관철되며, 이는 다시 다른 산업으로 파급되어 구조적 물가상승을 초래한다. 이윤인상설(Weintraub, 1978) 또한 비슷한 맥락에서, 기업이 노동조합의 임금인상 요구를 수용하면서도 이윤을 유지하기 위해 상품 가격을 인상하게 되고, 결과적으로 물가 상승이 촉발된다고 본다.

이상의 다양한 이론적 관점을 종합할 때, 정부의 물가안정정책은 다음과 같은 방향으로 전개될 수 있다. 기본적으로 물가안정의 목표는 생산과 고용에 과도한 충격을 주지 않으면서 통화의 구매력을 유지하는 데 있다. 이를 위해 정부는 직접적 가격통제정책과 간접적 물가관리정책을 병행할 수 있다. 전자는 생활필수품이나 임금에 대한 직접적인 가격 규제를 통해 물가를 억제하는 방식이지만, 시장의 자율성을 침해하거나 규모가 큰 경제에서는 부작용이 발생할 위험이 있다. 반면, 간접적 정책은 수요와 공급의 조절을 통해 인플레이션을 완화하려는 접근이다. 과도한 수요가 존재할 경우 생산 보조금 지급이나 세제 혜택을 통해 공급을 확대하고, 필요 시 수입을 늘려 공급을 보완할 수 있다. 또한 정부는 독과점 방지정책을 통해 기업의 이윤인상 압력을 제어하고, 재정지출 축소, 금리 조정, 지급준비율 인상 등을 통해 총수요를 억제함으로써 물가를 안정시킬 수 있다.

무엇보다 인플레이션은 단일 요인으로 설명될 수 없는 복합적 현상이며, 이에 대한 정책적 대응 또한 단선적인 접근이 아니라 수요·공급·구조적 요인을 모두 고려하는 종합적 경제 관리가 필요하다.

제5절

정치경제학의 과제

이번 장에서는 정치경제와 관련된 정치체제를 분류해보았으며 각각의 특성에 관한 접근법들을 살펴보았다. 개념들은 정치학 및 경제학적 언어의 혼합이 요구되는 추상적인 것들이다. 정치경제적 관점에서 이념에 따라 가치를 두는 지향점은 다를 수 있다. 고전적 자유주의자들은 위계질서와 개인, 보수주의자들은 위계질서와 공동체, 급진주의자들은 평등과 공동체, 그리고 현대적 자유주의자들은 개인과 평등에 초점을 맞추고 있다. 이 네 가지 이념형은 현대 정치학의 주요 흐름으로서, 정치체제와 경제체제의 관계를 이해하는 데 매우 중요하다. 정치체제와 경제체제는 국가와 매우 밀접한 연관을 지니고 있으며, 이들을 분리하여 논하는 것은 현실적으로 불가능하다. 정치체제는 생산 양식과 자원 분배 측면에서 경제체제와 깊은 연관을 맺으며, 이 내부에서는 상당한 변화가 지속적으로 발생하고 있다. 극단적인 사례를 들면, 어떤 국가는 사적 행위자의 모든 활동을 보장하는 반면, 다른 국가는 경제 활동을 오로지 국가가 통제하고 계획한다.

국가 정치경제의 타당성을 평가하는 것은 현대 정치 세계의 효율성을 이해하기 위한 핵심 논의이다. 최근 계획 경제에 대한 옹호는 여러 국가의 지도자와 국민 사이에서 쇠퇴하고 있다는 주장이 있지만, 현대 자본주의 사회 자체가 거대 기업과 정부의 협력에 의해 경제의 방향성이 좌우되는 계획 경제의 성격을 내포하고 있다는 관점도 존재한다.

현대 시장을 단지 사적 영역으로 치부하여 자유주의의 원리인 개인의 자유만을 적용해서는 안 되며, 정부의 개입과 이에 힘입은 기업의 확장성을 볼 때 공공의 영역으로 간주해야 한다고 주장한다(Bowles and Gintis, 1987). 이는 시장에도 민주주의의 원리가 적용되어야 한다는 시각을 반영한다.

역사적 사례를 통하여 국가가 경제적 번영의 길로 가려면 포용적 사회, 이는 사유재산을 보호하는 자본주의하에서 자유로운 경제 활동이 보장되는 시장경제를 핵심으로 한다고 주장한다(Acemoglu and Robinson, 2012). 하지만 이러한 제도가 반드시 포용적 제도를 보장한다는 것은 아니다. 공정한 경쟁의 장이 마련되지 않는다면, 시장을 지배하는 소수 대기업의 독과점으로 인해 기업 혁신과 중소기업 창업, 그리고 일자리 창출이 위축될 수 있다. 그리고 개인의 자율성과 창조성을 지지할 수 있는 노동과 복지의 상호 연동적인 시스템이 부재한다면, 사회적 갈등과 저항이 확산될 수 있다. 필자는 상생하는 공동체를 구성하기 위한 핵심 정치경제 원칙은 "모든 시민의 존엄성을 상호 인정하고 보호할 수 있는 환경을 구비하는 것"이라고 강조한다(2025: 296). 이러한 이상적인 균형점은 법의 지배와 절차적 합의를 기반으로 한 유연하고 책임감 있는 판단을 통해 지속적으로 탐색되어야 한다.

정치경제학의 핵심적 시대적 과제는 현실의 모순을 진단하고 더 나은 공동체를 위한 대안을 제시하는 데 있으며, 자본주의적 경제성장이 개인의 능력과 시민적 도덕성을 자동으로 고양시킨다는 통념은 비판적으로 성찰될 필요가 있다. 이러한 인식은 삶의 편의성이라는 제한된 측면에서는 타당할 수 있으나, 실제로는 19세기 이후 심화된 양극화와 연대의 해체를 정당화하며 시장 경쟁의 승자만을 미덕의 주체로 미화하는 정치적 담론으로 기능해 왔다. 자유와 권리를 인간의 존엄과 자율성 실현의 필수 조건으로 보는 자유주의 역시 공리로 존중되어야 하지만, 그 자율성을 실질적으로 누릴 수 있는 주체가 사회의 소수에 그치고 다수가 물질적 제약 속에서 자유의 행사를 제한받는다면 제도적 조정이 불가피하다. 따라서 자유주의·자본주의·민주주의가 상호 보완적으로 작동하는 상생의 정치경제학을 모색하는 일은 학문적 과제를 넘어, 시대의 구조적 모순을 치유하고 보다 정의롭고 행복한 사회적 진보를 위한 실존적 요구라 할 수 있다(김성수, 2025: 280).

결론적으로, 우리는 "모든 국가가 현실 경제 및 정치적 발전에 무관하게 동일한 정치경제 체제에 의해 운영되는 것이 최선의 방법일까"라는 근본적인 의문을 가질 수 있다. 만약 세계 여러 국가들의 현재 진행형인 정치·경제체제의 변화를 인정한다면, 국가들이 채택하는 정치적 선택에 관한 수많은 과제와 중요한 의문들에 대한 이해를 얻을 수 있을 것이다. 정치경제학은 이러한 관점의 다양성을 통해 이 의문들을 해결하려는 시도를 지속해야 한다.

제11장

정치발전론과 민주주의 공고화

제11장

정치발전론과 민주주의 공고화

정치체제의 변화는 오랫동안 근대화(Modernization)라는 개념을 통해 논의되어 왔다. 근대화는 산업혁명, 자본주의 발전, 시민혁명 등 막스 베버가 합리화 과정으로 정의한 서구의 특유한 발전 과정을 후대 학자들이 정립한 개념이다. 정치학에서 근대화는 매우 중요한 주제로 다루어졌으며, 특히 제2차 세계대전 이후 신생 독립국의 발전을 연구하는 과정에서 근대화에 의해 촉발된 정치적 변동과 발전에 대한 연구는 비교정치의 고전적인 영역으로 볼 수 있다.

이러한 연구들은 경제 발전과 정치 발전의 상관관계, 그리고 대중의 정치 참여와 정치 체제의 제도화 간의 관계 등을 활발히 탐구했다. 그러나 근대화론과 정치발전론은 곧 심각한 비판에 직면했다. 특히 경제 성장이 민주주의로의 이행을 보장한다는 주장이 제3세계 국가들의 권위주의 및 전체주의화 현상 앞에서 설명력을 잃으면서 이론적 한계가 명백해졌다.

1990년을 전후하여 국제 질서가 재편되면서 비교정치의 주제는 근본적으로 바뀌게 된다. 소비에트 연방과 동구권 공산주의 국가들의 해체, 그리고 공산주의 블록 외부의 권위주의 정권 몰락으로 인해 현실적으로 진행된 자유민주주의 및 시장경제 체제로의 이행이 핵심 연구 대상이 된 것이다. 이로써 민주주의 전환(transition)및 민주주의 공고화(consolidation)를 분석하는 새로운 이론적 흐름이 탄생했다. 이 흐름은 과거 정치발전론이 주목하지 않았던 정치적 행위자 중심의 연구가 급속히 발전했다는 점이다. 권위주의 독재 체제의 엘리트 집권자들과 민주화를 주장하는 저항 세력 간의 전략적 선택과 타협을 분석하는 미시적 접근이다. 따라서 민주화 과정에서는 민주주의로의 이행 메커니즘뿐만 아니라, 민주주의와 국가 및 시민 사회의 관계를 복합적으로 분석하고 있다.

민주화에 대한 비교정치론적 논의는 단순한 전환을 넘어 공고화에 대한 과학적 분석으로 확대되었다. 이는 단순히 민주주의적 제도의 수립이라는 정치 체제의 변동이 민주화의 종료가 아니라는 것을 의미한다. 진정한 민주주의 체제의 수립은 국가와 사회 구성원들이 새롭게 수립된 민주주의 정치 체제의 정당성을 인정하고 신뢰할 수 있을 때 가능해진다. 민주주의 공고화를 설명하기 위해서는 민주주의 체제의 안정과 지속적인 발전을 위한 국가의 역할과 시민 사회의 역할 모두가 필수적으로 고려되어야 할 것이다(김성수, 2024).

제1절 근대화 이론과 종속 이론

1. 근대화의 개념과 요소

근대화는 르네 데카르트(Descartes)와 바뤼흐 스피노자(Spinoza)로부터 시작된 인간 중심의 철학과 산업 혁명으로 절정을 이룬 역사적 변동 과정을 가리킨다. 이는 구체제의 붕괴와 근대적인 산업 사회의 출현을 핵심으로 하는 거대한 사회 변화이다. 근대화 과정은 17세기부터 19세기까지 유럽과 북아메리카 등 서구를 중심으로 진행된 정치적, 경제적, 사회적 변화를 의미한다. 비록 서구에서 시작되었지만, 20

세기 전후로 아시아, 아프리카, 남아메리카 등 비서구 지역으로 확산되면서 그 변화의 양상과 특징은 매우 다양하고 복잡한 성격을 띠게 되었다.

근대화라는 거대한 사회 변동을 이해하기 위해서는 먼저 전통사회와 근대사회의 구분을 이해해야 한다. 전통사회는 가족과 같은 1차 집단 중심이었고, 가족의 지위가 곧 개인의 지위이자 사회 전체의 가치로 인식되었으며, 생존을 위한 경제활동이 중심적으로 이루어졌다. 반면, 근대사회는 기업, 노조, 단체 등 2차 집단을 중심으로 사회적 지위가 곧 개인의 지위가 되었으며, 사회가 복잡해짐에 따라 비개인적인 경제활동이 활발해지고 민족국가(Nation-State)가 출현하며 정치·경제·사회·문화·심리 발전에 이데올로기적 자극제가 되었다.

사회학자 파슨스(Talcott Parsons)는 전통사회적 행위 유형이 감정적(affectivity)요소에 영향을 받기 쉽고 집단적(collectivism)이며 귀속적(ascriptive judgement, 신분 및 세습) 특징을 지닌다고 보았다. 이에 반해 근대적 행위 유형은 감정 중립적(affectivity neutral)이고 개인적(individualistic)이며 업적 중심적(achievement-oriented)인 특성을 가진다. 또한 전통사회에서는 사회적 기능이 분산되어 있고 신분이나 세습제 등 특수기준에 의해 편익이 배분되지만, 근대사회에서는 사회 관계가 세분화되고 보상 체계도 신분적 기준보다는 객관적·보편적 기준에 근거하게 된다. 근대사회는 전통사회에 비해 지역적 및 사회적 이동성이 높으며, 1차 산업 중심의 폐쇄 경제를 기반으로 하는 전통사회와 달리 2차 산업을 중심으로 하는 교환 경제를 기반으로 한다(김홍우 외, 2002: 298).

산업혁명은 정치·경제·사회적으로 노동의 분화를 촉진했다. 수공업(manufacturing)에 의존하던 경제활동은 공장제 공업(industrializing)으로 변화하여 소품종 소량생산에서 다품종 대량생산으로 생산성의 놀라운 향상을 가져왔다. 특히 방적기의 발명은 기계제 공업으로의 진보를 의미했으며, 면공업 성장을 통해 기계 중심의 대량생산 경제체제를 확립했다. 자동화로 기계가 인간을 대체하면서 시민들은 다양한 일에 종사하게 되었고 생산성은 더욱 증가했다. 이러한 노동 분업은 경제 시장 구조를 변화시켜 각종 조직 설립을 촉진하고 시장이 자체적인 구조를 형성하게 했다. 경제 양상은 물물교환에서 이윤 획득을 위한 경쟁 구조로 변화했으며, 기술과 자본력을 확보한 조직들은 독과점을 통해 막대한 부를 축적했다. 결국 노동 분업은 경제의 전문성과 조직화를 통해 규모의 확대를 가져왔다. 이 과정에서 생산성 향상을 위한 정부 역할이 증대되어 권력의 집중화 경향이 두드러졌고, 재화에 대한 기호 변화 등 각종 문화 변화와 복잡·다양한 인간관계의 확대가 일어났다.

사회과학에서 근대화 개념은 정치·경제·사회·문화 등 전 영역의 진보와 동의어로 사용되며, 근대화되지 못한 국가는 근대화되어야 한다는 당위성을 내포한다. 이러한 시각을 가진 학자들은 잘사는 나라일수록 민주주의 유지 기회가 많아지며, 높은 수준의 산업화, 도시화, 부, 교육 등의 지표들이 민주주의의 정치적 상관 요인 형성과 밀접하게 관련된다고 지적하거나(Lipset, 1959: 69~105), 국가가 경제적·사회적으로 더욱 발전할수록 정치적으로 더욱 진보하려는 경향이 있다고 주장했다(Cutright, 1963). 근대화에 대한 이러한 당위론적 사고는 이후 근대화를 위한 일정 단계론 주장(Huntington, 1969)이나 사회적 안정을 강조하는 주장, 근대화와 발전을 구분하는 시각 등으로 다양하게 변화했다.

2. 근대화 이론과 유형

많은 학자들이 근대화의 과정을 규정하려고 시도해왔으며, 이 중 하나의 이론은 이 과정을 각 사회가 거치는 일련의 단계들로 정의한다. 가장 일반적인 정의는 근대화를 전통적·근대적, 기계적·유기적 등 두세 가지 단계로 단순화하는 진화론이지만, 이러한 용어들은 너무 광범위하여 추상적인 유형화에 머무른다.

민주화를 근대화라는 거대한 역사적 변화의 산물로 보는 구조적 관점에 따르면, 산업화로 자본주의의 발달은 민주주의를 촉진시킨다는 확고한 믿음이 존재한다. 근대화는 인류가 겪게 될 보편적인 역사적 경험이자 산물로서, 모든 사회가 근대화를 통해 민주주의의 길로 들어서게 된다는 가정이 제2차 세계대전 이후 1960년대까지 사회과학의 정통 이론으로 군림했다. 이 이론은 자본주의가 창출하는 경제적 풍요가 교육받은 중산 계급을 형성하고, 세속주의 증대 및 원시적 유대의 축소와 같은 민주주의에 도움이 되는 문화적 변화를 가져온다고 본다(Lipset, 1960: 45, 51). 로스토우(W. W. Rostow, 1971a, 1971b)는 ① 전통사회, ② 도약을 위한 준비단계, ③ 도약단계, ④ 성숙을 향한 추진단계, ⑤ 고도의 대중소비단계, ⑥ 질적인 성장단계 등 여섯 가지 단계를 제시했다. 오르간스키(A. F. K. Organski, 1973)는 정부 역할을

① 원시국가의 통일, ② 산업화, ③ 국가의 복지, ④ 풍요의 단계 등 네 단계로 구분하고, 국가 목적 달성을 위한 정부 효율성 증대 관점에서 정치 발전을 규정했다. 그리고 블랙(C. E. Black, 1966)은 ① 전통사회에 대한 근대성의 도전, ② 근대화 주도 지도력의 공고화, ③ 도시적·공업적인 사회로의 경제 변모, ④ 사회의 통합 등을 근대화 단계를 평가하는 기준으로 언급하며 단선론적 진화론을 극복하려 했다.

사회경제적 발전과 민주화의 계량적 입증에 대표주자는 립셋(S. M. Lipset)이다. 근대화가 소득과 교육 수준 향상을 가져와 민주화를 가능하게 한다는 가설을 통계적으로 입증하고자 노력했다. 그는 사회경제적 발전(부, 산업화, 도시화, 교육 등)과 민주주의의 상관관계 조사를 통해 민주화된 국가일수록 높은 수준의 사회경제적 발전이 이루어지고 있음을 밝혀냈고, 국가가 잘 살수록 민주주의를 유지할 확률이 높다는 것을 간접적으로 증명했다(Lipset, 1960). 러셋(B. M. Russett) 역시 사회경제적인 발전 정도에 따라 민주적인 정치체제의 출현이 비례적으로 나타나며, 국가의 사회경제적 수준이 높아질수록 체제는 포괄적이거나 다두정치(Polyarchy)에 가까울 가능성이 크다고 통계적으로 주장했다(Russett, 1965).

또한 헌팅턴(Samuel Huntington) 역시 근대화로 인한 경제 발전이 민주화에 중요한 요인들 중의 하나라고 판단한다. 비민주적인 권위주의 체제에 동요가 생기는 것은 정당성의 하락과 밀접한 관련이 있는데, 지속적인 군부의 정치개입은[1] 단기적으로 효율적인 측면이 있기 때문에 불가피한 경우가 있다고 하더라도 장기적으로 부정적인 요소가 훨씬 더 많다고 평가한다. 따라서 군사정권들이 애초에 공약한 경제개발의 달성에 실패하는 경우, 심각한 정당성 문제에 직면할 것은 당연한 일이고, 만약 어느 정도 경제개발에 성공하였다 하더라도 경제개발 달성 이후에는 다른 정치적 목표와 가치를 제시하고 집권의 대의명분을 밝혀야 하지만 그 이상의 집권은 명분이 없다는 주장이 제기되는 이른바 정권수행 딜레마에 빠짐으로써 불가피하게 정치무대에서의 후퇴를 강요당하게 된다는 것이다(Huntington, 1991: 46~55). 또

1) 한편, 군부의 정치개입은 쿠데타를 주도하는 군사지도자의 개인적·심리적 의지와 군이 독점하고 있는 폭력이라는 수단, 전문기술, 군사 리더십과 같은 능력, 그리고 문민 정치인의 정치 관리의 실패, 정당의 미발달, 낮은 수준의 정치문화, 국가통일의 결여, 부정부패의 만연, 사회불안과 무질서 등 정치·경제·사회적인 여건과 명분을 제공하는 기회 요인 등이 상호 복합적으로 작용하여 발생한다.

한 권위주의 체제 하에서의 경제 발전은 중산층을 확대시키는데 이들이 민주화를 강력히 요구하게 된다는 것이다. 경제 발전으로 형성된 중산층은 높은 교육 수준과 함께 시민문화를 간직하게 됨으로써 민주주의로의 복귀를 권위주의 정권에 강하게 요구한다는 것이다.

이처럼 근대화를 통한 자본주의가 민주주의에 긍정적인 영향을 미친다는 측면에는 대표적으로 다원주의적 관점을 들 수 있다. 다원주의 관점에서는 자본주의 경제를 근대화의 한 과정으로 간주하며 민주주의를 정치 참여의 권리 및 기회의 신장이라는 관점에서 규정하고, 국가를 발전된 정치제도로 규정한다. 요컨대, 근대화는 시민들의 의식 변화를 이루게 하여 민주주의의 근간이라 할 수 있는 참여를 활성화하기 때문에 다원주의에 있어서 자본주의와 민주주의는 사회 발전을 이룰 수 있는 필수불가결한 요소이다. 또한 참여를 통하여 개인 간의 경쟁과 갈등이 발생하고, 개인들의 중첩적인 집단의 가입 등의 현상으로 첨예한 의견대립이 아닌 사회적 합의를 도출하게 되어 경쟁과 갈등의 심화로 발생할 수 있는 사회의 혼란은 완화되고 사회는 발전되어 가는 것이다.

한편, 헌팅턴은 『변동하는 사회의 정치질서(Political Order in Changing Societies)』에서 근대화에 수반되는 급격한 사회적·경제적 변동에 직면한 사회의 안정을 강조했다. 근대화는 산업화, 경제성장, 사회유동성의 증대, 정치 참여 등을 함축하는데, 헌팅턴은 새로운 집단의 정치개입을 제한하고, 대중매체의 보도와 높은 수준의 교육에 대한 접근을 한정하여 대중의 동원화를 억제함으로써 근대화과정을 통제하고 규제하려는 정책을 지지했다. 그는 대중의 높은 정치참여로 인한 불안정과 혁명의 불확실성보다는 현상유지를 선호하였기 때문에 민주주의보다는 정치적 퇴보를 어떻게 막아낼 것인가에 집중했다. 근대화가 불러일으키는 정치체제에 대한 도전과 참여 확대의 요구는 이를 수용할 수 있는 국가 능력의 한계를 불러일으키기 때문에 민주적 제도화와 질서 간의 불균형은 억압을 초래할 가능성이 있으며, 보다 많은 참여를 유도하는 요구의 극단적인 증폭은 퇴보와 불안정을 초래할 수 있다는 것이다(Huntington, 1969).

그림 11-1 • 헌팅턴의 정치발전 모델

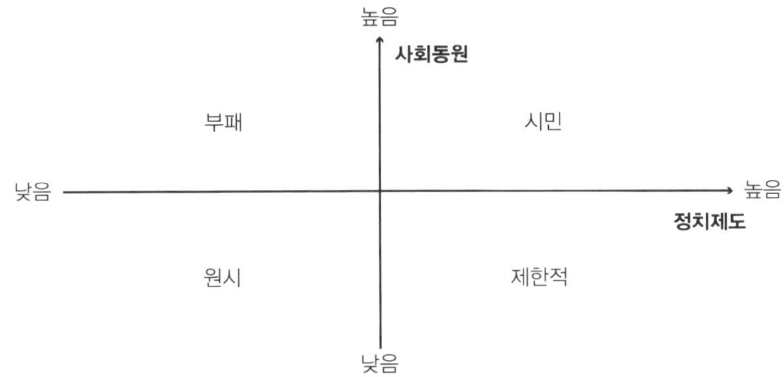

헌팅턴의 복잡한 모형은 정치변동을 사회적·경제적 조건의 단순한 산물로서 이해하는 학자들의 단선적인 성장론을 보완하는 역할을 할 수 있다. 그러나 그는 변동에서 나타나는 사회적 붕괴의 위험성과 그 위험성을 억제하는 것을 지나치게 강조하여 안정, 질서, 균형, 조화의 가치 등에 의존하는 보수적인 성향을 노정한다는 비판점을 갖는다. 그는 궁극적으로 대중이 참여하고 동원되는 사회가 잠재적으로 지니는 분열적인 성격보다는 권위를 통한 제도적인 안정을 강조하였다. 이 같은 헌팅턴의 보수적 견해는 민주주의보다는 권위주의를 옹호한다는 비판을 받는다.

3. 제3세계의 근대화론과 종속 이론

1) 제3세계의 근대화 이론

근대화 과정을 촉발시킨 사상, 제도, 경제적 여건이 해당 사회에서 자생적으로(endogenous) 발생했는지, 아니면 외부적 충격이나 외생적 영향(exogenous)에 의해 비롯되었는지에 따라 분류할 수 있다(하비슨, 2017). 이 분류에 따르면 제3세계, 특히 아프리카 국가들은 주로 외생적 근대화를 경험한 국가들이다. 반면 영국, 독일, 일본 등 서구 제국과 일부 동아시아 국가들은 자생적 근대화를 이루었다.

자생적 근대화 국가들(예: 영국)은 근대화의 특징들이 오랜 세월에 걸쳐 서서히 진행되었으며, 공업화는 무역, 통신, 교육 등에서 이미 상당한 진전이 이루어진 후 발생했다. 이에 필요한 자본과 기술은 대부분 국내에서 획득되었다. 그러나 제3세계를 포함한 여타 지역에서는 근대화가 비교적 최근에 급속히 일어난 결과, 과거와의 단절 현상이 심했고, 산업화는 근대화와 거의 동시에 진행되었으며, 기반이 되는 자본과 기술을 주로 외국에 의존했다. 그 결과, 토착 자본가나 부르주아 계층은 독자적인 정치 세력으로 성장하지 못하고 국가의 비호나 외세에 의존하는 경향이 강했다. 이러한 두 가지 종류의 근대화는 매우 상이한 정치적 결과들을 초래했다.

(1) 급격한 사회 변동과 갈등의 축적

근대화가 오랜 세월에 걸쳐 서서히 이루어진 서구 유럽에서는 각계각층의 인구와 사회 세력들이 변화에 적응할 시간적 여유를 가질 수 있었다. 그러나 불과 한 세대에 지나지 않는 시기 동안 급속한 변화를 경험한 제3세계 국가들은 갑작스러운 변혁에 적응할 여유를 갖지 못했다. 이로 인해 사회적 동원(예: 도시화, 교육 수준 향상)만 급속히 확대되고, 여러 사회 조직과 정치 세력들 간에 마찰과 갈등의 씨앗이 축적되었다.

(2) 갈등 구조의 외부 전가와 민주주의 발전 지연

근대화 및 공업화가 외생적이냐 자생적이냐의 여부는 정치 세력과 경제적 계급들 간의 갈등 구조에도 큰 차이를 가져왔다. 외부로부터 자극된 근대화 과정을 밟은 나라들은 사회 변동의 충격과 부작용이 발생할 때 그 책임을 외부(선진국, 제국주의 등)에 전가하기 쉽다. 이 때문에 외부의 적에 대항하여 국내적 단결을 유지하기는 용이하나, 그 대신 내부적 개혁이 지연되기 쉽다. 반면, 안으로부터 시작된 근대화는 실패하더라도 책임을 외부에 쉽게 전가할 수 없기 때문에, 경제적 갈등이나 정치적 투쟁은 자연히 국내적 모순을 주요 쟁점으로 하며, 귀족, 부르주아, 노동자 등을 주축으로 하는 갈등 구조는 오랜 시간을 거쳐 서서히 민주주의로 정착되었다.

외생적 근대화 국가들의 경우, 부르주아 계급의 전통이 약하기 때문에 이들의 기능을 통상 지식인이나 정부가 떠맡는 경우가 많다. 토착 자본가 및 부르주아 계급의 정치적 기반이 약한 만큼, 변화의 충격과 그로 인해 생기기 쉬운 사회 각 부분 간, 때로는 종교 또는 부족 간의 갈등을 흡수·조정할 수 있는 갈등 해결 장치(예: 안정된 제도)가 제대로 마련되지 못했다(Graham, 2019). 이 때문에 정치 변동은 종종 폭력과 강압적 수단을 수반하며 단절적으로 전개되는 경향이 강하다.

(3) 불리한 국제 경제 환경과 기술 종속의 위험

제3세계 국가들은 선진국에 비하여 경제적 기회와 기술 수준에서 커다란 격차가 존재하는 상황에서 근대화를 경험했다. 선진국들은 공업화 당시 식민지로부터 값싼 원료를 확보하거나 제품을 팔 수 있는 손쉬운 시장을 가질 수 있었고, 독자적인 무역 및 금융 체계를 창설하고 운용했다. 그러나 후진국은 식민지가 없을뿐더러, 선진국의 무역 및 국제 금융 체제의 지배 속에서 공업화를 추진해야 하는 어려움에 직면했다. 이러한 여건 속에서 자립적인 발전 계획을 세우고 추진하는 것은 매우 어려운 일이다.

물론 후진국은 선진국들이 이미 개발해 놓은 기술을 곧바로 사용할 수 있어 막대한 기술 개발 부담과 시행착오 과정을 반복하지 않고 발전할 수 있는 이점(후발주자 이점)도 있다. 그러나 선진국의 최신 기술은 후진국의 여건이나 고용 사정에 부적합한 경우가 많으며, 기술을 선진국에 의존할수록 자립적 발전을 이루기는 그만큼 어려워질 위험성이 존재한다.

(4) 정치 주도형 발전과 권위주의화 경향

제3세계의 발전은 대부분 선진국을 따라잡겠다는 정치적 의지가 앞서기 때문에 정치 주도형(State-led) 내지 중앙집권적 특성을 갖는다(Wade, 1990; Amsden, 1989). 선진국에서는 경제 체제의 변화가 먼저 일어나 정치 변동을 이끌었으나, 후진 지역에서는 국제 사회에서의 지위 향상을 위한 정치적 의지가 근대화의 원동력이 되어 경제 발전을 촉진했다. 근대화 과정에서 정치는 이른바 브레인 역할을 담당했다. 이 때문에 자본 축적과 투자의 효율성이 높아지고 짧은 기간 내에 높은 경제 성장을 이룬 나라도 많지만, 동시에 행정의 비대화와 중앙집권화로 인한 부작용 또한 수반되었다. 선진국의 정치와 행정은 경제가 발전함에 따라 점차 민주화된 것에 비해, 후진국의 경우 경제 성장이 빠른 나라일수록 정치 체제가 권위주의화되고 행정 체제가 더욱 관료화하는 경향이 나타난다.

(5) 국민 요구의 중첩적 발생과 정부 능력의 한계

근대화 과정에서 정부가 당면하는 과제나 정부에 대한 국민의 요구 체계에도 선진국과 후진국 간에는 큰 차이가 난다. 대부분의 선진국들은 야경 국가관이 지배적인 이념일 때 근대화가 시작되어, 국가는 경제 활동에 크게 개입하지 않고 자율성을 부여하는 것을 이상으로 삼았으며 국민의 요구도 비교적 단순하고 점진적이었다.

이에 반해 후진국에서는 많은 문제(예: 빈곤, 불평등, 도시화, 인구 증가)들이 근대화를 시작하면서부터 일시에 중첩적으로 발생했다. 더구나 교통·통신의 발달로 인해 선진국의 문화와 정치이념이 한꺼번에 유입되어 전시 효과(demonstration effect)와 기대 수준을 높였다. 선진국에서 전래된 복지 국가 이념과 소비 문화에 대한 기대는 정부에 대한 국민의 기대 수준을 더욱 높여 정치에 커다란 압력 요인으로 작용했다. 급격한 사회 이동, 인구 증가, 도시화, 문자 해득률의 증대 등으로 말미암아 참여 의식은 고양되었고, 이에 따라 정부의 서비스와 권력의 정당성에 대한 국민의 요구도 점점 높아지게 되었다. 이는 '배제된 자율성(excluded autonomy)'의 문제로 설명된다(Evans, 1995; Onis, 1991). 실제로 정부가 갖는 능력이 이와 같은 요구 수준을 감당하지 못할 때, 권력에 대한 대항 세력이 생기거나 정부에 대한 비판적인 태도가 팽배해지면서 후진국의 정치 상황은 늘 불안정해지는 경향이 있다.

2) 종속 이론 및 종속적 발전론

경험적으로 소수의 신흥공업국(NICs; Newly Industrialized Countries)을 제외하고, 식민지 시대 이후 경제 발전을 시도한 대부분의 저개발 국가들은 큰 성공을 거두지 못했다. 이러한 저개발 국가들이 경제 발전 과정에서 어려움을 겪는 원인을 고도로 발전한 선진 국가에 대한 취약성 및 의존성 때문이라고 분석하는 이론이 바로 종속 이론적 접근법(Dependency Theory) 또는 세계체제 이론(World-System Theory)이다. 이 이론은 특히 아프리카 사례를 통해 다시 주목받고 있다.

종속 이론적 접근법은 이념적 요소와 기술적 요소를 모두 가지고 있으며, 제3세계의 후발 국가들이 현재의 선진국들이 과거에 경험했던 것과 동일한 발전 과정을 따를 수 없다고 주장한다(Isbister, 1998). 이는 후발 국가들이 발전을 추구하는 현재의 세계체제가 선진국들이 직면했던 과거의 세계체제와 근본적으로 다르기 때문이다.

이념적인 측면에서 종속 이론은 선진 '자본주의/제국주의' 국가에 의한 오랜 착취의 역사를 주요 문제로 설정한다. 선진국들은 수십 년, 심지어는 수세기 동안 그들의 경제, 군대, 그리고 세계 체제에 대한 정치적 지배를 통해 개발도상국들의 정치 경제를 조종하고 통제해 왔다. 실제로 자본주의 국가들이 20세기 말에도 번영을 지속할 수 있었던 주요 원인 중 하나는 개발도상국 정치 경제에 대한 지속적인 착취이다. 착취는 자본, 시장과 가격, 과학 기술 등에 대한 전반적인 통제를 통해 이루어진다. 자본주의 국가들은 저개발 국가들을 지속적으로 희생시키면서 막대한 이익을 거두며, 선진국들의 이러한 행위는 후발 국가들의 발전을 저해한다.

종속 이론의 기술적인 요소는 유사한 분석을 제시하지만, 전적인 책임을 모든 자본주의 국가에게만 두지 않는다는 차이가 있다. 오히려 이들은 많은 경제 행위자들이 이용하는 경제적 계층화에 책임을 묻는다.

중심부(Core)인 계층의 최상위는 미국, 독일, 일본 등 선진국 거대 기업들, 세계적인 금융기관, 그리고 중국의 '일대일로' 정책을 추진하는 정부와 같은 강력한 행위자들로 구성된다. 주변부(Periphery)인 계층의 최하위는 개발도상국의 마을들로, 여기서 많은 행위자가 착취에 관여한다. 자원은 지방의 경제 행위자들에 의해 착취되며, 이들은 다시 보다 강력한 핵심적 행위자들에 의해 착취당한다(연속적인 착취). 주변부 국가들은 중심부 국가들을 위한 천연 자원의 공급자이자 값싼 노동력의 제공자 역할을 담당한다. 그리고 반주변부(Semi-Periphery)인 중간적 집단 국가들(예: 브라질, 멕시코, 남아공, 대만)이 존재한다. 반주변부 국가의 행위자들은 주변부를 이용하는 동시에 중심부 국가에 의한 착취 수준을 제한할 수 있다.

대부분의 개발도상국에서는 특정한 현대적 영역과 일련의 부유한 행위자들이 등장하는데, 이는 이들이 국제적인 자본가들과 협력하기 때문이다. 그러나 이러한 국가에서의 발전은 매우 불균등한 형태로 나타난다. 국가의 관료 체제와 억압적 군부와 같은 '국가 영역'과 몇몇 제한된 '경제 영역'에서는 구조적이고 기술혁신적인 발전이 분명하게 나타나지만, 나머지 영역에 존재하는 인구의 대다수는 여전히 저개발과 빈곤이라는 상황 속에 갇혀 있다(Cardoso and Faletto, 1979; Heredia, 1997).

에반스의 브라질 분석에 따르면, ① 다국적 기업과 ② 브라질의 자본가 계급, 그리고 ③ 브라질 국가 기구와 같은 세 가지 주요 행위자들이 상호 협력적인 동맹체를 구성하였다. 다국적 기업으로 대표되는 특정 집단들은 이 동맹체를 통해 브라질의 풍부한 자원으로부터 발생하는 대부분의 이익을 사실상 배타적인 형태로 획득하는 반면, 브라질의 대다수 국민은 여전히 가난하고 후진적인 상태에 놓여 있다(Evans, 1979).

주변부 국가들이 이용할 수 있는 경제적 옵션은 국제적인 환경의 다른 행위자들에 의해 극도로 제한된다. 연속적인 착취에 저항하는 소규모 운동이 간헐적으로 일어나고 있지만, 대부분의 주변부에서는 종속과 열악한 경제 개발이 지속되고 있는 것이 현실이다(Isbister, 1998; Wallerstein, 1974 · 1980 · 1989; Wilber and Jameson, 1995).

발전 과정이 국제 정치경제의 영향을 받는 것은 분명하지만, 종속 이론적 접근법의 유효성에 대해 이의도 만만치 않다. 우선적으로, 선진 자본주의 국가들이 대부분 무자비하고 착취적이라는 주장에 대해 반론이 만만치 않게 제기된다(Almond, 1987; Weatherby, 1997b). 신흥공업국(예: 한국, 대만 등)들의 급속한 경제 성장은 종속 이론의 주요 논쟁점(외국 자본 의존의 부정적 효과)과 모순적이라는 주장이 제기된다. 일부는 아시아 개발도상국들의 성공이 외국 자본에 대한 의존 정도가 아니라 문화(예: 유교 자본주의)라는 사실을 의미한다고 주장한다(Fallows, 1994; Huntington, 1987).

두 번째, 종속 이론이 국제적 차원에 지나치게 집중한 나머지, 부패의 만연이나 민족 집단 간의 갈등 등과 같은 국가의 심각한 내부적 문제(국내적 차원)가 국가 성장을 제한하는 주요 원인(Isbister, 1998)임을 간과했다는 지적이 있다. 실제로 1990년대 최고의 경제 성장률을 기록했던 많은 국가들은 발전된 선진국이 아니라, 몇몇의 개발도상국들이었다는 사실에 근거한 반론이 제기된다 (World Bank, 1998: table 11).

이러한 논쟁에 대응하여, 종속 이론가들은 중심부의 경제 행위자들이 더욱 활발하게 주변국의 천연 자원뿐만 아니라 값싼 노동력을 착취하고 있다고 주장한다. 그들은 이러한 현상이 초기에는 높은 성장률을 낳을 수 있으나, 1990년대 후반 경제 성장을 달성한 많은 국가에서 경제적 쇠퇴가 나타났던 점을 상기하며, 이러한 긍정적인 현상들이 오랫동안 지속되지는 않을 것이라고 주장한다. 아프리카나 중남미 사례를 볼 때, 종속 이론가들은 그렇게 달성된 성장의 형태가 매우 불균등하다는 사실을 다시 한 번 지적한다. 대다수 개발도상국들이 최소한의 경제 성장만을 경험하고 있으며, 높은 경제 성장률을 보이는 국가들에서도 대부분의 실질적 이익은 대다수 국민이 아닌 특정한 소수 엘리트 계급들에 의해서만 향유된다는 것이다.

종속 이론적 접근법은 신자유주의 기반 경제가치사슬의 세계화로 종속 패턴과 깊은 불균형이 더욱 복잡해지고 양극화가 심화되었다고 주장한다. '발전의 장애물들'에 관해서는 물론이고, 선진 공업국들의 광범위한 관여에도 '개발도상국들이 얻게 되는 이익의 규모와 분배'에 대해서 끊임없이 논쟁의 여지가 충분한 질문들을 제기하고 있다.

제2절 정치발전론과 발전국가론

1. 정치발전의 정의 및 특성

정치 체제의 변화를 논의하는 주요 틀은 발전 또는 근대화의 측면에서 전개되어 왔다. 이 두 개념 모두 모호한 측면이 있지만, 근대화 이론을 포괄하는 정치 발전론이 상대적으로 폭넓게 사용되고 있다. 발전이란 특정 사회 체제가 상대적으로 높은 수준을 나타내는 주요 특성들을 명백하게 보유하고 있으며, 이러한 특성들이 두드러지게 된 과정을 설명하는 개념이다. 보다 발전된 사회체제의 일반적인 지표들은 정치, 경제, 사회, 문화, 개인 수준에서 다양하게 나타난다.

빌과 하드그레이브(Bill and Hardgrave, 1981)는 발전된 사회체제와 관련된 세 가지 주요 특징을 제시했다.

1. **조직적 특징:** 집단·조직·사회 내에서 전문화(Specialization)와 상호의존성, 역할과 기능의 구별(Differentiation)이 강조.
2. **기술적 특징**: 환경을 통제하고 재화와 서비스를 생산하기 위해 점점 더 복잡하고 정교해진 인공물(기술)이 사용.
3. **개인적 특징:** 향상된 지식, 합리성, 세속적 가치, 개인주의 등이 정신적·감정적 정향을 지배.

대부분의 국가들은 이러한 발전 수준을 높이기 위해 지속적으로 노력하며 공공 및 사적 행위자들은 발전 양상을 촉진시키기 위한 다양한 전략을 고안한다. 사회적 지표들(도시화, 생산력 증대, 교육 수준 상승, 사망률 감소 등)은 이러한 발전의 정도를 반영하고 있다. 이 중에서도 국가들은 기술적 특징의 핵심인 경제 발전에 가장 큰 비중을 두고 있다. 경제 성장은 시민들에게 안정적이고 편리한 삶을 제공하기 때문이다. 경제 성장은 주로 국민의 경제적 생산력(국민총생산(GNP) 또는 국내총생산(GDP))으로 평가된다. 경우에 따라서는 소득분배지표인 지니계수(Gini Coefficient)와 같은 다른 특성의 성장률이 중요시된다.

결론적으로, 무엇이 발전 국가를 형성하는가에 대해 정확하게 합의된 정의를 내리는 것은 사실상 불가능하다. 근대적 체제와 비근대적 체제, 발전된 체제와 발전되지 않은 체제를 뚜렷하게 구별할 수 있는 단일한 합의 수단은 존재하지 않는다. 현재 선진국과 개발도상국을 구분하는 가장 일반적인 기준은 여전히 1인당 GNP 또는 GDP에 근거하고 있다. 다만, 학술적 논의에서는 도시화, 문자 해득률, 복잡성, 특수화, 세속화, 그리고 이들을 종합한 인간개발지수(Human Development Index, HDI) 등이 상대적으로 높은 국가를 보다 발전된 국가로 이해하는 것이 일반적으로 볼 수 있다.

정치발전의 개념을 논의함에 있어, 여기서는 정치발전의 일반적인 과정과 그 주요 특성의 정의에 초점을 맞출 필요가 있다. 커트라이트(Cutright, 1963)는 정치발전을 "법에 의한 통치를 확립하고, 합법적 선거를 실시하며, 대의기구를 제도화하는 과정"으로 정의하였다. 이러한 정의는 정치체제가 제도적 안정성을 확보하고 합법적 절차에 의해 운영되는 상태를 정치발전의 핵심으로 간주한다는 점에서 일정한 타당성을 지닌다. 그러나 많은 학자들은 이 정의가 서구 자유민주주의 모델을 전제한 편향된 시각을 반영한다고 비판한다.

그 이유는 정치발전을 단지 '합법적 절차와 대의제의 확립'으로 한정할 경우, 비서구 사회나 다른 형태의 정치체제에서 나타나는 다양한 정치적 진화 과정을 충분히 설명하시 못하기 때문이다. 즉, 정치발전을 특정 이념이나 제도적 형태로 환원하는 것은 정치적 근대화의 다원적 경로를 간과하는 결과를 낳는다. 따라서 보다 포괄적이고 이론적으로 균형 잡힌 정치발전 개념은 제도적 형태보다는 정치체제의 기능적 역량과 통합성, 그리고 적응력의 향상에 초점을 두어야 한다.

정치발전 연구들은 이러한 문제의식을 바탕으로, 정치체제의 발전을 다음 네 가지 핵심 특성으로 설명한다.

첫째, 중앙정부로의 권력 집중화(centralization of authority)이다. 전통적 권위 원천이 약화됨에 따라, 정치적 권력과 권위는 점차 국가 차원의 중앙정부로 집중된다. 시민들은 국가가 공적 자원을 배분할 권리를 인정하며, 동시에 그 배분을 합법적 권위로 수용한다. 이 과정에서 헌법과 법률, 그리고 공식적인 정부 기구들이 제도적으로 정착하게 된다.

둘째, 정치구조의 전문화(specialized political structures)이다. 정치체제 내에서 주요 기능을 수행하기 위한 전문적 기관들이 출현한다. 입법부, 행정부, 정당, 이익집단 등은 점차 복잡하고 유기적인 관계를 형성하며, 이들의 운영 원리는 합리성과 효율성을 중시하는 관료제적 원칙(bureaucratic principles)에 기반한다.

셋째, 근대적 정치행태(modern political behavior)의 확립이다. 개인들은 가족이나 지역 공동체를 넘어 민족국가와 정치체제에 대한 충성심과 정체성을 발전시키며, 유권자와 시민으로서 정치적 참여를 확대한다. 이로써 정치적 행위는 점점 더 제도화되고, 개인의 정치적 역할이 사회 전반으로 확산된다.

넷째, 정치체제의 능력(capacity)의 확대이다. 정치체제는 국민의 지지를 확보하고, 사회적 요구에 대응하며, 환경적 도전에 적응할 수 있는 역량을 강화한다. 이 과정에서 정치기구는 점점 더 안정적이고 응집된 형태를 띠며, 정책 결정과 집행의 효율성도 높아진다. 결과적으로 정치행위는 체제의 목표와 일관된 방향으로 조직되고 추진된다.

이와 같은 특성들은 정치체제의 발전 수준을 가늠할 수 있는 주요 지표로 기능한다. 알몬드와 파월(Almond and Powell, 2000)은 정치체제의 발전 정도를 파악하기 위한 다섯 가지 기능적 능력(functional capabilities)을 제시하였다. 먼저, 추출 능력(extractive capability)으로 정치체제가 사회·경제적 환경으로부터 인적 및 물적 자원을 효율적으로 동원할 수 있는 정도이다. 규제 능력(regulative capability)은 개인과 집단의 행동을 법과 제도를 통해 통제하고 질서를 유지하는 능력이다. 응답 능력(responsive capability)은 국민의 요구와 사회적 압력에 대응하여 정책을 결정하고 집행하는 능력이다. 분배 능력(distributive capability)은 제도화된 절차를 통해 사회적 가치와 자원을 공정하게 배분하는 능력을 의미하며, 상징 능력(symbolic capability)은 정치체제가 상징, 이미지, 의미를 조작하여 국민의 정체성과 통합을 강화하고, 비물질적 가치를 분배하는 능력이다. 이 다섯 가지 능력은 정치체제가 얼마나 제도화되고 기능적으로 성숙했는지를 평가할 수 있는 핵심 척도로 작용한다.

결국 정치발전이란 특정 제도의 존재 여부보다는, 정치체제가 사회적 요구에 적응하며 통합적·효율적으로 기능할 수 있는 능력의 확대 과정으로 이해되어야 한다.

2. 정치발전의 과정과 모형

정치발전의 과정은 정치세계를 분석하는 사람들뿐만 아니라 자신들의 사회를 형성하고자 하는 사람들에게도 매우 큰 관심사이다. 일부 학자들에 따르면, 정치발전은 주로 경제와 사회체제 발전의 영향을 받아 발생한다. 경제 발전, 도시화, 사회적 동원, 보다 발전된 정치체제에 대한 시민들의 욕구의 증가 등과 같은 근대적 요소들이 증가하고, 이러한 근대적 요소들은 복잡한 경제 활동들을 위한 경제 기반을 제공해주고 현대 시민의 욕구를 충족시킨다는 것이다.

〈그림 11-2〉의 모형 A는 이러한 인과관계의 구조를 도식화한 것으로서, 여기서 정치발전은 종속 변수에 해당한다. 모형 A의 관점에 따르면, 독립변수인 근대화 요소들은 정치체제의 발전을 가능케 하는 물질적·인적 자원을 제공한다. 그리고 향상된 경제적 능력은 정치체제가 분배할 수 있는 재화를 생산한다. 또한 보다 근대적인 신념을 가진 도시 사람들은 정부의 권위를 기꺼이 받아들이고, 정치에 활발하게 참여한다. 요컨대 정치체제는 사회와 경제 영역에서 발생하는 변화들에 대한 일련의 대응으로서 보다 복잡하고 전문화된 구조들을 발달시킨다.

그림 11-2 • 발전 모형

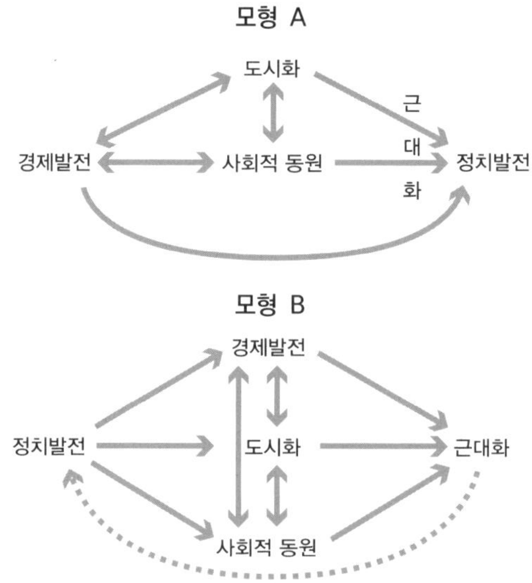

정치발전에 대한 이 같은 설명들은 일반적으로 18세기와 19세기에 발달된 정치체제 분석에 근거한다. 그러나 지난 50년 동안 앞서 발전을 이룩한 국가에 대한 연구들은 변화의 결과가 아닌 변화를 야기하는 힘으로서 정치체제를 인식하는 동시에, 그것이 가지는 힘과 영향력의 점증적인 성장에 주목한다. 이러한 관점에 따르면, 정치체제는 사회·경제체제의 발전을 주도하는 결정적인 원동력이다.

분명 정치 영역과 경제 영역, 그리고 사회 영역 등의 발전은 상호 의존적이다. 그러나 〈그림 11-2〉의 모형 B는 사회 내 다른 영역들의 변화를 야기하는 동인(독립변수)으로서 작용하는 정치체제의 중요성을 강조하였다. 가나(Ghana)의 초대 대통령인 크와메 은크루마(Kwame Nkrumah)는 "정치적 왕국을 먼저 추구하라. 그러면 나머지는 모두 부가적인 것으로서 네게 따라오게 될 것이다"라고 말했다(Graham, 2019: 75). 이는 우선적으로 정치체제의 발전이 달성되면, 이는 곧 사회와 경제의 발전을 유도하는 수단이 될 것이라고 가정하는 종교적 기원을 인용한 것이다. 실제로 정치적 지도자에 의한 가치 배분은 개인과 집단의 행위와 정치경제, 그리고 사회 변화의 방향 등을 주도하는 것은 물론 심지어는 이를 결정하기까지 한다.

모형 B에 따르면, 새로운 정치 엘리트가 지배권을 획득했을 경우, 이 집단은 정치체제에 매우 직접적인 통제를 가한다. 정치 엘리트의 노골적인 정책결정들과 행위들로 인해, 강력한 지도자 집단은 근대적인 형태의 정치 기구를 창설하고 근대적 형태의 정치적 행위들을 조장한다. 예를 들어, 지도자는 새로운 정부 구조의 수립과 전통적인 권위에 근거한 권력의 약화, 특정 기능을 원활하게 수행하기 위한 정부 관료제에 권한 부여, 정당의 창설, 정치과정에 특정 집단들의 동원, 그리고 인적·자연적 자원들에 대한 국가의 통제권을 옹호하는 정책들의 제정 등과 같은 행위들을 할 수 있다.

한편, 대부분의 정치발전 분석들은 사회체제의 조직적이고 기술적인 차원에 대한 거시적 수준의 구조적 역동성에 초점을 두고 있지만, 개인적 차원의 분석들은 미시적 수준의 역동성에 주목한다. 이러한 분석들은 발전의 형태와 속도의 변화를 설명함에 있어, 사회의 심리적 요인들을 강조한다. 이 관점은 단순한 정치적 신념에만 한정하지 않고 보다 광범위한 신념체제에 집중하는 것은 물론 그러한 신념들과 근대화 및 발전 사이의 밀접한 관련성에도 주된 관심을 두고 있다. 개인적 차원에서 진행된 대부분의 연구들은 집단이나 국가의 태도보다는 일정한 국가 내의 개인들이 지닌 특유의 정치적 신념 유형에 초점을 맞추고 있다(Inkeles and Smith, 1974; Inkeles et al., 1985; Inkeles, 1996; McClelland, 1961).

3. 발전국가 모델

발전국가 이론은 근대화 이론과 종속 이론의 한계를 극복하려는 시도에서 등장하였다. 이 이론은 특히 후발 산업화 과정에서 국가의 전략적 시장 개입의 중요성을 강조하며, 동아시아의 압축적 경제성장 현상을 가장 설득력 있게 설명하는 이론적 틀로 자리 잡았다. 발전국가론의 핵심은 "국가가 전략적 개입을 통해 시장을 지도함으로써 고도 산업화를 달성하는 발전 양식"으로 요약된다(Amsden, 1989; Wade, 1990; Evans, 1995; Kim, 2008). 이는 시장의 자율적 조정이 아닌, 능동적 정부 주도형 발전 모델을 중시한다는 점에서 자유주의적 발전 이론과 구별된다.

발전국가 모델은 일반적으로 세 가지 거시적 전략과 한 가지 지식 확산의 기제를 중심으로 전개된다.

첫째, 국가 주도의 수출지향적 자본주의이다. 발전국가는 자본주의 시장경제의 역동성을 인정하면서도, 시장의 한계를 보완하기 위해 강력한 정책 개입을 수행한다. 국가는 교육을 통한 숙련노동력 양성, 투자 유도, 수출 촉진 정책을 통해 산업 경쟁력을 강화한다. 또한 높은 국내 소비를 억제하고 자본 축적을 촉진하는 과세 및 지출 정책을 병행한다. 이러한 국가는 '경제의 정치로부터의 분리'를 표방하면서도, 실제로는 강한 조정자(coordinator)로서 기업의 성장 방향을 통제하는 역할을 담당하였다.

둘째, 표적 산업 정책(targeting policy)이다. 정부와 기업은 협력적으로 국제 경쟁력이 높은 특정 산업을 집중 육성한다. 초기에는 단순 노동집약적 산업(예: 섬유, 신발)에서 시작하여, 점차 자본·기술집약적 산업(예: 조선, 자동차, 전자산업)으로 산업구조를 고도화한다(Kim, 2008: 65~73). 이 과정에서 정부는 수출보조금, 저리융자, 관세 보호를 통해 국내 생산자를 육성하며, 국제시장에 '덤핑' 수준의 가격으로 진입시킨 후 점진적으로 품질과 가격 경쟁력을 제고하였다.

셋째, 농업 지원 정책이다. 발전국가들은 산업화 과정에서 식량안보를 중시하며 효율적인 국내 식량 생산을 장려했다(Johnson, 1985; Simone and Feraru, 1995). 예컨대, 한국의 박정희 정부는 토지 재분배와 품종 개량을 통해 1971년 통일벼를 개발함으로써 식량 자급의 기반을 확립하였다. 이는 이른바 "보릿고개"를 극복하고 산업화 기반의 안정적 인적 자원을 확보하는 데 결정적인 역할을 하였다.

넷째, 지식의 축적과 확산의 역할이다. 발전국가 모델의 지속가능성은 신성장이론(New Growth Theory)에서 강조하는 지식과 인적자본의 내생적 축적(Romer, 1986; Lucas, 1988)과도 연결된다. 지식의 축적은 새로운 기술혁신과 생산성 향상을 가능하게 하며, 교육·복지·치안·인프라 등 공공재의 투자를 통해 경제 성장의 질적 내실화를 추구한다.

발전국가들은 고도성장의 시기에 경제적 안정성과 사회적 통합을 동시에 유지하는 데 상당히 효율적이었다. 일본, 한국, 대만, 싱가포르 등은 정부의 계획 능력과 관료적 효율성, 기업과의 협조적 네트워크,수출 중심의 산업 전략을 통해 세계적 산업국가로 도약하였다. 그러나 이러한 발전국가들은 경제적 효율성을 확보하는 과정에서 정치적 자유의 제한과 사회적 억압을 병행하였다. 노동조합의 활동을 제약하고, 정치적 반대 세력이나 이익집단의 참여를 통제함으로써 '정치적 안정'을 유지하였다. 그 결과, 공공재의 배분은 교육비나 인프라 중심으로 제한되었고, 사회복지나 재분배정책은 상대적으로 미흡했다.

하지만 한국을 비롯한 여러나라들이 경제 성숙기에 진입하면서 이러한 권위주의적 통제를 점진적으로 완화하고, 다원주의적 정치참여와 민주주의로의 이행을 이루었다.

발전국가 모델의 대표적 성공 사례는 동아시아 4개국(일본, 한국, 대만, 싱가포르)이다. 이들은 수출지향적 산업화 전략을 통해 신흥공업국(NICs)으로 성장하였다. 이후 말레이시아와 인도네시아 등도 이를 모방하여 일정한 경제성장을 달성하였다. 반면, 라틴아메리카의 아르헨티나·칠레·브라질, 남아시아의 인도·아프리카 일부 국가들은 유사한 전략을 시도했으나, 제도적 기반의 약화, 사회갈등, 외채 의존성, 부패 등으로 인해 장기적 성장을 유지하지 못했다. 특히 브라질·멕시코 등은 외부 자본 의존이 심화되면서 경제적 불안정성이 높아졌다.

발전국가 모델은 1990년대 후반 아시아 금융위기(1997)를 계기로 근본적 한계를 드러냈다. 태국에서 시작된 외환위기는 한국·인도네시아·말레이시아로 확산되며, 아시아 경제 전반의 성장세를 급격히 둔화시켰다. GDP 마이너스 성장, 대량 실업, 부동산 및 주식시장 붕괴는 "국가 주도 성장"의 불안정성을 노출시켰다.

이 위기의 원인으로는 △국가가 선호하는 기업에 대한 과잉 보호, △은행 및 통화 시스템에 대한 미흡한 규제, △투기적 자본 흐름에 대한 통제 실패, △외채 의존도의 급증 등이 지적되었다. 나아가 일부 국가에서는 부패와 정경유착이 심화되어 관료제의 자율성과 신뢰가 약화되었다.

이러한 한계에도 불구하고 발전국가 이론은 여전히 개발도상국 특히 아프리카 지역에서 발전전략 연구의 중요한 분석 틀로 남아 있다. 그 이유는 국가의 조정 능력(coordination capacity)과 정책적 일관성(policy coherence)이 단순한 시장 자율보다 더 효과적으로 산업화를 이끌 수 있음을 입증했기 때문이다. 그러나 21세기 이후의 발전국가가 성공하기 위해서는 과거의 '권위주의적 조정' 대신, 투명한 제도적 거버넌스, 사회적 포용, 지식·혁신 중심의 성장 구조로의 전환이 요구되고 있다.

제3절

새로운 민주화 물결과 민주주의 전환

1. 민주화 물결과 정치적 함의

앞서 검토한 근대화론과 정치발전론은 근대화를 통해 자유민주주의 정치체제가 수립될 것이라는 이론적 기대와 달리, 제3세계 국가들에서 군부독재, 관료적 권위주의, 전체주의, 공산주의 등의 체제가 다수 등장함으로써 그 적실성에 대한 중대한 도전을 받았다. 그러나 자유진영과 공산진영 간의 대립으로 특징지어지는 냉전이 종식된 1990년대를 전후로, 역사상 유례없는 규모의 정치체제 붕괴가 발생하였다. 당시 혼란을 겪은 국가들에서는 민주주의적 정치체제를 수립하려는 광범위한 노력이 전개되었으며, 현재 195개국 중 136개국(자유 85개국, 부분 자유 51개국)이 정치적 권리와 시민적 자유를 완전 또는 부분적으로 보장받고 있다(Freedom House, 2025). 이는 2018년 보고서(Freedom House, 2018)에서 보고된 201개국 중 158개국에 비해 감소한 수치로, 최근 민주주의 후퇴(democratic backsliding) 추세를 반영한다.

그러나 1977년까지만 해도 남미 20개국 중 12개국이 군부 권위주의 체제 아래 있었으며, 중동, 아프리카, 동아시아 지역에서도 억압적인 군부 정권들이 집권하고 있었다. 개발도상국에서 권위주의 정권이 등장한 이유는 다음과 같이 정리할 수 있다. 첫째, 초기 민주주의 체제가 주민들의 기대만큼 재화와 용역을 제공하지 못함으로써 지배층에 대한 피지배층의 불만이 고조되었다. 둘째, 많은 신생국들이 식민지로부터 독립했음에도 경제 위기에 직면하여 빈곤에 대한 국민 불만으로 정치적 불안정과 혼란이 발생하였다. 셋째, 사회 계층 간 긴장과 분열이 증대되었다. 특히 남미 사회에서는 좌파 이데올로기에 영향을 받은 하층 계급과 노동자들이 조직적으로 엘리트 계층에 도전하였다. 이러한 상황에서 군부 세력이 엘리트의 안전과 이익을 보호하며 사회 안정을 명분으로 강압적으로 정권을 장악하는 경향이 나타났다. 넷째, 개발도상국에서 등장한 권위주의 체제는 이전 민주주의의 실패를 대체할 발전 및 근대화의 대안으로 이해되었다. 즉, 강력한 국가를 강조하는 조합주의(corporatism)나 배타적 통치에 기반한 관료적 권위주의가 개발도상국의 과제를 해결할 수단으로 간주되었다(Wiarda, 1985: 85~86).

권위주의 근대화나 발전이 진행된 개발도상국에서 사람들은 경제 성장이 어느 정도 달성된 후 민주주의에 관심을 갖기 시작하였다. 동시에 국제 환경도 민주주의를 촉진하는 방향으로 변화하였기 때문에, 권위주의 체제의 개발도상국에서도 민주주의로의 전환이 모색되었다.

최초의 민주주의 전환은 1970년대 중반 남부 유럽에서 시작되었다. 포르투갈에서는 권위주의 독재자에 대한 불만을 품은 군 장교단이 쿠데타를 일으켰다. 이 쿠데타는 처음에 제한된 목적을 가졌으나, 국내 상황이 혁명으로 전환되어 좌익과 우익 간 갈등을 거친 후 민주주의 체제로 이행하였다(Porch, 1977). 그리스의 경우, 1967년부터 정권을 장악한 군사평의회가 정치 재구조화를 시도하였으나 국민 지지를 얻지 못하였고, 1974년 터키의 키프로스 침공에 대처 실패로 신뢰를 상실하여 퇴진하였다(Williams, 1984).

남미에서는 1978년 도미니카공화국에서 민주주의 전환이 시작되었으며, 1979년 에콰도르, 1980년대 온두라스와 페루에서 이어졌다. 아르헨티나는 1983년, 엘살바도르와 과테말라는 1984년에 새 정부를 구성하였고, 브라질은 1970년대 후반부터 권위주의 이탈 과정을 거쳐 1984년경 민주주의로 전환하였다.

아시아에서는 필리핀의 페르디난드 마르코스(Ferdinand Marcos)가 1966년부터 20년간 장기 집권하다가 1987년 물러나고, 코라손 아퀴노(Corazon Aquino)가 대통령 선거에서 승리함으로써 민주주의 전환 과정에 들어섰다. 대만과 한국도 이 시기 권위주의 체제를 종식하고 개방적·다원적 민주주의 체제가 등장하였다.

이처럼 1974년부터 1990년까지 남부 유럽, 남미, 아시아에서 권위주의에서 민주주의로의 전환이 일어났다. 헌팅턴(Huntington, 1991)에 따르면, 민주화 물결은 다음과 같이 구분된다. 첫 번째 물결(1820년대~1926년)은 약 30개국에서 자유민주주의를 확립하였으나, 일부에서 역전(reverse wave)이 발생하였다. 두 번째 물결(1945년~1962년)은 36개 민주 정부를 탄생시켰다. 세 번째 물결(1974년~)은 민주 정부를 약 90개국으로 확대하였다. 세계 국가 수가 증가하였음에도 자유민주주의나 선거 민주주의 국가 비율이 상승한 것은 최근 현상이다.

네 번째 물결로 여겨지는 것은 아프리카와 중동의 민주화 시도, 특히 '아랍의 봄'이다. 2010년 튀니지에서 대학생 모하메드 부아지지의 분신이 촉발한 시위는 생활고, 청년 실업, 억압 통치, 부정부패에 대한 불만으로 북아프리카와 중동의 이집트, 리비아, 예멘, 수단 등으로 확산되었다. 이 시위는 페이스북, 트위터 등의 소셜미디어(SNS)를 통해 조직·소통·인식 확대가 이루어진 점이 특징적이다(Abushouk, 2016). 그러나 아랍의 봄은 잠재적 네 번째 물결로 논의되었음에도 대부분 실패로 끝났다. 튀니지는 초기 성공 사례로 평가되었으나, 2021년 카이스 사이에드 대통령의 권력 집중으로 후퇴하였다(Freedom House, 2025). 이집트와 리비아는 군부 개입과 내전으로 민주화가 좌절되었으며, 시리아는 장기 내전으로 이어졌다.

2010년 이후 최근 사례를 포함하면, 민주화 시도는 성공과 실패가 혼재되어 있다. 성공 사례로는 2018년 아르메니아의 '벨벳 혁명(Velvet Revolution)'이 민주 정부 수립으로 이어졌고, 2019년 수단의 반정부 시위가 오마르 알바시르 정권 붕괴를 가져왔으나 2021년 군부 쿠데타로 역전되었다. 2023년 방글라데시에서는 대규모 시위가 셰이크 하시나 정권을 무너뜨리고 억압 완화로 큰 진전을 이루었으며, 2024년 시리아에서는 바샤르 알아사드 정권 붕괴가 정치 수감자 석방과 이동·집회 자유 확대를 초래하였다(Freedom House, 2025). 세네갈(2024년 야당 후보 승리)과 부탄(의회 선거 통해 왕권에서 의회로 권력 이양)도 부분 자유에서 자유로 승격되었다. 또한 2025년 네팔과 마다가스카르에서 Z세대가 주축이 된 대규모 반정부 시위로 권위주의 정부가 붕괴되었다. 반면 실패 사례로는 2021년 미얀마 군부 쿠데타가 민주 정부를 전복시켰고, 베네수엘라의 2019년 야당 시도(후안 과이도 임시 대통령)가 니콜라스 마두로 정권(2026년 미국은 마두로 대통령 부부를 체포해 미국 법정에 세웠다)의 탄압으로 좌절되었다. 튀니지(2024년 야당 탄압과 선거 조작), 니제르(2023년 군부 쿠데타), 태국(야당 해산) 등에서 민주 후퇴가 두드러졌다. 이러한 사례들은 글로벌 민주주의 쇠퇴 추세를 반영하며, 2024년 기준 60개국에서 정치 권리·시민 자유 악화가 관찰되었다(Freedom House, 2025; V-Dem Institute, 2025).

민주화 물결은 권력 획득을 위한 집단들의 다양성과 민주주의 목표에 대한 찬반을 포함한 복잡한 정치 과정이었다. 민주화 태도에 따라 주요 세력을 지배 연합 내 보수파, 자유주의 개혁파, 민주주의 개혁파로, 반정부 세력 내 민주 온건파와 혁명 극단주의자로 분류할 수 있다. 온건파와 급진파는 정권 퇴진과 권력 참여에 공통 이해를 가지나, 새 체제 유형에서 갈등한다. 개혁파와 온건파는 민주주의 창출에 이해를 공유하나, 비용 분담과 권력 배분에서 분열한다. 보수파와 급진파는 지배 주체 문제에서 대립하나, 중앙 민주 세력을 약화시키고 정치를 양극화하는 데 공통 이해를 가진다(Huntington, 1991). 최근 사례들의 공통점은 소셜 미디어의 역할과 국제 개입이 민주화 성공 여부를 좌우하는 요인으로 부각되고 있다(Abushouk, 2016; Lührmann and Lindberg, 2019).

2. 민주주의 전환의 조건

일반적으로 한 국가에서 민주주의로 전환되기 위해서는 다음과 같은 요건이 충족되어야 한다. 정치적 반대자들에 대한 자의적 또는 타의적 관용이 필요하며, 능력 있는 대체 후보자들 사이에서 자유로운 선거가 이루어져야 하고, 정치 지도자는 자신의 권한이 영향을 미치는 기간에 대한 제한을 인정하며 선거 결과를 용인해야 한다. 민주화 과정에서 얻을 수 있는 진정으로 중요한 혜택은 정치가들과 지도자들이 평화롭게 패배할 수 있다는 점이다(Mansbridge, 1991: 6). 민주주의 확산의 요인에 대해서는 그동안 다양한 설명이 제기되어 왔으며, 아래에서는 이를 크게 다섯 가지 원인으로 정리하였다(Huntington, 1991).

첫째, 외부 행위자들의 압력은 민주주의 전환에 매우 중요한 요인이 될 수 있다. 예를 들어, 세계은행은 경제 원조를 조건으로 특정 국가들에 민주적 개혁을 수용하도록 점진적인 압박을 가해 왔다. 카톨릭 교회는 아르헨티나와 브라질 같은 가톨릭 국가에서 권위주의 정권에 대한 시민들의 묵인을 약화시키고 정부 권위에 대한 복종의 교리적 중요성을 격하시킴으로써 민주주의 전환에 기여하였다. 또한 1980년대 후반 미하일 고르바초프(Mikhail Gorbachev) 정권하의 소련은 헝가리나 폴란드 같은 동유럽 국가의 비대중적 전체주의 지도자들을 더 이상 지지하지 않았으며, 이는 민주주의 전환에 긍정적인 영향을 미쳤다. 최근 사례로는 유럽연합(EU)의 압력이 폴란드의 2023년 총선에서 법과 정의당의 권위주의적 통치를 종식시키는 데 기여한 점을 들 수 있으며, 미국과 국제 사회의 제재가 미얀마 군부 정권(2021년 쿠데타 후)에 대한 저항 운동을 지지하는 데 일정 역할을 하였다(Freedom House, 2025; V-Dem Institute, 2025). 이러한 외부 압력은 민주화 과정에서 국제 기구나 강대국의 개입이 국내 개혁을 촉진할 수 있음을 보여준다.

둘째, 권위주의 정권과 전체주의 정권의 붕괴는 민주화를 위한 기회의 장을 제공한다. 민주주의 체제에서는 시민들이 자신의 요구를 표출할 기회를 얻는 반면, 비민주적 체제는 변화 요구를 억제할 수 있는 수단을 상실하게 된다. 이는 북아프리카, 동아프리카, 아르헨티나, 칠레, 중동뿐만 아니라 소련과 중동부 유럽에서 발생한 민주화의 주요 요인이었다. 최근 예로는 2024년 방글라데시에서 셰이크 하시나(Sheikh Hasina) 정권이 대규모 시민 시위로 붕괴된 후 무함마드 유누스(Muhammad Yunus)가 이끄는 과도 정부가 개혁을 추진하는 사례, 그리고 같은 해 시리아에서 바샤르 알아사드(Bashar al-Assad) 정권이 반군에 의해 무너진 후 정치 수감자 석방과 이동·집회 자유 확대가 이루어진 점을 들 수 있다. 수단의 경우 2019년 오마르 알바시르(Omar al-Bashir) 정권 붕괴 후 민주화 시도가 있었으나 2021년 군부 쿠데타로 후퇴하였으며, 2024년까지 내전이 지속되면서 완전한 전환은 지연되고 있다(Freedom House, 2025; Crisis Group, 2024). 이러한 붕괴는 종종 시민 저항과 국제 개입의 결합으로 촉발되며, 민주화의 불확실성을 드러낸다.

셋째, 경제 발전 역시 결정적 요인이다. 많은 학자들이 민주주의는 상대적으로 부유한 국가에서 발생할 가능성이 높으며, 빈곤은 민주 정부 유지를 저해하는 중대한 장애라고 지적한다(Diamond et al., 1997). 부유한 국가에서는 참여와 요구 증가에도 심각한 정치 쇠퇴가 발생하지 않을 만큼 자원이 풍부하며, 이는 시민과 지도자들을 안심시킨다. 반대로 빈곤 국가에서는 생계 문제가 민주주의 욕구보다 우선시된다. 최근 연구에 따르면, 이 관계는 여전히 유효하나 예외가 증가하고 있다. 예를 들어, 2020년대 초반 아르메니아의 '벨벳 혁명'(2018) 이후 경제 성장이 민주화 공고화를 뒷받침하였으나, 아제르바이잔과의 분쟁으로 취약성을 보였다. 반면 미얀마는 2010년대 경제 개방에도 2021년 쿠데타로 민주화가 역전되었으며, 이는 경제 발전만으로는 충분하지 않음을 시사한다(V-Dem Institute, 2025; Lührmann and Lindberg, 2019). V-Dem Institute(2025)는 19개국에서 민주화 에피소드가 진행 중임을 지적하며, 경제 불평등이 민주 후퇴를 가속화한다고 분석한다.

넷째, 민주주의 확산은 전이 효과(contagion effect) 혹은 눈덩이 효과(snowballing effect)를 통해 설명된다. 주변 국가들의 민주화 성공이 국민들에게 민주 정부의 가치를 인식시키고, 자국 지도자들에게 개혁을 요구하게 만든다. 이는 1970년대 남부 유럽과 1980년대 남미에서 관찰되었으며, 최근 '아랍의 봄' 후속으로 북아프리카와 중동에서 부분적으로 재현되었다. 예를 들어, 2024년 시리아 정권 붕괴는 이웃 레바논, 요르단에 민주화 압력을 미쳤으며, 방글라데시의 2024년 혁명은 스리랑카 2022년 시위에서 유사한 시민 운동을 자극하였다. 그러나 V-Dem(2025)은 이러한 효과가 45개국에서 진행 중인 독재화(autocratization) 추세와 상충되며, 전이 효과가 항상 성공적이지 않음을 강조한다(Abushouk, 2016).

다섯째, 민주주의 전환의 핵심 요소는 민주주의를 허용하고 헌신하는 정치 지도자의 존재이다. 멕시코의 빈센테 폭스(Vicente Fox), 남아프리카공화국의 넬슨 만델라(Nelson Mandela), 이란의 모하마드 하타미(Mohammad Khatami), 인도네시아의 메가와티 수카르노푸트리(Megawati Sukarnoputri), 모로코의 모하메드 6세(Mohammed VI)와 같은 지도자들은 민주화 헌신으로 대중 지지와 권력을 확보하였다. 최근 사례로는 방글라데시의 무함마드 유누스 과도 정부 수반이 선거 제도 개선과 부패 척결 개혁을 통해 민주화 헌신을 보여주고 있으며, 세네갈의 2024년 야당 후보 바시루 디오마예 파예(Bassirou Diomaye Faye)의 승리가 부패 방지와 민주 강화로 이어졌다. 반대로 튀니지의 카이스 사이에드(Kais Saied) 대통령은 2021년 이후 권력 집중으로 민주주의 후퇴를 초래하였다(Freedom House, 2025; Sorensen, 1998).

현대 사회에서는 민주화에 다양한 이념적 가치가 부여되기 때문에, 거의 모든 정치 지도자들이 지지를 유지하기 위해 최소한 민주적 과정을 수호·확장할 의무를 명백히 밝혀야 한다. 따라서 국가 내 오피니언 리더나 국제 기구 지도자들은 민주적 관행을 마련·심화시키기 위한 행동을 촉구할 수 있다(Diamond et al., 1997; Sorensen, 1998). 그러나 V-Dem Institute(2025)에 따르면, 2024년 기준으로 독재 국가(91개)가 민주 국가(88개)를 초과한 최초 사례로, 25년간의 독재화 추세가 민주화의 도전을 강조한다.

Box 11-1 • 아랍의 봄 이후

아랍의 봄(Arab Spring)은 2010년 12월 튀니지에서 시작된 모하메드 부아지지의 분신 자살로 촉발된 대규모 반정부 시위 물결로, 북아프리카와 중동 지역의 권위주의 정권에 도전하는 민주화 운동이었다. 이 운동은 튀니지, 이집트, 리비아, 예멘, 시리아, 바레인 등으로 확산되었으며, 초기 성공으로 일부 지도자(튀니지의 벤 알리, 이집트의 무바라크, 리비아의 카다피 등)의 퇴진을 이끌어냈다. 그러나 후속 과정은 성공과 실패가 혼재되었으며, 내전, 군부 쿠데타, 민주 후퇴로 이어지는 경우가 많아 '잃어버린 10년'으로 평가되기도 한다. 주요 국가들의 후속 사례를 2024-2025년 현황을 포함하여 살펴보자. 이는 헌팅턴의 민주화 물결 이론에서 '네 번째 물결'의 잠재적 사례로 논의되지만, 대부분 실패로 귀결된 점이 두드러진다.

1. 튀니지: 유일한 성공 사례, 그러나 취약성 지속

- **초기 후속 (2011~2014)**: 벤 알리 정권 붕괴 후 2011년 자유 선거를 통해 이슬람주의 정당(엔나다)이 승리하였고, 2014년 새 헌법 제정으로 다원적 민주주의를 수립하였다. 시민 사회의 활성화와 여성 권리 강화가 이뤄졌다.
- **중기 후속 (2015~2020)**: 경제 불안정과 테러 위협으로 정치적 분열이 심화되었으나, 민주 제도가 유지되었다.
- **최근 사례 (2021~2025)**: 2021년 카이스 사이에드 대통령이 의회를 해산하고 권력을 집중하며 '자기 쿠데타'를 일으켜 민주 후퇴가 발생하였다. 2024년 선거는 야당 탄압과 조작 논란으로 국제 비판을 받았으며, Freedom House 보고서에 따르면 부분 자유 국가로 격하되었다. 그러나 2025년 현재, 시민 운동(예: Manich Msameh 캠페인)이 부패 척결을 요구하며 지속되고 있다. 이는 아랍의 봄의 유산으로서 민주주의의 취약성을 상징한다.

2. 이집트: 초기 희망에서 군부 독재로 회귀

- **초기 후속 (2011~2013)**: 무바라크 퇴진 후 2012년 선거에서 무슬림 형제단의 모르시 대통령이 당선되었으나, 경제 위기와 이슬람주의 논란으로 불안정했다.
- **중기 후속 (2013~2020)**: 2013년 군부 쿠데타로 압델 파타 엘-시시가 집권, 무슬림 형제단 탄압과 언론 통제로 권위주의가 강화되었다. 수만 명의 반대자들이 투옥되었다.
- **최근 사례 (2021~2025)**: 2023년 대선에서 시시가 90% 이상 득표로 재선되었으나, 야당 탄압이 지속되었다. 2025년 9월, 아랍의 봄 상징적 인물 알라 압델 파타(Alaa Abd el-Fattah)가 사면으로 석방되었으나, 이는 정치적 제스처로 평가된다. 경제 불평등이 여전해 2024년 소규모 시위가 발생했으나, 강경 진압으로 진압되었다. 이는 아랍의 봄이 '안정' 명분으로 권위주의를 정당화한 사례다.

3. 리비아: 내전과 분열의 지속

- **초기 후속 (2011~2014)**: 카다피 사망 후 과도 정부 수립, 그러나 부족 간 갈등으로 내전이 발발하였다.
- **중기 후속 (2015~2020)**: 2014년부터 동서 분열(하프타르 장군 vs. 트리폴리 정부), UN 중재에도 불구하고 불안정했다.
- **최근 사례 (2021~2025)**: 2021년 UN 주도 통합 정부 시도에도 내전이 지속되었으며, 2024년 유엔 보고서에 따르면 석유 자원 분쟁으로 경제가 마비되었다. 2025년 현재, 아랍의 봄이 초래한 '권력 공백'이 테러 단체(IS 잔당) 활동을 부추기고 있으며, 민주 전환은 요원하다.

4. 예멘: 후티 반군과 사우디 개입의 내전**

- **초기 후속 (2011~2015)**: 살레 대통령 퇴진 후 하디 정부 수립, 그러나 후티 반군의 쿠데타로 내전 시작.
- **중기 후속 (2016~2020)**: 사우디 주도 연합의 개입으로 인도주의 위기가 심화, 수십만 명 사망.
- **최근 사례 (2021~2025)**: 2022년 UN 주도 휴전에도 불구하고 2024년 후티의 홍해 선박 공격(이스라엘-하마스 전쟁 연장선)이 국제 분쟁을 야기하였다. 2025년 기준, 400만 명 이상의 난민 발생으로 세계 최악의 인도주의 위기이며, 아랍의 봄이 지역 패권 경쟁을 촉발한 사례로 꼽힌다.

5. 시리아: 장기 내전과 2024년 정권 붕괴

- **초기 후속 (2011~2015)**: 아사드 정권에 대한 시위가 내전으로 확대, IS와 반군 세력 등장.
- **중기 후속 (2016~2020)**: 러시아-이란 지원으로 아사드가 우위를 점했으나, 670만 명 내부 이재민과 550만 명 난민 발생.
- **최근 사례 (2021~2025)**: 2024년 12월 반군(하야트 타흐리르 알 샴) 공세로 아사드 정권이 붕괴되었다. 이는 아랍의 봄 13년 만의 중대 전환으로, 정치 수감자 석방과 집회 자유 확대를 가져왔으나, 후속 정부 형성이 불투명하다. 2025년 현재, 터키와 국제 사회의 개입 논의가 진행 중이며, 이는 '늦은 봄'으로 불리는 새로운 물결의 시작으로 평가된다.

6. 바레인: 진압과 억압의 강화

- **초기 후속 (2011)**: 시아파 주도의 시위가 사우디 지원 진압으로 실패, 수십 명 사망과 수백 명 실업.
- **중기 후속 (2012~2020)**: 왕정 개혁 약속에도 불구하고 시아파 탄압 지속, 모스크 파괴 등.
- **최근 사례 (2021~2025)**: 2024년 GCC(걸프협력회의) 지원으로 안정화되었으나, 인권 단체(Amnesty International)에 따르면 반대자 실종과 고문이 여전하다.

아랍의 봄은 글로벌 차원에서 후속 사례를 촉발하였다. 아프리카(수단 2019년 바시르 정권 붕괴, 알제리 2019년 부테플리카 퇴진)와 아시아(홍콩 2019년 민주화 시위)에서 유사 운동이 일어났으나, 대부분 후퇴로 끝났다. 2024~2025년 최근 트렌드는 민주주의 후퇴(democratic backsliding)로, V-Dem Institute(2025)에 따르면 MENA(Middle East and North Africa) 지역 91개국 중 독재 국가가 민주 국가를 초과한다. 2025년 10월 카메룬, 코트디부아프, 탄자니아에서 대통령 선거가 있었다. 카메룬에서는 92세의 폴 비야(Paul Biya) 대통령이 40년 넘는 집권을 이어가며, 코트디 부아르에서는 알라산 우와타라(Alassane Outtara) 대통령의 4선 도전과 함께 야권주자의 대선 출마 자격을 박탈했으며, 탄자니아 사미아 술루후 하산(Samia Suluhu Hassan) 대통령이 재선에 성공했으나 부정선거 논란으로 유혈사태가 발생했다. 이렇듯 소셜 미디어의 역할(페이스북, 트위터(현재 X)를 통한 조직화)은 지속적인 시민 저항의 기반이 되었다.

결국, 아랍의 봄 후속 사례는 경제 불평등과 권위주의의 회귀를 드러내며, 민주화가 '하나의 물결'이 아닌 장기 과정임을 시사한다. 이는 비교정치학에서 정치발전론의 재고를 촉구하는 사례로 남아 있다. 그렇다면 민주주의로의 전환, 그리고 민주주의를 공고화하기 위한 논의로 이어 가본다.

3. 민주주의 전환의 분석방법 및 이론

민주화에 대한 연구는 근대화 이론 혹은 거시적 접근에서 발생론적 혹은 미시적 접근으로 변화하였다. 1960년대 근대화 이론은 제3세계 국가의 민주화 선행조건으로 일인당 소득, 교육, 도시화 수준, 정치문화, 역사적 배경 등 사회경제적인 요소들을 제시하였다(Kim, 2008: 18~20). 립셋(Seymour M. Lipset) 등의 연구는 일정 수준 이상의 경제적 발전이 민주주의를 '지속가능'하게 만든다고 주장하며, 민주화를 일종의 사회경제적 결정의 결과로 보았다.

그러나 이러한 사회경제적 결정론(determinism)은 민주화 과정을 지나치게 구조적으로 환원한다는 비판을 받았다. 실제 역사적 사례에서 민주화는 동일한 경제수준에서도 전혀 다른 경로를 보였기 때문이다. 이러한 비판을 토대로 등장한 것이 발생론적 접근(generative or actor-centered approach)이다. 발생론적 이론은 민주화의 진전이 단순히 경제적 발전의 수준이 아니라, 정치 엘리트 간의 협상, 타협, 그리고 전략적 선택에 의해 결정된다고 본다.

행위자 중심의 민주주의 전환은 크게 두 가지로 볼 수 있다. 엘리트 간의 전략적 상호작용과 협약(pact)의 전략적 결단의 산물로 설명한다(O'Donnell and Schmitter, 1986). 권위주의 체제 내부와 반대세력 간의 협상과 타협이 민주화의 성공 여부를 결정한다고 분석하면서 민주화는 구조적 필연이라기보다, 불확실한 정치적 상황 속에서 행위자들이 자신의 이익과 위험을 계산하여 내리는 전략적 선택(strategic choice)으로 본다. 또한, 산업화에 따른 사회구조의 변동이 정치적 타협을 가능하게 만들고, 이것이 민주주의의 제도적 토대를 형성하는 계기로 작용하여 정치엘리트들이 전략적 결단을 내릴 수 밖에 없는 우연성 이론(contingency theory)으로 설명한다(Przeworski, 1986).

1) 민주주의로의 세 가지 길: 비교역사적 사례 분석

상술하였듯이 구조결정론이 아니라 행위자 및 역사적 사례 중심의 민주주의 전환과정을 탁월하게 분석한 대표적인 역사적 제도주의 연구로 무어(Moore)의 『독재와 민주주의의 사회적 기원(Social Origins of Dictatorship and Democracy)』이 있다. 무어는 이 명저에서 사회계급 분석을 통한 구조적 변화에 대한 설명을 시도하였다. 그는 산업화 이전의 사회가 근대적 세계로 들어서기 위해서는 부르주아 혁명(자본주의와 서구민주주의), 보수적 근대화(자본주의와 권위주의), 공산주의(계획경제와 좌익독재)라는 세 개의 도정이 있다고 전제하고 근대화 과정은 이 세 개의 서로 다른 혁명적 변화로 이루어진 정치체제하에서 서로 다르게 추진될 수 있다는 것을 주장하며, 이러한 상이한 역사적 변환은 각 사회의 계급적 구성과 정치권력의 상호작용에 기인한다고 밝히고 있다(Moore, 1966: 433~441).

근대적 세계로의 변환의 첫 번째 길인 부르주아 혁명으로의 변화는 우선 영국·프랑스·미국 등과 같이 초기의 산업화에 성공한 나라들의 경우가 해당된다. 영국의 경우 전통사회의 토지귀족 계급이 일찍이 상업에 눈을 떠서 도시의 상공 계급과 융합하여 재력을 바탕으로 하는 부르주아 계급을 형성하는데, 이 부르주아지가 시민혁명을 통하여 군주의 권력을 약화시키고 의회민주주의를 확립하였다. 혁명이 성공한 이후로는 민주주의와 자본주의가 병행해서 발전해 나간 유형이라고 볼 수 있다.

두 번째의 길은 독일이나 일본이 택한 보수적 근대화의 길이다. 이것은 국가에 의한 위로부터의 혁명으로, 국가 주도의 산업화를 통한 근대화의 방법이다. 독일의 경우, 토지귀족 계급이 상업화 과정을 통한 부르주아화에 성공하지 못하였고 또한 군주를 견제할 만한 힘도 없었기 때문에 결국 산업화는 군주가 주도하는 강한 국가에 의해 추진되면서, 정치체제는 반동적인 형태를 띠는 파시즘에 이르렀다는 것이다.

세 번째의 길은 소련이나 중국의 농민혁명을 통한 공산주의 방식이다. 이러한 사회에서는 왕조절대주의 하에서 강력한 농업관료가 지배하면서 상업, 산업 계급의 성장을 가로막고 농민에 대한 억압과 수탈을 일삼는데, 결국 농민들의 불만과 저항이 고조되어 볼셰비키와 중국 공산당이 주도하는 농민혁명이 이루어졌다는 것이다. 그리고 산업화는 혁명 후 공산당이 주도하는 강한 국가체제하에 진행된다.

이러한 논의 속에서 무어는 민주주의의 정착이 토지귀족 계급, 부르주아지, 농민, 군주의 네 가지 주체들 간의 역학관계에 좌우된다고 보았다. 전통사회의 권력 기반이었던 토지귀족 계급은 농업의 산업화를 통하여 도시의 상업 계급과 융화되어 부르주아지를 형성하였으며, 이 과정에서 많은 농민들은 점차로 도시의 상업과 산업 부문에 흡수되어 농촌사회에서 저항 세력화될 소지가 없어지는 등 부르주아지의 독립적인 재력과 권력의 기반이 서서히 구축되어 나갔다고 볼 수 있다. 결국 경제력과 힘을 겸비한 부르주아지가 국가권력을 견제하면서 의회를 만들고 민주주의를 정착시켜 나갔다. 무어는 이러한 부르주아지의 등장이야말로 민주주의 정착의 결정적인 요인이라고 보았으며, "부르주아 없어는 민주주의가 없다"라는 명제를 주창하였다(Moore, 1966: 418).

2) 계급관계의 역동성과 민주주의 전환

다음은 자본주의가 발달되면 그로 인해 계급관계가 바뀌게 되면서 민주화 여부가 결정된다는 구조적 접근방법에 속하는 이론이다. 근대화 이론에서도 자본주의의 발달은 중산층의 확대와 이들의 민주주의 선호 경향이 민주화를 촉진하는 것으로 되어 있으나, 루시마이어(Diethch Rueschemeyer)와 스테판(Evelyne Huber Stephens) 그리고 스테판(John D. Stephens)은 자본주의의 발달이 가져오는 계급적 구성의 변화가 계급 간의 권력 관계에 영향을 미치면서 민주화에 연결되는 보다 구체적인 구조적 설명을 시도하고 있다는 점에서 주목할 만하다. 이들은 우선 민주주의 정의에 있어서 보편적 참정권, 국가의 책임성, 기본적 자유와 인권의 세 가지 차원을 제시하고 있는데, 첫째와 둘째가 민주주의의 본질에 해당된다고 보고 있다(Rueschemeyer, Stephens, and Stephens, 1992: 43). 이들은 민주주의의 가능성이 기본적으로 '계급적 권력의 균형'에 의하여 좌우된다고 본다. 통치의 권리를 둘러싼 지배계급과 피지배 계급 사이의 투쟁이야말로 민주주의를 역사적 의제로 만들고 그 전망을 결정짓게 된다. 자본주의의 발달은 계급구조에 작용하며 계급 간의 권력균형을 바꿈으로써 민주주의의 가능성을 좌우하게 된다는 것이다. 그러면 구체적으로 자본주의의 발달로 인한 계급 간의 투쟁으로 권력의 균형이 어떻게 바뀌어 가는가를 검토해보기로 한다.

첫째, 대지주는 역사적으로 가장 반민주적인 세력이다. 이들은 농촌의 값싼 노동력의 보급에 전적으로 의존하고 있다. 민주화는 농촌 일꾼들의 지위를 향상시켜 이들의 노동력을 값싸게 묶어놓을 수 없게 되기 때문에, 지주들은 토지로부터 적절한 이윤을 보장받아야 할 그들의 이해의 측면에서 민주주의가 본질적으로 적합하지 않다고 믿는다. 대지주들이 막강한 권력을 가지는 경우, 특히 그들이 국가권력과 밀착되어 있을 때에는 언제나 민주화에 대해서 강한 저항을 보인 바 있다(Rueschemeyer, Stephens, and Stephens, 1992: 58~59).

둘째, 자본의 소유자이면서 경영자인 부르주아지의 등장을 생각해볼 수 있다. 정통 마르크스주의자들이나 자유주의 사회과학의 견해에 의하면 부르주아지는 민주주의의 일차적인 주도자이다. 하지만 이 견해에는 문제가 있는 것으로 나타난다. 물론 대지주들처럼 반민주적인 태도를 노골화하지는 않았지만, 그렇다고 해서 부르주아지는 완전한 민주주의의 도입을 서두르지도 않았다. 시기와 사례별로 차이가 있기는 하지만 대체로 부르주아지는 경합과 의회민주주의 정부의 도입에는 찬성함으로써 시민사회의 발달과 중산층 및 노동자 계급의 참여에 기여한 것은 사실이다. 그러나 독일·스웨덴·덴마크 등에서는 노동자 계급의 조직이 사회주의자들의 입지를 강화시킬 위험이 있었을 때에는 전면적인 의회민주주의의 실현에는 단호히 반대한 것으로 보인다. 남미에서는 이들이 군사 쿠데타에 의한 의회민주주의와 시민적 자유의 종식을 공공연하게 지지하는 경우도 있었다. 일반적으로 부르주아지는 그들의 이해가 크게 손상되지 않는 한 노동자 계급에 참정권을 인정하는 정도의 민주적 개혁에는 지지를 보냈고 민주주의의 정착에 기여한 점도 있으나, 상황이 바뀌어 그들의 이해에 도움이 되지 않을 경우에는 민주화에 극히 애매한 태도를 견지한 것으로 보인다(Rueschemeyer, Stephens, and Stephens, 1992: 270~271).

셋째, 조직화된 노동자 계급이야말로 완전한 민주주의의 발전에 결정적인 역할을 담당하는 것으로 파악된다. 많은 나라에서 '노동'의 역할이 정치과정에서 제외되어 왔고 민주주의 운영에서 가시적인 것이 되지 못했으나, 노동자 계급은 참정권의 확대를 위한 꾸준한 투쟁과정에서 중요한 몫을 하였다. 나라에 따라서는 노동자 계급이 독자적인 조직력과 힘을 발휘 못하는 경우가 있었으나, 이때는 다른 계급과의 연합이 민주화에 주효한 것으로 나타난다. 유럽에서는 노동자 계급의 세력 강화가 '제2인터내셔널(Second International)'의 정당과 그 산하 노동조합의 형태로 이루어졌는데, 이외에도 독립적 기술공들의 선동, 노동운동 실패에 대한 지연된 대응, 자유주의 정당 내의 노동자 계급 지지 세력의 압력 등으로 민주화는 가일층 힘을 얻게 되었다. 그리고 남미에서는 노동조합을 비롯해서 다양한 이데올로기 정당들이 노동 계급과의 연대로 완전한 민주주의의 도입에 기여했다(Rueschemeyer, Stephens, and Stephens, 1992: 270).

넷째, 중간 계급의 입장은 매우 애매한 것으로 나타난다. 역사적으로 상인, 공인, 농부, 소규모 기업인 등으로 이루어지는 도시 또는 농촌 쁘띠 부르주아지(petty bourgeoisie)는 노동자 계급의 가장 의미 있는 연합세력일 수 있었다. 그러나 이들은 지배 계급과의 관계, 그리고 이해의 다양성 등으로 그 역할이 모호하였던 것이 사실이다. 결국 계급구조 속 중간적 지위와 자기들의 내부적 이질성 등으로 말미암아 그들의 이해는 다양한 해석과 구성이 불가피하였고, 많은 경우 지배 계급의 영향력에 크게 좌우되었다. 때에 따라서는 그들의 이익에 반하는 정치적 운동을 지지하는 경우도 있었다(Rueschemeyer, Stephens, and Stephens, 1992: 272).

한편, 루시마이어(Rueschemeyer) 등은 부르주아들이 민주화의 가장 결정적인 주도세력이라는 무어(Moore)의 주장, 또는 립셋(Lipset)이나 헌팅턴(Huntington) 등처럼 자본주의의 발달에 있어서 중간 계급이 민주주의의 편이라는 견해를 고정된 것으로 받아들이지 않는다. 루시마이어(Rueschemeyer)는 부르주아지가 오히려 강한 반민주세력으로 등장할 수도 있고, 중간 계급의 이해와 역할도 매우 애매한 것으로 분석한다. 결국 꾸준하고도 강력한 민주화 요구세력으로서의 조직화된 노동 계급의 단합과 정치적 참여 강도는 다른 계급들의 동정과 지원의 결과에 좌우된다는 결론이 도출된다.

민주화에서 사회 계급의 역할에 못지않게 중요한 몫을 담당하는 것은 국가와 초국가적 권력이다. 자본주의 국가는 세수능력이 경제의 건강한 상태에 의존하기 때문에 자본의 소유주와 경영자들과의 종속적인 관계에 들어가지 않을 수 없는 사정이 있지만, 경우에 따라서는 지배 계급에 덜 종속적이고 피지배 계급의 이익에 보다 수용적인 상황이 전개될 수도 있다. 따라서 서유럽의 조그마한 민주주의 나라들의 사례에서 보듯이 만일 노동자 계급과 사회주의 정당들이 충분한 힘을 축적하게 될 때에는 국가와 사회의 관계가 변환되어 피지배 계급의 이익이 국가에 의해 보다 증진될 수 있으며 민주화가 촉진될 수 있다. 그러나 쁘띠 부르주아지, 소농, 노동자 계급과 같은 일반 대중에 대해서 국가장치(state apparatus)나 자율성(autonomy)을 확보하고 있을 때에는 민주화에 도움이 되지 않는 상황이 전개될 수 있다. 즉, 국가가 자원이 풍부하고 권력적일 경우 피지배 계급은 지배체제에 민주적인 규칙을 강요할 만한 힘을 가질 수 없기 때문이다. 끝으로 초국가적인 권력의 영향력도 무시할 수 없다.

예를 들면 한 나라가 다른 나라에 경제적으로 종속되어 있으면 그만큼 산업화가 지연되고 노동자 계급의 규모도 작아서 민주화세력을 약화시킬 수 있다. 어떤 나라의 지정학적 존재성이 높아서 대규모 군사, 경제원조로 국가장치가 계급세력보다도 비대해지면 그만큼 민주화에는 불리할 수 있다. 전쟁도 군부의 힘을 키워 견제세력이 없을 때에는 민주화의 가능성을 위협할 수 있다. 하지만 초국가적인 이데올로기 및 문화적 흐름은 민주화를 촉진할 수 있다. 공산권의 몰락과 더불어 자유민주주의가 세계적인 확산을 이룩한 것이 그 좋은 예이다(Rueschemeyer, Stephens, and Stephens, 1992: 65~75).

3) 엘리트의 상호작용과 합리적 선택

민주화에 있어서 엘리트들의 주동적인 역할의 재인식은 사회과학분야에서 강조되는 구조와 행위주체 간 상호 연관성의 중시라는 흐름과 맞물려 있다. 즉, 역사적 사건의 설명에 있어서 구조의 일방적인 제약성뿐만 아니라 구조를 재생산하고 변환시켜 나가는 행위주체의 역할이 새로운 분석초점이 되고 있기 때문이다. 여기서 행위주체란 개인을 비롯해서 국가기구, 집단, 결사, 계급 등의 다양한 집합체를 가리키는데, 이러한 행위주체들은 역사적으로 전승되어 오는 구조의 제약을 받기는 하지만 역사적 변환의 결정적인 원동력이 될 수 있다는 입장이다(Kim, 2008: 24~25).

이러한 이론적 시각이 민주화 연구에 적용될 경우에는 행위주체로서 엘리트의 역할이 분석의 초점이 될 수 있으며, 이들의 대립과 투쟁 그리고 협상과 합의의 일련의 과정이 핵심적인 설명 틀을 이루게 된다.

이러한 민주주의 전환과정에서의 엘리트에 대한 초점을 둔 분석에서는 몇 가지 두드러진 이론적 관심사가 부각되고 있다. 그 하나는 엘리트의 분류이고 또 하나는 그 상호작용의 제도적인 분석이다. 대체로 민주화를 둘러싼 태도와 전략 면에서 엘리트들은 몇 개의 유형으로 분류되며, 또한 상호작용의 양상과 관련해서는 합리적 선택이라는 특정한 기준에서 분석되는 것이 특징이다.

엘리트의 상황적 선택을 중시하는 전략 선택 이론은 오도넬(O'Donnell)과 슈미터(Schmitter)로부터 출발하였다. 이들은 근대화 이론을 지나치게 결정론적이라고 비판하면서, 권위주의 정권의 붕괴와 민주화 전환을 위한 전제 조건을 은연중에 제시한다. 라틴아메리카와 남부 유럽의 민주화 과정에 대한 많은 연구들이 '지배엘리트의 분열'을 전제로 하지 않고는 민주화 전환에 대한 이해가 불가능하다고 주장한다. 오도넬과 슈미터는 민주화 전환도 그 시작이 권위주의 체제 내부의 심각한 분열에 기인하지 않은 예가 없다고 주장한다(O'Donnell and Schmitter, 1986: 19). 엘리트주의자에 의하면 지배블록 내부의 분열, 즉 강경파(hardliners)와 온건파(softliners), 그리고 반체제 세력 내부의 온건파(moderates)와 급진파(radicals) 간의 역동적 상호작용으로 분석한다. 각 진영의 행위자들이 정치적 불확실성 속에서 자신들의 이해관계를 극대화하기 위해 전략적으로 협상하거나 갈등하는 과정을 통해 점진적으로 새로운 정치 질서가 형성된다고 보았다. 하지만 슈미터는 정권이 응집력을 유지하는 한 시민사회로부터의 어떠한 도전도 효과적으로 탄압하고 정권을 유지할 수 있다고 주장한다.

엘리트주의자들의 '엘리트 분열 없이 민주화 전환은 불가능하다'라는 명제는 많은 남부 유럽 및 라틴아메리카의 경우에서 증명되었다. 남부 유럽 국가들, 특히 그리스, 포르투갈, 스페인의 경우 권위주의 정권의 내부 분열이 그 정권의 붕괴로 이어졌다. 브리질, 아르헨티나, 볼리비아 같은 라틴아메리카 국가들도 1980년대 전반 경제위기가 권위주의 정권 내부 분열을 초래하였고 이는 민주화 전환으로 이어졌다.

이러한 엘리트 중심이론은 쉐보르스키에서 전략적 선택이론으로 강화된다. 쉐보르스키는 민주주의 전환을 행위자들의 전략적 선택과 상호작용의 결과로 이해하며, 합리적 선택이론에 근거하여 엘리트 간의 협상과 타협 과정을 중심으로 분석하였다. 그에 따르면, 민주주의는 사회경제적 발전의 필연적 산물이 아니라, 권위주의 체제 내부의 온건파(moderates)와 반체제 세력 내의 개혁파(reformers) 사이에서 이루어지는 전략적 타협(pacted transition)의 산물이다. 그는 민주주의를 "불확실성의 제도화(institutionalization of uncertainty)"로 규정하면서, 정치 엘리트들이 "패배하더라도 생존이 보장되는 제도적 게임"을 수용할 때 민주주의로의 이행이 가능하다고 보았다(Przeworski, 1991). 이러한 관점은 1980년대 브라질, 칠레, 한국에서 나타난 군부와 야당 간의 협상적 민주화 과정을 설명하는 데 중요한 분석 틀로 작용하였다.

전략 선택 이론은 일국적 동학과 정치적 요인, 전략적 선택과 같은 행위적 요인을, 그리고 일반화보다는 개별사례의 특수성을 강조한다. 즉 민주화는 사회 구성원이 통제할 수 없는 거시경제적 변화에 의해 결정되는 것도 아니고, 특정 계급의 프로젝트의 결과도 아니며, 민중의 영웅적 저항이 축적된 결과도 아니라(임혁백, 1991: 176), 구조적 조건의 제약 속에서 서로 갈등하는 행위자들의 전략적 선택에 의해 결정된다는 것이다.

전략 선택 이론은 민주화를 기본적으로 '권력블록'과 '반대세력'의 내부 동학과 관련하여 설명한다. 즉 권력블록이 응집되어 있느냐, 분열되어 있느냐, 분열되어 있다면 개방파 내지 개혁파가 어떠한 선택을 하느냐는 선략적 선택, 그리고 반대세력이 단결되어 있느냐, 분열되어 있느냐, 분열되어 있다면 이 중 온건파가 어떠한 '전략적 선택'을 하느냐의 게임 이론적 상호작용의 결과라는 것이다(Kim, 2008:

36~38; 임혁백, 1990: 51).

4. 민주주의 공고화와 시민사회

1) 민주주의 공고화의 요건

민주주의 공고화(Democratic Consolidation)는 권위주의 체제에서 민주주의 체제로의 전환 이후 정치 체제가 도달하는 다음 단계로, 전환기와는 뚜렷한 차이를 보인다. 전환 단계가 주요 정치 행위자 간의 대립, 폭력, 협상, 타협이 얽힌 격렬한 정치적 상호작용의 시기라면, 공고화 단계는 새로 수립된 민주 정부가 다양한 사회·경제적 과제를 점진적으로 해결해 나가는 차분하지만 고된 과정이다.

민주주의 공고화 단계에서는 전환기와 달리 사회·경제적 구조와 정치적 제도의 제약이 주요 관심사로 부각되며, 국가의 정책 수립 및 문제 해결 능력이 더욱 중요해진다. 전환기에 급증한 시민단체들은 충족되지 않은 새로운 욕구를 제기하며 정부를 압박하고, 경제적 효율성 향상은 지지부진하며, 정치적 제도의 확립 역시 더딜 수 있다. 따라서 공고화는 단순한 제도적 안정뿐 아니라 사회적 요구를 효과적으로 수용하는 체제의 역량을 요구한다.

민주주의 전환보다 더 어렵게 보이는 민주주의 공고화를 위한 조건들에는 어떤 것이 있을까? 민주주의 공고화는 크게 행태적(behaviorally), 정태적(attitudinal), 헌법적 차원(constitutional)의 결합적 측면에서 정의될 수 있다(Linz and Stepan, 1996: 182). 첫째, 행태적 측면에서, 민주주의 체제가 비민주적 체제로의 회귀를 시도하는 정치집단의 체제 전복이나 폭력적 정부 탈환 시도로부터 위협받지 않을 때 공고화가 이루어진다. 둘째, 정태적 측면에서, 국민 대다수가 정치적·경제적 위기 속에서도 모든 정치적 변화가 민주적 절차에 따라 이루어질 것이라는 믿음을 가질 때 공고화가 달성된다. 셋째, 헌법적으로, 사회적 갈등이 제도화된 규정과 규범에 따라 해결되며, 편법적 해결 시도가 비효율적이고 비용이 많이 드는 것으로 간주될 때 공고화가 완성된다. 결론적으로, 민주주의 공고화는 민주주의가 제도적·사회적 차원을 넘어 사회 구성원 전체의 심리적 기저에 내재화되는 과정이다(Linz and Stepan, 2006: 182).

이러한 민주주의의 공고화 과정이 실제로 작동하기 위해 다섯 가지 필수적 조건을 제시한다(Linz and Stepan, 2006: 183~189). 첫째, 민주주의의 공고화는 자유롭고 역동적인 시민사회에 기반해야 한다. 시민사회는 국가권력의 자의적 행사를 견제하고, 정치적 책임성을 촉진하는 역할을 수행한다. 둘째, 자율성을 갖춘 정치사회가 존재해야 한다. 이는 정당, 선거, 의회, 정치적 경쟁 등을 통해 제도화된 정치적 대화와 권력 교체가 가능함을 의미한다. 셋째, 정부와 국가기구는 법치주의(rule of law)에 입각하여 개인의 자유와 결사적 삶을 보장해야 한다. 법의 통치는 민주주의 제도의 정당성과 예측가능성을 담보하며, 시민과 권력자 모두가 동일한 법의 규율 아래에 놓이도록 한다. 넷째, 민주정부를 실질적으로 운영할 수 있는 합리적이고 효율적인 관료제 시스템이 구축되어야 한다. 이는 정치적 의사결정이 제도적 절차에 따라 집행될 수 있는 행정 능력을 의미한다. 다섯째, 제도화된 경제사회가 존재해야 한다. 이는 시장경제의 자율성과 사회적 형평성 사이의 균형을 유지하면서, 경제적 불안정이 민주주의 체제 자체를 위협하지 않도록 하는 사회경제적 기반을 뜻한다.

결국 공고화된 민주주의는 이들 다섯 가지 영역인 시민사회, 정치사회, 법치, 관료제, 경제사회가 상호 독립적 자율성을 유지하면서도 법의 통치 아래 유기적으로 작동할 때 비로소 가능하다. 이러한 조건들은 민주주의의 궁극적 목표인 '삶의 질의 향상'과 직결되며, 각 영역 간의 긴밀한 연계와 상호의존성을 필요로 한다.

이들은 민주주의를 단순히 '정권의 형태'로 한정하지 않고, 상호작용하는 하나의 복합적 체제(system of interaction)로 파악한다. 따라서 민주주의의 각 영역은 독자적 기능을 수행하지만 동시에 타 영역의 지원과 견제를 통해서만 온전히 작동한다. 예컨대 시민사회가 자율적으로 기능하기 위해서는 결사의 자유를 보장하는 법치의 확립이 필수적이며, 불법적 정치 폭력을 제재할 수 있는 국가기제의 뒷받침이 필요하다. 반대로 정치사회는 헌법과 주요 법률을 제정하고, 국가기구를 운영하며, 경제사회를 위한 제도적 틀을 제공한다. 이러한 상호의존성 속에서 민주주의의 각 영역은 서로의 '힘의 장(field of power)' 안에서 균형을 이루며, 지속적인 견제와 조정 과정을 통해 제도적 안정성을 확보한다.

따라서 공고화된 민주주의란 단일 요인에 의해 성립되는 체제가 아니라, 시민적 참여, 제도적 합리성, 법적 규율, 경제적 안정성이 결합된 복합적 구조의 결과이며,

각 영역의 상호작용이 지속될 때 비로소 그 체제의 내적 정당성과 지속가능성이 확보된다고 할 수 있다.

남미의 민주주의 공고화 연구는 정당과 정당체제가 수행하는 핵심적 역할에 주목한다. 정당체제는 남미 정치발전의 궤적을 이해하기 위한 중요한 비교분석의 틀을 제공하며, 정치적 협력과 대결이 교차하는 복합적 과정 속에서 민주화의 지속가능성을 결정짓는 요인으로 평가된다. 이러한 관점에서는 정당체제가 민주주의의 공고화에 필수적인 제도적 기반임을 강조된다(Mainwaring and Scully, 1995). 그들에 따르면 정당체제는 사회 내 다양한 이익집단이 제도적 틀 안에서 자신의 이해관계를 표현하고, 동시에 정부가 안정적으로 통치할 수 있도록 만드는 매개체로 작용한다. 다시 말해, 정당은 사회적 갈등을 제도권으로 흡수하고 정치적 대표성을 확보함으로써 민주주의의 정당성과 예측가능성을 높이는 기능을 수행한다.

그러나 이러한 기능이 제대로 작동하기 위해서는 정당이 일정 수준의 제도화를 달성해야 한다. 정당의 제도화란 정당이 일시적 정치동맹이 아니라 지속적 조직과 명확한 정체성을 가진 제도로 정착하는 과정을 의미한다. 메인워링과 스컬리는 남미에서 민주주의의 불안정성이 반복되는 주요 원인 중 하나로 '정당의 제도화 부족'을 지적한다. 즉, 정당이 일관된 이념과 정책노선을 유지하지 못하거나, 지도자 개인 중심의 정치가 지배할 경우, 민주주의는 불규칙적이며 예측 불가능한 정치 경쟁 속으로 빠질 위험이 크다는 것이다.

예를 들어, 브라질의 경우 1985년 군부독재 종식 이후 다당제 체제가 형성되었으나, 정당 간 이념적 구분이 약하고 정당 소속 의원의 이탈이 잦은 '정당유동성(party fluidity)' 현상이 심각하였다. 이러한 불안정한 정당체제는 대통령제와 결합하면서 빈번한 정치적 교착상태를 초래하였고, 행정부의 정책 추진력 약화로 이어졌다. 반면에 칠레는 피노체트 독재 이후 민주화 과정에서 주요 정당들이 안정적 연합체를 구성하여 정권교체 이후에도 협력적 정치문화와 제도적 연속성을 유지했다. 그 결과 칠레의 민주주의는 라틴아메리카에서 가장 공고한 형태로 발전하였다.

이와 같이 정당의 제도화 수준은 민주주의의 질과 직접적으로 연관된다. 제도화된 정당체제는 경쟁의 규칙을 명확히 하고, 정치 엘리트의 행위를 예측 가능하게 하며, 사회적 요구를 제도적 채널을 통해 흡수함으로써 체제의 안정성을 보장한다.

반면 제도화가 미약한 정당체제에서는 개인주의적 리더십, 지역주의, 포퓰리즘이 강화되어 정치적 불신과 사회적 분열을 심화시킬 가능성이 높다. 따라서 남미의 민주주의 공고화는 단순히 선거제도의 정착이나 정권교체의 반복에 의해 보장되는 것이 아니라, 정당과 정당체제가 얼마나 제도적으로 뿌리내렸는가에 의해 좌우된다고 할 수 있다.

한편, 오도넬(Guillermo O'Donnell)은 신생 민주주의 국가의 비형식적·비제도적 차원에 주목하였다. 그는 라틴아메리카의 신생 민주주의 국가들을 연구하며, 이들 국가가 형식적 민주주의 요건(예: 선거, 헌법 등)을 갖추었음에도 이는 실제 민주주의와 거리가 먼 기만적 모습일 수 있다고 비판하였다. 특히, 족벌주의(nepotism), 족벌자본주의(crony capitalism), 부패 만연과 같은 비형식적 비민주적 요소들이 실질적 민주주의 도약을 저해한다고 지적하였다. 오도넬은 비형식적 규칙(informal rules)의 역할을 강조하며, 규칙이 개인의 행동을 안내하는 틀로 작용한다고 보았다. 형식적 규칙의 제도화는 개인 행동의 가이드라인을 제공하고 예측 가능성을 높이지만, 현실에서는 형식적 규칙과 실제 행동 간 간극이 존재한다. 많은 경우 개인들은 형식적 규칙보다 비형식적 규칙에 더 익숙하게 행동하며, 따라서 민주적 공고화는 이 간극을 좁히는 데 달려 있다고 주장하였다(O'Donnell, 1996).

남미 지역의 민주주의 연구에서 민주주의 강화는 노동과 자본 간 계급 타협 및 국가의 노동 행정 지원에 크게 의존한다는 관점이 제기된다(Buchanan, 1995). 이는 정부, 고용자 협회, 노동조합으로 구성된 삼자 대표 기구가 노동 관계, 사회 보장, 임금 책정 등 공동 경제 정책을 협의·수립하는 조합주의적(corporatist) 체제를 의미한다. 이러한 조합주의 제도가 확립된 국가에서는 민주주의 공고화가 이루어지는 반면, 그렇지 못한 경우 민주적 실험은 실패로 귀결될 수 있다는 주장이다. 구체화된 사례로는 칠레의 민주화 과정을 들 수 있다. 1990년대 칠레에서는 노사정 삼자 협의체가 도입되어 노동 개혁과 사회 보장 정책을 협의하였으며, 이는 경제 안정과 민주주의 공고화에 기여하였다. 이는 조합주의가 실제로 민주적 안정성을 강화한 사례로 평가된다. 반대로, 아르헨티나의 경우 1983년 민주화 이후에도 족벌 자본주의와 부패가 만연하여 2001년 경제 위기를 초래하였으며, 이는 오도넬의 비형식적 규칙이 형식적 제도를 약화시키는 메커니즘을 보여준다. 이러한 사례들은 남미 민주주의가 제도적 설계와 사회적 실천 간 균형을 요구한다는 점을 입증한다.

아프리카의 일당제는 집단적 가치를 중시하는 전통과 식민 지배의 잔재에 기초한다고 볼 수 있다. 탄자니아 초대 대통령으로 20년간 장기집권한 줄리어스 니에레레(Julius Nyerere)는 일당제와 아프리카적 전통인 '화합이 중시되는 부족 사회 원칙'을 아프리카식 민주주의의 뿌리라고 주장하였다(Graham, 2019:74). 그는 정당이 계급의 이익을 대변하는 조직으로 서구사회에는 적합하지만, 부족적 정체성이 뚜렷한 아프리카에서는 수없이 많은 부족 정당들이 난립할 것이라 사회혼란만 가중시킬 것이라는 점을 강조하였다. 그의 논리는 현재 탄자니아 사회의 긴장구조가 지역 어느나라보다도 안정적이라는 측면에서 어느 정도 설득력을 가지고 있기도 하다.

서아프리카 지역에서 내부 분쟁, 지하드 테러, 조직 범죄가 민주주의 공고화를 저해하며, 자원 착취에 의한 경제적 외부 개입이 부패와 불평등을 심화시키고 있다. 예를 들어, 나이지리아의 이슬람 극단원리주의 보코하람 테러는 정치적 외부 개입을 유발하였으나, 이는 시민권 문화 약화와 민주적 거버넌스 약화를 초래하며 공고화를 방해한 사례로 평가된다. 이러한 사례들은 민주화가 제도적 변화뿐 아니라 질적·문화적 요소와 외부 개입의 상호작용에 달려 있음을 입증한다.

남미와 아프리카의 민주주의 공고화 과정에서는 단순히 선거 제도나 권력 분립과 같은 정치적 민주주의의 제도적 측면뿐 아니라, 인권과 시민권 등 민주주의의 질적 측면을 강조하는 연구들도 중요하게 다뤄지고 있다. 일반적으로 민주화 논의는 제도의 정착과 안정에 초점을 맞추는 경향이 있지만, 점차인권·시민권·고유 문화·성 평등 등 사회적·문화적 요소에 보다 큰 비중을 두어야 한다는 목소리가 커지고 있다(Jelin and Hershberg, 1996).

즉 기존 연구들이 정치 제도 형성에 집중한 나머지, 체제 내부에서 자생적으로 이루어지는 자유 지향적 민주화와 평등 중심의 사회적 민주화 간의 긴밀한 연관성을 간과해 왔다는 비판이 제기된다. 민주화는 단지 제도적 변화로 완성되는 것이 아니라, 인권 보장, 군사적 특권의 통제, 범죄와 처벌의 정의, 인종차별과 민족·정체성 문제, 성 평등의 실현, 시장경제의 포용성 등사회 전반의 민주적 가치 실현과 함께 논의되어야 한다.

따라서 민주주의 공고화란 단순히 형식적 민주주의의 확립이 아니라, 민주적 실천의 확대와 시민권 문화의 내면화를 통해 지속가능한 정치적 안정과 사회적 신뢰를 구축하는 과정이라 할 수 있다. 이러한 관점에서 민주적 거버넌스의 집행력과 사회적 참여 역시 핵심적인 요소로 부각된다.

더불어, 최근 세계를 휩쓴 테러리즘과 국지전은 아프리카에 대한 새로운 형태의 정치적 외부 개입을 촉발하고 있다. 특히 아프리카가 풍부한 자원 보고로 인식되면서, 경제적 이해관계에 따른 외부 행위자들의 개입이 활발해지고 있다. 이러한 외부 세력과 국내 행위자 간의 관계 설정은 국가 내부의 권력 구조와 사회적 균형에 직접적인 영향을 미치며, 결과적으로 민주주의 공고화의 방향과 성과를 좌우한다.

결국 남미와 아프리카의 민주주의 공고화는 제도적 틀을 넘어, 시민의 권리와 문화적 가치, 외부 개입에 대한 자율적 대응 능력을 함께 강화할 때 비로소 실질적인 의미를 갖게 된다.

Box 11-2 • 민주화 이후 권위주의의 재등장: 베네수엘라와 러시아의 사례

1920년대부터 석유가 국가 경제의 중심이었던 베네수엘라는 석유 이익을 재분배하는 패트런주의적 양당제(부동점 협약)를 운영하며 안정적인 체제를 유지했다. 그러나 이 체제는 세계 석유가격 변동성에 완전히 종속되는 근본적 한계를 가지고 있었다. 1973년 오일 쇼크 이후 과도한 지출이 만성적인 경상수지 적자를 낳았음에도 기존 시스템은 분배 정책을 포기하지 않았다. 1988년 페레스 정부는 부동점 협약 체제에서 벗어나고자 신자유주의적 안정화 구조조정 프로그램을 도입하며 대규모 시장경제 전환을 시도했다. 이러한 급격한 정책 변화는 대중의 격렬한 반발을 불러일으키게 된다. 이는 기존의 패트런주의에 익숙했던 대중의 부자 의식에 기반한 저항이었다.

차베스는 이러한 상황을 배경으로 반신자유주의와 정치 개혁을 내세워 1998년 선거에서 집권에 성공하게 된다. 민간인 신분으로 선출되었음에도 차베스 정권은 1958년 이후 사라졌던 군부의 정치 참여를 부활시키고(군인의 투표권 부여, 군부의 역할 확대), 의회와 언론을 약화히며 신헌법을 통해 장기집권을 가능하게 했다. 차베스 정권은 선거를 통해 탄생했음에도 군부적이고 전제주의적인 성격을 강하게 드러냈다는 점에서 역설적이다. 또한, 반신자유주의를 외쳤지만 일부 신자유주의적 정책(부가가치세 부활, 긴축)을 집행했음에도 대중적 수사, 포퓰리즘, 민족주의를 통해 높은 인기를 유지했었다.

러시아는 1990년 옐친 정부 시절, 경제 불안과 만연한 부패를 해소하기 위해 미국식 신자유주의 패러다임을 급진적으로 수용하며 시장경제로의 전환을 시도했다. 그러나 옐친 집권 10년간 경제 위기는 심화되었고, 정책 추진력이 빈약한 약한 국가와 과두재벌(Oligarchs)의 득세라는 문제가 나타나게 된다. 이는 국민들 사이에서 강한 국가에 대한 선호와 과거 소련 체제에 대한 회귀 심리를 불러오게 된다.

서구 지향적인 급진 개혁은 긴축 정책과 급진적 사유화를 수반했으며, 이는 기업 민영화 과정에서의 부패와 정경유착을 심화시켰다. 결과적으로 생산 감소, 산업화 퇴행, 사회 인프라 해체, 절대다수 국민의 생활수준 하락이라는 심각한 부작용을 낳았다.

이러한 사회적 혼란 속에서 러시아 사회는 자유보다는 질서와 안정을 중시하는 경향을 보였고, 이는 푸틴정권 등장의 주요 요인이 되었다. 푸틴은 경제 위기 극복을 위해 국가가 경제 전반을 관리하는 반신자유주의적 정책을 집행했고, 이는 석유 및 천연가스 호황과 맞물려 경제 성장의 기반이 되었다. 푸틴 정권은 강한 정부의 개입을 용인하며, 대통령에게 막대한 권한을 부여하는 헌법 개정, 언론 탄압, 의회 및 사법부의 약화 등을 통해 전제주의적 성격을 동시에 드러냈다. 이러한 비민주적 성격에도 불구하고, 러시아 정치 문화에 내재된 강력한 국가와 지도자에 대한 갈망에 힘입어 높은 대중적 지지도를 확보하고 있다.

베네수엘라의 차베스 정권과 러시아의 푸틴 정권은 탈냉전 이후 권위주의로 회귀했다는 점에서 다음과 같은 공통점을 가진다.

- **기원:** 두 정권 모두 이전 정권이 시도한 민주주의와 신자유주의적 시장 개혁의 급격한 이식 실패와 그에 따른 사회적 혼란 및 저항에서 기원했다.
- **민주적 외피:** 두 정권 모두 민주적인 선거 과정을 통해 정권을 창출했으나, 이후 권위적인 통치 체제를 지향하며 민주주의 제도를 제한한다.
- **대중적 지지:**비민주적인 통치 행태에도 불구하고, 경제 위기 상황에서 강한 정부와 질서에 대한 대중의 기대감에 힘입어 열렬한 지지를 받았다는 공통점을 가진다.

이러한 사례들은 민주주의로의 '전환'이 '공고화'로 이어지기 위해서는 급진적인 경제 개혁의 충격을 관리하고 사회적 정당성을 확보하는 것이 얼마나 중요한지 보여주고 있다.

2) 민주주의와 시민사회의 역할

시민사회는 민주주의에서 시민 참여라는 핵심 요건을 실현하는 영역으로, 권위주의에서 민주주의로의 전환뿐 아니라 전환 이후의 민주주의 공고화 단계에서도 중요한 논의 대상이다. 시민사회는 일반적으로 민주정치의 발전과 성숙한 운영의 기반으로 간주된다. 과도한 국가 권력에 대해 국민이 적절히 대응하며 민주정치를 규정하려면 성숙한 시민사회가 필요하다. 그러나 시민사회의 발전은 민주정치 운영의 기반을 제공하는 동시에 이를 복잡하게 만드는 요인으로 작용할 수 있다.

시민사회는 정치철학적으로 고대 그리스 철학에서 근대 계몽주의, 헤겔, 마르크스, 하버마스에 이르기까지 다양하게 정의되어 왔다. 특히 경제적 이익 추구의 장인 '시장'을 시민사회에 포함할지 여부는 급진적 개념과 자유주의적 개념 간 주요 논쟁점이었다. 그럼에도 시민사회는 국가 및 직접적 정치 영역과 구분되는, 이질적이고 광범위한 개인과 집단들이 다양한 가치와 목표를 위해 활동하는 사회공간으로 이해된다. 하버마스는 시민사회를 공적 영역으로 간주하며, 여론이 형성되는 공간이자 경제적 활동이나 통치 행위가 아닌 자유로운 사회 구성원들의 공개적 의견 표출 장소로 정의하였다. 제3의 민주화 물결 속에서 부상한 시민사회론은 민주주의 공고화를 위한 시민사회의 역할과 기능에 초점을 맞춘다.

시민사회 개념은 역사적 변화와 문화권에 따라 다르게 이해된다. 서구와 정치적·경제적·문화적 맥락이 다른 남미, 동유럽, 아시아 등지의 시민사회는 서구 중심의 시민사회와 대조적인 특성을 보인다. 서구에서는 시민성 회복과 시민 참여 전통의 복구라는 비정치적·문화적 특성이 강조된다면, 비서구 지역에서는 전제적·권위주의적 정권에 대한 저항과 투쟁을 통해 정치화된 모습이 두드러진다(Barber, 1998: 14). 이러한 차이를 바탕으로 전자를 '시민사회 I', 후자를 '시민사회 II'로 구분하기도 한다(Edwards and Foley, 1998: 39). 한국의 시민사회는 후자에 가까우며, 권위주의 체제하에서 민주화 투쟁을 통해 발전하였다. 그러나 민주화 이후 공고화 단계에 접어들면서 점차 서구의 안정된 시민사회 모델을 닮거나 이를 규범적으로 추구하는 경향을 보인다.

제3의 민주화 물결 이후 민주주의 체제로 전환한 국가들은 안정적 민주주의와 시민사회를 완전히 이루었다기보다는 여전히 공고화의 진행형 단계에 있다. 이 맥락에서 '시민사회 II' 논의는 현대 시민사회 논쟁에 중요한 이슈를 제공한다. 특히 제3세계에서 민주화 과정을 이끈 시민사회는 민주화 추동의 본산으로 주목받는다.

남미와 동유럽의 민주화 과정에서 시민사회는 민주화 운동의 장이자 사회 운동의 원동력으로 기능하였다. 동유럽에서는 폴란드의 솔리다리티(Solidarity) 운동이 대표적이다. 이 운동은 공산정권의 위로부터 개혁과 민중의 아래로부터 항쟁 사이에서 '제3의 길'로 시민사회 연대 전략을 통해 민주화를 이끌었다. 1981년 계엄령 선포로 세계적 주목을 받은 폴란드에서는 노동자, 학생, 지식인, 언론, 교회, 독서 모임 등 다양한 결사체들이 시민사회를 "국가에 맞서는 자율적 사회정치적 공간"으로 발전시켰으며, 관련 논문, 기사, 저서가 홍수처럼 출간되었다(Schecter, 2000: 1). 동독에서도 지식인 중심의 포럼과 주민자치 모임들이 시민사회 지평을 넓히며 민주화에 기여하였다. 남미에서는 시민사회가 군부 독재라는 "억압적 국가 권력에 맞선 정면 투쟁의 사회 영역"이자 "무기력한 정당을 대신하는 독립 영역"으로 이해되었다(Edwards and Foley, 1998: 7).

이러한 민주화 운동으로서의 시민사회 발전론은 1990년대 초 미국과 유럽으로 이식되어 '사회 개혁', '사회경제', '공동체 건설', '파트너십 전략' 등으로 확장·응용되었다(Ehrenberg, 1999). 아프리카의 시민사회는 권리 기반 접근으로 요약되며, 여성, 아동, 장애인의 권리, 환경권, 경제권 등에서 괄목할 만한 변화를 보인다. 그러나 권리와 전통적 권위의 갈등, 권리의 원천 간 경쟁, 시민사회가 추구하는 목적의 모호성 등 논쟁점도 존재한다(하비슨, 2017: 160, 168~187).

한국의 사례로는 1987년 민주화 운동을 들 수 있다. 학생, 노동자, 시민 단체로 구성된 시민사회는 군부 독재에 맞서 민주화를 추동하였으며, '민주화 추진회의'와 같은 결사체가 시민사회 II 유형의 정치화된 특성을 보여주었다. 민주화 이후에는 환경, 여성, 노동 권리 중심의 NGO들이 시민권 문화를 강화하고 있지만, 지역주의와 이념 갈등은 여전히 도전 과제로 남는다. 이러한 사례들은 시민사회가 민주주의 전환과 공고화에서 역할을 하며, 지역적·문화적 맥락에 따라 다양한 양상으로 나타남을 입증한다.

3) 민주주의와 시민사회의 관계

시민사회가 민주주의 발전에 오로지 긍정적인 영향만 미칠 것인가에 대한 논의는 여전히 논란의 여지가 있다. 특히 시민사회가 헤겔적 의미의 이기적 개인들의 사적 이익 추구를 위한 투쟁의 장으로 전락할 경우, 오히려 민주주의 발전에 해가 될 수 있다. 바오강 허(Baogang He)에 따르면, 시민사회는 민주주의 없이도 존재할 수 있으며, 시민사회가 자동적으로 민주주의 정치 체제를 유도하는 것은 아니다. 또한 특정 시민사회 형태는 민주주의 질서를 왜곡할 수 있고, 시민 결사체들은 비시민적·비민주적 요소를 다수 포함할 수 있어 민주주의의 부정적 요인이 될 수 있다(He, 2002: 209~210). 특히 아프리카의 경우, 시민사회가 인종적 분열, 원조자 의존, 엘리트 주도의 여론 장악 수단 등으로 악용되기 때문에 이를 부정적으로 보는 주장이 제기된다(Harbeson, 2017: 160).

존 반 틸(Jon Van Til)은 시민사회와 민주주의 간 논의에서 시민사회가 민주주의의 필요조건이 될 수도, 장애물이 될 수도, 또는 무관한 관계로 나타날 수도 있다고 지적한다(Van Til, 2000). 그의 논의를 정리하면 다음과 같다. 첫째, 국가가 지나친 권력을 행사하며 자율적 사회 영역의 존재를 위협할 때, 비영리 섹터는 민주주의의 필요조건이 될 수 있다. 이는 제3세계 민주화 과정에서 일반화된 현상으로, 시민사회의 기여는 사회 집단들의 집약적·신뢰할 만한·실행 가능한 정보를 정부에 전달하고, 자기표현 및 정체성 표현 채널 역할을 하는 데 있다. 둘째, 사적 집단들이 경제적 이해, 민족 배경 등에 기반해 진정한 공동 목적 의식을 해치고 시민권의 결속을 왜곡할 경우, 비영리 섹터는 민주주의에 심각한 걸림돌이 될 수 있다. 이는 많은 이익집단의 집단 이기주의 추구 문제로 볼 수 있다.

반면에, 시민사회는 민주주의에서 시민 참여를 실현하는 핵심 영역으로, 권위주의에서 민주주의로의 전환뿐 아니라 민주주의 공고화 단계에서도 중요한 논의 대상이다. 시민사회는 민주정치의 발전과 성숙한 운영의 기반으로 간주되며, 과도한 국가 권력에 대응하여 국민이 민주정치를 규정하려면 성숙한 시민사회가 필수적이다. 다이아몬드는 시민사회가 민주주의 전환과 공고화에서 결정적 역할을 한다고 보았으며, 이는 학계에서 널리 수용된다(Diamond, 1999). 시민사회의 성숙은 갓 탄생한 민주주의가 권위주의로 회귀하는 것을 방지하며, 단순한 제도적 민주화만으로는 지속적이고 안정적인 민주주의를 보장할 수 없기 때문에 공고화 단계에서 더욱 중요하다. 그러나 시민사회의 발전은 민주정치 운영을 강화하는 동시에 복잡성을 더하는 요인으로 작용할 수 있다.

슈미터는 시민사회가 민주주의에 부정적 영향을 미칠 경우, 다수결 형성을 어렵게 하고 의사결정 과정을 지연시키며 불투명성을 초래하여 민주 정부의 정통성을 약화시킬 수 있다고 보았다. 그는 미국의 정책 형성 과정에서 상위 계층 주도의 편향된 영향력 분포 문제를 지적하며, 사회 집단이나 운동이 사적 이해관계만 추구하는 문제를 비판하였다. 또한 비영리 조직이 권익 옹호에서 물러나 좁은 역할에 치중할 경우, 민주주의와 무관한 관계를 형성하며 서구 사회의 상업화 문제를 악화시킬 수 있다고 보았다. 이에 슈미터는 공동체 의식과의 조화가 필요하다고 결론지었다(Schmitter, 1993).

시민사회와 민주주의 논의는 주로 시민성과 공공성에 초점을 맞춘다. 서구 중심적 시민사회 논의는 사회운동론보다 시민성에 중점을 두며, 이는 알렉시스 드 토크빌(Alexis de Tocqueville)이 강조된 종교, 문화, 자발적 결사체의 역할로 거슬러 올라간다. 알몬드와 버바는 시민문화를 참여형, 신민형, 지방형으로 구분하고, 세 가지 형태의 조화가 이상적 시민문화라고 보았다. 이들은 시민문화가 아리스토텔레스, 키케로, 토크빌, 밀, 슘페터 등 서구의 합리성-활동가 모형에 뿌리를 두고 있다고 강조하였다(Almond and Verba, 1980: 439). 이러한 논의는 시민사회 내 신뢰와 사회적 자본의 중요성을 강조하는 현대 연구로 이어졌다.

이러한 연장선에서, 푸트남(Robert Putnam)은 시민사회 단체의 사회적 자본이 민주주의 발전에 긍정적 영향을 미친다고 주장하였다(Putnam, 2000). 그러나 사회적 자본이 항상 긍정적 결과만 가져오는 것은 아니다. 시민사회 단체가 개방적 연결망을 형성하고 시민문화의 가치와 신념을 사회화하면 긍정적 영향을 미치지만, 폐쇄적·권위적 태도로 공적 이익과 무관한 집단 이기주의를 추구하면 사회적 자본 형성에 부정적 영향을 줄 수 있다.

근대 자본주의 사회에서 시민사회는 자율적인 영역을 보장하며, 이는 곧 시민권의 보장과 민주적 참여를 가능하게 하는 전제가 된다. 시민사회는 민주주의 체제를 공고하게 발전시키는 핵심 동력으로 간주되곤 한다. 시민사회의 영역은 정치 단체뿐만 아니라 비정치적인 결사체, 이웃 모임 등 광범위하며, 이러한 자율적 영역은 시민 자치 권력의 실현과 책임 있는 시민의 교육을 실천하는 장이 된다. 특히 시민사회단체는 중앙 집중적 정치가 낳은 시민 소외에 도전하며, 정부와 시민 사이의 '중개 기관(Intermediary Entity)'으로서 중요한 역할을 수행한다.

시민사회와 민주주의의 관계는 그 역할론적 차원에서 자유주의적 입장과 급진적 입장으로 구분될 수 있다. 자유주의적 관점에서 시민사회는 국가와 사적인 영역 사이에 존재하는 중간적 실체로서, 자발적이고 자율적인 성격을 띨 것으로 가정된다. 시민사회는 국가 권력을 제한하고 공무원들의 책임을 추궁하는 역할을 수행하고 경우에 따라서는 자발적인 참여와 협조를 통해 국가의 부담을 덜어주며, 오히려 국가의 권위에 정당성을 부여하는 역할을 담당하기도 한다(Diamond, 1994).

반면에 급진적 입장은 시민사회가 본질적으로 자생적인 평등을 이룰 수 있다는 가정을 받아들이지 않는다. 이들은 경제적 및 사회적 불평등으로 인해 자원, 지식, 사회적 인정 등의 차이가 발생하고, 이로 인해 국민들의 참여가 제한적일 수밖에 없다고 비판한다. 그들은 시민사회는 권력과 관련된 갈등적인 실천과 밀접히 관련되며, 자본주의 사회의 불평등을 교정하고 국가가 개재된 불균형 상태를 바로잡는 역할을 해야한다고 주장한다. 최종 목표는 단순한 중개 기관이 아니라, 국가 자체를 변화시켜야 하는 주체로 간주되며, 이를 위한 투쟁이나 집단적 행동은 민주주의의 건강한 모습으로 이해한다. 이러한 두 시각은 민주화 이후 시민사회가 협력적 파트너가 되어야 하는지, 아니면 지속적인 감시자 및 투쟁의 주체가 되어야 하는지에 대한 논쟁을 제시하고 있다.

시민사회의 역할에 대한 다양한 견해는 민주주의 공고화 단계에서도 그대로 반영된다. 자유주의적 관점은 시민사회가 국가의 부담을 덜어주는 보조적 역할을 수행하며 최소국가(minimal state)의 기능에 기여한다고 본다. 반면, 급진적 관점은 시민사회의 활성화와 논쟁적 정치(contentious politics)를 통해 국가 제도를 개혁하고 사회적·경제적 불평등을 시정하여 사회 정의를 실현하는 역동적 역할을 강조한다. 따라서 민주주의 공고화 과정에서는 국가 개혁, 시민권 확대, 민주적 권리 확보를 위해 시민사회의 사회적 항의와 투쟁이 지속적으로 추진되어야 한다고 주장한다.

5. 민주주의 공고화와 국가 능력

민주주의의 안정성과 발전은 무엇보다 국가 능력에 크게 의존한다. 특히 민주주의 진환기에는 다양한 사회 집단과 결사체가 동시에 권리와 이익을 요구하며, 이러한 요구를 효과적으로 수용하고 조정할 수 있는 국가의 능력과 소통 구조가 핵심 변수로 작용한다. 민주화 과정에서 국가는 법치주의 확립, 경제 성장 촉진, 국민의 자발적 복종 유도, 자원 배분 조정 등 다층적인 과제에 직면하며, 이를 수행하기 위해서는 적절한 수용 능력(absorptive capacity)이 필수적이다. 만약 국가가 이러한 능력을 갖추지 못하면 민주화 과정은 쉽게 정체되거나 후퇴할 위험에 처하게 된다.

비효과적 제도나 지도자의 리더십 부재는 소수 특권층의 이익에 편향된 정책, 법 집행의 편파성, 권력 사유화 등 비민주적 장애 요인을 초래할 수 있다(Huber, 1995: 166~167).

민주주의로의 전환은 종종 일시적인 경제 악화나 위기 상황과 맞물리므로, 신생 민주 정부는 단순한 제도 확립에 그치지 않고, 정치적 주요 집단의 요구를 대의제 내에서 수용하는 절차를 제도화해야 한다. 그러나 경제 개혁은 단기적으로 불평등을 심화시키는 경우가 많아, 이를 관리하기 위해서는 효과적 국가의 구축이 필수적이다. 효과적 국가는 국민의 물리적 안전 보장, 시민권 행사 조건 조성, 도덕적 리더십 확립, 공공 저축 동원, 자원 배분과 소득 재분배 개혁 등 다양한 기능을 원활히 수행할 수 있어야 한다. 시장 중심적 처방은 국가의 역할을 축소하는 경향이 있으나, 민주주의를 지속가능하게 만들기 위해서는 국가 기능을 단순 축소하는 것이 아니라 재조직을 통해 효율성을 강화해야 한다는 점이 강조된다(Przeworski, 1995: 10~12).

반대로 국가 능력이 결여되면 민주주의는 원심적 민주주의(centrifugal democracy) 또는 양극화 정치(polarized politics)로 나타난다(Lijphart, 1999). 이러한 상황에서는 반체제 정당의 급부상, 극단적 이데올로기 고착, 무책임한 정치적 대립, 권력 쟁탈 경쟁 등으로 특징지어지며, 설사 제도가 붕괴를 면하더라도 지속적인 정치적 교착과 부동성이 발생한다. 그 원인은 국가의 중재·조정 능력 부족으로 현상 유지에만 급급한 국가는 효과적인 집행부와 대안 정책을 제시하지 못해 결국 교착된 사회(stalemate society)로 전락한다(Siaroff, 2000).

역사적 사례로는 바이마르 공화국, 전후 이탈리아·핀란드·오스트리아 제1공화국, 1930년대 스페인, 1973년 이전 칠레, 1970년대 초 벨기에, 1982년 이후 엘살바도르, 1910년 이후 포르투갈 등이 있으며(Sartori, 1976: 132~140), 이들 모든 국가들은 능력 부족과 양극화로 인해 민주주의가 약화된 전형적 사례로 평가된다.

결국 민주주의의 공고화와 안정은 제도 설계뿐 아니라, 국가가 위기를 관리하고 다양한 사회 집단의 요구를 조정하며, 정책과 자원 배분을 효과적으로 수행할 수 있는 능력에 달려 있다고 할 수 있다.

2000년대 이후 원심적 민주주의는 글로벌화, 경제 불평등, 팬데믹·기후 위기 등으로 인해 더욱 심화되었으며, 특히 아프리카·남미·유럽에서 두드러지게 나타나고 있다. 전 세계 71개국(인구 42%)이 2024년에 민주주의 후퇴를 경험했으며, 이는 양극화와 국가능력 약화가 주요 원인이다. 아프리카의 경우, 사헬 지역(Sahel)의 정치 불안정은 쿠데타와 내전으로 이어지며 원심적 역학을 가속화했다. 예를 들어 말리(Mali), 니제르(Niger), 부르키나파소(Burkina Faso)는 2020~2025년에 군부 쿠데타를 겪었으며, 2025년 1월 ECOWAS 탈퇴와 사헬 국가 연합(AES) 형성으로 지역 분열이 심화되었다. 부룬디(Burundi)는 2020년 이후 장기 집권과 2025년 선거 조작으로 반대파 탄압이 지속되었으며, World Bank(2025)는 이를 통해 경제 성장률이 4.6%로 둔화되고 빈곤율이 74.5%에 달할 것으로 전망한다. 앙골라(Angola), 짐바브웨(Zimbabwe), 차드(Chad), 수단(Sudan), 에티오피아(Ethiopia)도 내전·쿠데타·선거 분쟁으로 불안정하며, IMF(2025)는 이들 국가가 취약·분쟁 영향 국가(Fragile and Conflict-Affected States, FCS)로 분류되어 원조 의존도가 높아졌다고 지적한다. 이러한 사례들은 국가능력 부족이 양극화된 정치(예: 민족·종교 분쟁)를 증폭시켜 민주주의를 위협함을 보여준다.

남미에서는 2000년대 좌파 물결 후 팬데믹과 경제 위기가 양극화를 촉발했다. UNDP(2023) 보고서에 따르면, 지역의 정치 양극화 지수가 2000년대 초 세계 평균 이하에서 2020년대에 가장 높은 수준으로 상승했으며, 아르헨티나(2023년 극우 집권), 브라질(볼소나루 시대 양극화), 페루(2021~2025년 항의와 임시 정부 교체), 엘살바도르(부케레 정권의 권위주의 전환)에서 반체제 포퓰리즘과 대결 구조가 두드러진다. 유럽에서는 헝가리(오르반의 장기 집권, 2010~2025)와 폴란드(2023년 이전 PiS 정권의 사법 개입)가 원심적 민주주의의 예로, EU 제재에도 불구하고 국가능력 약화가 양극화를 유지한다.

국가능력 결여는 원심적 민주주의를 통해 교착과 후퇴를 초래하며, 최근 아프리카의 쿠데타 연쇄와 라틴아메리카의 포퓰리즘 부상을 통해 그 위험성이 증명된다. 비교정치학적으로, 민주주의 강화는 국가의 재조직, 법치 확립, 자원 배분, 중재 기능 강화를 통해 가능하며, 국제적 지원이 이를 보완할 수 있다. 효과적 국가 없이는 민주주의의 지속성이 약화될 수 밖에 없다.

6. 민주주의의 위기

인간은 본능적으로 가족, 또래, 사회적 조직에 소속감을 추구하며, 이는 니체(Friedrich Wilhelm Nietzsche)의 시기심(ressentiment) 개념처럼 집단적 동질감 또는 우월감으로 나타난다. 현대 사회에서 개인은 조직의 가치 기준에 충성하거나 반대 가치를 채택하며 소속감을 형성하며, 때로는 타인을 열등하다고 간주하며 자존감을 유지한다. 근대화 과정에서 자유주의, 시장경제, 세속주의 같은 보편적 가치는 시민의 권리와 자유를 강화했으나, 이는 계몽주의의 이상으로 엘리트 중심적이며 배타적 성격을 띠었다. 현대인의 생존 경쟁 속에서 보편적 가치는 설 자리를 잃고, 대신 자신과 유사한 정치인을 우상화하는 팬덤(fandom)이 등장한다. 이는 추아가 묘사한 정치적 부족주의로, 상대적 박탈감과 차별 의식이 '나와 같은 사람'에 대한 정체성 중심의 지지를 강화한다(Chua, 2018). 지지자는 정치인의 성공이 아니라 자신의 성장침체에 따른 정체성을 투영하며 자존감을 유지하려 한다. 예를 들어, 미국의 트럼프 지지층은 경제적 박탈감과 백인 정체성을 중심으로 팬덤을 형성하며, 트럼프의 반이민·국수주의 프레임에 동조했다. 이는 보편적 가치(다문화주의)보다 정체성 정치를 우선시한 결과다.

정체성 정치는 계층, 계급, 성별, 민족 등 집단화를 통해 응집력을 강화하며, 편 가르기와 위기 프레임을 조장한다. 정치인이 공포와 위기를 활용해 군중의 이성을 마비시키고, 비판 불가의 성역과 금기 영역을 만들어 학문·양심·표현의 자유를 위협한다고 비판한다(Mounk, 2018). 이는 대중주의(populism)로 이어지며, 감정 중심의 피해자 의식이 이성적 판단을 대체한다. 결과적으로 언론 자유, 사법 독립, 삼권분립, 법치 같은 민주주의 장치가 '국민의 뜻'이라는 구호 아래 약화되며, 권위주의가 등장한다.

레비츠키(Steven Levitsky)와 지블란(Daniel Ziblatt)는 민주주의의 핵심 규범인 상호 인정(mutual tolerance)과 권력 절제(forbearance)의 붕괴가 형식적 법치만으로는 민주주의를 지킬 수 없다고 경고한다(Levitsky and Ziblatt, 2018). 정치적 라이벌을 적으로, 언론을 가짜 뉴스로 치부하며 증오와 대립의 양극화를 조장한다. 이는 국수주의적 대중주의와 결합해 폭발적 동원을 초래한다. 정체성 정치는 현대 민주주의의 양극화를 가속화하며, 국가능력과 민주적 규범을 약화시킨다. 이는 원심적 민주주의로 나타나며, 반체제 정당, 이데올로기적 고착화, 정치적 경매 심리로 특징지어진다.

V-Dem Institute 2025에 따르면, 2024년 기준 71개국(인구 42%)이 민주주의 후퇴를 경험했으며, 이는 정체성 기반 양극화와 국가능력 결여가 주요 원인이다. 이는 쉐보르스키의 효율적 국가 논의와 연결되며, 국가가 정체성 갈등을 중재하지 못하면 민주주의가 교착 상태에 빠지게 된다.

오늘날 권위주의 정권들은 첨단 기술을 적극적으로 이용해 통제력을 강화하기도 한다. 예를 들어, CCTV와 얼굴인식 시스템, 모바일 스파이웨어, 소셜미디어 여론 조작, 인터넷 검열, 그리고 인공지능(AI)을 활용한 자동화 감시 등이 결합되면서 국민의 행동과 생각을 세밀하게 관리할 수 있게 되었다. 이러한 통치 방식은 단순한 감시를 넘어, 사회를 관리하고 예방하며 억압하는 새로운 통치 기술로 작동하기 때문에 디지털 권위주의(digital authoritarianism)라고 불린다(Martina, 2025).

한편, 권위주의 지도자들은 겉으로는 법과 헌법, 사법제도를 존중하는 듯 보이지만, 실제로는 이를 정치적 도구로 활용한다. 즉, 법적 절차를 통해 정당성을 확보하는 척하면서도 사법부나 선거관리위원회, 감사기관 등을 장악해 민주적 견제 기능을 무력화하는 현상이 나타난다. 이러한 과정을 학자들은 사법 포획(judicial capture)이라고 부르며(Nord et al., 2025), 그 결과 형식적으로는 선거가 존재하지만 실제로는 자유가 보장되지 않는, 선거는 있으나 자유는 없는 권위주의적 민주주의가 나타나게 된다.

Box 11-3 • 권위주의의 '위장막'이 된 아프리카 대의민주주의

2025년을 마무리하며 던지는 질문이 있다. 아프리카의 민주주의는 과연 공고화의 궤도에 올라섰는가. 답을 내리기 어렵다. 몇몇 국가에서는 민주적 제도가 비교적 안정적으로 유지하고 있다. 하지만 다른 한편의 국가에서는 민주주의 취약성이 점점 더 분명하게 드러나고 있다. 오늘날 아프리카의 정치 변화는 '민주주의의 후퇴'라는 말만으로는 설명이 부족해 보인다. 민주주의라는 제도와 그것이 작동하는 현실 사이의 간극이 구조적으로 벌어지는, 더 복잡한 현상이 나타나고 있기 때문이다. 민주주의라는 이름의 화려한 무대 장치가 실은 권위주의의 속살을 가리는 '위장막'으로 기능하는 역설. 우리는 그 이면을 들여다볼 필요가 있다. 그곳의 정치적 안정성은 우리의 경제 협력과 투자의 미래와도 직결되기 때문이다.

아프리카는 식민지 독립 이후 국가 건설과 사회 통합이라는 이중의 과제를 안고 출발했다.

1990년대 냉전 종식 이후 '제3의 민주화 물결', 그리고 2010년대 초 '아랍의 봄'을 거치며 대의민주주의 제도가 곳곳에 도입·정착됐다. 오늘날 선거와 헌법, 다당제는 아프리카 정치의 일상적 장치가 됐다. 그러나 진짜 문제는 이 제도들이 실제로 권력의 책임성과 투명성으로 연결되고 있는가 하는 점이다. 선거는 정기적으로 치러지지만, 권력 교체는 제한적이다. 민간 정부 아래에서도 신가산주의(국가 자원의 사유화)적이며 권위주의적인 방식으로 운영되는 사례가 나타난다. 마치 잘 지어진 집처럼 보이지만, 정작 기둥과 대들보가 썩어가는 형국이다.

이러한 현상은 정치적 퇴행으로만 설명하기 어렵다. 2020년대 들어 사헬과 서아프리카를 중심으로 반복된 군사 쿠데타와 민족주의 담론 속에서 군부에 대한 대중적 지지가 확산하는 현상, 그리고 선출된 지도자들에 의한 헌정 질서의 점진적 잠식은 민주주의가 구조적 도전에 직면해 있음을 보여준다.

2025년 10월 코트디부아르·카메룬·탄자니아 대선에서 야권 배제를 둘러싼 선거 불복 시위, 11월 기니비사우의 선거 직전 쿠데타, 12월 베냉의 쿠데타 미수 사건은 그동안 비교적 절차적 민주주의를 유지해온 국가들조차 더 이상 예외가 아님을 시사한다. 민주주의는 한 번 도입되면 자동으로 유지되는 제도가 아니라, 지속적인 관리와 사회적 신뢰 위에서 유지되는 불안정한 균형임이 재확인되고 있다.

문제의 핵심은 민주주의의 기능적 실패가 권위주의적 통치의 정당성으로 전환되는 지점에 있다. 선거를 통해 구성된 민간 정부가 안보와 경제 분야에서 구체적 성과를 내지 못할 경우, 시민들은 민주주의라는 제도 자체보다는 '제대로 작동하지 않는 민주주의'에 실망하게 된다. 이 틈을 군부나 권위주의적 정치 엘리트들이 파고든다. 이들은 '질서 회복'과 '국가 정상화'를 내세우며 정치 공간을 확장한다. 제도적 견제와 절차는 비효율과 혼란의 원인으로 지목되고, 민주주의를 바로 세우겠다는 명분 아래 민주주의의 핵심 요소들이 점차 약화한다.

사헬 지역의 사례는 이를 극명하게 보여준다. 말리, 부르키나파소, 니제르 등에서 민주적으로 선출된 정부들은 이슬람 극단주의 무장단체의 확산을 효과적으로 억제하지 못했다. 이곳에서는 국가의 영토 통제력이 약화하고 일상적 폭력이 일상적이었다. 이에 따라 시민들에게 민주적 절차는 추상적이고 형식적인 것으로 인식됐다. 투표는 치러졌지만, 삶의 조건은 개선되지 않았다. 제도는 존재했지만, 국가는 충분한 보호를 제공하지 못했다는 인식이 확산했다.

이러한 맥락에서 '민주주의냐 독재냐'라는 고전적인 이분법은 설득력을 잃는다. 시민들이 체감한 현실은 오히려 '제대로 작동하지 않는 민주적 정부냐, 강압적이지만 질서를 회복하겠다고 약속하는 권력자냐'라는 선택지에 가까웠다. 쿠데타 직후 군부를 환호로 맞이한 일부 대중의 모습은 민주주의에 대한 이념적 거부로 보기는 어렵다. 오히려 생존과 안정에 대한 절박한 요구의 표현으로 이해할 수 있다. 위기의 순간마다 대중주의적 권위주의가 반복적으로 등장하는 이유도 여기에 있다.

경제적 요인 역시 민주주의에 대한 신뢰를 약화하는 중요한 배경이다. 만성적인 실업과 심화하는 불평등, 그리고 일상화된 부패는 민주적 제도의 정당성을 서서히 줄어들게 했다. 선거를 통해 집권한 엘리트들이 국가 발전보다 권력의 사유화에 몰두하는 모습, 특히 2024년에 케냐·우간다·나이지리아·가나 등에서 몰아쳤던 청년세대(Z Generation) 시위는 민주주의를 '기득권을 위한 게임'으로 인식하게 했다.

권위주의로 이동은 반드시 힘의 형태로만 나타나지 않는다. 오히려 더 일반적인 경로는 선출된 지도자에 의한 헌정 질서의 점진적 훼손, 이른바 '헌정 쿠데타'다. 임기 제한의 완화나 철폐, 헌법 개정의 정치화, 사법부의 정치화와 선거관리기구에 대한 통제 강화는 선거를 권력 교체의 수단이 아니라 권력 연장의 장치로 전락시킨다. 언론의 역할 축소 역시 주목할 만한 변화다. 비판적 언론은 '가짜 뉴스', '국익 훼손', '정치적 편향'이라는 명목 아래 명시적 그리고 암묵적으로 압박을 받는다. 언론 자유는 선언적으로는 유지되지만, 실제로는 자기검열이 일상화된다. 이러한 조치들이 빈번하게 '민주주의를 보호하기 위해' 필요하다고 설명된다는 점은 민주주의의 역설을 보여준다. 법과 제도는 형식적으로 유지된다. 그러나 그 해석과 적용은 선택적으로 이뤄진다. 선거가 더 이상 '불확실한 경쟁'이 아니라 '관리된 절차'로 인식되는 순간, 대의민주주의는 권위주의 통치를 정당화하는 가장 효과적인 외피가 될 수 있다.

이러한 변화는 국제 정치 환경과도 맞물려 있다. 미국과 서방의 자국 우선주의로 그 영향력이 약화하는 가운데, 러시아와 중국 등 비서구 국가들은 민주주의나 인권을 조건으로 내세우지 않는 대안을 제공하고 있다. 신속한 군사·경제적 지원은 매력적으로 보이지만, 견제와 책임성은 후순위로 밀린다.

여기에 식민지 경험에서 비롯된 반서구 정서가 결합하면서, '주권 회복'과 '반제국주의'를 내세운 포퓰리즘적 권위주의가 힘을 얻고 있다. 그러나 이러한 선택이 장기적 안정으로 이어질 가능성은 적다. 선거를 통한 평화적 권력 교체가 약화한 사회에서는 쿠데타와 준(準) 쿠데타적 정치, 그리고 이념과 인종 기반의 테러집단 행위가 반복되고 있다. 시민사회와 언론의 위축은 민주주의로 복귀 가능성을 더욱 낮춘다. 지역 차원에서는 서아프리카공동체(ECOWAS)의 분열과 사헬 3국의 탈퇴 선언처럼 정치 불안정이 경제 협력과 통합을 저해하는 구조적 리스크로 작용한다.

이처럼 2025년 아프리카의 모습은 전 세계 민주주의에 중요한 교훈을 던진다. 민주주의는 선거라는 절차만으로 완성되지 않는다. 선거 이후에도 작동하는 책임 있는 통치와 포용적 제도가 뒷받침되지 않을 경우, 민주주의는 언제든 권위주의의 위장막이 된다. 이는 특정 대륙의 문제가 아니라, 민주주의가 공고화되고 있다고 믿는 모든 사회를 향한 경고다.

국제사회 역시 정치적 혼란 이후의 제재와 규탄에만 머물러서는 한계가 있다. 시민사회, 언론, 사법 독립, 선거 관리 역량을 장기적으로 강화하는 제도적 지원을 병행해야 한다. 이는 가치의 문제일 뿐 아니라 지속가능한 경제협력과 안정적 진출을 위한 최소한의 조건이다. 특히 한국은 산업화와 정보화를 이뤄냈다. 권위주의 체제를 경험했고 이를 극복한 국가다. 민주화 이후에도 정치적 갈등은 반복됐다. 두 차례의 대통령 탄핵과 그에 따른 조치들도 겪었다. 그 과정에서 헌정 질서는 흔들렸다. 민주주의가 얼마나 쉽게 피로해질 수 있는지도 체감하고 있다. 이러한 경험은 아프리카 국가들과 협력에 참고가 될 수 있다. 정치적 안정과 제도에 대한 신뢰를 바탕으로 한 협력 모델을 모색하는 데 도움이 된다.

아프리카의 민주주의 위기는 지역적 문제가 아니다. 이는 오늘날 민주주의가 어디에서든 얼마나 쉽게 '위장막'으로 전락할 수 있는지를 보여주는 경고다. 민주주의는 선언으로 유지되지 않는다.

서아프리카에는 '울타리는 굶주림을 막아주지 못한다'는 속담이 있다. 민생을 지키지 못하는 제도는 신뢰를 얻을 수 없다. 제도와 현실 사이의 괴리를 메우지 못한다면, 그 제도는 권위적 통치의 '아름다운 외관'에 불과할 것이다. 아프리카의 민주주의 위기는, 오늘날 민주주의가 어디에서든 얼마나 쉽게 '위장막'으로 전락할 수 있는지를 보여주는 경고다. 이 경고는 민주주의를 당연한 전제로 여기는 모든 사회를 향해 조용하지만 분명하게 울리고 있다.

※ 김성수, 연합뉴스, 2026년 1월 1일

제4절

민주주의를 전망해 보자

지금까지 살펴본 민주주의 전환과 공고화에 관한 이론들은 민주주의로의 이행이 결코 즉흥적이거나 우연히 이루어지는 과정이 아님을 보여준다. 민주주의의 성립과 안정은 무엇보다 권위주의로의 회귀를 방지하기 위한 국가의 제도적 역량과 시민사회의 적극적인 참여에 달려 있다는 점이 핵심으로 드러난다.

오늘날 세계 대부분의 국가가 형식적으로는 민주주의 체제를 채택하고 있지만, 비교정치학이 앞으로 민주주의 연구를 어떤 방향으로 발전시켜야 할지는 여전히 중요한 과제로 남아 있다. 냉전의 종식과 제3의 물결 그리고 아랍의 봄을 거치며 민주주의는 전 세계로 확산되는 듯했으나, 최근 들어 여러 지역에서 권위주의적 통치의 재등장과 자국 우선주의를 내세운 극우정권의 부상이 두드러지고 있다.

이러한 흐름의 배경에는 시장 중심의 세계경제 질서가 심화시키는 불평등과 사회적 양극화, 그리고 그로 인해 누적된 불안과 정치적 불신이 자리하고 있다. 특히 2019년 이후의 코로나19 팬데믹은 경제위기를 심화시키며, '실용주의'라는 명분 아래 국민의 권리와 자유보다는 경제 성장만을 우선시하는 권위주의적 정치 행태를 되살리는 계기가 되었다. 이러한 현상은 개발도상국뿐 아니라 선진국에서도 나타나고 있다.

유럽에서는 인종주의와 극우 포퓰리즘이 확산되며, 민주적 절차로 선출된 지도자들이 오히려 민주주의 제도를 훼손하는 역설적인 상황이 벌어지고 있다. 중동과 아프리카의 일부 지역에서는 민주화 이후에도 이슬람 원리주의나 자민족 우선주의 세력이 다시 등장해, 전통과 문화의 이름으로 권위주의적 통치를 정당화하고 있다.

이처럼 민주주의는 제도적으로 확립된 이후에도 권위주의로의 회귀라는 지속적인 도전에 직면해 있다. 따라서 민주주의 공고화 이론은 이러한 시대적 도전에 대응하기 위한 이론적 토대와 분석 틀을 제공한다. 그러나 정치발전론이 시대적 변화를 반영하며 발전해 왔듯이 오늘날의 민주주의 연구 역시 새로운 위협과 변화를 포착할 수 있는 이론적 혁신이 필요하다.

앞으로 비교정치학은 과거의 이론적 유산, 즉 구조적 조건에 대한 분석과 행위자들의 전략적 선택을 결합한 접근을 바탕으로 다음과 같은 방향으로 나아가야 한다. 변화하는 국제질서 속에서 민주주의의 확장된 의미와 바람직한 정치 공동체의 형태를 탐구하며, 민주주의의 가치와 현실 정치의 간극을 좁히려는 지속적인 이론적 노력과 실천적 접근이 필요하다.

결국 민주주의는 완성된 제도가 아니라 끊임없이 재구성되어야 하는 과정이다. 비교정치학의 역할은 바로 이 과정을 분석하고, 변화하는 세계 속에서 민주주의가 다시금 설 수 있는 방향을 제시하는 데 있다. 이러한 의미에서, 민주주의 전환과 공고화 이론은 여전히 현대 정치 변동을 이해하는 핵심적 지적 자산이라 할 수 있다.

제12장

사회운동

제12장 사회운동

제1절 사회운동

현대 사회에서 정당이나 이익집단과 같은 공식적·제도화된 방식으로 정치 과정에 영향을 미치는 경우는 일반적이지만, 일반 대중이 보다 유연하고 덜 공식적인 방식으로 정치에 영향을 미치는 형태도 존재한다. 이러한 활동을 사회운동(social movement)이라고 한다. 대표적 사례로는 한국의 2016년 촛불 시위가 박근혜 대통령 탄핵으로 이어진 경우, 인도의 간디(Mahatma Gandhi)가 주도한 독립 과정에서의 시민불복종 운동, 미국 인권 운동에서 마틴 루터 킹 주니어(Martin Luther King Jr.)가 이끈 1955~1956년 알라바마 몽고메리 버스 보이콧 운동, 중동과 아시아에서 조직화되지 않은 이슬람 원리주의 운동, 그리고 2011년 튀니지의 밀값 폭등에 대한 불만 시위에서 시작되어 아랍 각국으로 확산된 비공식적인 활동, 2024년 케냐에서 시작되어 반증세시위가 인접국들로 확산된 반부패시위와 같은 비공식적 활동들이 사회운동의 범주에 포함된다.

사회운동은 기존의 규범, 가치, 제도, 체제를 변화시키기 위해 다수의 개인이 조직적으로 행동하는 집합적 행동의 한 형태이다. 이는 비공식적 집단 운동으로, 지도자 집단에 의해 행동의 일관성을 유지하면서도 유연한 선택을 사용하는 활동이다. 따라서 사회운동은 기존 규범이나 가치가 정당하지 않다고 믿는 다수의 개인이 새로운 대안적 규범이나 가치를 제도화하기 위해 인적·물적 자원을 동원하여 조직적으로 활동하는 집합적 행동으로 정의된다.

초기 사회운동 연구는 주로 규범 지향적·개혁적 운동보다 혁명적 사회운동에 초점을 맞췄다. 이는 시민사회가 충분히 성장하지 않아 제도적 수준의 개혁적 사회운동이 활성화되지 못했기 때문이다. 또한, 사회운동으로 분류될 만한 집합적 행동은 근본적 사회 변동을 지향하는 혁명 과정에 포함되어 있었다. 이에 따라 초기 연구자들은 프랑스혁명(1789)이나 러시아혁명(1917)과 같은 국민국가 형성에 결정적 계기를 제공한 사회혁명을 대상으로 삼았다. 예를 들어, 에드워즈(Edwards, 1927), 페티(Pettee, 1938), 브린턴(Brinton, 1938)은 프랑스혁명과 러시아혁명을 분석하여 '혁명의 자연사(natural history)'를 일반화하려 하였다.

그러나 1950년대 이후 집합행동 연구자들의 관심은 혁명에서 사회운동으로 이동하였다. 이는 시민사회의 성장과 함께 노동운동, 이익집단 운동, 사회문제 해결을 목표로 하는 개혁적 사회운동이 활성화되면서 이념적 혁명보다 일상의 문제 해결을 위한 운동이 사회학자들의 주요 관심사가 되면서 사회운동과 혁명에 대한 체계적·과학적 이론이 발전하였다.

우선적으로, 구조기능주의적 접근의 스멜저(Neil Smelser)의 『집합행동 이론(Theory of Collective Behavior, 1962)』에서 사회운동을 사회 체계의 구조적 긴장과 기능적 불균형에서 비롯된 집합적 행동으로 설명한다. 그는 사회적 변화가 기존 규범과 가치의 붕괴를 초래하며 운동을 촉발한다고 보았다. 사회심리학적 접근의 데이비스(James Davies)의 "혁명의 일반 이론을 향하여"(Toward a Theory of Revolution, 1960)는 상대적 박탈(relative deprivation)에서 사회운동은 기대와 현실 간 격차가 불만을 유발하여 집합 행동을 촉진한다는 이론을 제시했다.

그리고 1970년대에 발전한 자원동원 이론(Resource Mobilization Theory)은 사회운동이 성공하려면 자원(인력, 자금, 조직 등)의 효과적 동원이 필요하다고 본다. 맥카시(John McCarthy)와 잘드(Mayer Zald)는 운동의 성공이 이념보다 조직화와 자원 관리에 달려 있다고 주장하였다(McCarthy and Zald, 1977). 한국의 2016년 촛불시위는 시민 단체의 조직적 네트워크와 자원 동원을 통해 대규모 참여를 이끌어냈다. 반면에, 정치 과정 이론(Political Process Theory)은 사회운동이 정치적 기회 구조(political opportunity structure)에 따라 성패가 좌우된다고 본다. 맥아담(Doug McAdam, 1982)은 정부의 개방성, 엘리트 간 분열, 동맹 가능성 등이 운동의 성공을 결정한다고 보았다. 1980년대 폴란드의 솔리다리티 운동은 공산정권의 약화라는 정치적 기회를 활용하여 성공하였다고 볼 수 있다.

1980년대 이후, 정치문화에서 다루었던 신사회운동론(New Social Movement Theory)에 대한 관심이 높아졌다. 투렌(Alain Touraine)과 멜루치(Alberto Melucci)는 정체성, 문화, 생활양식 중심의 운동(예: 환경, 여성, 성소수자 운동)에 주목하며, 기존의 계급 중심 운동과 구분하였다. 이는 서구의 탈물질주의 사회에서 두드러진다. 한국, 독일, 미국, 프랑스 등의 녹색 운동은 환경과 평화라는 새로운 가치를 강조하며 발전하였다.

최근 사회운동 연구로 구성주의 이론(Constructivist Theory)이 있다. 이 연구는 프레이밍(frame)과 의미 구성을 강조한다. 스노우(David Snow)와 벤포드(Robert Benford)는 사회운동이 성공하려면 참여자들이 공감할 수 있는 의미 프레임을 형성해야 한다고 보았다(Snow and Benford, 1988).

이러한 이론들은 사회운동이 단순한 집합 행동을 넘어 정치적·사회적 변화를 추구하는 복합적 과정임을 보여준다. 2025년 네팔 정부의 소셜 미디어 금지령으로 촉발되어 그간의 장기 정치 불안정(17년간 14개 정부)과 코로나 19로 인한 경제위기에 대한 불만을 폭발시킨 네팔 Gen Z 시위(청년세대)는 자원동원, 정치적 기회, 프레이밍 이론이 결합된 사례로 볼 수 있다. 청년주도의 조직화(자원동원), 정부의 정치적 위기(기회 구조), 부패 척결과 법의 지배 회복이라는 강력한 프레임이 대규모 참여를 이끌며 정권교체라는 결과를 이끄는 모습들을 보여주고 있다. 이처럼 사회운동은 민주주의 발전에서 비공식적이지만 강력한 동력으로 작용한다.

1. 사회운동의 개념

사회운동 개념은 19세기 유럽에서 처음 등장했으며, 당시에는 사회주의, 공산주의, 무정부주의적 경향을 가진 신흥 산업노동계급의 운동을 지칭하는 구체적 의미를 가졌다. 유럽 사회에서 사회운동과 노동운동을 동일시하는 경향은 20세기 초반까지 지속되었다. 그러나 이러한 협소한 정의는 농민운동, 파시즘, 민족사회주의, 식민지 독립운동 등을 포괄하기에는 한계가 있었다. 따라서 운동의 목표에 따라 소규모 집단의 이익을 추구하는 운동과 전체 사회질서의 변화를 목표로 하는 대중운동을 구분하는 것이 필요하다. 후자인 대중운동이 전통적 의미의 사회운동으로 간주된다. 소규모 집단의 운동은 저항운동의 성격을 띠기도 하지만, KKK단, Alt-Right, 네오나치와 같은 백인 우월주의적이고 사회·정치적 변동에 반대하는 운동이나, 이에 대항하는 ANTIFA(반파시스트 행동)와 같은 사회주의·무정부주의·공산주의가 결합된 운동도 존재한다. 또한 흑인 인권 운동처럼 특정 집단의 불만을 시정하려는 대중운동도 있다. 사회운동과 정치운동을 구분할 수는 있지만, 모든 사회운동이 정치적 연관성을 가지며, 설령 정치권력 쟁취가 목표가 아니더라도 정치적 영향을 미친다는 점이 중요하다.

사회운동은 합의된 집합적 행동(concerted action)을 수행하는 특수한 집단으로, 폭도나 군중보다 오래 지속되고 통합적이다. 그러나 정치 분파나 기타 결사체처럼 공식적으로 조직화되지는 않는다. 사회운동은 하나의 전체적인 공식 조직을 갖지 않지만, 노동조합, 정당, 소비자 조합 등 조직화된 하위 집단을 포함할 수 있다. 예를 들어, 노동운동은 이러한 하위 조직들을 포괄하며 느슨한 연대 속에서 운영된다. 집단 구성원 간 연대감이나 소속감은 다양한 강도로 나타나지만, 사회운동의 필수 요소로 간주된다. 이러한 기준에 따라 사회운동은 사회적 경향(social trend)과 구분된다. 사회적 경향은 조정되지 않은 개인 행동의 집합으로, 도시 주변 지역운동이나 일시적 유행과 유사한 결과를 낳지만, 사회운동처럼 명확한 목표와 연대감을 가지지 않는다.

2. 사회운동론의 기원과 흐름

독일학자 로렌츠 폰 슈타인(Lorenz von Stein)은 사회주의와 공산주의의 가치를 단순한 사회사상적 형태에서 찾는 대신, 그것이 경제적 착취를 폐지하고 노동자들에게 완전한 자아 발전 기회를 부여하는 새로운 사회질서를 향해 산업 프롤레타리아트를 이끌고 그들의 열망을 표출하게 했다는 사실에 본질적인 정치적 의미가 있다고 최초로 인식했다. 1850년 폰 슈타인은 그의 저서 『프랑스 사회운동의 역사(History of the French Social Movements from 1789 to the Present)』를 통해 마르크스의 계급갈등 사상을 예상하고, 지배 계급과 피지배 계급 노동자들 사이의 필연적인 갈등으로 프랑스 혁명운동을 설명하였다. 그는 국가가 사회 불평등을 완화해야 하지만, 실제로는 불평등 유지를 통해 이익을 얻는 집단에 의해 통제된다고 보았다(Von Stein, 1850).

20세기 초, 구스타브 르봉(Gustave Le Bon)은 1903년 저서 『군중(The Crowd)』을 통해 사회심리학적 접근을 도입하여 사회운동의 동력 중 하나인 군중 행동의 심리적 특성을 분석했다. 그는 군중을 구성하는 개인이 집단 안에 있을 때 익명성(책임감 상실), 전염성, 그리고 암시성이라는 기제를 통해 홀로 있을 때와 다르게 행동하며, 이로 인해 군중은 개인보다 지적으로 열등해지고 폭력적 성향을 띠게 된다고 주장했다(Le Bon, 1903).

1930년대에 들어 많은 사회적 문제들을 경제적인 문제들로 바라본 제롬 데이비스(Jerome Davis)는 『현재의 사회운동(Contemporary Social Movements)』에서 사회운동이란 사회생활의 불만족스러운 조건에 대한 개인과 집단의 반응이라고 판단하여 사회적 문제들을 경제적 문제로 상정하고 정신적, 사회적 분열을 야기시키는 부적응이 존재한다고 보았으며, 운동을 조화로운 상태를 만들기 위한 시도로써 발전시켰다(Davis, 1930: 8). 그 후 11년 뒤 데이비스는 『사회운동의 심리(Psychology of Social Movement)』라는 책에서 사회운동에 대한 개인의 감수성 문제(Davis, 1944)를 다루며 사회경제상태의 변화에 반동보다는 기대상승(rising expectations)을 집합행동이나 혁명의 원인으로 지목했다.

1940년대에 핸리 라이들러(Harry W. Laidler)는 1944년에 그의 저서 『경제적 사회운동(Social Economic Movements)』을 출간하여 마르크스와 폰 슈타인의 전통을 계승하여 사회운동을 세계 사회주의를 향한 진화의 과정으로 정의하였다. 1940년대 후반에 허버트 블루머(Herbert Blumer)는 사회운동에 대한 광범위한 정의를 시도하여 사회운동이란 새로운 삶의 질서를 세우기 위한 집합적인 기획이라고 주장하였다. 여기에 덧붙여 그는 미국인 학자들에게 수용되고 있었던 운동의 분류를 일반적·구체적·표출적인 운동으로 제시하였다(Laidler, 1944).

1950년대에는 미국으로 이주해 온 독일인 루돌프 허벌(Rudolf Heberle)이 1951년에 『사회운동: 정치생태학(Social Movements: Introduction to Political Sociology)』라는 책에서 사회운동을 사회질서, 특히 소유권과 노동관계의 기본적인 제도에서의 근본적인 변화를 일으키는 데 목표를 둔 것으로 정의하며 폰 슈타인의 분석을 확장했다. 허벌은 사회운동의 본질을 무계획적으로 일어나는 사회경향(trend)과의 구분에서 찾았으며, 이데올로기나 본질적인 사상에 의해 통합되는 사회운동과 단순한 개인적 후원 조직망인 정당을 명확히 구분하기 시작했다(Heberle, 1951).

1960년대 닐 스멜저(Neil Smelser)는 운동이 지향하는 정도에 따라 규범지향적 사회운동(norm-directed social movement)과 가치지향적 사회운동(value-directed social movement)으로 구분하였다. 규범지향적 사회운동은 사회규범이나 제도의 수준에서의 변동, 가치지향적 사회운동은 그 사회의 가치체계 또는 기본적인 사회질서의 변화를 추구하는 운동이다(Smelser, 1962: 270~312). 또한 블루머(Blumer)는 사회운동의 목표에 따라 운동을 개혁적 운동(reformative movement)과 혁명적 운동(revolutionary movement)으로 구분하기도 한다(Blumer, 1969).

1960년대 이후부터 인권운동, 반전운동, 여성운동, 학생운동 등의 확산은 사회운동 연구에 새로운 동력을 제공했다. 1960년대 중반의 사회운동은 다수 시민들의 공동 문제를 집합적으로 해결하기 위한 노력을 나타내는 것으로 점차 정의되었으며(Toch, 1965), 1970년 초반에 이르러서는 사회운동을 구조적·사상적 변화를 향한 태도와 행위로 정의하는 연구들이 주류를 이루었다(Ash, 1972).

이후 사회운동 연구는 미국 중심의 자원 동원론(Resource Mobilization Theory), 프랑스 중심의 신사회운동론(New Social Movement Theory), 그리고 복합적 행태를 설명하는 구성주의 이론(Constructivism) 등으로 분화 및 진화하며 현재에 이르고 있다. 이처럼 사회운동에 대한 학술적 관점은 초기계급 갈등과 사회 변화의 필연성에서 시작하여 군중 심리, 기대 상승과 경제적 불만, 운동의 유형 분류를 거쳐 조직적 자원, 문화적 정체성, 그리고 사회적 구성이라는 다층적인 분석 틀로 발전해왔다.

Box 12-1 • 노동운동의 역사

노동운동이 처음 발생한 곳은 산업혁명을 맨 먼저 이룩한 영국이었다. 영국 노동운동의 선구자는 17세기 후반 중세의 직인 층에서 발생한 우애조합(friendly society)이다. 이 조합은 상호부조와 친목 도모를 목적으로 조직되었는데, 그 후 영국의 노동조합운동은 이 조합의 영향을 받아 공제운동의 형태로 이어졌다. 18세기 후반 산업혁명의 진행으로 종래의 수공업직인이 임금노동자로 전락하자 신식기계와 공장제 공업의 발전에 반감을 품은 노동자 계급은 러다이트운동(luddites movement)이라는 공장기계 파괴운동을 벌이기도 하였다. 영국 정부는 1799년 단결금지법을 제정하여 노동운동을 탄압하였으나, 1822년에 이 법을 폐지하였다. 이에 따라 노동운동도 급속히 발전하여 오언 등의 지도로 1834년 50만 명 이상의 조합원을 포함하는 전국노동조합대연합이 결성되었으나 방해와 재정궁핍 등으로 실패하였다.

또 1832년에 제정된 신선거법에 불만을 품은 노동자들은 선거권 확장을 요구하며 차티스트운동이라는 폭력적 정치운동을 전개하기도 하였고, 1844년 로치데일의 노동자 28명이 시작한 로치데일조합(Rochedale Society of Equitable Pioneers)이라고 하는 소비협동조합운동도 노동운동의 유력한 일부가 되었다. 17세기 후반 점차 자본주의의 기초가 안정되어 감에 따라 새로운 노동조합운동이 탄생하였는데, 1851년 합동기계공조합을 선구로 토목공·탄갱부·방직공들 사이에 널리 퍼진 직업별노동조합(craft union)이 그것이다. 이 운동은 정치적으로 자본주의 체제를 용인하면서 숙련직공이 단결하여 자본가에 대하여 일정한 임금수준을 유지하도록 하려는 운동으로서 오늘날의 노동조합운동의 출발점이 되었다.

이상에서 살펴본 바와 같이 노동운동은 본능적·자연발생적인 운동에서 조직적·계획적인 사회운동으로 발전하였다. 이와 함께 사회주의 정당운동도 나타났는데, 18세기 후반 자본주의의 모순을 비판하여 평화와 협동의 원리에 입각한 이상사회의 건설을 주장했던 공상적 사회주의는 본래 노동운동과는 관계가 없는 것이었다. 그러나 마르크스와 엥겔스가 양자를 결합하여 1847년 세계 노동자들의 단결을 전제로 하는 공산주의 동맹을 결성하고 이듬해 그 강령이라 할 수 있는 공산당선언을 발표하였다. 이 조직은 1851년 해산되었다. 그 후 서유럽 제국의 사회주의자들과 노동조합 대표자들이 국제적 단결을 강화하기 위하여 1864년 런던에서 제1인터내셔널을 결성하였고, 1889년 파리에서 제2인터내셔널을 조직하였다. 그러나 이들은 각각 내부 분열과 제1차 세계대전에 따른 국가 간의 대립으로 붕괴되었으며, 1919년에 서유럽의 사회민주주의 정당들이 제2인터내셔널을 재건하여 1940년 와해될 때까지 공산주의를 모체로 하고 있던 제3인터내셔널과 대항하였다.

그러나 제2차 세계대전이 시작되면서 독일·이탈리아·에스파냐 등에서 파시즘(Fascism)이 대두되어 노동운동은 이들 국가 내에서 크게 제약받게 되었다. 제2차 세계대전 종료 후인 1945년 파리에서 세계노동조합연맹(World Federation of Trade Unions)이 결성되었으나 냉전의 격화에 따른 내부 분열로 서방 자유세계의 노동조합들이 탈퇴, 1949년 런던에서 국제자유노동조합연맹(International Confederation of Free Trade Unions)이 조직되어 세계노동조합연맹에 대항하게 되었으며, 많은 자본주의 국가에서 사회민주주의 정당이 단독으로 집권하거나 연립정부에 참가하였다.

이후 노동운동은 세계 각국에서 빠르게 활성화되어, 오늘날 많은 국가에서 노동운동은 무시할 수 없는 사회적 세력으로 자리매김하였다.

제2절 고전적 사회운동론

사회과학자들이 집단행동의 원인에 본격적인 관심을 갖게 된 것은 19세기 후반부터였다. 이 시기에는 콘하우저(William Kornhauser) 등의 대중사회 이론, 시카고학파의 집단행동 이론(collective behavior theory), 스멜저 등의 구조기능주의 이론이 사회운동을 설명하는 주요한 접근법으로 등장하였으며, 공통적으로 집합행위의 생성단계에 초점을 맞추어 집합행동의 직접적인 원인을 미시적, 심리적 요인에서 찾았다(Kornhauser, 1959).

집합행동의 근원으로서 산업화와 같은 사회변동이 야기한 사회적 긴장을 강조한 구조기능주의적 설명 외에도 집합행동론 역시 그러한 사회적 긴장이 집단행동으로 연결되는 직접적 요인으로 개인의 심리적 파탄(break down)을 강조하였다.

특히, 군중행동을 중심으로 접근했던 초기의 집합행동론자들은 집합행동을 군중상황 속에서의 비합리적이고 감정적인 행동, 모방되거나 감정적으로 전염되는 행동, 또는 원자화되고 소외된 대중에 의한 충동적인 행동, 욕구의 좌절에 의한 공격적인 행동 등과 같이 대부분 병리적인 사회심리학적 특성들에 의해 집합행동을 설명하려 했다.

또한, 테드 거(Ted R. Gurr)는 사회 내에서 개인이 받고자 하는 기대치와 실제로 받는 몫 사이의 간격이 커질수록 '상대적 박탈감(relative deprivation)'이 커져 이것이 공격성과 혁명적 분노를 유발한다고 보았다(Gurr, 1970). 이와 같은 현상은 특히 사회가 급속히 변화하는 시기에 심화되기 쉽다고 하였는데, 데이비스(Davis)는 객관적인 사회경제 상태의 변화보다도 변화의 양상에 대해서 사람들이 갖는 '기대상승(rising expectation)'이 집합행동이나 혁명의 주요한 원인이 된다고 하였다(Davis, 1962). 이와 같은 기대와 현실 간의 괴리라는 대중의 상대적 박탈감이 정치적 폭력이나 사회운동의 원인이 된다는 상대적 박탈 이론은 초기의 집합행동론에 비하여 보다 세련된 사회심리학적 접근으로서 집합행동과 사회운동의 연구와 이론구성에 적지 않은 공헌을 남겼다.

한편, 스멜저(Smelser)는 집합행동을 사람들이 구조적 긴장(structural strains)에 반응해서 그들의 사회문화적 환경을 재구성하려는 활동이라고 규정하였는데, 그는 집합행동이란 사회가 불균형 상태에 있을 때 변화를 지향하는 일반화된 신념에 기초해서 사회문화적 환경을 재구성할 것을 목적으로 전개되는 비제도화(uninstitutionalized)된 행동이라고 보았다(Smelser, 1962: 98~99). 호퍼(Hoffer) 역시 현재로부터의 탈출 욕구, 미래에 대한 불확실성 등의 심리적 요인과 더불어 민족주의, 시오니즘 등의 (전염적 정의로서) 주변 요인들을 통한 변화에 대한 갈증 또는 신념을 대중운동의 원인으로 규명하였다(Hoffer, 1966).

이와 같이 고전적 접근들은 사회변동에 적절히 적응하지 못한 원자화된 개인들의 인지적 부조화, 박탈감, 불안, 소외, 신념 등을 집합행동의 원인으로 파악하였다. 이러한 시각에서 사회운동은 정치적인 것이라기보다는 심리적 긴장이나 부조화를 해소하는 집단적 반응, 그리고 일시적·퇴행적 분출행위로 이해되었다. 이러한 연구 정향은 볼셰비키 혁명과 파시즘과 같은 대중들의 극단적 집단행동 경험에 대한 서구 학자들의 부정적 인식을 반영한 것으로 볼 수 있다. 특히 정치적 불만 표출의 채널이 다양한 집단들에게 이미 제도적으로 개방되어 있다고 믿는 서구의 다원주의자들에게 사회운동은 '비정상적'인 것으로 받아들여질 수밖에 없었다.

그러나 1960년대를 휩쓴 다양한 사회운동의 확산은 집합행동을 이해하는 기존의 '비정상적 행동'이라는 관점에 중대한 변화를 초래하였다. 이러한 운동들의 확산은 기존의 집단행태 이론 등에 강한 의구심과 논리적 결함을 불러일으키게 되었고 새로운 사회운동 이론들의 등장을 유도하였다.

표 12-1 • 전통적 집합행동 이론 분류와 특징

	전통적 집합행동(CB)론			
	시카고학파 CB론	구조적 CB론	대중사회론	상대적 박탈론
대표 이론가	Park and Burgess, Blumer Turner and KillianLang and Lang	Smelser	Hopper, Hoffer Kornhauser Lipset, Arendt	Gurr, Runciman Huntington Davies, Crosby
운동은 특수현상인가	특수	특수	특수	특수
운동의 원인	현실의 집합적 재정의를 필요로 하는 위기적 상황	구조적 해체	문화적 지체, 긴장소외를 인도하는 급격한 변동	불공정 박탈감을 야기하는 변동
운동 활동과 '통상' 행동과의 차이	전혀 다르다. 특수한 상황에서 생기는 인지적 정의로 인도된다.	전혀 다르다. 이상한 힘에 의한 믿음에 인도된다.	전혀 다르다. 비합리적, 자연발생적, 정서적, 정신병리적	꼭 다르지는 않지만 합리적인 사고보다 정서적 사고에 인도된다.
참가자의 특징	통상의 문화가 주는 지침의 결여	기존 문화와 제도에 대한 반대심리로 대안적 정체성을 찾는 행위	광신적, 정신병리적, 비합리적이고 소외되고 있다.	불공정의 감각부터 욕구불만을 갖는다.
운동참가의 이유	새로운 사회질서의 구축	구조적 해체의 심리적 긴장에 대한 반응	잘 통합되어 있지 않고 비합리적이고 광신적이기 때문	개인적 욕구불만을 없애기 위함
운동의 발전, 확대 방법	창발적 규범, 전파	일반화된 신념을 기초로 한 동원	권유와 암시	특정화하고 있지 않음
사회운동에서 조직의 역할	성공한 운동은 조직이 된다. 하지만 최초의 단계에서는 중심적이 아니다.	운동을 산출한 것은 아니지만 그 발전에는 유익하다.	운동의 발전을 방해한다.	중심변수는 아니다.
전략이나 자원에 대한 관심	한정적 관심	한정적 관심	없음	없음
운동의 성과를 결정하는 것	예상 외의 사건과 운동의 '자연스러운 역사'	당국의 대응	운동은 '자연스러운 역사'	특정화하고 있지 않음

제3절

현대적 사회운동론

전통적인 관점에서 사회운동은 오랫동안 사회질서의 교란이나 일탈행동으로 간주되었다. 이러한 병리적 시각은 사회운동을 비정상적 현상으로 규정함으로써, 그것이 가지는 사회적 의미와 변동적 기능을 과소평가하였다. 그러나 20세기에 들어서면서 이러한 관점은 점차 변화하기 시작하였다. 학자들은 사회운동을 단순한 일탈이 아닌, 사회구조의 긴장과 변동 속에서 나타나는 정상적이고 구조적인 사회현상으로 파악하기 시작하였으며, 그 발생 원인과 동학을 과학적이고 실증적인 방법으로 탐구하려는 시도가 본격화되었다. 이러한 전환은 사회운동을 분석하는 주요 이론적 틀의 발전을 이끌었고, 특히 구조기능주의의 정태적 사회관에 대한 비판으로 등장한 '갈등 이론(conflict theory)'이 중요한 이론적 기반을 제공하였다.

갈등 이론은 다렌도르프(Dahrendorf, 1959)와 코서(Coser, 1956)에 의해 체계적으로 발전하였다. 이들은 사회를 본질적으로 갈등과 대립의 장으로 이해하였으며, 사회적 갈등은 단순한 혼란이 아니라 사회변동을 촉진하는 핵심적 동력이라고 주장하였다. 그들의 관점에서 갈등은 가치, 권력, 지위, 희소자원의 배분을 둘러싼 투쟁으로, 각 집단은 자신이 추구하는 가치를 획득하는 동시에 경쟁 세력을 약화시키거나 제거하려는 전략적 행위를 수행한다(Oberschall, 1993). 따라서 갈등 이론은 사회를 안정과 균형의 관점에서 보는 기능주의와 달리, 사회는 항상 변동 과정 속에 존재하며 끊임없이 재구성된다고 본다. 기능주의가 사회체계의 조화와 유지에 초점을 맞춘다면, 갈등 이론은 분쟁과 긴장, 변동의 생산적 역할에 주목한다(김성수, 2007: 54).

이러한 흐름 속에서 사회운동[1]에 관한 연구관심은 19세기와 20세기 초의 사회혁명에 대한 관심과 함께 현대 사회과학의 주요 주제로 발전해 왔으며, 정치사회학의 핵심영역으로 주목받기 시작하였다. 1970년대는 유럽에서 이른바 '68혁명'으로

---

1) 사회운동에 관한 다양한 정의를 집약하여 표현해본다면, "사회운동은 공동의 목적을 갖고, 엘리트, 반대세력 및 정부 당국의 일관된 상호작용 관계에 대한 연대활동을 하는 사람들의 집합적 도전이다"라고 할 수 있다. Sidney Tarrow, 1998, *Power in Movement: Social Movements and Contentios Politics*, Cambridge: Cambridge University Press, pp. 3~4.

불리던 세계사적 저항운동이 '신사회운동'이라는 새로운 형태의 운동으로 확산되었다. 노동계급 중심의 전통적 계급투쟁과 달리, 신사회운동은 환경, 젠더, 평화, 인권, 정체성 등 후기 산업사회적 가치를 전면에 내세웠다. 프랑스, 독일, 이탈리아 등에서는 학생운동과 반권위주의 운동이 결합되어 사회 전반의 가치 변화를 촉진하였고, 이는 시민사회의 자율성과 참여민주주의의 확장을 견인하였다. 한편, 미국에서는 1960년대 흑인인권운동과 여성해방운동, 반전운동이 확산되면서 사회운동의 의제가 다변화되었다. 이 시기 미국의 사회운동은 단순한 불만의 표출이 아니라, 제도권 정치에 대한 비판적 개입과 사회문화적 변혁을 추구하는 소외된 집단의 합리적이고 실천적 행위로 이해하기 시작했다. 이후 환경보호, 반핵평화운동, 성소수자 인권운동 등 다양한 사회운동이 등장하면서 사회운동은 현대 사회 변동을 설명하는 하나의 핵심적 변수로 자리매김하게 되었다.

요컨대, 사회운동 연구는 병리적 관점에서 출발하여 사회변동의 핵심적 동력으로 진화해 왔다. 갈등 이론의 영향 아래 사회운동은 이제 사회 구조의 긴장을 조정하고 변화를 촉발하는 합리적 행위체계로 이해되며, 현대 정치사회학의 중심적 분석 대상으로 확립되었다고 할 수 있다.

그림 12-1 • 사회운동의 분류

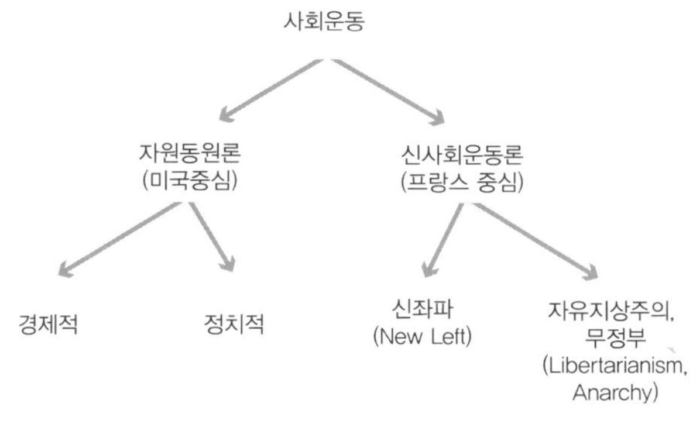

1960년대 이후 확산된 새로운 유형의 사회운동의 물결은 유럽과 미국에서 각각 상이한 학술적 패러다임의 등장을 촉발했다. 유럽에서는 신사회운동 모델(New Social Movement Model)이 등장했는데, 이는 계급적 전통의 정치체제에서 기원한 신

좌파적 사회과학 패러다임의 산물로 이해될 수 있다. 이 모델은 새로운 사회운동의 동학을 직접적으로 설명하기보다는, 후기 산업사회의 모순적 구조를 밝히는 데 초점을 맞추었다. 구체적으로는 서구 복지국가의 구조, 일상생활에 대한 정부의 광범위한 개입, 주체에 대한 근대적 사회구성의 억압적 성격 등을 새로운 사회운동의 원인으로 지목함으로써, 사회변동의 구조적 배경을 조명했다(조대엽, 2007: 25).

반면 이 시기 미국에서는 거대 사회운동의 쇠퇴와 함께 제도화된 시민단체를 중심으로 새로운 운동이 확산되었고, 이는 기존의 사회심리학적 접근을 전면적으로 비판하며 등장한 자원동원 모델(Resource Mobilization Model)의 이론적 기반이 되었다. 사회심리학적 모델이 사회운동을 제도적 사회과정을 교란하는 비정상적 집합행동으로 설명한 것과 달리, 자원동원 모델은 봉기나 반란을 포함한 다양한 집합행동들을 폐쇄적이고 억압적인 기성 질서에 대한 합리적이고 목적적이고 정치적인 도전으로 재해석했다. 이 모델은 시민사회운동을 정치 과정에서 배제된 도전 집단이 구체적인 분배 이득을 추구한다는 점에서 본질적으로 제도화된 정치 방식과 동질적이며, 단지 비제도적 수단과 전술을 통해 이루어지는 또 다른 정치 방식으로 정의했다(임경훈, 2002: 327).

자원동원 모델은 합리적 조직 행동의 관점에서 사회운동을 정상적인 사회 과정으로 설명함으로써, 사회운동 연구에 획기적인 이론적 전환을 가져왔다. 특히 1980년대 중반 이후, 이 모델은 방법론적 개인주의와 계산적 합리성에 기반한 초기 모델의 한계를 극복하기 위해 연구의 폭과 지평을 넓혀나갔다. 이는 신사회운동론과의 교류, 사회심리학과의 '화해', 그리고 상징적 상호작용 이론의 도입 등을 통해 이루어졌으며, 사회운동에 대한 다각적이고 복합적인 이해를 가능하게 하는 학술적 발전으로 이어졌다.

1. 신사회운동론(New Social Movements)

신사회운동은 1970~80년대 서유럽을 중심으로 확산된 환경운동, 평화운동, 여성운동, 반핵운동, 반문화운동, 녹색당 운동 등 기존의 사회운동 범주로는 포착하기 어려운 새로운 형태의 사회운동을 지칭한다. 이러한 신사회운동의 등장은 케인스주의 복지국가의 성공과 풍요로운 사회의 실현에 따른 탈물질화 및 계급갈등의 완화와 밀접한 관련을 갖는다(Pinto, 1981: 173~194; Melucci, 1980: 199~226; Klandermans, 1986: 13~37). 제2차 세계대전 이후 노사 간의 타협을 기반으로 한 복지자본주의 체제는 경제성장과 대중소비의 결합을 통해 사회의 물질적 풍요를 달성하였으며, 이는 자본주의의 핵심적 모순인 노동과 자본의 갈등을 정치·경제의 중심 영역으로부터 일정 부분 분리시키는 효과를 낳았다.

그러나 1960년대 중반 이후, 선진 자본주의 사회는 이러한 '풍요와 진보'의 신화를 뒤흔드는 일련의 사회적 충격을 경험하게 된다. 미국의 인권운동, 반전운동, 학생운동, 도시빈민운동, 히피문화, 프랑스의 '5월 혁명', 독일의 학생운동, 이탈리아의 '뜨거운 가을' 등은 그 대표적 사례이다. 이 시기 사회운동은 프랑크푸르트학파의 비판이론, 특히 아도르노(Adorno)와 마르쿠제(Marcuse)의 사상적 영향을 강하게 받았다. 마르쿠제가 제시한 '억압적 관용(repressive tolerance)'개념은 "자유로운 사회에서는 억압이 일상화되어 구성원들이 무의식적으로 지배에 복종한다"는 비판을 담고 있으며, 이에 대한 대안으로 그는 '해방적 관용(liberating tolerance)'을 주장하였다(홍지수, 2017: 30). 이러한 사상은 당시의 학생운동, 여성운동, 흑인민권운동, 성소수자운동 등에 깊은 영향을 미쳤다.

이러한 흐름은 1970년대 이후 여성운동, 환경운동, 반전·반핵평화운동, 지역공동체운동, 소수자 인권운동 등으로 확산되면서 기존의 계급 중심적 사회운동과는 뚜렷이 구별되는 정체성 기반의 사회운동을 형성하였다. 이는 정치학계에서도 기존의 수학적·행태주의적 분석 틀을 넘어 사회운동을 가치와 문화, 담론의 차원에서 재해석하는 계기가 되었으며, 후기행태주의의 등장을 촉진하였다.

신사회운동은 복지국가가 인간의 기본적 생존욕구를 충족시키는 데는 성공했으나, 성차별, 물질주의적 가치관에 따른 환경파괴, 국가관료제의 비대화, 냉전과 군사주의의 지속 등 새로운 사회문제를 낳았다는 점을 인식하면서 등장하였다. 즉, 신사회운동은 성숙한 시민사회 속에서 누적된 한계와 폐단을 자각하고 이를 기존 사회운동과는 다른 방식으로 극복하려는 시도라고 할 수 있다. 따라서 신사회운동은 탈산업사회와 탈근대주의 담론의 확산 속에서 근대적 사회운동이 지닌 전략적·이념적 한계를 극복하려는 시도로서 이해될 수 있다(권태환 외, 2001: 12~13).

그림 12-2 • 신사회운동의 두 방향

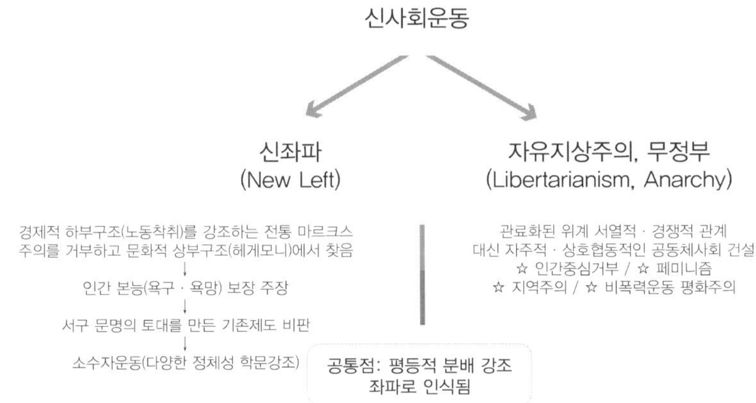

신사회운동은 유물론에 바탕을 둔 전통적 마르크스주의를 거부하며 인간의 기본적 욕망 또는 욕구의 해방을 주장하는 신좌파(New Left), 그리고 산업화 과정 속에서 제도화된 서열적·경쟁적 관계 대신 자주적이며 상호협동적인 공동체를 추구하는 자유지상주의(Libertarianism) 또는 무정부주의로 나뉜다. 신좌파는 서구 문명의 제도적 토대를 비판하며 인간의 본능적 다양성과 정체성의 복원을 강조한 반면, 자유지상주의·무정부주의는 개발·성장·산업을 주도한 인간중심주의를 거부하며 비계급적인 자연사회의 균형, 즉 생태주의와 남성의 폭력성에 의하여 관철된 기존국가의 위계적 국가구조를 비판하면서 남성지배·여성복종이라는 불평등을 거부하는 페미니즘을 지지한다. 그 외에도 시민권력을 추구하는 분권주의와 국가의 본질이 강권적 폭력이라 주장하며 비폭력적 평화주의를 추구한다. 하지만 양자는 모두 평등과 해방을 지향한다는 점에서 좌파적 성격을 공유한다.

이 운동들이 '새로운(New)' 사회운동으로 불리는 이유는 단순히 등장시기가 최근이어서가 아니라, 산업사회에서 형성된 전통적 노동운동과 그 본질이 근본적으로 다르기 때문이다. 노동운동이 분배구조의 개선과 소유관계 개혁을 통한 물질적 진보를 목표로 했다면, 신사회운동은 물질적 성장과 효율성 중심의 가치체계를 비판하고, 자율성·해방·정체성의 실현이라는 비물질적이고 탈경제적 가치를 추구한다. 따라서 신사회운동은 산업화 시대의 집합적 요구정치에서 벗어나, 개인의 삶의 질·문화·가치·정체성의 회복을 중심에 둔 '삶의 정치(politics of life)'로의 전환을 상징하는 운동이라 할 수 있다.

표 12-2 • 노동운동과 신사회운동의 비교

	노동운동	신사회운동
위치	정치체계 내부	시민사회
목표	정치적 통합·경제적 권리	가치와 생활양식 변화/시민사회방어
조직	형식적·위계적	네트워크/풀뿌리
행동수단	정치적 동원	직접행동/문화혁신

※ 앨런 스코트, 이복수 역, 1994, 『이데올로기와 신사회운동』, 한울, 30쪽.

신사회운동의 특징에 대해서는 학자들마다 약간의 견해 차이가 존재하며, 이에 따라 다양한 개념적 접근이 제시되어 왔다.

먼저, 브란트(Brand, 1990)는 여러 학자들의 논의를 종합하여 신사회운동의 공통적 특징을 네 가지로 정리하였다.

첫째, 운동의 중심 의제가 '지위, 분배, 지배'에서 '소외, 생활양식, 삶의 질, 생존'으로 전환되었다는 점이다. 즉 물질적 불평등보다도 인간다운 삶의 방식과 자율성, 그리고 환경적 지속가능성과 같은 비물질적 가치가 전면에 부상하였다. 예를 들어 환경운동은 임금 인상이나 복지확대 같은 전통적 분배 문제보다는, 생태계의 파괴와 인간의 소비 행태에 내재된 위협에 주목한다.

둘째, 운동의 주체가 전후세대의 중간층이라는 점이다. 이들은 사회적 안정성을 확보한 세대이면서 동시에 제도권 정치와 경제체제의 한계를 인식한 집단으로, 주변부나 소외계층과 연대하여 새로운 사회변화를 추구한다.

셋째, 탈물질주의적 가치와 다원적 문화에 대한 관심이 두드러진다. 신사회운동은 획일적 발전모델을 거부하고, 다양하고 개방적인 삶의 방식을 긍정한다.

넷째, 중앙집권적 권위에 대한 거부와 자율적·참여적 민주주의 원리의 강조이다. 이는 '밑으로부터의 민주주의'로 표현되며, 수평적 네트워크 구조 속에서 의사결정이 이루어진다.

보그스(Boggs, 1986)는 신사회운동을 경제정책, 생태계의 불균형, 군사주의·핵정치, 관료주의라는 네 가지 잠재적 갈등요소와 결합된 운동으로 이해한다. 예를 들어, 1980년대 유럽의 반핵평화운동은 단순한 안보 문제를 넘어 국가의 군사주의와 권위주의적 통제에 대한 저항으로 전개되었다. 하워드(Howard, 1989)는 신사회운동을 현존 민주주의에 대한 실천적 비판이자, 새로운 시민사회의 형성 과정으로 보았다. 즉, 제도정치의 한계를 넘어서서 '형성 중인 민주적 시민사회'를 구축해 나가는 동력으로 평가한 것이다. 한편 포크(Falk, 1987)는 신사회운동의 주요 목표를 생태적 균형, 평화, 인권, 자율성, 세계적 정의로 제시하며, 이를 위한 투쟁 방식으로 저항(resistance), 합법성 거부(de-legitimation), 책임성(accountability), 시민권력화(empowerment)를 강조하였다.

이러한 논의들의 이론적 배경에는 로날드 잉글하트(Ronald Inglehart)의 탈물질주의(post-materialism)이론이 자리한다. 서구 사회가 후기산업사회로 진입하면서 물질적 기본욕구가 충족된 결과, 사회운동의 초점이 생존보다는 자아실현, 자율성, 정체성 등 비물질적 가치로 이동한다고 분석하였다(Inglehart, 1977). 노동운동과 관련하여 볼 때 임금인상과 같은 전통적인 주장보다는 통제로부터의 자유 및 자율성을 요구하는 방향으로 전환된다는 것이다. 그는 서유럽 6개국을 대상으로 한 실증 연구를 통해, 고학력화된 중산층이 위계적 권위에 비판적이며, 자율성과 참여를 중시하는 성향을 보인다는 사실을 증명하였다. 예컨대 1968년 프랑스의 학생운동은 단순한 경제적 불만이 아니라, 억압적 교육제도와 권위적 사회구조에 대한 근본적 저항에서 출발한 것이었다.

신사회운동의 성공 여부는 그 운동이 얼마나 효과적으로 자원을 동원(resource mobilization)하느냐에 달려 있다. 정치세력화의 초기 단계에서 신사회운동은 시민들의 새로운 욕구를 어떻게 조직화하고 확산시키는가에 따라 그 영향력이 결정된다. 이 과정에는 리더십의 성격, 대중의 인식(cognition)과 공감(recognition), 참여자의 헌신, 미디어의 활용, 조직 구조와 지지자 네트워크 등 다양한 요인이 작용한다.

특히 현대 사회운동은 상징(symbol)을 통한 동원 전략을 적극적으로 활용한다(Tarrow, 1998: 106~107). 운동의 지도자들은 지지자들에게 저항의 의미를 부여할 수 있는 상징을 제시하고, 이를 통해 '우리'와 '그들'을 구분짓는다. 그러나 상징정치는 하나의 역설을 내포한다. 즉 기존 문화에 익숙한 전통적 상징은 대중에게 친숙하지만 저항성을 약화시킬 위험이 있고, 반대로 새로운 상징은 저항성을 강화하지만 대중에게 낯설어 거부감을 유발할 수 있다. 따라서 성공적인 사회운동은 '친숙함과 저항성의 균형을 이룬 상징'을 창출해야 한다. 예컨대, 미국의 흑인민권운동이 사용한 "언젠가(또는 우리) 승리하리라(We Shall Overcome)"이라는 노래는 기독교 찬송가라는 익숙한 형태를 빌리면서도 강력한 저항의 메시지를 내포하고 있었다. 한국에서도 민주화운동이나 평화운동의 맥락에서 종종 불렸었다.

이처럼 사회운동은 항상 감정적 동원(emotional mobilization)을 수반한다. 사회운동의 출발점은 부정의(injustice)와 부당함(unjust)에 대한 불평(grievance)인데, 이는 합리적 판단만으로 형성되지 않고 분노(anger)나 좌절감 같은 감정에서 비롯된다. 종교, 민족주의, 페미니즘 등은 이러한 감정적 동원의 원천이 될 수 있다. 예를 들어, 남미의 '해방신학(Theology of Liberation)'은 가톨릭 신앙을 기반으로 한 종교적 분노와 사회정의 요구가 결합된 대표적 사례이다.

현대의 사회운동은 또한 미디어의 역할과 긴밀하게 연관된다. SNS와 같은 디지털 플랫폼은 운동의 확산에 결정적인 영향을 미친다. '튀니지의 재스민 혁명'으로 촉발된 아랍의 봄은 트위터와 페이스북을 통한 정보 확산이 대중동원의 핵심적 매개체로 작용한 사례이다. 그러나 자본주의 사회의 미디어는 산업 논리에 따라 움직이기 때문에, 자극적 사건을 중심으로 보도하는 경향이 있다. 따라서 평화적 시위보다 폭력적 충돌이 더 많이 보도되고, 이는 사회운동의 이미지를 왜곡하거나 폭력화시키는 부작용을 낳기도 한다.

이러한 미디어 구조와 문화적 맥락은 신사회운동의 확산을 제한(gatekeeping)하지만, 운동은 여전히 제도적 틀을 초월하여 투쟁의 과정 그 자체를 통해 형성된다. 결국 사회운동의 핵심은 공유된 인식과 상호작용을 통해 결속된 행위자들의 집단적 행동에 있다. 문화적 상징은 자동적으로 동원 효과를 낳지 않으며, 이를 실질적 투쟁으로 전환시키는 행위자(activist)의 실천이 필수적이다.

한편, 시민들이 신사회운동이라는 공적 영역에 참여하게 되는 과정에는 사회제도와 문화적 관습의 제약이 깊이 작용한다. 예를 들어 가족 중심적 문화가 강한 사회에서는 개인이 저항집단에 참여하는 것을 '가정의 불명예'로 여길 수 있으며, 이러한 사회적 규범이 자원동원을 어렵게 만든다. 또한 한 사회의 지배적 이데올로기(dominant ideology) 역시 신사회운동의 성패를 좌우한다(Dalton and Kuechler, 1990; 권태환, 2000).

그러나 신사회운동은 한계 또한 지닌다. 무엇보다 가치관의 변화라는 추상적 개념에 기반하기 때문에 구체적 동기나 행동 메커니즘을 설명하는 데 한계가 있다. 또한 탈물질주의적 사고는 때로 경제성장이나 기술발전의 부정으로 이어질 수 있으며, 급진적이거나 무정부주의적 성향으로 기울 위험이 있다. 예컨대, 일부 급진적 환경단체들이 산업사회 전체를 거부하며 문명 자체를 적대시하는 태도를 보이는 것은 신사회운동이 안고 있는 딜레마를 잘 보여준다.

결국 신사회운동은 근대적 노동운동과는 다른 '삶의 정치(politics of life)'를 표방하면서도, 그 성패는 자원동원 능력과 사회문화적 맥락, 그리고 상징적·감정적 동원의 조화에 달려 있다고 할 수 있다.

2. 자원동원 이론(Resource Mobilization Theory)

신사회운동 모델이 주로 서구 유럽의 사회운동 이론가들에 의해서 주도되었다면, 자원동원 모델은 북미를 중심으로 한 다원주의적 시민사회론을 중심으로 발달되었다. 자원동원 이론은 1950~60년대의 주류를 이루었는데, 사회운동을 탈제도적 집단행위로 파악하며 사회적 안정을 해치는 부정적인 행위라고 바라보는 '집단행동론'[2)]에 반발하여 등장하였다.

집단행동론과 자원동원론의 근본적인 차이점은 과거 집단행동 이론이 "왜 운동이 일어나는가?"라는 질문이었다면, 자원동원 모델은 "운동은 어떻게 일어나는가?"라는 질문을 던진다는 것이다.

자원동원 모델은 사회운동을 사회 해체의 결과라기보다는 사회 조직의 산물로 인식한다. 이는 집합행동을 제도화된 행동의 확장으로 규정하고, 논의의 초점을 개인이나 사회 체계의 차원에서 집합적 행위자로서의 조직으로 옮김으로써 사회운동 연구에 새로운 지평을 열었다는 학술적 의의를 지니고 있다. 즉, 사회운동을 합리적이고 전략적인 행위로 파악하게 된 커다란 의미를 갖는다. 이러한 이론적 전환은 사회의 특정 집단을 실재하는 존재로 간주하는 시각에서 벗어나, 그것들을 사회적

2) 논의의 간편화를 위하여 1950~60년대 심리학에 기초한 여러 사회운동 분석모델을 집단행동 모델로 칭한다.

으로 구성된 산물(social construction)로 인식하게 되었다는 것을 의미한다.

결과적으로 사회운동 연구의 관심은 “어떤 집단은 왜 동원된 집단으로 형성되며, 또 다른 집단은 왜 동원 상태에 이르지 못하는가?” 라는 새로운 질문으로 옮겨가게 되었다. 이는 사회운동의 발생을 단순히 자원의 유무나 불만의 크기로만 설명하는 것을 넘어, 집단 정체성과 행위자의 구성 과정이라는 보다 심층적인 차원을 탐구하는 구성주의적(constructivist) 실분으로 확장되었음을 시사하고 있다.

이러한 자원동원론의 시작은 올슨(Mancur Olson)으로부터 출발한다. 잉글하트의 연구가 신사회운동의 이론적 배경을 제공하였다면 자원동원 이론의 이론적 배경을 제공한 것은 1965년 발간된 올슨의 저작 『집합행위의 논리(Logic of Collective Action)』라 할 수 있다. 올슨의 분석은 하나의 역설적 상황에서 출발한다. 다수의 개인들이 힘을 합쳐서 단체행동을 행사하는 것이 유리하다고 판단되면 단체행동은 당연히 일어난다는 것이 일반적으로 상식이다. 올슨의 시도는 이러한 통념에 근본적인 의문을 품고 개인들이 힘을 합쳐서 단체행동을 이끌면 공동의 이익을 실현할 수 있는 가능성이 높은데도 불구하고 대개의 경우 아무런 집단행동도 일어나지 않는다는 점에 주목한다. 그리고 그 이유에 대한 논리적 설명을 시도하였다.

이를 ‘무임승차의 딜레마(free-rider’s dilemma)’라고 명명하고 집합행동은 개인들에게 선택적 동기(incentive)를 부여해주어야 가능한 것이라고 설명하였다. 올슨은 사회운동에 참여하는 데에는 반드시 동기 유발이나 부담의 부가 등이 필요하다며 개인들의 내적 동기를 중시하였다. 그러나 올슨의 논리가 집단행태 이론을 대체하여 자원동원 이론이 등장하는 결정적인 계기를 제공하였지만, 그의 논의는 시민사회운동을 분석하는 데 이론적 한계를 가지고 있었다. 왜냐하면 그의 이론은 ‘사회운동이 왜 일어나지 않나’에 초점을 맞추었고, 그렇기에 대규모 집단행동의 실현 가능성에 대해서는 회의적이었다. 특히 그의 이론이 발표된 지 불과 몇 년 후, 미국과 유럽에서 대규모 시민사회운동이 일어나면서 그의 이론은 적실성을 의심 받게 되었다. 더욱이 1970년대의 미국 사회는 ‘운동의 시대’라고 일컬어질 만큼 학생운동·여성운동·환경운동과 같은 대규모 시민사회운동의 물결이 거세게 일어났다.

자원동원 이론의 기본가정은 사회운동의 필요조건이라고 할 수 있는 사회적 불만이나 변동을 지향하는 사람들은 어느 사회에나 존재하며, 따라서 사회운동의 발생과 전개 과정은 축적된 사회적 불만의 양보다는 자원동원의 가능성 여부와 그 정도에 의해 결정된다는 것이다. 이와 같은 자원동원 이론의 논리는 이 이론이 출현하게 된 배경과 밀접히 관련되어 있다. 즉, 혁명이나 정치적 폭력, 사회적 불만, 그리고 사회체계의 불균형에 의거해서 설명해 온 전통적인 사회심리학적 접근과 구조기능론적 접근을 비판하고, 1960년대 이후 서구사회에서 등장한 새로운 형태의 사회운동에 대한 새로운 연구방법의 필요성에 의해 출현하게 된 것이다.

자원동원 이론이 설명하고자 했던 집합행동은 서구의 다원적 민주주의 정치체제에서 발생한 집합행동이었기 때문에, 경쟁관계 속 참여 집단들의 조직구조와 전략이 논의의 핵심으로 대두되었다.

따라서 자원동원 이론은 ① 집합행동은 합리적이며, ② 그 목표는 제도화된 권력관계에서 나타나는 이익의 갈등에 의해 규정되고, ③ 갈등으로 인한 불만은 모든 사회에 산재하여 자원과 조직, 그리고 기회의 변화 등에 의해 결정되며, ④ 공식적으로 구조화된 조직이 현대 사회운동의 전형적인 형태로서, ⑤ 집합행동의 성공은 전략적인 요인들과 정치과정에 의해 포괄적으로 설명된다는 점을 강조하였다.

페로우(Perrow, 1979)는 자원동원 이론을 두 가지 접근으로 구분하였다. 첫째는 오버셜(Obershall), 틸리(Tilly), 갬슨(Gamson) 등으로 대표되는 정치사회학적 접근이고, 둘째는 매카시(McCarthy)와 잘드(Zald)로 대표되는 경제사회학적 접근이다.

먼저, 정치사회학적 접근은 집합행동을 기존 정치과정의 연장선에서 발생하는 정상적인 사회현상으로 이해한다. 이 관점에서 사회운동은 체제 밖의 비합리적 폭발이 아니라, 정치적 자원의 분배와 이용, 그리고 기회의 구조 속에서 나타나는 하나의 정치적 행위로 본다. 따라서 정치적 연대, 조직 간의 협력, 그리고 국가의 억압이나 사회적 지지 등 정치적 기회 구조를 중심으로 사회운동의 성패를 설명한다. 예컨대, 틸리와 오버셜은 사회운동을 "도덕적 신념의 표현"으로 보는 베버적 관점을 비판하고, 대신이익과 전략을 중심으로 한 갈등 집단 간의 경쟁 과정으로 이해하였다. 즉, 시민사회운동은 가치적 헌신보다는 구체적인 목표 달성을 위해 조직된 집단 간의 정치적 동원 과정이라는 것이다.

반면, 경제사회학적 접근은 사회운동을 경제적 행위에 비유한다. 매카시와 젤드는 사회운동을 제도권 내 이익집단의 활동과 본질적으로 다르지 않은 합리적 집합행동(rational collective action)으로 규정하였다. 이들은 시민사회운동이 단순한 박탈감이나 분노의 산물이 아니라, 상당한 비용과 자원이 투입되는 체계적 활동이라고 보았다. 따라서 사회운동의 핵심은 조직(organization)이며, 조직이 존재해야만 운동이 안정적이고 지속적으로 전개될 수 있다고 주장한다.

이들의 관점에서 조직은 참여자들이 부담해야 할 개인적 비용을 낮추는 역할을 한다. 예를 들어, 운동조직이 모금이나 홍보, 참여 절차를 체계적으로 관리하면 개인은 더 적은 부담으로 참여할 수 있게 된다. 이러한 점에서 매카시와 젤드는 운동의 성공 조건으로 경영형 리더십과 충분한 자원의 확보를 강조하였다. 이는 시민사회운동을 자발적 결사체의 경쟁적 시장으로 바라보는 북미식 다원주의(pluralism) 전통과 맞닿아 있다.

이러한 관점에 따르면 사회운동은 단순한 저항이 아니라 경쟁의 장(arena of competition)이다. 운동과 운동 사이, 또는 운동조직과 기존의 이익집단, 나아가 정부 간에도 자원과 지지를 둘러싼 경쟁이 벌어진다. 따라서 자원동원 모델은 사회운동을 시장 속 기업조직과 유사한 구조로 이해하며, 각 조직은 자원 동원 능력에 따라 존속하거나 소멸한다(Mayer, 1991).

요약하자면, 틸리와 오버셜의 정치사회학적 접근은 사회운동을 정치적 갈등과 전략의 산물로 보며, 매카시와 젤드의 경제사회학적 접근은 사회운동을 합리적 자원투입과 조직경영의 결과로 본다. 두 접근은 모두 사회운동을 비합리적 감정의 폭발로 보던 기존의 '박탈이론(deprivation theory)'에서 벗어나, 사회운동을 체계적이고 전략적인 집합행위로 재해석했다는 점에서 중요한 전환점을 이룬다. 정치적 동원 과정을 정리하면 다음과 같다.

틸리(Tilly, 1978)는 시민사회운동의 발생과 전개를 설명함에 있어, 단순한 심리적 요인보다 조직(organization), 이익(interest), 기회(opportunity), 탄압(repression) 간의 상호작용을 중시하였다. 그는 장기적으로 볼 때 사회운동은 '도전자 집단(challenger group)'이 자신들의 이익을 실현하기 위해 조직적 기반을 확립하고, 국가나 기성 권력의 탄압 및 기회구조와 끊임없이 상호작용하는 과정으로 이해해야 한다고 보았다. 틸리에 따르면, 이익은 탄압의 정도를 결정짓고, 반대로 조직화와 동원의 수준은 이익 실현 가능성에 영향을 미친다. 즉, 이익-조직-동원-탄압은 사회운동의 순

표 12-3 • 정치사회학적 접근

상위 집단과 권력과의 관계	집단 내부조직의 특성		
	공동체 모델	조직의 부재	협회적 모델
통합	A	B	C
분리	D	E	F

A: 집단행동 가능성 상대적으로 낮음
　Why? 상류계층 지역공동체 대표
B: 결속력 약함, 개인적으로 후원·복종관계 성립
C: 노동조합, 직능단체 등이 정부의 정책과정에 참여
D: 집단의 위협을 느끼면 강력한 집단행동
E: 집단행동 빈도는 낮으나 행동발생 시 짧은 시간에 폭발적으로 발생
F: 집단행동 조직과 지도자 나타남

환적이고 상호의존적인 핵심 요소이다(Tilly, 1978: 57~58). 그는 이 모델이 신념이나 관습, 권리의식 등과 같은 요인을 간과했다는 비판을 받을 수 있음을 인정하면서도, 이러한 요인들 역시 이익과 조직, 동원, 탄압의 주요 변수들에 간접적인 영향력을 행사한다고 설명하였다. 예컨대, 신념이나 관습이 강한 사회에서는 집단 간 이익 대립이 완화될 수 있고, 반대로 권리의식이 고양된 사회에서는 동원의 폭과 속도가 훨씬 커질 수 있다.

틸리는 또 동원의 유형을 사회의 역사적 맥락에 따라 세 가지로 구분하였다.

- 방어적 동원(defensive mobilization)은 외부의 위협으로부터 자신을 지키기 위해 집단이 자원을 결집하는 형태로, 대표적인 예가 농민반란이다. 농민들은 외세의 침입이나 지배계층의 수탈에 맞서 자신의 생존권을 보호하기 위해 동원된다.
- 공격적 동원(offensive mobilization)은 집단이 새로운 이익을 획득하기 위해 자원을 적극적으로 동원하는 유형으로, 흔히 국가나 엘리트 집단의 주도적 조직화가 수반된다. 예를 들어, 산업혁명기 자본가들의 노동통제 강화나 식민지 지배의 정당화를 위한 국가적 동원 등이 여기에 속한다.
- 준비적 동원(preparatory mobilization)은 미래의 기회나 위협에 대비하기 위한 장기적 자원 축적 과정으로, 19세기 노동조합운동이 대표적 사례이다(Tilly, 1978: 73~74). 당시 노동자들은 향후의 파업이나 임금교섭을 대비하기 위해 조직적 네트워크를 형성하고 재정적 기반을 마련했다.

틸리는 사회 내 존재하는 다양한 자생적 연계망(netness: 친목모임, 운동동호회 등)이 일정한 범주적 정체성(category: 지역, 직업, 성별 등)을 바탕으로 연결될 때, 보다 강력한 연합체를 형성(catness)하여 자연스럽게 조합한 형태(catnet)의 조직화가 이루어진다고 보았다. 이러한 연결망이 사회적 자원의 기반이 되며, 자원의 양과 질에 따라 사회운동의 동원력 또한 달라진다는 것이다. 그는 이를 통해 사회운동을 정상적이고 구조적인 현상으로 재해석하였다.

그림 12-3 • 사회적·역사적 접근

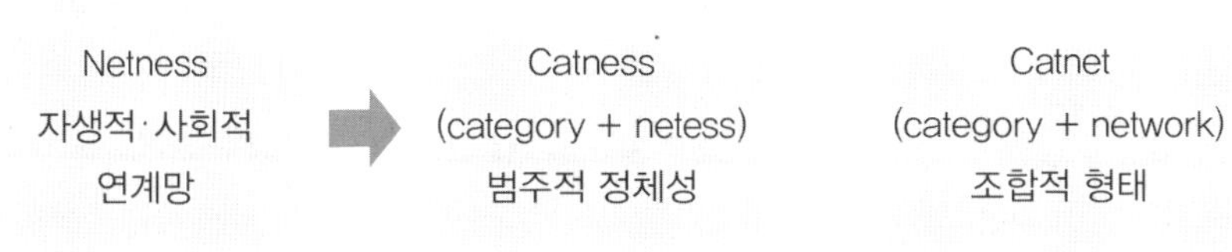

이처럼 자원동원론은 사회운동을 심리적 좌절감의 폭발로 보던 기존의 집합행동론에서 벗어나, 합리적·조직적 행동의 결과로 설명한다. 따라서 연구의 초점은 사회적 불만이나 긴장 자체가 아니라, 그러한 불만이 집단행동으로 전환되는 조건 즉 자원의 동원, 조직의 형성, 기회의 구조에 맞춰진다.

이와 같은 자원동원 모델에 대한 다양한 논의에도 불구하고, 자원동원 모델의 연구자들은 공통적으로 사회적 긴장과 불만이 어느 시대나 사회를 막론하고 항상 존재하기 때문에 사회운동 연구의 초점을 사회적 불만이나 갈등 자체보다 집단행동으로 전환되기 위한 조건으로 경제적 요인을 강조한다. 왜냐하면, 자원동원 모델에 따르면 사회구성원들이 느끼는 불만은 사회변동을 야기하는 부차적인 요소이며, 일차적인 발생요소는 집단의 자원, 조직, 집합행위의 기회 등의 조건들이 충족되어 장기적으로 표출되는 변화라고 주장한다. 사회구성원들이 느끼는 '불만'은 그 구성원들이 소속된 사회제도들에 의해 지속적으로 야기되는 것으로 궁극적으로 사회체제가 변화하지 않는 한 변화될 수 없는 상대적인 불변적 요인이기 때문이다.

매카시와 잘드(McCarthy and Zald, 1977: 1212~1241)는 이를 보다 체계화하여, 사회운동이 성공하려면 잠재적 운동집단이 조직, 지도자, 자금, 이데올로기, 외부 엘리트의 협조 등 다양한 자원을 확보해야 한다고 주장했다. 경제조직을 대상으로 개발된 투입-산출 모델과 같은 경제 이론에 근거하여 집합행동의 조직을 분석하면서 자원동원 과정을 세 단계로 구분했다.

- **사회운동조직(SMO: Social Movement Organization):** 개별 운동의 수행 주체로서, 자원을 확보하고 참여를 관리한다. 예를 들어 환경운동연합이나 흑인민권운동단체(SCLC) 등이 이에 해당한다.
- **사회운동산업(SMI: Social Movement Industry):** 유사한 목표를 가진 여러 조직들이 협력하거나 경쟁하는 산업적 생태계로, 외부 엘리트나 후원 네트워크가 이 단계에서 중요해진다.
- **사회운동부문(SMS: Social Movement Sector):** 사회 전반에 걸쳐 다수의 운동이 활발히 전개되는 영역으로, 체제 변동을 초래할 정도의 정치적 힘을 형성한다.

그림 12-4 • 경제사회적 접근

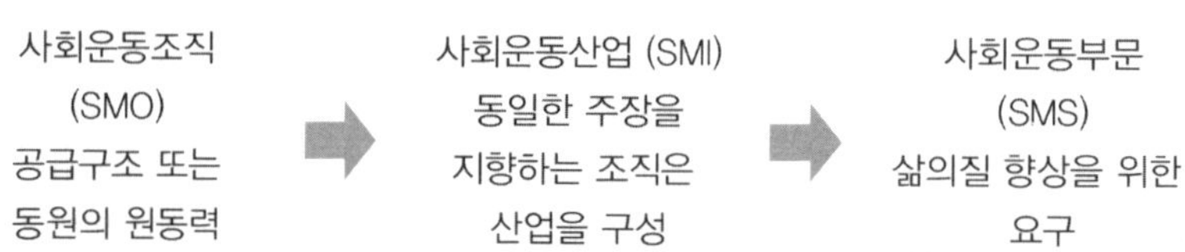

이러한 자원동원 모델은 사회운동을 비합리적 병리현상이 아니라, 정치적 전략과 조직적 합리성의 산물로 본다는 점에서 커다란 의의를 지닌다. 현대의 시민사회운동 예컨대 1960년대 미국의 민권운동, 1980년대 한국의 민주화운동은 모두 조직적 기반, 자금, 외부 연대, 지도자 등 자원동원 요소가 충족되었을 때 폭발적 확산이 가능했다는 점에서 이를 잘 보여준다.

그러나 사회운동론을 풍미했던 자원동원론은 여러 한계와 비판에 직면했다.

첫째, 자원동원론의 연구와는 달리 운동의 초기에는 자원이 외부에서 유입되는 것이 아니라 저항집단의 내부에서 충당되는 경우가 많으며, 사회운동조직은 공식성이 강한 '전문사회운동조직'의 형태보다는 훨씬 느슨한 형태의 조직을 주로 취한다는 사실이 밝혀지고 있다(Jenkins, 1983: 527~553). 폴란드의 연대운동은 외부 후원보다는 노동자 스스로의 네트워크와 기금에 기반했다.

둘째, 자원동원론은 집합행동론의 사회심리적 접근에 대한 과도한 반응으로 운동에서 필수적인 집합적 정체성, 도덕적 의미, 비판의식 형성과 같은 상징적인 국면을 간과하였다는 비판을 받고 있다(Hirsch, 1990: 243~254).

셋째, 자원동원 모델은 사회운동을 지나치게 '정상적'인 현상으로 이해하고 있어 감정적 연대, 이데올로기적 내용, 참여자의 동기와 같은 비물질적 요인을 충분히 설명하지 못한다고 지적했다(Buechler, 1993: 217~235). 즉, 사회운동의 지지자들이 자기 이익에 대한 합리적 계산뿐만 아니라 내면적 가치나 감정의 맥락에서 움직이며, 따라서 동원화의 주된 과제는 집합체의 연대성과 도덕적 실천에 의해서 이루어질 수 있다는 것이다. 결국, 집단의 동원능력은 대개 기존의 조직화 수준에 의해 결정되는데, 집단의 성원들에게 있어 배타적인 그리고 강력하고도 특징적인 동질성과 긴밀한 개인 간 네트워크를 공유하는 집단은 높은 수준으로 조직화되고 나아가 쉽게 동원화될 수 있다는 것이다(김수철, 2002).

마지막으로, 자원동원론이 공식적 조직과 전문 운동가를 과도하게 강조함으로써 관료화와 엘리트 중심의 과두제화를 정당화할 위험이 있다고 경고하였다. 실제로 일부 대형 NGO나 국제운동조직은 운동의 본래 목적보다 조직의 존속과 자금 확보에 더 많은 관심을 두는 문제를 낳기도 했다(McAdam, 1982: 20~35).

결론적으로, 자원동원론은 사회운동을 합리적·정치적 행동으로 해석함으로써 사회운동 연구의 과학화를 이끌었으나, 동시에 문화적·상징적 요인과 비공식적 네트워크의 자율성을 충분히 포착하지 못했다는 한계를 지닌다. 그럼에도 불구하고, 오늘날 사회운동을 조직적 역량과 자원 동원의 관점에서 분석할 수 있는 기초를 마련했다는 점에서, 자원동원론은 여전히 사회운동 연구의 핵심적 이론 틀로 평가된다.

표 12-4 • 자원동원론 분류와 특징

	자원동원론		
	합리적 행위론	조직/기업자론	정치과정론
대표적 이론가	Olson, Granovetter	McCarthy and Zald	Tilly, Gamson, Oberschall
운동은 특수현상인가	비특수	비특수	비특수
운동의 원인	다른 수단으로는 획득되지 않는 개인적 이해의 추구	자유재량자원의 증가와 운동기업자의 유용성	'정통한' 수단으로 획득되지 않은 이익 추구를 목표로 하는 권력과 자원의 불평등배분
운동활동과 '통상'행동과의 차이	매우 유사하다. 합리적 이익 최대화의 추구에 인도된다.	매우 유사하다. 제도적, 조직적 요인에 인도된다.	유사하다. 하지만 정치과정의 무질서한 측면이 포함된다.
참가자의 특징	합리적이고 이기적인 개인	합리적이고 통합된 조직성원	합리적이고 (때로는) 이데올로기적이기도 한 조직이나 연대집단의 성원
운동참가의 이유	개인적 이익의 실현 때문	개인적, 집단적 이익의 실현 때문	집단이익의 실현 때문
운동의 발전, 확대 방법	참가를 합리적인 것으로 함으로써	자원의 축적과 사용을 통해서	도전자집단의 성원의 동원과 자원이나 전술의 전략적 사용을 통해서
사회운동에서 조직의 역할	중심변수는 아니다.	운동에 앞서고 또 그 후에도 존재한다. 운동 목표실현에 있어 중심적	운동에 앞서고 또 그 후에도 존재한다. 운동 목표실현에 있어 중심적
전략이나 자원에 대한 관심	한정적 관심	가설, 명제의 중심	가설, 명제의 중심
운동의 성과를 결정하는 것	행위자를 집합행위에 참가, 공헌시키는 설득력	목표, 조직, 전략의 특질	목표, 조직, 전략의 특질

제4절

구성주의 이론

우리는 사회운동이 일어나는 원인은 무엇이며, 또 무엇이 그것을 지속시키는가 하는 의문들에 대한 세 가지 주요 접근법을 살펴보았다. 각각의 이론은 사회운동이 개인의 사회심리학적 요인에서부터 연유한다고 보는 집단행동론과 사회심리학적 접근법, 개인과 집단의 합리성과 조직의 동원능력을 중심으로 설명하는 자원동원론, 그리고 경제적 발달에 따른 가치관의 변화가 사회운동을 추동시키는 주요한 열쇠라고 생각하는 신사회운동론이다. 그러나 멜루치(Melucci)가 적절히 표현한 바와 같이 전통적인 집합행동 이론들이 '행동이 없는 행위자들(actors without actions)'의 연구에 초점을 맞추었다면, 근래의 자원동원 이론과 신사회운동론은 '행위자가 없는 행동(actions without actors)'의 연구에 집중하는 경향이 있다고 할 수 있다(Melucci, 1988). 다시 말해서 군중행동과 대중행동을 중심으로 한 고전적인 집합행동 이론과 구조기능주의적 접근, 그리고 사회심리학적 접근들은 집합행동의 과정보다는 집합행동 참여자들의 개인적 동기와 심리적인 불만 또는 집합행동을 발생시키는 구조적인 긴장 등에 중점을 두었으며, 반대로 합리적 선택 이론이나 자원동원 이론, 그리고 초기의 신사회운동론 등은 집합행동과 사회운동의 과정, 특히 사회운동조직의 동원전략에 초점을 맞추었다.

즉, 기존의 사회운동에 대한 이론들은 집합행동이 일어나는 원인으로 사회구성원들의 개인적 또는 사회적 불만이나 구조적 긴장 혹은 구조적 불균형, 사회체계 수준에서의 구조적 모순, 정치적 기회의 확대, 가용한 자원의 증가 등과 같은 구조적 조건을 중요하게 생각하였다. 그러나 구성주의 이론가들에 의하면 그러한 구조적 조건들은 사회운동이 발생할 수 있는 잠재적인 조건을 제공할 뿐이며, 실제로 사회운동이 발생하기 위해서는 먼저 그와 같은 구조적 조건을 행위자들이 자신들에게 의미 있는 상황으로 해석하고 정의하지 않으면 안 된다. 즉, 사회운동 이론에 있어 구성주의적 접근은 사회운동이 객관적인 구조적 긴장이나 개인적, 사회심리적 불만에 의해 자동적으로 발생하는 것이라기보다는 다수의 개인들이 자신들의 사회적 조건에 대한 기존의 인식 틀을 재구성하고 더 나아가 현재의 조건을 변화시킬 것을 목적으로 하는 사회운동에의 참여가 의미 있는 일이라고 해석하는 '집합행동의 틀(collective action frame)'을 공유하게 되었을 때 비로소 발생하는 것이라는(Snow et al., 1986: 464~481), 다분히 사회심리학적인 기본전제를 가지고 사회운동연구에 새롭게 접근하였다.

이러한 측면에서, 최근의 사회운동 이론가들은 사회운동의 일반 이론으로서의 자원동원 이론과 신사회운동 이론이 지닌 한계를 인식하고, 그 한계를 극복하는 대안으로서 구조와 과정 및 행위자와 행위가 모두 포함될 수 있는 새로운 패러다임으로서 구성주의 이론을 제안하게 되었다. 구성주의 이론가들은 전통적인 집합행동이론과 대중운동 이론, 구조기능주의 이론과 사회심리학적 접근 등에서 발견할 수 있는 지적 자원들과 자원동원 이론 및 신사회운동론의 이론적 성과들을 선택적으로 수용하면서 새로운 이론적 패러다임의 구성을 제안한다.

특히, 구성주의적 접근법은 합리적 선택이라는 경제적 합리성에 바탕을 둔 자원동원론의 한계에 대한 비판에서 출발한다. 특정한 순간의 선택적 상황을 중시하는 합리적 선택 이론과 달리 구성주의적 접근법은 사회운동을 하나의 정치적 현상으로 바라보는 것이다. 즉, 사회운동을 정치과정 속에 나타나는 지속성 있는 과정으로 바라본다. 이처럼 사회운동을 지속성을 가진 정치적 현상으로 보는 구성주의적 접근법은 '정치적 기회구조(political opportunity structure)'라는 개념을 중심으로 사회운동을 설명한다.

정치적 기회라는 개념은 1960년대의 서구유럽과 미국에서 동시에 발생한 신사회운동에서 기인하였는데, 하버마스(Habermas)와 프랑크푸르트학파에 의해서 주도된 이 지배적인 패러다임은 기본적인 사회구조와 동원의 잠재력이 행동으로 어떻게 전환되는가를 추적하는 데 있어 정치적 기회와 제한을 매우 중요한 요소로 바라본다(Tarrow, 1998). 특히, 정치적 기회구조란 정치과정에의 참여를 조건 짓는 제도와 관행 그리고 무엇보다도 문화를 의미하며, 이는 일반적으로 정치적 접근권에 대한 제약 정도를 설명하는 분석적 개념으로 사용되거나 도전 세력에 열려 있는 권력자원에 대한 개방성의 정도를 측정하는 지표로 사용되고 있다(김성수, 2007: 57). 도전세력은 기존 문명과 제도 등을 비판하면서 개방성 확보를 시도하곤 한다.

Box 12-2 • 현대사회에서 목격되는 사회운동 모습

아프리카의 여러 국가에서 반정부 시위가 빈번하게 발생하고 있다. 주로 청년 세대들이 주도하는 시위는 '아랍의 봄'과 비슷한 양상이 보인다. 아랍의 봄은 2010년 12월, 튀니지에서 시작된 반정부 시위가 아랍권으로 번진 민주화 시위를 지칭한다. 12월 17일 경제난에 놓인 튀니지에서 생계를 위해 과일 노점상을 하던 26살 청년 모하메드 부아지지가 경찰의 단속에 항의하며 분신했다. 이를 계기로 빈곤과 식량난으로 응축된 아랍권 국민들의 분노가 장기 독재와 부패로 얼룩진 정부에 항의하며 터져 나왔고, 휴대폰과 소셜미디어를 통해 전파되며 대규모 시위로 확산되었다. 청년층 주도와 소셜미디어 활용을 공유하는 아프리카의 반정부 시위도 아랍의 봄과 같은 양상을 보인다.

지난 6월, 케냐에서 시작된 증세법안 반대 시위가 정부의 변화를 촉구하는 반정부 시위로 확대되면서 유혈 사태가 있었다. 시위 주최 측은 엑스(X·옛 트위터)에 '목요일에 만나요'라는 뜻의 스와힐리어와 영어를 섞은 해시태그(#tutanethursday)를 올리며 시위를 독려했다. 윌리엄 루토(William Ruto) 케냐 대통령은 증세 법안을 철회하고 내각 교체를 단행했으나, 대통령 사임을 비롯한 변화에 대한 시위대의 요구는 계속되었다. 케냐의 반정부 시위는 인접한 우간다는 물론, 서아프리카에 위치한 나이지리아까지 영향을 미친 것으로 보인다.

7월 23일, 우간다의 수도 캄팔라(Kampala)에서는 정부의 부정부패에 대항하는 시위가 열려 45명이 체포되었다. 우간다의 시위 역시 젊은 청년들이 중심 역할을 하고 있다는 점에서 공통적이다. 특히 우간다 시위는 마찬가지로 엑스 등 소셜미디어 플랫폼에서 확산되고 있는데, 관련 해시태그인 #UgandaParliamentExhibition은 정치인들의 부정부패를 고발한다는 의미가 있다. 부패인식지수가 180개국 중 141위로 매우 낮은 우간다에서 야당 인사들과 인권 운동가들은 40년 가까이 집권하고 있는 요웨리 무세베니(Yoweri Museveni) 정권의 자금 횡령과 오용이 만연하며 부정부패 처리가 충분하지 않다고 비난해 왔는데, 이러한 야당의 인식이 시위에 적극 반영된 모습이다.

우간다 국회의원의 월급은 9천 달러 수준으로, 2024년 우간다 국민의 평균 연 소득이 1천 달러 정도임을 고려하면 엄청난 격차인데, 우간다 국회는 990달러인 국회의장의 일일 경비를 4천 달러로 인상하여 논란이 되기도 했다. 그러나 무세베니 대통령은 7월 21일 TV 연설을 통해 반정부 시위자들이 "불장난을 한다"며 시위는 용납되지 않을 것이라고 경고하며 시위대와 대립각을 세웠다. 8월 5일 우간다 야당 관료와 지지자들이 동료 의원들의 구금과 추방 결정에 항의 행진을 하다가 체포되기도 했다.

또한 지난 8월 1일부터 10일간 나이지리아 전역에서 청년세대를 중심으로 100만 명이 결집해 반정부 시위를 벌였다. 시위 초기에는 평화롭게 진행되었으나, 진압 과정에서 유혈 사태로 번지면서, 북부의 일부 지역은 통행금지령이 내려지기도 했다. 이 시위로 약 20여 명의 사망자가 발생하고 천 명 이상이 체포된 것으로 추정된다. '나쁜 통치 종식(#EndBadGovernance)'과 '굶주림 시위(Hunger Protest)'를 구호로 내건 시위 동조 여론이 인터넷을 통해 확산됨과 동시에 나이지리아의 인터넷 속도 저하가 전국적으로 감지되기도 하였다. 통신사는 평소에도 종종 발생하는 케이블 장비 파손으로 인한 것이라고 해명했으나, 시민들은 통신사가 정부의 의중을 따라 고의적으로 인터넷 속도를 저하시킨 것이라고 비난하기에 이르렀다.

2년 전 볼라 티누부(Bola Ahmed Tinubu) 나이지리아 대통령은 침체된 경제를 타개할 경제개혁안을 내세워 대통령에 당선되었다. 그동안 나이지리아는 석유 보조금을 통해 유가를 낮게 유지했는데, 티누부 정부는 국가 예산에 부담이 되는 석유와 전기 보조금을 삭감하고, 교육과 건강예산을 강화했다. 또한 오랜 외환 부족 현상을 해결하고자 인위적으로 고정해 온 나이라의 환율을 낮춰 외환시장을 자유화하면서, 연료 가격이 세 배나 폭증했으며, 기대만큼 외국 자본의 유입도 이루어지지 않으면서 빈부격차만 심해졌다. 지난해 5월, 1만 나이라(NGN: 나이지리아 화폐 단위)에 22달러이던 환율은 지속적으로 하락해 올해 2월에는 6.4달러 수준이 되었다. 러시아-우크라이나 전쟁 등의 영향으로 극심한 인플레이션이 벌어져 식자재 물가가 40%나 폭등했다. 그나마 지난 7월에 최저 임금이 3만 나이라에서 7만 나이라로 인상되었지만, 나이지리아 인구 2억 명의 생계는 어려운 상황이다. 그 와중에 대통령 전용기와 국회의원 전용 차량, 관저 등에 3,800만 달러의 예산을 소진하는 등 일련의 행위들은 시민들의 분노를 부채질했다. 시민들은 다국적 기업 친화 정책보다는 경제를 살리려면 각료의 임금을 삭감하고 부정부패를 우선 척결할 것을 주장하고 있다. 시위는 11월에도 이어지면서 정부는 76명을 중범죄로 기소했다.

민생의 어려움 해결과 경제 정책 수정 등 생활고와 관련한 반정부 시위는 가나에도 이어졌다. 지난 7월 말에 'Z세대의 시위(Gen-Z demonstration)'라는 이름으로 200만 명의 청년들이 생활 조건 개선을 요구하며 행진할 계획이었으나 가나 고등법원의 시위 금지로 사전 차단되는 일이 벌어졌다. 경찰 측은 올해 12월 대통령 선거를 앞두고 있어서 정치유세 등에 인원이 배치돼, 해당 시위에 필요한 인력 배분이 어렵다고 제지 배경을 설명하였다. 하지만 시위 기획자인 멘사 톰슨(Mensah Thompson)은 선거가 시민들의 시위권 행사를 제한해서는 안 된다고 반발하며 가처분 신청을 진행할 것이라고 밝혔다. 가나 역시 코로나19 팬데믹과 세계 금리 상승 등으로 부채가 과도하게 늘어나 상태에서 러시아-우크라이나 전쟁의 여파로 심한 경제난을 겪고 있어, 국제통화기금(IMF)의 구제금융 프로그램을 통해 경제 위기에서 벗어나려 노력하고 있는 실정이다.

이처럼 케냐, 우간다, 나이지리아, 가나에서의 시위 발생은 경제난이 시초가 되었지만 넓게는 정치적 부패와 권위적 통치에 대한 반발이라는 점에서 아랍의 봄과 유사하다. 아프리카 젊은이들의 봉기에 일부 전문가들은 아랍의 봄을 떠올리며 개별 국가의 시위가 아프리카 대륙 전체로 확산될 가능성에 주목하고 있다. 이들은 계층 사다리가 사실상 사라진 상황 속에서, 청년 세대가 느끼는 상대적 박탈감이 시위의 큰 동력으로 작용하고 있다고 분석한다. 실제로 11월 7일에는 아프리카 남부 모잠비크 수도 마푸투에서 선거 결과에 불복하는 시위가 있었다. 1975년부터 집권해 온 집권 여당인 프렐리모당이 선거에서 71%의 득표율로 승리를 했고, 이에 야당 인사와 시민들은 이번 선거가 부정 선거라며 불타는 타이어로 거리를 막고 플래카드를 흔들며 격렬한 시위를 했다. 경찰은 시위대에 최루탄과 고무탄을 발사했다.

아프리카에도 아랍의 봄이 찾아올까? 아랍의 봄은 튀니지를 제외하고 리비아와 시리아는 국가가 분열되고 예멘은 내전 그리고 이집트는 군부의 힘이 더욱 강력해지면서 미완성으로 마무리되고 있다. 당시의 시위대들은 부패한 정권을 몰아내면 자연스럽게 민주주의가 제도화될 거라 생각했다. 하지만 간과한 점이 있었다. 민주주의에 대한 시민들의 이해와 갈망이 그만큼 성숙하지 않았다는 것이고, 또 하나는 사회 제도의 변화를 지속적으로 요구할 수 있는 정치·경제적 기반이 미흡했다는 점이다.

한편, 아프리카의 반정부 시위를 아랍의 봄과 겹쳐보기 어려운 이유도 존재한다. 코로나19 팬데믹 시기 겪은 삶의 변화와 억눌렸던 불만이 복합적으로 작용하여, 지금과 같이 대중들이 거리로 나설 수밖에 없게 된 심리적 요인이 있으며, 또한 아프리카 일부 국가에서만 발생한 시위라는 점이다. 무엇보다 아프리카의 역사, 종교, 부족, 언어 등의 사회 균열 구조 속에서 발생하는 분쟁들을 돌이켜볼 때 이번 시위가 특별히 새로운 현상이라 단순화하기 어렵다는 점이다.

여전히 아프리카 각 나라의 정부는 시위에 참가한 시민들을 구금하고 억압하여 물리적인 힘의 정치를 이어가고 있다. 폭압적 진압은 청년층의 불만을 해소할 수 없다. 청년층의 불만은 단순히 경제적인 문제뿐만 아니라 정치·사회적 불평등과 기회 박탈에 대한 깊은 실망에서 비롯되고 있다. 정부는 이러한 문제를 해결하기 위해 더 나은 일자리 창출, 공정한 기회 제공, 투명한 정치 체계 구축 등 청년층의 불만을 잠재우기 위한 근본적인 변화를 이끌어 낼 필요가 있다. 적시에 적절한 조치의 중요성을 강조하는 "떠다니는 것을 보면 이미 지어져 있다"라는 동아프리카 속담이 있다. 청년세대들이 주도하는 아프리카의 반정부 시위는 단순한 현상이 아니라 변화와 발전을 위한 중요한 신호로 해석해야 한다. 아프리카의 미래는 청년세대에 달려 있다. 그들의 마음을 헤아리지 않고 적절한 대응을 미루기만 한다면 아프리카의 봄은 찾아올 수밖에 없을 것이다.

※ 김성수, 내일신문, 2024년 11월 28일

상술하였듯이, 구성주의적 접근에서 사회운동의 발생과 확산을 설명하는 핵심 개념은 '정치적 기회구조'이다. 이는 사회운동이 단순히 불만의 축적이나 자원의 존재만으로 발생하는 것이 아니라, 정치적·사회적 환경의 변화 속에서 새로운 가능성과 제약이 어떻게 형성되는가에 의해 결정된다는 관점이다. 구성주의자들은 사회운동의 동학을 이해하기 위해 사회경제적 변화, 집합적 정체성과 네트워크, 인지적 해방, 그리고 국가 자율성이라는 네 가지 주요 차원을 중심으로 정치적 기회의 다양한 국면을 분석한다.

첫째, 사회경제적 환경의 변화이다. 산업화나 민주화, 경제 발전과 같은 사회경제적 환경의 변화는 사회운동의 기회구조를 변화시킨다. 특히 정치적 자유화를 통한 경쟁의 증대는 정치적 기회를 증대시킬 수 있으며 사회운동의 확산을 불러일으킬 수 있다. 또한 신사회운동론자들이 이야기하는 바와 같이 경제적 수준의 향상은 개인의 가치관의 변화를 불러일으키며, 이러한 변화는 정치적 요구의 증대와 함께 사회운동의 기회를 확대시킬 수 있다. 그러나 중요한 것은 단순히 증대된 경쟁의 출현, 그 자체만으로 사회운동을 불러올 수는 없다는 것이다. 집단적 정체성의 형성과 사회적 연대의 강화가 결여된다면, 사회운동은 지속성을 유지하기 어렵다. 즉, 구조적 조건은 가능성을 열어주되, 그 가능성을 현실화시키는 것은 사회적 관계망과 정체성의 결속력이라는 것이다.

둘째, 바로 위에서 제기한 집단적 정체성이나 지역적 네트워크의 향상을 불러오는 '풀뿌리 조직'의 형성이다. 이는 사회운동이 자원을 동원하는 능력뿐 아니라, 참여자들이 스스로를 '하나의 집단'으로 인식하고 공동의 의미를 공유하는 과정을 중시한다는 점에서 자원동원론과 구별된다. 특히 멜루치가 강조하는 집합적 정체성(collective identity)의 측면에서 이러한 풀뿌리 조직의 형성은 사회운동이 활성화되는데 중요하다. 멜루치는 사회운동 자체(보다 정확하게는 집합행동)를 행위자들이 의미를 창출하며 의사를 소통하고 협상하여 의사를 결정해 나가는 과정(Melucci, 1989)이라고 주장하였는데, 그와 같은 과정은 사회운동에 참여하는 참여자들의 집단 내부에서 진행되는 과정으로서 집합적 정체성의 형성을 그 핵심으로 한다. 즉, 운동집단은 스스로를 집단으로 정의할 수 있어야 하고, 그 구성원들은 사회적 환경에 대한 공통된 견해와 공유된 목표, 그리고 행동의 가능성과 한계에 대한 공통된 인식 등을 발전시킴으로써 집합적 정체성을 형성해야만 성공적으로 집합행동을 수행할 수 있다는 것이다. 예를 들어, 1980년대 폴란드의 자유노조 '연대운동'은 단순한 노동조합의 경제적 투쟁을 넘어, 국가 억압에 저항하는 국민적 정체성을 형성한 사례로 볼 수 있다. 연대운동은 경제적 불만에서 출발했지만, 그 내부의 네트워크 결속과 '자유 폴란드'라는 상징적 정체성의 확립을 통해 전국적 사회운동으로 확장되었다. 이는 멜루치가 말한 바와 같이 공유된 의미와 목표, 그리고 행동의 가능성에 대한 공동 인식이 사회운동의 지속성을 보장한다는 점을 잘 보여준다.

셋째, '인지적 해방(cognitive liberation)'을 통한 능동적, 주체적 활동의 증가이다. 갬슨(Gamson, 1992: 7)은 사회운동을 "행동 지향적 신념과 의미의 복합체"로 보았으며, 이러한 신념체계는 개인으로 하여금 '집합행동이 정당하고 가능하다'는 확신을 부여한다. 맥아담(McAdam, 1982) 또한 체제의 정당성에 대한 의문, 무력감의 탈피, 그리고 변화를 실현할 수 있다는 정치적 효능감(political efficacy)의 회복을 인지적 해방의 핵심으로 제시하였다. 이 과정에서 스노우와 벤포드는 사회운동이 성공하려면 참여자들이 공감할 수 있는 의미 프레임(meaning frame)의 구축이 필요하다고 주장하였다. 그들은 사회운동의 의미 구조를 '문제를 정의하는 진단적', '문제에 대한 해결책을 제시하는 예후적', 그리고 '행동을 유도하는 동기적 프레임으로 구분하며 각각 문제의 규정, 해결방향의 제시, 행동 참여의 촉구라는 기능을 수행한다고 설명했다(Snow and Benford, 1988). 이러한 관점은 1970년대 미국의 반전운동에서 잘 드러난다. 베트남전 반대운동은 단순히 전쟁 중단 요구를 넘어, "평화"와 "정의"라는 새로운 도덕적 프레임을 창출하며 젊은 세대의 정치적 각성을 이끌어냈다. 구성주의적 관점에서 볼 때, 이러한 인식 전환이 바로 사회운동의 확산과 지속을 가능하게 하는 '인지적 해방'의 구체적 표현인 셈이다.

네 번째 차원은 '국가 자율성과 권력구조의 형태'이다. 국가의 자율성과 정치적 기회 역시 매우 밀접한 관계를 가지고 있다. 일반적으로 중앙집권화된(centralized) 정치구조 속에서는 집단행동의 행위자들이 정부를 직접적으로 위협할 수 있지만, 분권화된(decentralized) 정치구조 속에서는 다양한 목표물들을 제공하기 때문에 분산적으로 나타난다. 이러한 현상은 중앙집권화된 프랑스의 경우, 1968년 학생운동이 일어났을 때 이들이 급속하게 정치적 영역으로 진입하여 제5공화국을 위협하였지만, 연방제 구조로 분권화된 미국의 경우에는 훨씬 더 다양한 영역에서, 더 오랜 기간이 걸렸다(Tarrow, 1998: 81).

또한 강력한 힘을 가지고 억압을 가하는 국가와 그렇지 않은 국가 사이에도 차이가 존재한다. 전자의 경우가 후자의 경우보다 훨씬 더 사회운동이 일어나기 어려운 경향이 있다. 억압(repression)은 집단행동을 약화시키기도 한다. 하지만 조직화와 동원화를 증가시키기도 한다. 장시간에 걸쳐 보았을 경우 실제로 훨씬 더 가혹하고 놀라운 억압은 조직화와 동원화에 좀 더 효과적인 전략이 될 수 있다. 즉, 대중정지를 억압하는 권위주의 국가의 효과적인 탄압은 집단행동에 있어 훨씬 더 급진적이고, 더 효율적인 조직을 만드는 역할을 한다. 결국 권위주의 국가에 있어 의견의 표출을 정기적으로 할 수 없는 제도적 억압은, 심지어 중도에 있는 사람들조차도 급진적인 세력으로 변화시킬 수 있는 것이다(Tarrow, 1998: 83). 칠레, 아르헨티나 등 여러 사례에서 정부의 폭력적 억압에도 불구하고 국제적 연대를 형성하며 저항의 네트워크를 확장한 사례는 이를 잘 보여준다.

정치적 기회구조의 확장은 위 네 가지 차원 외에도 여러 요인에 영향을 받는다. '제도적 접근성의 확대'는 사회운동 참여의 통로를 열어주지만, 완전한 개방이나 완전한 폐쇄 상태에서는 오히려 저항이 약화된다. 중간적 개방 상태에서 가장 활발한 사회운동이 발생한다는 것은 타로우(Tarrow, 1998: 79)의 실증적 관찰이다. 또한, '엘리트 내부의 분열'은 기존 체제의 정당성을 약화시키고, 주변 집단에게 새로운 행동의 공간을 제공한다. 마지막 상황은 영향력 있는 '동맹의 등장'은 사회운동의 동력을 배가시킨다. 구체제에 대한 도전자들은 그들의 행동에 보조를 함께 할 수 있는 동맹자들과 연대할 때 집단행동이 촉진된다. 즉 저항집단들의 행동은 다른 사람들이 따라하고 보고 배울 수 있는 것으로써, 특정 운동은 다른 집단들에게 전시효과로서 보여질 수 있다. 여성운동이 환경운동이나 인권단체와 연대하여 의제의 확장과 제도화에 성공한 사례들이 있다.

이상과 같이 구성주의적 접근은 사회운동의 동학을 설명함에 있어 사회심리적 요인과 구조적 요인을 통합적으로 고려한다. 정치적 기회는 고정된 조건이 아니라, 사회적 인식, 제도적 맥락, 그리고 국가-시민 간 상호작용에 의해 끊임없이 재구성되는 과정적 변수로 이해된다. 그러나 이러한 접근은 상대적으로 추상적이고 경험적 검증이 어려운 한계를 지닌다. 실제로 구성주의적 틀의 개념적 풍부함에도 불구하고, 그것이 경험적 분석을 위한 일반화된 가설로 정식화되기 어렵다는 점이 비판받고 있다(Benford, 1997: 409~430).

그럼에도 불구하고, 구성주의적 접근은 사회운동을 단순한 구조적 산물이 아닌, 의미와 상호작용을 통해 끊임없이 재구성되는 정치적 실천의 장으로 조명함으로써 현대 사회운동 연구의 새로운 지평을 열었다고 평가할 수 있다.

제5절

사회운동론의 의의

지금까지 사회운동에 대한 다양한 이론적 흐름을 검토하였다. 비교정치의 전통적 연구 대상이 공식 정치제도와 사건에 초점을 맞추었다면, 사회운동은 이러한 틀에서 충분히 설명되지 않는 비공식적이고 동적인 영역을 탐구한다. 정치 개념을 단순히 제도적 측면으로 한정하지 않고, 사회 집단의 정치 참여, 집단 행동, 그리고 변화 추구 움직임으로 확장할 때, 사회운동은 핵심적인 역할을 드러낸다. 이는 다원주의 관점에서 사회적 이익 집단의 경쟁을 통해 민주주의가 작동한다고 보는 논의나, 계급주의 관점에서 계급 투쟁이 정치체제의 변화를 이끈다는 주장에서 모두 뒷받침되는 요소로, 사회적 요구가 어떻게 구성되고 정치화되는지의 문제를 근본적으로 제기한다. 예를 들어, 환경 운동이나 페미니즘 운동은 공식 정치제도 외부에서 시작되어 제도 내 변화를 촉진하며, 비교정치의 이론적 틀을 풍부하게 만든다.

사회운동은 비교정치가 이론적 정교화를 추구하고 현실적 대안을 제시하는 실천적 역할을 수행하기 위해 필수적인 연구 영역이다. 전통적 이론이 사회운동을 집단 심리적 비정상성이나 사회적 병리 현상으로 치부한 데 반해, 현대 이론들은 이를 합리적이고 전략적인 정치 과정으로 재해석한다. 자원동원론은 행위자들의 합리적 선택과 자원 활용을 강조하며, 사회운동을 효과적인 정치 참여 형태로 본다. 신사회운동론은 포스트산업 사회에서 가치관의 변동, 정체성 정치, 그리고 젠더, 환경, 인권, 난민 등 새로운 사회 갈등을 중심으로 운동의 발생을 설명한다. 최근의 구성주의 이론은 행위자의 동기와 행위 동학을 통합적으로 설명하려는 야심찬 시도로, 사회·정치 현상이 자유로운 행위자 선택이나 구조적 법칙에 국한되지 않고 구조와 행위자의 상호작용 속에서 생성·전개된다는 점을 밝힌다. 이러한 접근은 사회운동에 대한 과학적 이해를 발전시키는 바람직한 방향으로 평가될 수 있으며, 예를 들어 프레임 이론(Framing Theory)처럼 운동 참여자들이 현실을 어떻게 해석하고 재구성하는지를 분석함으로써 이론의 깊이를 더한다.

결론적으로, 사회운동 이론은 학문적 탐구를 넘어 현실적 실천과 깊이 연계되어야 한다. 이론은 사회운동의 행동을 형성하는 동시에, 운동의 혁신과 경험을 통해 이론 자체가 정련되며, 동적 상호작용을 이룬다. 예를 들어, 사회운동 학습 이론(Social Movement Learning Theory)은 실증 연구를 통해 지식공유, 네트워크 형성 등 학습 요소를 식별함으로써, 운동의 전략적 발전을 지원한다. 이는 학계가 운동 참여자들과 협력하여 지식을 공동 생산하는 과정을 강조하며, 전통적 학술 지식 형성의 한계를 넘어선다. 또한, 의료 분야에서 사회운동 이론을 적용하면 커뮤니티 기반 연구(Community-Based Participatory Research, CBPR)를 통해 지역 사회의 건강 불평등 문제를 해결할 수 있으며, 이는 이론의 실천적 가치를 증명한다. 영국 NHS(National Health Service)에서 사회운동 이론을 바탕으로 한 정책-학계-실무자 협력이 5년간 진행된 사례처럼, 이론은 의료 실천의 변화를 촉진하며, 학문과 현장의 분리를 극복한다.

더 나아가, 사회운동과 공공재(commons)의 상호 관계를 탐구하는 연구는 이론과 실천의 연계를 구체화한다. 사회운동이 공공재를 보호하고 재생산하는 과정에서 학계는 이를 분석하며, 동시에 운동에 이론적 도구를 제공한다. 도시 빈곤 지역의 사회운동에서 학자와 활동가의 협력이 더 공평한 도시를 만들기 위한 예처럼, 학계는 운동을 지원함으로써 사회 변화에 기여한다. 사회복지 실천과 학계의 연계도 이와 유사하며, 사회운동 이론은 실무자들의 옹호, 변화 촉진, 권한 부여를 위한 지식 기반을 강화한다. 이러한 예시들은 사회운동 이론이 단순한 학술 담론이 아닌, 사회 불평등 해소와 민주주의 강화의 도구로서 지속적으로 진화해야 함을 시사한다.

사회운동론은 비교정치의 실천적 함의를 강화하는 데 기여하며, 학문과 현실의 다리를 놓는 역할을 한다. 앞으로의 연구는 이론의 전문화와 운동의 다각적 연결을 통해 더 포괄적인 접근을 추구해야 할 것이며, 이를 통해 사회운동이 정치 변화의 원동력으로 자리매김할 수 있을 것이다.

제13장

국제환경의 변화

제13장

국제환경의 변화

비교정치학은 합리적 선택 이론, 제도주의, 정치문화 이론 등 중범위 이론들을 바탕으로 각국의 정치 현상을 설명하고 있다. 그러나 비교정치의 분석 대상인 각 국가들의 정치 체계는 언제나 '세계' 또는 '국가 간 관계'라는 더 큰 차원의 일부로서 존재해 왔다. 즉 최근 국가 간 경제 통합과 정치적 협력의 증대 현상을 제쳐두더라도, 근대 주권 국가들은 그 탄생부터 국제적인 주권 국가 시스템의 일부로 자리 잡아 왔던 것이다. 이러한 국가들로 구성된 세계적 시스템 아래에서 각국은 타국과 집합적인 세계적 경향에 영향을 받는 한편, 반대로 하나의 국가가 타국과 세계 정치 전체에 영향을 미치기도 한다. 따라서 세계 속에서 국가들이 어떻게 상호작용하는지, 그리고 국가를 초월한 행위자와 제도의 존재 양상이 어떠한지에 대한 검토는 비교정치 분석을 심화하기 위해 필수적이다.

예를 들면, 현실주의는 국가 간 경쟁이 국내정치에 미치는 영향을 분석하는데 도움이 된다. 자유주의는 국제기구와 글로벌 스탠더드가 국내제도에 미치는 영향을 찾는 데 유용한 분석 틀이다. 또한 구성주의는 환경적 요인, 정치문화, 정체성 등이 국가 간 상호작용에 어떻게 반영되는지를 분석하는데 필요하다.

국제관계를 이해하는 각 이론은 서로 다른 렌즈를 제공하고 있지만, 복잡다난한 국제현상을 단일 이론만으로 설명하기는 어렵다. 따라서 현실주의의 안보 중심 접근, 자유주의의 협력 강조, 구성주의의 규범적 분석 등을 조합하여 복합적이고 다층적인 분석이 필요하다. 특히 세계화와 신자유주의의 맥락에서 국가 간 상호작용과 강화되는 다극화 체제로 인한 글로벌 스탠더드의 영향은 비교정치 연구에서도 점점 더 중요한 주제가 되고 있다.

제1절 국가 간 협력과 경쟁 그리고 글로벌 사우스

1. 세계질서의 주요 이슈를 분석하는 시각

21세기 국제질서는 탈냉전 이후 약 30여 년간 지속되었던 미국 중심의 단극체제가 약화되고, 다극화(multipolarity)와 복합적 갈등(complex conflicts)이 중첩되는 신냉전 국면으로 진입하고 있다. 국제정치학자들은 이러한 현상을 "전환기의 질서"(order in transition)로 규정하며, 패권안정론(hegemonic stability theory), 세력균형론(balance of power theory), 복합상호의존론(complex interdependence theory), 구성주의(constructivism) 등 다양한 이론적 틀을 통해 해석하고 있다(Keohane and Nye, 1977; Waltz, 1979; Gilpin, 1981; Wendt, 1999). 더불어 기술혁신, 경제 세계화, 기후위기 등 초국경적(transnational) 현상들은 단순히 국가 간 힘의 분포뿐 아니라 국제 거버넌스의 성격 자체를 근본적으로 변화시키고 있다.

현 세계질서의 특징을 살펴보자. 첫째, 다극화와 권력 분산의 심화이다. 냉전 종식 이후 미국은 군사력·금융력·문화력 측면에서 여전히 우위를 유지하고 있으나, 중국의 급속한 경제성장과 군사 현대화, 인도의 인구·기술 잠재력, 유럽연합의 규범적 권력(normative power, Manners, 2002)은 미국의 독점적 지위를 제약하고 있다.

이 현상은 월츠(Kenneth Waltz, 1979)가 주장한 세력균형론적 경향을 반영하며, 단극체제가 가지는 안정성이 점차 약화되고 있음을 시사한다.

둘째, 경제적 상호의존의 정치·안보화(securitization)이다. 케오한과 나이(Keohane and Nye, 1977)가 '복합상호의존' 개념을 통해 강조했듯, 경제적 교류의 증대는 전통적으로 갈등을 완화하고 협력을 촉진하는 요소로 간주되었다. 그러나 최근 미·중 갈등 사례에서 보듯이, 상호의존은 오히려 상호 억제와 압박의 수단으로 전환되고 있다. 반도체·희토류·에너지와 같은 전략 자원이 '무기화(weaponization)'되면서, 경제안보(economic security)가 국제정치의 핵심 의제로 부상하였다(Baldwin, 2020).

셋째, 국제 규범과 제도의 약화이다. 자유주의 국제질서를 지탱해온 핵심 규범인 자유무역, 민주주의, 인권은 권위주의적 거버넌스 모델의 부상과 서구 내부의 포퓰리즘 확산으로 흔들리고 있다. 세계무역기구(WTO)는 보호무역주의에 효과적으로 대응하지 못하고, 유엔안보리(UNSC)는 강대국의 이해관계에 얽매여 분쟁 해결 기능이 제약된다(Ikenberry, 2018). 이는 자유주의 제도의 구속력 약화와 국제 거버넌스의 정당성 위기를 동시에 드러낸다.

이렇듯 변화는 주요 국제 환경 속에서 비교정치를 분석하는데 있어 고려해야 할 지점은 다음과 같다. 첫째, 지정학적 갈등의 재부상이다. 러시아의 우크라이나 침공은 제2차 세계대전 이후 구축된 유럽 안보 질서를 근본적으로 뒤흔들며, 북대서양조약기구(NATO)의 확장과 러시아의 반발이라는 냉전적 대립 구도를 재현시켰다(Mearsheimer, 2022). 중국과 대만을 둘러싼 긴장, 이란과 이스라엘·사우디아라비아의 대립, 아프리카 사헬 지역의 내전은 지역적 분쟁이 세계적 불안 요인으로 확산되는 양상을 보여준다.

둘째, 기후위기와 에너지 전환의 지정학화이다. 기후변화는 단순한 환경문제를 넘어 안보와 생존의 문제로 전환되고 있으며(Buzan, Waever and de Wilde, 1998), 파리협정(2015) 이후에도 각국의 상이한 이해관계는 탄소중립 목표 달성을 어렵게 만든다. 에너지 전환 과정은 새로운 경제·지정학적 균열을 낳고 있으며, 재생에너지 기술과 핵심 광물 자원을 선점하려는 경쟁이 격화되고 있다.

셋째, 기술 패권 경쟁의 심화이다. 오늘날 국제질서를 규정하는 핵심 변수는 군사력이 아니라 기술력이다. 인공지능(AI), 5G·6G 통신, 양자컴퓨팅, 생명공학 등

첨단 기술은 경제성장뿐 아니라 안보 우위 확보와 직결된다. 미국은 중국을 견제하기 위해 동맹국과 반도체 공급망 동맹을 강화하고 있으며, 중국은 '기술 자립' 전략으로 대응한다. 이러한 경쟁은 산업 경쟁을 넘어 '디지털 냉전'(Digital Cold War)이라는 새로운 체제 대립 구도를 형성하고 있다(Allison, 2020).

넷째, 글로벌 거버넌스의 위기이다. 코로나19 팬데믹은 세계보건기구(WHO)의 한계를 드러내며, 다자 협력보다 각국의 자국우선주의를 부각시켰다. 국제통화기금(IMF)과 세계은행(World Bank)은 여전히 신흥국의 요구를 충분히 반영하지 못하고 있으며, 글로벌 불평등은 심화되고 있다(Stiglitz, 2019). 결과적으로 다자주의(multilateralism)의 후퇴는 국제문제 해결 능력을 제한하고 있다.

현 세계질서가 직면한 위협은 다층적이며 상호 연결적이다. 우선적으로 군사적 위협이 상주하고 있다. 핵무기 재부상, 우주·사이버 공간의 군사화, 지역분쟁의 확산이 심각한 불안 요인이다. 미·중·러 간 전략적 불안정은 핵 억지 체제의 균형을 흔들고 있다(Sagan, 2021). 경제적 위협을 항상 수반한다. 팬데믹과 전쟁, 공급망 위기는 세계경제의 불확실성을 증폭시키며, 보호무역주의의 확산은 세계화의 퇴조를 의미한다(Rodrik, 2011). 비전통 안보의 위협이다. 난민·이주 문제, 민주주의의 후퇴, 인종·종교 갈등이 사회 통합을 저해한다. 또한 정보전과 허위정보는 사회적 신뢰와 민주적 제도를 위협하는 새로운 형태의 비군사적 도전이다(Nye, 2021). 우리의 실생활을 위협하는 생태적 변화이다. 기후변화와 생물 다양성의 상실은 인류의 생존 기반을 약화시키며, 기후 난민 증가와 자원 분쟁은 국제안보의 새로운 불안 요인이 되고 있다.

현재의 국제질서는 단순한 힘의 분포 변화로 설명되기 어렵다. 지정학적 갈등, 기술 패권, 기후위기, 글로벌 거버넌스의 약화가 복합적으로 얽히며 불확실성과 위험을 증대시키는 구조적 전환기(structural transition)에 놓여 있다. 이는 '포스트-미국 시대'이자 '탈서구 중심 질서'(post-Western order)의 도래로 요약될 수 있으며(Zakaria, 2008), 국제정치이론 또한 이에 대응하는 새로운 분석 틀의 모색이 요구된다.

국제사회의 안정적 질서 구축을 위해서는 강대국 간 갈등을 억제함과 동시에, 기후변화·팬데믹·기술 규범 등 초국경적 문제를 다룰 수 있는 다자 협력체제의 강화가 필수적이다. 그러나 현실적으로 자국 이익과 체제 경쟁 논리가 지배하는 한, 세계

질서는 다극적 균형이 아닌 분열과 혼돈으로 치달을 위험이 크다. 따라서 오늘날 국제질서의 핵심 과제는 "힘의 균형"과 "규범적 협력" 사이의 조화를 어떻게 달성할 것인가에 있다. 궁극적으로 21세기 국제질서의 안정성은 강대국의 책임 있는 리더십과 글로벌 거버넌스의 혁신적 재편에 달려 있다고 할 수 있다(Ikenberry, 2018).

2. 세력 균형론(Balance of Power Theory): 현실주의

국제관계 이론에서 국제무대는 무정부 상태(anarchy)인 국제 체제 내에서 국가들이 자신의 생존과 안보를 확보하기 위해 경쟁하며, 결과적으로 어떤 단일 국가나 동맹도 패권을 장악할 수 없도록 힘의 분포를 균등하게 유지하려는 경향을 설명하는 국제 관계학의 핵심 이론이다. 핵심 주장은 국가들이 생존을 위해 끊임없이 힘을 추구하며, 그 결과 필연적으로 시스템 내에 균형이 형성된다는 것이다.

세력 균형의 원인과 메커니즘을 설명하는 방식에 따라 고전적 현실주의(Classical Realism)와 신현실주의(Neorealism)는 차이를 나타내고 있다. 고전적 현실주의자들은 세력 균형을 국가 지도자들의 신중하고 의도적인 외교적 행동의 결과로 해석한다. 모겐소(Hans Morgenthau)는 저서 『국가 간의 정치(Politics Among Nations)』(1948)에서 세력 균형을 국제 질서를 유지하는 자연 법칙이자 국제 정치의 본질적인 원리로 보았다. 그는 국가 지도자들이 힘에 대한 인간의 본능적인 욕구('권력 투쟁')에 따라 행동하며, 이는 국제적으로는 다른 국가의 패권 추구를 견제하기 위한 세력 균형 정책으로 나타난다고 주장한다. 모겐소는 세력 균형을 달성하기 위한 주요 수단으로 동맹 및 반동맹(Alliance/Counter-alliance), 군비 경쟁(Armaments), 분할 통치(Divide and Rule) 등의 외교 전략을 제시했다.

반면, 신현실주의자들은 세력 균형을 지도자의 의도나 본능이 아닌, 국제 체제의 구조적 제약의 결과로 해석하며 이론을 정교화했다. 왈츠(Kenneth Waltz)는 『국제정치 이론(Theory of International Politics)』(1979)에서 국제 시스템이 무정부적이며 모든 국가의 최우선 목표는 생존이라는 구조적 사실로부터 균형이 자연스럽게 발생한다고 설명했다. 생존을 위해 국가들은 가장 강력한 국가나 동맹을 견제하는 방향으로 행동하며, 이것이 곧 균형의 필연성을 만든다. 왈츠는 균형을 달성하는 두 가지 주요 방법으로 자국의 군사력과 경제력을 증강하는 내부 균형과 다른 국가와 동맹을 형성하여 힘을 합치는 외부 균형을 주장한다.

세력 균형의 작동 방식은 크게 두 가지 반응으로 나타난다. 균형화는 위협적인 강대국에 맞서기 위해 다른 국가와 동맹을 맺거나 자국의 힘을 강화하는 행위이며, 동기는 안보 증진에 있다. 반면, 편승 행위(Bandwagoning)는 위협적인 강대국에 맞서기보다 오히려 그 강대국 편에 서서 단기적인 이익 및 안전을 공유하려는 행위이다. 세력 균형론자들은 대부분의 국가가 편승이 장기적으로 자국의 주권과 독립을 침해당할 위험이 높다는 점 때문에 균형화를 선택할 것이라고 예측한다.

세력 균형론으로 미국-중국 경쟁 구도를 설명하는데 도움이 될 수 있다. 신현실주의 관점에서 볼 때, 현재의 미-중 경쟁과 그에 따른 동맹 결성은 구조적으로 균형화가 필연적으로 나타나는 현상으로 볼 수 있다. 중국의 급속한 군사적·경제적 성장은 동아시아와 인도-태평양 지역 국가들에게 패권 장악의 위협으로 인식된다. 이에 따라 자유시장경제 가치사슬과 자유민주주의를 유지하는 국가들은 중국의 영향력에 종속되는 것을 막기 위해 행동해야 하며, 미국은 기존 패권국으로서, 지역 국가들은 위협 대응자로서 외부 균형 전략을 사용하게 되는 것이다. 바로 쿼드(Quad: Quadrilateral Security Dialogue: 미국, 일본, 인도, 호주)와 오커스(AUKUS: Australia-UK-US pact)의 결성은 바로 이러한 외부 균형 전략으로 이해될 수 있으며, 이는 군사적 위협뿐만 아니라 경제 및 기술 분야에서 중국의 영향력 확대를 견제하는 역할을 수행한다.

반면, 고전적 현실주의 관점은 지도자의 의도적인 정책적 선택을 강조한다. 미국의 동맹 강화 정책은 중국의 성장을 견제하려는 권력 투쟁의 의도가 외교 정책으로 발현된 것으로 해석할 수 있다. 쿼드와 오커스는 모겐소가 제시한 균형 수단인 동맹 및 반동맹 정책에 해당하며, 특히 오커스를 통한 핵 추진 잠수함 기술 공유는 군비 경쟁을 통한 내부 균형 전략을 외부적으로 지원하는 형태를 보이고 있다. 실제로 일본, 호주, 인도 등은 중국과 경제적으로 깊이 연결되어 있음에도 불구하고, 안보 측면에서는 미국 주도의 동맹에 참여함으로써 단기적 경제 이익을 위한 편승 대신 장기적인 안보와 자율성 확보를 위한 균형화를 선택하고 있다.

그러나 세력 균형론은 국제 질서를 단순하고 강력하게 설명하지만, 다음과 같은 비판을 받는다. 첫째, 모호성의 문제다. '균형'이 정확히 무엇을 의미하는지, 그리고 시스템이 언제 '균형' 상태에 도달했는지 객관적으로 측정하기 어렵다. 둘째, 역사적으로 많은 국가가 균형화 대신 편승을 선택하거나, 균형이 깨지는 것을 막지 못해 전쟁이 발생한 사례가 많아 예측력의 한계를 드러낸다. 셋째, 국가의 외교 정책 결정에서 국내 정치, 이념, 지도자의 인지 등 내부적 요인을 무시하고 구조적 요인만을 과도하게 강조한다는 비판이 있다. 그러나 비교정치 분석에서 국가 간 경쟁이 국내 정치 특히 군비 증강이나 민족주의의 강화 또는 약화로 이어지는지에 대한 설명을 제공한다.

17세기 근대 국가의 등장 이래로 몇몇 소수 국가들은 많은 다른 나라에 대하여 자국의 이익을 달성하기 위해 권력을 행사해 왔다. 몇몇 학자들은 1648년 베스트팔렌 평화 시기부터 1914년 제1차 세계대전까지의 기간을 고전적 세력 균형의 시기로 분류하고 국제관계의 특성을 기술하였다. 이 설명은 유럽 국가의 행위와 가변적 동맹에 주로 적용되었고, 300여 년 동안 유럽 국가들은 국제 정치의 핵심적 행위자로 공헌하였다. 영국은 주로 '균형자'의 역할을 담당하였다. 처칠(Winston Churchill)은 지난 400년간 영국의 대외정책은 대륙의 강력하고, 가장 공격적이며, 가장 우월한 권력에 반대해 왔고, 약한 국가의 편에 함께 해왔다고 하였다.

그러나 19세기 후반 국제체제는 변화하였다. 세력 균형의 정치가 흔들리게 된 것이다. 이데올로기와 민족주의의 성장은 특히 주목할 만한 것들로서 이 요소들은 국가들 간의 용이한 동맹 체결을 방해하였다. 이것은 프랑스와 독일 간의 깊은 반감을 불러일으켰고, 어떠한 문제이든 양국은 양극단에 위치하였다.

이념적 스펙트럼에 따른 국제관계의 이합집산이 이루어졌다. 제2차 세계대전 이후 미국을 중심으로 한 자유진영과 소련을 중심으로 한 공산진영 간의 대립이 가속화하였다. 고전적으로 융통성을 가졌던 국가들 사이의 탈 이데올로기적인 균형은 붕괴되었다. 게다가, 국가 간의 권력 경쟁의 무대 역시 유럽에서 전 세계로 확대되었다. 전쟁무기의 신기술은 압박할 수 있는 대외정책의 기제로서 전개되고 통제되었던 기존의 것들의 용이성들을 점차 감소시켰다.

제2차 세계대전 이후 고전적 세력균형체제는 두 진영 간의 대립체제로 대체되었다. 세력균형체제에 있어 미국과 그 동맹국들은 소련과 그 동맹국들에 대항하여 균형을 이루고 있었다. 각 진영에서는 초강대국과 결탁하였고, 타 진영과 이데올로기적 반감을 가지고 있었으며, 진영 내 동맹관계를 매우 견고히 하였다. 또한 양 진영은 헤게모니 달성을 위해 각 진영을 보호하였다. 그리고 군사력은 냉전 기간 양 진영의 세력 균형의 필수적인 요소로 작용하였다.

그러나 1970년대 초반부터 소련이 붕괴한 1991년까지 국제체제는 점차 다극화 양상을 보였다. 이 20여 년 동안 각 진영 간의 응집은 점차 느슨해졌고 중국과 일본, 서유럽과 같은 강력한 행위자들이 등장했으며, 이와 같은 국가들은 독립적인 영역을 확보해 나가기 시작했다. 비록 다극화가 고전적 세력균형체제는 아니었지만 여전히 이데올로기적 특수성과 불가변성은 잔존해 있었다. 동시에, 미국과 소련은 국제사회의 우월성을 지속해 나갔으며, 군사력과 다수의 핵무기 보유를 위해 노력했다.

소련의 해체는 새로운 탈냉전 시대를 도래하게 하였다. 1991년 이후 탈냉전 시기에 접어들어 국제체제는 다소 변화하였다. 체제는 다극화 요소를 다소 가지고 있었지만, 소련의 붕괴는 미국의 군사력과 경제력의 우월성을 통한 단일 헤게모니 등장의 배경으로 작용하였다. 미국은 UN을 통해 평화유지 역할을 수행했고, UN(1990년 걸프전)과 NATO(1999년 코소보 사태)를 통해 집단적 안전보장체제가 실천적으로 작동하였다. 이것은 전적으로 미국의 일반적인 의사를 반영한 것이었다.

3. 패권안정론(Hegemonic Stability Theory): 구조적 현실주의

국제관계 이론에서 안정성과 번영이 단일 패권국(Hegemon)의 주도적 역할에 의존한다는 이론으로, 자유주의적 국제 경제 질서(예: 자유 무역, 안정된 통화 시스템)가 패권국의 능력과 의지에 좌우된다고 주장한다. 이 이론은 1970년대 미국의 경제적 쇠퇴와 브레턴우즈 체제 붕괴를 배경으로 발전했으며, 1930년대 대공황의 원인을 분석하며 이론적 기반이 마련되었다.

경제학자 찰스 킨들버거(Charles Kindleberger)는 패권안정론의 초기 주창자로, 그의 저서 『세계 대공황, 1929~1939(The World in Depression, 1929-1939)』에서 1930년대 세계 경제 붕괴의 원인을 분석하며, 영국(기존 패권국)의 지도력 상실과 미국(신흥 패권국)의 지도력 부재가 불안정을 초래했다고 지적했다. 킨들버거는 1929년의 대공황이 그렇게 광범위하고, 심각하며, 장기화된 이유는 영국이 국제경제체제를 안정시키는 책임을 감당할 능력이 없었고, 미국이 그 책임을 맡을 의지가 없었다는 점을 강조하며, 세계 경제 안정화를 위해 패권국이 글로벌 공공재(Global Public Goods)를 제공해야 한다고 주장했다. 그는 이를 위한 핵심 역할로 ① 개방된 시장 유지, ② 안정적인 통화 시스템 제공, ③ 국제 대출자 역할(최종 대부자), ④ 국제적 정책 조율을 제시했다.

로버트 길핀(Robert Gilpin)은 역시 패권안정론을 현실주의적 관점에서 확장한 학자이다. 그는 『전쟁과 세계정치의 변화(War and Change in World Politics, 1981)』에서 패권국이 자신의 이익과 가치를 반영하는 국제 질서(Hegemonic Order)를 수립·유지한다고 보았다. 길핀은 정치적 변화는 예측할 수 없는 일련의 사건들이 결합하여 나타나는 결과로 패권국의 힘이 쇠퇴하면 상대적 힘의 분산으로 구조적 긴장과 불안정성이 증가하여 패권 전쟁이나 체제 변화로 이어질 수 있다고 주장했다.

이제 패권국의 역할을 살펴보면서 국제 시스템의 안정성을 유지하는 조건을 무엇인지 알아보자. 패권안정론에 따르면, 국제 시스템의 안정성은 패권국이 다음 세 가지 역할을 수행할 능력과 의지에서 비롯된다. 첫 번째, 패권국은 개방된 무역 체제와 공급망 안전 보장을 통해 모든 국가에 이익이 되는 공공재를 일방적으로 제공하며, 이는 다른 국가의 무임승차 유혹에도 불구하고 협력적 환경을 조성한다. 두 번째, 패권국은 자국의 이익에 부합하는 국제기구(예: WTO, IMF)를 설립하고, 규정을 위반하는 국가를 제재하거나 규율함으로써 국제 거래의 불확실성을 줄이고 분쟁 해결 비용을 낮춰 경제적 교류를 활성화한다. 세 번째, 국제 금융위기나 안보위기 발생 시, 패권국은 최후의 안보 제공자 또는 안정화자로서 체제 붕괴를 방지하고, 일시적 충격에서 시스템이 회복할 수 있는 안전판을 제공한다.

하지만 경우에 따라, 패권의 성격에 따라 국제 시스템의 안정성은 달라질 수 있다. 양성적 패권(Benign Hegemony)을 주장하는 코헤인(Robert Keohane)은 그의 저서 『헤게몬 이후(After Hegemony: Cooperation and Discord in the World Political Economy, 1984)』에서 패권국이 상호 이익을 창출하는 방향으로 공공재를 제공하며, 국제사회의 광범위한 지지를 얻는다고 보았다. 예를 들어, 제2차 세계대전 이후 미국의 마셜 플랜은 양성적 패권의 대표적 사례로, 협력을 통해 안정성을 강화한 경우로 평가된다. 반면에 착취적 패권(Exploitative Hegemony)을 주장하는 크래스너(Stephen

Krasner)는 그의 저서 『국제 레짐(International Regimes, 1983)』에서 패권국이 자국의 이익을 극대화하도록 국제 질서를 구축하면 다른 국가들의 반발을 유발해 장기적으로 불안정성을 초래할 수 있다고 지적했다. 크래스너는 무역 정책 분석을 통해 패권의 이익 추구적 성격을 강조하며, 헤게모니가 착취적일 경우 시스템의 안정성이 약화된다고 주장한다.

패권안정론은 제2차 세계대전 이후 팍스 아메리카나(Pax Americana)의 안정성을 설명하는 강력한 이론적 틀로 인정받았으나, 여러 비판을 받고 있다. 예를 들어, 패권국 쇠퇴 이후에도 국제 협력이 지속되는 현상은 이 이론의 한계를 지적하는 근거로 활용되며, 코헤인은 국제기구가 독립적으로 안정성을 유지할 수 있다고 반박했다. 또한, 공공재 가정의 과도한 단순화, 집단 행동 문제의 무시, 그리고 헤게모니가 단일 요인이 아닌 다중 요인에 의존한다는 지적이 제기되며, 실증적 검증에서도 한계가 드러난다. 일부 학자들은 패권안정론이 자유주의와 현실주의를 결합한 '브릿지 이론'으로 평가하나, 헤게모니의 능력 측정 기준의 모호함을 비판한다.

패권안정론은 국제정치경제의 안정성과 패권국의 역할 간 관계를 설명하는 핵심 이론으로, 자유주의와 현실주의 관점을 결합하여 국제 질서의 동학을 분석한다. 그러나 패권의 성격과 국제 협력의 지속 가능성에 대한 논쟁은 이 이론의 적용과 한계를 둘러싼 학문적 논의의 주요 주제로 남아 있으며, 현대 글로벌화 시대에서 재평가될 필요가 있다.

4. 복합 상호의존론(Complex Interdependence Theory): 자유주의

복합 상호의존론은 국제 관계를 현실주의의 무정부 상태와 국가 안보 중심 관점에서 벗어나, 초국가적 행위자와 다차원적 이슈의 중요성을 강조하는 이론이다. 국제 시스템에서 상호 의존이 증가함에 따라 협력의 가능성이 확대된다고 본다. 즉, 냉전 시대 서구 국가들 간 군사력 사용 가능성 감소와 경제 협력 증대를 설명하기 위해 개발되었으며, 현실주의의 핵심 가정을 비판적으로 재고한다. 복합 상호의존론은 코헤인(Robert O. Keohane)과 나이(Joseph S. Nye)가 그들의 저서 『권력과 상호의존: 전환기의 세계 정치(Power and Interdependence: World Politics in Transition, 1977)』에서 체계화했다. 이들은 "복합 상호의존"을 국제 정치분석에 제시하며, 현실주의 모델과 대비되는 세 가지 가정을 통해 국제 관계의 변화를 분석했다. 코헤인과 나이는 "Power and Interdependence Revisited"에서 이 이론을 재검토하며, 상호의존이 권력 관계를 재구성한다고 강조했다(Keohane and Nye, 1987).

복합 상호의존론은 현실주의의 세 가지 핵심 가정(국가 중심, 안보 우선, 군사력 지배)을 비판하며, 대안적 가정을 제시한다. 첫 번째, 현실주의가 국가 간 공식 외교채널만 강조하는 반면, 복합 상호의존은 정부 채널 외에 비국가 행위자(다국적 기업, NGO, 개인) 간 초국가적 관계와 정부 내 환경부, 국토부 등 비외교 부서 간 직접적 연결을 인정한다. 이는 국제 정치의 참여자를 다원화하며, 코헤인과 나이는 "여러 경로로 사회들이 서로 연결되어 있다(multiple channels connect societies)"라고 표현했다. 두 번째, 현실주의에서 군사 안보가 최고위 이슈(high politics)인 반면, 복합 상호의존에서는 경제, 환경, 인권, 보건 등 저위 이슈(low politics)가 상황에 따라 안보이슈를 능가할 수 있으며, 이슈 중요도가 동적으로 변동한다. 저자들은 "이슈들의 우선순위가 정해져 있지 않음(absence of hierarchy among issues)"를 강조하였다. 이는 국제 의제 설정의 유연성을 의미한다. 세 번째, 군사력 역할의 감소이다. 군사력은 여전히 잠재적 역할을 하지만, 상호 의존적 관계에서 사용 시 자국에 경제적 피해를 초래하므로 비효율적이다. 대신 경제적 영향력, 제도적 지배력, 의제 설정 능력 등 비군사적 권력 자원이 우선시된다고 지적했다.

복합 상호의존론은 권력을 군사력 중심에서 상호 의존적 맥락으로 재정의하며, 민감성(sensitivity)과 취약성(vulnerability) 개념을 도입한다. 민감성은 외부 변화에 대한 즉각적 반응 정도(예: 국제 유가 상승 시 국내 물가 변동)를 의미하며, 취약성은 변화에 대한 정책 조정 실패 시 장기적 피해 정도를 나타낸다. 코헤인과 나이는 "민감성은 정책의 틀 내에서 반응하는 정도를 포함하며 취약성은 대안책의 상대적인 가용성 및 비용에 달려있다고 설명하며, 권력을 상대방에게 더 큰 취약성을 유발할 수 있는 능력으로 본다. 이는 에너지 의존과 같이 비대칭적 상호 의존이 협상력을 강화한다는 점을 강조한다.

복합 상호의존론은 국제 협력과 레짐연구의 토대를 마련했다. 코헤인은 국제 레짐의 기능적 역할과 비국가 행위자와 다차원 이슈의 중요성을 강조했다. 이는 글로벌화 시대의 국제 관계 분석에 유용하며, EU나 WTO 같은 제도적 협력을 설명하는 데 활용된다.

하지만, 이 이론은 주로 자유주의 진영 국가들 간 관계를 설명하는 데 국한되며, 군사 충돌 빈번 지역이나 남북 관계의 구조적 불평등을 무시한다는 비판을 받는다. 코헤인과 나이는 군사력의 잠재적 역할을 과소평가했다는 지적을 인정했다. 또한 종속이론 지지자들은 상호 의존이 선진국 중심의 착취를 은폐한다고 비판하며, 권력 불균형을 간과한다고 지적한다. 위기 시(예: 냉전 종식 후 분쟁) 군사력이 재부상하는 현실도 이론의 한계로 볼 수 있다.

그러나 복합 상호의존론은 국제 관계의 다원성과 협력 가능성을 강조하는 핵심 이론으로, 현실주의를 보완하며 현대 글로벌 이슈 분석에 기여했다는 점을 높이 평가받는다. 대안을 제시하자면 지역적·구조적 한계로 인해 현실주의와의 통합적 접근이 필요하다. 비전통 안보의 중요성이 대두 되는 현실에서 그들의 연구는 디지털 시대의 공급망, 사이버 등의 상호 의존 연구에서 재평가되고 있다.

기존의 국가 중심 군사·정치·외교적 위협으로 정의되던 전통적 안보를 넘어, 기후변화, 전염병, 난민, 테러, 에너지, 사이버, 식량 등 비군사적 요소로 구성된 '비전통 안보'라는 새로운 패러다임이 등장했다. 이는 세계화로 인한 국가 간 초연결성과 상호의존성 확대에서 기인한다(Buzan and Hansen, 2009). 상호의존성은 경제 성장과 협력을 촉진하지만, 외부 위협에 대한 취약성을 높인다. 코로나19 팬데믹은 이를 극명히 보여주었다. 단일 국가의 보건 문제로 시작된 전염병이 전 세계를 마비시켰으며, 이는 비전통 안보 위협이 초연결된 지구촌의 생존을 위협할 수 있음을 입증했다(WHO, 2020). 비전통 안보 위협의 특징은 단일 국가의 노력만으로는 해결이 어려운 지구적 과제라는 점이며, 안보 개념이 영토 보존에서 국가 존립을 위협하는 비군사적 요소로 확장되었음을 시사한다.

비전통 안보 위협에 가장 취약한 지역은 아프리카다. 기후변화, 공중보건 위기, 식량 부족, 경제 불안정, 빈약한 거버넌스와 인프라 등 고질적 문제는 아프리카 국가들의 회복력을 약화시킨다. 이러한 복합 위기는 국가 안보를 넘어 개인의 생존을 위협하는 '인간 안보' 문제로 확대된다. 유엔개발계획(UNDP)은 인간 안보의 보편성과 상호의존성을 강조하며, 인간다운 삶을 영위하지 못할 경우 외부 개입이 정당화될 수 있다고 주장한다(UNDP, 1994). 아프리카의 현실은 단순히 거버넌스 강화나 국제 지원으로 해결될 문제가 아니라 생존과 직결된 근본적 대안이 필요하다.

기후변화는 대표적 사례다. 아프리카는 전 세계 탄소 배출량의 약 4%만을 차지하지만, 기후변화 피해가 가장 심각하다(IEA, 2023). 가뭄과 사막화는 농업 중심 경제에 치명타를 입히며, 일부 국가에서는 2100년까지 작물 수확량이 10% 이상 감소할 것으로 전망된다(IPCC, 2022). 기후변화는 식량 생산 기반을 약화시키고, 해수면 상승, 물 부족, 생태계 파괴, 난민 발생을 유발하며, 이는 사회경제적 갈등과 분쟁으로 이어진다. 예컨대, 1,200만 명 이상의 난민을 발생시킨 수단 분쟁은 홍수 등 기후 요인이 부분적 원인으로 작용했다(UNHCR, 2025). 기후변화는 단순한 환경 문제가 아니라 아프리카인의 실존적 위협이다.

보건 안보도 심각하다. 에볼라와 에이즈 같은 전염병은 아프리카 사회에 치명적 영향을 미치며, 보건 안보의 취약성을 드러낸다. 사하라 이남 아프리카는 전 세계 에이즈 관련 사망의 약 70%를 차지한다(UNAIDS, 2024). 전염병은 빈곤을 심화하고, 빈곤은 전염병 확산에 취약한 환경을 조성하는 악순환을 낳는다. 글로벌 연결성과 운송 수단 증가로 전염병이 빠르게 확산되며, 이는 단순한 보건 문제를 넘어 국제 경제 질서와 복합적으로 얽혀 모든 국가의 안정과 발전을 위협한다.

식량 안보 역시 기후변화, 인구 증가, 분쟁과 맞물려 있다. 아프리카는 연평균 약 50억 달러 규모의 식량을 수입한다(African Development Bank, 2024). 러시아-우크라이나 전쟁 같은 외부 충격은 식량 공급망을 교란해 가격을 폭등시키며, 빈곤층의 생존을 위협한다. 식량 불안정은 빈곤을 가속화하고, 빈곤은 전염병 창궐 환경을 만들며, 이는 정치·사회 불안정을 심화시켜 분쟁과 난민을 양산하는 악순환을 반복한다.

테러리즘과 극단주의 확산도 복합 위기의 주요 측면이다. 아프리카의 뿔 지역, 북아프리카, 사헬 지역 등은 이슬람 극단주의, 알카에다, 보코하람, IS의 활동지로 글로벌 테러의 진원지로 인식된다(The Soufan Center, 2025). 이들은 중앙정부 통치력이 약한 지역에서 준국가적 기능을 수행하며 치안과 분쟁 중재를 담당한다. 역설적으로, 아프리카의 풍부한 천연자원이 이들의 불법 활동을 지속시킨다. 극단주의 테러 집단은 천연자원 매장지나 국제 물류 유통망 지역에 주둔하며, 자금 확보를 통해 무장화와 청년 포섭을 강화한다. 천연자원이 국가 발전이 아닌 폭력과 착취의 순환 고리를 형성하는 모순이 발생한다. 자원 통제권 다툼은 내전과 쿠데타를 반복시키며 난민을 발생시킨다.

디지털 공간에서도 아프리카의 취약성이 드러난다. 이 공간은 극단주의 선전 매체로 활용되지만, 인터넷 보안이 취약한 아프리카에서는 사이버 범죄의 온상이 된다. 일부 범죄 조직은 빈곤·실업 청년을 해킹, 인신매매 등에 동원하며, 나이지리아는 '나이지리아 스캠'으로 악명 높은 국제 사기 거점으로 전락했다(Interpol, 2025). 사이버 위협은 기술적 문제가 아니라 사회경제적 취약성과 결합된 구조적 문제로 확대되며, 사물인터넷 의존도가 증가하는 오늘날 전 지구적 위협이자 인권 침해와 연관된다.

아프리카의 비전통 안보 위협은 단편적이지 않다. 기후변화는 식량난을 유발하고, 식량난은 빈곤과 사회 분쟁을 촉진하며, 분쟁은 난민을 만들고, 난민은 국가 생산력을 약화시키며, 청년 실업은 극단주의 토양이 되어 국제 테러 기반이 된다. 이는 지속가능한 발전 기반을 뒤흔든다. 따라서 빈곤 퇴치, 인적 개발, 생태계 복원은 아프리카 지속가능 안보의 필수 조건이자 지구적 과제다.

아프리카는 자체 해결책을 강구하고 있다. 아프리카연합(AU)과 8개 지역 경제 공동체는 평화와 안보를 최우선 과제로 삼는다(African Union, 2020). 그러나 상이한 국가 이익, 부실한 거버넌스, 협력 장벽으로 실질적 성과가 부족하다. 국제사회는 아프리카의 비전통 안보 위협을 상호의존적 초국가적 위기로 인식해야 한다. 그러나 국가 간 이해관계 충돌과 자원 배분 어려움으로 서방 개입은 단기 처방에 그친다. 트럼프 2기 USAID 폐쇄는 아프리카 회복력을 더욱 약화시켰다(CFR, 2025). 이 공백을 중국과 러시아가 경제·군사 협력 확대로 메우며 영향력을 키우고 있다(Crisis Group, 2025). 안보 질서의 다극화와 지정학적 재편이 가속화된다. 아프리카의 위기는 우리의 위기다. 이에 대응하는 것은 인도적 차원을 넘어 지속가능한 지구촌 공동체를 위한 투자이자 모두의 생존과 평화를 위한 전략적 과제다.

미-중 패권 경쟁속에 선택을 강요당하는 국가들의 숙제에 도움을 주기 위하여 앞에서 다루었던 쿼드와 오커스 동맹을 다른 관점에서 살펴보자. 복합 상호의존론은 국제 관계에서 경제적 상호 의존성과 비군사적 이슈의 역할을 강조하며, 상술한 현실주의 세력균형론이 가정하는 군사력 중심의 경쟁과 생존을 위한 균형화 전략을 보완한다. 세력균형론은 국가들이 군사적 위협에 대응하여 동맹을 형성하고 힘의 균형을 추구한다고 보지만, 복합 상호의존론은 고도로 연결된 글로벌 경제 환경에서 군사력 사용이 비합리적 비용을 초래한다고 주장한다. 이 관점에서 미-중 경쟁은 군사적 충돌로 비화될 가능성이 낮아지며, 경쟁의 초점이 경제적 취약성과 기술·무역 등 저수위 이슈로 이동한다. 쿼드와 오커스는 이러한 맥락에서 단순한 군사 동맹이 아니라, 경제적 의존도를 줄이고 취약성을 완화하는 전략적 도구로 해석된다.

복합 상호의존론에 따르면, 군사력은 여전히 잠재적 역할을 하지만 상호 의존적 관계에서 사용 시 자국에 치명적 피해를 초래하므로 비효율적 수단이 된다. 미-중 관계는 글로벌 공급망의 양축으로, 수조 달러 규모의 무역과 금융 연결(예: 미국의 중국 국채 보유, 중국의 미국 수출 의존)이 이를 상징한다. 2025년 현재 미-중 무역은 여전히 양국 경제의 핵심으로, 무역 전쟁에도 불구하고 상호 파괴적 비용이 군사적 긴장을 억제한다. 예를 들어, 군사 충돌은 공급망 붕괴를 유발하여 미국의 반도체 부족이나 중국의 식량·에너지 위기를 초래할 수 있으며, 이는 세력균형론의 군사적 균형화와 대비되는 '상호 확증 파괴(mutual assured destruction)'의 경제적 버전으로 작용한다. 호주의 경우, 중국과의 무역 의존이 오커스와 쿼드를 통해 군사적 균형을 추구하지만, 경제적 비용을 고려한 '복잡한 상호 의존(complex interdependence)' 전략으로 전환되고 있다.

군사 안보 외에 기술, 무역, 보건, 환경 등 저위 이슈가 국제 관계의 핵심으로 부상한다고 본다. 미-중 경쟁은 중국의 군사력 자체보다 5G, 인공지능, 반도체 등 첨단 기술 분야에서의 표준 설정과 시장 지배력을 위협으로 인식하며, 이는 미래 경제 권력을 좌우한다. 세력균형론이 군사적 생존을 강조하는 반면, 복합 상호의존론은 이러한 이슈가 다채널협력을 통해 관리된다고 주장한다. 쿼드의 의제는 군사 협력에서 공급망 회복탄력성, 백신 외교, 핵심 기술 표준화로 이동했으며, 이는 비군사적 영역에서 중국의 영향력을 견제하는 제도적·경제적 수단을 반영한다. 오커스 역시 핵잠수함 기술 공유(Pillar 1) 외에 AI, 사이버, 하이퍼소닉스 등 비군사 기술 협력(Pillar 2)을 통해 경제적 안보를 강화한다. 호주의 관점에서 이러한 미니래터럴(minilateralism)[1]은 중국의 경제적 압력(예: 무역 제재)에 대응하여 비군사적 공공재

(public goods)를 제공하며, 글로벌화된 경제에서 군사적 대결을 피한다. 미니래터럴리즘이 다채널(multiple channels) 협력과 저위 이슈(low politics) 중심의 의제 설정을 통해 글로벌 상호 의존 환경에서 국가의 협상력을 강화한다고 본다.

복합 상호의존론이 강조하는 취약성과 민감성에 대하여 논의해보자. 미-중 경쟁에서 미국과 동맹국들은 디커플링(decoupling)을 통해 중국 의존 핵심 원자재·기술 취약성을 줄인다. 쿼드는 대체 공급망 구축을, 오커스는 동맹 내 기술 공유를 통해 중국에 대한 경제적 의존도를 낮추며, 이는 군사력 합산이 아닌 구조적 노력이다. 예를 들어, 미국의 제재는 중국의 반도체 산업 접근을 차단하여 취약성을 공격하며, 국제 표준 설정을 통해 제도적 영향력을 행사한다. 호주의 중국 무역 의존(2025년 기준, 중국이 호주 수출의 30% 이상 차지)에도 불구하고, 쿼드와 오커스는 경제적 회복력을 강조하여 '무기화된 상호 의존(weaponized interdependence)'을 완화한다. 이는 세력균형론의 군사적 균형화와 대비되며, 경제적 자율성을 확보하는 전략으로 작용한다. 바로 비교정치에 국제기구와 글로벌 스탠더드가 어떻게 국내 제도에 변화를 미치는지 설명할 수 있는 독립변수의 역할을 하고 있다.

미-중 경쟁이 군사적 충돌보다는 기술·경제 분야의 치열한 경쟁과 디커플링 노력으로 나타난다고 설명된다. 그렇기 때문에 쿼드와 오커스를 경제적 취약성을 낮추고 협상력을 확보하는 국가 전략으로 해석한다. 이는 현실주의 세력균형론의 한계를 지적하며, 글로벌화된 세계에서 협력과 경쟁의 복합성을 강조한다. 그러나 중국의 관점에서 이러한 동맹이 군사적 위협으로 인식될 수 있으므로, 상호 의존의 안정화 잠재력을 고려한 지속적 대화가 필요하다.

5. 구성주의(Constructivism): 현실에서의 사회적 구성

구성주의는 국제관계 이론 중에서 물질적 힘(예: 군사력, 경제력)을 중심으로 국제정치를 설명하는 현실주의나 자유주의와 구별되는 접근법으로, 사회적·문화적·이

1) 미니래터럴리즘은 소규모 국가 그룹이 특정 이슈들 기술, 공급망, 환경 등에 초점을 맞춰 협력하는 구조로 UN 등 포괄적 다자기구의 비효율성을 피한다. 나임(Moises Naim, 2009)은 "Minilateralism: The Magic Number to Get Real Global Action"에서 미니래터럴리즘을 가장 작은 효과적 협력 단위로 정의하며 효율성을 강조했다.

념적 요소를 강조한다. 이 이론은 국제관계가 객관적 조건에 의해 고정적으로 결정되는 것이 아니라, 행위자들의 정체성(identity), 공유된 규범(norms), 믿음, 그리고 지속적인 상호작용을 통해 사회적으로 구성된다는 점을 핵심으로 한다. 이러한 관점은 국제정치의 동적 변화를 이해하는 데 기여한다고 볼 수 있다.

구성주의의 본질은 국제관계의 현실이 사회적 구성(social construction)의 산물이라는 것이다. 이는 국가 간 관계가 단순한 세력 균형의 결과가 아니라, 역사적 맥락과 사회적 상호작용을 통해 형성된 정체성과 규범에 의해 정의된다는 의미이다. 예를 들어 미국과 쿠바의 장기적 적대 관계는 양국 간 물질적 힘의 격차뿐만 아니라, 이념적 대립과 상호주관적으로 공유된 불신의 역사적 구성으로 설명될 수 있다. 이러한 접근은 국제정치의 주체성을 강조하며, 행위자들이 현실을 어떻게 해석하고 재생산하는지에 초점을 맞춘다.

특히, 알렉산더 웬트(Alexander Wendt, 1999)는 현실주의가 국제 체제를 고정된 무정부 상태로 간주하는 데 반해, 구성주의는 이를 행위자들의 해석에 따라 가변적인 것으로 보는 데 있다. 웬트는 유명한 명제 “무정부 상태는 행위자들이 만들어내는 것(anarchy is what states make of it)”을 통해, 무정부 상태가 홉스적(적대적), 로크적(경쟁적), 또는 칸트적(협력적) 형태로 재구성될 수 있음을 주장한다. 이는 이념과 담론(discourse)이 국가 정책 형성에 미치는 영향을 강조하며, 푸코(Michel Foucault)나 하버마스(Jürgen Habermas)와 같은 사회이론가들의 영향을 반영하고 있다.

구성주의에서 정체성과 규범은 외생적 변수가 아니라, 행위자의 행동과 목적을 본질적으로 정의하는 구성적 효과(constitutive effects)를 발휘한다. 이는 국제관계의 구조와 행위가 상호 구성적 관계에 있음을 시사하고 있다. 정체성(identity)은 그들의 외교적 선택을 형성하는 핵심 요소이다. 예를 들어, 캐나다가 자신을 ‘중견국 외교의 선구자(middle power)’로 규정하는 정체성은, 국제 사회에서 인권 증진과 평화 유지 활동(예: 유엔 평화유지군 파견)에 적극적으로 참여하도록 유도한다. 이는 온우프(Nicholas Onuf)의 규칙(rule-based) 접근과 연계되어, 정체성이 사회적 실천을 통해 지속적으로 재구성된다는 점을 강조한다.

또한 규범은 국제적으로 공유된 규범은 국가 행동을 제약하거나 촉진하는 사회적 힘으로 작용한다. 핵확산금지조약(NPT)의 규범은 물질적 능력을 갖춘 국가(예:

인도, 이스라엘)가 핵무장을 자제하도록 하는 강력한 제약으로 기능하며, 이는 규범의 출현, 확산, 내면화 과정을 통해 설명될 수 있다.

구성주의는 국제정치의 변화와 복잡성을 설명하는 데 유용하다. 현실주의가 냉전의 종식을 미소 간 군사력 균형 변화로 설명하는 데 비해, 구성주의는 소련 지도자 미하일 고르바초프의 '신사고(perestroika와 glasnost)' 정책이 이념적 정체성을 재구성한 점을 강조한다. 이는 미국과의 상호작용을 통해 적대적 담론을 협력적 규범으로 전환시켰다고 보는 것이다.

국제기구의 역할로도 설명이 가능하다. 유엔(UN)이나 세계은행(World Bank)은 단순한 협력 장치가 아니라, 인권이나 지속 가능 발전과 같은 글로벌 규범을 전파하는 행위자로 기능한다고 판단한다. 예를 들어, 유엔의 인권 규범은 개발도상국들의 국내 정책을 재형성하며, 이는 핀란드 학자 피니모어의 연구(1996)에서 국제기구가 규범 기업가(norm entrepreneurs)로서의 역할을 통해 국가 정체성을 변화시킨다는 점을 보여주고 있다. 유럽연합(EU)의 통합 과정 역시, 회원국들의 '유럽적 정체성' 형성을 통해 초국가적 규범이 국내 정치에 미치는 영향을 사례로 들었다.

구성주의는 물질적 힘뿐 아니라 이념, 문화, 규범을 통합하여 국제 체제의 동적 변화를 설명한다는 점에서 큰 강점을 지닌다. 이는 비교정치와의 연계성을 강화하며, 비국가 행위자(예: NGO, 사회운동)의 역할을 강조하여 글로벌 거버넌스 연구에 도움이 되고 있다. 예를 들어, 기후변화 협약(Paris Agreement) 분석에서 구성주의는 국가들의 '지속 가능성' 규범 내면화를 통해 협력의 가능성을 찾아낸다.

그러나 핵심 개념인 정체성, 규범의 추상성으로 인해 실증적 측정과 예측력이 부족하다는 비판을 받기도 한다. 또한, 현실주의가 강조하는 물질적 권력을 상대적으로 간과할 수 있으며, 서구 중심적 규범(예: 민주주의)에 치우친 문화적 편향이 지적되고 있다. 그럼에도 구성주의는 국제관계를 사회적 상호작용의 산물로 인식함으로써, 신냉전 시대의 복합적 현상을 분석하는 데 필수적인 학술적 틀을 제공하고 있다.

6. 글로벌 사우스의 부상

미국과 중국의 패권 경쟁이 심화되는 가운데, 유럽에서는 러시아-우크라이나 전쟁, 미국은 우방국들과 관세 전쟁을 일으켰다. 여기에 기후 위기, 에너지 위기, 식량 안보 문제, 금융 시장 변동성 등 전방위적인 불확실성이 가중되고 있다. 이러한 혼란 속에서 세계 질서 재편의 조짐이 뚜렷해지고 있으며, 그 핵심은 '글로벌 사우스(Global South)'의 부상이다. 이는 새로운 패러다임 전환의 신호탄으로 평가된다.

'글로벌 사우스'라는 용어는 1969년 정치학자 칼 오글레스비(Carl Oglesby)가 처음 사용한 이래, 지리적 개념이 아닌 정치·경제적 개념으로 자리 잡았다(Oglesby, 1969). 이는 미국, 영국, 일본, 호주, 한국 등 선진국(글로벌 노스)을 제외한 아시아, 아프리카, 중남미 국가들을 포괄하며, 냉전 시대의 '제3세계'가 재정의된 형태다. 글로벌 사우스는 탈식민주의와 평화를 지향하는 저개발 국가들의 상상 공동체로, 그 역사적 뿌리는 깊다. 1955년 인도네시아 반둥에서 열린 '아시아·아프리카 회의'가 시발점으로, 29개국 대표들이 모여 상호 존중, 협력 증진, 공존의 원칙을 담은 '반둥 10원칙'을 선언했다(Bandung Conference, 1955). 이는 1961년 유고슬라비아 베오그라드에서 비동맹 운동(Non-Aligned Movement: NAM)으로 발전했으며, 국제 사회에서의 역할 확대를 모색해 온 글로벌 사우스 국가들은 1964년 그룹 오브 77(G77)을 통해 경제적 연대를 강화했다. 2015년에는 반둥 회의 60주년을 기념해 인도네시아 자카르타에서 아시아·아프리카 정상회의를 개최하며 연대의 상징성을 재확인했다(Bandung Conference 60th Anniversary, 2015).

이러한 연대 역사 속에서 글로벌 사우스는 냉전 시기 미·소 대결 구도 하에서 주변부로 머물렀으나, 냉전 종식 후 미국 주도 질서가 신냉전 체제로 전환되면서 새로운 세력으로 급부상했다. 여기에는 두 가지 결정적 요인이 작용했다. 첫째, 중국·인도·브라질·러시아·남아공 등 글로벌 사우스를 대표하는 BRICS 국가들의 경제적 약진이다. 1992년 글로벌 사우스의 GDP 비중은 전 세계의 약 6%에 불과했으나, 2023년에는 12%로 두 배 가까이 증가했다(World Economics, 2023). 특히 IMF는 2023~2029년 글로벌 사우스 국가들의 GDP 성장률을 연평균 4.2%로 전망하고 있으며, 이는 글로벌 노스(1.7%)의 전망치를 크게 상회한다(IMF World Economic Outlook, April 2024).

둘째, 러시아-우크라이나 전쟁과 중동 분쟁 등 국제 갈등에서 미국의 글로벌 리더십이 약화된 점이다. 중국과 러시아는 이 틈새를 파고들며, 강대국들에게 글로벌 사우스의 정치적 지지가 필수적 요소가 되었다. 글로벌 사우스에는 아프리카 54개국을 포함해 세계 인구(약 81억 명)의 67%(약 54억 명)가 속해 있으며(UN Population Division, 2022), 이들의 지지와 경제적 잠재력을 고려할 때 더 이상 서구의 종속적 파트너가 아닌 필수 협력자로 부상하고 있다. 예를 들어, 우크라이나를 지지하는 미국과 서방 세계가 러시아에 대한 글로벌 거버넌스 차원의 제재를 추진했으나, 아프리카 국가 대다수가 기권을 표명해 이를 저지한 사례가 이를 잘 보여준다(African Union PSC Statement, 2022).

이처럼 세계 정세의 게임 체인저로 부상한 글로벌 사우스 중에서도 특히 주목할 곳은 아프리카 대륙이다. 아프리카의 전략적 가치는 세 가지 측면에서 부각된다. 우선, 아프리카는 2021년 이후 아프리카 대륙 자유무역협정(AfCFTA)이 발효되어 하나의 경제 공동체로 기능하고 있으며, 반줄 원칙(Banjul Principle)에 따라 AU 회원국이 비회원국과 국제회의를 개최할 때 AU 의장국을 포함한 8개 권역 대표가 참여하도록 규정되어 있다(African Union Constitutive Act, 2000; Banjul Principle on Participation, 1997). 이는 아프리카를 정치·경제 공동체로 간소화된 외교·문화 교류 채널을 제공한다.

둘째, 핵심 광물 자원의 풍부함이다. 배터리 핵심 원료인 코발트의 경우, 전 세계 매장량의 약 48%가 아프리카에 있으며, 생산량의 70% 이상을 콩고민주공화국이 차지한다(African Green Minerals Observatory, 2023; USGS Mineral Commodity Summaries, 2024). 망간의 경우 세계 매장량의 43%가 아프리카에 집중되어 있으며, 남아프리카공화국이 그 대부분을 보유하고 있다(African Green Minerals Observatory, 2023). 이 외에 백금, 크롬, 흑연, 리튬, 니켈 등 첨단 산업 필수 광물이 아프리카에 다량 매장되어 있어 글로벌 공급망의 핵심으로 부상하고 있다.

셋째, 급속한 인구 증가와 젊은 노동력의 보장이다. 2021년 아프리카의 합계출산율은 4.31명으로 세계 평균(2.3명)의 약 두 배에 달한다(World Bank Data, 2021; UN World Population Prospects, 2022). 이는 젊은 노동력 확대와 내수 시장 성장으로 이어지며, 높은 생산성을 뒷받침하는 기제가 된다. 유엔은 2050년 전 세계 인구의 25%

가 아프리카 출신이 될 것으로 전망하며, 아프리카를 세계 경제의 새로운 성장 동력으로 꼽고 있다(UN World Population Prospects, 2022). 이러한 잠재력은 글로벌 사우스의 부상을 가속화하며, 세계 질서 재편의 핵심 변수로 작용할 전망이다.

동북아 긴장의 중심인 한반도 평화구축에도 변수가 될 수 있다. 2024년 말 김정은 글로벌 사우스, 특히 아프리카와의 협력을 공언했다. 이는 거시적으로 볼 때 제재 상황 속에서도 국익을 확보하기 위해 미·러, 미·중 간 대립 구도를 최대한 활용하려는 시도로 해석할 수 있다. 북한-아프리카 관계가 군사협력에만 국한되지 않는다는 점도 주목할 필요가 있다. 예컨대 올리비아 루암바 부르키나파소 외교장관은 북한과의 "양자 협력"을 강조하며 "군사 장비, 광업, 의료, 농업, 연구 등 다양한 분야에서 협력을 강화할 계획"이라고 밝힌 바 있다(박병수, 2023). 또한 북한은 지난해 1월 우간다 캄팔라에서 열린 제19차 비동맹운동(NAM) 정상회의와 2월 케냐 나이로비에서 개최된 제6차 유엔환경총회에 고위급 대표단을 파견했으며, 최근에는 군사협력 대상 범위를 중동 국가에서 아프리카 국가들로까지 넓히고 있다.

Box 13-1 • 글로벌 사우스 아프리카, 한반도 평화의 열쇠

트럼프 2기의 관세 정책으로 인해 세계 경제가 출렁이고 있다. 세계 경제의 패권을 두고 미·중 간 무역 전쟁이 격화되면서, 대외 의존도 80%가 넘는 우리 경제는 상당한 타격을 받고 있다. 이 같은 글로벌 불확실성 속에서 새로운 활로를 개척하는 것이 시급하지만, 간과해선 안 될 것이 있다. 무엇과도 바꿀 수 없는 한반도 안보이다. 안보 없는 경제적 번영은 사상누각에 불과하기 때문이다.

최근 북한은 '두 개 국가론'을 공식화하며 기존의 남북관계 합의를 부정하고 적대적 국가 관계를 선언했다. '민족' 개념 대신 '국가 제일주의'를 내세우며 신냉전 구도 내에서 생존 전략을 재편하고, 지난해 12월 글로벌 사우스와의 협력강화를 공언했다. 남북관계의 근본적 패러다임이 흔들리는 이 시점에서, 우리는 북한의 전략 변화에 효과적으로 대응할 수 있는 새로운 외교적 지평과 지정학적 구상이 필요하다. 발상의 전환이 필요한 시기다. 현재의 신냉전구도하에서 한반도는 지금까지도 그래왔듯이 강대국들의 행동에 의해 좌우되어 왔고 앞으로도 그럴 확률이 매우 높다. 북핵 문제가 연동된 한반도는 한국과 중국 그리고 한국과 러시아 간의 관계 개선의 여지가 크지 않은 것이 현실이다.

이 맥락에서 주목해야 할 지역이 바로 '글로벌 사우스'이다. 우리는 글로벌 사우스와의 협력을 통해 신냉전 구도 속에서 이해관계가 다른 강대국들과도 공존할 수 있는 접점을 넓혀갈 수 있다. 지금은 균형적 공존이 필요한 시기다. 이를 통해 한반도 질서 전환 과정에서 우리가 주도권을 확보하는 발판이 될 것이다. 그 가운데 아프리카가 있다.

현재 아프리카는 글로벌 사우스의 핵심 축으로서, 경제·자원·지정학적으로 중차대한 가치를 지니고 있다. UN의 예측에 따르면 2050년 아프리카인은 25억 명에 달하며 평균 중위연령은 18.8세로 매우 젊다. 이는 미래 노동력과 소비 시장으로서의 무한한 잠재력을 엿볼 수 있는 대목이다. 그뿐 아니라, 아프리카는 4차 산업 핵심 광물의 보고이다. 콩고민주공화국은 세계 코발트 생산의 70%, 매장량의 52%를 보유하고 있으며, 짐바브웨의 리튬, 모잠비크의 흑연, 남아프리카공화국의 망간 등 아프리카 대륙에는 핵심 광물이 풍부하다. 이러한 이유로 미국은 '로비토 회랑 프로젝트'와 '광물 안보 파트너십(MSP)'을 통해 콩고, 잠비아, 앙골라 등과의 협력을 강화하고 있으며, 중국은 '일대일로 전략'을 기반으로 교량, 철도, 항만 등 인프라를 전방위적으로 구축하고 있다.

또한 아프리카는 인도양과 대서양을 잇는 지정학적 요충지이며, 54개국인 아프리카는 유엔에서 전체 의결권의 약 28%를 차지하고 있어 막강한 외교 블록을 형성하고 있다. 2022년 러시아의 우크라이나 침공 관련 유엔 결의안에서 아프리카 국가들은 찬성 28개국, 기권 17개국, 불참 8개국, 반대 1개국으로 다양한 입장을 표명했다. 이는 아프리카가 국제무대에서 단일한 블록이 아닌, 독자적 외교노선을 추구하는 균형자로서 역할하고 있음을 보여준다.

중국과 러시아가 아프리카 국가들과의 협력을 통해 미국 중심 세계질서에 대항하고 있는 상황에서, 북한이 이들과 연대하여 아프리카와의 관계 확대를 모색하는 것은 자연스러운 흐름이다.

이렇듯 아프리카의 전략적 중요성이 증대되는 가운데, 북한은 무엇을 하고 있을까? 2023년 북한은 부르키나파소와의 외교관계를 복원했다. 양자협력을 강조하며, 군사 장비와 광업, 의료, 농업, 연구 등의 다양한 산업분야의 집중 협력을 밝혔다. 이런 현상은 주변국인 서아프리카 사헬지역에서 프랑스의 영향력이 사라지면서 러시아와 이란의 진출이 가시화되었고, 북한의 진출도 가능하다는 신호로 볼 수 있다. 또한 지난해 1월, 우간다 캄팔라에서 열린 제19차 비동맹운동(NAM) 정상회의와, 2월 케냐 나이로비에서 열린 제6차 유엔환경총회에 고위급 대표단을 파견했다. 북한은 북·미 비핵화 협상 실패, 국제경제제재의 지속, 코로나19 팬데믹 이후의 국경 폐쇄 등 난국(難局)을 타개하기 위해 아프리카 국가들과의 연대를 강화하고 있다. 또한 북한은 군사협력 범위를 중동 지역에서 확장하여 모잠비크, 우간다, 탄자니아, 앙골라, 콩고민주공화국, 에리트리아 등 아프리카 국가들과도 활발한 협력을 전개하고 있다.

북한의 이러한 행보는 장기적으로 한반도 안보 지형에 부정적 영향을 미칠 수 있다. 북한의 외교 확대는 국제무대에서 우호 세력을 확보하고 외교적 고립을 돌파하려는 전략적 시도인데, 특히 군사협력과 비공식 경제 활동을 통한 자금과 자원 확보는 대북제재의 실효성을 약화시킬 위험이 있다. 결국 한반도의 안보 환경은 더욱 악화될 것이다.

우리는 북한의 전략적 움직임에 대응책을 마련하기 위한 사고의 전환이 필요하다. 아프리카와 다층적 협력체계를 구축하여 외교적 관계를 공고히 하고, 글로벌 노스와 사우스 사이의 '정직한 중재자'로서 우리의 정체성을 확립해 나가야 한다. 아프리카 국가들은 서방 중심의 글로벌 웨스트의 압력에 대응하기 위해 중국과 러시아 중심의 글로벌 이스트와의 관계 개선을 희망하면서도, 강대국 간 갈등의 중심에 놓이는 것은 부담스러워한다. 이들이 전략적 선택을 선호한다는 점을 고려할 때, 우리가 중재자로서의 역할을 강화한다면 아프리카 진출을 모색하는 북한을 효율적으로 견제할 수 있을 것이다.

'한강의 기적' 사례에 대한 아프리카 국가들의 인지도가 높아, 개발협력과 기술 분야에서 경제발전경험 공유사업(KSP), 전자정부, 디지털금융, 스마트농업, 청정에너지 기술 등 우리나라의 발전 모델과 기술적 강점을 활용해 아프리카의 지속가능발전에 실질적으로 기여할 수 있다면, 중국·러시아 등과 관계 개선을 도모하는 아프리카 국가들 사이에서도 대북 레버리지 우위를 유지하면서 중국과 러시아 등과 대화의 통로, 협력의 기제를 확장할 수 있다. 결과적으로 아프리카를 매개로 한 대안적 대북전략 조건을 구상해 볼 수 있다.

동시에 남북관계 진전 추이에 따라 아프리카 내에서 남북 간 협력을 모색하는 것도 가능할 수 있다. 국제사회가 공인한 지속가능발전목표를 토대로 기업협력사업 등을 활용하여, 우리가 중국, 러시아 등과 양자 또는 다자협력을 통해 아프리카 지역에서 전통적 기여외교 및 첨단기술 프로젝트를 수행한다면 북한의 참여를 유도할 수 있을 것이다. 미국과 우방국 역시 한반도 평화를 지지하는 입장을 고수하고 있어 기여외교 형태로 진행되는 협력에 반대할 여지가 크지 않다. 물론 국방협력의 경우 중국과 러시아와 연계는 어렵지만, 한국과 아프리카 국가 간 양자협정 또는 한국과 아프리카 지역 경제공동체와의 다자 협정 형태를 고려해볼 수 있다. 이러한 접근법은 강대국들의 경쟁구도를 고려하면서, '정직한 중재자'로서 균형점을 찾아 나가는 것이 중요하다.

마지막으로, 유엔을 포함한 국제무대에서 아프리카 국가들의 역할을 강화해야 한다. 우리의 '정직한 중재자'와 같이, 아프리카도 국제사회에서 '전략적 캐스팅보트'로서 한반도 문제를 포함한 다양한 국제 현안에서 '정직한 중재자' 역할을 수행할 수 있다. 우리는 이미 '제1차 한-아프리카 정상회의'를 통해 외교적 접점을 확보했다. 이를 기반으로 유엔 공동 결의안 추진, '한-아프리카 외교장관 회의' 와 '한-아프리카 경제협력 위원회' 정례화 등 고위급 외교 채널을 체계적으로 공고화해야 한다. 곧 경주에서 개최되는 APEC 정상회의에서 의장국인 한국이 '글로벌사우스에서의 이스트-웨스트 간 협력 창출(가칭)'을 기조로 하는 이니셔티브를 검토해보는 것은 어떨까? 이를 통해 글로벌 사우스에서 한중 및 한러 협력을 위한 토대가 확보될 수 있다.

우리의 시야를 한반도 및 주변 지역으로 국한했을 때 벗어나기 어려운 신냉전 구도의 딜레마에서 탈피하고, 이를 통해 북한의 변화를 유도하고, 한반도 문제를 평화적으로 해결할 수 있는 중장기적 조건을 마련해야 한다. 콩고민주공화국의 속담에 이런 말이 있다. "신중하게 물고기를 쫓는 사람은 많은 물고기를 잡게 된다." 글로벌 사우스, 그중에서도 아프리카와의 협력은 단순한 선택의 문제가 아니라 미래 경제의 구조적 토대이자 한반도 평화의 실질적 조건이다. 아프리카 대륙을 우리의 든든한 우방으로 만들어 가야 한다. 지금이야말로 아프리카를 향한 신중하고도 전략적 발상으로 전환된 외교적 접근이 필요한 시점이다.

※ 김성수, 내일신문, 2025년 4월 24일

제2절

국가들 사이의 협력

1. 전통적인 외교와 협약

국가들이 상호 이익이 되는 협력적 타협을 통해 낮은 비용으로 발전을 이루고 목적을 달성하는 것은 매우 선호될 수 있는 전략이다. 국제 관계에서 이러한 협력에 대한 선호는 이론적 관점에 따라 갈리는데, 신자유주의는 국가가 협력을 통해 타협을 이루려는 경향이 있다고 보는 반면, 현실주의는 협력에 대해 냉소적인 입장을 취한다. 현실주의자들은 국가 이익의 실현이 상호의존적 협력을 통해서가 아니라, 힘에 의한 수단의 전략적 판단 결과로 이루어진다고 믿는다.

국가들은 외교라는 상호 메커니즘을 통해 격식을 갖추고 대등하게 행위한다. 일반적으로 외교는 국가의 역량 있는 대표자들이 협상과 토론을 거쳐 이루어진다. 국가들은 대사, 문화사절단 등의 행위자와 대사관, 무역위원회 등의 형태를 갖추고, '정규적인 외교 통로'와 비공식적 매체를 통해 다른 국가와 원활하게 이익을 공유하고 잠재적인 문제를 해결한다. 전통적인 외교는 국가 이익에 관해 외교관들이 정면으로 맞서는 신중한 전략이었지만, 화상회의와 같은 현대 의사매체는 외교관이나 국가 지도자는 물론 일반 시민들에게까지 새로운 상호 관계 모델을 제시하며 외교의 방식을 변화시켰다.

이러한 새로운 기술 발전은 텔레디플로마시(Tele-diplomacy)를 가능하게 했다. 예를 들어, 1990년 걸프 전쟁 중 리비아의 지도자 카다피(Muammar Qaddafi)는 CNN에 전화하여 평화 정책 제안을 수락하는 사례가 있었다. 또 다른 예로는 2001년 조지 W. 부시 미국 대통령의 '테러와의 전쟁' 기간에 반대편에 선 아프가니스탄 탈레반 및 알 카에다의 지도자 오사마 빈 라덴이 각각 텔레비전 연설을 통해 상대방에게 의사를 전달하고 자신들의 행동에 대한 지지를 설득했던 일이다.

대부분의 동맹과 조약은 국가 간 역할에 대한 제한된 설정을 포함한다. 북미자유무역협정(NAFTA)은 세 국가가 무역의 복잡한 절차에 관해 협력하기 위해 만든 조약이다. 또한 유럽연합(EU)은 27개 유럽 국가(2020년 1월 영국이 브렉시트한 이후 유지)

들이 정치·경제·문화·군사적 협력을 목적으로 설립한 다자 간, 다목적 협의체이다. 안전 협정의 예시로는 북대서양조약기구(NATO)와 1993년 미국과 러시아 간에 체결된 전략무기감축협정(START II)이 있다.

어떤 협정들은 앞에서 다루었던 국제 레짐론과 연관지어 볼 수 있다. 바로 협정은 기준·규칙·절차로서 참여 국가들의 행위에 영향을 미치기 때문이다. 국제 레짐들은 참여 국가의 협정 법률화와 변경, 그리고 이행을 통해 영구적인 조직으로 남는다. 그 이유는 다음과 같다. 국제 관계에서 국가들이 무정부 상태(anarchy)에도 불구하고 협력을 가능하게 하는 제도적 메커니즘이 존재하기 때문이다. 국제 레짐론은 이러한 현상을 국가 간 상호작용을 규범, 규칙, 원칙, 의사결정 절차로 구성된 '레짐(regime)'을 통해 분석하며(Krasner, 1983), 세계화와 상호 의존이 심화된 현대 국제 질서에서 협력의 지속 가능성을 설명하고 있다. 1970년대 브레턴우즈 체제의 쇠퇴를 목격하며 패권안정론과 복합 상호의존론의 한계를 보완하려는 시도로 패권국의 쇠퇴 이후에도 협력 메커니즘으로 인해 레짐이 지속되어 협력을 유지한다는 점을 강조했다.

레짐은 무역, 안보, 환경 등에서 작동하며 WTO, NPT, UNFCCC와 같은 국제기구를 통해 구체화되기도 한다. 대표적인 사례가 브레턴우즈 체제(1944~1971)로 미국 쇠퇴 후에도 GATT가 지속된 점을 들어 레짐의 독립적 기능과 역할을 강조했다. 핵비확산조약(NPT, 1968)는 비확산 규범의 내재화와 검증 메커니즘을 결합한 안보 레짐의 사례이다. 현재 논란이 되면서도 중요성이 강조되는 파리기후협정(2015)은 공유된 환경 가치가 국가들을 이끌었으나, 선진국과 개도국 간의 권력 불균형으로 인해 실효성 논란이 지속되는 환경 레짐이다.

국제 레짐론은 패권안정론의 한계를 보완하며, 패권국 부재 시에도 거래비용을 줄이고 불이행의 비용을 증가시키는 기능으로 협력이 가능함을 보여주는 중요한 기여를 했으나 다음과 같은 비판에 직면해 있다. 우선적으로 레짐은 패권국의 이익에 편향되어 약소국의 이익을 반영하기 어렵다는 의존이론을 주장하는 학자들의 비판을 받고 있다. 제5장 합리적 선택에서 다루었던 집단 행동 문제가 발생한다. 즉 레짐의 유지에 단일 패권국 중심 설명보다 집단 행동(collective action)의 중요성이 더 클 수 있다고 비판하며, 단일 패권국 중심 설명의 한계를 갖고 있다. 마지막으로 레짐의 효과 측정 기준이 모호하고 실증적 검증이 어렵다는 방법론적 문제가 지속적으로 일어나고 있다.

그럼에도 불구하고 국제 레짐론은 국제 질서에서 협력의 메커니즘을 설명하는 틀로, 앞서 다루었던 패권안정론의 구조적 접근과 복합 상호의존론의 다원적 접근을 통합하고 있다. 이는 세계화 시대의 복잡한 상호작용을 이해하는 데 유용하며, 미·중 경쟁과 같은 현대적 맥락에서 WTO 개혁 논의 등 레짐의 역할을 재조명하는 데 중요하다고 볼 수 있다.

이와 같이 국가들 간의 상호행위는 동맹, 조약, 레짐에 의해 실질적으로 이루어지고 있다. 국제 협력의 다른 형태로는 협정이 있다. 협정은 참여 국가들이 협정 조건에 지속적으로 동의하거나 일정한 해결책에 관해 논의하고 이를 수용한다는 의사를 기록한 것이지만, 협정은 위반될 수 있다.

국가들 사이의 상호작용을 강화하고 채널의 공식화를 도모하는 광범위한 노력이 바로 국제법(international law)이다. 1625년 국제법의 아버지 휴고 그로티우스(Hugo Grotius)는 『전쟁과 평화에 관한 법률(On the Laws of War and Peace)』을 출간했다(Grotius, 1625/1957). 이 법률은 자연법(natural law)을 강조하고, 행위의 분별은 국가들 간 지속적 관계를 통해 형성되며, 나아가 상호간 적대행위를 금지하고 파괴적 행동을 자제시켜 평화를 구현한다.

그러나 불행하게도, '분별 있는' 행위는 국가의 정치적 필요에 따라 새롭게 정의되어 왔고 이는 국가들 간 상호 의사의 불일치와 폭력을 발생시켰다. 19세기에 이르러 자연법은 실증주의 법에 밀려나게 되었고, 국가들 간의 우호적·비우호적 행위들은 국제 조약 혹은 협약과 같은 명확한 문서 협정 형태로 나타났다. 실증주의 법은 국가 주변 수로 3마일 제한 등과 같은 지리학적 경계의 판결과 국제 수로상의 고래 포경 제한법 같은 환경 자원의 국가 사용 규제, 그리고 우주법과 같은 초국가적 자원에 대한 국가의 권리와 그 제한 등을 규정하기 위해 적극 노력하고 있다.

심지어 조약과 협약 등의 실증주의 법은 국가 간 분쟁이 발생했을 때 허용할 수 없는 행위와 허용할 수 있는 행위를 구별하기 위해 노력했다. 헬싱키 협정은 '불필요한 고통'을 수반하는 유리 내장 탄환이나, 기타 형태의 폭력을 사용하지 않도록 모든 전투원들에게 의무화했다. '공정한' 전쟁에 관한 제네바 협정은 독가스 사용을 금지하였고, 포획된 포로에 대한 인간적 대우를 강조하였다. 하지만 이것 역시 군인들이 포로가 되기 이전에 경험할 수 있는 가공할 만한 고통과 죽음의 모든 상태로부터 탈출한 것은 아니었다.

실증주의 법이 명확히 협정의 형태로 나타난 것은 커다란 발전을 가져왔지만, 협정의 유효성은 협정 당사국의 의지에 전적으로 좌우되었다. 국가들은 특별 협정을 맺거나, 협정을 위반하기도 했으며, 때로는 협정 위반에 대한 비난까지도 부인하였다. 이에 헤이그 국제사법재판소(International Court of Justice: ICJ)는 실증주의 국제법의 위반을 판결하기 위해 네덜란드 헤이그에 1945년 설립되었고, 세계의 가장 권위 있는 법적 기구 역할을 담당해 오고 있다.

그러나 1990년대 이전까지 국제사법재판소는 활발한 활동을 전개하지 못했다. 1946년부터 1991년 사이에 단지 46건의 사건을 담당하여 19건에 권고 결정을 내렸는데, 실제 국가들 사이의 분쟁에 관한 문제는 소수에 지나지 않았다. 그러나 지난 10여 년간 국제사법재판소의 활동은 꾸준히 증가 추세를 보여 왔다. 국제사법재판소는 1992년에서 1995년 사이에 24건의 사건을 담당했고, 1990년대 중반 이후 담당 사건은 매년 14건 정도를 기록했으며, 현재는 수많은 권고 의견을 내놓고 있다(Kegley and Wittkopf, 2001: 615). 국제사법재판소는 '국가 간 분쟁'을 재판하는 곳이다.

국제형사재판소(ICC)의 소추는 다른 민족 구성원들에 대해 대량 학살을 일삼은 지도자들을 주된 대상으로 삼아왔다. 대표적인 사례로는 다르푸르 분쟁과 관련하여 기독교계 흑인 농민 학살 혐의로 기소된 수단 대통령 알바시르(al-Bashir), 알바니아계 주민들을 대상으로 인종 청소를 실시했던 전 유고연방 대통령 밀로세비치(Slobodan Milošević)와 카라지치(Radovan Karadžić) 및 그 추종자들, 그리고 르완다 대량 학살을 자행한 후투족 및 투치족 지도자들과 쿠르드 반역자 오잘란(Abdullah Öcalan) 등이 있다.

현재 ICC의 관할권 확대 여부를 두고 논쟁이 진행되고 있으며, 특히 군인들의 폭력 행위와 같은 직접적인 전쟁 범죄에 책임이 있는 최고 지도자들에 대한 처벌 문제가 논의되고 있다. 과거 걸프전에서의 후세인(Saddam Hussein) 전 이라크 대통령, 부시(George Bush) 전 미국 대통령, 포클랜드 전쟁에서의 대처(Margaret Thatcher)

전 영국 수상 등도 이러한 책임 문제의 당사자로 거론되었다.

이러한 국제재판소들의 활발한 활동은 국제법의 영역을 전 세계로 공격적으로 확대하여, 국가들 사이의 분쟁 해결뿐만 아니라 해당 국가의 국민들에게 자행하는 극단적인 폭력에 대해서도 국가에게 책임을 묻고 있다. 이로 인해 다음과 같은 심도 있는 고려 사항들이 제기된다. 첫째, 군인들에 대한 법적 책임이 있는 정치 지도자들을 어떻게 처리해야 할 것인가? 둘째, 각 국가들이 국제재판소의 판결을 거부할 경우 국제 사회는 어떻게 대응해야 할 것인가? 마지막으로, 국가들이 국제사법재판소의 판결을 전적으로 수용한다면 국제 정치 질서에는 어떤 변화가 발생할 것인가 하는 근본적인 딜레마에 직면해 있다.

2. 국제기구

국제기구는 국가들의 행위와 정책에 영향을 미치는 것을 목적으로 하는, 여러 분야에 걸친 포괄적인 제도적 조직체들을 일컫는 광범위한 용어이다. 이 기구들 중 일부는 국가들 사이의 분쟁 해결을 모색하며, 특정 지역의 정치·경제·사회·문화·환경적 이슈들을 다루지만, 대다수의 관심사는 세계적 중요성을 가진다.

첫째, 국제 비정부 기구(INGOs, International Non-Governmental Organizations)는 국가 정부 기구의 일부가 아닌, 자율적으로 활동하는 비정부 조직(NGOs)의 범국가적 형태를 띤다. 이들은 공공 정책을 진흥시키고, 정부가 제공하는 서비스 및 프로그램에 대한 정보 제공과 감시 활동을 수행한다. 1960년과 2000년 사이에 최소 3개국 이상에서 활동하는 INGOs의 수는 1,000개에서 30,000개 이상으로 꾸준히 증가했다. 세계적으로 영향력 있는 주요 INGOs들은 정부 정책에 많은 영향을 행사하기도 한다. 이들의 구성원들은 국제사면위원회(Amnesty International)의 인권 보호, 세계야생동물연합(World Wildlife Federation)의 동물 보호, 국경 없는 의사회(Doctors without Borders)의 인도주의적 의료 제공, (미국의) 우려하는 과학자 동맹(Union of Concerned Scientists)의 로비 활동 등 초국가적 차원의 문제에 관여한다. 비록 INGOs의 관심사가 지역적이거나 세계적인 경향을 보일지라도, 그 행위와 실효성은 국내 이익 단체와 동일한 구조로 적용된다.

둘째, 정부 간 기구(IGOs, Inter-Governmental Organizations)는 사적 집단이나 개인

이 아닌, 각국 정부의 대표로 기능하는 조직이다. 현재 약 300여 개의 IGOs가 활동하고 있으며, 이들은 국가들 사이의 관계를 조율하는 잠재적 능력을 갖추고 있다. IGOs는 국가들 간 의사소통의 장을 제공하며, 정책 이행을 위해 국가 영역을 초월한 문제에 개입하고, 국제법 및 조약을 제정하며, 국가들 사이의 분쟁에 관여한다. 최근 유엔(UN)과 같은 IGO들은 기후 변화, 국제 안보, 팬데믹 대응 등 초국가적 문제에 대한 국가 간 공동 대응과 정책 이행을 조율하는 핵심적인 역할을 수행하고 있다.

20세기의 강력하고 광범위한 영향력을 행사하는 정부 간 기구는 국제연맹(the League of Nations)에서 국제연합(the United Nations, UN)으로 발전해 왔다. 침략에 반대하는 집단적 안보를 위해 1921년 설립된 국제연맹은 이탈리아의 에티오피아 침략이나 일본의 만주 침략 등 1930년대 사건에서 목적 달성에 실패하며 한계를 드러냈다. 제2차 세계대전 이후, 평화 유지를 주요 목적으로 하는 UN이 1946년에 창설되었으며, 50여 년 이상 국제 정치 환경 개선에 기여해 왔다. 최소한 UN은 당사국 충돌에 대한 대안으로서 효과적인 중재자 역할을 수행해 왔고, UN 관리들과 각국 대표들은 전쟁의 단계적 확산을 막고 분쟁을 중재하기 위해 노력했으며, 국제적 공공 여론을 통해 침략에 대한 도덕적 강제를 지속적으로 실시해 왔다.

UN 평화유지군(UN peacekeeping force)은 안전보장이사회의 결의를 거쳐 각국 정부가 자발적으로 파견하는 다국적군 및 시민군으로 분쟁 지역에 관여하며, 때로는 방어 목적으로 무력을 행사하기도 한다. 냉전 시기 동안 미국과 소련은 안전보장이사회에서 평화유지활동에 거부권을 행사하며 UN 활동을 제한했지만, 1948년부터 1988년 사이에 인도-파키스탄 분쟁, 콩고 내전, 키프로스 분쟁, 이스라엘-레바논 분쟁 등 12번이 넘는 활동이 전개되었다. 현대에 들어서는 평화유지군이 군인과 민간인을 모두 포함하는 포괄적인 개념으로 자리 잡았고, 최근 사례인 2011년 남수단 미션(UNMISS)과 2013년 말리 미션(MINUSMA, 2023년 철수)처럼 '미션(Mission)' 형태로 인력을 파견하고 있다. 평화유지군은 휴전선 경계 임무를 맡고 평화 협정 이행을 지원하며, 임무 수행 기간 동안 반대 세력의 활동 감소로 인해 정치적 폭력 사태가 감소하는 역설적인 효과를 가져왔다.

1953년부터 1961년까지 UN 사무총장을 역임한 함마르셸드(Dag Hammarskjöld)는 주요 권력에 대한 제한을 의미하는 '예방 외교(preventive diplomacy)'를 통해 UN이 세계 평화에 공헌했음을 강조했으며, 이러한 노력은 1988년 UN 평화유지군의 노벨 평화상 수상으로 이어졌다. 1980년대 초반 탈냉전 기간 동안 소련이 붕괴하고 미국이 집단적 안전보장(collective security)과 '신세계질서(new world order)'를 제시하면서 UN의 역할은 확대되었다. 1988년 이후 38개에 달하는 평화유지활동이 전개되었는데, 이는 과거 50년 동안의 활동 횟수와 대조된다. 탈냉전 시대의 중심 목적은 국가 간의 평화를 넘어 국가 내 평화로 바뀌었으며, 1991년과 1992년에는 앙골라, 엘살바도르, 캄보디아 등 국가 내부 집단의 정치적 폭력 예방을 위한 임무가 세워졌다. 구유고슬라비아 분쟁과 같은 국가 내부 문제 개입은 국가 경계나 파병 전투원들의 신분 등 난제를 가졌으나, 국내 분쟁에 관한 연구들은 UN 평화 유지 활동이 국가 내부 폭력 종식과 민주화 가능성에 긍정적 영향을 미쳤다고 평가했다. 한국 역시 과거 동티모르 상록수 부대처럼 전투 병력을 파견했지만, 최근에는 남수단, 라이베리아 등에 군인, 민간인을 다양하게 파견하며 국제 협력을 이어가고 있다.

효과적인 평화 구축을 위해서는 현장 상황 변화에 유연하고 즉각적으로 대처해야 하고, 평화 유지 방해자들과 물리적 방법뿐만 아니라 효과적으로 교섭해야 하며, 국내 행위자들의 긴장 원인, 능력, 도전 등을 이해해야 하고, UN 평화유지군 외의 외부 행위자들이 한목소리를 내도록 협조 체제를 구축해야 한다. 또한 UN은 세계보건기구(WHO), 유엔교육과학문화기구(UNESCO) 등 산하 기구를 통해 인권, 농업 발전, 난민, 아동 복지 등의 비군사적 공헌을 제공하며 인류의 삶의 질 향상과 비인간적 삶의 개선에 중요한 역할을 한다. 그러나 국제 정치에서 갈등과 전쟁이 지속되기에 UN은 모든 분쟁 해결에 역부족이며, 많은 국가가 자국 이익과 배치되는 일에는 무관심한 태도를 보이고 있다. 그럼에도 UN은 국가 간 대화 채널을 개설하고 산하 기관을 통한 지속적인 토론과 협의를 모색함으로써 국가 간 협력과 국가 내 문제 해결을 도모하고 있다.

제3절

세계화와 글로벌 스탠더드

1. 세계화와 신자유주의

세계화는 여전히 유효한 개념으로, 정치·경제·사회·문화 등 사회관계의 모든 영역이 국민국가의 경계를 넘어 전 지구적으로 통합되고, 동시에 그 통합이 다시 각 국가와 사회에 영향을 미치는 복합적 현상을 의미한다(Jessop, 1999; McGrew, 1992). 현대 세계화의 가장 두드러진 특징은 그 속도의 가속화와 전 지구적 동시성(global simultaneity)이다(Crutzen, 2002; Schellnhuber and Crutzen et al., 2004). 과거의 세계적 통합이 주로 경제적·인구학적 요인에 기반했다면, 지난 40여 년 동안의 세계화는 환경과 정치 영역으로까지 확장되어 왔다. 기술 변화의 속도는 일정할지라도, 세계의 한 지역에서 이루어진 결정이 다른 지역에서 즉각적인 영향을 미치는 '동시성'의 효과는 과거보다 훨씬 커졌다. 이러한 현상은 세계화를 더욱 가속화시키며, 국제관계의 성격에도 근본적인 변화를 야기하였다. 그 결과 세계는 점차 복잡성과 불확실성이 증대된 체제로 진입하였고, 2008년 금융위기와 같은 전 지구적 충격(global shocks)이 더욱 빈번하게 발생할 가능성이 높아졌다. 국가안보 영역 역시 이러한 구조적 불안정성의 영향을 피할 수 없게 되었다(Hass et al., 2010).

이처럼 세계화는 다차원적인 현상으로서 그 내용과 발전 방향에 대해 단일한 합의를 도출하기 어렵다. 국가나 지역, 혹은 정치·경제·사회·문화의 각 영역마다 세계화가 불균등하게 진행되기 때문이다(McGrew, 1992). 그럼에도 불구하고 세계화는 대체로 "국민국가와 그 주권이 초국가적 행위자 및 네트워크를 통해 상호 연결되고 재조정되는 과정"(Beck, 2000)으로, 또는 "국민국가를 초월한 다차원적 연계와 상호의존의 체계"(McGrew, 1992)로 정의할 수 있다. Jessop(1999: 21~22)에 따르면, 세계화는 구조적 차원에서 전 지구적 활동 간 연관성이 증대되는 과정이자, 전략적 차원에서 상이한 제도적 질서와 기능적 시스템 간 조정을 위한 행위자들의 시도로 이해될 수 있다.

세계화를 경제적 통합의 관점에서 바라보면, 각국 시장의 융합과 세계시장의 형성은 신자유주의(neo-liberalism)라는 사상적 기반과 긴밀히 연계되어 있다. 신자유주의는 정부의 시장 개입을 최소화하고, 기업 활동의 자유를 극대화하며, 규제 완화와 사유재산 보호를 강조하는 경제 패러다임이다. 1970년대 이후 국제경제의 상호의존이 급속히 확대된 것은 단순히 교통·통신 기술의 발전 때문만이 아니라, 이러한 신자유주의적 세계화와 이를 추진하는 정치·경제·사회 행위자들의 실천적 동학에 기인한다.

구체적으로, 제2차 세계대전 이후 국제무역은 각국 경제성장 속도보다 평균 네 배 이상 빠르게 증가했으며, 관세 장벽은 크게 완화되었다. 특히 오늘날 국제무역의 상당 부분은 다국적기업 내부 거래나 글로벌 공급망(supply chain)을 통해 이루어지고 있다. 예를 들어, 제너럴 모터스(GM)는 컴퓨터 기술을 동남아에서 조달하고, 상대적으로 낮은 인건비를 가진 멕시코에서 자동차를 조립해 미국 시장에 공급한다. 이처럼 상품과 자본의 이동은 국가 간 거래를 넘어 기업 간 협력 네트워크로 재편되었다(Hass et al., 2010).

자본 흐름 또한 1960년대 이후 금융 규제 완화로 급격히 성장하였다. IMF(2007)에 따르면, 전 세계 자본 흐름 총액은 1995년 1조 5,000억 달러(세계 GDP의 3%)에서 2005년 12조 달러(15%)로 증가했으며, 2007년에는 GDP의 21.4%에 달했다. 그러나 2008년 금융위기 이후 감소세로 전환되어, 2017년에는 1조 8,000억 달러(6.9%) 수준으로 하락했다(World Bank, 2017). 해외직접투자(FDI) 역시 1970년 1,000억 달러에서 2007년 3조 1,100억 달러(세계 GDP의 5.28%)까지 증가했다가 이후 경기 둔화로 2017년 1조 9,500억 달러(2.36%)로 감소하였다(World Investment Report, 2017).

신자유주의적 세계화는 이러한 경제적 상호의존을 제도적으로 확산시켰다. 대외적으로는 자유무역과 시장 개방을 촉진하기 위해 정치적 압박, 외교적 영향력, 경제적 제재, 군사적 위협 등의 수단이 동원되었다. 특히 WTO, IMF, 세계은행(World Bank) 등 초국가적 기관들은 세계경제의 주도권을 장악한 주요 국가들의 이해를 반영하며, 개별국의 특수한 상황을 고려하지 않은 채 시장 개방과 구조조정을 강요해 왔다. 반면 신자유주의자들은 UN과 같은 초국가적 정부기구의 역할은 최소화해야 한다고 주장하였다.

이러한 흐름 속에서 1990년대 초 등장한 '워싱턴 컨센서스(Washington Consensus)'

는 신자유주의적 세계화의 제도적 정착을 의미한다. 정치경제학자 존 윌리엄슨(John Williamson)이 1990년 처음 명명한 이 용어는, 워싱턴에 위치한 미국 정부, IMF, 세계은행 간의 정책적 합의를 지칭한다. 이는 남미 등 개발도상국의 경제위기를 미국식 시장경제 모델을 통해 해결하려는 시도에서 출발했으며, 구조조정과 긴축정책을 핵심 처방으로 제시하였다.

워싱턴 컨센서스는 ▲정부 예산 삭감 ▲자본시장 자유화 ▲외환시장 개방 ▲관세 인하 ▲공기업 민영화 ▲정부 규제 완화 ▲재산권 보호 ▲외국 자본의 인수합병 허용 등의 조치를 포함한다. 이에 따라 IMF와 세계은행은 기존의 발전주의적 차관 제공 방식에서 벗어나, 구조조정 차관(Structural Adjustment Loan) 형태로 전환하며 신자유주의적 개혁을 차관 제공의 조건으로 내세웠다. 이러한 개혁 조건들은 곧 '국제적인 기준(global standard)'로 확산되어 제3세계를 비롯한 전 세계 국가의 경제 모델로 수출되었다.

그러나 이러한 조치는 종종 대상국의 현실을 고려하지 않은 채 과도한 긴축과 민영화를 강요함으로써 사회적 불평등과 경제적 불안정을 심화시키는 결과를 낳았다. 최근 들어 글로벌 금융위기, 공급망 불안, 기후변화, 팬데믹 등 복합위기가 심화되면서 신자유주의적 세계화에 대한 비판이 다시 부상하고 있다. 오늘날 세계화는 단순한 시장 통합을 넘어, 지속가능성(sustainability), 포용적 성장(inclusive growth), 기술 주권(technological sovereignty)과 같은 새로운 가치와 결합한 다층적 재구성의 단계에 진입하고 있다.

신자유주의는 흔히 경제 정책으로만 이해되지만, 노암 촘스키(Noam Chomsky)는 이를 단순한 경제적 선택이 아니라 미국의 이익을 극대화하기 위한 전략적 도구로 본다. 그는 미국이 경제적·정치적 패권을 유지하기 위해, 특히 중남미 지역에서 나타난 급진적·민족주의적 체제들을 위협으로 간주했다고 지적한다.

물론 이러한 체제들이 내부적으로 불안정한 요소를 가지고 있다는 점은 사실이다. 그러나 미국이 이들 국가의 정권을 무력으로 전복시킨 행위는 종종 '안정을 회복한다'는 명분으로 정당화되었다(Chomsky, 1999: 29). 촘스키는 이를 비판하면서, 정책 입안자 조지 케넌(George Kennan)의 발언을 인용한다. 케넌은 "인권, 생활수준 향상, 민주주의 같은 이상적인 목표에 얽매이지 말고, 세계 복리나 이타적 이상보다는 힘의 논리에 충실해야 한다"고 주장했다(Chomsky, 1999: 30). 촘스키는 이를 근거로 신자유주의를 "미국 기업의 세계 시장 진출과 이익 극대화를 위한 금융자본주의적 전략"으로 규정한다. 즉, 신자유주의는 단순한 경제 이론이 아니라, 글로벌 경제 체제를 미국 중심으로 재편하고 미국 기업과 금융권의 이익을 우선하는 방식으로 세계 질서를 설계하려는 의도를 내포하고 있다는 것이다.

최근 프레이저(Nancy Fraser)와 히켈(Jason Hickel)의 연구는 촘스키의 비판을 보완하며 신자유주의의 구조적·사회적 문제를 분석했다. 프레이저는 신자유주의가 자본주의의 재생산을 위해 사회적 재생산(social reproduction)을 약화시킨다고 주장한다. 그녀는 신자유주의가 노동, 돌봄, 교육과 같은 사회적 재생산 영역을 상품화하고 국가의 공공 서비스를 축소함으로써 성 불평등과 계층 불평등을 심화시켰다고 본다(Fraser, 2016). 예를 들어, 중남미에서 민영화, 공공지출 삭감 등의 신자유주의적 구조조정은 여성 노동자의 비정규직 증가와 돌봄 위기를 초래하며 사회적 불안정을 가중시켰다. 히켈은 신자유주의가 글로벌 사우스 국가들의 경제적 종속을 강화하고 불평등을 심화시킨다고 비판하였다. 그는 신자유주의가 국제통화기금(IMF)과 세계은행(World Bank)을 통해 강제한 구조조정 프로그램이 중남미와 아프리카 국가들의 자원 착취와 경제적 불평등을 심화시켰다고 주장한다(Hickel, 2017). 1980년대 볼리비아 신자유주의 정책은 천연자원, 특히 주석산업 민영화를 하게 되면서 가격 폭락과 생산 효율성 명목으로 수만 명의 광부들을 해고하였다. 결국, 지역주민의 빈곤을 악화시켰다. 비록 국가수입은 증가했으나, 이는 외국 기업의 이익으로 흘러갔고 볼리비아 경제는 더 악화되었다. 또한 2000년대 아프리카 다수의 국가들이 신자유주의 개혁을 시행하면서 공공지출을 삭감하였고 이 여파는 공공 보건 시스템을 약화시켜 결과적으로 아프리카 내 전염병 회복력이 급감하였다.

신자유주의는 경제적 자유화를 명분으로 하지만, 실제로는 미국 중심의 글로벌 자본 이익과 패권을 우선시하며, 사회적·경제적 불평등을 심화시켜 민주주의를 저해하는 도구로 기능할 수 있다는 비판이 설득력을 얻는다.

2. 신자유주의 국제적 기준(Global Standard)의 전파

상술하였듯이, 신자유주의는 단순히 사상적인 흐름을 넘어 IMF와 세계은행이라는 제도적 기반 위에서 워싱턴 컨센서스라는 국가 간 합의를 통해 구체화됨으로써 하나의 국제적 기준으로 기능하게 되었다. 신자유주의는 경제 영역, 특히 과거 경제에 개입하던 국가 기능을 약화시키는 방향으로 각국의 경제 및 정치 운영 메커니즘을 변형시키고 신자유주의적 기준으로 수렴시키고 있다.

여기서 중요한 논의는 이러한 국제적인 기준이 각 국가에 어떠한 방식으로 전파되는가이다. 이를 이해하기 위해 우리는 각국의 경제 관료라는 행위자 측면에 주목할 필요가 있다. 즉, 신자유주의의 국제적인 기준은 단순한 외부 강제나 각국의 일방적인 자발적 동의에 의해서만 전파되기보다는, 기준을 전파하는 중심부와 이를 수입하는 주변부 개도국 내부에서 벌어지는 행위자들 간의 역할에 의해 하나의 전략적 자원으로서 수출되고 수입된다는 것이다.

이러한 행위자 중심 분석에서 우리가 집중해야 할 대상은 바로 각국의 경제 관료들이다. 이들은 결과적으로 각국 경제 시스템을 운영하고 변형할 수 있는 능력을 지녔기 때문이다. 그러나 각국 내 권력 관계와 이들의 특성 차이에 따라 이들 경제 전문가 관료 집단은 테크노크라트(technocrat)와 테크노폴(technopol)이라는 두 그룹으로 구분될 수 있다. 국제적인 기준의 전파가 이들 두 그룹 간의 견제를 통해 실질적으로 진행되었다는 측면에서, 이들의 구분과 특징을 살펴보는 것이 중요하다.

1) 테크노크라트와 테크노폴

테크노크라트(technocrat)는 공공 부문과 민간 부문을 막론하고 복잡한 조직 내에서 전문적 지식과 기술을 바탕으로 정책 결정을 내리는 엘리트 집단을 의미한다(Collier, 1979). 흔히 '기술관료'로 불리는 이들은 주로 국가의 관료층을 지칭하며, 정치적 이해관계나 여론보다는 경제학·법학 등 학문적 전문성을 근거로 정책을 결정한다. 다시 말해, 그들은 정치가가 아니라 합리적 지식에 기반한 의사결정자인 것이다.

이러한 기술관료들은 일반적으로 국가가 인정한 시험이나 인증 과정을 통해 충원된다. 특히 1970년대 제3세계 국가들에서 권위주의 정권이 등장하고 공고화되는 과정에서 그 존재감이 두드러졌다. 이 시기의 테크노크라트들이 정치나 협상을 비효율적인 요소로 간주하는 경향을 보였다. 그들에게 정치란 합리적 정책결정을 방해하는 장애물에 불과했으며, 따라서 그들은 배타적인 지배 엘리트의 중심부에 편입될 때만이 자신의 역량을 발휘할 수 있었다(O' Donnell, 1973: 79~89; 1995:23~28). 이러한 이유로 다수의 연구자들은 테크노크라트를 반(反)민주적 성향을 지닌 엘리트 집단으로 평가해 왔다(Larson, 1973: 29).

그러나 최근 들어 테크노크라트와 구별되는 새로운 유형의 전문가 집단이 부상하고 있다. 바로 '테크노폴(technopol)'이다. 호르헤 도밍게스(Jorge Dominguez)는 이들을 민주주의 체제 안에서도 기능할 수 있는 새로운 형태의 전문가 관료로 규정한다(Dominguez, 1997: 6~7). 테크노폴은 테크노크라트처럼 전문성을 중시하지만, 정치 자체를 배제하지 않고 민주주의적 합리성의 일부로 포섭하려는 태도를 보인다. 명칭에서도 드러나듯이, '테크노폴'은 기술(techno)과 정치(pol)를 결합한 개념으로, 전문성과 정치성을 동시에 지닌 관료 엘리트를 의미한다.

테크노폴은 권위주의 정권의 핵심에서 활동했던 테크노크라트와 달리, 오히려 권위주의에 저항하는 야당이나 개혁 세력 속에서도 등장한다. 남미의 민주화 과정에서 나타난 대표적 사례들이 그렇다. 독재 정권에 맞서 민주주의 운동을 주도했던 지식인들이 선진국에서 학문적·국제적 경험을 쌓은 뒤 귀국하여, 경제개혁이나 정치개혁을 주도하는 흐름이 바로 그것이다.

두 집단을 구분하는 핵심은 그들의 전문성의 성격이다. 테크노크라트가 주로 국내 제도와 자격 체계에 기반한 기술적 전문성을 갖추었다면, 테크노폴은 국제적 기준과 경험을 토대로 한 글로벌 전문성을 지닌다. 이들은 미국이나 유럽 등 선진국의 명문 대학에서 학위를 받고, IMF나 세계은행 등 국제기구에서 경력을 쌓은 뒤, 본국의 위기 상황에 귀국해 신자유주의적 개혁을 이끌어가는 '글로벌 엘리트'로 등장한다.

이러한 현상은 단순히 개인의 경력 이동을 넘어, 국제기구가 신자유주의적 구조조정 정책을 확산시키는 과정과 긴밀히 연관된다. 과거 발전수의석 아센나 아래 개발도상국에 차관을 제공하던 IMF와 세계은행은, 신자유주의 체제 전환 이후에는 구조조정 차관을 통해 개혁을 조건화하는 방식으로 각국의 정책을 변화시켰다. 이

때 이러한 개혁을 주도하고 현지에서 정당화하는 역할을 맡은 이들이 바로 테크노폴이었다.

결국 테크노폴은 국제적 기준과 담론이 국내 개혁으로 번역되는 핵심 경로로 작동한다. 피에르 부르디외(Pierre Bourdieu)가 말한 '문화자본(cultural capital)' 개념으로 본다면, 이들은 같은 학문적 배경과 경험을 공유하며 글로벌 표준을 내면화한 새로운 지배 엘리트라 할 수 있다.[2] 즉 테크노폴은 단순한 전문가 집단이 아니라, 글로벌 규범을 각국의 정치·경제 체제에 이식하는 상징적 매개자로서 기능하는 것이다.

표 13-1 • 테크노크라트와 테크노폴 비교

	테크노크라트	테크노폴
전문성	법률 전문성 및 법학에 종속된 경제학적 전문성	순수 경제학적 전문성, 국제적 전문성
경력	국내적 경력 (국가시험, 국내 대학 학위)	국제적 경력 (선진산업국 유학, 국제기구 활동 경력)
정치적 성향	권위주의/개발독재	자유민주주의/자유시장주의

따라서 워싱턴 컨센서스의 기조하에 제3세계 각국에서 추진된 경제 개혁을 글로벌 스탠더드의 전파라는 관점에서 분석하기 위해서는, 개혁의 주된 행위자인 테크노폴과의 연관 속에서 해당 변화 과정을 추적하는 것이 필수적이다.

2) 신자유주의적 경제개혁과 테크노폴

드잘레이와 가스(Dezalay and Garth, 2002)는 저서 『궁정전투(The Internationalization of Palace Wars: Lawyers, Economists, and the Contest to Transform Latin American States)』에서 남미 국가들의 신자유주의적 경제개혁 과정을 분석하였다. 이들은 워싱턴 컨센

2) 그의 핵심 논지는 문화자본은 경제자본과 달리, 사회적 지위를 정당화하고 재생산하는 상징적 권력의 형태이다. 즉 개인의 취향·언어·학력·문화적 습관은 단순한 선택이 아니라 사회적 구조 속에서 내면화된 '아비투스(habitus)'의 표현이며, 이를 통해 사회 계급이 은연중에 재생산된다고 주장한다. 따라서 국제기준을 내면화한 테크노폴"을 글로벌 엘리트의 아비투스를 공유하는 새로운 형태의 지배계층으로, 국제적 제도와 규범을 자국 정치에 이식하는 상징적 행위자로 해석될 수 있다.

서스에 기반한 경제개혁을 주도한 테크노폴 집단과, 이에 저항한 국내 기득권 세력 간의 갈등을 '궁정전투(Palace Wars)'라는 개념으로 설명한다. '궁정전투'란 과거 귀족들이 권력을 두고 벌였던 궁정 내 권력투쟁을 비유적으로 표현한 것으로, 국가 운영의 원리와 개혁의 방향을 둘러싼 엘리트 간의 경쟁을 의미한다. 남미의 금융위기 이후, 국가 중심적 수입대체 모델에서 개방형 신자유주의 모델로 전환하는 과정에서 나타난 이러한 전문가 집단 간의 대결은 국제적인 기준이 개발도상국으로 어떻게 확산되는지를 잘 보여준다.

신자유주의가 남미 전파 과정을 이해하기 위해서는 선진국, 특히 미국 내부에서 신자유주의가 확립된 과정과 남미 각국의 주류·비주류 엘리트 간 권력투쟁을 함께 살펴볼 필요가 있다. 미국에서는 1970년대까지 케인스주의가 경제학의 주류를 이루고 있었고, 이는 전후 복지국가 정책과 개발도상국 지원 논리를 정당화하는 역할을 했다. 그러나 시카고대학의 통화주의 학파, 즉 밀턴 프리드먼(Milton Friedman)을 중심으로 한 '시카고학파'가 케인스주의의 국가개입을 비판하며 새로운 학문적 도전장을 내밀었다. 이들은 국가의 과도한 개입이 인플레이션을 유발한다고 주장하며, 자유시장 중심의 신자유주의를 옹호했다.

하지만 당시 시카고학파는 미국 내에서 사회적 네트워크나 명성이 부족했기 때문에, 국내적으로는 공화당 보수 세력 및 일부 기업가들과 연합하고, 국제적으로는 새로운 협력 네트워크를 구축하려 했다. 이때 그들의 핵심 제휴 대상이 된 것이 라틴아메리카의 비주류 엘리트들이었다. 남미의 주류 엘리트들은 이미 케인스주의적 미국 기득권층과 긴밀히 연결되어 있었기 때문에, 시카고학파와의 협력 가능성은 상대적으로 낮았다. 반면, 기존의 법률 중심 엘리트 구조에서 배제되어 있던 비주류 엘리트들은 경제학이라는 새로운 전문성을 통해 국가 권력으로 진출하려 했고, 시카고학파의 유학 프로그램에 적극적으로 참여하였다.

칠레는 이러한 변화가 가장 먼저 나타난 나라였다. 칠레대학의 기득권 엘리트들은 케인스주의와 발전경제학을 수용했지만, 시카고학파는 산티아고 가톨릭대학의 젊은 경제학자들과 연합했다. 이들은 미국 유학을 통해 신자유주의적 전문성을 획득하고, 후일 '시카고 보이즈(Chicago Boys)'로 불리며 피노체트 정권하에서 충격요법(Shock Therapy)에 기반한 급진적 경제개혁을 주도했다.

브라질에서는 제1세대 경제학자 델핑 네투(Antônio Delfim Netto)가 국가 중심의 발전주의 정책을 주도했으나, 제2세대 경제학자 페드루 말랑(Pedro Malan)을 중심으로 한 신세대 엘리트들이 등장하면서 상황이 달라졌다. 이들은 리우데자네이루 가톨릭대학을 중심으로 경제학의 독립성과 수학적 분석 방법을 강조하며, 외국 유학을 통해 전문성을 쌓았다. 1980년대 외채 위기 이후, 이 신세대 경제학자들이 국제금융기구 및 외국 전문가들과 협상에서 두각을 나타내며 경제정책 주도권을 장악했고, 브라질 경제를 세계시장에 친화적인 방향으로 개혁했다.

아르헨티나의 경우 군부정권에 대한 저항보다는 세계시장과의 통합을 목표로 신자유주의적 개혁이 이루어졌고, 멕시코에서는 제도혁명당(PRI) 내부의 신세대가 경제학 전문성을 바탕으로 국가경제정책에 영향력을 확대했다.

이처럼 1980년대 외채 위기는 신자유주의 테크노폴들의 위상을 크게 높여주었다. 이들은 영어 구사력, 계량경제학 지식, 미국 학계 네트워크 등을 기반으로 국제기구와의 협상에서 주도적 역할을 담당하며 신자유주의 개혁을 확산시켰다.

한국의 경우도 유사한 경로를 보였다(김성수, 2014). 박정희 정권 말기부터 시장중심의 개혁 논의가 있었지만, 국가주의적 경제운영이 우세하여 본격적인 전환은 이루어지지 못했다. 그러나 민주화 이후 등장한 김영삼 정부 시기, 신자유주의 개혁은 본격적으로 추진되었다. 당시 개혁을 주도한 관료들은 정치적 기반 확보를 위해 정당 엘리트 및 시민사회의 전문가 집단과 연합했다. 김영삼 정부의 민주계 세력과 신자유주의 관료군은 모두 '개혁세력'이라는 공통된 정체성을 공유했기 때문에, 신자유주의 개혁은 민주화 담론과 결합하여 추진력을 얻을 수 있었다. 민주화세력은 권위주의 잔재 청산과 함께 재벌 개혁을 추진함으로써 시장주의 관료들에게 정치적 정당성을 부여했다. 그러나 국가주도 성장체제하에서 형성된 재벌 및 기득권 세력의 저항은 신자유주의 정책이 완전한 형태로 실행되는 것을 제약했다.

결국 칠레, 브라질, 아르헨티나, 멕시코, 그리고 한국의 사례는 모두 국가 엘리트 간의 '궁정전투'를 보여준다. 국가 개입과 시장 자유화라는 두 경제 패러다임이 엘리트 내부의 권력구조와 결합하여, 각국의 제도적 특성과 정치적 연합에 따라 상이한 개혁의 경로를 형성한 것이다.

한편, 시민사회는 국가와 관료에 대한 견제와 참여의 장으로 인식되어 왔으나,

오늘날에는 그 성격이 복잡해지고 있다. 시민사회가 정책결정 과정에 참여하면서 국가의 독점을 완화하는 긍정적 효과도 있지만, 실제로는 전문성을 내세운 또 다른 엘리트 공간으로 변모할 가능성도 있다. 따라서 신자유주의적 개혁의 확산은 단순한 경제정책의 변화가 아니라, 전문성·권력·시민성의 재구성 과정으로 이해할 필요가 있다.

Box 13-2 • 워싱턴 컨센서스 체제의 변화: 포스트-워싱턴 컨센서스?

1997년도 아시아 지역에서 발생한 연쇄적인 금융위기는 기존 워싱턴 컨센서스체제의 한계에 대한 비판이 폭발적으로 제기되는 계기가 되었다. 특히 세계은행의 수석 경제학자였던 조셉 스티글리츠(Joseph Stiglitz)가 심각한 비판을 가함으로써 (비록 스티글리츠는 비판 이후 세계은행에서 퇴직하지만), 워싱턴 컨센서스체제의 제도적 기반이라고 할 수 있는 세계은행과 IMF의 내부적인 개혁이 시작된다(Stiglitz, 1998).

변화의 골자는 시민사회의 참여와 권능강화에 입각해서만 개혁을 진행해야 한다는 것으로서, 이는 과거 워싱턴 컨센서스가 시장의 경제력에만 의존했던 반면 제도와 시민사회의 중요성에 대해 재고하게 되었다는 것을 의미한다. 특히 시민사회의 참여의 경우 이는 현재 논의되는 포스트-워싱턴 컨센서스(Post Washington Consensus)의 중심축 중 하나인 거버넌스 개념과 연관된다. 특히 거버넌스 프로그램은 신자유주의적 구조조정에 의해 경제적 파탄을 맞게 된 제3세계 국가의 빈곤 문제 해결을 위해 시민사회의 참여를 제도적으로 보장하는 빈곤축소전략보고서(PRSP) 프로그램과 연동되어 운영됨으로써, 워싱턴 컨센서스의 구조조정이 불러일으킨 문제의 해결을 모색하는 방편이라고 할 수 있다(Evans and Shields, 2000).

동시에 PWC의 다른 한 축으로 법의 지배(Rule of Law) 프로젝트를 들 수 있다. 이는 기존의 글로벌 스탠더드가 시장에 전적으로 의존함으로써 나타난 파행적인 결과에 대한 보완물로 법적·제도적 안전망을 구비함으로써 시장의 '규칙'을 확립하려는 프로젝트라고 할 수 있다(Santos, 2006: 277~280). 특히 법의 지배는 그 역시 글로벌 스탠더드로서의 측면을 지니는데, 즉 일국에 한정된 사법개혁이 아닌 전 세계적인 사법개혁 프로젝트로서 세계시장의 불안정성을 보완하는 법적·제도적 차원의 정책 수렴을 의도하고 있다.

그러나 이러한 포스트 워싱턴 컨센서스로의 이행 역시 여전히 시장 중심적인 신자유주의적 도그마를 유지하고 단지 그 개혁의 속도를 조절할 뿐이라는 비판을 면치 못하고 있다. 예컨대 거버넌스 모델의 경우 개도국에서의 저항이 심화됨에 따라 구조조정 차관이 빈곤축소전략보고서 모델로 변형되었음에도 불구하고 여전히 신자유주의적 내용을 담은 조건부(Conditionality) 개혁 프로그램을 그 본질로 한다. 또한 거버넌스 개념에서 강조되는 시민사회는 부패한 국가를 감시하고 국가의 투명성을 평가하는 기제라고 설명되고 있지만, 실상 이러한 시민사회의 구성원이란 개도국의 피지배 계급을 의미하는 것이 아니라 비효율적이고 부패한 국가에 대비되는, 전문성과 국제적 커리어를 갖춘 이들, 곧 테크노폴과 유사한 전문가 집단을 실질적으로 의미한다(Evans and Shields, 2000: 13~17). 한편 법의 지배 프로젝트 역시 미국에 의한 WTO 다자 간 협상이 개도국의 저항에 부딪혀 중지된 상황에서 FTA 등 양자 간 협상을 통해 WTO의 사법기능을 지속적으로 활용하기 위한 제도적인 포석을 의도하는 전략이라고 볼 수 있다(Santos, 2006).

세계화는 국경을 초월한 상품, 자본, 정보, 인력의 자유로운 이동을 통해 세계를 하나의 통합된 시스템으로 재구성하는 현상으로, 국제 질서의 작동 방식과 국가 간 권력 관계를 근본적으로 변화시켰다. 이 과정은 국제질서를 다루는 주요 이론들, 패권안정론, 복합 상호의존론, 세력 균형론, 국제레짐론을 통해 분석될 수 있으며, 각 이론은 세계화의 안정성, 협력 가능성, 경쟁 동학을 다각도로 설명하기 때문에 비교정치의 외부 요인으로 활용하여 세계화의 함의를 탐구하며, 현대 미-중 경쟁을 중심 사례로 적용한다. 이론들은 상호 보완적이며, 세계화의 이중성을 반영한다.

패권안정론은 세계화된 국제 질서의 안정적 유지에 단일 패권국(Hegemon)의 주도적 역할이 필수적이라고 주장한다. 이 이론에 따르면, 개방된 무역·금융 체제와 같은 글로벌 공공재를 제공하고 이를 시행하기 위해 패권국의 능력과 의지가 요구되며, 무임승차 문제를 해결한다. 제2차 세계대전 후 세계화의 급속한 심화인 GATT, IMF, 브레턴우즈 체제의 수립 등은 미국의 팍스 아메리카나(Pax Americana)가 압도적인 경제·군사력을 바탕으로 안정적 통화 시스템과 개방 시장을 제공했기 때문에 가능했다. 그러나 현대 미-중 경쟁은 미국 패권의 상대적 쇠퇴와 중국의 부상을 구조적 불안정성의 징후로 해석하며, 보호무역주의의 강화와 국제 규범 준수 약화를 초래할 수 있다. 예를 들어, 트럼프 시대의 무역 전쟁과 바이든 행정부의 공급망 재편은 패권 쇠퇴가 세계화의 기반을 흔드는 사례로 평가된다. 이 이론의 한계는 패권 쇠퇴 후에도 국제 기관의 독립적 역할 즉, 외부요인(레짐론)이 안정성을 유지할 수 있다는 점에서 드러난다.

복합 상호의존론은 세계화가 군사력의 중요성을 감소시키고 비군사적 요소를 권력의 핵심으로 재구성한다고 본다. 세계화는 국가 간 관계를 복수 채널인 비국가 행위자인 다국적 기업, NGO 그리고 정부 부서 간에 연결되는 초정부적 관계 등으로 다층화하며, 군사 안보(high politics)보다 경제, 환경, 기술 등 저위 이슈(low politics)의 우선성을 강조한다. 상호 의존성 심화로 군사력 사용 비용이 자국에도 커지기 때문에 선진국 간 충돌 가능성이 낮아지며, 국가들은 제도적 지배력과 취약성 관리를 통해 권력을 행사한다. 신냉전 시대 미-중 경쟁은 군사적 충돌보다는 반도체, 공급망, 기술 표준 등 저위 이슈 중심으로 전개되며, 이는 상호 의존이 경쟁의 성격을 변화시켰음을 시사한다. 예를 들어, 군사 협력 외에 공급망 회복탄력성과 기술 표준화에 초점을 맞춰 경제적 취약성을 낮추고 새로운 권력 자원을 확보하려는 전략을 반영한다. 이 이론은 세계화의 협력적 잠재력을 강조하나, 비대칭적 의존이 권력 불균형을 심화시킬 수 있다는 비판을 받는다.

바로 위 두 이론이 비판받은 지점에서 국제 레짐론은 패권안정론의 구조적 접근과 복합 상호의존론의 다원적 접근을 통합하여 국제 질서에서 협력의 메커니즘을 설명하는 틀로서 사용되고 있다.

더불어 세력 균형론은 세계화에도 불구하고 국제 체제의 무정부적 구조가 변하지 않으며, 국가들의 생존 추구가 국제 질서를 지배한다고 주장한다. 국가들은 단일 패권의 장악을 용납하지 않고, 안보를 위해 힘의 균형을 추구하며, 세계화는 힘 확보의 수단을 변화시킬 뿐 목표인 생존과 안보를 바꾸지 못한다. 경제 성장은 군사력과 외교적 영향력 강화의 도구로 활용되며, 중국 부상으로 인한 세력 전이 상황에서 미국과 동맹국들은 외부 균형 전략을 채택한다. 소다자주의적 전략적 결성은 세계화 시대에도 군사적·전략적 동맹이 안보를 위해 강화되는 증거로 볼 수 있다(김성수, 2024: 426). 이 이론은 세계화의 안보 경쟁 측면을 설명하나, 경제적 상호의존이 균형화 전략을 제약할 수 있다는 점에서 한계를 드러낸다.

이는 세계화 시대의 복잡한 상호작용을 이해하는 데 필수적이며, 미·중 경쟁과 같은 현대적 맥락에서 WTO 개혁 논의 등 레짐의 역할을 재조명하는 데 중요하다고 볼 수 있다.

제4절

새로운 질서를 보는 시각

이 장에서 다룬 국제정치이론들은 비록 하나의 지배적 패러다임으로 규정되기는 어렵지만, 세계화의 다면성과 글로벌 사우스의 부상이라는 현실을 비교정치의 외부 요인으로 분석하고, 이들이 국내정치와 어떻게 상호작용하는지를 보여주기 위해 구성된 것이다.

패권안정론은 미국 중심의 패권이 약화되면서 국제질서의 기반이 흔들리고 있다고 진단한다. 반면 복합 상호의존론은 경제적 상호연결성이 심화됨에 따라 강대국 간의 전면적 군사 충돌이 억제되고, 경쟁의 초점이 기술·무역·정보 등 비군사적 영역으로 이동하고 있다고 본다. 그러나 이러한 두 이론만으로는 변화하는 국제질서의 규범적·제도적 측면을 충분히 설명하기 어렵다. 이에 국제레짐론은 WTO 개혁 논의나 미·중 경쟁과 같은 현실 속에서 국제제도의 역할과 조정 기능을 조명하며, 국제질서가 단순한 힘의 논리를 넘어 규칙과 제도에 기반해 유지될 수 있음을 보여준다. 한편 세력균형론은 세계화가 협력의 폭을 넓혔더라도, 국가들이 궁극적으로 안보와 생존을 위해 동맹을 강화하고 균형 전략을 유지하려는 근본적 속성을 여전히 버리지 못한다고 강조한다.

이러한 논의들은 세계화가 가져온 양면성, 즉 '야누스적 효과(Janus effect)'를 이해하는 데 중요한 시사점을 제공한다. 세계화는 기술혁신과 정보 확산을 통해 접근성과 투명성, 공공참여의 확대라는 긍정적 변화를 이끌어냈지만, 동시에 지역적 다양성과 문화적 고유성을 약화시키며 보편주의적 질서의 그늘을 드러내기도 했다. 주류 문화가 비주류 문화를 포섭하거나 배제하면서 문화적 불균형과 갈등이 심화되고, 이는 언어나 예술을 넘어 때로는 폭력과 테러로까지 이어지기도 한다.

따라서 오늘날의 세계적 갈등은 단순히 '문명의 충돌'이라는 이분법으로 설명될 수 없다. 오히려 세계화가 만들어낸 정치·경제·문화적 상호의존과 그로 인한 갈등과 조정의 복합적 과정을 이해해야 한다.

이러한 맥락에서 국제정치이론을 비교정치의 외부 요인으로 고려하는 것은 매우 중요하다. 왜냐하면 한 국가의 정치체계와 제도, 그리고 정책결정 과정은 결코 국내적 요인만으로 설명될 수 없기 때문이다. 국제체제의 변화인 패권의 이동, 경제 네트워크의 재편, 국제제도의 역할 변화 등은 국내 정치의 방향과 선택에도 직접적인 영향을 미친다.

결국 국제정치이론은 국가 내부의 정치적 변동을 더 깊이 이해하기 위한 필수적 시야를 제공한다. 다시 말해 세계화 시대의 비교정치는 더 이상 '국내정치만의 문제'가 아니라, 국제질서와 상호연결된 복합적 구조 속에서 작동하는 정치과정을 분석하는 학문으로 확장되어야 한다.

참고문헌

Abramson, Paul R., Aldrich, John H. and Rohde, David (2010), *Change and Continuity* in the 2008 Elections, Washington DC: Congressional Quarterly Press.

Acemoglu, Daron and James A. Robinson. (2012), *Why* Nations Fail, NY: Brockman.

Achebe, Chinua (1959), *Things Fall Apart*, New York: Doubleday.

Ainsworth, Scott H. (2002), *Analyzing Interest Groups: Group Influence on People and Policies*, New York: W. W. Norton and Company.

Akerlof, George and Robert Shiller, Animal Spirits, Princeton: Princeton University Press.

Alford, Robert R. and Roger Friedland (1985), *Powers of Theory: Capitalism, the State, and Democracy*, New York: Cambridge University Press.

Almond, Gabriel A. (1987), "The Development of Political Development", Myron Weiner and Samuel P. Huntington eds., Understanding Political Development, Boston: Little, Brown.

Almond, Gabriel A. and G. Bingham Powell (1966), *Comparative Politics: A Developmental* Approach, Boston: Little, Brown.

Almond, Gabriel A. and G. Bingham Powell (1978), *Comparative Politics: System*, Process and Policy, Boston: Little, Brown; 2nd edition.

Almond, Gabriel A. and James S. Coleman (1960), *The Politics of the Developing Areas*, Princeton, N.J.: Princeton University Press.

Almond, Gabriel A. and Verba, Sidney (1980), *The Civic Culture Revisited: An Analytic Study*, Boston: Little, Brown.

Almond, Gabriel A. et al. (2001), *Comparative Politics:* A Theoretical Framework, (3rd ed.), New York: Longman.

Almond, Gabriel A. et al. (2004), *Comparative Politics Today: A World* View, New York: Pearson Longman.

Almond, Gabriel Abraham and Powell, G. and Bingham, Jr. (1978), *Comparative Politics: System Process and Po*licy, Boston: Little.

Almond, Gabriel Abraham and Verba, Sidney (1963), *The Civic Culture: Political Attitudes and Democracy in Five Nations*, Princeton, N.J.: Princeton University Press.

Almond, Gabriel Abraham and Verba, Sidney and Abramowitz, Alan I. (1980), *The Civic Culture Revisited: An Analytic Study*, Boston: Little, Brown.

Almond, Gabriel and Powell, Bingham G. (2000), *Comparative* Politics Today: A World View (7th Edition), New York: Harper Collins.

Althusser, Louis (1971), *Lenin and Philosophy and Other Essays*, London: New Left Books.

Amsden, Alice (1989), *Asia's* Next Giant, NY: Oxford University Press.

Anderson, Benedict R. (1991), *Imagi*ned Communities: Reflections on the Origin and Spread of Nationalism, London: O'G, Verso.

Apter, David (1965), *The Politics of Modernization*, Chicago: University of Chicago Press.

Arato, Andrew (1975), *The Search for the Revolutionary Subject: The Philosophy and Social Theory of the Young Lukacs, 1910~1923*, Chicago: University of Chicago, Department of History.

Arendt, Hannah. (1986[1958]), *The Human Condition*, Chicago: University of Chicago Press.

Aristoteles (1920), I. Bywater Ed., *Ethica Nicomachea*, Oxford: Oxford University Press.

Arnold M. Rose (1961), "Social Structure and Political Power," *Sociological Inquiry*, Vol. 31, No. 2.

Arnold M. Rose (1967), *The Power Structure: Political Process in American Society*, Oxford University Press.

Arrow, K. (1951), *Social Choice and Individual Values*, NH, Conn: Yale University Press.

Arrow, Kenneth (1974), *The Limits of Organizatio*n, New York: Norton.

Arrow, Kenneth Joseph (1951), *Social Choice and Individual Values*, New York: Wiley; London: Wiley Chapman and Hal.

Ash, Roberta (1972), *Social Movements in America*, Chicago: Markham.

Ashford, Douglas E. (1992), "Introduction: Of Cases and Contexts", Douglas E. Ashford eds., History and Context in Comparative Public Policy, Pittsburgh: University of Pittsburgh Press.

Astin, John D. (1972), "Easton Ⅰ Easton Ⅱ", Western Political Quarterly 25.

Ayres, Clarence Edwin (2012[1917]), *The Nature of the Relationship Between Ethics and Economics*, Berkeley: University of California Libraries.

Bachrach, P., & Baratz, M. S. (1962), "Two Faces of Power.", American Political Science Review, 56(4), 947-952.

Bachrach, Peter and Baratz, Morton S. (1962), "Two Faces of Power", The American Political Science Review Vol. 56, No. 4.

Bagehot, Walter (1961), *The English Constitution*, New York: Oxford University Press.

Ball, Terence and Richard Dagger (2004, 2005), *Ideals and Ideologies* (6th Edition), New York: Longman Publishing Group.

Banfield, Edward C. (1967), *Mor*al Basis of a Backward Society, New York: Free Press.

Bannister, F. and Walsh, N. (2002), "E-Democracy: Small is Beautiful?".

Banuazizi, Ali (1987), "Iran – Politics and Government – 1979~1997 – Congresses", Banuazizi, Ali and Weiner, Myron eds., The State, Religion, and Ethnic Politics: Afghanistan, Iran, and Pakistan, Lahore: Vanguard.

Barber, B. (1984), *Strong Democracy: Partici*patory Politics for a New Age, Berkeley: University of California Press.

Barber, Benjamin R. (1995), "Searching for Civil Society", National Civic Review Volume 84, Issue 2.

Barber, Benjamin R. (1995), *Jihad vs. McWorld*, New York: Times Books.

Barber, Benjamin R. (1998), *A Place for Us: How to Make Society Civil and Democracy Strong*, New York: Hill and Wang.

Bates, Robert H. (1988), *Toward a Political Economy of Develop*ment: A Rational Choice Perspective, Berkeley: University of California Press.

Bator, F. M. (1958), "The Anatomy of Market Failure", Quarterly Journal of Economics 72, No. 288.

Baumol, W. J. and Blinder, Alan S. (2001), *Economics: Principles and Policy*, Harcourt College Publishers.

Beck, Ulrich (2000), *What Is Globalization*, Cambridge: Polity Press.

Beer, Samuel Hutchison (1962), *Patterns of Government: The Major Political Systems of Europe*, New York: Random House.

Belknap, George and Angus, Campbell (1952), "Political Party Identification and Attitudes toward Foreign Policy", Public Opinion Quarterly Vol. 15, No. 4.

Bell, Daniel (1973), *The Coming of Post-Industrial So*ciety: A Venture in Social Forecasting, New York: Basic Books.

Bendix, Reinhard (1964), *Nation-Building and Citizenship: Studies in* Our Changing Social Order, New York: John Wiley.

Benedict, Anderson (2016), Imagined Communities: Reflections on the Origin and Spread of Nationalism, Diego Rivera: Verso books.

Benedict, Ruth (1946), *Patterns of Culture*, Boston, New York: Mentor book.

Benford, Robert (1997), "An Insider' s Critique of the Social Movement Framing Perspective," Sociological Quarterly, vol. 67.

Benn, Stanley I. (1967), "Power", P. Edwards ed., The Encyclopedia of Philosophy Vol. 6, New York: MacMillian Press.

Bennett, Lance W. (2001), *Mediated Politics: Communication in the Future of Democracy*, Cambridge University Press.

Bentham, Jeremy (2007[1789]), *Introduction to the Principles of Morals and Legislation*, New York: Dover Publications.

Bentley, Arthur Fisher (1908), *The Process of Government: A Study of Social Pressures*. Chicago: University of Chicago Press.

Bentley, Arthur Fisher (1967), *The Process of Government Edited by Peter H. Odegard*, Cambridge: Belknap Press of Harvard University Press.

Bickel, Alexander (1962), *The Least Dangerous Branch*, Indianapolis, IN: Bobbs-Merrill.

Bill, James A. and Hardgrave, Robert L., Jr. (1981) *Comparative Politics: The Quest for Theory*, MD: University Press of America INC.

Bill, James A. and Robert L. Hardgrave (1973), *Comparative Politics: The Quest for Theory*, Columbus, OH: Charles E. Merrill.

Bill, James A. and Robert L. Hardgrave (1983), *Comparative Politics: The Quest for Theory*, Washington D.C.: University Press of America.

Birnbaum, Jeffrey (1993), *The Lobbyists: How Influence Peddlers Work Their Way in Washington*, New York: Times Books-Random House.

Black, Cyril (1966), *The Dynam*ics of Modernization: A Study in Comparative History, New York: Harper and Row.

Blumer, Herbert (1969), *Collective B*ehavior, New York: Barnes and Noble. Principles of Sociology.

Blyth, M. M. (1997), "Any More Bright Ideas? The Ideational Turn of Comparative Political Economy", Comparative Politics Vol. 29.

Bobbio, Norberto (1989), *Democracy and Dictatorship*, Minneapolis: University of Minnesota Press.

Boggs, Carl (1986), *Social Movements and Political Power: Emerging Forms of Radicalism in the West*, Philadelphia: Temple University Press.

Bon, Gustave Le. (1903), *The Crowd: A Study of the Popular Mind*, London: T.F. Unwin.

Bostock, William (1973), "The Cultural Explanation of Politics", Political Science XXV, July.

Bottomore, T. B. (1964), *Elites and Society*, NY: Basic Books.

Bowles, Samuel and Gintis, Herbert (1987), *Democracy and Capitalism: Property, Community, and the Contradictions of Modern Social Thought*, New York: Basic Books.

Brand, Karl-Werner (1990), "Cyclical Aspects of New Social Movements: Waves of Cultural Criticism and Mobilization Cycles of New Middle-Class Radicalism", R. Dalton and M. Kuechler eds., Challenging the Political Order. Chapter 2, Cambridge: Polity Press.

Brecher, M. and Wikenfeld, J. (1997), *A Study of Crisis*, Michigan: Michigan University Press.

Brenner, Neil (1999), "Beyond State-Centrism? Space, Territoriality and Geographical Scale in

Globalization Studies", Theory and Society 28.

Brinton, Crane (1938), *The Anatomy of Revolution*, New York: W.W. Norton and Co.

Brysk, A. (1995), "Hearts and Minds: Bring Symbolic Politics Back in", Northeastern Political Science Association, Vol. 27, No. 2/4.

Buchanan, James M. (1980), "Rent-Seeking and Profit-Seeking", James M. Buchanan, Robert D. Tollison and Gordon Tullock Eds., Toward a Theory of the Rent-Seeking Society, College Station, Texas: Texas AandM University Press.

Buchanan, James M. and Tullock, Gordon (1965), *The Calculus of Consent: Logical Foundations of Cons*titutional Democracy, Ann Arbor: The University of Michigan Press.

Buchanan, Paul G. (1995), *State, Labor, and Capital: Democratizing Class Relations in the Southern Cone*, Pittsburgh: University of Pittsburgh Press.

Budge, I. (1996), *The New Challenge of Direct Democracy*, Cambridge: Polity Press.

Buechler, Steven M. (1993), "Beyond Resource Mobilization? Emerging Trends in Social Movement Theory", The Sociological Quarterly 34(2).

Burke, Edmund (2013[1790]), *Reflections on the Revolution in France*, Burke Press.

Cammack, Diana et al. (2006), "Donors and the 'Fragile States' Agenda: A Survey of Current Thinking and Practice", report submitted to the Japan International Cooperation Agency.

Cammack, P. (1992), "The New Institutionalism: Predatory Rule, Institutional Persistence, and Macro-Social Change", Economy and Society Vol. 21, No. 4, pp. 397~429.

Campbell, Angus, Gurin, Gerald, Miller, Warren E. (1954), *The Voter Decides*, NY: Peterson.

Campbell, Angus, Philip, E. Converse, Warren E. Miller and Donald E. Stokes (1960), *The American Voters*, NY: John Wiley and Sons, INC.

Campbell, Angus, Philip, E. Converse, Warren E. Miller and Donald E. Stokes (1966), *Elections and the Poli*tical Order, NY: John Wiley and Sons, Inc.

Canto V. A., Miles, Marc A. and Laffer, Arthur B. (1983), *Foundations of Supply-Side Economics: Theory and Evidence*, New York: Academic Press.

Cantori, Louis J. and Andrew H. Ziegler (1988), *Comparative Po*litics in the Post- Behavioral Era, Boulder Colo: Lynne Rienner.

Cantril, Hadley (1965), *The Pattern of Human Concerns*, New Brunswick, N.J.: Quinn and Biden Company.

Caporaso, James A. and David P. Levine (1992), *The Theories of Political Economy*, New York: Cambridge University Press.

Cardoso, Fernardo H. and Faletto, Enzo (1979), *Dependency and Development in Latin América*, Berkeley: University of California Press.

Carmines, Edward G. and Stimson, James A.(1989), *Issue Evolution: Race and the Transformation of American politics*, Princeton: Princeton University Press.

Chilcote, Ronald H. (1981), *Theories of Comparative* Politics: The Search for a Paradigm, Boulder, Colo: Westview Press.

Chilcote, Ronald H. (1994), *Theories of Comparative Politics: The Search for a Paradigm Reconsidered*, (2nd ed.), Boulder: Westview Press.

Chomsky, Noam (1999), *Profit over People: Neoliberalism and Global Order*, New York: Seven Stories Press.

Chua, Amy (2018), Political Tribes, NY: Penguin.

Cimbala, Stephen J. (2000), *The Past an*d Future of Nuclear, Westport: Greenwood Publishing Group.

Clark, Barry (1998), *Political Economy: A Comparative Approach*, London: Westport, Conn. Praeger.

Clarke, Simon (1991), *Marx, Marginalism and Modern Sociology*, London: Palgrave.

Clausen, John et al. (1968), *Socialization and Society*, Social Science Research Council (U.S.) Committee, Boston: Little Brown.

Cohen, A. P. (1974), *Two-Dimensional Man: An Essay on the Anthropology of Power and Symbolism in Complex Societies*. London: Routledge and Kegan Paul.

Cohen, Abner (1969), *Custo*m and Politics in Urban Africa: A Study of Hausa Migrants in Yoruba Towns, London: Routhledge and Kegan Paul.

Collier, David (1999), "Building a Disciplined. Rigorous Center in Comparative Politics", Newsletter of the Organized Section in Comparative Politics of the American Political Science Association Vol. 10, No. 2.

Collier, David ed. (1979), *The New* Authoritarianism in Latin America, Princeton: Princeton University Press.

Collins, Randall (1968), "A Comparative Approach to Political Sociology", R. Bendix et al. eds., State and Society, Boston: Little Brown.

Commons, John R. (1989), *Institutional Economics: Its Place in Political Economy*, Piscataway: Transaction Publishers.

Connor, Walker (1994), *Ethnonationalism: The Quest for Understanding*, Princeton: Princeton University Press.

Conway, David (1998), *Classic*al Liberalism: The Unvanquished Ideal, New York: Basingstoke Macmillan.

Coser, Lewis A. (1956), *The Functions of Social Conflict*, Glencoe. IL: The Free Press.

Council of Europe (2006), "Terms of Reference of the Ad Hoc Committee on E-Democracy".

Criddle, Byron (1987), "France: Parties in a Presidential System" in Alan Ware, Political Parties, Oxford: Basil Blackwell.

Cutright, Phillips (1963), "National Political Development: Measurement and Analysis", American Sociological Review 28.

D'Andrade, Roy G. and Strauss, Claudia (1992), *Human Motives and Cultural Models*, Cambridge [England]; New York: Cambridge University Press.

Daalder, Hans, F. (1987), *Party Systems in Denmark, Austria, Switzerland, The Netherlands, and Belgium*, NY: Pinter.

Dahl, R. A. (1957), "The Concept of Power.", Behavioral Science, 2(3), 201-215.

Dahl, Robert (1972), *Polyarchy*, New Haven: Yale University Press.

Dahl, Robert A. (1956), *A Preface to Democratic Theory*, Chicago: University of Chicago Press.

Dahl, Robert A. (1957), "The Concept of Power", Behavioral Science 20, pp. 201~215.

Dahl, Robert A. (1958), "A Critique of the Ruling Elite Model", The American Political Science Review 52(2).

Dahl, Robert A. (1961), *Who Governs? Democracy and Power* in an American City, New Haven, CT: Yale University Press.

Dahl, Robert A. (1963), *A Preface to Democratic Theory*, Chicago: University of Chicago Press.

Dahl, Robert A. (1966), *Political Oppositions in Western Democracies*, New Haven: Yale University Press.

Dahl, Robert A. (1972), *Polyarchy: Participation and Opposition*, New Haven: Yale University Press.

Dahl, Robert A. (1990), *After the Revolution? Aut*hority of Good Society, New Haven: Yale University Press.

Dahl, Robert A. (1991), *Democracy and Its Cri*tics, New Haven: Yale University Press.

Dahrendorf, Ralf (1959), *Class and Class Conflict in Industrial Society*, Stanford. Calif: Stanford University Press.

Dalacoura, Katerina (2005), "US Democracy Promotion in the Arab Middle East since 11 September 2001: A Critique", International Affairs Vol. 81, No. 5.

Dalton, Russell J. (2000), *Parties without Partisans: Political Chan*ge in Advanced Industrial Democracies, Oxford: New York: Oxford University Press.

Dalton, Russell J. (2002), *Citizen Politics: Public Opinion and Political Parties in Advanced Industrial Democracies*, New York: Chatham House Publishers/Seven Bridges Press.

Dalton, Russell J. and Manfred Kuechler (1990), Challenging the Political Order:: New Social

and Political Movements in Western Democracies, Cambridge: Polity Press.
Danziger, James N. (2003), *Understanding the Political World*, New York: Longman.
Darendorf, Ralf (1959), *Class and Class Conflict* in Industrial Society, California: Stanford University Press.
David, Paul A. (1985), "Clio and the Economics of QWERTY." The American Economic Review Vol. 75, No. 2.
Davies, James C. (1962), "Toward a Theory of Revolution", American Sociological Review Vol. 27, No. 1.
Davis, Jerome (1930), *Contemporary Social Movements*, New York: Century Company.
Davis, Jerome (1941), *The Psychology of Social Movements*, New York: John Wiley and Sons.
Davis, Natalie Z. (1987), *Fiction in the Archives: Pardon Tales and Their Tellers in Sixteenth-Century France*, Stanford: Stanford University Press.
Dawson, Richard E. and Prewitt, Kenneth and Dawson, Karen S. (1977), *Political Socialization: An Analytic Study*, Boston: Brown.
Dayan, Daniel and Katz, Elihu (1992), *Media Events: The Live Broadcasting of History*, Cambridge, Mass.: Harvard University Press.
Derbyshire, J. D. and I. D. Derbyshire (1999), *Political Systems of the World* Vol. 2, New Edition, Oxford: Helicon Publishers.
Deutsch, Karl (1963), *The Nerves of Government: Models of Political Communication and Control*, London: Free Press of Glencoe.
Deutsch, Karl W. (1961), "Social Mobilization and Political Development", American Political Science Review 55. (September).
Dewey, John (1927), *The Public and Its Problems*, New York: Henry Holt and Co.
Dezalay, Yves and Garth, Bryant G. (2002), *The Internationalization of Palace Wars*, Chicago: University of Chicago Press.
Diamond, Jared (1999), *Guns*, Germs, and Steel: The Fates of Human Societies, New York: W. W. Norton and Company.
Diamond, Larry (1994), "Rethinking Civil Society: Toward Democratic Consolidation", Journal of Democracy Vol. 5, No. 3.
Diamond, Larry (1999), *Developing Democracy: Toward Consolidation*, Baltimore: Johns Hopkins University Press.
Diamond, Larry and Richard Gunther (2001), *Political Parties and Democracy*, Baltimore: Johns Hopkins University Press.
Diamond, Larry et al. (1997), *Consolidating the Third Wave Democracies: Themes and*

Perspectives, Baltimore: Johns Hopkins University Press.

Digeser, P. (1992), "The Fourth Face of Power.", Journal of Politics, 54(4), 977-1007.

Digeser, Peter (1992), "The Fourth Face of Power", Journal of Politics 54.

DiMaggio, Paul and Powell, Walter W. (1991), *The New Institutionalism in Organizational Analysis*, Chicago: The University of Chicago Press.

Dogan M. and D. Pelassy (1984), *How to Compare Nations*, Chatham, NJ: Chatham House.

Domhoff, G. William (1967), *Who Rules America?*, Englewood Cliffs, NJ: Prentice-Hall.

Domhoff, G. William (1971), *The Higher Circles; The Governing Class in America*, New York: Vintage Books/Random House. Republish.

Dominguez, Jorge I. (1997), *Technopols*: Freeing Politics and Markets in Latin America in the 1990s, Pennsylvania: Pennsylvania State University Press.

Downs, Anthony (1957), *An Economic Theory of Demo*cracy, New York: Harper.

Doyle, Michael W. and Sambanis, Nicholas (2000), *Making War and Building* Peace, Princeton: Princeton University Press.

Dutch, R. and Taylor, M. (1993), "Postmaterialism and the Economic Condition." American Journal of Political Science 37.

Duverger, M. (1980), "A New Political System Model: Semi-Presidential Government Revisited", European Journal of Political Research Vol. 8, No. 2.

Duverger, Maurice (1954), *Political Parties: Their Organization and Activities in the Modern State*, NY: Wiley.

Easton, David (1958), "The Perception of Authority and Political Change", C. J. Friedrich ed., Authority, Cambridge: Harvard University Press.

Easton, David (1962), "Introduction: The Current Meaning and Behavioralism", In Charlesworth, James, Political Science, PA: American Academy and Political and Social Science.

Easton, David (1965), *A Framework for Political Analysis*, Englewood Cliffs, N.J.: Prentice-Hall.

Easton, David (1966), *Varieties of Political Theory*, Englewood Cliffs, N.J.: Prentice-Hall.

Easton, David and Dennis, Jack and Sylvia Easton (1969), *Children in Political Syste*m: Origins of Political Legitimacy, New York: McGraw-Hill.

Edelman, Murray J. (1964), *The Symbolic Uses of* Politics, Urbana: University of Illinois Press.

Edwards, Bob and Foley, Michael W. (1998), "Civil Society and Social Capital Beyond Putnam", The American Behavioural Scientist Vol. 42, No. 1.

Edwards, Lyford P. (1927), *The National History of Revolution*, Chicago: University of Chicago Press.

Ehrenberg, John (1999), *Civil Society*, New York: New York University Press.

Elkin, S. (1985), "Pluralism in its Place: State and Regime in Liberal Democracy", R. Benjamin and S. Elkin eds., The Democratic State, Lawrence: University Press of Kansas.

Elster, John (1986), *Rational Choice*, Oxford: Basil Blackwell.

Erikson, Erik H. (1963), *Childhood and Society*, New York: Norton.

Ethington, P. and McDonagh, E. (1995), "The Eclectic Center of the New Institutionalism", Social Science History Vol. 19.

Etzioni, Amitai (1975), *A Comprehensive Analysis of Complex Organizations*, New York, NY: Free Press.

Evans, B. Mitchell and Shields, John (2000), "Neoliberal Restructuring and the Third Sector: Reshaping Governance, Civil Society and Local Relations", CVSS Working Paper Series.

Evans, P. and Stephens, J. D. (1988), "Studying Development Since the Sixties: The Emergence of a New Comparative Political Economy", Theory and Society Vol. 17.

Evans, Peter (1979), *Dependent Development: The Alliance of Multinational, State, and Lo*cal Capital in Brazil, Princeton: Princeton University Press.

Falk, Richard (1987), "The Global Promise of Social Movements: Explorations at the Edge of Time", Alternatives: Global. Local. Political Vol. 12, No. 2.

Fallows, James M. (1995), *Looking at the Sun: The Rise of the New East Asian Economic and Political System*, New York: Random House.

Ferejohn, John and Pasquale Pasquino, "Rule of Democracy and Rule of Law", J. Maravall and A. Przeworski ed., Democracy and Rule of Law, Cambridge and New York: Cambridge University Press.

Ferejohn, Michael T. (1991), *The Origins of Aristotelian* Science, New Haven: Yale University Press.

Feuerbach, Ludwig (2011[1841]), *The Essence of Christianity*, Marian Evans trans., Cambridge: Cambridge University Press.

Fiorina, M. (1981), *Retrospe*ctive Voting in American Elections, New Haven: Yale University Press.

Fishkin, J. and Farrar, C. (2005), "Deliberative Polling: From Experiment to Community Resource", Gastil, J. and Levine, P. eds., The Deliberative Democracy Handbook, San Francisco: Jossey-Bass.

Freedom House (2018), *Freedom in the World 2018. www.fre*edomhouse.org/report/freedom -world-2018-table-coudntry-scores.

Freeman, Richard B. and James L. Medoff (1988), *What Do Unions Do?*, New York: Basic Books.

Friedman, Benjamin (2006), *The Moral Consequence of Economic Growth*, NY: Vintage.

Friedman, M. and Schwartz, A. (1963), *A Monetary History of the United States: 1867~ 1960*, Princeton: Princeton University Press.

Friedman, Milton (1959), *A Program for Monetary Stability*, New York: Fordham University.

Friedman, Milton (1962), *Capitalism and Freedom*, Chicago: University of Chicago Press.

Galbraith, John Kenneth (1985), *The* Anatomy of Power, NY: Mariner Books.

Galtung, Johan (1967), *Theory and Me*thod of Social Research, New York: Columbia University Press.

Gamson, William A. (1992), "The Social Psychology of Collective Action", edited by A. D. Morris and C. M. Mueller, Frontiers in Social Movement Theory, New Haven, CT: Yale University Press.

Gary, King (1995), Keohane. Robert and Verba. Sidney, "The Importance of Research Design in Political Science: A Response to Five Authors in the Symposium 'The Qualitative-Quantitative Disputation: Gary King, Robert O. Keohane, and Sidney Verba' s Designing Social Inquiry: Scientific Inference in Qualitiative Research' ", American Political Science Review Vol. 89, No. 2.

Gastil, J. and Keith, W. (2005), "A Nation that(sometimes) like to Talk", Gastil and Levine eds., *The Deliberative Democracy Handbook*, San Francisco: Jossey-Bass.

Geertz, Clifford (1973), *The Interpretation of Cultures: Selected Essays*, London: Basic Books.

Gerth, Hans H. and C. Wright Mills (1958), *From* Max Weber: Essays in Sociology, New York: Oxford University Press.

Giddens, Anthony (1979), *New Rules of Sociological Method*, London: MacMillian.

Gilovich, Thomas, Dale Griffin, and Daniel Kahneman (2002), *Heuristic* and Biases: The Psychology of Intuitive Judgement, NY: Cambridge University Press.

Ginsberg, Benjamin (1981), *The Consequences of Consent: Elections, Citizen Control, and Popular Acquiescence*, NY: Addison-Wesley.

Global Policy Forum (2007), "Comparison of the World' s 25 Largest Corporations with the GDP of selected Countries (2007)".

Goldhammer, H. and E. Shils (1939), "Types of Power and Status", American Journal of Sociology 45.

Goldstein, Judith and Keohane, Robert O. (1993), *Ideas and Foreign Policy: Beliefs, Institutions, and Political Change*, Ithaka: Cornell University Press.

Gorer, Geoffrey and Rickman, John (1949), *The People of Great Russia: A Psychological St*udy-1949, London: Cresset Press.

Graham, Matthew (2019), Contemporary Africa, London: Macmillian International.

Gramsci, Antonio (1971), *Selections from the Prison Notebooks*, Quintin Hoare and Geoffrey Nowell Smith eds., New York: International Publishers Co.

Green, Thomas Hill (1986), *Lectures on the Principles of Political Obligation and Other* Writings, Paul Harris and John Morrow eds., Cambridge: Cambridge University Press.

Greif, A. (1994), "Cultural Beliefs and the Organization of Society: A Historical and Theoretical Reflection on Collectivist and Individualist Societies", The Journal of Political Economy Vol. 102, No. 5.

Greif, Avner (2005), *Institutions and Trade During the Late Medieval Commercial Revolution*, New York: Cambridge University Press.

Grindle, M. S. (1991), "The New Political Economy: Positive Economics and Negative Politics", Meier, G. M. eds., Politics and Policy Making in Developing Countries, San Francisco: International Center for Economic Growth.

Grotius, H. (1957[1625]), *Prolegomena to the Law of the War and Peace*, London: Bobbs Merril.

Guilhot, Nicolas (2005), *The Democracy Makers: Human Rights and International Order*, New York: Columbia University Press.

Gurr, Ted R. (1970), *Why Men Rebel*, Princeton, N.J.: Princeton University Press.

Gusfield, Joseph R. (1966), "Functional Areas of Leadership in Social Movements", The Sociological Quarterly Vol. 7 Issue 2.

Gutman, Roy and Rieff, David (1999), *Crimes of War: What the Public Should Know*, Manhattan: W. W. Norton.

Habermas, Jürgen (1989), *The Structural Transformation of the Public Sphere: An Inquiry Into a Category of Bourgeois Society*, Thomas Burge trans., Cambridge, MA.: MIT Press.

Hague, R., Harrop, M., & McCormick, J. (2017), *Comparative Government and Politics: An Introduction*, London: Palgrave Macmillan.

Hall, Peter A. (1986), *Governing the Economy: The Politics of State Intervention in Britain and France*, New York: Oxford University Press.

Hall, Peter A. (1992), "The Movement from Keynesianism to Monetarism: Institutional Analysis and British Economic Policy in the 1970s", Sven Steinmo, Kathleen Thelen and Frank Longstreth eds., Structuring Politics: Historical Institutionalism in Comparative Politics, Cambridge: Cambridge University Press.

Hall, Peter A. (1993), "Policy Paradigms, Social Learning, and the State: The Case of Economic Policymaking in Britain", Comparative Politics Vol. 25.

Hall, Peter A. and Taylor, R. C. Rosemary (1996), "Political Science and the Three New Institutionalism", Political Studies Vol. 44.

Hamilton, Alexander, James Madison, and John Jay (2012), *The Federalist Pa*pers, New York: Penguin Books.

Hardin, Russell (1995), *One for All: The Logic of Group Conflict*, Princeton, N.J.: Princeton University Press.

Harrop, Martin and William Lockley, Miller (1987), *Elections and Voters: A Comparative Introduction*, NY: Macmillan Education.

Hass, Peter M., Hird, John A. and McBratney, Beth (2010), *Controversies in Globalization: C*ontending Approaches to International Relations, Thousand Oaks: CQ Press.

Hay, Colin (2001), "The 'Crisis' of Keynesianism and the Rise of NeoLiberalism in Britain: An Ideational Institutionalist Approach", John L. Campbell and Ove Pederson eds., The Rise of NeoLiberalism and Institutional Analysis, Princeton: Princeton University Press.

Hayek, A. (1979), *Unemploy*ment and Monetary Policy: Government as Generator of the "Business Cycle", Washington D.C.: Cato Institute.

He, Baogang (2002), *The Democratisation of China*, London: Routledge.

Hearnshaw, Fossey John Cobb (1933), *Conservatism in England: An Analytical, Bistorical, and Political Survey*, London: Macmillian and Co., limited.

Heberle, Rudolf (1951), *Social Movements: An Introduction to Political Sociology*, New York: Appleton-Century-Crofts.

Heclo, H. (1994), "Ideas, Interests and Institutions", L. C. Dodd, and C. Jillson eds., The Dynamics of American Politics: Approaches and Interpretations, Boulder: Westview Press.

Held, David (1983), "Introduction: Central Perspectives on the Modern State", David Held, James Anderson, Bram Gieben, Stuart Hall, Paul Lewis, Noel Parker and Ben Turok eds., States and Societies, London: New York University Press.

Heredia, Blanca (1997), "Prosper or Perish? Development in the Age of Global Capital", Current History Vol. 61, No. 267 (November).

Heywood, Andrew (2002), *Politics*, New York: Palgrave.

Heywood, Andrew (2003), *Political Ideologies: An Introduction*, London: Palgrave Macmillan Limited.

Hirsch, Eric L. (1990), "Sacrifice for the Cause: Group Processes, Recruitment, and Commitment in a Student Social Movement", American Sociological Review 55.

Hobhouse, L. T. (1994), *Liberalism and Other Writings*, James Meadowcroft ed., Cambridge: Cambridge University Press.

Hobson, J. A. (2009), *Problems of Poverty: An Inquiry into the Industrial Condi*tion of the Poor, Charleston: BiblioLife.

Hoffer, Eric (1966), *The True* Believer, New York: Harper and Row Publishers.

Holley, David (2001), "The Myth That is Milosevic: Even After Defeat. The Former Yugoslav President' s Supporters See Him as a Hero Who Epitomizes the Nation' s Cult of Victimhood", L.A. TIMES, July 31, A1.

Holt, Robert T. and John E. Turner (1970), *The Methodology of Comparative Research*, New York: Free Press; London: Collier-Macmillan.

Holton, Robert J. (1998), *Globalization and the Nation-State*, New York: St. Martin's Press.

Horowitz, Donald L. (1985), *Ethnic Groups in Conflict*, Berkeley: University of California Press.

Howard, Dick (1989), *Defining the Political*, London: Macmillan.

Huber, Evelyn (1995), *Options for Social Policy in Latin America: Neo-Liberal Versus Soc*ial Democratic Models, Geneva: UNRISD.

Huber, Joel, Payne, John and Puto, Christopher (1982), "Adding Asymmetrically Dominated Alternatives: Violations of Regularity and the Similarity Hypothesis", Journal of Consumer Research 9. (June).

Hunter, Floyd (1969), *Communit*y Power Structure: A Study of Decision Makers, Chapel Hill: University of North Carolina Press.

Huntington, S. P. and Nelson, J. M. (1976), *No Easy Choice: Political Participation in Developing Countries*, Cambridge: Harvard University Press.

Huntington, Samuel P. (1968), *Political Order in Changing Societies*, New Haven: Yale University Press.

Huntington, Samuel P. (1969), *Political Order in Changing Societies*, New York: Yale University Press.

Huntington, Samuel P. (1987), "Goals of Development", Samuel P. Huntington and Myron Weiner eds., Understanding Political Development, Boston: Little, Brown and Company.

Huntington, Samuel P. (1991), *The Third Wave: Demo*cratization in the Late Twentieth Century, Norman: University of Oklahoma Press.

Ijo, Tetsuro (2005), "Cooperation, Coordination, and Complementarity in International Peacemaking: The Tajikistan Experience," International Peacekeeping 12, No. 2(summer).

Ikenberry, G. John (1988), "Conclusion: An Institutional Approach to American Foreign Economic Policy", G. John Ikenberry, David A. Lake, and Michael Mastanduno eds., The State and American Foreign Economic Policy, Ithaca: Cornell University Press.

IMF (2007), "Global Capital Flows", Washington D.C.: International Monetary Fund.

Immergut, E. M. (1992), *Health Politics: Interests and Institutions in Western Europe*, Cambridge: Cambridge University Press.

Immergut, E. M. (1998), "The Theoretical Core of the New Institutionalism", Politics and

Society Vol. 26, No. 1.

Inglehart, Ronald (1977), *The Silent Revolution: Changing Values* and Political Styles among Western Publics, Princeton, N.J.: Princeton University Press.

Inglehart, Ronald (1989), "Changing Values: The Human Component of Global Change", International Institute of Sociology Vol. 1.

Inglehart, Ronald (1990), *Culture Shift in Advanced Industrial Society*, Princeton: Princeton University Press.

Inglehart, Ronald (1997), *Modernization and Postmodernization: Cultural, Economic and Social Change in 43 Societies*, Princeton, N.J.: Princeton University Press.

Inglehart, Ronald and Welzel, Christian (2005), *Mod*ernization, Cultural Change, and Democracy: The Human Development Sequence, New York: Cambridge University Press.

Inkeles, Alex (1996, 1997), *National Character: a* Psycho-Social Perspective, New Brunswick, NJ: Transaction Publishers.

Inkeles, Alex and Daniel Jacob Levinson (1954), "National Character: The Study of Modal Personality and Sociocultural Systems", G. Lindzey ed., Handbook of Social Psychology Vol. 2, Special Fields and Applications. Reading, MA: Addison-Wesley.

Inkeles, Alex and Smith, David H. (1974), *Becoming Modern: Individual Change* in Six Developing Countries, Cambridge: Harvard University Press.

Inkeles, Alex et al. (1985), *Exploring Individual Modernity*, New York: Columbia University Press.

Isaak, Alan C. (1981), *Scope and Methods of Political Science: An Introduction to the Methodology of Political Inquiry*, Homewood, Ill.: Dorsey Press.

Isbister, John (1998), *Promise* Not Kept: The Betrayal of Social Change in the Third World (4th Edition), West Hartford: Kumarian Press.

James A. Bill and Hardgrave, Robert L. (1981), *Comparative Politics: The Quest for Theory*, Washington D.C.: University Press of America.

Jelin, Elizabeth and Hershberg, Eric (1996), *Constructing Democracy: Human Rights, Citizenship, an*d Society in Latin America, Boulder. Colo: Westview Press.

Jenkins, Craig J. (1983), "Resource Mobilization Theory and the Study of Social Movements", Annual Review of Sociology 9.

Jesiewicz, K. (2003), "Elections and Voting Behavior", S. White, J. Batt and P. Lewis eds., Development in Central and East European Politics 3, NY: Palgrave Macmillan.

Jessop, Bob (1999), "Reflections on Globalization and Its (Il)logic(s)", Kris Olds et al. eds., Globalization and the Asia-Pacific, London: Routledge.

John von Neumann & Oskar Morgenstern (1953), *Theory of Games and Economic Behavior*,

Princeton University Press.

Johnson, Chalmers (1985), "Political Institutions and Economic Performance: The Government-Business Relations in Japan, South Korea, and Taiwan", Robert Scalapino, Seizaburo Sato, and Jusuf Wanandi eds., Asian Economic Development: Present and Future, Berkeley: University of California Press.

Kaplan, Morton A. (1957), *Systems* and Process in International Politics, New York: Wiley.

Karlsson, George (1962), "Some Aspects of Power in Small Groups", Joan H. Criswell, Herbert Solomon and Patrick Suppes Eds., Mathematical Methods in Small Group Processes, Stanford: Stanford University Press.

Katznelson, I. (1992), "The State to the Rescue?: Political Science and History Reconnect", Social Research Vol. 50, No. 4.

Katznelson, I. (1997), "Structure and Configuration in Comparative Politics", Mark Irving Linchbach and Alan S. Zuckerman eds., Comparative Politics: Rationality, Culture, and Structure, Cambridge: Cambridge University Press.

Kaufmann, Karen M., Petrocik, John R. and Shaw, Daron R. (2008), *Unconventional Wisdom*: Facts and Myths about American Votes, NY: Oxford University Press.

Kautsky, J. H. (1972), *The Political Consequences of Modernization*, New York: John Wiley.

Kegley, Charles W. and Wittkopf, Eugene R. (2001), *World Politics: Trend and Transformation*, Bellmont: Wadsworth.

Keller, Suzanne (1963), *Beyond the Ruling Class: Strategic Elites in Modern Society*, New York: Random House.

Kemp, J. (1979), *An American Renaissance: A Strategy for the 90s*, New York: Harper and Row.

Keohane, Robert O. and Nye, Joseph S. (2001), *Power and Interdependence*, New York: Longman.

Kertzer, David I. (1988), *Ritual, Politics, and Power*, New Haven: Yale University Press.

Keynes, J. M. (1936), *The* General Theory of Employment, Interest, and Money, Macmillan.

Keynes, John Maynard (2013[1936]), *The General Theory of Employment, Interest, and Money*, Edison Martin Imprint.

Kim, Eum Mee (1997), *Big Business, Strong State*, NY: State University and New York Press.

Kim, Sungsoo (2008), *The Role* of the Middle Class in Korea Democratization, Edison: Jimoondang.

Kim, Sungsoo (2016), "Sustainable Economic Development for Africa", presented at The First Joint International Conference on Afro-Asia Studies in Rabat, Morocco, Dec 19-20.

Kim, Sungsoo and Shin, Jungsub (2017), "Issue Competition and Presidential Debates in

Multiparty Systems: Evidence from the 2002, 2007, and 2012 Korean Presidential Elections", Asian Journal of Communication Vol 27, Issue 3.

Kim, Sungsoo and Yoon S. (2021), "Toward New African Security: A Perspective Role fo the African Continental Fred Trade Area", Korean Journal of Defense Analysis, Vol. 33.

Kim, Sunhyuk (2000), *The Politics of Dem*ocratization in Korea: The Role of Civil Society, Pittsburgh: University of Pittsburgh Press.

Kirkpatrik, Jeane (1979), "Dictatorships and Double Standards", Commentary Vol. 68, No. 5.

Klandermans, Bert (1986), "New Social Movements and Resource Mobilization: The European and the American Approach," Journal of Mass Emergencies and Disasters, vol. 4.

Kluckhohn, Clyde (1963), *Mirror fo*r Man: A Survey of Human Behavior and Social Attitudes, New York: Premier book.

Koelble, Thomas. A. (1995), "The New Institutionalism in Political Science and Sociology", Comparative Politics 27.

Kohli, Atul, Peter Evans, Peter J. Katzenstein, Adam Przeworski, Susanne Haeber Rudolph, James C Scott, and Theda Skocpal (1995), "The Role of Theory in Comparatives Politics: A Symposium", World Politics 48.

Kornhauser, William (1959), *The Politics of Mass Society*, Glencoe: The Free Press.

Korpi, W. (1980), "Social Policy and Distributuional Conflict in Capitalist Democracies: A Preliminary Framework", West European Politics 3.

Korpi, W. (2001), "The Economic Consequences of Sweden' s Welfare State: Does the Causal Analysis Hold?", Challenge 44(6).

Krasner, S. (1984), "Approaches to the State: Alternative Conceptions and Historical Dynamics", Comparative Politics Vol. 16.

Krasner, S. (1988), "Sovereignty: An Institutional Perspective", Comparative Political Studies Vol. 21, No. 1.

Kristol, William (2004), "Neoconservatism Remains the Bedrock of US Foreign Policy", Irwin Stelzer ed., The Neocon Reader, New York: Grove Press.

Kroeber, Alfred Louis and Kluckhohn, Clyde (1952), *Culture: A Critical Review of* Concepts and Definitions, New York: The Museum.

Kuhn, Thomas (1962), *The Structure of Scientific Revolutions*, Chicago: University of Chicago Press.

Lachmann, Ludwig M. (1970), *The Legacy of Max Weber*, London: Heinemann.

Laidler, Harry W. (1944), *Social-Economic Movements: An Historical and Comparative Survey of Socialism, Communism, Co-operation, Utopianism and Other Systems of Reform and* Reconstruction, New York: Thomas Y. Crowell Co.

Laitin, David D. (1986), *Hegemony and Culture: Politics and Religious Change among the Yoruba*, Chicago: University of Chicago Press.

Laitin, David D. (1992), *Language Repertoires* and State Construction in Africa, Cambridge [England]; New York: Cambridge University Press.

Laitin, David D. (1995), "Marginality", Rationality and Society Vol. 7, No. 1.

Lakoff, George (2014), Don't think of an Elephant: Know Your Values and Frame the Debate. Special Edition, NY: Chelsea Green Publishing.

Lane, Jan-Erik and Hans Stenland (1984), "Power", G. Sartor ed., Social Science Concepts: A Systematical Analysis, Beverly Hills: Sage Publications, pp. 315~402.

Larry, Diamond and Richard Gunther (2001), *Political Parties and Democracy*, Baltimore: Johns Hopkins University Press.

Larson, Magali S. (1972~1973), "Notes on Technocracy: Some Problems of Theory, Ideology, and Power", Berkeley Journal of Sociology 17.

Lasswell, Harold D. (1958), *Politics: Who Gets What, When, How*, Cleveland and New York: Meridian Books, World Publishing Co.

Lasswell, Harold D. and Abraham Kaplan (1950), *Power and Society*, New Haven. CT: Yale University Press.

Lazarsfeld, Paul Felix, Berelson, Bernard and Gaudet, Hazel (1948), *The* People' s Choice: How the Voter Makes Up His Mind in a Presidential Campaign, NY: Columbia Univ. Press.

Lecours, André (2000), "Ethnonationalism in the West: A Theoretical Exploration", Nationalism and Ethnic Politics 6.

LeDuc, Lawrence, Niemi, Richard G., Norris, Pippa (2002), *Comparing Democracies 2: New Cha*llenges in the Study of Elections and Voting, NY: Sage.

Lehman, W. Edward (1972), "On the Concept of Political Culture: A Theoretical Reassessment", Social Forces Vol. 50.

Lerner, Daniel (1958), *The Passing of Traditional Society: Modernizing Middle East*, New York: Free Press of Glencoe.

Levi, Margaret (1988), *Of Rule and Revenue*, Berkeley: University of California Press.

Levi, Margaret (1997), *Con*sent, Dissent, and Patriotism, Cambridge; New York: Cambridge University Press.

Levinson, David and Malone, Martin J. (1981), *Toward Explaining Human Culture:* A Critical Review of the Findings of Worldwide Cross-Cultural Research, New Haven, Conn: HRAF Press.

Levy, Marian Jr. (1992), "Confucianism and Modernization", Society Vol. 29, No. 4.

Lichbach, Mark Irving and Alan S. Zuckerman (1997), *Comparative Politics: Rationality,*

Culture and Structure, Cambridge: Cambridge University Press.

Lichbach, Mark Irving and Alan S. Zuckerman (1997), *Comparative Politics: Rationality,* Culture and Structure, Cambridge: Cambridge University Press.

Lichbach, Mark Irving and Zuckerman, Alan S. (1997, 2009), *Comparative Politics: Rationality, Culture, and Structure*, Cambridge: Cambridge University Press.

Lieberman, Evan S. (2001), "National Political Community and the Politics of Income Taxation in Brazil and South Africa in the Twentieth Century", In Politics and Society 29(4).

Lijphart, Arend (1971), "Comparative Politics and Comparative Method", The American Political Science Review Vol. 65, No. 3.

Lijphart, Arend (1988), "The Political Consequences of Electoral Laws: A Critique, Reanalysis, and Update of Rae' s Classic Study", Paper Prepared for Presentation at the International Political Science Association World Congress, Washington D.C.

Lijphart, Arend (1992), *Par*liamentary Versus Presidential Government, New York: Oxford University Press.

Lijphart, Arend (1999), *Patterns of Democr*acy: Government Forms and Performance in Thirty-Six Countries, New Haven: Yale University Press.

Lindblom, Charles (1977), *Poli*tics and Markets: The World' s Political-Economic System, New York: Basic Books.

Lindblom, Charles (1982), "The Market as Prison", Journal of Politics 44.

Linz, Juan J. and Arturo Valenzuela (1994), *The Failure of Presidential Democracy*, Baltimore, MD: Johns Hopkins University Press.

Lipset, Seymour M. (1960), *Political Man: The Social Bases of Politics*, New York: Doubleday and Company.

Lipset, Seymour Martin (1993), "The Social Requisities of Democracy Revisited", American Sociological Review Vol. 59.

Lipset, Seymour Martin and Rokkan, Stein (1967), *Party Systems and Voter Alignments: Cross-National Perspectives: [Contributors: Robert R. Alford and others]*, NY: Free Press.

Locke, John (1980[1689]), *Second Treastise of Government*, C. B. Macpherson ed., Indianapolis: Hackett Publishing Company.

Lowi, Theodore Jay and Benjamin Ginsberg (2000), *American Government: Freedom and Power*, New York: W. W. Norton and Company Incorporated.

Lowi, Theodore Jay, Benjamin Ginsberg, Kenneth A. Shepsle, and Stephen Ansolabehere (2012), *American Government: Power and Purpose* 12th edition, New York: W. W. Norton and Company.

Lucaccini Martina (2025), "Digital Authoritarianism: ICT-enabled Repression Across Regime

Typesc, Joint National Conference on Cybersecurity, February 03~8, 2025, Bologna, IT.
Lucas, Robert E. (1988). "On the Mechanics of Economic Development", Journal of Monetary Economics 22.
Luce & Howard Raiffa (1957), *Games and Decisions: Introduction and Critical Survey*, New York: John Wiley & Sons, Inc.
Lukács, György (1972[1923]), *History and Class Consciousness: Studies in M*arxist Dialectics, Rodney Livingstone trans., Cambridge: The MIT Press.
Lukes, S. (2005), *Power: A Radical View (2nd ed.)*, London: Palgrave Macmillan.
Lukes, Steven (2005), *Power: A Radical View*, London: Macmillan.
Macpherson, C. B. (1977), *The Life and Times of Liberal Democracy*, Oxford: Oxford University Press.
Macpherson, Crawford B. (1978), *The Life and Ti*mes of Liberal Democracy, New York: Oxford University Press.
MacRidis, Roy C. and Bernard E. Brown (1995), *Comparative Politics: Notes and Readings*, California: Wadsworth Pub Co.
Madison, James Madison (1788), *The Federalist*, New York: J.andA. McLean.
Mahon, James (1999), "Economic Crisis in Latin America: Global Contagion, Local Pain", Current History Vol. 98, No. 626.
Mahoney, James (2000), "Path Dependence in Historical Sociology", Theory and Society 29(4).
Mainwaring, S. and Scully, T. (1995), *Building Democratic Institut*ions: Party Systems in Latin America, Stanford, CA: Stanford University Press.
Mansbridge, Jane (1991), "Politics", National Research Council, The Transition to Democracy: Proceedings of a Workshop, Washington D.C.: National academy Press.
March, J. G. and Olsen, J. P. (1984), "The New Institutionalism: Organizational Factors in Political Life", American Political Science Review 78.
March, J. G. and Olsen, J. P. (1989), *Rediscovering Institutions: The Organiz*ational Basis of Politics, New York: The Free Press.
Marina Nord, Fabio Angiolillo, Ana Good God, and Staffen Lindberg. (2025), "State of the World 2024: 25 years of autocratization -democracy trumped?", Democratization, vol 32 no 4.
Marx, Karl (1964), *The German Ideology*, Moscow: Progress Publications.
Marx, Karl and Friedrich Engels (1998[1848]), *The Communist Manifesto*, London: Merlin Press.
Maslow, Abraham H. (1954), *Motivation and Personality*, New York: Harper.
Masud, Muhammad Khalid and Armando Salvatore (2009), "Western Scholars of Islam on the

Issue of Modernity", Muhammad Khalid Masud, Armando Salvatore, and Martin van Bruinessen eds., Islam and Modernity: Key Issues and Debates, Edinburgh: Edinburgh University Press.

Mattson, K. (1998), *Creating a Democratic Public*, University Park: Pennsylvania State University Press.

Maxfield, Sylvia (1997), *Gatekeepers of Growth: The International Political Economy of Central Ban*king in Developing Countries, Princeton: Princeton University Press.

Mayer, Lawrence C. (1972), *Comparative Political Inquiry: A Methodological Survey*, Homewood: Dorsey Press.

Mayer, Margit (1991), "Social Movement Search in the United States: A European Perspective", International Journal of Politics, Culture and Society Vol. 4, Issue 4.

McAdam, Doug (1982), *Political Process and the Development* of the Black Insurgency, 1930~1970, Chicago: University of Chicago Press.

McCarthy, John D. and Mayer N. Zald (1977), "Resource Mobilization and Social Movements: A Partial Theory", American Journal of Sociology 82. (July).

McGrew, Anthony (1992), "Conceptualizing Global Politics", McGrew, Anthony and Lewis, P. G. et al. eds., Global Politics: Globalization and the Nation-State, Cambridge: Polity Press.

Mead, Margaret (1942), *And Keep Your Powder Dry: An Anthropology Looks at America*, New York: William Morrow.

Melucci, Alberto (1988), "Getting Involved: Identity and Mobilization in Social Movements", International Social Movement Research 1.

Melucci, Alberto (1989), *Nomads of the Present: Social Moveme*nts and Individual Needs in Contemporary Society, Philadelphia: Temple University Press.

Merritt, Rechard L. (1970), *Systematic Approaches to Comparative Politics*, Chicago: Rand McNelly and Company.

Meyer, Frank S. (1964), *What is Conservatism?*, New York: Holt, Rinehart and Winston.

Miliband, Ralph (1969), *The State in Capitalist Society*, New York: Basic Books.

Mill, John Stuart (1843), *A System of Logic*, London: Routledge.

Mill, John Stuart (2002[1863]), *Utilitarianism*, George Sher ed., Indianapolis: Hackett Publishing Company.

Miller, Edward A. and Banaszak-Holl, Jane (2005), "Cognitive and Normative Determinants of State Policymaking Behavior: Lessons from the Sociological Institutionalism", Publius 35(2).

Miller, Eugene F. (1971), "David Easton' s Political Theory", Political Science Reviewer.

Mills, C. Wright (1959), *The Power Elite*, New York: Oxford University Press.

Mitchell, William C. (1961), "Politics as the Allocation of Values: A Critique" Ethics Vol. 71, No. 2, The University of Chicago Press.

Mitchell, William C. and Parsons, Talcott and David Easton (1967), *Social Analysis and Politics*, New York: Practice-Hall Inc; Englewood Cliffs.

Moore, Barrington (1965), *Political Power and Social Theory: Seven Studies*, New York: Harper and Row.

Moore, Barrington (1966), *Social Origins of Dictatorship and Democracy: Lord and Peasant in the Making of the Mode*rn World, Boston: Beacon Press.

Morgenthau, Hans (1993)[1948], *Politics Among Nations*, Brief ed., Revised by O'Donnell, Guillermo (1973), Modernization and Bureaucratic-Authoritarianism, Berkeley: Institute of International Studies, University of California.

Morgenthau, Hans J. (1993), *Politics among Nations: The Struggle for Power and Peace*, New York: McGraw-Hill.

Mosca, Gaetano (1939), *The Ruling Class*, Hannah D. Kahn(trans.), New York: McGraw Hill.

Mouch, Yascha (2018), The People v. Democracy, MA: Harvard University Press.

Murphy, Walter F. (1962), *Congress and the Court*, Chicago: The University of Chicago Press.

Musgrave, R. A. (1959), *The Theory of Public Finance*, McGraw-Hill.

Naroll, Raoul (1970), *A Handbook of Method in Cultural Anthropology*, New York: Columbia University Press.

Nathan, J. A. and R. C. Remy (1977), *Comparative Political Socialization: A Theoretical Perspective, Handbook of Political Socialization*, New York-London: The Free Press.

Nelson W. Polsby. (1960), "How to Study Community Power: The Pluralist Alternative," *Journal of Politics*, Vol. 22, No. 3.

Nelson W. Polsby. (1963), *Community Power and Political Theory*, Yale University Press.

Neumann John von and Oskar Morgenstern (2007), Theory of Games and Economic Behavior, Princeton: Princeton University Press.

Neustadt, Richard (1990), *Presidential Power and the Mode*rn President, New York: John Wiley and Son.

Nie, Norman H., Verba, Sidney and Petrocik, John R. (1976), *The Changi*ng American Voter, Boston: Harvard University Press.

Niskanen, William A. (1971), *Bureau*cracy and Representative Government, Chicago: Aldine-Atherton.

Norgaard, A. (1996), "Rediscovering Reasonable Rationality in Institutional Analysis", European Journal of Political Research 29.

North, Douglass C. (1991), "Institutions", Journal of Economic Perspectives, 5(1).

North, Douglass C. and Weingast, Barry R. (1989), "Constitutions and Commitment: The Evolution of Institutional Governing Public Choice in Seventeenth-Century England", The Journal of Economic History Vol. 49, No. 4 (Dec).

North, Douglass Cecil (1981), *Structure and Change in Economic History*, New York: Norton.

North, Douglass Cecil (1990), *Institutions, Institutional Change, and Economic Performance*, Cambridge; New York: Cambridge University Press.

O'Donnell, Guillermo (1995), "Democracy' s Future: Do Economists Know Best?", Journal of Democracy 6, No. 1.

O'Donnell, Guillermo (1996), "Illusions about Consolidation", Journal of Democracy 7.

O'Donnell, Guillermo and Schmitter, Philippe C. (1986), *Transitions from Authoritarian Rule: Tentative Conclusions about Uncertain Democracies*, Baltimore: Johns Hopkins University Press.

Oberschall, Anthony (1993), *Social Movements: Ideologies, Interests, and Identities*, New Brunswick, NJ: Transaction.

Oliver Williamson (1985), *The Economic Institutions of Capitalism*, New York: The Free Press.

Oliver Williamson (1996), Mechanisms of Governance, New York: Oxfod Univeresity Press.

Olson, Mancur (1965, 1971), *The Logic of Collective Action: Public Goods and the Theory of Groups*, Cambridge: Harvard University Press.

Olson, Mancur (1982), *The Rise and Decline of Nation*, New Haven: Yale Univ. Press.

Onis, Ziya (1991), "The Logic of the Developmental State," Comparative Politics, Vol. 24.

Organski, A. F. K. (1973), *Stages of Political Development*, New York: Alfred A. Knopf.

Orren, K. and Skowronek, S. (1994), "Beyond the Iconography of Order: Notes for a New Institutionalism", L. C. Dodd and C. Jillson eds., The Dynamics of American Politics, Boulder: Westview Press.

Orren, K. and Skowronek, S. (1996), "Institutions and Intercurrence: Theory Building in the Fullness of Time", Shapiro L., Hardin R. eds., Political Order, New York: Free Press.

Ostrom Elinor, Gardner Roy, and Walker James (1994), *Rules, Games, and Common-Pool Resources*, Ann Arbor: University of Michigan Press.

Ostrom, Elinor (1990), *Governing the Commons: The Evolution of Institut*ions for Collective Action, Cambridge; New York: Cambridge University Press.

Pareto, Vilfredo (1935), *The M*ind and Society: A Tread of General Sociology, New York: Dover.

Parsons, Talcott (1951), *The Social System,* NY: Free Press.

Pasquino, Gianfrance (1970), *Modernizzazione E Sviluppo Politico*, Bologna: Il Mulino.

Perrow, Charles (1979), "The Sixties Observed", edited by Mayer N. Zald and John McCarthy, The Dynamics of Social Movements: Resource Mobilization, Social Control, and Tactics, Cambridge, MA: Winthrop Publishers.

Peters, B. G. (1996), *The Future of Governing*, Lawrence, Kansas: Univ. Press of Kansas.

Petrocik, John (1989), "An Expected Party Vote: New Data for an Old Concept", American Journal of Political Science 33.

Pettee, George Sawyer (1938), *The Process of Revolution*, New York: Harper and Brothers.

Pfeffer, Jeffrey and Richard G. Salancik (1978), *The External Control of Organizati*ons: A Resource Dependence Perspective, New York, NY: Harper and Row.

Pierson, Paul (2000), "Increasing Returns, Path Dependence, and the Study of Politics", The American Political Science Review Vol. 94, No. 2.

Pierson, Paul and Skocpol, Theda (2003), "Historical Institutionalism in Political Science", Ira Katznelson and Helen Milner eds., The State of the Discipline, New York: Norton.

Pigou, A. C. (1912), *Wealth and Welfare*, London: Macmillan.

Pinto, D., ed.(1981), Contemporary Italian Sociology, Cambridge: Cambridge University Press.

Polanyi, Karl (1944), *The Great Transformation*, Farrar and Rinehart, Inc.

Pontusson, J. (1995), "From Comparative Public Policy to Political Economy: Putting Political Institutions in Their Place and Taking Interests Seriously", Comparative Political Studies Vol. 28.

Popper, Karl Raimund (1967), *The Open Society and* Its Enemies. v. 2, The High Tide of Prophecy: Hegel, Marx, and the Aftermath, New York: Harper and Row.

Porch, Douglas (1977), *The Portuguese Armed Forces and the Revolution*, Stanford: Hoover Institution Press.

Poulantzas, Nicos Ar. (1973), *Political Power and Social Classes*, London: Verso Books/ NLB.

Poulantzas, Nicos Ar. (1974), *Fascism and Dictatorship: The Third International and the Problem of Fascism*, London: Verso Books.

Poulantzas, Nicos Ar. (1980), *State, Power, Socialism*, London: Verso Books.

Przeworski, Adam (1986), "Some Problems in the Study of the Transition to Democracy", Guillermo O' Donnell, Philippe Schmitter, and Laurence Whitehead eds., Transitions from Authoritarian Rule: Comparative Perspectives, Baltimore: Johns Hopkins University Press.

Przeworski, Adam (1995), *Sustainable Democracy*, Cambridge: Cambridge University Press.

Przeworski, Adam and Henry Teune (1970), *The Logic of Comparative Social Inquiry*, New York: Wiley-Interscience, John Wiley and Sons.

Putnam, Robert (1993, 1994), *Making Democracy Work: Civic Traditions in Modern Italy*,

Princeton: Princeton University Press.

Putnam, Robert (2000), *Bowling Alone: The Coll*apse and Revival of American Community, New York: Simon and Schuster.

Pye, Lucian W. (1965), *P*olitical Culture and Political Development, Princeton, N.J.: Princeton University Press.

Pye, Lucian W. (1985), *Asian Power and Politics: The Cultural Dimensions of Authority*, Cambridge, Mass. and London: Belknap Press.

Pye, Lucian W. (1985), *Asian Power and Politics: The Cultural Dimensions of Authority*, Cambridge: Harvard University Press.

Ragin, Charles C. (1987), *The Co*mparative Method: Moving Beyond Qualitative and Quantitative Strategies, University of California Press.

Raymond E. Wolfinger. (1960), "Reputation and Reality in the Study of Community Power," *American Sociological Review*, Vol. 25, No. 5.

Reppy, Judith (1984), "The Automobile Air Bag", edited by Dorothy Nelken, Controversy: Politics of Technical Decisions, Beverly Hills: Sage Productions. Inc.

Ricardo, David (1971[1821]), Ronald Max Hartwell eds., *Principles of Political Econo*my and Taxation, NY: Penguin Books.

Riedel, Manfred (1984), *Between Tradition and Revolution: The Hegelian Transformation of Political Philosophy*, Walter Wright trans., Cambridge: Cambridge University Press.

Riker, William (1964) *Federalism: Origin, Operation, Significance,* Boston: Little Browns.

Riker, William (1982) *Liberalism Against Populism,* Prospect Heights, IL: Waveland Press.

Riker, William H. (1987), *The Development of American Federalism*, Washington D.C.: Kluwer Academic Publishers.

River, Charles edited (2015), John Nash, Jr.: The Life and Legacy of One of America's Most Influential Mathematicians, Createspace Independent Publishing Platform.

Rokkan, Stein (1970), *Citizens, Ele*ctions, Parties: Approaches to the Comparative Study of the Processes of Development, NY: McKay.

Romer, John (1988), Free to Lose. Cambridge: Harvard University Press.

Romer, Paul (1986), "Increasing Returns and Long-Run Growth", Journal of Political Economy.

Rose, Arnold M. (1967), *The Power Structure*, New York: Oxford University Press.

Ross, Marc, Howard (1993), *The Culture of Conflict: Interpretations and Interests in Comparative Perspec*tive, New Haven: Yale University.

Rossiter, Clinton L. (1955), *Conservatism in America*, New York: Alfred A. Knopf.

Rostow, Walt W. (1971a), *Stages of Economics Growth: A Non-Communist Manifesto*,

Cambridge: Cambridge University Press.

Rostow, Walt W. (1971b), *Politics and the Stages of Growth*, Cambridge: Cambridge University Press.

Rostow, Walt W. (1991), *Stages of Economic Growth: A Non-Communist Manifesto* (3rd Edition), New York: Cambridge University Press.

Rothstein, B. (1996), "Political Institutions: An Overview", R. Goodin and K. Hans-Dieter eds., A New Handbook of Political Science, Oxford: Oxford University Press.

Rousseau, Jean Jacques (1997), '*The Social* Contract' and Other Later Writings, Victor Gourevitch trans., Cambridge: Cambridge University Press.

Rueschemeyer, Dietrich, Stephens, Evelyne H. and Stephens, John D. (1992), *Capitalist Development and Democracy*, Chicago: University of Chicago Press.

Ruffin, R. J. and Gregory, Paul R. (2001), *Principles* of Economics (7th Edition), NY: Addison Wesley.

Russell, Bertrand (1938), *Power: A New Social Analysis*, New York: Routledge.

Russett, Bruce (1965), *Trends in World Politics*, New York: Macmillan.

Russett, Bruce, Starr, Harvey and Kinsella, David (2000), *World Politics: The Menu for Choice*, Toronto: Wadsworth.

Ryan, Alan (1995), "Liberalism", Robert E. Goodin and Philip Pettit ed., A Companion to Contemporary Political Philosophy, Oxford: Blackwell Publishing.

Sabatier, Paul A. and Susan M. McLaughlin (1990), "Belief Congruence between Interest-Group Leaders and Members: An Empirical Analysis of Three Theories and a Suggested Synthesis", The Journal of Politics Vol. 52, Issue 3.

Salisbury, Robert H. (1969), "An Exchange Theory of Interest Groups", Midwest Journal of Political Science Vol. 13, No. 1.

Salisbury, Robert H. (1990), "The Paradox of Interests in Washington D.C.: More Groups and Less Clout", Anthony S. King ed., The New American Political System, (2nd ed.), Washington: American Enterprise Institute.

Salvadori, Neri and Carlo Panico (2006), *Classical, Neoclassical and Keynesian Views on Growth and Distribution*, Northampton: Edward Elgar Publishing Inc.

Samuels, Warren J. and Mercuro, Nicholas (1984), "A Critique of Rent-Seeking Theory", Colander, David C. ed., Neoclassical Political Economy: The Analysis of Rent-Seeking and DUP Activities, Cambridge, MA: Ballinger Publishing.

Santos, Alvaro (2006), "The World Bank' s Uses of the 'Rule of Law' Promise in Economic Development", David Trubek and Alvaro Santos eds., The New Law and Economic Development: A Critical Appraisal, New York: Cambridge University Press.

Sartori, Giovanni (1976), *Parties and Party Systems: A Framework for Analysis*, New York: Cambridge University Press.

Sartori, Giovanni (1994), *Comparative Constitutional E*ngineering: An Inquiry into Structures, Incentives and Outcomes, London: Macmillan.

Sassen, Saskia (1996), *Losing Control?: Sovereignty in an Age of Globalization*, Columbia University Press.

Sassen, Saskia (1999), "Embedding the Global in the National: Implications for the Role of the State", David A. Smith et al. eds., States and Sovereignthy in the Global Economy, London: Routledge.

Scarrow, Howard A. (1969), *Comparative Political Analysis: An Introduction*, New York: HarperandRow.

Scharpf, Fritz Wilhelm (1997), *Games Real Actors Play:* Actor-Centered Institutionalism in Policy Research, Boulder, Colo.: Westview Press.

Schecter, Darrow (2000), *Sovereign States or Political Communities? Civil Society and Contemporary Politics*, Manchester: Manchester University Press.

Schellnhuber, H. J., Crutzen, P. J. et al. eds (2004), *Earth System Analysis for Sustainablility*, Cambridge: MIT Press.

Schmitter, Philippe C. (1993), *Some Propositions About Civil Society and the Consolidation of Democracy*, Conference Paper Reconfiguring State and Society at the University of California, Berkeley, 22~23 April 1993.

Schumpeter, Joseph Alois (1942), *Capitalism, Socialism, and Democracy*, New York: Harper and Brothers.

Scott, James C. (1985), *Weapons of the Weak: Everyday Forms of Resistance*, New Haven and London: Yale University Press.

Scott, W. Richard (2001), *Institutions and Organizations*, Thousand Oaks, CA: Sage, (2nd ed.).

Sean Hanley et al. (2025), *A New Regime Divide? Democratic Backsliding, Attitudes Towards Democracy, and Partisan Affect*, European Journal of Political Research (Wiley).

Selznick, Philip (1994), *The Moral Co*mmonwealth: Social Theory and the Promise of Community, Berkeley: University of California Press.

Sherman, Howard J. (1995), *Reinventing Marxism*, Baltimore and London: Johns Hopkins University Press.

Siaroff, Alan (2000), "The Fate of Centrifugal Democracies: Lessons from Consociational Theory and System Performance", Comparative Politics 32.

Simmel, Georg (1909), "The Problems of Sociology", *American Journal of Sociology Vol.* 15, No. 3.

Simon, A. Herbert (1985), "Human Nature in Politics: The Dialogue of Psychology with Political Science", The American Political Science Review Vol. 79, No. 2. (Jun.).

Simon, Herbert A. (1957), *Models of Man: Social and Rational*, New York: Wiley.

Simon, Herbert A. (1976), *Administrative Behavior*, New York; London: Free: Collier Mamillan Publishers.

Simone, Vera and Feraru, Anne T.(1995), *The Asian Pacific: Political and Economic* Development in a Global Context, White Plains: Longman.

Sivard, Ruth L. (1996), *World Military and Social Expenditures*, World Priorities.

Skocpol, Theda (1979), *Stat*es and Social Revolutions, Cambridge: Cambridge University Press.

Skocpol, Theda (1984), "Sociology' s Historical Imagination", Theda Skocpol eds., Vision and Method in Historical Sociology, Cambridge: Cambridge University Press.

Skocpol, Theda (2003), *Diminished Democracy: From Membership to Management in American Civic Life*, Norman, Oklahoma: University of Oklahoma Press.

Skowronek, S. (1982), *Building a New American State: The Expansion of National Administrative Capacities, 1877~1920*, Cambridge: Cambridge University Press.

Smelser, Neil J. (1962), *Theory of Collective Behavior*, New York: Free Press.

Smith, Adam (1986[1776]), *The Wealth of Nations I-III*, Penguin Adult.

Smith, David H. (1991), "Four Sectors or Five? Retaining the Member-Benefit Sector", Nonprofit and Voluntary Sector Quarterly 20.

Smith, David H. (1998), "The Impact of the Nonprofit Voluntary Sector in Society", The Nonprofit Organization Handbook, New York: McGraw-Hill Book Company.

Smith, Tom W. (1985), "The Polls: American' s Most Important Problems Part I: National and International", The Public Opinion Quarterly 49.

Snow, David A., and Robert D. Benford. (1988). "Ideology, Frame Resonance, and Participant Mobilization." International Social Movement Research 1: 197-217.

So, Alvin Y. (1990), *Social Change and Development: Modernization, Dep*endency, and World-Systems Theories, Thousand Oaks: Sage Publications.

Sodaro, Michael J. (2008), *Comparative Politics: A Global Introducti*on (3rd Ed.), New York: McGraw-Hill.

Sorensen, Georg (1998), *Democracy and Democratization: Processes and Prospects in a Changing World* (2nd edition), Boulder. CO: Westview Press.

Stein, Lorenz von (1850), *History of the French Social Movement from 1789 to the Present*, Leipzig: Otto Wigand.

Steinmo, S. (1993), *Taxation and Democracy: Swedish, British and American Approaches to*

Financing the Modern State, New Haven: Yale University Press.

Stepan, Alfred C. and Linz, Juan J. (1996), *Problems of Democratic Transition and Consolidation*, Baltimore: Johns Hopkins University Press.

Sterba, James P. (2003), *Justice: Alternative Political Perspecitves*, Boston: Wadsworth.

Stiglitz, Joseph (1998), "More Instruments and Broader Goals: Moving Toward the Post-Washington Consensus", The World Bank Group.

Stockholm International Peace Research Institute(SIPRI) (2013), "The 15 Countries with the Highest Military Expenditure in 2012 (table)".

Strauss, Claudia (1992), "Models and Motives", In Roy G. D' Andreade and Claudia Strauss eds., Human Motives and Cultural Models, Cambridge: Cambridge University Press.

Taagepera, Rein and Matthew Soberg Shugart, *Seats and Votes:* The Effects and Determinants of Electoral Systems, New Haven: Yale University Press.

Tanzi, Vito and Schuknecht, Ludger (2000), *Public Spendings in the 20th Century*, New York: Cambridge University Press, 2000.

Tarrow, Sidney G. (1998), *Power in Movement: Social Movements and Contentious Politics*, Cambridge: Cambridge University Press.

Tercheck Ronald J. and Conte, Thomas C. eds. (2001), *Theories of Democracy: A Reader*, Lanham: Rowman and Littlefield Publishers.

Thelen, Kathleen and Steinmo, Sven (1992), "Historical Institutionalism in Comparative Politics", Sven Steinmo, Kathleen Thelen and Frank Longstreth eds., Structuring Politics: Historical Institutionalism in Comparative Politics, Cambridge: Cambridge University Press.

Thomas, Paul (1991), *Karl Marx and the Anarchists*, London: Routledge.

Thorson, Thomas L. (1970), *Biopolitics*, New York: Holt McDougal.

Tilly, Charles (1978), *From Mobilization to Revolution*, Reading. MA: Addison-Wesley.

Toch, Hans (1965), *The Social Psychology of Social Movements*, Indianapolis: Bobbs- Merrill.

Tocqueville, Alexis De. (2001), Richard C. Heffner eds., *Democracy in America*, New York: Penguin Group.

Touraine, Alain (1977), *The Self-Production of Society*, Chicago: University of Chicago Press.

Truman, David B. (1951 or 1958, 1971), *The Governmental Process*: Political Interests and Public Opinion, New York: Alfred A. Knopt.

Tsagarousianou, R. (1998), "Electronic Democracy and the Public Sphere", In Tsagarousianou, Tambini and Bryan eds., Cyberdemocracy, London: Routledge.

Tsebelis, George (1990), *Nested Games: Rational Choice in Comparative Politics*, Berkeley: University of California Press.

Tucker, Robert C. (1978), *The Marx-Engels Reader*, New York: WW Norton and Co.

Turner, Jonathan H. and Beeghley, Leonard (1981), *Poli*tical Elite in Democracy, New York: Atherton Press.

United Nations Development Programme (1999), *Human Development Report* 1999, New York: Oxford University Press.

Van Till, Jon (2000), *Growing Civil Society: From Nonprofit Sector to Third Space*, Bloomington: Indiana University Press.

Van Zijp, R. (1993), *Austrian and New Classical Business Cycle Theories*, Longfield: Edward Elgar.

Vasiliki Fouka & Marco Tabellini. (2025), *Culture and Contemporary Political Preferences*, Harvard Business School Working Paper.

Veblen, Thorstein (2009[1899]), *The Theory of the L*eisure Class, Oxford: Oxford University Press.

Verner, Joel G. (1984), "The Independence of Supreme Court in Latin America: A Review of the Literature", Journal of Latin America Studies 16 Vol. 2.

Wade, Robert (1990), Governing the Market: Economic Theory and the Rise of Government in East Asian Industrialization. Princeton: Princeton University Press.

Wallerstein, Immanuel (1976), *The Modern World-System: Capitalist Agri*culture and the Origins of the European World-Economy in the Sixteenth Century, New York: Academic Press.

Wallerstein, Immanuel (1980), *The Modern World-System II: Me*rcantilism and the Consolidation of the European World-Economy, 1600~1750, New York: Academic Press.

Wallerstein, Immanuel (1989), *The Modern World-System* III: The Second Era of Great Expansion of the Capitalist World-Economy, 1730s~1840s, New York: Academic Press.

Waltz, Kenneth N. (1995), *The Spread of Nuclear Weapons: A Debate Renewed*, New York: W. W. Norton and Company.

Weatherby, Joseph (1997), "The Middle East and North Africa", Joseph Weatherby et al. ed., The Other World: Issues and Politics of the Developing World (3rd ed.), New Jersey: Pearson.

Weber, Max (1951), *The Religion of China*, edited and translated by Hans H. Gerth, New York: The Free Press.

Weber, Max (1958), *From Max Weber: Essays in Sociology*, New York: Oxford University Press.

Weber, Max (1958a), *The Protestant Ethic and the Spirit of Capitalism*, New York: Scribner's Press.

Weber, Max (1958b), *The R*eligion of India, edited and translated by Hans H. Gerth and Don

Martindale, New York: The Free Press.

Weber, Max (1962), *Basic Concepts in Sociology*, New York: Citadel Press.

Weeks, E. (2000), "The Practice of Deliberative Democracy: Results from Four Large Trials", Public Administration Review 60, No. 4.

Weintraub, S. (1978), *Capitalism*' s Inflation and Unemployment Crisis: Beyond Monetarism and Keynesianism, Reading, Mass.: Addison-Wesley Publishing Company.

Weiss, T. G. (1996), Brown, M. E. eds., *Nongovernmental Organizations an*d Internal Conflict. In The International Dimension of Internal Conflict. Cambridge: Center for Science and International Affairs.

Wen, Chihua (1995), *The Red Mirror: Children of China*' s Cultual Revolution, Boulder Colorado: Westview Press.

Wendt, Alexander, and Raymond Duvall (1989), "Institutions and International Order", In Ernst-Otto Czempiel and James Rosenau eds., Global Changes and Theoretical Challenges, Lanham: Lexington Books.

Wiarda, Howard J. (1985, 1991, 2002), *New Directions in Comparative Politics*, Boulder: Westview Press.

Wiarda, Howard J.(2007), *Comparative Politics: Approa*ches and Issues. Lanham: Rowman and Littlefield publishers INC.

Wilber, Charles K. and Jameson, Kenneth P. (1995), *The Political Economy of Development and Underdevelopment* (6th Edition), New York: Mcgraw-Hill College.

Wildavsky, Aaron (1974), *The Private Government of Public Money: Community and Policy Ins*ide British Politics, London: MacMillan.

Wildavsky, Aron (1994), "Why Self-Interest Means Less Outside of a Social Context: Cultural Contributions to a Theory of Rational Choices", Journal of Theoretical Politics Vol. 6, No. 2.

William, Oliver E. (1981), "The Economics of Organization: The Transaction Cost Approach", The American Journal of Sociology, 87(3).

Williams, Allan M. (1984), *Southern Europe Transformed:* Political and Economic Change in Greece, Italy, Portugal and Spain, New York: Harper and Row.

Wilson, Graham (1990), *Business and Politics* (2nd Edition), Chatham, NJ: Chatham House.

Wilson, Graham (1990), *Interest Groups*, Oxford and Cambridge Massachusetts: Blackwell.

Wolfson, Adam (2004), "Conservatives and Neoconservatives", Public Interest, Winter 2004, Issue 154.

World Bank (1998), *World Development Report: Kno*wledge for Development, New York: Oxford University Press.

World Bank (1999), *Knowledge for Development: Wor*ld Development Report 1998/99, New

York: Oxford University Press.
World Values Survey, 1995~1997. (2001), Ann Arbor, MI: Interuniversity Consortium for Political Research.
Wrong, D. H. (1988), *Power: Its Forms, Bases and Uses, With New Preface*, Oxford: Basil Blackwell.
Zagare, Frank C. (1984), *Game Theory: Concepts and Applications*, Newbury Park: Sage Publications.
Zaller, John (1992), *The Nature and Origins of Mass Opinion*, Cambridge: Cambridge University Press.
Zysman, John (1994), "How Institutions Create Historically Rooted Trajectories of Growth", in Industrial and Corporate Change Vol. 3, No. 1.

강신준·이상률 공편역 (1984), 『마르크스냐 베버냐』, 홍성사.
강원택 (2000), "지역주의 투표와 합리적 선택: 비판적 고찰", 『한국정치학회보』 제34권 제2호.
권태환 외 (2001), 『신사회운동의 사회학』, 서울대학교 출판부.
김선명 (2007), "신제도주의 이론과 행정에의 적응성", 『한독사회과학논총』 제17권 제1호.
김성구 (1998), 『경제위기와 신자유주의』, 문화과학사.
김성수 (2003), "민주화 이행 과정에서 한국 중산층의 역할: 민주화 운동 참여 동기에 대한 분석", 『국제정치논총』 제43집 제1호.
김성수 (2004), "민주주의, 시장경제 그리고 부패", 『부패학회보』 제9권 제1호.
김성수 (2007), "이성과 현실 사이: 초기 프랑크푸르트 학파 비판 이론에서 변증법의 역할", 『국제정치논총』 제47집 제1호.
김성수 (2007), 『현대정치이론과 현상』, 홍익재.
김성수 (2008), "온라인 공론장을 둘러싼 정당과 시민사회운동의 헤게모니 경쟁에 대한 분석", 『시민사회와 NGO』 제6권 제2호.
김성수 (2010), "한국에도 찾아온 브래드리 효과", 조선일보.
김성수 (2011), "사법권력 강화가 갖는 정치적 동학과 자유민주주의 체제의 안정성: 한국에서의 사법부 위상변화에 대한 통섭적 접근", 『시민사회와 NGO』 제9권 제1호.
김성수 (2011), "한국사회의 갈등과 언론의 역할: 한미 FTA를 중심으로", 『동서연구』 제23권 제1호.
김성수 (2013), "한국 지역주의 현상에 대한 신제도주의적 이해: 지역정당체제의 경로의존성을 중심으로", 『아태연구』 제20권 제3호.
김성수 (2014), "시민사회운동과 신자유주의 경제개혁", 『정치·정보 연구』 제17권 제2호.
김성수 (2018, 2020), 『자본주의와 민주주의 상생(相生)의 정치경제학을 위하여』, 박영사.
김성수 (2021), "아프리카내 사회갈등과 이슬람", 『한국세계지역학회』 제39권.

김성수 (2024), 위기의 국가, 명인문화사
김성수 (2025), 정치경제학, 박영사
김성수·신두철 (2016), “대통령선거의 의제설정과 선거정보: 제18대 대통령선거의 박근혜 후보와 문재인 후보를 중심으로”, 『인문사회과학연구』 제52호.
김성수·유신희 (2014), “김영삼 정권의 신자유주의 경제개혁: 기술관료(Technocrat)와 정당엘리트의 상호관계를 중심으로”, 『사회과학연구』 제25권 제4호.
김영래 (1997), 『이익집단정치와 이익갈등』, 한울아카데미.
김영환·임지현 편 (1994), 『서양의 지적운동』 1, 지식산업사.
김웅진 (1992), 『정치학방법론서설』, 명지사.
김웅진 외 (1995), 『비교정치론강의』, 한울아카데미.
김창희 (2005), 『비교정치론』, 삼우사.
김호진 (1994), 『한국정치체제론』, 박영사.
김홍우 외 (2002), 『정치학의 이해』, 박영사.
노동일 (1997), 『정치학방법론』, 법문사.
라폴롬바라 외, 윤용희 역 (1989), 『정당과 정치발전』, 법문사.
로드 헤이그 외, 김계동 역 (2017), 『비교정부와 정치』, 제10판, 명인문화사.
르몽드 디플로마티크 엮음 (2014), 『르몽드 인문학』, 휴먼큐브.
메슈 그래함, 김성수 역 (2020), 『현대아프리카의 이해』박영사.
박찬욱 (1993), “제14대 국회의원 선거결과에 대한 집합자료 분석”, 『한국과 국제정치』 제9권 제2호.
박형준 (2001), 『성찰적 시민사회와 시민운동』, 의암출판사.
박효종 (1994), 『합리적 선택과 공공재 I 』, 인간사랑.
버거 피터 L., 이상률 역 (1996), 『사회학에의 초대』, 문예출판사.
세르주 모스코비치, 이상률 역 (1996), 『군중의 시대』, 문예출판사.
신명순과 진영재 (2019), 『비교정치』, 박영사.
신정현 (2000), 『비교정치론』, 법문사.
엄한진 (2004), “재이슬람화와 정치개방: 북아프리카 아랍의 사회통합 기제”, 『한국사회학』 제38집 제6호.
엄한진 (2010), “아랍세계 논의의 특징과 오리엔탈리즘적 전통”, 『아시아리뷰』 제1권 제1호.
오명호 (1990), 『현대정치학이론』, 법문사.
이브 드잘레이·브라이언트 가스(2007), 김성현 역, 『궁정전투의 국제화』, 그린비.
임경훈 (2002), 『정치학의 이해』, 박영사,
임혁백 (1990), “한국에서의 민주화과정 분석: 전략적 선택이론을 중심으로”, 『한국정치학회보』 제24집 제1호.
임혁백 (1991), “민주화비교연구 서설”, 『韓國政治研究』 제3권 제1호.

임혁백 (1999), 『민주주의의 기본원리와 정치개혁과제』, 한국개발연구원.
장달중 (2002), "정치권력론", 서울대학교 정치학과 교수 공저, 『정치학의 이해』, 박영사.
장달중 (2002), 『정치학 이론』, 서울: 나남출판.
장영수 (1993), "헌법의 기본원리로서의 민주주의", 『안암법학』 창간호.
정무권 (1996), "한국 사회복지제도의 초기형성에 관한 연구", 『한국사회정책』 3권, 한국사회정책학회.
정상호 (2006), 『이익정치의 미래: 결사체 민주주의의 원리와 쟁점』, 한울아카데미.
정용덕 (1999), 『합리적 선택과 신제도주의』, 대영출판사.
조기숙 (2000), 『지역주의 선거와 합리적 유권자』, 나남출판.
조대엽 (2007), 『한국의 사회 운동과 NGO: 새로운 운동 주기의 도래』, 아르케.
조명현 편역 (1986), 『체계적 정치이론』, 형설출판사.
존 하비슨 (2017), 김성수 역, 『세계속의 아프리카』, 한양대학교 출판부.
주성수 (2009), 『직접민주주의: 풀뿌리로부터의 민주화』, 아르케.
최장집 (2017), 『정치의 공간』, 후마니타스.
칼 폴라니, 박현수 역 (1998), 『사랑의 살림살이』, 풀빛.
커크 러셀, 이재학 역 (2018), 『보수의 정신』, 지식노마드.
피에르 부르디외 (1995), 정일준 역, 『상징폭력과 문화재생산』, 새물결.
필립스 쉬블리 (2008, 2010), 김계동 외 역, 『정치학 개론: 권력과 선택』, 명인문화사.
하연섭 (1999), "역사적 제도주의", 정용덕 외, 『신제도주의연구』, 대영문화사.
홍득표 (1999), 『정치과정론』, 학문사.
홍지수 (2017), 『트럼프를 당선시킨 PC의 정체』, 북앤피플.

<인 명 색 인>

(ㅅ)

(ㅇ)

(ㅎ)

〈사 항 색 인〉

(ㄱ)

(ㄴ)

(ㅂ)

(ㅅ)

(ㅇ)

(ㅎ)

(A-Z)

저자약력

한양대학교 정치외교학과를 입학한 후 American University에서 정치학 학사, Marymount University에서 인문학 석사 그리고 University of Southern California(USC)에서 정치학 석사와 비교정치와 정치경제로 박사학위를 취득하였다. 재학 중 Korean Heritage Foundation, Jesse M. Unruh Institute of Politics, Phi Beta Kappa honor society, USC Graduate Fellowship에 선정되었다. 현재 한양대학교 정치외교학과 교수와 유럽-아프리카 연구소 소장과 미래문화융합연구센터 센터장 그리고 『글로벌 거버넌스와 문화』와 『한국테러학회보』 편집위원장으로 활동 중이다. 연구분야는 비교정치론, 자본주의와 민주주의 인식론, 아프리카 연구, 한류 확산의 체계화다.

해외연구로 탄자니아 다르에 살렘 대학교 한국학 연구센터(KSC-USDM) 코디네이터와 남아공 스테렌보쉬 대학교와 함께 아프리카 스타트업 아카데미 강좌를 국내 최초로 한양대학교 정규과정으로 운영하고 있다. 연구활동으로 World Bank, Korea Africa Startup Forum, 한국연구재단, 서울시, 한양대학교 HEC, 한국지속가능협회, 한-아프리카 재단 등과 수행 중이다. 현재 다양한 학회 임원 및 외교부, 법무부, 한-아프리카 재단, 재외동포청, 민주평화통일자문회 등 공공기관 정책 자문위원 및 한-아프리카 경제협력위원회 한국위원으로 활동 중이다.

주요 저서로는 『정치경제학』, 『위기의 국가』, 『한국정치의 이해』, 『세계 속의 아프리카』, 『현대 아프리카의 이해』, 『The Role of the Middle Class in Korea Democratization』 외 15권의 저서를 집필하였으며 비교정치와 정치경제 그리고 아프리카를 주제로 많은 논문을 KCI와 SSCI에 게재하고 있다. 여러 언론매체와 포럼을 통해 아프리카를 알리는 역할을 하고 있으며 연합뉴스와 내일신문에는 정규칼럼을 연재 중이다.

제4판

새로운 패러다임의 비교정치

초판발행 2015년 3월 30일
제4판 발행 2026년 2월 27일

지은이 김성수
펴낸이 안종만 · 안상준

편 집 최유라
기획/마케팅 최동인
표지디자인 BEN STORY
제 작 고철민 · 김원표

펴낸곳 (주) 박영사
서울특별시 금천구 가산디지털2로 53, 210호(가산동, 한라시그마밸리)
등록 1959. 3. 11. 제300-1959-1호(倫)
전 화 02)733-6771
f a x 02)736-4818
e-mail pys@pybook.co.kr
homepage www.pybook.co.kr
ISBN 979-11-303-9768-9 93340

정 가 32,000원